EXPLICATION

DU

THÉATRE CLASSIQUE

EXPLICATION

DU

THÉATRE CLASSIQUE

PAR

HORION

ANCIEN ÉLÈVE DE L'ÉCOLE NORMALE SUPÉRIEURE,
PROFESSEUR DE LITTÉRATURE AU LYCÉE DE LYON, POUR LA SECTION DES SCIENCES.

PARIS

LIBRAIRIE CLASSIQUE D'EUGÈNE BELIN

RUE DE VAUGIRARD, N° 52.

—

1877

Tout exemplaire de cet ouvrage non revêtu de ma griffe sera réputé contrefait.

Eug. Belin

SAINT-CLOUD. — IMPRIMERIE DE Mme V^e EUG. BELIN.

PRÉFACE

I

Je tente une explication du *Théâtre classique*, c'est-à-dire de l'ouvrage le plus expliqué, en France, dans les classes.

Deux raisons m'y déterminent : la première, c'est que chaque pièce de cet important recueil, comme toutes les œuvres du génie, est un monde où le dernier venu peut faire des découvertes, un champ où il peut glaner, comme dit la Fontaine ; la seconde, c'est que cet ouvrage, bien que commenté chaque jour par les professeurs (Dieu sait avec quelle conscience et quel talent !), reste néanmoins, la plupart du temps, inexpliqué pour les élèves. L'enseignement des lycées met chaque professeur dans la nécessité de circonscrire son explication à la leçon du jour ; le commentaire quotidien porte donc sur telle ou telle scène, tel ou tel acte, plutôt que sur l'ensemble de la pièce ; il approfondit les mots, les sentiments, les idées de certains passages, il étudie à fond un ou deux personnages, mais il laisse de côté les considérations générales, la marche de l'action, l'étude raisonnée des caractères, c'est-à-dire l'âme même du sujet. Les élèves connaissent parfaitement, au bout de l'année, quelques coins de la pièce ; ils n'en ont jamais eu le panorama sous les yeux. Chaque tragédie est pour eux comme un champ où ils cueillent un bouquet, mais où ils ne font pas la moisson. Ce n'est ni légèreté, ni indifférence de leur part ; c'est impossibilité de mieux faire ; ils sont privés, par la force même des choses, d'un enseignement oral complet et de tout renseignement écrit sur le *Théâtre classique ;* c'est pour remédier à cette lacune que j'ai composé cet ouvrage.

En voici l'esprit et la méthode. Convaincu, par une expérience professionnelle de vingt-sept ans, qu'il vaut mieux, en matière d'enseignement, se faire le vulgarisateur des idées reçues que l'inventeur d'idées nouvelles, je n'ai pas cherché à me frapper, dans ce livre, une médaille à mon effigie ; j'ai recueilli, examiné et classé les observations faites par les critiques compétents des trois derniers siècles sur le *Théâtre classique ;* de tous leurs jugements épars, disséminés comme une poussière impalpable dans l'atmosphère des cours de littérature, des revues, des manuels et même des journaux, j'ai fait un corps aussi homogène et aussi solide que possible ; je me suis efforcé de construire une maison avec les pierres du chemin ; je n'ai visé à d'autre originalité qu'à celle de ne pas être original.

Ce livre est donc le répertoire des idées générales admises sur le *Théâtre classique ;* de même qu'on fait des dictionnaires de mots, j'ai voulu faire, sur cet intéressant sujet, un dictionnaire d'idées.

Un défaut était inhérent à cette méthode : celui que d'Alembert reproche à l'*Encyclopédie :* la ressemblance avec un habit d'arlequin ; j'ai fait les plus consciencieux efforts pour éviter cette fâcheuse bigarrure, pour fondre ensemble la pourpre et les haillons, comme dit encore d'Alembert, c'est-à-dire les opinions d'autrui et les miennes. Que si, par hasard, certains critiques, dont j'ai reproduit les idées, retrouvent dans mon livre leurs expressions, s'ils y reconnaissent quelques lambeaux de leur habit, je leur demande d'avance pardon de ces emprunts ; mon travail est un travail d'abeille, il est impossible que le miel ne sente pas la fleur dont il est composé.

La partie critique de cet ouvrage, c'est-à-dire l'étude des personnages, l'analyse des principales scènes et surtout l'examen des reproches justes et injustes, a été l'objet de tous mes soins ; j'y ai soumis au plus sévère examen chaque éloge et chaque censure ; j'ai trié sur le volet les jugements portés par les écrivains les plus compétents, admettant ceux que la tradition approuve, rejetant ceux qu'elle condamne ; car il y a en littérature une tradition qui n'est ni la routine ni l'autorité, mais la légende même du goût. C'est cette légende que j'ai consultée ; ce sont ces annales publiques de la raison et du bon sens que j'ai prises pour sources. Dans les cas douteux, j'ai appliqué la méthode du suffrage universel : je suis allé aux voix, c'est-à-dire qu'en présence de telle ou telle situation dramatique controversée, de tel ou tel personnage sujet à caution (ce qui est rare chez Corneille, Racine et Molière), j'ai recueilli, chez les maîtres de la critique et même autour de moi, chez mes collègues, dont plusieurs sont des juges autorisés, les avis pour et les avis contre, en tenant compte de la qualité plutôt que de la quantité des votes. Ainsi l'avis de Sainte-Beuve et Saint-Marc Girardin a prévalu sur celui de la Harpe.

La réfutation des critiques de Voltaire et de la Harpe tient une assez large place dans ce volume; voici pourquoi : sans doute, elles ressemblent un peu de nos jours à de vieilles pièces de monnaie qui n'ont plus cours; quelques-unes cependant passent aux yeux inexpérimentés pour argent comptant; d'un autre côté, quelques autres sont très-solides. Du reste, il est bon de prouver aux lecteurs étrangers qu'en France les écrivains ne se flattent pas entre eux et que nous ne pratiquons pas, autant qu'il plaît à nos voisins de le dire, le système de l'admiration mutuelle; Voltaire l'a bien prouvé pour Corneille, la Harpe pour Molière.

Parmi les écrivains dont les opinions sur le *Théâtre classique français* sont réfutées dans cet ouvrage, il en est un, le célèbre Aristarque allemand W. Schlégel, dont je crois avoir relevé et examiné le premier en France, du moins un peu minutieusement, les amères censures. Jusqu'ici on les a laissées traîner à terre, comme des flèches perdues; je les ai ramassées une à une, et, bien qu'elles fussent de bois creux, j'ai riposté à chacune d'elles. La comédie du *Misanthrope* semble avoir été adoptée par ce critique comme le principal terrain du duel qu'il a déclaré, au nom du romantisme allemand, à l'école classique française; je ne me suis pas laissé éblouir par son jeu brillant; je ne me suis pas laissé surprendre par le coup du Commandeur dont il abuse. David n'a pas la prétention d'avoir vaincu une seconde fois Goliath, mais il a du moins répondu à son défi, et il a eu le plaisir de se convaincre qu'il n'était, comme disent dédaigneusement les Allemands, qu'un *Philistin*.

Un dernier mot sur la forme par demandes et par réponses adoptée dans cet ouvrage. D'abord, c'est la forme naturelle d'un livre fait avec les élèves et pour eux, en vue des classes et des examens ; ensuite, c'est un cadre commode où viennent se ranger méthodiquement, comme dans les cases d'un échiquier, les mille et une observations auxquelles donne lieu cette œuvre complexe qu'on appelle une tragédie classique ; enfin cette forme est tout aussi littéraire qu'une autre, pour peu qu'on veuille se donner la peine de la traiter littérairement. On peut questionner comme le *catéchisme*, et répondre sans choquer Boileau, ni la Harpe, ni M. Nisard.

Tel est l'esprit, tel est le but, telle est la méthode de ce livre. Je serai récompensé du travail de dix ans qu'il m'a coûté, s'il contribue à populariser dans nos lycées la connaissance du *Théâtre classique*, et à faire mieux apprécier cet ouvrage admirable qui est comme la fine fleur de l'esprit français au dix-septième siècle ; je prie instamment le lecteur de se souvenir, en parcourant ces pages, qu'il a sous les yeux, non pas mes idées personnelles, mais celles de tous les grands critiques modernes, dont je ne suis que l'humble secrétaire.

Je remercie, en terminant, M. F. Bouillier, membre de l'Institut et inspecteur général de l'Université, des encouragements qu'il m'a donnés et qui n'ont pas peu contribué à me soutenir dans ma longue et laborieuse tâche.

Lyon, 18 mars 1877.

HORION.

— EXPLICATION

DU THÉATRE CLASSIQUE

CORNEILLE

LE CID

ANALYSE DE LA TRAGÉDIE.

Rodrigue, fils de don Diègue, et Chimène, fille du comte don Gomez de Gormaz, s'aiment réciproquement, et rien ne paraît s'opposer à leur mariage. Leurs parents approuvent leur inclination et, au moment même où commence l'action, don Diègue doit demander au comte la main de Chimène pour son fils... Mais tout à coup une rivalité s'élève entre les deux pères : chacun d'eux aspire à devenir gouverneur du prince de Castille, fils de don Fernand ; c'est le plus âgé, don Diègue, qui obtient la préférence ; au sortir du conseil où ce choix vient d'être décidé, le comte irrité insulte le vieillard et lui donne un soufflet. Don Diègue met l'épée à la main, mais sa force trahit son courage et il remet à son fils le soin de sa vengeance. Rodrigue, en apprenant qu'il faut se mesurer avec le père de Chimène, reste anéanti sous le coup d'un pareille nouvelle ; il hésite quelque temps, mais bientôt le sentiment de l'honneur l'emporte, et il se décide à aller trouver l'insulteur de son père pour le provoquer en duel. Sur ces entrefaites, avant que les deux adversaires soient aux prises, le roi apprend l'affront fait par le comte au gouverneur de son fils et envoie immédiatement un gentilhomme de sa cour, don Arias, pour lui ordonner de faire des excuses à don Diègue ; celui-ci refuse et l'ambassadeur de Fernand retourne auprès de son maître pour lui rendre compte de son message inutile. A peine est-il parti, que Rodrigue rencontre son adversaire sur une place publique et le provoque. Don Gomez repousse d'abord avec dédain un pareil défi, mais serré de près par son adversaire inflexible, il accepte et tous deux partent pour se battre dans un lieu écarté. A ce moment Chimène qui n'a aucune connaissance de ce duel, mais qui connaît le soufflet donné par son père et craint les conséquences de cet outrage, se livre aux réflexions les plus douloureuses. Elle connaît la faiblesse de don Diègue, mais elle comprend que Rodrigue se chargera de sa vengeance, elle lui saurait même mauvais gré de ne pas le faire ; elle souhaite donc ce duel, tout en l'appréhendant. Au milieu de ces perplexités dont l'Infante est la confidente, elle apprend d'un page que son père et son amant sont sortis du palais pour se battre et elle vole pour arrêter leur bras ; pendant qu'elle fait cette démarche, le roi, qui vient d'apprendre le refus du comte d'obtempérer à ses ordres, envoie un second messager don Alonze pour arrêter le rebelle. Mais Chimène et le roi apprennent bientôt que Rodrigue a tué le comte. Chimène après la mort de son père fait taire la voix de son amour pour ne plus écouter que celle de son devoir. Dans celui qu'elle aime elle ne voit plus que le meurtrier de son père et elle court demander sa mort au roi. Don Diègue se présente en même temps qu'elle devant le tribunal de Fernand pour défendre celui qu'elle vient accuser. Le roi, en apparence indécis, mais parfaitement fixé en réalité sur la conduite qu'il doit tenir, répond, pour ménager la douleur de Chimène et lui donner un semblant de satisfaction, qu'il soumettra cette affaire à son conseil. En attendant il donne l'ordre de faire prisonnier sur parole don Diègue, cause première du duel, d'arrêter le meurtrier, et de reconduire l'orpheline dans sa maison. Les émissaires du roi cherchent inutilement Rodrigue, parce qu'à la faveur des ombres de la nuit, il s'est réfugié dans la maison même de Chimène, comme dans un asile sacré ; il l'a fait du reste à son insu, pendant son absence, au moment où elle faisait de son côté une démarche au palais pour demander sa mort au roi. Elle revient, mais Rodrigue ne se montre pas immédiatement à elle ; caché dans une chambre d'où il peut tout entendre sans être vu, il assiste à une scène de confidence entre elle et sa suivante Elvire, confidence où il apprend que Chimène l'aime toujours, qu'elle s'afflige de la cruelle situation que son courage vient de leur faire à tous deux, mais que néanmoins elle est décidée à maintenir son appel en justice. En même temps elle ajoute un aveu qu'autorise la liberté de sa conversation avec Elvire, c'est que, si sa poursuite est suivie d'effet, elle accompagnera son amant dans la tombe. Rodrigue paraît à ce moment, se jette aux pieds de Chimène, lui offre son épée et la prie, puisqu'elle désire sa mort, de la lui donner elle-même. Naturellement Chimène refuse de se prêter à cette sanglante exécution, et lui annonce, comme elle vient de le faire à Elvire, qu'elle l'aime, mais qu'elle continuera à demander sa mort, tout en faisant des vœux pour ne pas l'obtenir; elle n'ajoute pas cette fois qu'elle le suivra dans la tombe. Après cette déclaration, elle le prie de profiter des ombres de la nuit pour échapper aux poursuites dont il est l'objet. Rodrigue la quitte, partagé entre le plaisir que lui cause l'aveu de son amour et le tourment qu'il éprouve de son inflexibilité. Arrivé dans la rue, toujours au milieu de l'obscurité propice qui le dérobe aux regards, il rencontre son père qui le cherche de tout côté pour le féliciter de sa noble conduite. Rodrigue sourd à ces éloges et tout entier à son chagrin ne peut s'empêcher de se laisser aller devant lui au désespoir et même à des pensées de suicide. Son père relève son courage, en l'engageant à vivre, ou du moins à chercher une mort utile à son pays. L'occasion s'en présente; il lui apprend en effet, ce que tout le monde sait déjà, mais ce qu'il ignore parce qu'il était caché chez Chimène, que les Maures sont en vue, et que dans une heure ils seront sur les murs de Séville. Il ajoute qu'il met à sa disposition une petite armée de cinq cents gentilshommes, accourus dans sa maison depuis quelques heures pour lui prêter main forte contre le comte, dans le cas où il n'aurait pas voulu se charger lui-même de sa vengeance. Rodrigue à cette nouvelle n'hésite plus, se met à la tête de cette armée improvisée, court vers le port et met en fuite les Maures déconcertés. Le lendemain matin, on apprend qu'il a sauvé l'Etat. Les habitants de Séville, le roi, tout le monde comprend que son châtiment est désormais impossible. Chimène seule s'obstine à demander sa mort et renouvelle sa démarche de la veille au soir. Cette fois don Fernand non-seulement n'écoute pas ses plaintes, mais encore lui tend un piége pour la forcer d'avouer son amour; il lui annonce que Rodrigue est mort la nuit des suites de ses blessures. Ce stratagème réussit; Chimène s'évanouit aux yeux de toute la cour, mais le roi la détrompe bientôt et elle revient à elle, toute confuse de s'être trahie. Cependant, pour prouver que le devoir est plus fort chez elle que la passion, elle redemande sa mort; le roi refuse; elle recourt alors à un autre moyen de vengeance, le jugement de Dieu par les armes, c'est-à-dire qu'elle demande au roi l'autorisation de choisir elle-même un champion qui combattra

Rodrigue en champ clos et à qui elle accordera sa main s'il revient vainqueur. Le roi après une longue hésitation consent à cette épreuve, mais à la condition que les chances du combat soient les mêmes pour Rodrigue que pour son adversaire, c'est-à-dire que Chimène l'épouse, s'il est victorieux. Cette proposition agrée à Chimène, don Sanche s'offre pour être son tenant; il est accepté et il part pour se battre. Chimène de son côté rentre du palais dans sa maison. Tout à coup devant elle apparaît une seconde fois Rodrigue, Rodrigue qui vient d'apprendre sa seconde démarche, le duel qui lui est imposé avec don Sanche, et qui vient lui faire ses adieux avant de mourir; car il veut se laisser tuer par son adversaire, puisqu'elle s'obstine à vouloir sa mort. Rodrigue en cette circonstance n'a pour but que d'arracher à Chimène l'ordre de vivre et de vaincre; elle le lui donne en lui disant : « Sors vainqueur d'un combat dont Chimène est le prix. » Rodrigue s'éloigne plein d'enthousiasme et de confiance, ou de moins décidé à disputer sa vie à don Sanche. Cependant Chimène n'est pas sans inquiétude sur l'issue de ce duel; tant qu'il dure elle est en proie à de vives alarmes; ce qu'elle appréhende le plus c'est d'épouser un autre homme que Rodrigue; tout à coup don Sanche paraît devant elle, porteur d'une épée qu'il lui présente en s'agenouillant; elle la prend pour celle de Rodrigue, elle croit Rodrigue mort et, sans laisser à don Sanche le temps de s'expliquer, elle le traite d'exécrable assassin. Au milieu de ce quiproquo, entre le roi qui la tire de son erreur. Cette épée, lui dit-il, est celle de don Sanche lui-même désarmé par Rodrigue et chargé par son vainqueur de déposer à ses pieds ce trophée de sa victoire. Si Rodrigue n'est pas venu personnellement, c'est que son devoir l'a appelé ailleurs. Fernand, après lui avoir donné cette longue explication, lui rappelle sa promesse d'épouser le vainqueur quel qu'il soit; elle le supplie de la dégager de sa parole, elle lui représente qu'un mariage avec le meurtrier de son père serait une inconvenance, une sorte de parricide; tout ce qu'elle peut faire, pour prouver au roi son obéissance, c'est de ne plus demander sa mort. « *Et quand un roi commande, on lui doit obéir,* » mot qui signifie qu'elle renonce à toute poursuite et non qu'elle acquiesce à l'idée d'un mariage avec Rodrigue. Le roi ne tient aucun compte de ce refus; comme il est persuadé, à tort ou à raison, qu'elle ne demande pas mieux que de l'épouser (ce qui ne ressort nullement de ses dernières paroles), il prend un moyen terme et déclare que leur mariage aura lieu à la fin du deuil de Chimène, c'est-à-dire dans un an :

> Prends un an, s'il le faut, pour essuyer tes larmes.

Rodrigue accepte cet heureux augure, et Chimène prouve par son silence qu'elle continue de refuser la proposition du roi. Ainsi le mariage des deux jeunes gens non-seulement ne s'effectue pas à la fin de pièce, mais encore est présenté par le roi d'une manière tellement hypothétique pour l'avenir qu'on est autorisé à dire qu'il ne s'effectuera jamais, puisque la personne la plus intéressée dans cette question, la jeune fille n'a pas déclaré y consentir. Le dernier mot de cette tragédie pourrait donc être le même que celui de Roméo et de Juliette de Shakspeare : le ciel se sert de l'amour des enfants pour expier les inimitiés des pères. (SHAKSPEARE, *Roméo et Juliette*, V, III.)

PARAGRAPHE I

Date de la pièce. — Dédicace. — Explication du titre primitif : *Tragi-comédie*. — Histoire de ce mot dans l'antiquité et de nos jours ; ses progrès, sa décadence et ses métamorphoses. — Du génie créateur de Corneille.

Première question. — *Quelle est la date de la première représentation du* Cid ?
1636.

Deuxième question. — *Avec quel grand événement politique coïncide la première représentation du* Cid ?

Avec la reprise de Corbie sur les Espagnols. Corbie fut reprise le 14 novembre 1636 ; le *Cid* fut joué fin décembre de la même année. Cette pièce coïncide donc avec l'expulsion des Espagnols du territoire français. Nos ennemis, après avoir poussé leurs avant-postes jusqu'à Compiègne (13 lieues de Paris), après avoir fait craindre un instant pour la capitale, avaient été refoulés au delà des frontières, grâce au génie militaire de Richelieu. Les Français sortaient d'une grande crise ; aux cris de fureur qui s'étaient élevés contre le cardinal succédaient des cris d'enthousiasme, car la reprise de Corbie sauvait le royaume. C'était l'heure où Voiture, qui n'avait jamais publié que des lettres traitées à bon droit par Voltaire de baladinage, écrivait sur le dernier fait d'armes de Richelieu la seule lettre sérieuse qui soit sortie de sa plume, cette lettre si éloquente et si française qui révèle dans ce bel esprit un sens politique supérieur et que Sainte-Beuve appelle une page d'histoire. Ainsi, la première représentation du *Cid* sur le théâtre français ressemble à une fête que Paris et la France entière se donnent en mémoire de la délivrance du territoire.

Troisième question. — *A qui la tragédie du* Cid *est-elle dédiée ?*

A la nièce de Richelieu, Mme de Combalet, qui devint duchesse d'Aiguillon en 1637. Sa mère était la sœur même du cardinal de Richelieu et son père René de Vignerot. L'épître dédicatoire de Corneille lui fut adressée un mois environ après la première représentation du *Cid*, c'est-à-dire fin janvier 1637, à une époque où Richelieu avait déjà commencé à persécuter l'œuvre de Corneille, car le procès du *Cid* devant l'Académie date de janvier 1637; Voltaire a donc raison, quoiqu'on l'ait accusé d'erreur à ce sujet, quand il dit que Corneille, en dédiant cette pièce à la nièce du cardinal, chercha à s'assurer un appui auprès de son redoutable ennemi; que cette protection ne lui fut pas inutile, et que sans l'intervention de Mme de Combalet, Corneille aurait peut-être été entièrement disgracié. D'ailleurs Corneille le dit lui-même dans son épître dédicatoire où on lit cette phrase qui ne peut être qu'une allusion au bienveillant appui de la nièce de Richelieu : « J'en ai ressenti les effets et je vous ai de grandes obligations. »

Quatrième question. — *Que faut-il penser du ton de cette épître dédicatoire ?*

Il ne ressemble pas au ton des autres épîtres dédicatoires de Corneille ; il est noble et mesuré ; ni l'amour-propre ni la gloire du poëte n'ont eu à en souffrir. On voudrait pouvoir en dire autant de la dédicace d'*Horace* et surtout de celle de *Cinna*, dont le ton obséquieux dépasse les bornes, quoique les humbles formules des épîtres dédicatoires qui choquent nos habitudes fussent dans les mœurs du temps. Cette différence de ton d'une épître à l'autre correspond évidemment à un redoublement de pauvreté dans l'intérieur du grand poëte.

Cinquième question. — *Que faut-il penser du soin que prend Corneille d'établir en quelque sorte la tragédie du* Cid *dans la famille de son persécuteur ?*

Cela n'a rien de contraire aux mœurs du temps, mais cela nous fait faire de tristes réflexions sur la condition des gens de lettres au dix-septième siècle. A cette époque, la fortune et la noblesse étaient tout, le mérite personnel peu de chose, sinon rien. Les écrivains étaient presque tous pauvres et dépendaient entièrement des grands; ils faisaient partie de ce qu'on appelait alors leur *domesticité*. On était le *domestique* d'un prince, d'un grand seigneur; c'était un titre et personne ne s'en offensait; ainsi Pellisson, dans son *Histoire de l'Académie*, parle de plusieurs académiciens *domestiques* du chancelier Séguier (page 155). Les gentilshommes pauvres eux-mêmes se faisaient les domestiques des gentilshommes riches; le cardinal de Retz, voyageant en Italie, avait à sa suite comme domestiques huit gentilshommes; le cousin même de ce cardinal, nommé Larochepot, était domestique du duc d'Orléans, Il n'est pas impossible que Corneille eût dans la maison même de Richelieu ce titre de domestique ou quelque fonction équivalente. La pauvreté et les charges de famille qui pesaient sur lui (il était le seul soutien de sa mère veuve et de ses cinq frères ou sœurs) l'obligeaient d'accepter cette condition, quoi qu'il en souffrît :

> J'en fais souvent reproche à ce climat heureux (la cour),
> Je me plains aux plus grands comme aux plus généreux ;
> Par trop m'en plaindre en vain je deviens ridicule
> Et l'on ne m'entend pas ou bien l'on dissimule.
> (*Épitre de la Poésie à la Peinture.*)

Et ailleurs il se plaint « *de ce je ne sais quoi d'abaissement secret auquel un noble cœur a peine à descendre.* » Il était forcé de s'y résigner, parce que la nécessité était plus forte que les délicatesses.

D'ailleurs la condition des gens de lettres n'était pas meilleure à cette époque en Angleterre qu'en France, et l'on peut trouver à ce sujet de curieuses relations dans les *Vies des Poëtes*, par Johnson, et les *Mémoires* de Samuel Pépys.

EXPLICATION DU TITRE *Tragi-Comédie.*

Sixième question. — *Pourquoi la tragédie du* Cid *portait-elle primitivement le titre de* Tragi-Comédie?

On a donné deux explications de ce fait : la première, qu'on pourrait appeler banale, et la seconde savante. Nous commencerons par la première.

Première explication.

Corneille avait primitivement intitulé sa pièce *Tragi-Comédie*, parce qu'on y trouve plusieurs situations non pas précisément comiques dans le sens ordinairement attaché à ce mot, c'est-à-dire risibles, mais plus appropriées à la comédie qu'à la tragédie ; on ne les aperçoit pas et on n'a pas le temps d'en sourire, parce qu'on est emporté par un courant d'événements tragiques, mais elles existent. Les voici :

1° *La conduite imprudente du roi Fernand*, qui sait que les Maures ont été vus à quelques lieues de la ville, qu'ils peuvent arriver la nuit même et ne prend néanmoins aucune précaution pour les repousser, sous prétexte de ne pas alarmer ses sujets. Cette placidité par trop débonnaire fait du roi non pas un personnage ridicule, comme on l'a prétendu à tort, mais un personnage de comédie plutôt que de tragédie. On sent trop que cette imprudence du roi n'est qu'un artifice du poëte qui a besoin de faire remporter cette nuit même une victoire à son héros pour rendre son châtiment impossible et renouer son mariage avec Chimène rompu par la mort du comte.

2° *Les efforts de l'Infante*, qui cherche durant toute la pièce à s'insinuer dans le cœur de Rodrigue sans y parvenir. Une illusion vraiment comique la porte à calculer sans cesse les chances qu'elle a d'épouser Rodrigue, toutes les fois qu'elle apprend que Chimène persiste dans son ressentiment et renonce par conséquent à son projet de mariage. Une illusion opposée lui fait passer une partie de son temps à accorder ce qui ne lui appartient pas, c'est-à-dire à donner la main de Chimène à Rodrigue qui n'a pas besoin de sa permission pour la prendre. L'Infante se laisse aller à ces dernières pensées, quand elle consulte le sentiment de sa dignité et qu'elle refuse d'épouser un jeune homme rebuté par Chimène, qui n'est pas fils de roi. Toutes ces situations ont quelque chose de comique.

3° *Les efforts de don Sanche*, qui, par un jeu semblable à celui de l'Infante, cherche durant toute la pièce à s'insinuer dans le cœur de Chimène sans y parvenir. L'Infante et don Sanche se font pendant l'un à l'autre. Tous deux appartiennent à cette famille de personnages assez nombreuse dans Corneille, qu'on peut appeler les amoureux en seconde ligne, par ricochet, qui se trouvent derrière le préféré, épiant les circonstances favorables. Ils jouent tous un rôle un peu comique, quelquefois ridicule. C'est à cette classe qu'appartiennent encore Valère dans la tragédie d'*Horace* et Maxime dans celle de *Cinna*.

4° *La scène où don Sanche*, après avoir été accepté par Chimène pour son tenant dans le combat avec Rodrigue, au lieu de recevoir d'elle des compliments comme il s'y attendait, quand il revient vivant déposer son épée à ses genoux, n'en reçoit que des injures (V, v). Il y a dans cet accueil inattendu quelque chose qui fait sourire.

5° *Certains passages du rôle d'Elvire*, confidente de Chimène, entre autres celui où elle plaisante sa maîtresse, parce que celle-ci souhaite de voir Rodrigue tué par don Sanche, vœu qui impatiente Elvire :

> Vous ne méritez pas l'amant qu'on vous destine
> Et nous verrons du ciel l'équitable courroux
> Vous laisser par sa mort don Sanche pour époux. (V, v.)

Ce passage est curieux. Il est tellement vrai de dire qu'il est comique, qu'il rappelle plusieurs scènes analogues de Molière, où un personnage s'amuse à en taquiner un autre en lui prêtant une action contraire à celle qu'il veut faire ou qu'il faut faire, et cela parce que ce dernier manque d'initiative ou de franchise. Ainsi, dans *Tartuffe*, Dorine, suivante de Mariane, impatientée de voir que sa maîtresse refuse de demander à son père Orgon, Valère pour époux, quoiqu'elle l'aime, lui dit qu'elle épousera Tartuffe : « Vous serez, ma foi, Tartufficée » (II, III). La ressemblance des deux passages est frappante.

6° *Le stratagème du roi Fernand*, qui, pour arracher à Chimène l'aveu de son amour, lui fait croire que Rodrigue est mort à la suite de ses blessures reçues pendant la nuit, tandis qu'en réalité il est vivant et caché dans une chambre voisine où il s'est insinué à l'arrivée de Chimène, sur le conseil du roi. Cette ruse a un caractère comique, ainsi que l'événement qui en est la conséquence, à savoir une déclaration du roi qui peut se résumer ainsi : « Allons ! courage ! et maintenant que tu as pleuré, réjouis-toi, car Rodrigue est vivant, c'est la volonté de ton roi. » Il joue avec la douleur de Chimène ; tout ce passage appartient à la comédie.

Seconde explication.

On appelait *tragi-comédie*, au dix-septième siècle, toute pièce de théâtre dont l'intrigue était tragique, comme celle du *Cid*, où il y a effusion de sang, et le dénoûment heureux; ou encore toute pièce de théâtre qui n'offrait pas d'intrigue tragique, mais dont les personnages appartenaient à un rang distingué, comme rois, princes, comtes, gentilshommes, et dont le dénoûment était heureux. Quelquefois, au dix-septième siècle, les deux conditions de l'intrigue tragique et de la distinction des personnages étaient réunies, comme dans le *Cid*, à l'heureuse issue du dénoûment; quelquefois une des deux premières conditions seulement était réalisée; peu importait; ce qui était indispensable, c'est qu'une des deux se rencontrât et, de plus, que le dénoûment n'offrît aucune catastrophe sanglante. Dans ces deux cas, la pièce prenait le titre de tragi-comédie. Cette seconde explication est justifiée par de nombreux exemples empruntés au théâtre classique.

Le mélange de l'élément tragique et de l'élément comique détermine le titre d'après la première explication; mais d'après la seconde, c'est le caractère de l'intrigue ou celui des personnages; quelquefois ces deux conditions réunies, accompagnées d'un dénoûment heureux. La seconde explication est plus historique et par conséquent plus vraisemblable.

Histoire du mot *Tragi-Comédie*.

Nous croyons devoir ajouter l'histoire du mot tragi-comédie (car ce mot a une histoire), comme un exemple curieux des vicissitudes que peuvent subir les mots les plus simples. Ce mot a six sens différents : un dans l'antiquité, quatre au dix-septième siècle, un au dix-huitième siècle et de nos jours.

1° *Sens de ce mot dans l'antiquité.*

Par tragi-comédie, les anciens entendaient une pièce quelconque, triste ou gaie, dont les personnages étaient mélangés, c'est-à-dire appartenaient aux classes supérieures et aux classes inférieures; une pièce, par exemple, qui offrait d'un côté des dieux, des demi-dieux, des rois ou des généraux, et de l'autre un ou plusieurs esclaves, et même un ou plusieurs individus appartenant à la classe moyenne appelée bourgeoisie. Peu importait aux anciens le caractère de l'intrigue pour le titre de leurs pièces, ils ne faisaient attention qu'au caractère des personnages; ils appelaient tragédie toute pièce, même gaie, dans laquelle paraissaient soit exclusivement, soit en majorité, des personnages nobles; comédie, toute pièce, même triste, dans laquelle paraissaient exclusivement ou en majorité des personnages communs; et, par suite, tragi-comédie, toute pièce dans laquelle paraissaient simultanément de grands personnages et des esclaves, abstraction faite de l'intrigue. D'après cette théorie, si l'*Amphitryon* de Plaute a le titre de tragi-comédie, ce n'est pas parce que Sosie est comique et Amphitryon tragique, c'est parce que cette pièce compte parmi ses personnages d'un côté des dieux et des rois, de l'autre, des bourgeois et des esclaves; à n'en considérer que l'intrigue, c'est une comédie pure.

Voici la preuve de ce que nous venons d'avancer : Plaute dit, dans le prologue de son *Amphitryon* récité par Mercure : *Faciam ut commixta sit tragico-comœdia* (vers 59). « Je ferai en sorte de représenter devant vous une tragi-comédie mêlée. » On pourrait croire que ce mot signifie une pièce mêlée de tragique et de comique, d'autant plus que l'œuvre de Plaute offre le mélange des deux tons; mais l'auteur continue : *Quid contrahitis frontem? Quia tragœdiam dixi futuram hanc? Deus sum.* « Pourquoi froncez-vous le sourcil? Parce que je vous ai dit que cette pièce serait une tragédie? Ne suis-je pas dieu? » Ainsi les spectateurs s'attendaient à une comédie, mais comme il y a un dieu dans la pièce, c'est une tragédie. Plus loin, Mercure donne l'explication de la seconde partie du titre :

> Quoniam hic servus quoque partes habet,
> Faciam hanc proinde, ut dixi, tragi-comœdiam.

Comme il y a un esclave dans la pièce, c'est une comédie; d'où il résulte que toute pièce qui réunit des dieux et des esclaves prend le nom mixte de tragi-comédie : *commixta sit tragi-comœdia.*

Voici une preuve plus évidente encore de l'influence exclusive des personnages sur le titre des pièces de théâtre dans l'antiquité. Un poëte dramatique pouvait changer une tragédie en comédie ou une comédie en tragédie, sans rien modifier ni à l'intrigue ni au dénoûment, mais seulement en y introduisant un dieu ou un esclave; s'il y introduisait un dieu, sa pièce de comédie devenait tragédie; s'il y introduisait un esclave, de tragédie elle devenait comédie. C'est encore Plaute qui nous l'apprend dans le prologue de son Amphitryon où Mercure s'exprime ainsi : *Faciam ut ex tragœdia comœdia sit, omnibus iisdem versibus.* Il m'est facile de faire de ma tragédie une comédie, sans en changer un seul vers. Ainsi c'était le mélange des personnages nobles et vulgaires qui déterminent le titre de tragi-comédie dans l'antiquité, sans aucune considération de l'intrigue ni du dénoûment. Tel est le sens du mot tragi-comédie chez les anciens.

II. — *Sens de ce mot au dix-septième siècle.*

Ce mot a quatre sens au dix-septième siècle; il signifie : 1° toute pièce dont l'intrigue est tragique et le dénoûment heureux; — 2° toute pièce dont les personnages sont d'un rang distingué et le dénoûment heureux; — 3° toute pièce dont les personnages sont d'une classe commune et le dénoûment funeste; — 4° toute pièce qui offre le mélange de situations tragiques et de situations comiques. Les deux premiers sens sont admis par Rotrou et Corneille et la plupart des écrivains, ainsi que par l'opinion publique; les deux autres sont exceptionnels et mal vus du public et des écrivains. Pour cette raison on est autorisé à dire que ce qui détermine le titre de tragi-comédie au dix-septième siècle, c'est le caractère du dénoûment heureux uni à une de ces deux conditions : intrigue tragique ou tout simplement personnages nobles. Ainsi le mot comédie, dans tragi-comédie, n'est pas une allusion aux épisodes comiques disséminés dans la pièce, fussent-ils nombreux; c'est une allusion au dénoûment heureux, s'il est question d'une des deux premières espèces de tragi-comédies; aux personnages communs, s'il est question de la troisième. Un auteur avait beau semer sa pièce d'épisodes tragiques et comiques, elle ne s'appelait pas pour cela tragi-comédie, si elle ne réalisait pas les conditions précédentes; ainsi le *Clitandre* de Corneille, quoique mêlé de comique et de tragique s'appelle *Tragédie* et le *Don Juan* de Molière conçu dans le même esprit que le *Clitandre* s'appelle comédie, parce que, si les personnages de ces deux pièces sont illustres, le dénoûment en est malheureux. D'un autre côté si le mélange du tragique et du comique se rencontrait dans une pièce intitulée tragi-comédie, elle ne devait pas son titre à ce mélange, mais à l'association des personnages nobles ou de l'intrigue tragique au caractère heureux du dénoûment. Telle est la théorie de la tragi-comédie au dix-septième siècle.

C'est un contemporain de Corneille lui-même qui nous apprend qu'à cette époque le titre dont nous parlons était déterminé par le caractère du dénoûment. Voici comment s'exprime à ce sujet Mlle Anne Le Fèvre dans la préface d'une traduction de l'*Amphitryon* de Plaute, parue en 1683 : « Les anciens nommaient leurs pièces ou tragédies ou comédies selon le caractère des personnes qu'ils y introduisaient, au lieu que nous, nous appelons abusivement tragi-comédie une pièce dont le style est relevé, mais dont la fin n'a rien de tragique [1]. » C'est dans ce sens que Rotrou et Corneille, les deux maîtres du théâtre français au dix-septième siècle, ont pris ce mot, et on peut dire que leur opinion a prévalu; cependant on peut croire que ce ne fut pas sans contestation, et que d'autres écrivains y attachèrent un sens différent.

Ainsi on rencontre au dix-septième siècle un certain nombre de pièces composées par des écrivains secondaires et intitulées tragi-comédies, quoiqu'elles se terminent par un assassinat ou une mort quelconque; dans ce cas le titre est déterminé évidemment par le mélange du comique et du tragique; Hardy par exemple qui vivait au début du dix-septième siècle intitule tragi-comédies quelques-unes de ses pièces dont le dénoûment est tragique. Jean de Schelandre termine sa tragi-comédie de *Tyr et Sidon* parue en 1608 par un assassinat; son titre tient aux scènes comiques intercalées au milieu des scènes tragiques; il y en a en effet quelques-unes dignes de la verve effrontée d'Aristophane.

Montfleury dans l'*Ambigu-Comique* (1683), a mis trois actes sérieux et trois intermèdes bouffons. Il dit dans sa préface qu'il se propose un mélange sans confusion des beautés tragiques et des beautés comiques. Il ressort de cette exception que le mot tragi-comédie a un quatrième sens qu'il faut ajouter aux trois précédents; toutes ces explications prouvent que la signification de ce mot a été assez flottante au dix-septième siècle, et que tout le monde ne l'entendait pas comme Rotrou et Corneille. Cette divergence d'idées tient à ce que les poëtes secondaires avaient vis-à-vis de l'Académie et de Richelieu plus

---

1. Mademoiselle Anne Le Fèvre. *Traduction de Plaute*, dédiée à Colbert. Tome 1er, page 219. Paris, 1683. Denys Thierry, libraire, rue Saint-Jacques.

d'indépendance d'esprit que Corneille. Tandis que celui-ci rappelé à l'ordre par ces deux autorités se soumettait à moitié en supprimant l'intrigue comique et en ne laissant plus subsister l'élément comique que dans le dénoûment heureux, les écrivains secondaires, qui n'avaient pas eu maille à partir avec les puissances, maintenaient l'intrigue comique. Ils ne se gênaient pas là où Corneille se gênait; ils s'affranchissaient réellement de la régularité classique en mêlant les genres, tandis que Corneille ne mettait qu'une légère différence entre la tragédie régulière et la sienne, puisque cette différence ne portait que sur l'événement final; en un mot, les écrivains secondaires étaient des révolutionnaires, tandis que Corneille n'était qu'un novateur.

Tels sont les quatre sens du mot tragi-comédie au dix-septième siècle.

Pour compléter l'histoire de ce mot à cette époque nous ajouterons ici quelques détails sur le lieu, l'époque et les causes de son apparition, sur ses progrès, sa décadence et ses métamorphoses.

Malgré la vogue dont ce mot a joui en France sous le règne de Louis XIV, ce n'est ni en France, ni au dix-septième siècle qu'il est né, c'est en Italie et au seizième siècle; c'est du théâtre italien que les écrivains français, aussi grands imitateurs à cette époque de la littérature italienne que de la littérature espagnole, l'ont importé sur le théâtre français. C'est Garnier, médiocre prédécesseur de Corneille qui l'a introduit parmi nous en 1582. Il fit fortune parce qu'il répondait à un besoin d'innovations qui travaillait alors tous les esprits; en effet, à la fin du seizième siècle et au commencement du dix-septième, de 1550 à 1600, une véritable anarchie théâtrale règne sur la scène française; le souvenir ne nous en est qu'imparfaitement parvenu parce que le génie de Corneille a fini par la discipliner; elle avait pour principal caractère le mélange des genres. Cette confusion des règles et ces tentatives désordonnées de réformes furent la conséquence de nos relations intellectuelles avec l'Angleterre, l'Espagne et l'Italie, c'est-à-dire avec des peuples dont la littérature est pleine de caprice et d'imprévu, comme les drames de Shakspeare, le *Roland Furieux* de l'Arioste, les *Nouvelles* de Cervantes, les pièces de Lope de Véga, et un peu plus tard celles de Caldéron. La tragi-comédie est comme l'expression de cette indépendance littéraire qui gagna la France; elle eut son code, ses lois et même son manifeste; que dis-je?

elle eut ses manifestes, car elle en eut deux; le premier fut rédigé en 1608 par Jean de Shélandre, gentilhomme huguenot, dans la préface qu'il mit en tête d'une tragédie intitulée *Tyr et Sidon*. Ce poëte est après Hardy le premier novateur qui ait tenté de faire école; sa préface tend à justifier l'alliance du comique et du tragique; c'est l'aïeule de la fameuse préface du *Cromwel* de Victor Hugo; c'est la plus ancienne théorie connue en France sur la poétique qui a triomphé de nos jours sous le nom de drame. On peut la lire dans l'ancien théâtre français (tome VIII, Bibliothèque elzévirienne). Le second fut rédigé en 1640 par Scudéry en tête d'une pièce intitulée *Andromire*; cette œuvre est précédée d'une préface que l'on peut considérer comme le développement de celle de Jean de Shélandre; on y lit cette apologie de la tragi-comédie : « Ce beau et divertissant poëme sans pencher trop vers la sévérité de la tragédie, ni vers le style railleur de la comédie, prend les beautés les plus délicates de l'une et de l'autre, et, sans être ni l'une ni l'autre, on peut dire qu'elle est toutes les deux ensemble, et même quelque chose de plus. »

La tragi-comédie, grâce à ses nombreux protecteurs et au besoin de nouveauté qui régnait au commencement du dix-septième siècle, jouit à cette époque d'une grande popularité; elle marcha à visage découvert de 1582, année où Garnier l'introduisit en France, jusqu'en 1636, année où Richelieu par l'intermédiaire de l'Académie française disciplina le théâtre. Cette année-là, la tragi-comédie fut obligée, comme un sujet rebelle, de faire sa soumission; elle s'effaça et fit place à la tragédie proprement dite. C'est en effet pour se soumettre à la décision de l'Académie que Corneille effaça du frontispice du *Cid* le titre séditieux de tragi-comédie, pour y substituer celui de tragédie; la sentence de l'Académie était un ordre de soumission à l'autorité; Corneille raya son titre qui était un appel d'indépendance. Le poëte Mairet fut chargé d'exécuter l'arrêt de proscription lancé par Richelieu contre la tragi-comédie; il fut aussi choisi par ce ministre pour inaugurer les lois de la véritable tragédie classique; c'est ce qu'il fit dans sa préface de *Silvanire* et dans sa tragédie de *Sophonisbe*. Corneille se soumit à la volonté de Richelieu et aux prescriptions réglementaires de Mairet. Mais tous les écrivains n'imitèrent pas Corneille; les réfractaires furent nombreux; beaucoup rompirent des lances pour les libertés du théâtre; il s'éleva alors autour de cette question une guerre de traités et de préfaces; la tragi-comédie, officiellement condamnée, tentait de renaître ; c'est qu'au fond de ce débat, il y avait autre chose que la règle des trois unités ; il y avait la lutte de la tragédie classique et du drame libre, comme plus tard en 1828, la lutte de l'école classique et de l'école romantique. C'est l'époque des tragi-comédies de Théophile, de Boisrobert, de Scudéry, de Rotrou, de Thomas Corneille et des innombrables auteurs dont les pièces portent ce titre insurrectionnel. Le nombre est prodigieux alors de ces pièces[1] où l'on retrouve cette variété du drame moderne sacrifiant l'émotion à la curiosité, les caractères et les passions aux événements, l'analyse morale à l'imbroglio, et mêlant dans une sorte de style mitoyen le ton comique au ton tragique. C'est l'âge d'or de la tragi-comédie en France, de 1636 à 1665. Enfin, après des péripéties diverses, cette lutte du théâtre libre contre le théâtre régulier se termina par le triomphe du théâtre régulier. C'est Racine qui l'assura en 1665 par sa tragédie d'*Alexandre*, et c'est l'abbé d'Aubignac, l'oracle de la critique à cette époque, qui se chargea de rédiger le code des nouvelles lois dans sa lourde et pédante *Pratique du Théâtre* parue en 1669. On voit avec quelle lenteur la tragédie régulière se dégagea de la tragédie irrégulière, ou tragi-comédie. Il fallut pour vaincre ce sujet rebelle l'esprit même du siècle,

---

1. En voici quelques exemples : 1° Garnier, auteur de huit tragi-comédies dont la principale est *Bradamante*, imitée de l'Arioste. — 2° Hardy, auteur de cinquante-quatre pièces dont la plupart portent le titre de tragi-comédie. — 3° Jodelle, *Cléopâtre* et *Didon*. T.-C. — 4° Jean de Shélandre, *Tyr et Sidon*. — 5° Théophile Viaud, *Pyrame et Thisbé*, 1617. — 6° Boisrobert, dix-huit pièces intitulées la plupart tragi-comédies. — 7° Rotrou, sur trente-six pièces, dix-sept sont intitulées tragi-comédies. — 8° Scudéry, seize pièces intitulées pour la plupart tragi-comédies. — 9° Thomas Corneille, cinq ou six. — 10° Scarron a composé des nouvelles intitulées tragi-comiques, inspirées par les romans picaresques (*picaro*, *gueux*) de l'Espagne ; les personnages de ces nouvelles appartiennent aux classes élevées, mais ce sont des récits bourgeois par les rôles subalternes que l'auteur y mêle. — 11° Montfleury, l'*Ambigu comique*, 1682, pièce composée de trois actes sérieux et de trois intermèdes bouffons. L'auteur déclare dans sa préface qu'il veut faire une nouveauté en s'appuyant sur le théâtre espagnol et qu'il se propose un mélange sans confusion des beautés tragiques et des beautés comiques. — 12° Quinault, les *Coups de l'Amour et de la Fortune*, tragi-comédie en cinq actes et en vers, 1655. Les œuvres de Quinault sont des œuvres mixtes qui réunissent tous les tons, celui de la comédie et celui de la tragédie ; il a même fait une pièce intitulée : *la Comédie sans Comédie* (1665) qui réunit quatre genres : la tragédie, la comédie, la tragi-comédie, la pastorale. — 13° Corneille, *Nicomède*, *Don Sanche*, *Clitandre*. — 14° Molière, *Don Juan* ou le *Festin de Pierre*, 1665. Cette pièce intitulée comédie est une vraie tragi-comédie ; le terrible s'y mêle sans cesse au bouffon. Si Molière a intitulé sa pièce comédie, cela prouve de deux choses l'une : ou que le mot tragi-comédie lui déplaisait personnellement ou qu'à cette époque il était tombé en discrédit. Le *Don Juan* ferme par un coup d'éclat la période de la tragi-comédie en France, 1665.

c'est-à-dire l'amour de la règle et de la discipline en toutes choses. Le *Don Juan* de Molière peut être considéré comme la dernière tragi-comédie du dix-septième siècle; c'est l'adieu du théâtre libre en France, à cette époque; et cet adieu date de 1665, de l'année même où Racine inaugurait avec *Alexandre* le règne de la tragédie régulière.

Cependant si la tragi-comédie n'existe plus de nom en France à partir de 1665, elle existe encore de fait; tant elle répond à un besoin de l'esprit humain, à la nature même de l'homme qui est un composé de joie et de tristesse! En voici la preuve : elle vécut sous un déguisement; chassée de la tragédie, elle se réfugia dans la comédie; c'est en effet à cette époque que prit naissance la comédie sérieuse, celle de Molière. Voici l'évolution que fit le genre proscrit : comme le comique ne pouvait plus paraître dans le tragique, le tragique parut dans le comique; c'est alors que Molière compose le *Misanthrope*, le *Tartuffe* et ses autres comédies sérieuses; la comédie de Molière est donc une espèce de porte dérobée par laquelle la tragi-comédie chassée de France par l'Académie, Richelieu, Mairet, l'abbé d'Aubignac, Racine et Boileau, fait sa rentrée furtive. Même exilée, elle conserve des intelligences dans la place.

La tragi-comédie fait sa rentrée régulière en France au dix-huitième et au dix-neuvième siècle, sous trois noms différents :

1° Au dix-huitième siècle, sous le nom de *Comédie larmoyante* avec Lachaussée (*Mélanide*) et Destouches (le *Philosophe marié*).

2° A la même époque, sous le nom de *Tragédie bourgeoise*, même genre que la comédie larmoyante, avec Diderot (le *Fils naturel*, le *Père de famille*); le titre de tragédies bourgeoises pourrait être donné justement à certaines pièces contemporaines comme le *Pinto* de Lemercier, la *Princesse Aurélie* de Casimir Delavigne; le *Verre d'eau* de Scribe.

3° Au dix-neuvième siècle, sous le nom de drame, la tragi-comédie triomphe avec le *Cromwel* de Victor Hugo, en 1829, et avec toute l'école romantique.

La conclusion de cette histoire de la tragi-comédie en France, c'est la vitalité de ce genre, malgré les vicissitudes qu'il a subies; c'est son existence soit ouverte, soit cachée, depuis les Mystères du moyen âge, mélange de plaisanteries grossières et de scènes tragiques, jusqu'aux œuvres théâtrales contemporaines.

III. — *Sens de ce mot au dix-huitième et au dix-neuvième siècle.*

Voltaire au dix-huitième siècle et les critiques du dix-neuvième ne donnent jamais qu'un sens à ce mot : le mélange du tragique et du comique ; pour Voltaire et les modernes la tragi-comédie n'est autre chose que ce qu'on appelle actuellement le drame. En voici la preuve : Voltaire dit que le soufflet donné à don Diègue par le comte est une des raisons qui ont fait intituler le *Cid* : tragi-comédie. De nos jours M. Nisard dit : « On fait honneur à Corneille d'une troisième invention, la tragi-comédie, aujourd'hui appelée du nom spécieux de drame. » Enfin Saint-Marc Girardin est beaucoup plus frappé du mélange du comique et du tragique dans les tragédies du dix-septième siècle, que du caractère de l'intrigue, des personnages et du dénoûment, source unique du titre. Ce sont là des appréciations opposées à celles du dix-septième siècle, ou du moins à l'opinion publique de ce temps-là, et en particulier à celle de Rotrou et de Corneille. Quoi qu'il en soit, ces deux mots tragi-comédie et drame sont synonymes dans la langue du dix-huitième et du dix-neuvième siècles.

Telle est l'histoire du mot tragi-comédie, depuis l'époque de son apparition dans les comédies de Plaute jusqu'à nos jours.

Septième question. — *Pourquoi la pièce de Corneille ne porte-t-elle plus le titre de tragi-comédie ?*

On a dit que c'étaient les directeurs de théâtre et les éditeurs postérieurs à Corneille qui l'avaient supprimé. On en a donné deux raisons. Ceux qui admettent la première explication, tirée du mélange du comique et du tragique, ont dit que le titre avait été supprimé parce que l'élément comique tient peu de place dans la pièce et qu'on n'a pas voulu pour cette raison le laisser figurer dans le titre, ensuite parce que le genre mixte de la tragédie et de la comédie n'a pas fait fortune au dix-septième siècle et qu'on n'a pas voulu laisser subsister un titre qui avait une physionomie moderne, un air d'anachronisme. Ceux qui admettent la seconde explication, tirée du caractère heureux du dénoûment combiné avec une intrigue tragique ou des personnages nobles, ont dit que les directeurs de théâtre et les éditeurs de Corneille avaient supprimé ce titre parce qu'il repose sur une théorie démodée de nos jours et qu'il ressemble à un archaïsme bizarre. Selon toute vraisemblance, ces explications sont erronées. C'est Corneille lui-même qui a supprimé ce titre à la suite de la censure publique de l'Académie et des remontrances de Richelieu qui l'avaient déclaré irrégulier et presque insurrectionnel. En effet, Corneille, après le procès du *Cid*, a fait amende honorable et la suppression de ce titre mal sonnant est précisément une des preuves de sa soumission au cardinal. Ce sont les poëtes secondaires qui ont continué la lutte contre l'Académie et Richelieu ; quant à lui il y a renoncé. *Horace* en est la preuve. — Une autre preuve c'est qu'il n'a pas voulu intituler tragi-comédies les deux pièces de *Nicomède* (1650) et de *Don Sanche* (1650) malgré leur caractère tragi-comique. En intitulant la première tragédie, et la seconde comédie-héroïque, quatorze ans après *le Cid*, il déclare implicitement avoir renoncé lui-même au titre incriminé.

Huitième question. — *Corneille a-t-il composé d'autres tragi-comédies que le* Cid ?

Non, si l'on considère le mot ; oui, si l'on considère la chose. *Nicomède*, *Don Sanche* et *Clitandre* sont de vraies tragi-comédies, sans en avoir le titre. Elles sont même doublement tragi-comédies ; d'abord pour une raison dont Corneille ne tenait pas compte, mais qui pesait beaucoup dans d'autres balances que les siennes, le mélange du comique et du tragique ; ensuite pour une raison décisive à ses yeux : le caractère heureux du dénoûment uni à une intrigue tragique. En effet dans *Nicomède*, Corneille se propose d'élever un railleur à la dignité tragique (Nicomède fils aîné de Prusias roi de Bithynie) ; ce railleur n'oppose que l'ironie et les sarcasmes aux Romains qui ont dompté l'univers et qui échouent devant son indépendance moqueuse. *Don Sanche* offre une intrigue tragique, parce que l'action marche au milieu de perpétuelles menaces de duel, don Sanche devant disputer à trois rivaux différents, dans une série de combats singuliers, la main d'Isabelle de Castille ; mais le dénoûment est heureux parce que don Sanche épouse la reine sans effusion de sang. Enfin *Clitandre* ordinairement rangée parmi les sept comédies de Corneille et intitulée par lui tragédie, n'est ni une comédie ni une tragédie, mais une tragi-comédie, une œuvre singulière pleine d'une verve folle, un drame dans le sens moderne avec des assassins, des archers, des déguisements, une tempête comme dans le *Roi Lear*, un imbroglio à la façon de Lope de Véga, une forêt où se passent tous ces événements merveilleux. Victor Ducange et Pixérécourt n'auraient pas mieux inventé. Nous répétons que si Corneille n'a pas intitulé ces trois pièces tragi-comédies, c'est pour ne pas déplaire à l'Académie et à Richelieu qui condamnaient ce genre mixte. Mais il faut avouer que s'il évitait le mot, il gardait la chose. Il subissait le joug tout en se révoltant contre l'autorité.

Neuvième question. — *Qu'est-ce qu'indique de la part de Corneille ce parti pris de faire des pièces de théâtre à côté des règles ?*

L'intention d'agrandir le domaine trop étroit du théâtre français. Corneille est un génie essentiellement créateur. Comme Descartes, son illustre contemporain, créait la philosophie moderne, il créait toutes les formes du poëme dramatique : la tragédie proprement dite, ou tragédie de caractère, par le *Cid* ; la comédie de caractère, par le *Menteur* ; la comédie héroïque, ou pièce dont les personnages sont distingués tout en n'accomplissant que des actes de la vie domestique, par *Don Sanche* ; la comédie larmoyante de La Chaussée et de Destouches et la tragédie bourgeoise de Diderot, par la même pièce de *Don Sanche* ; les pièces à imbroglios, par la *Veuve* et la *Galerie du palais* ; le drame contemporain, par *Clitandre*, l'*Illusion comique* et surtout *Nicomède*. Ses examens et ses dédicaces témoignent surtout de son goût pour les innovations. Il les a semés d'observations si hardies, qu'elles semblent sortir de la plume d'un romantique de 1830 ; elles contiennent en germe les réformes contemporaines. La préface de *Don Sanche*, entre autres, est curieuse à ce point de vue ; les romantiques modernes l'ont reprise sous mille formes dans leur dernière et victorieuse campagne contre la tragédie ; voici quelques-unes des théories vraiment romantiques que l'on trouve dans ses préfaces : 1° *Le drame en prose*. Il dit qu'il éprouve peu de goût pour l'alexandrin, qu'il le trouve monotone, et il propose d'employer les vers qui sont le moins vers, c'est-à-dire les strophes lyriques (examen d'*Andromède*). Cette théorie est d'autant plus curieuse, qu'elle choque toutes les idées reçues au dix-septième siècle sur cette matière ; on n'estimait alors que les tragédies en vers : c'est même pour satisfaire à ce goût du temps que Thomas Corneille mit en vers la comédie en prose du *Festin de Pierre*, de Molière. Cette théorie poussée jusqu'à ses dernières conséquences aboutit au drame en prose qu'ont réclamé si vivement les théoriciens du genre,

et que la Serre, poëte médiocre du temps, avait déjà tenté d'ériger en système dans une série de curieux ouvrages (préface de *Don Sanche*). 2° *L'emploi des moyens extérieurs et matériels* pour émouvoir le spectateur (préface de *Clitandre*). 3° *La substitution des épisodes qui parlent aux yeux à ceux qui parlent aux oreilles*, c'est-à-dire la substitution des tableaux aux récits. C'est le contraire de la théorie appliquée dans Horace. Il veut qu'on montre l'action au lieu de la raconter; c'est le système de Shakspeare (préface de *Rodogune*). Sans doute il ne faut pas accorder à quelques mots jetés çà et là plus d'importance qu'ils n'en méritent, mais s'ils ne forment pas un corps de doctrine, ils indiquent l'esprit créateur du poëte. Du reste, on se tromperait si l'on croyait les écrivains de la première moitié du dix-septième siècle rivés à la routine; la Serre, avons-nous dit, réclamait le drame en prose; Scarron, l'emploi des moyens extérieurs comme ressort dramatique et l'action substituée au récit; et Boileau lui-même le mélange du comique et du tragique. C'est Lamotte qui nous l'apprend dans sa préface de la traduction de l'*Iliade* : « Boileau voulut me faire
» confidence d'un sentiment qui lui était propre, c'est qu'Ho-
» mère avait craint d'ennuyer par le *tragique continu* de son
» sujet; qu'il avait voulu égayer le sérieux de sa matière aux
» dépens des dieux mêmes, et qu'il leur avait fait jouer la
» comédie dans les entr'actes de son action pour délasser le
» lecteur. » Boileau, en blâmant le tragique continu, critiquait la tragédie classique régulière; cette curieuse révélation prouve que son esprit n'était pas aussi fermé qu'on veut bien le dire aux nouveautés. Du reste, quelques-unes de ses réflexions sur Longin confirment la confidence de Lamotte. Corneille et Boileau lui-même font donc, sans s'en douter, les affaires du romantisme, l'un par système, l'autre par hasard.

PARAGRAPHE II

Destinées de la tragédie du *Cid* auprès du public, de Richelieu et de l'Académie. — Le procès du *Cid* devant l'Académie. — Sentiments de l'Académie sur la tragi-comédie du *Cid*. — Appréciation de ce morceau de critique. — Son influence sur Corneille et la littérature dramatique du dix-septième siècle.

Première question. — *Comment la pièce fut-elle accueillie du public ?*

Elle fut accueillie avec enthousiasme ; on fit même à cette occasion un proverbe : « C'est beau comme le *Cid*. » Ce succès ne tient pas seulement à la beauté de la pièce en elle-même ; il tient à ce que les grands et nobles sentiments dont elle est pleine répondaient à l'esprit public du temps. Le *Cid* est en effet la glorification de l'honneur et de l'amour ; or, la société chevaleresque et aimable du dix-septième siècle considérait l'honneur comme le premier devoir et l'amour comme la première occupation. Cette pièce n'était donc pas seulement la révélation d'un grand génie ; c'était une actualité.

Deuxième question. — *Comment la pièce fut-elle accueillie de Richelieu ?*

Elle fut fort mal accueillie par Richelieu, qui la fit censurer par l'Académie. Mais il ne faut pas exagérer les torts de l'Académie en cette circonstance. Sans doute elle comptait dans son sein beaucoup d'écrivains jaloux de Corneille, mais ce n'est pas elle qui suscita contre le *Cid* ce procès, c'est Richelieu ; sans lui jamais l'Académie n'aurait entrepris cette triste campagne, et la preuve, c'est qu'elle ne la fit qu'avec une mauvaise grâce évidente et sous l'empire de la menace.

Disons tout d'abord que la cause des persécutions que Richelieu fit subir à la tragédie du *Cid* ne fut pas, comme on le prétend quelquefois, la jalousie littéraire. Sans doute il avait des prétentions à la poésie ; il était même atteint d'une espèce de métromanie ou plutôt de théâtromanie assez bizarre chez un prélat de l'Eglise romaine et à une époque où l'Eglise anathématisait la comédie et les comédiens ; mais d'un côté il est fort probable qu'il ne s'est jamais cru aussi grand poëte que Corneille, et si sa vanité poétique a été froissée du succès du *Cid*, elle ne l'a pas été au point d'exciter en lui ce qu'on appelle la jalousie. De l'autre, il se trouvait tellement au-dessus de Corneille comme premier ministre et comme grand seigneur qu'il aurait cru déroger en descendant jusqu'à la jalousie ; un poëte premier ministre ne pouvait pas être jaloux d'un homme qui n'était que poëte. C'est donc ailleurs qu'il faut chercher les causes de son animosité contre Corneille. La Bruyère les indique dans la phrase suivante : « Le *Cid* s'est vu plus fort que l'autorité et la politique qui ont tenté vainement de le détruire. » (*Des ouvrages de l'esprit*.) Ce qui signifie que Richelieu fut mécontent de Corneille pour deux raisons : *première-*

ment, parce qu'il bravait son autorité; *secondement*, parce qu'il contrariait sa politique.

I. — *Il bravait son autorité*. Richelieu trouvait qu'il bravait son autorité de deux manières, comme homme et comme poëte : comme homme, par l'indépendance de son caractère; comme poëte par l'indépendance de ses théories littéraires. Examinons ces deux points. Comme homme, Corneille avait en effet une liberté d'agir qui passait aux yeux de Richelieu pour de l'opposition. Cet esprit d'indépendance éclatait non-seulement dans ses paroles, mais encore dans ses actes : 1° Dans ses paroles : il fit paraître en 1636, entre *Médée* et le *Cid*, une pièce de vers intitulée *Excuse à Ariste*, dans laquelle il déclare, comme il en avait d'ailleurs le droit, n'avoir jamais ni recherché ni obtenu les marques de faveur décernées par Richelieu à ses collègues de la société des Cinq auteurs. On y lisait ces vers :

> Pour me faire admirer je ne fais point de ligue,
> J'ai peu de voix pour moi, mais je les ai sans brigue,
> Et mon ambition pour faire plus de bruit
> Ne les va pas quêter de réduit en réduit.
> Mon travail sans appui monte sur le théâtre
> Chacun en liberté l'y blâme ou l'idolâtre ;
> Par sa seule beauté ma plume est estimée ;
> Je ne dois qu'à moi seul toute ma renommée.

Ces vers pleins de fierté blessèrent Richelieu, qui s'y crut bravé publiquement. Il s'étonna qu'on pût se croire indépendant vis-à-vis de lui et fut indigné qu'on osât le déclarer ouvertement. — 2° Dans ses actes : la même année, 1636, Corneille, qui avait le malheur de faire partie de la société des Cinq auteurs, se permit de faire quelques changements au troisième acte de la comédie de Richelieu intitulée *les Tuileries*, dont la rédaction lui avait été confiée, sur le canevas du maître. Cette licence parut à Richelieu un acte d'insubordination; c'est à cette occasion qu'il lui reprocha de manquer d'esprit de suite, c'est-à-dire de soumission.

Comme poëte, Corneille blessa encore le cardinal par l'indépendance de ses théories littéraires. Ici une explication est nécessaire. Richelieu prétendait exercer son autorité sur la littérature comme sur tout le reste ; il se considérait comme le représentant de la règle, chargé de la faire observer. C'est même à cet effet qu'il institua la société des Cinq auteurs et l'Académie française; la société des Cinq auteurs, réunion d'ouvriers littéraires, espèce de nègres, comme on les a appelés, chargés de la rédaction de ses idées ; l'Académie française, qui fut dans l'origine bien plutôt une commission chargée de maintenir les écrivains sous le joug de la règle aristotélique qu'un tribunal préposé à la conservation de la langue française. En vertu de cette prétention à se considérer comme le représentant de la règle, Richelieu voulait que les poëtes observassent au théâtre les préceptes d'Aristote qui étaient à cette époque la règle même, c'est-à-dire les trois unités, le choix des sujets antiques, l'absence d'amour, le caractère tragique du dénoûment. Comme Corneille enfreint précisément ces quatre règles dans la tragédie du *Cid*, Richelieu le considéra comme un réfractaire non-seulement à l'autorité d'Aristote, mais encore à la sienne. Telle est l'explication de ce mot : Corneille bravait l'autorité de Richelieu.

II. — *Il contrariait sa politique.* Richelieu trouva que Corneille contrariait sa politique de trois manières dans la tragédie du *Cid*. 1° par le choix d'un sujet chevaleresque et espagnol ; 2° par la préconisation du duel ; 3° par l'amoindrissement de l'autorité royale dans la personne de Fernand. Nous allons examiner successivement ces trois points.

1° *Le choix d'un sujet chevaleresque et espagnol.* Le choix même du sujet de la tragédie du *Cid* blessait Richelieu. Voici pourquoi : le sujet de cette pièce est emprunté à l'histoire du moyen âge ; c'est l'éloge de la chevalerie ; c'est la glorification de la féodalité ; or on sait que Richelieu s'imposa comme tâche dans son gouvernement de détruire sans pitié les restes de la féodalité, les souvenirs de la chevalerie, tous les vestiges du moyen âge. La tâche qu'il poursuivait en politique, il la poursuivait aussi en littérature ; car ces deux œuvres se tiennent logiquement dans sa vie. Il trouvait que Corneille contrariait sa politique en faisant l'éloge d'un état de choses qu'il voulait faire disparaître. D'un autre côté, la tragédie du *Cid* renferme l'éloge des Espagnols ; or, on sait aussi que Richelieu s'imposa pareillement comme tâche de combattre les Espagnols, de ruiner leur puissance, projet qui se rattache à l'abaissement de la maison d'Autriche. On sait que pendant cette année 1636, ils avaient harcelé la France de tous côtés, au midi, à l'est, au nord ; qu'ils conspiraient à Paris même contre l'autorité royale, grâce à la protection d'une reine espagnole encore jeune, Anne d'Autriche, qui correspondait secrètement avec son frère, Philippe IV, roi d'Espagne ; on sait enfin que Richelieu venait d'être assez heureux pour les chasser du territoire français en leur reprenant Corbie. Or, il prétendait que le moment était mal choisi pour exalter sur la scène française la littérature et l'héroïsme espagnols, qu'agir ainsi, c'était défaire ce qu'il avait fait. Corneille, dans la candeur de son génie, n'avait pas entrevu toutes ces conséquences. Il aurait pu répondre à Richelieu qu'il avait plutôt servi que desservi sa politique, en battant les Espagnols sur la scène, comme il les avait battus lui-même à la guerre.

2° *La préconisation du duel.* Richelieu prétendait que la tragédie du *Cid* renfermait des traces d'opposition à un acte de son gouvernement politique : son édit contre le duel. En effet, pour arrêter la fureur toujours croissante de cette triste habitude, pour punir les gladiateurs à gages, comme il appelle dans ses *Mémoires* les duellistes de son temps, il venait d'interdire le duel sous peine de mort (1626). Sa menace avait même été suivie d'effet pour deux gentilshommes nommés Boutteville et Deschapelle qui avaient payé de leur tête leur désobéissance à son édit. Or, on peut dire que la tragédie du *Cid* est la préconisation du duel ; on y trouve en effet deux duels et un plaidoyer en faveur du duel. Rodrigue se bat une première fois avec le comte, qu'il tue, et une seconde fois avec don Sanche, qu'il désarme ; don Sanche fait l'éloge du duel, il est même assez hardi pour le faire devant le roi Fernand, qui le désapprouve formellement. Enfin, pour comble de tribulation, la tragédie du *Cid* faillit être suivie elle-même d'un duel, et ce qu'il y a de plus curieux, d'un duel pour Corneille. (*Voir plus loin*, § *III*, 1ʳᵉ *question*, 4°.)

3° *L'amoindrissement de l'autorité royale dans la personne de Fernand.* — Richelieu, qui était le dépositaire de l'autorité royale bien plus que Louis XIII, fut encore blessé de voir que Corneille avait, sans s'en douter, rabaissé l'autorité royale dans cette tragédie, et même de plusieurs manières : d'abord par l'insubordination du comte qui refuse d'obéir aux ordres de Fernand, c'est-à-dire de faire des excuses à don Diègue ; ensuite par la hardiesse de don Sanche, qui se permet de soutenir un avis contraire à celui du roi, en présence du roi même ; enfin par le rôle effacé de Fernand. Mais, dira-t-on, pour écarter cette cause d'animosité de Richelieu contre Corneille, cet abaissement de l'autorité royale plaisait à Richelieu, puisqu'il a passé sa vie à abaisser Louis XIII. Ce raisonnement renferme une erreur ; si Richelieu voulait humilier le roi, il ne voulait pas le voir humilier par les autres, surtout par un homme de condition médiocre, comme un poëte. — Telle est l'explication de ce mot : Corneille contrariait la politique de Richelieu.

On voit combien de raisons étrangères à la jalousie littéraire animèrent le cardinal contre Corneille. On comprend que s'il a poursuivi son œuvre, ce n'est pas comme poëte, c'est comme protecteur négligé, comme représentant de la règle littéraire méconnue, comme adversaire de la noblesse et de la féodalité relevées par Corneille, enfin comme ministre faiseur de lois et représentant, pour ne pas dire dépositaire, de l'autorité royale. Quand on songe à tous ces motifs de mécontentement, fondés ou non, mais réels, et dans tous les cas très-sérieux pour un homme d'un caractère aussi despotique que Richelieu, on s'explique l'acharnement de sa haine contre le *Cid* et l'on ne trouve pas exagéré le mot énergique de Fontenelle : « Richelieu fut aussi alarmé du succès du *Cid* que s'il avait vu les Espagnols aux portes de Paris. »

Telle est l'explication du mot de La Bruyère : « Le *Cid* s'est vu plus fort que l'autorité et la politique, qui tentèrent vainement de le détruire. »

Troisième question. — *Exposez l'affaire du* Cid *devant l'Académie française ?*

Le succès du *Cid* excita l'envie des rivaux de Corneille et irrita le cardinal, non pas parce que cette pièce attestait la supériorité du génie de Corneille sur le sien, mais parce que c'était le triomphe d'un rebelle ; cependant il n'osa pas attaquer directement l'œuvre du poëte, il mit en avant un de ses partisans, un personnage qui était à la fois homme de lettres et homme d'épée, le plus déterminé duelliste de son temps, après Cyrano de Bergerac, le mousquetaire Georges de Scudéry. Celui-ci était déjà jaloux de Corneille comme membre de la Société des cinq auteurs (*Colletet, L'Étoile, Scudéry, Rotrou, Corneille*). Il se fit donc le serviteur du courroux de Richelieu avec d'autant plus d'empressement qu'il satisfaisait lui-même sa jalousie. Il publia sous le titre d'*Observations sur le Cid*, 1637, une critique insolente et ridicule. L'écrit était anonyme mais Corneille devina Scudéry et répondit à cette attaque par l'*Excuse à Ariste*, admirable justification de sa conduite, où il parle de lui-même avec noblesse et de ses ennemis avec le dédain qu'ils méritent. La querelle une fois engagée, en dehors de l'Académie, se poursuivit de part et d'autre avec acharnement. Les pamphlets succédèrent aux pamphlets ; ce fut une véritable guerre dans laquelle le duelliste Scudéry envoya presque un cartel à Corneille. Balzac intervint pour donner raison à Corneille, ce qui ne fit qu'augmenter l'orage. Quand Richelieu vit que les choses prenaient une tournure tragique, il intervint pour terminer la querelle, tout en satisfaisant sa passion. Ce qu'il faut remarquer dans cette première partie du débat, c'est que l'Académie française y est complétement étrangère ; Corneille n'y entra qu'en 1647 et Scudéry en 1650. C'est une polémique personnelle entre Scudéry et Corneille.

Richelieu intervint donc quand il vit la mêlée générale et, pour mettre fin à la querelle, il la déféra devant l'Académie. Il exigea que la docte compagnie décidât entre Scudéry et Corneille, mais il entendait bien que son jugement fût une condamnation du *Cid*. Comme il l'avait fondée récemment (1635) et qu'il la croyait tout entière à sa dévotion, il ne doutait pas de sa docilité. Mais elle était plus indépendante qu'il ne le soupçonnait et ne répondit pas à son injonction ; elle se récusa d'abord en alléguant un de ses statuts qui ne lui permettait de juger que des ouvrages des académiciens ; cette clause était formelle et ne pouvait être supprimée par l'arbitraire de Richelieu. Pour vaincre cette difficulté, Boisrobert, factotum du cardinal et intendant de ses flatteries, écrivit lettres sur lettres à Corneille pour obtenir son consentement à être jugé par l'Académie, quoiqu'il ne fût pas académicien. Corneille, obsédé par ces demandes, finit par accorder l'autorisation que demandait Boisrobert dans une réponse d'une fierté dédaigneuse : « *Messieurs de l'Académie peuvent faire ce qu'il leur plaira ; puisque cela doit divertir Son Éminence, je n'ai rien à dire.* » (13 juin 1637.) Cette réponse ne parut pas suffisante à l'Académie qui ne se trouva pas autorisée à tenir compte de la demande de Richelieu.

Alors celui-ci, impatienté de cette résistance, posa son ultimatum à l'Académie. Il chargea Boisrobert d'expliquer clairement ses volontés à la compagnie, dans une lettre où il disait : « Faites savoir à ces messieurs que je le désire et que je les aimerai comme ils m'aimeront. » Une plus longue résistance était impossible. Après cinq mois de négociations avec le cardinal, l'Académie nomme au scrutin un certain nombre de commissaires chargés d'examiner le *Cid*. La première esquisse de leur travail terminée, ils la communiquent au cardinal, qui s'en montre mécontent, et la leur renvoie avec des notes de sa main et des apostilles violentes. Il exige une seconde rédaction plus sévère.

L'Académie, en présence de cette nouvelle injonction, procède à la révision du premier travail des commissaires; mais, pour protester jusqu'au bout, elle en charge un admirateur déclaré de Corneille, l'abbé de Cerisy. Ce second travail achevé est envoyé à Richelieu, qui ne s'en montre pas plus content que du premier. Un troisième succède au second et a le même sort que les deux précédents. Alors le cardinal pour se venger de l'Académie récalcitrante fait un coup d'État. Il nomme lui-même d'office une de ses créatures, Chapelain, qui rédige à son gré et sous son inspiration l'opuscule connu sous le titre de : *Sentiments de l'Académie sur le Cid*. Ce travail est donc le quatrième et dernier rapport rédigé par l'Académie. Il paraît que, malgré les exigences tyranniques de Richelieu, et son intervention inconvenante dans la rédaction du jugement, il offre peu de différence avec la première forme du travail rédigé par les commissaires. De sorte que ce rapport peut être considéré comme la pensée de l'Académie, à peu de choses près.

Comment juger la conduite de l'Académie dans cette affaire ? Elle se montra aussi indépendante qu'il lui était possible à cette époque ; elle protesta par un premier refus, par ses lenteurs, par la nomination de commissaires tirés au sort, ensuite par le choix d'un rapporteur hostile à Richelieu : mais fondée depuis un an seulement et placée en présence du pouvoir redoutable de celui à qui elle devait tout et qui pouvait la briser, elle dut céder, et le fit le plus honorablement possible, tout en protestant. Richelieu seul s'est montré coupable en cette circonstance, en cherchant à détruire le *Cid* par l'Académie et en tyrannisant un corps qu'il aurait dû protéger.

Quatrième question. — *Comment a-t-on jugé et comment faut-il apprécier les sentiments de l'Académie sur le* Cid?

Rien n'est plus curieux que la variété d'appréciations auxquelles a donné lieu ce morceau de critique et que les raisons pour lesquelles il a été trouvé excellent par les uns, détestable par les autres. Voici la revue de ces jugements divers :

La Bruyère s'extasie sur cette page de critique autant que sur la tragédie même. Voici sa phrase curieuse : « Le *Cid* est l'un des plus beaux poëmes que l'on puisse faire, et l'une des meilleures critiques qui ait été faite sur aucun sujet est celle du *Cid*. » Cet enthousiasme contradictoire s'explique de la manière suivante : la Bruyère est en littérature de l'école autoritaire, ainsi que l'Académie, c'est-à-dire qu'il fonde le salut des lettres sur la règle; la tragédie du *Cid* étant faite contre la règle pour le choix du sujet, l'unité de lieu, l'intrigue amoureuse et le caractère heureux du dénoûment, il ne peut qu'en approuver la critique ; de plus il est partisan déclaré des anciens, l'antiquité est à ses yeux un modèle idéal qu'il ne faut jamais perdre de vue ; la tragédie du *Cid* étant une inspiration du moyen âge, une page d'histoire de la chevalerie, il ne peut s'empêcher d'en blâmer l'esprit général, et par conséquent d'approuver la censure de l'Académie. D'un autre côté, la Bruyère a l'âme élevée et ouverte à toutes les belles choses ; il est impossible, malgré ses théories littéraires, qu'il n'admire pas le *Cid*. Ainsi, quand il juge la tragédie avec son esprit, c'est-à-dire en académicien et en partisan des anciens, il en admire la critique ; quand il la juge avec son cœur, c'est-à-dire en homme, il admire la pièce elle-même.

Pellisson dit : « C'est une œuvre juste et impartiale. » Son approbation tient à la même raison que celle de la Bruyère ; c'est aussi un représentant de la règle ; il est de plus de l'Académie dont il partage les idées par solidarité et conviction.

La Harpe au dix-huitième siècle commence à se montrer plus sévère, parce que la critique a fait de son temps des progrès considérables et aussi parce qu'il juge les œuvres de l'esprit sans ces considérations d'absolutisme littéraire et de confraternité académique qui ont faussé le jugement de Labruyère et de Pellisson : « Les sentiments de l'Académie sur le *Cid*, dit-il, se distinguent beaucoup plus par le ton d'impartialité et de modération qu'ils affectent que par la justesse de la critique. »

Au dix-neuvième siècle les avis sont très-partagés et pour des motifs différents : Geoffroy en fait l'éloge presque aussi complétement que La Bruyère, malgré quelques restrictions qui ne portent que sur la forme : « Ce qui rend estimable la censure de l'Académie, c'est le ton décent et honnête qu'on y remarque d'un bout à l'autre ; sans doute le style est diffus, lourd et pénible ; on y trouve une affectation d'antithèses qui sent le rhéteur : cependant il y a dans l'ensemble un air de prudence et de raison qui persuade ; le fond des idées est généreux, la logique exacte et saine, les raisonnements forts et concluants. » Cette indulgence de Geoffroy pour l'opuscule académique tient à ses principes religieux qui lui font un devoir de condamner le théâtre, rigorisme curieux chez un critique dramatique.

Jules Janin dit le plus grand bien de ce travail : « L'Académie obéissante conserva tous les respects pour le poëte et pour son œuvre ; ses sentiments sur la tragi-comédie du *Cid* sont restés comme un exemple de courtoisie et de conscience littéraire. Tout est là grave, sérieux, solennel et digne d'un corps lettré. Corneille avait trop de bon sens pour se trouver blessé d'une si grande attention. » (*Journal des Débats*, octobre 1871.) Il est vraiment naïf de dire de Corneille a dû se trouver honoré de l'attention de l'Académie quand il exprime lui-même tout l'ennui que lui cause l'attente de ce factum : « J'attends avec beaucoup d'impatience les sentiments de l'Académie, afin d'apprendre ce que dorénavant je dois suivre ; jusque-là je ne puis travailler qu'avec défiance et n'ose employer un mot en sûreté. » Si J. Janin loue vivement l'opuscule académique, c'est qu'il a passé une partie de sa vie à frapper aux portes de l'Académie ; c'est une tactique de candidat.

Sainte-Beuve dit spirituellement et avec justesse que c'est une cote mal taillée des défauts et des beautés de la pièce; cette critique fine et sévère prouve l'indépendance et le goût de l'écrivain. Elle a le tort de négliger le bien qu'on peut dire de ce morceau de littérature.

Les appréciations les plus justes se rencontrent chez les écrivains contemporains assez désintéressés pour ne se faire ni les courtisans ni les détracteurs de l'Académie. M. Guizot dit : Le goût plus éclairé par les progrès de la raison et l'étude des grands modèles n'a entièrement approuvé ni les censures ni même tous les éloges de l'Académie. (Guizot, *Corneille*.)

M. Daunou dit : Le libelle de Scudéry fut magistralement critiqué au sein de l'Académie française où siégeait Fréret et où ne siégeait pas Corneille. Il règne à la vérité quelque modération et quelque décence dans cette censure solennelle ; mais au moment où Corneille, s'élevant au-dessus de ses contemporains et de lui-même, faisait le plus grand pas qui jamais peut-être ait été fait dans aucun art, c'était demeurer bien au-dessous de lui que de s'appliquer à tempérer par un examen minutieux et peu juste l'enthousiasme qu'un tel chef-d'œuvre avait excité. (Daunou, *Eloge de Boileau*.)

Enfin l'appréciation la plus vraie de cet opuscule se rencontre chez M. Paul Albert : « De ce morceau de critique étroite, mais à peu près impartiale date l'avénement de l'autorité dans notre littérature dramatique. » (Paul ALBERT, *La littérature française au dix-septième siècle.*)

Telles sont les opinions contradictoires portées sur cette page de critique tant controversée.

Nous les résumerons en mettant d'un côté le bien, de l'autre le mal, et en tirant une conclusion.

Voici d'abord le bien :

1° Il règne dans tout cet écrit un ton de modération qui prouve le respect de l'Académie pour Corneille et l'intention bien arrêtée de maintenir les droits de la justice et de la vérité. Ce ton est d'autant plus remarquable qu'il contraste avec l'aigreur et la violence des adversaires de Corneille et qu'il était de nature à déplaire souverainement à Richelieu ; on est même étonné de l'y rencontrer quand on songe que le rédacteur de cet opuscule fut Chapelain, créature, et, pour ainsi dire, secrétaire même du cardinal. C'est ce qui fait supposer que, malgré l'intervention inconvenante du despotique Aristarque, la première rédaction des cinq commissaires tirés au sort ne fut que très-peu modifiée dans le travail définitif de Chapelain.

2° La plupart des critiques adressées par l'Académie à Corneille se retrouvent dans l'examen du *Cid* par Corneille lui-même, de sorte que cet opuscule n'est souvent qu'un écho des reproches que l'auteur a jugé à propos de s'adresser personnellement.

3° Cet écrit relève un grand nombre de beautés de la pièce à côté des défauts ; l'Académie atténue même beaucoup la portée de ses critiques, quand elle termine ses considérations en disant qu'il y a dans la pièce assez de beautés pour couvrir les défauts et expliquer le succès.

4° Si cet écrit renferme de nombreuses critiques à l'adresse de Corneille, souvent aussi il est une censure de ses ennemis, de Scudéry en particulier.

Voici le mal :

1° L'Académie a jugé cette œuvre par le petit côté, le côté grammatical ; elle l'a corrigée comme un thème d'écolier. Ses observations ont un caractère pointilleux indigne d'un corps lettré. Ce qui l'a fait tomber dans ce défaut c'est le désir de suivre pas à pas dans son examen les observations de

Scudéry. Les vues élevées sur le but de l'art placées en tête de l'opuscule font vite place à une suite d'observations mesquines.

2° Le grand côté de la tragédie, l'âme même de l'ouvrage c'est-à-dire la lutte du devoir et de la passion, lui échappe complétement. Elle croit que le fond de la tragédie c'est le mariage de Chimène et de Rodrigue, c'est-à-dire un fait matériel qui la révolte ; c'est une erreur fondamentale, d'abord parce que ce mariage est très-problématique, ensuite parce qu'en l'admettant, il disparaît comme un épisode insignifiant derrière la lutte héroïque du devoir et de la passion. On ne doit pas dire, comme on l'a répété si souvent, que cette appréciation erronée soit une injustice vis-à-vis de Corneille ; elle tient à la théorie même que l'Académie s'était faite sur l'amour au théâtre ; comme Aristote, elle le condamnait absolument. N'eût-il fait qu'apparaître, c'était trop ; or, comme il se montre dans le *Cid*, comme il y revendique sa place, comme il y discute ses droits contre le devoir, son compétiteur et son maitre, c'était intolérable, c'était scandaleux pour l'Académie ; voilà pourquoi elle traite Chimène de fille dénaturée. C'est de sa part erreur de système, rigorisme de janséniste.

En résumé la critique du *Cid* par l'Académie n'est pas une œuvre méprisable, ni injuste ; c'est une œuvre aveugle, étroite, incomplète. Elle offre un mélange d'observations sensées et de critiques sans fondement. Elle méconnaît la pensée principale de la pièce, mais elle est grave, modérée, polie ; sa sévérité est impartiale. On peut même dire que malgré la mesquinerie des détails, il y a de la dignité dans l'ensemble ; cela tient à ce que tout ouvrage émanant d'un grand corps a un caractère de sagesse, parce que c'est le fruit d'un grand nombre de délibérations, que le corps se respecte et que les membres dont il se compose se tempèrent les uns par les autres. Les censeurs qui ont écrit cette page ont donc du mérite, parce qu'étant dans une position embarrassante et écrivant presque sous la dictée du cardinal, ils n'ont pas mis de passion dans leur critique de commande, ils n'y ont mis que leurs préjugés ; ils se sont trompés, mais de bonne foi ; leur critique n'a pas été servile, elle a été sincère. Si le public a jugé le *Cid* autrement que l'Académie, c'est qu'il l'a jugé avec son cœur, comme les ignorants, tandis que l'Académie l'a jugé avec son esprit, comme les gens éclairés, mais esclaves de la règle.

Cinquième question. — *Quelles furent les conséquences de la censure de l'Académie ?*

Cette censure exerça une grande influence, on peut même dire une influence décisive, sur le développement du génie de Corneille et sur la littérature dramatique en général au dix-septième siècle.

Voyons d'abord son influence sur le génie de Corneille. On croit généralement que Corneille sortit vainqueur de sa lutte avec l'Académie, sur la foi de ces vers si souvent répétés de Boileau :

> En vain contre le Cid un ministre se ligue,
> Tout Paris pour Chimène a les yeux de Rodrigue ;
> L'Académie en corps a beau le censurer,
> Le public tout entier s'obstine à l'admirer.

Il en sortit vainqueur en apparence, mais en réalité il en sortit vaincu ; ce n'est pas sur l'arrêt de l'opinion publique qu'il se régla désormais pour le choix, le plan et l'exécution de ses tragédies, c'est sur celui de l'Académie. En effet il est impossible à un esprit élevé de se contenter de plaire à la multitude, et de récuser le jugement des lettrés ; de plus Corneille avait, comme tous les grands génies du dix-septième siècle le goût de la discipline et l'instinct de la règle. Avant l'avertissement solennel de l'Académie, son esprit tendait à prendre son essor vers des routes nouvelles, du côté du drame libre, de la tragi-comédie ; mais après cet avertissement il s'arrêta tout à coup et reprit le chemin de la règle. Il ne s'occupa plus que de tailler ses tragédies sur le patron aristotélique ; sans doute son libre génie se révolta de temps en temps contre le formulaire dramatique, mais au fond il accepta le joug et déclara exécutoire la sentence de l'Académie. Voilà pourquoi trois ans après le *Cid* (1639) il reparut tenant à la main *Horace* et *Cinna*, deux tragédies régulières que l'on peut considérer comme un acte de soumission à l'arrêt de ses juges.

Cependant il faut ajouter, pour suivre jusqu'au bout le développement du génie de Corneille, qu'en dépit de ses bonnes résolutions, il retomba, après *Polyeucte* (1640), dans ses habitudes passées. Le penchant qui l'entraînait vers la tragédie libre fut plus fort que l'autorité de l'Académie. *Rodogune*, *Nicomède*, *Héraclius*, *Don Sanche* indiquent cette rechute : *Rodogune* dont l'intrigue est mêlée d'aventures tellement romanesques qu'on dirait un drame moderne ; *Nicomède* dont le principal personnage est un railleur élevé à la dignité tragique, et le second, Prusias père de Nicomède, dont l'ironie est moins accentuée, et qui ressemble à un Géronte couronné ; *Héraclius* dont l'imbroglio et les aventures romanesques n'ont aucun rapport avec la tragédie régulière ; enfin *Don Sanche* qui appartient à un genre inédit au dix-septième siècle, la comédie héroïque, ce que nous appellerions de nos jours la comédie sérieuse. Corneille, on le voit, ne resta pas longtemps cantonné dans la tragédie régulière. Mais il faut avouer aussi que le déclin de son génie date de son retour à la tragédie libre, c'est-à-dire de 1641, l'année qui suivit *Polyeucte* ; de sorte que l'on est autorisé à se demander s'il n'aurait pas mieux fait de suivre jusqu'au bout de sa carrière les conseils de l'Académie, et que l'on est forcé de reconnaître que la censure de ce tribunal sévère lui a fait plus de bien que de mal, précisément parce qu'elle a entravé l'essor un peu aventureux de son génie.

On comprend maintenant l'influence du jugement académique sur la littérature dramatique en général au dix-septième siècle. De ce morceau de critique date l'avénement de l'autorité dans notre littérature dramatique. C'est le premier article du code promulgué plus tard par l'abbé d'Aubignac et Boileau. C'est le point de départ d'une ère nouvelle pour le théâtre français. Jusqu'au *Cid*, la scène avait joui des libertés de la tragédie libre qui s'était développée en paix à côté de la tragédie régulière, et qui allait peut-être triompher ; à partir du *Cid* et de la condamnation officielle de l'Académie, la tragédie libre bat en retraite et la victoire reste à la tragédie classique. Ajoutons encore ici, pour suivre jusqu'au bout les destinées de la tragédie libre au dix-septième siècle, comme nous l'avons fait pour l'histoire du génie de Corneille, que cette condamnation de la tragédie libre ne fut pas sans appel ; que, malgré le retour de Corneille au giron classique, malgré l'autorité de Richelieu, les oracles de Chapelain, de Boileau et de l'Académie, la tragédie libre vécut encore longtemps et même ne mourut jamais, ni au dix-septième siècle, ni après. Toutefois comme elle fut obligée de prendre une autre forme et de se déguiser en comédie héroïque (*Don Sanche*) et en comédie sérieuse (le *Tartuffe*, le *Misanthrope*) pour pouvoir subsister, on peut dire que la condamnation du *Cid* lui porta un coup dont elle ne se releva jamais complétement au dix-septième siècle.

Telles furent les conséquences de la censure de l'Académie

sur le génie de Corneille et sur la littérature dramatique en général au dix-septième siècle.

PARAGRAPHE III

Les signes du temps.

Première question. *Quels sont les signes du temps, c'est-à-dire quel est le côté contemporain de la tragédie du Cid ?*

On trouve dans presque toutes les tragédies de Corneille des signes du temps, c'est-à-dire des traces évidentes de la langue, des idées, des mœurs et même de l'histoire contemporaine. Ils sont nombreux dans la tragédie du *Cid*; voici les principaux :

1° *Pour la langue.* Les subtilités de langage dans lesquelles tombent Chimène et Rodrigue, quand ils parlent de leur amour, sont un reflet des conversations de l'hôtel de Rambouillet et des salons du temps. Le style de quelques autres parties de cette tragédie offre des pointes qui ne sont pas sans rapport avec le langage à la mode ; c'était d'ailleurs une cause de succès bien plutôt que d'échec pour la pièce de Corneille. Pour nous ce sont des taches légères.

2° *Pour les idées.* Le caractère romanesque de l'intrigue. Il répondait non seulement aux dispositions littéraires, mais à la tournure générale des esprits, aux idées de cette époque ; la vogue dont jouissaient alors en France la littérature espagnole et la littérature italienne, les pièces de Lope de Véga, les poëmes de l'Arioste et du Tasse avaient développé dans les esprits le goût du romanesque. Du reste ces subtilités de langage et cette recherche du romanesque se concilient chez Corneille avec l'élévation générale de la forme et la grandeur des idées, comme elles n'excluent pas non plus chez ses contemporains l'amour du beau dans les paroles et du bien dans les actes. Il n'est pas rare de rencontrer de ces incompatibilités non-seulement dans la littérature, mais encore dans la vie privée et publique.

3° *Pour les mœurs.* Le tutoiement, les grands coups d'épée, les bouffées de jactance qu'on rencontre dans le cours de la pièce. Voyons d'abord le tutoiement. On est frappé de voir Chimène tutoyer Rodrigue et on l'est encore plus de voir Rodrigue ne la tutoyer point. Que les femmes tutoient les hommes, cela nous paraît étrange ; mais que les hommes ne tutoient pas les femmes qui les tutoient, cela nous paraît plus étrange encore ; ils devraient au moins leur rendre la pareille. Le théâtre français de la première moitié du dix-septième siècle offre des traces nombreuses de cette bizarrerie. En voici la preuve : Chimène dit à Rodrigue : « Tu vas mourir ». (V, 1). « Relève-toi, Rodrigue » (V, vii). « Va, je ne te hais point » (III, iv). Rodrigue dit à Chimène :

> Je vais mourir, Madame, et vous viens en ce lieu
> Avant le coup mortel dire un dernier adieu (V. 1).

et ainsi de suite pendant tout le cours de la pièce, sauf quelques exceptions de vive tendresse, comme la première entrevue, où Rodrigue entremêle les *tu* et les *vous*, sans que Chimène dise jamais *vous*. De même dans la tragédie de *Cinna*, Emilie interroge en le tutoyant Cinna qui ne la tutoie pas :

ÉMILIE.
Ah! Cinna, je te perds,
Et les dieux obstinés à nous donner un maître
Parmi *tes* vrais amis ont mêlé quelque traître (I, iv).

CINNA.
Je ne *vous* puis céler que son ordre m'étonne (*ibid.*).

Ailleurs, voici comment ils se disent adieu à la fin de la même scène :

CINNA.
Soyez en ma faveur moins cruelle à vous-même,

ÉMILIE.
Va-t-en et souviens-toi seulement que je t'aime (I, iv).

Dans *Horace*, Camille tutoie Curiace qui ne la tutoie pas.

CAMILLE.
Est-ce toi, Curiace, en croirai-je mes yeux ?

CURIACE.
N'en doutez pas Camille et renvoyez un homme
Qui n'est ni le vainqueur ni l'esclave de Rome (I, 1 et 11).

Il en est de même non-seulement dans les tragédies (dans *Polyeucte* Pauline ne tutoie pas Sévère, il est vrai qu'elle ne tutoie même pas son mari) mais encore dans toutes les comédies de Corneille où le langage des hommes devrait être cependant moins cérémonieux. Dans la *Veuve*, Clarice tutoie Philiste qui lui parle avec le plus profond respect (I, v). Dans *Clitandre*, Dorise en use de même avec Pymante (II, vii). Dans la *Galerie du Palais*, Célidée avec Lysandre (V, iv). Dans la *Place Royale*, Angélique avec Alidor (II, ii) et Phylis avec Lysis (II, vi). Voici l'explication de ce système de tutoiement non réciproque; ce n'est pas une licence poétique; il tient à une théorie bizarre que la galanterie du temps avait mise à la mode, au commencement du dix-septième siècle, à savoir que la femme est supérieure à l'homme ; qu'une femme, dès qu'elle se croit aimée, a le droit de traiter celui qui l'aime avec une familiarité protectrice, sans que celui-ci ait le droit de lui rendre la pareille ; elle devient sa suzeraine, il devient son vassal. Cette subordination de l'homme à la femme était un fait tellement acquis au dix-septième siècle qu'on en trouve des traces même dans des conversations auxquelles l'amour est complétement étranger. Ainsi dans la *Veuve*, comédie citée plus haut, Chrysante femme âgée tutoie Géron homme d'affaires recommandable qui ne lui répond que vous (I, iv). C'est à cause de cette supériorité de convention de la femme sur l'homme que Corneille dont le génie n'était pourtant pas enclin à la tendresse fait dire *tu* aux femmes et *vous* aux hommes ; c'est pour la même raison qu'il donne le premier rôle à Médée sur Jason, à Emilie sur Cinna, et que plus tard Racine dont les idées personnelles étaient d'accord avec celles du temps fait jouer à toutes les femmes de ses tragédies un si beau rôle et choisit même presque toujours pour titres de ses pièces des noms de femmes. (Six sur douze : Andromaque, Bérénice, Iphigénie en Aulide, Phèdre, Esther, Athalie.) Ce procédé de langage disparaît dans les tragédies de Corneille à partir de *Cinna* inclusivement (1639) et dans les comédies un peu plus tard à partir du *Menteur* (1642). Ainsi dans *Pulchérie*, Irène ne tutoie pas Aspar (I, v) ni Pulchérie Léon (I, 1; — III, iii), quoique Pulchérie soit impératrice d'Orient et Léon son sujet. Dans *Suréna*, Palmis ne tutoie pas Pacorus (II, iii) ni Eurydice Suréna (V, ii). On ne trouve plus aucune trace de ce tutoiement dans les tragédies de Racine. Antigone ne tutoie pas Hémon, dans la *Thébaïde*; ni Junie Britannicus, dans *Britannicus*; ni Bérénice Titus, dans *Bérénice*, ni Atalide Bajazet, ni même Phèdre Hippolyte, quoiqu'elle ait sur son beau-fils trois supériorités, celle du rang, celle de l'âge et celle de l'audace. Ce changement de ton prouve que, dans la seconde moitié du dix-septième siècle, un sentiment plus exact des convenances se développa avec la véritable urbanité.

Voyons maintenant les grands coups d'épée. Il y a dans la tragédie du *Cid* de grands coups d'épée, des bouffées de jactance, des élans d'héroïsme castillan (Paraissez, Navarois, Maures et Castillans!) qui plaisaient à l'altière arrogance des gentilshommes de la fin du seizième et du dix-septième siècles, aux Rohans, aux Montmorency. Car il y avait alors une haute société batailleuse, formée des derniers survivants de la féodalité que Richelieu s'efforçait de niveler et qui conservaient leur humeur guerrière, même sous la main de fer de leur redoutable ennemi. Ainsi la réunion des cinq cents gentilshommes accourus chez don Diègue pour lui servir de champions contre le comte, la grande bataille du Cid contre les Maures, la résistance du comte aux volontés du roi, ce cri de fierté : « Un seul jour ne perd pas un homme tel que moi ! » tous ces élans et tous ces actes chevaleresques ou belliqueux plaisaient à la noblesse du temps qui y retrouvait ses sentiments, ses passions et jusqu'à son langage.

4° *Pour l'histoire.* Voici les allusions contemporaines relatives à l'histoire même du temps : le rôle effacé du roi Fernand et les duels de la pièce. Nous ne dirons rien de la première allusion, comme étant trop connue, Fernand ne rappelle que trop le pauvre Louis XIII. Nous insisterons sur la seconde moins familière au lecteur. A l'époque où parut le *Cid* l'habitude du duel était poussée jusqu'à la manie ; un duel était une affaire de bon ton ; Cyrano de Bergerac raconte dans une de ses lettres intitulée le *Duelliste* qu'on se battait en pleine rue, devant la foule assemblée en cercle ou se pressant au balcon pour mieux voir. Il mania lui-même si souvent l'épée, dès l'âge de 20 ans, à sa sortie du collège, qu'il se fit vite une réputation parmi les plus célèbres bretteurs et qu'il osa écrire cette phrase outrecuidante : « Quand de tous les vivants il n'en resterait qu'un, ce serait encore un duel qui me resterait à faire. » Il était du reste mousquetaire, comme Georges de Scudéry était officier de cavalerie, comme presque tous les hommes de lettres secondaires de cette époque. Balzac les appelle des gladiateurs de lettres, et Richelieu, dans ses *Mémoires*, des gladiateurs à gages. Or le cardinal, pour réprimer cette fureur toujours croissante du duel, l'avait interdit, sous peine de mort par un édit paru en 1626. Tous les gentilshommes de cette époque désapprouvaient hautement cette prohibition ; quelques-uns même n'en tenaient aucun compte. Deux rebelles, Bouteville et Deschapelles, avaient payé de leur tête leur désobéissance. Le duel était donc une question brûlante en 1636; l'introduire, sur la scène était de la part de Corneille non-seulement une actualité, mais une bravade. A quatre reprises différentes, sous une forme ou sous une autre, revient dans le cours de la tragédie cette question du duel.

— *Le duel de Rodrigue et du comte.* Pendant tout le temps que les deux adversaires se cherchaient, se querellaient, se battaient, les grands seigneurs du temps prenaient fait et cause pour eux; on était comme sur des charbons ardents, c'était de l'actualité.

— *Le duel de Rodrigue et de don Sanche.* Quoique cette seconde rencontre soit un usage du moyen âge appelé *duel judiciaire* ou *jugement de Dieu par les armes*, Corneille semble avoir fait exprès de le dépouiller de sa forme archaïque pour en faire encore un duel contemporain.

— *Le refus du comte de faire des excuses à don Diègue*, malgré l'ordre du roi. Ce refus amène son duel avec Rodrigue. L'opposition du comte était bien conforme aux sentiments des spectateurs; quelques-uns d'entre eux, peut-être amis ou parents des infortunés Bouteville et Deschapelles, y retrouvaient ce qu'ils éprouvaient eux-mêmes; don Gomez représentait les derniers grands seigneurs dont Richelieu n'avait pu abattre l'orgueil; et, lorsque entêté de son importance, il s'écriait: « Un seul jour ne perd pas un homme tel que moi! » on croyait entendre le propos d'un Montmorency ou d'un Rohan qui, hier encore, tenait un pareil langage; c'était l'écho de cette altière féodalité que Richelieu venait à peine de niveler.

— *Le plaidoyer de don Sanche en faveur du duel.* Il est ici question du second duel de la pièce, c'est-à-dire de la rencontre à l'épée qui va avoir lieu entre Rodrigue et don Sanche, au moment où Chimène, n'ayant pu obtenir la mort de Rodrigue, s'en remet à la décision des armes et promet d'épouser celui des deux combattants qui tuera l'autre. Cette scène est de toute la pièce la plus hardie comme acte d'opposition à Richelieu; en effet don Sanche y fait l'apologie du duel en présence même du roi qui le condamne, et immédiatement après un discours en sens contraire prononcé par lui. Ce n'est donc plus de l'opposition indirecte, comme le duel à huis-clos de Rodrigue et du comte, ou la résistance du comte à un envoyé du roi;

c'est de l'opposition directe et pour ainsi dire à brûle-pourpoint.

Indépendamment de ces quatre passages, il s'en trouvait primitivement un cinquième sur les réparations d'honneur que Corneille fut forcé de supprimer comme dangereux. C'est une phrase de don Gomez à Arias dans laquelle le comte dit à Arias qu'un homme qui vient de recevoir un défi ne doit jamais faire d'excuses à son provocateur, ou qu'un insolent ne doit jamais rétracter son insulte :

> Les satisfactions n'apaisent point une âme ;
> Qui les reçoit n'a rien ; qui les fait se diffame,
> Et de tous ces accords l'effet le plus commun
> Est de déshonorer deux hommes au lieu d'un.

Corneille fut obligé de supprimer ces vers après la première édition, quoiqu'ils ne fussent que la traduction d'un passage de la tragédie espagnole : « Ni donner, ni recevoir de satisfaction; celui qui la donne et celui qui la reçoit sont également certains d'avoir tort; car l'un perd l'honneur et l'autre ne gagne rien; s'en remettre à l'épée pour les outrages, c'est le mieux. » (*Guilhem de Castro*).

Puisque nous parlons des duels de la tragédie du *Cid*, il est bon d'en ajouter aux précédents un troisième : c'est celui que Corneille lui-même faillit avoir avec Scudéry; ce d'Artagnan littéraire lui écrivit un jour une lettre insolente qui se terminait par un défi. Corneille, qui mettait sa gloire à faire de beaux vers et non à se battre, lui répondit : « Il n'est pas question de savoir de combien vous êtes plus noble ou plus vaillant que moi, pour juger de combien le *Cid* est meilleur que l'*Amant libéral*; je ne suis pas un homme d'éclaircissement ; ainsi vous êtes en sûreté de ce côté-là... » Il était en effet bizarre qu'une provocation en duel se mêlât à une discussion littéraire. Ce n'était pas non plus une preuve de courage de la part d'un officier de cavalerie de provoquer l'inoffensif Corneille. C'est à la suite de ces violences que Richelieu intervint et porta l'affaire devant l'Académie française, pour donner raison, comme nous l'avons vu, à l'homme de lettres spadassin.

Voilà les signes du temps, ou allusions contemporaines, que l'on rencontre dans la tragédie du *Cid*.

PARAGRAPHE IV

Le Cid de l'histoire, celui de la légende et celui de la poésie. — Sources historiques de la biographie du Cid. — La Chimène de la légende et celle de la poésie. — Comparaison entre la pièce espagnole et la pièce française.

Première question. — *Que signifient les deux surnoms de Rodrigue, le Cid Campéador ?*

I. — *Le Cid.* Le Cid est un nom commun formé du mot arabe *sid*, *sidi*, qui apparaît encore aujourd'hui dans le mot *séid*, et qui signifie maître, seigneur. Séid est un titre d'honneur que prennent encore les Arabes qui prétendent descendre de Mahomet. Rodrigue, dans la pièce de Corneille, ne prend le nom de Cid qu'à partir de sa victoire sur les Maures (IV, scène III), car ce sont les deux rois faits prisonniers par ce dernier qui lui décernent, comme hommage, à leur vainqueur espagnol, dans le titre honorifique arabe. Le roi de Castille l'accepte et le consacre pour Rodrigue dans les vers suivants qui sont pour lui comme une autorisation de le porter :

> Ils t'ont nommé tous deux leur Cid en ma présence,
> Puisque Cid en leur langue est autant que seigneur ;
> Je ne t'envierai pas ce beau titre d'honneur ;
> Sois désormais le Cid.   (IV, III.)

Du reste Rodrigue, même à partir du quatrième acte, n'est généralement pas désigné sous le surnom du Cid ; Corneille et tout le monde l'appellent Rodrigue ; son surnom ne figure que dans le titre de la pièce, le passage précité et trois autres endroits environ.

II. — *Campéador.* On a donné une foule d'étymologies à ce mot. La plus vraisemblable est *campi ductor*, le conducteur du camp, le maître du camp (*campus*, mauvais latin du moyen âge, au lieu de *castra*). Voici les autres : 1° *Campi doctus*, habile dans le camp, le guerrier habile ; 2° le héros sans égal du verbe espagnol *campar*, *acampar*, qui signifie exceller ; 3° le faiseur de défis, du mot teutonique *champh*, qui signifie duel ; 4° enfin ce mot signifie peut-être tout simplement *guerrier* toujours dans les camps en considérant la terminaison de *campéador* comme une simple désinence indiquant l'acteur, sans aucun rapport avec les mots *ductor* ou *doctus*, comme dans le mot *prestidigitateur*, la désinence *ateur* indique simplement celui qui a les doigts prestes. Cette dernière supposition est très-vraisemblable. On a donc donné cinq étymologies au mot *campéador*.

La tradition a encore donné à Rodrigue trois autres surnoms : 1° Rodrigue de Saint-Pierre de Cardeña, d'un monastère près Burgos, où son cercueil est déposé ; 2° le Cid de Téruel, d'une ville d'Aragon dont il habita vingt ans les montagnes voisines ; 3° le Cid de Valencia, de la ville de Valence dont il s'empara et où il mourut.

Deuxième question. — *Le personnage du Cid est-il historique ou de pure imagination ?*

Il est historique ; cependant on a contesté son existence, malgré les documents espagnols, arabes et latins qui l'attestent. Un historien espagnol, Masden, a même dit : « Je dois avouer que nous ne savons absolument rien sur Rodrigue le Campéador, pas même sa propre existence. » Malgré ce scepticisme, l'existence du Cid est admise par l'histoire ; voici quatre preuves matérielles qui la confirment : 1° son contrat de mariage avec Chimène, conservé dans la cathédrale de Burgos ; — 2° les deux coffrets remplis de sable qu'il donna, dit-on, à des Juifs en échange de 600 marcs d'argent et que l'on conserve suspendus dans la cathédrale de Burgos ; — 3° un monument commémoratif élevé à Burgos en 1784, sur l'emplacement même de la maison où on le croit né ; ce monument porte la date de sa naissance et de sa mort (1026-1099) ; — 4° son cercueil placé dans le monastère de Saint-Pierre de Cardeña, près Burgos. L'existence du Cid est donc considérée comme authentique en Espagne ; seulement ses actions ont été tellement dénaturées par la légende, qu'il est difficile de discerner dans sa biographie le vrai du faux.

Voici ce que l'histoire admet de vrai sur son compte : le Cid naquit au onzième siècle, 1026, au château de Bivar, près Burgos, et mourut en 1099. Il ne chassa jamais les Maures d'Espagne sous le règne de Ferdinand Ier, mais il l'aida en 1061 à prendre Saragosse sur son frère Ramire Ier d'Aragon. Il prit part à la bataille de Grados ou Graus, livrée par le même Ferdinand Ier à son frère Ramire qui tentait de reconquérir Saragosse et qui fut tué dans ce combat. En 1068, sous le règne du successeur de Ferdinand Ier, Sanche le Fort, il aida aussi ce roi à faire la guerre à ses frères, Garcie, roi de Galice, et Alphonse, roi de Léon ; il contribua même personnellement aux deux victoires qu'il remporta sur eux (Santarem, 1088, —

Golpejara, 1071), et qui amenèrent leur déchéance. En 1072 Sanche le Fort, ayant été assassiné, et son frère Alphonse, à qui Rodrigue avait fait précédemment la guerre, lui ayant succédé sous le nom d'Alphonse VI, Rodrigue fut exilé pour sa participation à la lutte des années précédentes. Il mit alors son épée au service des musulmans. Il se rendit à l'appel de l'émir de Saragosse, Ahmed, pour repousser une tribu arabe, celle des Almoravides, qui voulait remplacer les vieux Arabes andalousiens. A cet effet il s'établit pendant une vingtaine d'années (1072-1094) au sud du royaume de Saragosse, dans les montagnes voisines de Téruel, où l'on voit encore de nos jours une vieille forteresse qui porte le nom de la roche du Cid, Peña del Cid. Le secours qu'il prêta à l'émir fut heureux, car celui-ci chassa du royaume de Saragosse les Maures almoravides; il continua à prêter le concours de son épée aux chefs arabes de Dénia, de Murviédro et surtout d'Albarracin; il aida ce dernier à reprendre Valence sur les Almoravides, 1094. C'est dans le sac de cette ville qu'il fit brûler à petit feu dix-huit Valenciens qui avaient vaillamment défendu la place. Après la prise de cette ville, il s'y installa, y vécut cinq ans, fidèle ami des musulmans, et y mourut l'an 1099. On peut ainsi résumer sa vie militaire : deux guerres où il soutint des frères armés contre leurs frères, et une série non calculable d'expéditions entreprises pour le compte des musulmans contre les musulmans. On voit qu'il n'y a rien de bien espagnol dans ces faits et gestes. L'histoire dit encore qu'il épousa une femme nommée Chimène et qu'il en eut deux filles, Élvire et dona Sol. La première est le principal personnage d'une tragédie française de Casimir Delavigne, intitulée la *Fille du Cid*.

Tel est le Cid de l'histoire.

Troisième question. — *Quelles sont les sources de cette histoire du Cid, et, parmi elles, quelles sont celles que Corneille a ignorées, quelles sont celles qu'il a consultées?*

Voici celles que Corneille n'a pas consultées, parce qu'on n'en trouve aucune trace dans ses œuvres. On peut les diviser en deux séries :

Premièrement. Celles qui étaient connues de son temps, mais qui lui sont demeurées étrangères :

1° La Chronique générale (*Cronica general*), document espagnol composé au treizième siècle par Alphonse X, le savant;

2º La Chronique du Cid (*Cronica del Cid*), document espagnol composé à la fin du quatorzième siècle et édité pour la première fois en 1511.

Secondement. Celles qui n'étaient pas connues de son temps :
1º Un document arabe, fragment de l'historien Ibn-Bassam, écrit en 1109, dix ans après la mort du Cid et publié en 1849 par M Dozy, dans un ouvrage intitulé : *Recherches sur l'histoire politique et littéraire de l'Espagne*.
2º Un document latin, appelé la *Chronique latine de Léon*, écrit à Léon, au commencement du treizième siècle et publié seulement en 1792 par l'espagnol Risco, sous le titre de *Gesta Roderici Campidocti*.
3º Trois documents espagnols intitulés : premièrement, la Chanson du Cid (*Poema del Cid*), composée au commencement du treizième siècle, mais publiée seulement en 1779 à Madrid, par Sanchez ; — secondement, la Chronique rimée (*Cronica rimada*), fragment épique de douze cents vers, composé au commencement du treizième siècle, mais édité seulement pour la première fois en France en 1847, par Francisque Michel ; — troisièmement, la Généalogie du Cid (*Genealogica del Cid*), composée à la même époque que tous les écrits précédents, mais publiée seulement au dix-septième siècle par Sandoval et au dix-huitième par Risco ;
4º Un vieux chroniqueur traduit pour la première fois par Charles Romey, vers 1850 (*Histoire d'Espagne*, tome V, page 481).

Voici les sources que Corneille a consultées et qu'il cite dans son avertissement :
1º Le drame espagnol de Guilhem de Castro, paru onze ans avant le *Cid*, en 1625.
2º Le *Romancero*, ou recueil de romances nationales et de légendes héroïques. Corneille, qui savait l'espagnol, a lu ces documents dans l'original ; il cite même deux romances espagnoles dans son avertissement.
3º L'historien Mariana. Cet historien, appelé le Tite Live de l'Espagne, a écrit une histoire générale de ce pays. Il n'a pas été d'un grand secours pour Corneille, puisqu'il n'a que huit lignes sur le Cid. Cependant Corneille invoque son autorité pour justifier deux passages de sa comédie fort critiqués : la poursuite judiciaire de Chimène et le mariage de la fin. Mariana avait du reste servi à Guilhem de Castro avant de servir

à Corneille, et si Corneille le cite à titre d'autorité, c'est plutôt pour l'écrivain espagnol que pour lui. Son vrai, son unique modèle à lui, c'est le drame espagnol. L'historien Mariana et même le *Romancero* ne sont venus que par surcroît. Telles sont les sources auxquelles a puisé Corneille. Il est un autre document espagnol que Voltaire a tort d'indiquer comme source de la tragédie française, c'est la tragédie du *Cid*, par Diamante; cette pièce est postérieure à celle de Corneille; Diamante a imité Corneille et non Corneille Diamante.

Quatrième question. — *Quelles différences remarque-t-on entre le Cid de l'histoire, celui de la légende et celui de la poésie?*

On peut dire qu'il y a trois Cid : celui de l'histoire, celui de la légende et celui de la poésie. Ils diffèrent sensiblement. Le premier est un des personnages les plus grossiers dont l'histoire fasse mention ; le second est un mélange de grossièreté et d'idéal ; le troisième est purement idéal.

1º *Le Cid de l'histoire.* — 2º *Le Cid de la légende.* — *Comparaison.*

Nous étudierons simultanément le Cid comme mari, comme homme, comme soldat, comme citoyen, comme chrétien.

1º *Comme mari.* Il épouse Chimène sans amour et malgré lui, parce qu'il y est forcé. Il obéit en effet à une injonction de Chimène appuyée par le roi ; il subit ce mariage comme une amende pour avoir tué le comte, et il le prouve bien par sa conduite vis-à-vis de sa femme ; immédiatement après la cérémonie nuptiale, il s'éloigne en lui déclarant qu'il ne reviendra au foyer domestique qu'après cinq victoires, c'est-à-dire aux calendes grecques (*Chronique rimée*). Voilà le mari de l'histoire.

Voici le mari de la légende : Il n'éprouve pour Chimène aucune passion chevaleresque, aucun amour ; il l'épouse aussi par soumission au roi, à la loi ; il considère son mariage comme le rachat du meurtre. « J'ai tué un homme et je donne un homme, » dit-il. (*Maté hombre, y hombre doy*, 2º romance.) Cependant, s'il n'aime pas Chimène avant son mariage, il l'aime après. « Les anciennes inimitiés s'apaisèrent dans l'amour, car où préside l'amour, bien des injures s'oublient. » (*Romancero*, 13º romance.) Cet amour après coup de la légende est un progrès sur l'ajournement aux calendes grecques de l'histoire.

2° *Comme homme.* Il n'a ni foi ni loi ; il se fait un jeu de manquer à sa parole, à ses serments, aux capitulations ; créancier, il donne jour à ses débiteurs et ne vient pas ; vainqueur, il promet la vie sauve aux vaincus et les brûle ; allié de guerre, il trompe Alphonse VI et les rois arabes. Il est de plus voleur, escroc, presque assassin. Voleur et escroc, puisque, manquant d'argent pour nourrir sa compagnie, il va trouver deux juifs prêteurs à gages, leur emprunte 600 marcs d'argent, leur laisse comme caution deux coffrets qu'il dit remplis d'or et qu'on trouve, le jour de l'ouverture, remplis de sable. Assassin, puisqu'il tue le comte Gonès, non pas pour venger l'honneur de son père outragé, mais par ruse, en lui dérobant ses troupeaux (*Chronique rimée*). Voilà l'homme de l'histoire.

Voici l'homme de la légende : C'est un mélange de bien et de mal. Il est emporté, violent, brutal, sujet à des accès de colère inouïs : Quand son père, après avoir été insulté par le comte, met à l'épreuve le courage de ses fils pour trouver un vengeur et qu'il leur serre à tous fortement la main, arrivé à Rodrigue il lui fait mal et celui-ci s'écrie que s'il n'était pas son père, il lui ouvrirait les entrailles en faisant pénétrer son doigt dans la plaie, en guise de poignard et de dague (*Romancero*, 1re romance). Un autre jour, après avoir tué le comte, il lui coupe la tête et l'apporte toute sanglante à son père qui était alors en train de dîner (3e romance). Dans une autre circonstance, se trouvant en France, au milieu de la cathédrale de Reims, il brise le fauteuil du roi de France parce qu'il est d'un degré au-dessus de celui de son maître, Ferdinand, roi d'Espagne (*Romancero*). Mais s'il a ces défauts, il est fidèle à sa parole, loyal, sensible à l'honneur. Ainsi, c'est pour venger l'honneur de son père insulté par le comte, et non, comme précédemment, pour piller ses troupeaux, qu'il tue don Gomez. C'est donc à la fois un barbare et un homme de cœur ; ce n'est pas un chevalier, mais il est en train de le devenir : il gagne ses éperons.

3° *Comme soldat.* C'est un soldat de fortune qui s'est nommé lui-même capitaine et qui commande une armée de mécontents ; ou plutôt ce n'est pas un soldat et il n'a pas d'armée. C'est un aventurier, un chef de bande, un condottière à la tête d'une horde de bandits composée de la lie de la population musulmane et ne vivant que de rapines. Toute sa pensée est au butin, dit la *Chronique rimée*. Que dis-je ? Homme vénal, il met son épée au service du plus offrant ; ainsi, après avoir servi Alphonse VI, il se vend à son frère Sanche le Fort, qu'il aide à dépouiller Alphonse de ses États. C'est donc dans une guerre fratricide, comme chef salarié, qu'il fait ses premières armes, et non contre les Maures, en noble espagnol (*Un vieux Chroniqueur*, traduit par Charles Romey). Vainqueur parjure, il viole les capitulations qu'il a signées ; il fait périr des ennemis qui se rendent sur la foi des traités, comme le gouverneur musulman de Valence, Ahmed-el-Moaféry ; cruel jusqu'à la férocité, il enterre tout vifs, ou brûle à petit feu, ou fait dévorer par ses dogues les prisonniers qu'il fait au siége de Valence (*Chronique rimée*; *Document arabe de Ibn-Bassam*). Voilà le soldat de l'histoire.

Voici le soldat de la légende : C'est un grand batailleur, mais c'est un vrai soldat ; il est brave, humain envers les vaincus, modeste après la victoire, desintéressé, c'est-à-dire se battant non pour le butin, mais pour la gloire. En voici la preuve. Il est brave : Il se conduit si vaillamment au siége de Coïmbre qui dure sept ans, que le roi Ferdinand, pour le récompenser, l'arme chevalier dans l'église même de Coïmbre (16ᵉ romance). Il repousse lui-même une invasion des Maures et fait cinq rois prisonniers, exploit militaire admis par la légende mais repoussé par l'histoire, comme nous l'avons vu. Il est humain envers les vaincus. Jamais il ne tue ni ne maltraite ses ennemis ; au contraire, après cette victoire sur les Maures, il rend la liberté sans rançon aux cinq rois prisonniers, et cela à l'âge de vingt ans (7ᵉ romance). Il est modeste après la victoire : Quand le rois vaincus lui offrent le titre de *Cid*, il le refuse par modestie (17ᵉ romance). Enfin il est désintéressé, puisqu'après cette victoire il distribue le butin entre les hommes de sa suite (7ᵉ romance). On voit que, sous le rapport militaire, le Cid est à peu près irréprochable dans la légende ; en effet dans la légende il a toutes les vertus du soldat, tandisque dans l'histoire il a tous les vices du soudard.

4° *Comme citoyen*. C'est un Espagnol qui n'est attaché ni à son roi, ni à son pays. Après avoir servi Alphonse VI, il se tourne contre lui. Il ravage pendant vingt ans de la manière la plus terrible une province d'Espagne, l'Aragon. Il met son épée au service des ennemis de l'Espagne : c'est à la solde des musulmans qu'il fait ses premières armes ; c'est à leur solde qu'il fait ses dernières. En effet il débute sous les émirs musulmans de Saragosse ; ce sont eux qui le font sortir de son obscurité, dit la *chronique latine de Léon.* C'est aussi à eux qu'il consacre ses dernières armes, c'est-à-dire les années les plus célèbres de sa vie. Pour les servir, il s'installe sur une montagne en pain de sucre fort élevée, au fond d'une vallée de l'Aragon entre Daroca et Alcanez. De ce nid d'aigles appelé encore aujourd'hui la roche du Cid (*Peña del Cid*) il exerce ses ravages sur toute la contrée environnante au profit des émirs ses voisins, principalement de celui de Saragosse Ahmed et de celui d'Albarracin, nommé Sainte-Marie des Beny-Razyn. C'est de là qu'il s'élance pour s'emparer de Valence, toujours pour le compte de l'émir d'Albarracin. Telle est la sphère dans laquelle il s'agite jusqu'à la fin de sa vie ; il joue un rôle très-actif dans le grand mouvement de l'invasion des Almoravides qui remplit la fin du onzième siècle ; il s'oppose bien à ces terribles envahisseurs, mais c'est comme allié des anciens Arabes andalousiens, et non comme soldat de l'Espagne ; ce qui n'est pas d'un bon patriote. (*Chronique latine de Léon. Chronique rimée.*) Voilà le citoyen de l'histoire.

Voici le citoyen de la légende : C'est un modèle de fidélité royaliste et de patriotisme. Envers le roi, il se montre respectueux, modeste, empressé ; respectueux et modeste, car il refuse tout d'abord le titre de *Cid* que lui offrent les rois maures dans la crainte d'étaler en face du roi un titre de supériorité déplacé : « Je ne suis point le Cid là où est le roi Ferdinand ; tout est à lui, rien n'est à moi » (17e romance). Ce n'est que par obéissance qu'il finit par l'accepter. Empressé, puisque, dans la cathédrale de Reims, il se fâche parce que le trône du roi de France est au-dessus du sien. Toutefois, dans une circonstance, il lui fait de l'opposition ; c'est un jour qu'il refuse de lui baiser la main, en le rencontrant sur un grand chemin, quoique ce fût l'usage et que toute sa suite s'y fût soumise. « Je ne me tiens pas pour honoré, dit-il fièrement, de baiser la main du roi » (7e romance). Envers son pays, son patriotisme est irréprochable ; son épée ne sert jamais qu'une cause, celle de l'Espagne. On ne trouve dans la légende nulle trace de défection, de vénalité, nul concours prêté aux musulmans.

5° *Comme chrétien.* Il l'est aussi peu que possible ; il combat tantôt pour le Christ, tantôt pour Mahomet ; il viole les églises, quand il ne les pille pas. Un jour il brise la porte de l'une d'elles pour arracher un de ses ennemis du pied de l'autel, où il s'était réfugié. (*Chronique rimée.*) Voilà le chrétien de l'histoire; voici celui de la légende : sa conduite est un mélange de soumission et de rébellion envers l'Eglise, de piété et d'impiété. De soumission et de piété : il fait un pèlerinage à Saint-Jacques de Compostelle et fait l'aumône en chemin à un lépreux, qui n'est autre que saint Lazare déguisé en mendiant; celui-ci lui annonce qu'à cause de sa charité Dieu l'appellera à de hautes destinées. (14° romance.) De rébellion et d'impiété : il fait un scandale public dans la cathédrale de Reims, comme nous l'avons vu précédemment; pour ce fait, le pape l'excommunie; Rodrigue, au lieu de courber la tête, menace de sa colère le chef de la chrétienté. « Absolvez-moi, saint-père, ou bien vous vous en repentirez; » et le pape l'absout. (*Chronique rimée.*)

Tel est le Cid de l'histoire comparé à celui de la légende. Le premier est un barbare complet, le second un demi-barbare. Si dans la légende il s'est adouci, il est bien rude encore. S'il a perdu la plupart de ses défauts, il a encore une écorce bien grossière; il n'est plus pillard, escroc, mécréant; il s'est fait homme, mais ce n'est pas encore un gentilhomme. Il devra sa métamorphose complète à la poésie.

3° *Le Cid de la poésie.*

La poésie seule est parvenue à idéaliser complétement ce personnage, à séparer l'or de la boue. C'est Guilhem de Castro, c'est surtout Corneille, qui ont taillé sa statue définitive dans le marbre le plus pur. Il suffit de lire la tragédie française pour voir que le Cid est un type achevé d'amour et d'honneur, un modèle irréprochable de vaillance et de loyauté, le plus pur représentant de la chevalerie. C'est en effet le privilége du génie de refaire l'histoire, toujours mêlée de souillures comme la réalité, et même la légende un peu prosaïque comme l'imagination populaire dont elle est sortie. Aussi le vrai Cid sera-t-il toujours celui de la poésie, c'est-à-dire celui de Guilhem de Castro et de Corneille.

Telles sont les différences qu'offrent le Cid de l'histoire, celui de la légende et celui de la poésie.

Cinquième question. — *Quelle différence remarque-t-on entre la Chimène de la légende et celle de la poésie?*

Disons d'abord qu'il n'y a pas à proprement parler de Chimène de l'histoire, quoique Chimène ait réellement existé; il n'y en a pas, parce que l'histoire s'est bornée à enregistrer son nom et son mariage, sans rien dire de son caractère ni de sa vie. Mais il y a une Chimène de la légende; c'est celle du *Romancero*; elle ne ressemble pas tout à fait à celle de la poésie. Elle n'a pas les grandes vertus que lui prête Corneille: délicatesse, passion pure et profonde, fidélité dans l'amour, sentiment exquis de l'honneur. Elle est égoïste et intéressée: elle demande elle-même Rodrigue en mariage, par voie judiciaire, à titre de dédommagement pour le tort qu'il lui a causé en tuant son père; elle le demande aussi parce qu'il est riche: « Donnez-moi Rodrigue pour époux; cela arrangera toute chose. » (*Chronique rimée.*) « Celui qui m'a fait tant de mal me fera quelque bien. » (8ᵉ romance.) On comprend que le sentiment de sa faiblesse lui fasse désirer un protecteur, mais on ne lui pardonne pas d'épouser Rodrigue parce qu'il est riche : « Je vous le demande pour mari, dit-elle au roi; je me tiendrai pour bien établie et m'estimerai très-honorée, car je suis sûre que son bien doit aller toujours croissant. » (12ᵉ romance.) Telle est la Chimène de la légende. Celle de la poésie est un modèle de délicatesse, de désintéressement, de tendresse pure en même temps que d'attachement au devoir; cependant il ne faut pas oublier que Corneille a cru devoir jeter une ombre légère sur cette radieuse figure : elle cède en poursuivant Rodrigue à un sentiment personnel un peu empreint d'égoïsme, l'amour de la gloire. Malgré cette tache à peine perceptible, la Chimène de la poésie peut être considérée comme l'idéal de la passion pure, et l'honneur de cette création revient à Corneille.

Sixième question. — *Corneille a-t-il beaucoup imité Guilhem de Castro?*

Oui; sur les douze scènes principales de la tragédie de Corneille, huit se trouvent dans l'auteur espagnol : 1° la querelle du comte et de don Diègue; — 2° le monologue de don Diègue désarmé; — 3° la scène où don Diègue remet à son fils le soin de sa vengeance; — 4° le refus du comte de faire des excuses à don Diègue; — 5° le défi de Rodrigue au comte; — 6° la première démarche de Chimène auprès du roi, ou la scène du double plaidoyer; — 7° la première entrevue de Rodrigue et de Chimène ; — 8° le stratagème du roi, ou la seconde démarche de Chimène auprès du roi.

Indépendamment de ces huit scènes principales, il en est une autre moins importante que Corneille a imitée de Guilhem de Castro, c'est la conversation de Rodrigue et d'Elvire avant l'arrivée de Chimène, et par conséquent avant la première entrevue des deux amants (III, III). Ce qui porte à neuf le nombre des scènes imitées par Corneille. Il est vrai qu'il a fait ces imitations avec la supériorité du génie.

Voici maintenant d'autres scènes principales de la tragédie de Corneille qui n'ont point de correspondant dans la pièce espagnole. Elles sont au nombre de quatre : 1° les stances de Rodrigue ; — 2° l'entrevue de don Diègue et de son fils après la réparation ; — 3° le combat de Rodrigue contre les Maures ; — 4° la seconde entrevue de Rodrigue et de Chimène.

Septième question. — *Quelle est la principale modification que Corneille a fait subir à la pièce espagnole ?*

Tout ce qui dans la pièce espagnole est visible, pittoresque, accentué aux sens, tout ce qui s'adresse aux yeux, tout ce qui dessine vivement le monde extérieur a été supprimé par Corneille, ou plutôt rendu sous une forme abstraite. Les faits matériels ont passé à l'état de sentiment pur, d'analyse morale. La pièce espagnole est variée, éparse, bigarrée ; Corneille l'a, comme on dit en philosophie, rationalisée, intellectualisée. Ainsi le poëte espagnol suppose que don Diègue trempe son mouchoir dans le sang qui s'échappe de la plaie du comte et en essuie sa joue pour laver son affront ; au lieu de ce matérialisme grossier, Corneille met un sentiment pur dans les vers suivants :

> Viens baiser cette joue et reconnais la place
> Où fut empreint l'affront que ton courage efface.

C'est du reste le procédé constant de Corneille et du théâtre français ; nous fuyons le pittoresque et mettons en première ligne l'analyse intérieure. Nous transportons l'action de la sphère des sens dans celle de l'entendement, tel que va le définir Descartes, ce grand contemporain de Corneille ; le *Cid* est de 1636, et le *Discours sur la méthode* de 1637. « En France, dans la tragédie, dit Sainte-Beuve, on ne voit pas les choses si en réalité ni si en couleur ; on est plus ou moins de l'école de Descartes, qui dit : « Je pense, donc je suis. » Tout le drame se passe au sein de la substance intérieure dont l'essence est de penser, et qui, pour être, ne dépend d'aucun lieu et n'a besoin d'aucune chose matérielle. » C'est ce que dit Descartes, et c'est ce que pratique Corneille. Rien de pareil dans Guilhem de Castro.

PARAGRAPHE V

La tragédie du *Cid* est-elle conforme à la constitution du théâtre français en 1636. — Comparaison entre le *Cid* et les autres pièces de Corneille, entre autres l'*Illusion comique*. — Idées générales sur lesquelles repose cette tragédie. — L'honneur antique et l'honneur moderne. — Beautés de la pièce. — Les trois unités. — Le dénoûment. — Le style.

Première question. — *La tragédie du* Cid *est-elle conforme à la constitution du théâtre français en* 1636 ?

Non. En 1636, le caractère du théâtre français était l'imitation des Grecs et des Latins. Les prédécesseurs immédiats de Corneille, Garnier, Jodelle, Hardy, Mairet, suivaient strictement les lois d'Aristote et prenaient les anciens pour modèles ; on était alors tellement persuadé de la nécessité de suivre les règles de la *Poétique* pour faire une bonne tragédie, que cette opinion imposait silence à toute contradiction. La tragédie du *Cid* ne porte aucune trace de l'imitation antique, puisque le sujet en est moderne ; elle est en opposition avec les règles d'Aristote, puisque Corneille n'observe ni l'unité de lieu, ni l'absence d'amour, ni le dénoûment tragique imposé par le maître ; elle repose sur le sentiment de l'honneur inconnu de l'antiquité ; elle n'est donc pas conforme à la constitution du théâtre français en 1636.

Deuxième question. — *Indiquer les ressemblances et les différences entre le* Cid *et les autres tragédies de Corneille ?*

Ressemblance. La tragédie du *Cid* repose sur l'idée de la lutte entre le devoir et la passion, comme la plupart des tragédies de ce poëte.

Différences. 1° L'amour joue un plus grand rôle dans cette tragédie que dans les autres œuvres de Corneille.

2° Elle offre un intérêt de jeunesse et de passion que l'on ne rencontre pas dans les autres tragédies.

3° Elle offre plus de ressemblance avec la vie ; nous sommes plus près de Rodrigue et de Chimène que d'Horace, d'Auguste, de Polyeucte ; les personnages du *Cid* sont plus des hommes que des héros ; ceux des autres tragédies sont plus des héros que des hommes.

Troisième question. — *Quelle est la pièce de Corneille qui offre le plus de ressemblance avec le* Cid *?*

L'*Illusion comique*, comédie jouée quelques mois avant le *Cid*. On trouve dans cette pièce un personnage nommé Matamore que l'on peut considérer comme la burlesque ébauche du *Cid*. C'est un capitan héroïque qui se livre à mille fanfaronnades :

> Je vais d'un coup de poing te briser comme verre,
> Ou t'enfoncer tout vif au centre de la terre. (III, VIII.)

Ce genre de personnage était fréquent sur le théâtre espagnol du seizième et du dix-septième siècle, ainsi que dans les pièces françaises appelées farces. C'est une nouveauté cependant que son apparition dans une comédie en cinq actes et en vers, et cette tentative eut le plus grand succès : l'*Illusion comique* se maintint plus de trente ans à la scène (*examen de l'Illusion comique*), et eut plus de succès que *Médée*. Corneille en créant cette espèce de *miles gloriosus* semble s'être préparé par une création secondaire à aborder de face la grande figure du *Cid* que venait d'offrir à son imagination la littérature espagnole.

Quatrième question. — *Sur quelles idées générales repose la tragédie du* Cid *?*

Sur la lutte du devoir et de la passion et sur le sentiment de l'honneur.

Cinquième question. — *Définir l'honneur, tel que ce sentiment est présenté dans le* Cid *?*

Corneille dans la tragédie du *Cid* analyse le sentiment de l'honneur tel que le conçoivent les sociétés modernes. Car il est à remarquer que l'honneur moderne diffère de l'honneur antique. L'honneur antique savait dévorer les affronts les plus sensibles quand l'intérêt public le demandait. Ainsi Thémistocle âgé de trente-huit ans, vainqueur à Marathon, couvert de gloire se trouve le matin de la bataille de Salamine en présence d'un rival, le général lacédémonien Eurybiade à qui était échu le commandement en chef de la flotte grecque. Une querelle s'élève entre eux. Eurybiade, à la vue de l'incendie d'Athènes et des innombrables vaisseaux des Perses, veut se retirer vers l'isthme de Corinthe, Thémistocle ne le veut pas et préfère le combat. Eurybiade irrité de cette opposition lève son bâton pour frapper le général athénien. « Frappe, mais écoute ! » répond celui-ci, mot fameux qui atteste l'abdication de l'honneur personnel, mais qui valut à la Grèce la victoire de Salamine. Tel est l'honneur antique. L'honneur moderne au contraire exige que pour venger un affront on sacrifie tout : l'État, la famille, la vie des enfants, l'intérêt de la patrie ; c'est ce que fait don Diègue quand il demande à son fils de le venger ; il ne s'inquiète pas si la mort possible de Rodrigue ne privera pas Chimène d'un fiancé, l'État d'un défenseur et lui-même d'un fils chéri. Ainsi l'honneur antique capitule devant le patriotisme, l'honneur moderne ne capitule devant rien. Cette supériorité de l'honneur moderne sur l'honneur antique tient aux progrès du christianisme qui en épurant les sentiments a élevé les âmes.

L'inflexibilité de la loi de l'honneur est donc une des principales idées de la tragédie du *Cid* ; plusieurs personnages la personnifient, mais surtout don Diègue. Il la personnifie non seulement en remettant à son fils le soin de sa vengeance, mais encore en disparaissant tant que dure l'affront. On ne le revoit qu'après la mort du comte. Corneille n'a pas voulu nous faire assister à ses alarmes pendant le combat, dans la crainte que l'émotion et peut-être les pleurs de la tendresse paternelle n'affaiblissent à nos yeux l'inflexibilité de la loi de l'honneur.

Sixième question. — *Quelles sont les beautés de la pièce ?*

1° La lutte du devoir et de la passion ; 2° l'équilibre que Corneille a su garder dans cette lutte ; 3° la ressemblance de cette tragédie avec la vie humaine.

1° *La lutte du devoir et de la passion*. Rien n'est beau comme la lutte qui s'établit dans le cœur de Rodrigue et de Chimène entre leur honneur et leur tendresse et comme le triomphe qu'ils remportent sur leur tendresse ; cette idée d'héroïsme domine toute la tragédie, elle en est l'âme. Rien de plus noble que le spectacle de ce jeune homme et de cette jeune fille qui s'aiment tendrement et qui sacrifient leurs plus chères inclinations à leur devoir.

2° *L'équilibre que Corneille a su garder dans cette lutte.* Il n'y a rien mis d'absolu, ni la passion sans quelque remontrance du devoir, ni le devoir sans quelque insinuation de la passion. Quand la passion parle, elle est tenue en bride par le devoir; quand c'est le devoir, il ressemble quelquefois à la passion cherchant à se donner le change. Ainsi quand Rodrigue a appris l'insulte faite à son père, il veut tuer le comte, voilà le devoir; mais quand il a formé ce généreux projet, il se demande s'il n'y a pas un moyen honorable de s'y soustraire, et il songe à la mort volontaire : voilà la passion se donnant le change. D'un autre côté, quand Chimène a appris la mort de son père, elle demande celle du meurtrier : voilà le devoir, mais quand elle parle devant le roi, l'éclat de ses plaintes, l'excès de paroles dont elle réchauffe son zèle languissant, le concours de son imagination dans les hyperboles et les subtilités de sa requête, l'espoir d'échouer dans sa demande et la promesse de suivre son amant au tombeau, si elle réussit, voilà la passion introduite même dans l'accomplissement du devoir. Cet équilibre entre la passion et le devoir est la règle que se proposent les âmes fortes. C'est moral et naturel.

Dans les autres tragédies de Corneille, cet équilibre n'existe pas : la passion est sacrifiée au devoir.

3° *La ressemblance de cette tragédie avec la vie humaine.* Le *Cid* est de toutes les tragédies de Corneille celle qui offre le plus de ressemblance avec la vie. Cette ressemblance apparaît dans les détails suivants : Premièrement : la lutte du devoir et de la passion dont nous venons de parler. Qu'est-ce que la vie des honnêtes gens en effet, sinon cette lutte même ? Ceux-ci ne sont-ils pas toujours entre le devoir qui s'impose à eux et une passion quelconque qui les sollicite en sens contraire ? A tous les âges nous subissons les alternatives de cette lutte. Les plus forts voient céder tour à tour la passion et le devoir; les plus faibles voient céder plus souvent le devoir que la passion. Le *Cid* est donc l'image de la vie humaine. Deuxièmement : En se plaçant à un autre point de vue, on trouve encore cette image de la vie dans l'équilibre que gardent toujours le devoir et la passion, dans la juste mesure et les alternatives de leur lutte si bien combinées que cette pièce semble l'histoire morale de la majorité des honnêtes gens; ceux-ci ne sont en effet vertueux que dans la mesure de la faiblesse humaine et ne sont faibles qu'autant qu'on peut l'être sans souiller son âme. Troisièmement : Voici d'autres traits de ressemblance avec la vie : l'abus de l'esprit dans les plaidoyers de Chimène ; l'homme a souvent besoin, a même l'habitude de faire appel à son esprit pour excuser ses passions et s'exciter au devoir. La querelle des parents faisant le malheur des enfants ; la dispute de deux hommes qui ambitionnent la même place ; le désappointement de l'ambition déçue dans ses espérances ; l'abus de la force, ou la force primant le droit, la dignité de l'honnête homme offensé, les efforts d'un peuple repoussant l'envahisseur, l'empressement d'un homme estimé dont on accepte les services, le bon sens et l'équité d'un juge tâchant d'accorder deux partis qui se disputent, tout cela n'est-ce pas l'image de la vie ?

Septième question. — *Qu'y a-t-il à remarquer sur les trois unités dans la tragédie du* Cid ?

1° *Unité de temps.* Corneille a attaché la plus grande importance à l'unité de temps dans cette tragédie ; il l'a si rigoureusement observée que tout se passe dans les vingt-quatre heures, malgré la multiplicité des événements ; si bien que la pièce commencée à la sortie du conseil vers midi, dure jusqu'au lendemain à peu près à la même heure. Les trois premiers actes se passent de midi à huit heures du soir ; tout le temps qui s'écoule entre le troisième et le quatrième est rempli par la nuit et le combat contre les Maures ; les événements du quatrième et du cinquième se passent le lendemain du matin à midi. « Si Corneille attache tant d'importance à l'unité de temps, dit M. Sainte-Beuve, c'est qu'il connaît son public français, pressé, impatient, avec lequel il faut saisir l'occasion aux cheveux, l'occasion cette déesse fugitive et si française elle-même. »

2° *L'unité d'action.* L'action du *Cid* offre aussi une unité parfaite, attendu que l'intérêt ne se déplace pas et reste toujours concentré sur Rodrigue et sur Chimène. Leur projet d'union annoncé, rompu et renoué, voilà l'unité du sujet. On ne peut par conséquent adresser à l'action du *Cid* le même reproche qu'à l'action de *Cinna* et surtout d'*Horace*. Dans la première de ces deux tragédies l'action est double, car on s'intéresse d'abord à *Cinna*, puis à *Auguste* ; dans la seconde, elle est triple, comme le remarque Voltaire ; d'abord le *danger de Rome*, ensuite la *mort de Camille*, enfin le *procès du jeune Horace*.

3° *Unité de lieu.* Corneille l'a observée moins rigoureusement que les deux autres. Il reste bien dans la même ville, à Séville, mais il nous transporte tantôt dans la maison du comte (conversations entre Chimène et Elvire, entre Chimène et Rodrigue, entre Chimène et don Sanche, entre le comte et Arias) ; tantôt dans la maison de don Diègue (les stances de Rodrigue); tantôt dans le palais du roi de Castille, soit dans l'appartement de sa fille dona Uraque (conversations entre l'Infante et sa suivante, monologue de l'Infante), soit dans l'appartement du roi lui-même (les deux démarches de Chimène auprès du roi, le récit du combat de Rodrigue); tantôt dans la rue (la scène du défi), car c'est dans la rue que Rodrigue provoque son adversaire, comme l'indiquent ces mots : « parlons bas, écoute, » allusion à la foule des courtisans ou promeneurs qui pourraient les entendre; tantôt enfin sur une place qui s'étend devant le palais (la querelle du comte et de don Diègue) car c'est au sortir du conseil que les deux rivaux se disputent. On a compté dans cette tragédie quatorze changements de lieu; non pas qu'en dehors des cinq précédents, il y en ait neuf autres, mais parce que ces cinq lieux reviennent alternativement quatorze fois. Si Corneille a moins rigoureusement observé l'unité de lieu que les deux autres, ce n'est pas négligence, c'est système. Voici pourquoi : tandis que par unité de temps il entend vingt-quatre heures, trente au plus; tandis que par unité d'action il entend un seul fait principal autour duquel se groupent des épisodes secondaires; il entend par unité de lieu, non pas la même maison, mais la même ville, de sorte que, d'après ce système, il peut représenter tantôt un quartier, tantôt un autre, sans manquer à l'unité de lieu. Cette irrégularité n'est donc qu'apparente. Corneille s'est toujours montré très-rigoureux observateur des lois d'Aristote, en matière d'unités; on peut même voir, en étudiant ses examens et ses préfaces, combien il était esclave d'une *Poétique* superficielle et méticuleuse.

Huitième question. — *Quel est le dénoûment de la tragédie du* Cid?

Il est très-obscur. Corneille a voulu le laisser dans l'incertitude, comme cela ressort des explications qu'il donne lui-même dans l'examen du *Cid*. On ne sait pas si Rodrigue et Chimène se marieront ou ne se marieront pas. Le poëte se trouvait entre deux vérités contradictoires qu'il a voulu respecter également : la vérité historique, à savoir qu'ils se marient; la vérité morale, à savoir qu'ils ne doivent pas se marier; pour respecter la première, il a laissé entrevoir le mariage comme possible; pour respecter la seconde, il n'a pas dit qu'il se ferait; il s'est contenté d'en jeter *quelque idée*, comme il le dit lui-même ingénument. De là l'obscurité du dénoûment, on peut même dire l'absence de dénoûment dans cette tragédie. (Voir paragraphe ix, fin.)

Neuvième question. — *Caractérisez le style de cette tragédie?*

Le style de cette tragédie contraste avec les fadeurs romanesques du temps par sa fermeté, sa forme pleine et nerveuse; voilà son caractère général. Comme caractères particuliers il est haut et fier dans les scènes d'explication et de défi, naïf et pur dans les scènes de tendresse, poétique dans les épisodes.

PARAGRAPHE VI

Scènes principales.

Quelles sont les scènes principales de la tragédie du Cid?

Première scène principale (acte Ier, scène III.) La querelle du comte et de don Diègue.

Cette querelle a lieu à la sortie du conseil où don Diègue vient d'être nommé gouverneur du prince de Castille, de préférence à son rival. Ce qui fait la beauté de cette scène c'est l'opposition des deux caractères du comte et de don Diègue; l'un, le plus jeune, orgueilleux, fanfaron, insolent; l'autre, le vieillard, modéré, patient, poli; plus le vieillard se contient, plus le comte devient violent et brutal; d'un autre côté plus l'emportement du comte augmente, plus le vieillard cherche à le calmer par son urbanité, tâchant, pour ainsi dire, de se faire pardonner son triomphe par sa modestie. Ce n'est que lorsque l'insolence toujours croissante du comte dépasse toute limite qu'il change brusquement de ton et lui lance une épigramme qui lui attire un soufflet. L'auteur a su graduer dans cette scène avec un art admirable la marche de deux sentiments contraires : la violence, depuis la première épigramme de l'ironie jusqu'à la dernière explosion de la brutalité ; la modération, depuis le premier effort de la politesse jusqu'à la dernière concession de l'amour-propre. Tout est calculé dans cette scène de manière à rendre le comte odieux en prévision de sa mort qu'il faut préparer, et le vieillard intéressant en prévision de la vengeance héroïque de Rodrigue. C'est la première fois qu'un poëte français trace sur la scène non plus une situation, mais des caractères. L'honneur de cette innovation revient à Corneille, et l'on peut dire que sous ce rapport cette scène fait date dans l'histoire du théâtre français.

Deuxième scène principale (acte Ier, scène IV). Le monologue de don Diègue désarmé.

Dans cette scène don Diègue gémit sur l'affront qu'il vient de recevoir, mais il espère que son fils le vengera. Son monologue est donc l'expression du désespoir, mais d'un désespoir adouci par la certitude d'une réparation prochaine. Le monologue de don Diègue offre une ressemblance avec trois monologues anciens : 1° dans Virgile, celui d'Évandre insulté par Mézence et remettant à son fils Pallas le soin de sa vengeance (*Enéide*, VIII, 560) ; 2° dans Virgile, celui de Mézence provoqué par Énée, mais privé de la consolation d'être vengé par son fils Lausus, parce que Énée vient de le tuer, comme il va tout à l'heure le tuer lui-même (*ibid.*, X, 845) ; 3° dans Sophocle, celui d'Œdipe accablé par la fatalité et désespéré d'avoir commis, sans le vouloir, crime sur crime. Le parricide, l'inceste et le commencement de suicide dont il s'est rendu coupable donnent à son monologue quelque chose de sombre et d'affreux dont les monologues de Virgile et de Corneille n'approchent point. (*Œdipe-Roi*, 1369.)

Troisième scène principale (acte Ier, scène v). La scène où don Diègue remet à son fils le soin de sa vengeance.

Ce qui fait la beauté de cette scène c'est l'anéantissement qu'éprouve Rodrigue en apprenant le nom de l'adversaire contre qui il va combattre et l'effort qu'il est obligé de faire pour vaincre son amour. En cette circonstance, il fait preuve d'héroïsme parce qu'il n'hésite pas à sacrifier sa passion à son devoir, ou plutôt parce qu'il se borne à un monosyllabe douloureux qui expire sur ses lèvres comme une protestation inachevée. Son père, après lui avoir soufflé le feu de la vengeance, se retire pour cacher sa honte, et ne reparaît aux yeux du spectateur qu'après avoir obtenu satisfaction.

Quatrième scène principale (acte Ier, scène VI). Les stances de Rodrigue.

Rodrigue se livre dans ces stances à l'expression de sa douleur et y déplore l'amertume de sa situation. Il s'y montre d'abord partagé entre deux sentiments contraires : le soin de son amour et le soin de son honneur. Après quelques moments d'hésitation où son cœur ne penche ni d'un côté ni de l'autre, il incline du côté de Chimène, mais non pas pour renoncer à se battre avec le comte, tout au contraire pour se laisser tuer par lui, afin de donner satisfaction à sa maîtresse. Bientôt il se ravise, et se décide à venger son père, en se promettant de faire tous ses efforts pour tuer son adversaire. Ce serait une erreur de croire comme quelques interprètes modernes (entre autres Mounet-Sully, *Théâtre français*, octobre 1872) que ces stances soient une effusion de mélancolie ; c'est d'abord l'expression du désespoir, ensuite l'emportement du point d'honneur et le désir de la vengeance, c'est-à-dire des passions violentes et exaltées, bien éloignées du ton dolent et triste. Ces stances sont écrites sur un rhythme harmonieux et l'antithèse qui termine chacune d'elles comme un refrain offre une ingénieuse cadence parfaitement en rapport avec ce va-et-vient des deux sentiments contraires qui se partagent l'âme de Rodrigue. Corneille est trop sévère pour lui-même quand il trouve le retour des mêmes rimes à la fin de chaque strophe contraire au naturel et invraisemblable (fin de l'examen d'*Andromède*).

Il y a d'autres stances dans la tragédie du *Cid*. Ce sont celles de l'Infante. (V, II.) La fille du roi y exprime les douloureuses hésitations de son cœur partagé entre son amour pour Rodrigue et les devoirs de son rang qui l'empêchent d'épouser un jeune seigneur étranger à la famille royale. Ces stances sont loin de valoir celles de Rodrigue ; elles sont même un peu comiques, parce que l'Infante y fait des rêves, des châteaux en Espagne, dont on ne peut s'empêcher de sourire. En effet, après avoir trouvé Rodrigue de trop petite maison pour elle, elle se rappelle que sa victoire sur les Maures compense l'inégalité de naissance entre elle et lui, et elle se laisse aller à l'idée de l'épouser, elle le voit même déjà assis à côté d'elle sur le trône de Castille ; c'est ce que Sainte-Beuve appelle spirituellement le pôt au lait de l'Infante. Mais revenant bientôt au sentiment de la réalité elle songe que Rodrigue aime Chimène et qu'elle même a fait don de ce mari à son heureuse rivale. « Le don que j'en ai fait me nuit. » Comme si elle avait le droit de donner ce qui ne lui appartient pas !

Les stances du *Cid* ne sont pas une innovation dans la tragédie classique. Au dix-septième siècle, on en mettait dans la plupart des tragédies et même des comédies. Corneille le dit dans l'examen d'*Andromède* : « Pas un de ceux qui ont occupé le théâtre avec gloire depuis trente ans (ceci est écrit en 1650) ne s'est défendu de mêler des stances dans quelques-uns des poëmes qu'ils y ont donnés, je ne dis pas dans tous, car il ne s'en offre pas d'occasion en tous. » Avant Corneille, on en trouve dans la *Cléopâtre* de Jodelle (1552), dans la *Didon* du même auteur (1560), dans le *Martyre de Saint-Genest* par Rotrou; on en trouve dans presque toutes les comédies de Corneille : deux dans la *Veuve*; deux dans la *Suivante*; trois dans la *Place Royale*; une dans *Médée*, tragédie parue un an avant le *Cid*; après le *Cid*, on en trouve une dans *Polyeucte*; une dans la suite du *Menteur*; une dans *Héraclius*; huit dans *Andromède*; une dans *Œdipe*; huit dans la *Toison d'Or*; toute la tragédie d'*Agésilas* est en vers lyriques; en résumé douze tragédies ou comédies de Corneille renferment des stances.

L'usage des stances était si répandu au dix-septième siècle que les acteurs en composaient quelquefois de leur crû pour les intercaler dans le texte de l'auteur, ce qui fâchait Corneille : « Je ne pourrais approuver, dit-il dans l'examen d'*Andromède*, qu'un acteur touché fortement de ce qui vient de lui arriver dans la tragédie se donnât la fantaisie de faire des stances pour exprimer son déplaisir devant les spectateurs. » Corneille explique dans le même passage l'origine des stances. Il dit que les vers lyriques ressemblent plus à la prose que les vers alexandrins; l'emploi des premiers donne donc au langage des personnages de tragédie un air plus naturel et plus voisin du langage ordinaire. Cette explication est un peu naïve. On en a donné deux plus vraisemblables. Premièrement, l'imitation du théâtre grec où la poésie lyrique tient une large part. Deuxièmement, le goût de Louis XIV pour les divertissements chantés; au dix-septième siècle les chœurs étaient accompagnés de musique, ou du moins d'une mélopée monotone. Si l'opéra eut tant de vogue au dix-septième siècle, si Lulli et Quinault furent tellement en faveur, si Molière, Corneille, La Fontaine et Racine firent des opéras (Molière et Corneille firent *Psyché*; Racine fit l'*Idylle de la paix*, ouvrage appelé dans l'origine petit opéra et *Esther* qui portait aussi primitivement le titre d'opéra, comme l'atteste une lettre de Dangeau, du 18 août 1688); si le grave Boileau lui-même écrivit des vers pour l'opéra de Lulli intitulé *Bellérophon*; si les mêmes Boileau et Racine composèrent en commun à la demande de Mme de Montespan un opéra de *Phaéton*; enfin si on trouve dans tant de pièces de ce temps des strophes ou des vers lyriques chantés, c'est que Louis XIV aimait ce genre de spectacles qui prêtait à la musique et à la danse. Le roi favorisait en effet de toute manière les tragédies à machines, les ballets, les mascarades, les fictions mythologiques et champêtres, les églogues en musique, en un mot toutes les combinaisons dramatiques entremêlés de musique et de chant. Les stances du *Cid* et toutes les poésies de ce genre sont vraisemblablement une concession indirecte à ce goût dominant du roi et de la cour.

Après Corneille, Racine a mis des stances dans *Esther* et dans *Athalie*, Schiller dans la *Fiancée de Messine*, Casimir Delavigne dans le *Paria*.

Cinquième scène principale (acte II, scène II). Le refus du comte de faire des excuses à don Diègue.

Le roi Fernand envoie un des gentilshommes de sa cour, don Arias, pour lui ordonner de faire des excuses à don Diègue ; il refuse, l'envoyé du roi insiste en lui représentant le danger auquel l'expose sa désobéissance; le comte lui répond qu'il considère ce danger comme imaginaire, qu'il est trop haut placé pour que le courroux du roi puisse l'atteindre. Don Arias se retire sans avoir pu fléchir l'obstination de ce sujet rebelle. Cette scène avait le plus grand succès en 1636, sous le ministère de Richelieu, pour deux raisons : 1° parce que tous les grands seigneurs de cette époque approuvaient l'opposition que le comte faisait au roi, croyant y voir une image de celle qu'ils faisaient eux-mêmes à Louis XIII et à son ministre, ennemi acharné de la noblesse et de la féodalité; — 2° parce que cette scène aboutissait à un duel, et que le duel était alors fort à la mode, surtout depuis que Richelieu l'avait interdit sous peine de mort.

Sixième scène principale (acte II, scène II). Le défi de Rodrigue au comte.

Cette scène est remarquable par l'opposition des deux caractères du comte et de Rodrigue et la gradation des sentiments par lesquels ils passent tous deux. Le comte va de l'ironie au dédain, du dédain à la fanfaronnade, de la fanfaronnade à la pitié, de la pitié à l'approbation et même à l'éloge. Rodrigue y montre de la vivacité, mais une vivacité contenue ; de la colère, mais une colère sourde et concentrée ; une ardeur de vengeance indomptable, mais maîtresse d'elle-même ; un élan chevaleresque et un sentiment du point d'honneur entraînants, mais néanmoins tempérés par une politesse instinctive. Le jeune homme a donc sur l'homme mûr tous les genres de supériorité, même celui que ne comporte pas ordinairement son âge, le calme. Si Corneille a présenté le premier personnage sous un jour si défavorable, c'est pour motiver sa mort par ses défauts ; s'il a présenté le second sous un jour si favorable, c'est pour justifier son triomphe et surtout préparer son mariage par ses qualités. Sous le rapport du style, cette scène offre un exemple frappant de ce genre de vers à hémistiches alternés, que Sainte-Beuve appelle spirituellement vers à double compartiment, et dans lesquels excelle Corneille. Exemple : Es-tu si las de vivre ? As-tu peur de mourir ?

Septième scène principale (acte II, scène VIII). La première démarche de Chimène auprès du roi ou la scène du double plaidoyer de Chimène et de don Diègue.

Chimène et don Diègue se jettent simultanément aux pieds du roi, la première pour demander la mort de Rodrigue, le second pour défendre sa vie. Le roi leur ordonne à tous deux de se relever et de parler alternativement, Chimène la première. Celle-ci fait un tableau animé de la mort de son père et demande vengeance ; le roi après l'avoir écoutée avec bienveillance lui répond d'une manière assez vague qu'il s'intéresse à elle et lui tiendra lieu de père. Don Diègue exprime avec la plus grande énergie la gravité de l'outrage dont il a été victime, la justice de l'épreuve à laquelle son fils a soumis le comte, et il assume sur lui la responsabilité de la mort de don Gomez, puisque Rodrigue n'a été en cette circonstance que l'instrument de sa vengeance. Le roi, après avoir écouté les deux contestants, ne se prononce ni pour l'un ni pour l'autre et promet d'en référer à son conseil. Ce qui fait la beauté de cette scène, c'est la lutte de deux grands sentiments également respectables, momentanément aux prises l'un avec l'autre : l'amour filial et l'amour paternel ; la tendresse d'une fille qui a son père à venger, la tendresse d'un père qui a son fils à défendre. Il faut toutefois remarquer une différence entre ces deux discours : Chimène déclame un peu parce qu'elle plaide contre sa pensée ; don Diègue est plus naturel et plus simple parce qu'il plaide selon son cœur ; le premier discours paraît emphatique, le second est d'une beauté entraînante.

Huitième scène principale (acte III, scène IV). La première entrevue de Rodrigue et de Chimène.

Comme cette scène est une des plus importantes et des plus controversées de la pièce, nous en étudierons le lieu, le moment, la marche des idées, le caractère dramatique, le caractère moral, la justification, la conclusion. — 1° *Le lieu*. Elle a lieu dans la maison de Chimène, où Rodrigue s'est introduit à son insu et même en son absence, pendant qu'elle était au palais du roi ; il a d'abord eu un entretien avec Elvire, sa suivante, puis il s'est retiré dans une pièce voisine à l'arrivée de Chimène ; de cette cachette il a entendu une conversation confidentielle entre la suivante et sa maîtresse et il a ainsi surpris l'aveu formel de l'amour que Chimène ressent pour lui. C'est à la fin de cette conversation saisie à la dérobée qu'il sort de sa retraite et paraît devant Chimène. — 2° *Le moment*. Cette entrevue a lieu la nuit ; Rodrigue se cache pour éviter les poursuites dont il est l'objet à cause de la mort du comte, car le roi a ordonné de l'arrêter ; il le sait parfaitement ; mais ce qu'il ignore c'est que Chimène soit allée en personne demander sa mort à Fernand ; Elvire lui a bien parlé d'une visite de sa maîtresse au palais, mais elle lui en a caché le motif. C'est donc un asile qu'il vient chercher dans la maison de Chimène, mais un asile contre les poursuites de la justice, ordonnées par le roi et non contre celles qu'a commencées sa maîtresse ; ce n'est pas une précaution qu'il prend contre Chimène, c'est au contraire une mesure réparatrice qu'il vient lui proposer. — 3° *La marche des idées*. Rodrigue offre son épée à Chimène pour qu'elle se fasse elle-même justice en le tuant. Celle-ci repousse cette sanglante proposition ; toute leur conversation roule sur ce triste sujet ; Rodrigue renouvelant trois et quatre fois sa demande, Chimène la repoussant avec une variété de dialectique étonnante, car elle argumente avec autant de vivacité qu'elle aime. Mais en raisonnant elle ne peut s'empêcher de tomber dans des sophismes, parce que son cœur est en contradiction avec son esprit, son désir avec ses paroles ; en effet elle ne veut pas obtenir la mort de Rodrigue qu'elle demande. Voici la preuve qu'elle subtilise : Rodrigue se justifie devant elle d'avoir tué le comte par ces deux raisons, la solidarité qui l'unissait à son père et le désir de conserver l'estime de Chimène elle-même, qui n'aurait pas manqué de blâmer son indifférence en pareille occasion. Chimène admet ces deux raisons, mais elle prétend qu'elle doit venger son père comme Rodrigue a vengé le sien, ce qui est un sophisme, car il n'y a pas de droit contre le droit. Après cette discussion les deux amants quittent le langage de la raison pour celui de la tendresse, échangent quelques soupirs et quelques réflexions douloureuses, puis se séparent. — 4° *Le caractère dramatique.* Cette scène a un caractère dramatique important, non qu'elle contribue beaucoup à la marche de l'action, mais parce qu'elle met en évidence le caractère des deux principaux personnages de la pièce : d'abord leur tendresse profonde l'un pour l'autre en même temps que leur attachement invincible au devoir ; ensuite le point d'honneur de l'amour chez Rodrigue qui veut obtenir de la bouche même de Chimène l'aveu de son amour ; enfin le bon sens de Rodrigue opposé à la subtilité de Chimène. Son bon sens est tellement dérouté et embrouillé par Chimène qu'il est obligé à la fin de lui demander une conclusion à ce débat où il se perd, conclusion que Chimène se garde encore de donner, ou du moins qu'elle donne avec tant d'ambiguïté que c'est Rodrigue lui-même qui termine la discussion par ce mot, véritable résumé de la situation : « O miracle d'amour ! » 5° *Le caractère moral.* Cette scène est d'une grande élévation morale, parce que la passion n'y fait pas tort au devoir ; en effet, les deux personnages, tout en laissant éclater leur amour proclament leur devoir et l'intention de s'y conformer ; ils ne permettent à leur passion de se montrer qu'à l'ombre du devoir. Quand ils expriment leur tendresse, c'est avec sobriété, au moyen d'exclamations courtes et rapides, de sanglots à demi étouffés ; les paroles qu'ils échangent expriment plutôt de mélancoliques regrets sur le passé que l'espérance d'un heureux avenir. Ce langage est d'autant plus remarquable qu'il contraste par sa résignation avec le ton ordinairement impétueux de Rodrigue et avec la franchise toute castillane de Chimène. Ce duo élégiaque a donc un caractère moral parce qu'il prouve que ces deux intéressants personnages, tout en ayant des mouvements de tendresse pure et de vraie mélancolie, savent s'élever jusqu'à l'idéal de la vertu et du devoir. — 6° *Sa justification.* Six raisons justifient cette scène souvent critiquée : 1. Le danger que court Rodrigue. Il ne faut pas oublier que le roi a donné l'ordre de l'arrêter : « Qu'on me cherche son fils, je vous ferai justice » (II, viii), et qu'il court le danger d'emprisonnement. En choisissant comme lieu de refuge la maison même de Chimène, il croit avoir découvert un asile où personne ne songera à le chercher. Il s'y est du reste réfugié à son insu et en son absence. — 2. L'intimité des liens qu'il était sur le point de contracter avec Chimène. Un jeune homme n'abandonne pas brusquement sa fiancée, s'il continue à l'aimer d'un amour profond ; on ne brise pas tout à coup des liens qui ont été sur le point d'être indissolubles. — 3. La certitude qu'a Rodrigue d'être toujours aimé de Chimène, malgré la mort du comte. — 4. Le désir de connaître l'appréciation de Chimène. Bien qu'il se sache aimé, il est naturel qu'il désire connaître ce que Chimène pense de l'acte qu'il vient de faire ? Le juge-t-elle avec sévérité ou indulgence ? Le considère-t-elle comme un coupable indigne de pardon ou comme un honnête homme qui n'a fait qu'accomplir un devoir inexorable ? Telles sont les questions qu'il se pose et auxquelles il veut une réponse. — 5. Le désir de lui offrir une réparation. En supposant même qu'il se sache condamné par Chimène, ce qui n'est pas, il est naturel qu'il vienne lui offrir une réparation pour le tort qu'il lui a causé. Deux s'offrent à sa pensée, mais il les rejette comme peu chevaleresques et par conséquent indignes de lui ; la première, l'expression de ses regrets, mais ce serait une demande de pardon ; la seconde, une proposition de mariage ; mais malgré la législation barbare du temps qui l'y autorise, ce serait à ses yeux une brutalité ; il lui offre donc la seule réparation qu'il puisse proposer tout haut, la mort volontaire. C'est donc une pensée de justice qui l'amène devant Chimène ; il n'y a rien là que de noble et de généreux. — 6. L'esprit même du théâtre. Cette justification, spécieuse en apparence, est une des plus plausibles. C'est le critique Geoffroy qui l'a donnée : « L'esprit du théâtre, dit-il, ne s'accorde pas avec les principes de la stricte morale, et fait que bien souvent les personnages nous plaisent précisément parce qu'ils font ce qu'ils ne devraient pas faire et ne font pas ce qu'ils devraient faire, c'est-à-dire parce que ce sont des hommes et non pas des anges. »

Telles sont les raisons qui justifient l'entrevue de Rodrigue et de Chimène. Mais, dira-t-on, elles justifient Rodrigue et non Chimène. Celui-là peut venir la voir, celle-ci ne devrait pas le recevoir. La seule réponse à cette objection, c'est que Chimène aime encore plus Rodrigue depuis qu'il a fait son devoir. — 7° *Conclusion de cette entrevue.* A la fin de cette entrevue, Rodrigue quitte Chimène à la fois heureux et désolé ; heureux de l'aveu de son amour, désolé de la certitude qu'elle continuera à demander sa mort. Quant à Chimène elle est prête à tenir sa parole, mais en même temps à se tuer après son amant, si elle obtient ce qu'elle demande :

> Si j'en obtiens l'effet, je t'engage ma foi
> De ne respirer plus un moment après toi. (III, IV.)

Telles sont les observations auxquelles donne lieu la première entrevue de Rodrigue et de Chimène.

Neuvième scène principale (acte III, scène VI). La rencontre de don Diègue et de son fils après la réparation.

Dans cette scène, don Diègue qui depuis son affront s'est dérobé à tous les regards, reparaît pour remercier son fils de l'avoir vengé ; il lui prodigue les noms les plus tendres et se laisse aller à l'effusion de son amour paternel. Rodrigue de son côté se félicite d'avoir servi son père ; mais, comme il est modeste, au lieu de s'attribuer le mérite de la victoire, il en fait honneur à son père qui lui a communiqué sa bravoure ; et comme il est en même temps affligé d'avoir perdu Chimène, il exhale ses regrets sur la grandeur de son sacrifice, il annonce même qu'il n'attend plus de consolation que de la mort et qu'il veut se tuer. Son désespoir va jusqu'à lui arracher des paroles un peu dures pour son père. Mais don Diègue, qui sait que le meilleur moyen de chasser une passion d'un grand cœur c'est de la remplacer par une autre, lui dit qu'il est une mort plus belle que celle que l'on cherche pour sa maîtresse, c'est celle que l'on cherche pour son pays ; l'ennemi est aux portes de la ville, qu'il aille au-devant de lui et périsse glorieusement ! Puis sans lui donner le temps de répliquer, il l'entraîne du côté du port. Cette scène est doublement pathétique : elle montre par l'exemple de don Diègue que chez les grands cœurs l'héroïsme n'exclut pas la tendresse ; par celui de Rodrigue que ce n'est pas sans un effort douloureux que l'homme s'élève jusqu'au sacrifice, et que, s'il est pour l'âme humaine des jours de fête où elle se livre tout entière au plaisir de vaincre ses passions, les lendemains de ces fêtes sont quelquefois pleins de tristesse. Rien de plus touchant que ces alternatives d'exaltation et d'abattement ; elles prouvent à la fois notre grandeur et notre faiblesse. C'est bien l'histoire du devoir accompli avec ses joies et ses deuils.

Dixième scène principale (acte IV, scène III). Le combat de Rodrigue contre les Maures.

Nous étudierons le caractère de ce récit, son rapport avec l'action, ses deux conséquences contradictoires. — 1° *Caractère de ce récit.* Ce récit n'est pas un développement de pure rhétorique, comme les récits ordinaires de tragédies, celui de Théramène par exemple, dans *Phèdre*. Il est exact, épique, modeste. Il a l'exactitude d'un bulletin de victoire tracé par le général vainqueur lui-même, le soir du combat ; tous les détails ont une netteté, une franchise, une précision remarquables ; on a dit avec raison que Condé n'aurait pas autrement raconté lui-même la bataille de Rocroy. En même temps il est épique, c'est-à-dire qu'il offre de la grandeur et du mouvement dans les idées, du coloris dans le style, comme un fragment d'épopée ; tout en étant exact comme un récit de soldat, il est élevé et brillant comme un récit de poëte. Il faut toutefois remarquer que le style de cette narration, tout en parlant à l'imagination, ne tombe pas dans le faux ornement ; les détails descriptifs sont semés avec sobriété, il n'y a rien de trop, il n'y a que l'essentiel. Un autre caractère peu remarqué et cependant très-remarquable de ce récit, c'est la modestie. Rodrigue se présente devant le roi avec humilité ; il croit devoir s'excuser comme un homme en faute d'avoir agi en son nom et sans l'autorisation du roi, en levant une petite armée de cinq cents gentilshommes ; il croit devoir énumérer les raisons qui l'ont déterminé à commettre cet acte d'insubordination : l'imminence du péril qui menaçait Séville, la peine de mort qu'il avait encourue en tuant le comte, le désir d'échapper à une mort honteuse par une mort glorieuse ; de plus, il refuse le titre d'honneur que lui ont décerné les deux rois vaincus, en prétendant qu'il n'a fait que son devoir ; enfin, pour comble de modestie, il ne songerait même pas à faire le récit de sa victoire, si le roi ne l'en priait avec instance. Cette modestie rehausse singulièrement son mérite. — 2° *Son rapport avec l'action.* Ce récit se rattache à l'action en préparant le dénoûment du drame. Il le prépare en affaiblissant la poursuite de Chimène, c'est-à-dire en entourant Rodrigue d'un prestige qui rend sa punition impossible et son mariage possible. — 3° *Ses deux conséquences contradictoires.* Ce récit amène deux conséquences contradictoires en apparence, mais en réalité logiques et naturelles. La première est un redoublement d'amour de Chimène pour le vainqueur : « Plus j'apprends son mérite et plus mon feu s'augmente » (IV, n). La seconde est un redoublement de vivacité dans ses poursuites auprès du roi pour obtenir la mort de Rodrigue : « Reprenons donc aussi ma colère affaiblie » (*Ibid.*). En effet Chimène n'a pas plus tôt appris la victoire de Rodrigue qu'elle court une seconde fois demander sa mort et avec plus de violence que la veille. Cette contradiction, avons-nous dit, est logique, parce que Chimène aime et veut en même temps punir Rodrigue ; si sa seconde poursuite est plus violente que la première, c'est encore naturel, parce que sa passion prenant une nouvelle force à la suite de la victoire de Rodrigue, son devoir doit en prendre une nouvelle à son tour. De plus cette contradiction est dramatique, parce que Chimène par cette réclamation violente et obstinée nuit elle-même à sa vengeance et contribue sans le savoir au dénoûment qu'elle veut éviter, c'est-à-dire son mariage ; or il est toujours dramatique de faire servir un personnage, malgré lui et d'une manière inespérée, au dénoûment qui tourne à son avantage, quoiqu'il veuille l'éviter. On peut dire que cette pensée est une des plus heureuses conceptions de Corneille.

Onzième scène principale (acte IV, scène v). Le stratagème du roi ou la seconde démarche de Chimène auprès de Fernand.

Dès que Rodrigue a achevé en présence du roi le récit de son combat, Chimène qui s'est déjà présentée la veille au soir pour demander sa mort, vient au palais pour réitérer sa demande. Le roi qui la première fois lui a fait un accueil prévenant ne peut s'empêcher, la seconde, de laisser paraître son mécontentement ; il consent à la recevoir, mais il veut lui tendre un piège pour la forcer d'avouer son amour. Avant de permettre à ses serviteurs de l'introduire en sa présence, il fait cacher Rodrigue dans une pièce voisine et, quand Chimène se présente, il lui dit qu'il est mort des suites de ses blessures reçues pendant la nuit. A cette nouvelle Chimène s'évanouit, avouant ainsi son amour, comme le prévoyait Fernand. Mais le roi la rassure bientôt en lui disant que ce n'est qu'une feinte et que Rodrigue vit encore. Chimène honteuse de son aveu involontaire se justifie tant bien que mal, en prétendant que, si elle s'est évanouie, c'est de plaisir, à l'idée que Rodrigue a été puni par la mort du crime qu'il avait commis : « Sire, on pâme de joie ainsi que de tristesse. » Le roi n'est nullement dupe de cette explication et continue à croire qu'elle s'est évanouie de douleur. Chimène voyant que sa première explication n'a pas réussi en risque une seconde, aussi invraisemblable, pour ne pas dire encore plus subtile que la première, à savoir qu'elle s'est en effet évanouie de douleur, mais à la pensée que Rodrigue était mort glorieusement sur un champ de bataille, tandis qu'elle aurait voulu le voir mourir ignominieusement sur un échafaud. Maintenant que tout cela n'est qu'une ruse et que Rodrigue n'est pas mort, elle déclare qu'elle est heureuse, qu'elle est même joyeuse non pas de ce qu'il vit, mais de ce que sa victoire promet à l'échafaud une victime plus illustre et plus digne de son père. Cette déclaration faite, elle demande sa mort. A ces explications contradictoires Fernand répond que Rodrigue ne mourra pas, parce que sa victoire a effacé son crime, que sa vie importe à l'Etat, que d'ailleurs Chimène l'aime et ne veut pas réellement sa mort. Cette réponse loin de calmer Chimène l'irrite davantage et la pousse aux dernières extrémités. C'est alors qu'elle a recours à l'épreuve appelée au moyen âge le jugement de Dieu par les armes, c'est-à-dire qu'elle fait appel au premier gentilhomme de bonne volonté, pour se battre en duel avec Rodrigue, avec promesse d'épouser son vainqueur. Le roi refuse d'abord d'acquiescer à cette épreuve ; mais comme don Diègue lui-même repousse la bienveillance dont son fils est l'objet, le roi, cédant aux mœurs de son siècle et à l'accord des deux partis, finit par y consentir. Don Sanche se présente pour être le tenant de Chimène, celle-ci l'accepte et le duel va avoir lieu ; mais le roi y met cette clause importante que Chimène épousera le vainqueur quel qu'il soit. Elle accepte et les deux adversaires partent pour se mesurer ensemble. Telle est cette scène, une des plus originales et des plus discutées de la tragédie.

Douzième et dernière scène principale (acte V, scène 1re). — La seconde entrevue de Rodrigue et de Chimène.

Voici le lieu, le moment, la marche des idées, la justification, la conclusion de cette scène et la différence de cette entrevue avec la première.

1° *Le lieu.* Elle a encore lieu dans l'appartement de Chimène.—
2° *Le moment.* En plein jour, le matin ; Rodrigue vient de remporter sa victoire sur les Maures, et il sait cette fois que Chimène est allée à deux reprises différentes demander sa mort au roi ; il va lui-même dans quelques instants se battre en duel avec don

Sanche. — 3° *La marche des idées*. Rodrigue commence à annoncer à Chimène qu'il va se battre avec don Sanche et qu'il va mourir. Chimène éprouve à cette nouvelle un étonnement mêlé de terreur ; elle lui fait remarquer que don Sanche n'est pas plus redoutable que don Gomez et les Maures, et que, s'il a eu raison de ces adversaires, il peut bien aussi vaincre don Sanche. A quoi Rodrigue répond que, s'il va mourir, ce n'est pas que don Sanche soit invincible, c'est qu'il va se laisser tuer volontairement, pour lui plaire, à elle Chimène, puisqu'elle désire si vivement sa mort. Chimène cherche à le dissuader par deux considérations : la première, l'intérêt de sa propre réputation ; on l'accusera d'avoir été moins adroit que don Sanche ; la seconde, l'intérêt de la réputation de son père ; elle souffrira nécessairement quelque échec de sa défaite. Rodrigue réfute ces deux objections ; car il est à remarquer qu'une véritable argumentation s'établit entre les deux amants, comme lors de leur première entrevue ; et sa réponse est très-solide comme tout ce qu'il dit ; c'est qu'après sa double victoire sur le comte et sur les Maures, sa gloire et celle de son père sont parfaitement assurées ; il ajoute même que son honneur ne peut que gagner à sa mort, parce qu'on comprendra qu'elle est volontaire. Chimène vaincue dans ce débat recourt à une suprême et irrésistible raison, celle de son amour ; elle lui en fait une seconde fois l'aveu en lui disant : « Sors vainqueur d'un combat dont Chimène est le prix. » Rodrigue consent alors à se défendre et quitte Chimène plein d'enthousiasme et sûr de vaincre puisqu'il est aimé. — 3° *Sa justification*. Cette seconde visite de Rodrigue à Chimène est encore plus facile à justifier que la première. A toutes les raisons qui motivent la première s'en ajoute une autre : Comme il est décidé à se laisser tuer par don Sanche, on comprend qu'il n'hésite pas à venir trouver une dernière fois sa fiancée, même en plein jour ; un homme qui va mourir n'a pas les mêmes précautions à garder qu'un homme décidé à conserver la vie. — 4° *Conclusion*. Rodrigue était venu chez Chimène décidé à se laisser tuer par don Sanche, il en sort décidé à le tuer ou du moins à défendre chèrement sa vie. — 5° *Différence des deux entrevues*. Quoique la situation des deux personnages soit la même dans les deux entrevues et qu'au fond Rodrigue et Chimène y tiennent le même langage, le premier disant toujours qu'il veut mourir, la seconde le retenant à la vie par l'aveu de son amour tempéré toutefois par le sentiment de son devoir, Corneille a su néanmoins varier les deux scènes : d'abord, dans la première, Rodrigue veut que Chimène le tue, dans la seconde il annonce que c'est don Sanche qui le tuera; ensuite dans la seconde, son désespoir est moins grand; il paraît moins abattu; sa victoire sur les Maures a relevé sa haute contenance; elle donne à ses paroles quelque chose de plus fier et de plus héroïque, sans que son langage soit pour cela moins touchant.

Telles sont les principales scènes de la tragédie du *Cid*.

PARAGRAPHE VII

Étude des différents personnages.

Première question. — *Dites un mot de chaque personnage ?*

Rodrigue est non-seulement le type du jeune homme, mais encore celui du jeune homme héroïque. Il est enthousiaste d'honneur et d'amour, à la fois brave capitaine et parfait cavalier; il offre le mélange de la valeur la plus entraînante et de la courtoisie la plus délicate; il est inflexible sur la loi morale, c'est-à-dire qu'il sacrifie toujours sa passion à son devoir, l'amour à l'honneur, malgré les douloureuses épreuves que ce sacrifice impose à son cœur; enfin, comme qualités secondaires, il a du bon sens et de la logique, et son langage est plein tantôt d'une impétuosité chevaleresque, tantôt d'une noble simplicité.

Chimène n'est pas un type d'héroïsme, parce que dans la lutte que son amour soutient contre son devoir, elle laisse toujours son amour attaquer avec force et son devoir se défendre avec faiblesse. Cependant, si elle ne réalise pas l'idée que nous nous faisons de l'héroïsme, elle s'en approche par l'élévation de sa pensée soucieuse du devoir, la délicatesse de sa passion préoccupée de fidélité et de gloire, la profondeur de son dévouement à Rodrigue qui rêve de se manifester même au delà de la tombe; enfin par un profond sentiment de l'honneur qui lui fait aimer passionnément un héros; on peut même dire que Chimène est une victime de l'honneur domestique. Ces nobles sentiments, sans faire d'elle une héroïne, la rapprochent de l'héroïsme, en lui inspirant la vertueuse pensée du sacrifice. Dans son langage, elle prend deux tons différents : quand elle parle de son amour, elle est simple, naturelle, délicate, souvent d'une naïveté charmante, quelquefois d'une franchise toute castillane ; on reconnaît en elle une vraie fille des preux. Quand elle parle de son devoir, elle est spirituelle, subtile, quelquefois même prétentieuse et déclamatoire : on reconnaît en elle une habituée de l'hôtel de Rambouillet ; du moins c'est une jeune fille qui cherche plutôt ses arguments dans sa tête que dans son cœur.

Don Diègue est le type de l'amour paternel dans les âmes fortes, c'est-à-dire subordonnant la tendresse au devoir. Il aime son fils, mais d'une manière ferme et élevée, sans les agitations et les faiblesses de la sensibilité. Il ressent les émotions de l'amour paternel, mais il les domine, ou plutôt les soumet à un sentiment plus noble, l'honneur. C'est seulement lorsqu'il est vengé, c'est-à-dire lorsqu'il ne ressent plus ni la honte de l'insulte, ni la crainte du combat, qu'il laisse éclater son amour paternel, et encore, même à partir de ce moment, ce sentiment ne devient-il dans son cœur ni craintif ni faible, mais conserve-t-il toute son énergie ; car il envoie son fils à la bataille, en lui laissant pour adieu cette énergique parole : « Là, si tu veux mourir, trouve une belle mort. » Don Diègue est donc le type de ces pères qui aiment leur fils, mais qui leur préfèrent l'honneur et la patrie.

Le *Comte* est le type de la jactance espagnole ; mais sa jactance n'est pas un orgueil imaginaire, ne se fondant sur aucun mérite réel ; c'est un orgueil étalant avec complaisance de grandes qualités ; il a du mérite et il a rendu à son pays des services incontestables ; mais il a le tort de les faire sonner trop haut, de vouloir s'en payer lui-même en les énumérant avec ostentation et en n'admettant point d'égal. Sa mort est la juste punition de ses fanfaronnades et de son insolence.

L'Infante est un personnage froid, monotone et même un peu comique, cependant il est utile, et, sous un certain rapport, bien imaginé. Ce personnage est froid parce qu'il manque de vie et de mouvement et ressemble plus à une abstraction qu'à une réalité. Il est monotone parce que l'Infante passe son temps à calculer les chances qu'elle a d'épouser Rodrigue ; il est un peu comique parce qu'elle cherche toujours à se faufiler dans le cœur de Rodrigue sans y parvenir. Cependant il est utile parce qu'il sert à rendre Rodrigue plus intéressant en montrant ce jeune homme aimé par deux femmes à la fois. Tout personnage qui contribue à faire ressortir le héros principal est bien imaginé.

Le roi *Fernand* est un prince débonnaire et imprévoyant en même temps que ferme et énergique ; c'est un homme de bon sens et qui connaît les hommes ; c'est un juge modéré, équitable, qui ne manque ni d'à-propos, ni de tact, ni de délicatesse. Il a des défauts, mais il a des qualités. « Par sa justice ingénieuse, dit M. Nisard, on peut le considérer comme une image de la royauté de Salomon. »

Don Sanche est le parfait pendant de l'Infante, c'est-à-dire qu'il sert à rendre Chimène plus intéressante et à donner une plus haute idée de son mérite, en la montrant aimée à la fois par Rodrigue et par lui, comme l'Infante fait pour Rodrigue. Cependant son rôle, comme celui de l'Infante, est monotone et peu tragique. Ce personnage a, malgré sa pâleur, quelques qualités qui le relèvent : une franchise qui le pousse à justifier le duel devant le roi qui le condamne, une confiance un peu présomptueuse qui ne lui messied pas, et qui le porte à se flatter, durant toute la pièce, de venger la mort du comte et même de disputer Chimène à Rodrigue ; enfin une courtoisie chevaleresque qui lui fait épouser, en noble gentilhomme, la cause d'une femme contre un adversaire redoutable.

Il a même un moment brillant, un rapide éclair, c'est quand Chimène propose sa main à qui tuera Rodrigue et qu'il s'écrie fièrement :

> Faites ouvrir le camp, vous voyez l'assaillant,
> Je suis ce téméraire ou plutôt ce vaillant.

Ce rôle n'est donc pas aussi effacé qu'on veut bien le dire.

Elvire confidente de Chimène contraste avec les autres personnages de la pièce et surtout avec sa maîtresse, par son caractère prosaïque et vulgaire, sa morale facile et accommodante, son grossier bon sens. Ce personnage est bien imaginé, parce qu'il sert à faire ressortir les autres, comme l'ombre fait valoir la lumière.

ANALYSE DÉTAILLÉE DE CHAQUE PERSONNAGE.

Deuxième question. — *Analyse détaillée du rôle de Rodrigue.*

C'est le type du jeune homme ; il en a l'impétuosité, les mouvements violents et exaltés ; il a, comme dit Bossuet dans le panégyrique de saint Bernard, « le sang chaud et fumant semblable à un vin fumeux. » Il défie dix, cent, mille rivaux à la fois. « Faut-il combattre encore mille et mille rivaux ? » (V, vii.) Il a le ton provocateur de la vingtième année, uni à l'altière et féodale arrogance du gentilhomme. Cependant à côté de cette impétuosité de caractère il a, et ce trait complète en lui le type de jeune homme, un peu de rêverie, une note douce et mélancolique, comme dans son adieu à Chimène : « Adieu, je vais traîner une mourante vie. » (III, iv.) C'est le type du jeune homme héroïque : il sacrifie l'amour au devoir ; sur ce point jamais il ne tergiverse ; il aime Chimène, mais il aime encore plus l'honneur. C'est un brave capitaine ; il a non-seulement l'ardeur et la joie du combat, il en a encore l'exaltation et l'enivrement, il a des bouffées de jactance, des fanfaronnades de bravoure, des extravagances chevaleresques qui, loin de faire sourire, lui donnent une grâce souveraine : Faut-il,

> Aux deux bouts de la terre étendre mes travaux,
> Forcer moi seul un camp, mettre en fuite une armée ? (V, vii.)

Il met un panache à son héroïsme, c'est un décrocheur d'étoiles. C'est un parfait cavalier : il est capable d'un amour délicat et élevé, d'une soumission complète aux volontés de celle qu'il aime, il respecte la faiblesse. C'est le type de ces chevaliers espagnols du moyen âge encore plus distingués par la délicatesse de leurs sentiments que les chevaliers français ; car si François Ier et Henri IV passent en France pour les modèles des preux, il faut avouer qu'en amour leur morale était moins scrupuleuse que celle de Rodrigue. A côté de ces qualités brillantes, il a du bon sens et de la logique : il voit vite et clairement son devoir, il ne se laisse pas dérouter par les subtilités de Chimène ; quand elle s'égare dans son argumentation, il la presse de conclure, et quand elle évite de donner cette conclusion, il la donne lui-même d'un mot décisif : « O miracle d'amour ! » Il fait encore preuve de bon sens à la fin de la pièce en attendant d'une manière passive et muette la marche des événements et le dénoûment de tout ce drame. Il est une autre qualité qu'il faut remarquer dans ce rôle, c'est l'unité. Rodrigue est toujours constant avec lui-même, contrairement aux héros de Corneille qui offrent des contradictions, comme Cinna, Maxime, Emilie, Horace. Il est tout d'une pièce; il ne vit que d'une pensée, depuis la mort du comte jusqu'au dénoûment de la pièce, celle d'offrir sa vie à Chimène en expiation de la mort de son père. Cette pensée il la reproduit sous toutes les formes et dans toutes les circonstances qu'il crée ou qu'on crée autour de lui; il résulte de cette unité un peu de monotonie, mais on la lui pardonne à cause de toutes ses qualités. Son langage est à la fois d'une impétuosité chevaleresque et d'une noble simplicité. D'une impétuosité chevaleresque : il entre brusquement en matière avec une sorte d'improvisation, il attaque les situations par les arêtes vives, ses paroles ressemblent au pétillement de la flamme ; il a des élans, des bouffées de jactance qui rappellent le preux du moyen âge et le jeune homme de tous les temps. D'une noble simplicité : il ne subtilise jamais, ni dans les moments de calme, ni dans les moments de passion. Cette simplicité est rare chez les héros de Corneille qui en général chicanent, ergotent, sont un peu normands, « ont dû étudier la dialectique à Salamanque et lire Aristote dans les Arabes, » dit Sainte-Beuve; tels sont Auguste, Pompée; autant ceux-ci ont l'esprit formaliste et pointilleux, autant Rodrigue l'a simple, franc et naturel.

Troisième question. — *Analyse détaillée du rôle de Chimène.*

Chimène n'est pas un type d'héroïsme ; elle ne représente pas l'idée que nous nous faisons du sacrifice de la passion au devoir ; elle laisse prendre trop d'empire à sa passion ; sa passion est trop souvent victorieuse de son devoir ; celle-ci attaque avec trop de force un ennemi qui se défend avec trop de faiblesse; *nec illud prælium fuit*, comme dit Tite Live, à la fin du combat des Horaces et des Curiaces. Chimène devrait satisfaire aux conditions suivantes pour s'élever jusqu'à l'héroïsme : déclarer nettement qu'elle refuse d'épouser Rodrigue ; désirer sa mort en la demandant; la demander pour une autre raison que celle qu'elle donne et qui est sophistique, car elle déclare qu'elle la demande parce que Rodrigue a fait son devoir en vengeant son père et qu'elle veut faire aussi le sien en vengeant le comte, comme s'il y avait un droit contre le droit; elle devrait surtout modérer un peu sa tendresse; sans doute ces élans d'amour, ces naïvetés de passion, ces explosions d'un cœur qui aime et ne peut se contenir : « C'est peu de dire aimer, Elvire, je l'adore » (III, III), ont quelque chose de charmant et font de Chimène la plus aimable figure du théâtre de Corneille, il serait même très-regrettable qu'on ne les rencontrât pas chez elle, mais tous ces mouvements de sensibilité font de Chimène une jeune fille plus tendre qu'héroïque. Nous constatons ce trait de caractère sans le critiquer. Cependant sans atteindre à l'héroïsme, elle s'en approche : par l'élévation de sa pensée soucieuse du devoir; deux fois elle demande sa mort au roi et la conclusion de toutes ses irrésolutions au sujet de son mariage avec Rodrigue est le silence, c'est-à-dire plutôt le célibat que le mariage; par la délicatesse de sa passion et la profondeur de son dévouement pour Rodrigue qui rêve de se manifester même au delà de la tombe; elle déclare à la nouvelle de la mort de Rodrigue qu'elle veut entrer dans un cloître,

> Qu'en un cloitre sacré, je pleure incessamment
> Jusqu'au dernier soupir mon père et mon amant. (V, VI.)

une autre fois elle annonce qu'elle gardera son cœur à Rodrigue, quand même il mourrait; simple fiancée, elle se croit aussi engagée qu'une épouse; enfin dans une autre circonstance, emportée par son amour elle déclare qu'elle veut mourir avec Rodrigue :

> Si j'en obtiens l'effet je t'engage ma foi
> De ne respirer pas un moment après toi. (III, IV.)

C'est le dévouement de ces veuves exemplaires qui se font un devoir non-seulement d'être fidèles à leur mari, mais encore de les suivre, c'est l'indissolubilité du mariage chrétien. Elle s'approche enfin de l'héroïsme par un profond sentiment de l'honneur aussi développé chez elle que chez Rodrigue et qui se manifeste par un redoublement d'amour pour Rodrigue quand il a fait son devoir : « Plus j'apprends son mérite et plus mon feu s'augmente. » (IV, II.) Toutes ces qualités prouvent que, si Chimène ne réalise pas l'idée que nous nous faisons de l'héroïsme, du moins elle la conçoit.

Elle a des qualités secondaires : de l'esprit, de la franchise, une sorte de candeur naïve. *De l'esprit*. Chimène en a non-seulement quand elle parle de son devoir, mais encore, bien que plus rarement, quand elle parle de son amour. Voici la preuve qu'elle en a, quand elle parle de son devoir : dans sa première requête au roi, tous ses arguments sont plus spécieux que solides; elle les emprunte plutôt à son imagination qu'à son jugement, à sa tête qu'à son cœur; ils ne sont pas solides, ils sont ingénieux, spirituels. Voici la preuve qu'elle en a quand elle parle d'un sujet qui intéresse sa passion : dans sa première entrevue avec Rodrigue, lorsque celui-ci propose de le tuer, elle trouve réponse à toutes ses raisons, elle a une abondance de répliques capables de dérouter le plus fin argumentateur, elle déploie toutes les ressources d'un esprit délié; elle est spirituelle. Elle l'est même jusqu'à la subtilité : ainsi dans sa première requête auprès du roi, elle développe bien des arguments faux pour obtenir la mort de Rodrigue, et dans sa première entrevue avec celui-ci, elle l'embrouille tellement qu'il est tout dérouté et la presse de conclure, ce qu'elle fait si obscurément qu'il est obligé de tirer lui-même la conclusion. Cet esprit et cette subtilité de Chimène ne sont pas des défauts; au contraire, dans la situation morale où elle se trouve, c'est une ressemblance avec la vie. Elle a de plus des élans de franchise, des hardiesses de passion castillane et des mouvements de candeur naïve qui lui donnent une grâce infinie. Je vais, dit-elle,

<small>Le poursuivre, le perdre et mourir avec lui!</small>

et ailleurs : « C'est peu de dire aimer, Elvire, je l'adore. » — « Va, je ne te hais point! » — Tous ces mots prouvent qu'elle est étrangère aux artifices de langage, qu'elle ignore les sous-entendus pudiques, c'est une vraie fille des preux, sans fausse modestie, parce que ses intentions sont toujours nobles.

Nous avons dit que, dans son langage, on remarquait deux tons différents; c'est une conséquence des qualités contradictoires que nous venons de signaler : son esprit quelquefois subtil et sa franchise. Quand elle laisse parler son esprit, pour plaider la cause de son devoir, son langage est adroit, recherché, quelquefois prétentieux et même déclamatoire; quand elle laisse parler son cœur, pour plaider la cause de sa passion, son langage est simple, franc, naturel et naïf. Dans le premier cas elle ressemble aux héroïnes de Corneille; dans le second elle leur fait exception. Car il faut remarquer que dans Corneille, les femmes subtilisent presque toutes avec leur amour, ce qui fait dire malicieusement à M. Sainte Beuve : « On sent que Corneille connaissait peu les femmes. »

Chimène n'est pas sans défaut. Elle en a un : elle se préoccupe trop de l'opinion publique, du qu'en dira-t-on ?

> Et s'il doit m'obéir, que dira-t-on de lui ? (I, III.)

Elle parle aussi un peu trop de sa gloire et de son honneur. Mais c'est là un bon défaut qui donne à ce personnage idéal un côté réel. Une perfection soutenue l'eût trop éloignée de nous ; ce petit travers l'en rapproche.

Quatrième question. *Comparez Chimène et Emilie ?*

Leur situation a beaucoup de rapport. Toutes deux veulent venger leur père, en faisant périr son meurtrier, et toutes deux sont arrêtées par un obstacle de même nature : dans ce meurtrier elles rencontrent l'une, Emilie, un bienfaiteur, l'autre, Chimène, un amant, c'est-à-dire un être qu'elles doivent aimer ou du moins ménager ; telle est leur ressemblance ; voici leurs différences : Emilie déteste ce bienfaiteur ; Chimène aime cet amant ; la haine d'Emilie est ancienne et invétérée, puisque son père est mort depuis vingt ans, d'où il résulte que son ressentiment doit être refroidi, mais elle a un esprit de rancune qui donne à sa vengeance la vivacité d'une haine récente ; la colère de Chimène est plus nouvelle, puisque son père a été tué le matin même ; Chimène demande à la justice, c'est-à-dire loyalement, la mort de Rodrigue ; Emilie demande au poignard d'un assassin, c'est-à-dire honteusement, celle d'Auguste ; l'idée du devoir dirige Chimène et son acte est légitime en apparence ; l'idée de la vengeance personnelle dirige Emilie, et son acte est immoral. Il est vrai de dire pour atténuer les torts d'Emilie qu'Octave a fait assassiner lâchement Toranius, tandis que Rodrigue a loyalement tué le comte. En résumé Chimène et Emilie sont, la première louable, la seconde condamnable dans leur conduite.

Cinquième question. *Comparez Chimène et Rodrigue ?*

Il y a entre ces deux personnages des ressemblances et des différences. 1° *Ressemblances*. Tous deux représentent la lutte du devoir et de la passion, et chez tous deux le devoir exerce sur la passion et la passion sur le devoir la même influence, c'est-à-dire qu'il leur arrive le contraire de ce qui arrive aux autres hommes ; chez les âmes ordinaires quand le devoir et la passion sont incompatibles, la passion tue le devoir, le propre de la passion étant d'affaiblir le sens moral; chez Rodrigue et chez Chimène au contraire, la passion, quoique hostile au devoir, l'excite, l'aiguillonne, le vivifie; chez tous deux le sentiment du devoir augmente par la cause qui ordinairement le diminue; il vit de ce qui habituellement le fait mourir. Tel est le caractère exceptionnel du devoir et de la passion chez Rodrigue et chez Chimène. Telle est leur principale ressemblance.

2° *Différences.* — 1. Rodrigue a du bon sens, Chimène de l'esprit et de la subtilité. Rodrigue aime les situations nettes et tranchées, les conclusions positives; Chimène, les situations embrouillées et douteuses, les conclusions ambiguës; c'est là une des principales différences de l'homme et de la femme en général; cette diversité est donc naturelle; il faut en faire un mérite et non un reproche à Corneille. — 2. Rodrigue est constant avec lui-même; Chimène est mobile. Rodrigue poursuit sa pensée du commencement à la fin de la tragédie avec une fixité d'esprit qui ne se dément pas; cette pensée, c'est de mourir pour réparer le tort fait à Chimène; cette constance de caractère est même poussée jusqu'à la monotonie (III, iv; — V, i; — V, vii). — Chimène est tourmentée par des incertitudes, une instabilité perpétuelles; elle flotte entre sa passion et son devoir; ses paroles sont en contradiction avec ses actes; avant d'agir elle annonce qu'elle agit à contre-cœur, après avoir agi, elle se rétracte; elle appuie son accusation d'arguments qui la renversent; elle soutient ces arguments sur un ton qui plaide contre elle; c'est le modèle de la contradiction; cette différence est encore naturelle entre l'homme et la femme; les hommes suivent leurs idées, les femmes ne les suivent pas; il faut encore faire un mérite à Corneille de cette diversité. — 3. Rodrigue laisse plus d'empire à son devoir sur sa passion, Chimène en laisse plus à sa passion sur son devoir. Dès le principe Rodrigue accepte la loi du devoir et jusqu'à la fin en subit la dure nécessité. Non-seulement, il l'accomplit sérieusement, stoïquement, mais encore il déclare, après l'avoir accompli, qu'il est prêt à recommencer; il suit donc une ligne droite et inflexible. Chimène au contraire maltraite, injurie, maudit son devoir :

> Et cet affreux devoir dont l'ordre m'assassine. (III, iii.)

Après l'avoir accompli, elle se dédit; elle l'accepte devant le monde; elle se révolte contre lui, chez elle :

Enfin je me vois libre et je puis sans contrainte
De mes vives douleurs te faire voir l'atteinte. (III, III.)

Rien de plus naturel encore que cette différence. La femme n'est-elle pas plus passionnée, c'est-à-dire plus sensible, que l'homme? l'homme n'est-il pas plus raisonnable, plus fort que la femme? le joug du devoir n'est-il pas plus léger pour l'homme qui a plus de force que pour la femme qui a plus de faiblesse. Le stoïcisme n'est-il pas la vertu de l'homme; la faiblesse, la grâce de la femme?

Il résulte de cette comparaison que Rodrigue et Chimène, malgré leurs différences et à cause de ces différences mêmes, sont naturels et vrais; mais il en résulte aussi que Rodrigue est supérieur à Chimène parce que la logique et l'esprit de suite valent mieux que la subtilité et l'inconstance, et le devoir que la passion. Cependant si Rodrigue est plus édifiant, plus exemplaire, plus moral, Chimène est plus intéressante, parce qu'on s'intéresse plus à la faiblesse luttant contre les attaques de la passion qu'à la force qui en triomphe.

Telles sont les réflexions auxquelles donne lieu la comparaison de Rodrigue et de Chimène.

Sixième question. *Analyse détaillée du rôle de don Diègue.*

Don Diègue est le type de l'amour paternel chez les âmes fortes, c'est-à-dire sacrifiant la passion au devoir, la tendresse à l'honneur. Il semble au premier abord, comme tous les pères des tragédies de Corneille, manquer de tendresse; il envoie son fils, qui n'a jamais tenu une épée, se mesurer contre un homme rompu au métier des armes; il lui laisse pour adieu ces paroles, qui ne témoignent guère de l'émotion paternelle : « Meurs ou tue. » Son éloignement de la scène, tant que durent l'affront et le combat, prouve l'inexorable fermeté de son âme. Cependant son amour paternel, pour être exempt des agitations et des faiblesses de la sensibilité, n'en est pas moins profond ni moins expansif. Seulement, pour se manifester, il attend le moment opportun, la réparation; ce n'est qu'en présence de son fils vainqueur qu'il s'abandonne à l'effusion de sa tendresse; il prouve qu'il est père, lorsqu'il est réhabilité. Et même à partir de cette réhabilitation, son amour pour son fils n'est ni craintif ni faible; il reprend bientôt sa fermeté première quand il apprend l'invasion des Maures, et il envoie lui-même son fils au combat. C'est donc un père qui ressent les émotions de la tendresse, mais qui les soumet à un sentiment plus noble, l'honneur de la maison et l'honneur de la patrie.

Septième question. — *Analyse détaillée du rôle du comte.*

C'est le type de la jactance espagnole. L'Académie a pensé avec raison que Corneille n'est pas allé plus loin que ne le demandait la fidèle peinture des mœurs dans le portrait de ce fanfaron. Sa jactance n'est pas une vanité puérile et sans fondement, elle repose sur des services réels rendus à la patrie ; seulement le comte a le tort de vouloir s'en récompenser lui-même en imposant le récit de ses exploits et l'estime de sa personne. De tels orgueilleux se rendent insupportables à tout le monde, et celui-ci en particulier sait tellement se rendre odieux par sa conduite à l'égard d'un vieillard respectable et de son noble fils, que sa mort paraît la juste punition de son insolence.

Huitième question. — *Analyse détaillée du rôle de l'Infante.*

On trouvera l'analyse détaillée de ce rôle aux reproches injustes (*inutilité du rôle de l'Infante*) et aux reproches justes (*caractère abstrait, monotone et un peu comique de l'Infante*). Nous nous bornerons à en prouver ici l'utilité.

Sans doute il n'est pas indispensable, et on a pu le détacher de la pièce comme une chaloupe des flancs d'un gros navire, mais il tient cependant sa place dans l'économie morale de la tragédie ; on tronque l'œuvre en le supprimant. *Premièrement :* l'Infante fait ressortir le mérite du Cid en le montrant aimé par la fille du roi. « Rien ne relève ce jeune homme, dit Napoléon Ier, comme ces deux femmes qui se disputent son cœur. » — *Deuxièmement :* La passion de l'Infante pour Rodrigue excuse celle de Chimène ; elle donne à celui-ci tant de prestige, elle le désigne si bien comme la fleur de la chevalerie, qu'on comprend que Chimène se laisse aller à son penchant pour lui. — *Troisièmement :* Le rôle de l'Infante complète celui de Chimène ; il achève par des teintes plus douces, une dégradation de lumière, la grande peinture de la lutte entre le devoir et la passion ; c'est une réduction du rôle de Chimène. En supposant même que ces trois avantages n'existent pas, ce type un peu effacé, cette figure d'élégie servirait à faire ressortir les autres personnages, comme l'ombre fait valoir la lumière. Pour ces différentes raisons, ce personnage doit être maintenu au théâtre.

Neuvième question. — *Analyse détaillée du rôle du roi Fernand.*

Il a plus de qualités que de défauts, et M. Nisard a dit avec raison que, par sa justice ingénieuse, c'est une image de la royauté de Salomon. Voici ses défauts : C'est un roi débonnaire et imprévoyant ; voici ses qualités : il fait preuve de modération, d'équité, d'adresse, de tact, de connaissance des hommes, de bon sens et même de fermeté.

Il est débonnaire et imprévoyant, puisqu'il ne prend aucune précaution pour repousser l'invasion des Maures, quoiqu'il les sache dans le voisinage, et la raison qu'il en donne est trop naïve, c'est qu'il craint d'alarmer les habitants de Séville. Il fait preuve de modération en se bornant à prier le comte de faire des excuses à don Diègue et en refusant d'accorder à Chimène la mort de Rodrigue ; il fait preuve d'équité en exigeant du comte la réparation de son insulte et en accordant à la prière de Chimène l'épreuve du duel judiciaire, satisfaction donnée à la justice du pays autant qu'au ressentiment filial. Il fait preuve d'adresse en imaginant le stratagème de la mort de Rodrigue, piège tendu à Chimène pour l'amener à l'aveu de son amour ; il fait preuve de tact et de délicatesse en feignant l'indécision, à la suite du double plaidoyer de Chimène et de don Diègue ; c'est pour ménager la douleur filiale de Chimène mise à une si rude épreuve qu'il fait semblant de ne savoir à qui donner raison, à l'accusateur ou au défenseur de Rodrigue, quoiqu'au fond il soit parfaitement décidé à donner raison à son défenseur. Il fait preuve de connaissance des hommes en comprenant que Chimène, malgré son insistance à demander la mort de Rodrigue, l'aime, désire sa vie et ne demande pas mieux que d'être déboutée de sa plainte. Il fait preuve de fermeté en envoyant Arias donner l'ordre au comte de faire des excuses à don Diègue, immédiatement après l'insulte, et en expédiant un second gentilhomme de sa cour, don Alonso, pour l'emprisonner, immédiatement après son refus. Enfin il fait preuve de bon sens en plusieurs circonstances : en déclarant que Rodrigue, après avoir guerroyé toute la nuit, ne peut pas le lendemain matin, sans désemparer, se battre en duel avec don Sanche ; en prouvant à Chimène qu'il n'est pas dupe de ses contradictions et en la mettant, comme on dit, au pied du mur pour la forcer d'avouer son amour ; enfin en tirant tout le monde d'embarras à la fin de la pièce, ou du moins en tâchant de le faire (car rien ne prouve qu'il y réussisse) par une proposition qui dénoue la situation : le renvoi du mariage de Chimène et de Rodrigue à un an.

Tel est le rôle assez complexe, quoique secondaire, de Fernand ; il appartient à la comédie par ses défauts, à la tragédie par ses qualités.

Dixième question. — *Analyse détaillée du rôle d'Elvire.*

Elvire a un caractère prosaïque et vulgaire, une morale facile et accommodante, un bon sens grossier ; elle prend même par moments un ton comique qui rappelle les soubrettes de Molière. Elle ne voit que le côté matériel et brutal des choses ; son esprit est fermé aux grandes idées du dévouement et du sacrifice ; la délicatesse de Chimène est pour elle une énigme ; Chimène se heurte sans cesse à ce personnage comme à un mur ; c'est la réalité à côté de l'idéal. Voici une preuve de son caractère prosaïque et vulgaire : pendant le duel de Rodrigue et de don Sanche, lorsque Chimène, qui craint en même temps que Rodrigue périsse et que son père reste sans vengeance, exprime sa double appréhension sur l'issue de ce combat, Elvire cherche à calmer ses alarmes en lui disant que tout va bien, qu'elle n'a que des motifs de satisfaction, qu'elle doit être heureuse de quelque manière que tournent les choses ; si Rodrigue meurt, lui dit-elle, son père est vengé, et elle épouse don Sanche ; s'il survit, son père n'est pas vengé, il est vrai, mais elle épouse Rodrigue, et de toute manière elle trouve un mari !

D'un et d'autre côté je vous vois soulagée. (V, IV.)

Voici une preuve de sa morale facile et accommodante : dans la même scène, quand Chimène manifeste le désir que Rodrigue soit tué, pour que son père soit vengé, désir qu'elle exprime avec toutes sortes de réticences, mais qui ressort néanmoins de ses paroles, Elvire lui répond comme une personne qui trouve avec l'honneur des accommodements, c'est-à-dire qu'il vaut bien mieux que Rodrigue vive et qu'ils s'épousent tous deux :

Madame, il vaut bien mieux que sa rare vaillance...... (V, IV.)

Ailleurs elle traite d'humeur étrange la noble résolution que prend Chimène de poursuivre la vengeance de son père aux dépens de son amour :

> Ne vous obstinez pas en cette humeur étrange. (III, III.)

Voici une preuve de son bon sens grossier : elle dit à Chimène qu'elle a tort de demander la mort de Rodrigue, parce que cela ne rendra pas la vie à son père :

> La mort de votre amant vous rendra-t-elle un père ? (V, IV.)

Enfin elle aborde la plaisanterie ; quand elle voit sa maîtresse ne tenir aucun compte de ses remontrances et obstinée à demander la mort de Rodrigue, elle s'amuse à ses dépens en lui faisant entrevoir comme un fléau son mariage avec don Sanche :

> Et nous verrons du ciel l'équitable courroux
> Vous laisser par sa mort Don Sanche pour époux. (V, IV.)

Elvire rappelle en cet endroit les soubrettes de Molière menaçant leurs maîtresses d'un mariage ridicule, quand celles-ci n'ont pas la force de se révolter contre l'autorité paternelle.

Cette vulgarité de pensées convient à une confidente ; elle met de la variété dans la pièce ; elle lui donne plus de ressemblance avec la vie humaine ; enfin elle fait ressortir la grandeur morale des principaux personnages.

Onzième question. — *Analyse détaillée du rôle de don Sanche.*

Pour cette question voir : 1° Paragraphe VII, 1re question : Dites un mot de chaque personnage. — 2° Paragraphe VIII, 8e reproche injuste. (Invraisemblance de la scène où don Sanche apporte son épée à Chimène.) — 3° Paragraphe IX, 11° reproche juste. (Invraisemblance du silence de don Sanche dans la scène où il apporte son épée à Chimène.)

PARAGRAPHE VIII

Reproches injustes.

Premier reproche injuste. — *Le mauvais choix du sujet.* (Scudéry, l'Académie.)

Scudéry et l'Académie trouvent le choix du sujet mauvais, parce que, disent-ils, il est moralement invraisemblable que Chimène songe à épouser Rodrigue le jour même où il a tué son père. Ce reproche est injuste pour deux raisons : d'abord le mariage ne doit pas avoir lieu le jour même, mais dans un an ; il n'est même pas sûr qu'il ait lieu dans un an. Ensuite ce mariage n'est pas le sujet de la pièce, il n'en est que le dénoûment. Le sujet, c'est la lutte morale du devoir et de l'amour, c'est le combat intérieur qui se livre dans l'âme des deux principaux personnages.

Deuxième reproche injuste. — *Le caractère mixte de cette tragédie.* (L'Académie.)

On a dit que la pièce était mal conçue parce qu'elle commençait par un meurtre et finissait par un mariage, parce que les événements en étaient tragiques et le dénoûment heureux. C'est précisément là le caractère des tragi-comédies. Ou il faut condamner ce genre mixte, ou il faut reconnaître que le *Cid* est conforme aux règles du genre. Ce serait fâcheux de proscrire ce genre de la scène, parce qu'il est conforme à la nature. Ne voit-on pas en effet tous les jours des événements, fâcheux d'abord, prendre une meilleure tournure et aboutir à un heureux résultat ? La vie n'est pas toujours une progression croissante de calamités ; le bien sort souvent du mal. La vie de famille et même la vie publique offrent sans cesse de ces revirements.

Troisième reproche injuste. — *L'abus de l'esprit.* (Corneille.)

L'abus de l'esprit a été souvent relevé dans la tragédie du *Cid*, et par Corneille lui-même. On a dit qu'il paraissait d'abord dans les efforts que fait le poëte pour varier l'expression d'une situation monotone entre Rodrigue et Chimène, ensuite dans les discours de Chimène, soit qu'elle parle de son devoir devant le roi, soit qu'elle parle de sa passion devant sa confidente ou Rodrigue. Corneille avoue dans l'examen qu'il fit du *Cid* en 1656, c'est-à-dire vingt ans après la première représentation, alors qu'il apprécia son œuvre non plus en père mais en juge, que « les plaintes de Chimène sont quelquefois trop spirituelles pour partir d'une personne affligée, » qu'il a mis dans sa pièce « quelque chose de plus ingénieux que le cours ordinaire de

la passion. » Corneille est trop sévère pour lui-même. Il faut
le défendre contre lui. L'abus de l'esprit, dans la situation où
se trouve Chimène, n'est pas un défaut, c'est une qualité, pour
deux raisons :

Premièrement : L'esprit ne messied au théâtre ni dans
l'expression de la passion, ni dans celle du devoir. Ce n'est
pas un mal au théâtre que les personnages soient à la fois honnêtes et ingénieux, passionnés et gens d'esprit; parce que, au
théâtre, le spectateur n'aime pas deviner, il veut comprendre. Or
l'esprit sert à plaider la cause du devoir et de la passion d'une
manière abondante et ingénieuse; il fait comprendre le personnage. Voilà pourquoi les longueurs et même les subtilités
de monologue et de dialogue de Chimène ne déplaisent pas au
spectateur. C'est ainsi qu'il faut interpréter les paroles de
Corneille dans ce passage de l'examen du *Cid :* « Si nous ne
nous permettions quelque chose de plus ingénieux que le cours
ordinaire de la passion, nos poëmes ramperaient souvent, et les
grandes douleurs ne mettraient dans la bouche de nos acteurs
que des exclamations et des hélas! »

Secondement : L'esprit est le trait des gens qui se trouvent
dans la position de Chimène, c'est-dire qui cherchent à justifier
leur passion et à se prouver, pour ne pas dire à s'exagérer, leur
devoir. Ils tâchent de s'excuser d'être dans la mauvaise voie et
de s'encourager pour entrer dans la bonne; ils font appel à
leur imagination pour se disculper du mal et s'exciter au bien.
Tel est le cours ordinaire des choses, c'est celui que suit Chimène; l'abus de l'esprit est donc chez elle une ressemblance
avec la vie. Ce n'est pas tout; on a remarqué avec raison que
Chimène abusait de l'esprit plutôt en parlant de son devoir que
de sa passion; qu'elle subtilisait dans ses discours au roi et
dans les parties de ses conversations où elle entretient sa confidente de son honneur et de sa gloire plutôt que dans ses moments d'expansion avec Elvire et Rodrigue; c'est encore très-
naturel. Dans la vie, la passion suit naturellement son cours;
l'homme ne fait pas beaucoup de frais pour se prouver qu'il a
raison de s'y abandonner, parce que la passion est agréable; il
s'évertue au contraire, il s'ingénie pour se convaincre qu'il a
un devoir à accomplir, il lui faut un aiguillon pour s'y soumettre, parce que le devoir est pénible; cet aiguillon lui est
fourni par l'esprit, c'est-à-dire par les raisonnements subtils,

exagérés, faux. Voilà pourquoi le devoir a plus d'esprit que la passion. C'est ce qui arrive pour Chimène ; elle a bien de la peine à se convaincre que son devoir l'oblige à demander la mort de Rodrigue ; pour s'affermir dans cette idée elle a recours à l'exagération, au sophisme, à la déclamation même ; elle appelle son esprit au secours de son cœur. C'est logique.

L'abus de l'esprit dans la tragédie du *Cid* est donc une ressemblance avec la vie ; c'est une qualité et non un défaut ; on doit en faire un mérite et non un reproche à Corneille.

Quatrième reproche injuste. — *La tragédie du* Cid *n'est pas une bonne pièce parce qu'elle ne produit pas un contentement raisonnable.* (L'Académie.)

Voici le sens de ce reproche énigmatique. L'Académie française, ne pouvant nier le succès du *Cid* auprès du public, imagina cette théorie subtile qu'une pièce ne peut être bonne que quand elle satisfait les doctes aussi bien que les ignorants, c'est-à-dire quand elle offre l'application des règles qui plaisent aux académies en même temps que les grands sentiments et les belles situations qui séduisent la foule. La tragédie du *Cid*, disait l'Académie française, remplit bien la seconde condition, mais elle ne remplit pas la première, parce qu'elle est faite contre les règles. Ce reproche est injuste. Sans doute cette tragédie n'est pas conforme à la règle aristotélique, mais peu importe ; quand une pièce plaît par les beaux sentiments, les grandes pensées et les situations pathétiques, elle est bonne ; l'homme ne raisonne pas sa joie, son plaisir ; le calcul et toutes les combinaisons de la pensée n'ont aucun rapport avec l'enthousiasme. Du moment où une pièce cause de la joie et de l'enthousiasme, elle peut se passer des règles. C'est ce que veut dire Balzac, quand il écrit à Scudéry, colporteur de ce fameux paradoxe : « C'est quelque chose de plus d'avoir satisfait tout un royaume que d'avoir fait une pièce régulière. » C'est ce que veut dire La Bruyère par ces mots : « Quand une lecture vous élève l'esprit et qu'elle vous inspire des sentiments nobles et courageux, ne cherchez pas une autre règle pour juger de l'ouvrage, il est bon et fait de main d'ouvrier. » (*Des ouvrages de l'esprit.*) Un contentement raisonnable est donc une alliance de mots qui ne signifie rien.

Cinquième reproche injuste. — *Inutilité des trois pre-*

mières scènes de la tragédie du Cid. (Corneille, Jean-Baptiste Rousseau.)

Les comédiens du Théâtre-Français commencent ordinairement la tragédie du *Cid* par la scène de dispute entre don Diègue et le comte ; mais ce n'est que la quatrième dans le texte primitif. Trois scènes ont donc été supprimées comme inutiles, la première par Corneille lui-même, la seconde et la troisième par J.-B. Rousseau. Nous allons prouver que ces trois scènes ne sont pas inutiles. La première était une conversation entre don Gomez et Elvire, confidente de sa fille Chimène, au sujet de l'amour que Chimène ressent pour Rodrigue. On est tout d'abord tenté de se demander pourquoi c'est Elvire et non Chimène qui entretient don Gomez de cette question ; pourquoi c'est la suivante ou domestique et non la fille elle-même qui parle à son père de ce sujet délicat. C'est parce qu'une jeune fille aime mieux confier les secrets de son cœur à une étrangère qu'à son père. Le respect, la crainte, la pudeur la paralysent devant son père ; elle est plus confiante devant une étrangère. D'un autre côté Chimène n'est pas sûre du consentement de son père et elle aime mieux se taire devant lui qu'essuyer un refus. L'intermédiaire d'Elvire coupe court à ces scrupules et à ces difficultés. Voilà pourquoi Corneille avait imaginé une première scène dans laquelle le comte s'entretenait de l'amour de sa fille pour Rodrigue avec la suivante de sa fille ; il annonçait à cette suivante son consentement au mariage et, à la fin de ce court dialogue, il exprimait avec arrogance la certitude d'être nommé gouverneur du prince de Castille. Cette scène avait donc le mérite de rendre Chimène intéressante en nous montrant sa réserve et sa délicatesse, et de nous faire connaître l'orgueil excessif du comte, ce qui était une préparation naturelle à la scène de la dispute. L'exposition y gagnait en convenance pour ce qui regarde Chimène, en clarté pour ce qui regarde le comte. Corneille l'a jugée inutile ; il l'a versée, pour ainsi dire, dans la suivante.

Cette scène suivante était une conversation entre Chimène et Elvire. Corneille supposait qu'Elvire répétait à Chimène ce que le comte venait de lui dire. Mais il y a quelque chose d'artificiel dans la reproduction littérale d'un discours prononcé par un autre, surtout s'il est long ; ensuite l'orgueil excessif du comte ne pouvait être reproduit par la suivante de sa fille, enfin le silence de Chimène, qui est comme la pudeur de son amour, devait être détruit par la nécessité de répondre à Elvire. Corneille a donc eu tort de supprimer la première scène du texte primitif.

La seconde scène dont nous venons de parler, substituée par Corneille à la première, a été supprimée par J.-B. Rousseau. Quoiqu'elle fût une substitution malheureuse, elle avait au moins le mérite de nous instruire de l'amour de Chimène et de Rodrigue, ainsi que du consentement du comte au mariage de sa fille avec le fils de don Diègue, c'est-à-dire qu'elle était une exposition naturelle du sujet. Elle était encore utile, parce qu'on ne peut s'intéresser à la querelle du comte et de don Diègue que si l'on connaît l'amour et le projet de mariage de leurs enfants, parce que le soufflet reçu par le vieillard n'est dramatique que si l'on comprend qu'il va causer leur malheur. La suppression de J.-B. Rousseau mutile donc l'exposition et même en détruit non-seulement l'intérêt, mais la clarté.

La troisième scène, encore supprimée par J.-B. Rousseau qui a arrangé ou plutôt dérangé toute cette exposition, était une conversation entre l'Infante et sa suivante Léonore. Elle avait l'avantage de nous instruire de la passion malheureuse de la fille du roi pour Rodrigue, épisode très-important de la tragédie, et dont les préliminaires méritaient par conséquent de figurer dans l'exposition. On comprend à la rigueur que Corneille ait poussé le scrupule jusqu'à supprimer la première scène, surtout quand on songe qu'il l'a enchâssée dans la suivante, mais on ne comprend pas que J.-B. Rousseau, et après lui les comédiens, aient supprimé la seconde et la troisième, sans lesquelles la quatrième perd tout son sens.

En 1872, M. Perrin, directeur du Théâtre-Français, a restitué ces trois scènes pour les débuts de l'acteur Mounet-Sully. Il a fait en cela preuve de goût.

Sixième reproche injuste. — *Inconvenance du soufflet donné par le comte à don Diègue.* (Voltaire, la Harpe.)

Voltaire dit : « On ne donnerait pas aujourd'hui un soufflet sur la joue d'un héros; les acteurs mêmes sont très-embarrassés pour donner ce soufflet. » Voltaire rapetisse singulièrement la question, il ne s'agit pas de savoir s'il est facile ou difficile de souffleter un homme en scène, si c'est le souffleur, un comparse des coulisses ou un musicien de l'orchestre qui simule le bruit d'un soufflet ou si le soufflet est réel, il s'agit de savoir si le soufflet est admissible au point de vue de l'art et de la vérité. Oui, pour trois raisons : 1° Son effet dramatique ; — 2° les mœurs de l'époque ; — 3° les exemples historiques de ce genre.

1° *Son effet dramatique.* Sans doute un soufflet est un geste qui par lui-même manque de noblesse. Chicaneau, dans les *Plaideurs* de Racine, en donne un à l'Intimé, ce qui fait rire. Mais il est des soufflets qui font trembler, s'il en résulte un effet terrible, comme la mort de celui qui le donne et le malheur des deux enfants de l'insulteur et de l'insulté ; dans ce cas le soufflet est tragique. Il résulte de ces deux effets contraires que le même ressort dramatique peut convenir à la comédie et à la tragédie, suivant le caractère qu'on lui attribue et les événements qui en sont la conséquence.

2° *Les mœurs de l'époque.* Il ne faut pas oublier que la tragédie du *Cid* se passe en plein moyen âge, au onzième siècle et qu'à cette époque on trouve plus d'un exemple de brutalité et de sauvagerie. (Le fait se trouve du reste dans le *Romancero*, à côté du mouchoir teint de sang avec lequel don Diègue se lave la joue.) Le soufflet donné par le comte est donc un de ces détails de couleur locale que Corneille a recherchés à dessein et qui contribuent à la couleur historique de sa pièce. — « Il est évident, dit la Harpe lui-même qui critique ce détail, que les mœurs dramatiques sont subordonnées non-seulement aux circonstances, mais encore au temps et au pays où se passe la scène. » Ce qui serait blâmable de nos jours ne l'était pas à l'époque du *Cid* ; les mœurs des hommes changent à six cents ans de distance. Corneille en mettant ce détail a donc observé ce que Fénelon appelle ingénieusement *le costume*.

3° *Les exemples historiques de ce genre.* Il n'est que trop prouvé par l'histoire qu'un soufflet peut être le résultat d'une querelle entre personnages illustres. En 1303, sous le règne de Philippe le Bel, à l'époque des démêlés de ce roi avec le pape Boniface VIII, Sciarra Colonna, ennemi acharné de ce pape, le souffleta, dit-on, de son gantelet de fer à Anagni. D'autres attribuent cet acte de violence au français Guillaume de Nogaret, représentant de Philippe le Bel, ami intime des Colonna, qui pénétra de force dans Anagni pour y faire le pape prisonnier. — En 1458, sous le règne de Louis XI, à l'entrevue de Péronne,

Charles le Téméraire donna à Commines en pleine figure, non pas un soufflet, mais pis encore, un coup de talon de botte armée d'éperon, parce qu'il l'avait blâmé d'avoir fermé sur Louis XI les portes de la tour de Péronne, pour faire le roi prisonnier. A cette époque Commines était du parti de Charles le Téméraire ; c'est à la suite de cet acte de violence qu'il le quitta pour passer du côté de Louis XI, qui le récompensa largement d'avoir abandonné son adversaire. — En 1580 environ, sous le règne d'Elisabeth d'Angleterre, cette reine souffleta publiquement le comte d'Essex, probablement pour un motif frivole, puisque ce gentilhomme devint son favori. — Enfin vers 1680, sous le règne de Louis XIV, le comte de Vermandois fils naturel de Louis XIV et de Mlle de Lavallière souffleta le Dauphin fils légitime de Louis XIV, avec qui il était toujours en querelle, au point de lui dire qu'il plaignait les Français d'être destinés à obéir à un prince sans esprit. Le Dauphin était en effet aussi peu intelligent que le comte de Vermandois était spirituel. C'est à la suite de cet acte de violence que Louis XIV, prenant fait et cause pour son fils légitime, envoya le comte de Vermandois à l'armée de Flandre. L'histoire ajoute, mais le fait n'est pas prouvé, qu'on fit bientôt courir le bruit de sa mort, et qu'à la faveur de ce stratagème, on l'enferma le reste de sa vie à l'île Sainte-Marguerite, légende qui a fait du comte de Vermandois un des nombreux candidats au masque de fer. On voit qu'un soufflet, quoi qu'en dise Voltaire, peut avoir un caractère tragique. S'il est vrai que de son temps la délicatesse de la scène française ne supportât pas ce que le siècle de Corneille tolérait, et ce qui ne nous choque pas au dix-neuvième siècle, c'est un scrupule exagéré qui ne tourne pas au profit de l'art.

Septième reproche injuste. — *L'anachronisme du duel de Rodrigue et de don Sanche.* (Walras.)

On a dit que le duel de Rodrigue et de don Sanche, ou jugement de Dieu par les armes, épreuve judiciaire du onzième siècle, dépare la composition de Corneille, en introduisant un élément du moyen âge, dans un sujet purement idéal. Ce reproche est injuste parce que Corneille n'a pas voulu faire une tragédie purement idéale, mais à la fois idéale et historique. A-t-il réussi dans cette conciliation? C'est une autre question. Dans tous les cas il serait fâcheux de supprimer de son théâtre, sous prétexte d'anachronismes, tous les détails historiques qui ne se concilient pas avec les vérités générales de tous les temps et de tous les lieux. Ce serait supprimer la moitié de ses tragédies, et une excellente moitié, aucun poëte n'ayant mieux réussi que lui, sans en excepter Racine ni Molière lui-même, à peindre l'homme d'une certaine époque, en peignant l'homme de tous les temps.

Huitième reproche injuste. — *L'invraisemblance de la scène où don Sanche apporte son épée à Chimène.*

Toute cette scène est ordinairement blâmée; on critique non-seulement la visite de don Sanche à Chimène, mais encore son silence devant elle. Il faut faire ici une distinction. Sa visite n'est nullement répréhensible, son silence seul est invraisemblable. Comme nous ne nous occupons en ce moment que des reproches injustes, nous ne parlerons ici que de sa visite en elle-même, ailleurs nous examinerons son silence. On a dit : puisque don Sanche est vaincu, ce n'est pas lui, c'est Rodrigue qui devrait, après l'avoir désarmé, apporter son épée à Chimène; on sent trop que Corneille a voulu par le quiproquo dans lequel tombe Chimène lui arracher l'aveu de son amour; ce ressort dramatique est trop artificiel. Ce reproche est injuste; c'était l'usage des anciens chevaliers d'envoyer ainsi aux pieds de leur maîtresse l'ennemi qu'ils venaient de désarmer. La seule chose qui puisse paraître extraordinaire en cette circonstance, c'est que Chimène ignore ou oublie cet usage. Encore explique-t-on son ignorance par son sexe, et son oubli par la surexcitation morale à laquelle elle est en proie. La visite de don Sanche à Chimène est donc vraie au point de vue historique. Elle s'explique encore par deux considérations morales. *Premièrement* : un devoir de délicatesse qui éloigne Rodrigue de Chimène. Il eût été malséant et contraire à la délicatesse qu'il vînt lui-même après la victoire réclamer le prix du combat. Ce n'est pas de son épée qu'il veut obtenir Chimène, c'est d'elle-même. *Secondement* : un devoir de politesse et même de simple convenance qui l'appelle auprès du roi :

> Mais puisque mon devoir m'appelle auprès du roi,
> Va de notre combat l'entretenir pour moi. (V, vi.)

La politesse et même les simples convenances exigent que Rodrigue aille rendre compte au roi de son duel avec don Sanche, puisque c'est le roi qui l'a autorisé et qui en a réglé les conditions. Il est aussi probable qu'en cette circonstance il lui demandera de ne pas insister auprès de Chimène pour qu'elle l'épouse, conformément aux conditions du duel. S'il ne se présente pas personnellement devant Chimène, c'est donc pour trois raisons, par fidélité aux habitudes du temps, par délicatesse d'amant, par soumission de sujet. La visite de don Sanche à Chimène est donc à l'abri de tout reproche. Il n'en est pas de même de son silence. (Voir § IX, 11° reproche juste.)

Neuvième reproche injuste. — *Emphase du comte et même de don Diègue.* (Brochure de 1637, Scudéry.)

Ce reproche est exprimé dans une brochure parue en 1637 sous ce titre : le *Jugement du Cid*, composé par un bourgeois de Paris, marguillier de sa paroisse. D'un autre côté Scudéry a dit : « Le comte est un capitan de comédie. » (*Lettre apologétique de Corneille*, 1637.)

Il faut avouer que le comte dans sa dispute avec don Diègue, et don Diègue lui-même dans son discours au roi, sont un peu emphatiques ; mais ce n'est pas un défaut, pour plusieurs raisons. *Premièrement :* ces deux personnages sont espagnols et l'emphase est un des traits distinctifs du caractère espagnol. — *Deuxièmement :* en supposant même ces deux personnages d'une autre nationalité, il n'est pas défendu à un poëte dramatique de prêter des défauts à ceux qu'il met en scène, il suffit que ces défauts ne soient pas choquants. — *Troisièmement :* pour ce qui concerne le comte, il fallait qu'il eût des défauts, pour que sa mort fût motivée ; car c'est une des règles du poëme dramatique que tout personnage tué doit mériter de l'être. — *Quatrièmement :* pour ce qui concerne don Diègue, le mot emphase est exagéré pour qualifier le ton qu'il prend de temps en temps. Son caractère est une fierté noble et bien placée, souvent même une simplicité modeste. Une fois en présence du roi, quand il prend la parole comme avocat de son fils, il fait un peu plus sonner les mots : « Ce bras jadis l'effroi d'une armée ennemie. » (II, VIII.) Mais rien de plus naturel que cette élévation du ton : il vient de recevoir un affront sanglant et il désire se relever aux yeux du roi et de la cour en opposant la gloire de son passé à l'opprobre du moment ; ensuite ce vieillard qui parle est un vieux soldat dont le courage et la magnanimité ne s'accorderaient pas avec d'humbles plaintes ; enfin, et c'est là sa principale justification, l'éloge qu'il fait de ses exploits passés est plutôt un argument pour attirer la sympathie publique sur son fils qu'un panégyrique personnel.

Dixième reproche injuste. — *Rôle ridicule du roi don Fernand.* (L'Académie, Voltaire, la Harpe.)

Pourquoi a-t-on dit que le rôle du roi était ridicule? Pour quatre raisons. *Premièrement* : Parce qu'il sait que les Maures menacent la ville cette nuit même et que, au lieu de prendre des précautions immédiates, il remet tout au lendemain, sous prétexte de ne pas alarmer les habitants. Sans doute il y a là un artifice assez grossier du poëte qui veut préparer par l'insouciance du roi l'exploit nocturne de Rodrigue. Mais en cette circonstance le roi se montre seulement imprévoyant et débonnaire. Assurément c'est un défaut et même un défaut très-grave chez un roi ; mais d'abord la vigilance n'est pas une qualité plus inhérente à la royauté qu'à toute autre condition humaine ; l'histoire ne nous offre que trop d'exemples de rois peu prévoyants ; ensuite la tragédie n'est pas condamnée à ne mettre en scène que des personnages sans défaut ; enfin ce défaut peut tout au plus faire ressembler celui chez qui il se rencontre à un personnage de comédie ; de là au ridicule la différence est grande. — *Secondement* : Parce qu'il donne deux ordres qui ne sont pas exécutés. Voici le premier : Il charge don Arias gentilhomme de sa cour de prier de sa part le comte don Gomez de faire des excuses au vieillard qu'il vient d'insulter. Le comte refuse, il est vrai, de se rendre à cette injonction. Mais que fait alors le roi? Il envoie immédiatement un second messager, don Alonze, pour s'assurer de la personne du comte, c'est-à-dire pour l'emprisonner et le mettre en jugement. Il est encore vrai que ce second messager arrive trop tard et qu'au lieu d'arrêter le comte, il le trouve tué par Rodrigue. Mais il n'y a dans la conduite du roi rien d'indigne de la royauté, rien de ridicule. Le roi fait son devoir, le fait même vite et énergiquement ; il ne montre ni hésitation ni faiblesse. Tout ce que l'on peut dire c'est que Rodrigue est encore plus expéditif dans sa vengeance que lui dans sa justice. Voici le second ordre : Quand don Sanche cherche à justifier le comte de son refus en présence même du roi, celui-ci lui ordonne de se taire et il ne se tait pas, tout en disant : « J'obéis et me tais. » (II, vi.) Il continue à parler. C'est du moins ce que prétend Voltaire. Il est évident que, si les choses se passent comme dit Voltaire, c'est passablement comique et que le roi joue un rôle ridicule. Mais les choses se passent différemment : Quand le roi impose silence à don Sanche, celui-ci commence par obéir ; c'est alors qu'il dit : « J'obéis et me tais. » Après quoi il demande de nouveau la parole ; le roi la lui rend, permission implicitement contenue dans ces mots : « Et que pourrez-vous dire ? » De sorte que don Sanche ne continue à parler qu'après y avoir été autorisé. Le roi est donc obéi, quoi qu'en dise Voltaire. Tout ce qu'on peut trouver bizarre en cette circonstance c'est que le roi, après avoir dit à don Sanche : « Taisez-vous, » lui dise : « Parlez. » Mais ces revirements de pensée sont perpétuels dans la conversation, surtout quand elle roule sur des sujets discutables, comme le refus du comte ; de plus l'insistance de don Sanche, comme le fait ingénieusement remarquer Pallissot, prouve son caractère audacieux, sa confiance présomptueuse de jeune homme qui se flatte non-seulement de venger la mort du comte, mais encore de disputer Chimène à Rodrigue. — *Troisièmement :* Parce qu'il a recours à un stratagème pour arracher à Chimène l'aveu de son amour. Il lui fait croire que Rodrigue est mort des suites de ses blessures reçues pendant la nuit. Sans doute il y a dans ce ressort dramatique quelque chose de simple et de familier, mais il n'y a rien de ridicule. D'abord un prince peut descendre jusqu'à la familiarité, sans perdre de sa dignité. Ensuite ces épisodes simples et naturels contribuent à donner au théâtre français plus de laisser-aller, à lui faire perdre cette raideur un peu guindée qu'on lui a si souvent reprochée. — *Quatrièmement :* Parce que dans la scène du double plaidoyer de Chimène et de don Diègue, il semble ne savoir à qui donner raison. On a même dit à cette occasion que, indécis et tiré des deux côtés, il ressemblait plutôt à un bailli qu'à un roi. C'est une erreur. Fernand en cette circonstance fait preuve de délicatesse ; son hésitation n'est qu'apparente, il sait parfaitement à qui donner raison ; c'est à l'avocat de Rodrigue ; s'il paraît indécis, c'est pour ménager la douleur de Chimène, c'est par égard pour sa piété filiale si cruellement éprouvée. Il faut lui faire un mérite et non un reproche de cette indécision. Du reste, à la fin de ce plaidoyer il a un mot magnifique quand il justifie Rodrigue en disant : « Les Maures en fuyant ont emporté son crime. » En résumé le rôle du roi n'est pas ridicule. Sans doute il est secondaire, il est effacé ; mais les rois ne doivent pas toujours et partout occuper la première place ; il est des circonstances où ils doivent se tenir à l'écart derrière les autres personnages. Sainte-Beuve a eu tort de dire en pensant à lui : « Corneille n'a pas le sentiment du ridicule qui s'attache à certains de ses personnages nobles. »

Onzième reproche injuste. — *Inutilité du rôle de l'Infante.* (La Harpe, J.-B. Rousseau.)

Voici l'histoire de la suppression de ce rôle : c'est J.-B. Rousseau, en 1734, lorsqu'il fut exilé à Bruxelles, qui remania la pièce de Corneille et supprima le rôle comme inutile. Il semblait encouragé dans cette entreprise hardie par l'autorité même de Corneille qui avait dit dans son discours sur l'utilité et les parties du poëme dramatique : « Aristote blâme fort les épisodes détachés et dit que les mauvais poëtes en font par ignorance et les bons en faveur des comédiens pour leur donner de l'emploi ; l'Infante du *Cid* est de ce nombre, et on pourra la condamner ou lui faire grâce par ce texte d'Aristote, suivant le rang qu'on voudra me donner parmi les modernes. » Rousseau, le lyrique, la condamna. Le Théâtre-Français à Paris suivit l'exemple qu'il donnait de Bruxelles. Mais la suppression du rôle de l'Infante entraînait celle de Léonore sa confidente ainsi que celle du page ; ce qui faisait trois personnages de moins. De plus l'Infante en disparaissant faisait aussi disparaître tous les passages où Chimène lui parle, ce qui faisait en bien comptant, sept scènes retranchées de la tragédie (I, ii ; — II, iii, iv, v ; — IV, ii ; — V, ii, iii), c'est-à-dire trois cent cinquante vers, le cinquième de la tragédie qui en renferme dix-huit cents. C'était beaucoup. Ce n'était pas encore tout. On avait aussi supprimé sur le conseil de Rousseau la première scène entre Chimène et sa suivante ; et comme la suppression de toutes ces scènes avait formé des vides dans la tragédie, Rousseau avait dû pour les combler ajouter çà et là quelques vers de sa façon qui n'est pas tout à fait la façon de Corneille. La tragédie ainsi tronquée marcha d'un pas boiteux pendant tout le dix-huitième siècle ; on essaya bien à diverses reprises de revenir au texte primitif, mais la mutilation irrespectueuse de J.-B. Rousseau prévalut. Les choses allèrent ainsi jusqu'en 1806. A cette époque Napoléon Ier fit jouer cette pièce à Saint-Cloud par Mlle Georges, chargée du rôle de l'Infante, et par Talma de celui de Rodrigue ; Napoléon Ier qui, suivant l'expression de Sainte-Beuve, était un grand critique à ses heures perdues, demanda pourquoi on avait supprimé le rôle de l'Infante ; on lui répondit qu'il avait été jugé inutile. « Tout au contraire, répliqua-t-il, ce rôle est très-bien imaginé ; Corneille a voulu nous donner la plus haute idée du mérite de son héros et il est glorieux pour le Cid d'être aimé en même temps par la fille de son roi et par Chimène. Rien ne relève ce jeune homme comme ces deux femmes qui se disputent son cœur. » Sur cette remarque fort juste de l'empereur le rôle fut rétabli. Toutefois il ne le fut pas longtemps ; malgré le talent de Mlle Georges et de Talma, cette tentative de restauration ne réussit pas plus que les précédentes. Le rôle resta supprimé de 1807 à 1871. Tout ce que l'on put gagner sur la routine c'est qu'en 1842, quand Mlle Rachel débuta dans le rôle de Chimène, la première scène entre Chimène et sa suivante fût rétablie. L'Infante resta supprimée. Ce n'est qu'en 1872, lors de la reprise du *Cid* au Théâtre-Français, à propos des débuts de l'acteur Mounet-Sully, sous l'administration de M. Perrin, que ce rôle reparut. A l'époque où ces lignes sont écrites (1876) cette restauration intelligente est encore en vigueur.

Ce rôle est utile pour la raison qu'en donne Napoléon Ier. Tout ce qu'on peut dire contre l'Infante française, c'est qu'elle n'a pas la réalité de l'Infante espagnole ; la réduction analytique de Corneille la lui fait perdre. Ainsi dans la pièce espagnole, c'est elle qui chausse les éperons de Rodrigue sous les yeux du roi, la veille des armes ; c'est même à ce moment qu'elle se prend d'amour pour lui ; elle le protège quand on le poursuit après la mort du comte ; elle assiste du haut de son balcon à son départ pour l'expédition contre les Maures, et Rodrigue la salue galamment ; tout ce pittoresque qui n'est pas dans l'esprit du théâtre français a disparu ; le rôle de l'Infante y perd sans doute en mouvement et en relief, mais ce n'est pas à dire pour cela qu'il soit inutile.

Douzième reproche injuste. — *Inutilité du rôle de don Sanche.* (L'Académie.)

Le rôle de don Sanche n'est pas inutile ; il sert à rendre Chimène plus intéressante, à donner une plus haute idée de son mérite en la montrant aimée à la fois par Rodrigue et par lui. Il rehausse également Rodrigue en montrant la supériorité d'adresse de ce dernier au jeu de l'épée. Il donne à la pièce de la couleur locale et contribue à sa vérité historique par le duel judiciaire auquel il prend part, par la requête qu'il adresse à Chimène avant le combat, requête qui signifie qu'un chevalier ne peut sans l'aveu de sa dame se déclarer son champion, enfin par l'offre de son épée qu'il vient déposer à ses pieds, après le combat, sur l'ordre de son vainqueur, trois détails qui sont autant de traits de mœurs du moyen âge. On peut même dire que don Sanche contribue au dénoûment de la pièce, c'est-à-dire au mariage de Rodrigue et de Chimène, en amenant par son apparition inattendue devant Chimène l'aveu de son amour pour Rodrigue et en faisant cesser par sa défaite les dernières hésitations du roi. Lorsqu'un personnage secondaire sert à faire ressortir les personnages principaux, lorsqu'il contribue à la vérité historique et au dénoûment de la pièce, on ne peut pas lui reprocher d'être inutile.

Treizième reproche injuste *relatif à Chimène.*

Il y a ici une série de reproches :

Les uns sont relatifs à son esprit, les autres à son cœur. Voici ceux qui sont relatifs à son esprit : *Ses subtilités*. On a dit qu'en parlant de son devoir et quelquefois même de sa passion elle subtilisait ou déclamait. (Voir la réponse à ce reproche : § VIII, 4° reproche.) — Voici ceux qui sont relatifs à son cœur :

1° *Il est monstrueux qu'elle désire que Rodrigue se batte en duel avec son père.* (Scudéry.)
Elle exprime en effet ce désir dans les vers suivants :

> Mon esprit ne peut qu'être ou honteux ou confus
> De son trop de respect ou d'un juste refus. (II, III.)

Chimène en exprimant ce désir ne fait que partager le préjugé du siècle où elle vit ; tout le monde à cette époque admettait la légitimité du duel après l'insulte et tout le monde l'admet autour d'elle dans la tragédie ; Rodrigue : « J'attire ses mépris en ne me vengeant pas ; » don Diègue : « Ce n'est que dans le sang qu'on lave un tel outrage ; » don Gomez : « Viens, tu fais ton devoir ; » le roi Fernand : « Dès que j'ai su l'affront, j'ai prévu la vengeance ; » l'Infante :

> Chimène est généreuse et quoique intéressée
> Elle ne peut souffrir une lâche pensée. (III, III.)

Si la conduite de Chimène est monstrueuse, tout le monde est donc monstrueux autour d'elle ; cette unanimité de sentiments prouve qu'au onzième siècle, les idées sur le duel n'étaient pas les mêmes que de nos jours. Mais, dira-t-on, Chimène n'est pas dans la même position que les autres personnages; ce duel expose la vie de son père et de son amant. Sans doute, mais Chimène a le sentiment de l'honneur tout aussi développé que Rodrigue, don Diègue, son père, le roi et l'Infante.

2° *C'est une fille dénaturée, parce qu'elle aime Rodrigue et qu'elle a deux entrevues avec lui.* (l'Académie, Richelieu, Voltaire, la Harpe.)

Sans doute en bonne morale une jeune fille ne doit pas aimer le meurtrier de son père, ni le recevoir chez elle. Mais, au théâtre il n'est pas question de bonne morale ; nous n'allons pas au théâtre pour être édifiés, mais pour être émus ; or il n'y a rien de plus pathétique que la lutte du devoir et de la passion dans un cœur honnête. Blâmer l'amour de Chimène pour Rodrigue et ses deux entrevues avec lui, la trouver dénaturée, c'est vouloir faire du théâtre une école de vertu, c'est adresser à Corneille un reproche de théologien. Mais, dira-t-on, tout n'en irait que mieux, si la morale triomphait au théâtre. C'est une erreur ; le théâtre, en se purifiant à ce point cesserait d'intéresser, parce qu'il cesserait d'être l'image de la vie humaine. On peut même dire qu'il cesserait d'exister, parce qu'on ne voudrait plus y aller, dans la crainte d'y rencontrer toujours des anges au lieu d'hommes. Nos ancêtres de 1636 devaient bien comprendre cette vérité. D'où vient qu'ils se sont montrés si sévères pour Chimène? C'est qu'ils partageaient les idées très-sévères du moyen âge et du seizième siècle sur la vertu des femmes ; c'est qu'à cette époque la femme n'était parvenue à se faire cette espèce de divinité dont elle était entourée qu'à force de vertu ; c'est qu'alors la moindre faiblesse aurait renversé l'idole. Cette vertu excessive était pour ainsi dire imposée par la tyrannie de l'opinion. De nos jours nous divinisons moins la femme, mais d'un autre côté nous sommes plus indulgents pour elle. C'est un progrès.

3° *Ses deux requêtes au roi sont intempestives et illogiques ; intempestives, parce qu'elle devrait attendre la justice du roi qui connaît le meurtre et le meurtrier ; illogiques, parce qu'elle sait que Rodrigue n'a aucun tort, parce qu'elle sait qu'elle n'obtiendra pas sa mort, enfin parce qu'elle ne veut pas l'obtenir.* (Walras.)

Voici la réfutation de ces reproches : 1° Elle ne peut pas attendre la justice du roi. Sans doute le roi est sage et ferme, mais on ne peut pas exiger d'une jeune fille dont le père vient d'être tué qu'elle reste chez elle, qu'elle y enferme sa douleur entre quatre murs, en attendant le cours ordinaire de la justice. Rien de plus naturel que cette demande d'enquête. — 2° On dit que sa requête est illogique parce qu'elle sait que Rodrigue n'a aucun tort. Elle lui dit en effet : « Tu n'as fait le devoir que d'un homme de bien. » (III, iv.) Sans doute c'est illogique, parce qu'il n'y a pas de droit contre le droit; mais c'est précisément parce que c'est illogique que c'est naturel et vrai. Le cœur humain est sans cesse dans des situations compliquées et contradictoires où il penche tantôt d'un côté, tantôt de l'autre; c'est le cas de Chimène partagée entre deux sentiments opposés qui sollicitent son cœur, celui de l'honneur qui lui dit que Rodrigue a bien fait et celui de l'amour filial qui lui dit qu'il a mal fait. C'est le devoir du poëte d'exprimer ces contradictions; dans les circonstances de ce genre, c'est l'absence même de logique qui fait le fond de la situation et par conséquent l'intérêt de la scène. — 3° On dit que sa requête est illogique, parce qu'elle sait qu'elle n'obtiendra pas la mort de Rodrigue. C'est une erreur. Chimène peut parfaitement croire qu'elle obtiendra la mort de Rodrigue, parce qu'elle peut considérer comme défendu par les lois le duel dont son père a été victime; sans doute le duel était autorisé au onzième siècle; mais il peut très-bien se faire qu'une femme et surtout une jeune fille qui n'a jamais quitté la maison paternelle ignore la jurisprudence de son temps; ensuite, en supposant même qu'elle la connaisse, il n'est pas impossible qu'au moyen âge les lois qui régissent le duel, tout en autorisant ce genre de combat, permettent et même prescrivent, comme de nos jours, des poursuites contre les combattants et les témoins; enfin, même en admettant que Chimène ait connaissance de la légalité du duel où son père a succombé et que toute poursuite judiciaire soit interdite en pareil cas au moyen âge, peut-on trouver illogique qu'une jeune fille fasse des démarches pour obtenir la punition de celui qui a tué son père? L'égarement de la douleur ne justifie-t-il pas une semblable réclamation? Le cœur humain frappé d'un coup mortel n'oublie-t-il pas les règlements et les lois, ou, s'il se les rappelle, n'espère-t-il pas y trouver une exception favorable à sa douleur? — 4° On dit que sa requête est illogique parce qu'elle ne veut pas obtenir la mort de Rodrigue. C'est vrai, elle la demande et ne veut pas l'obtenir; elle est illogique; son action est en contradiction avec sa pensée; ses paroles sont en contradiction avec ses désirs, mais c'est précisément cette contradiction qui fait le mérite et la beauté de cette scène. D'abord rien de plus naturel que cette opposition entre les demandes et les désirs des hommes, c'est l'histoire de tout homme placé entre un devoir et une passion : c'est l'histoire du soldat désirant mourir pour sa patrie parce que c'est son devoir, mais s'estimant fort heureux de vivre, parce que sa passion, c'est-à-dire l'amour de la vie, lui tient aussi fort au cœur; ensuite rien de plus dramatique que cette contradiction, voici pourquoi : Si Chimène voulait réellement obtenir la mort de Rodrigue qu'elle demande, ce désir serait l'expression de la haine et la haine indiquerait de sa part une passion entièrement sacrifiée ; or l'intérêt dramatique consiste dans les passions combattues et non dans les passions sacrifiées. Si Chimène haïssait Rodrigue, la tragédie du *Cid* n'aurait plus de sens. Enfin rien de plus propre que cette contradiction à relever le mérite de Chimène ; il faut que dans cette pièce Chimène en ait le plus possible; or, quel mérite aurait-elle si, en demandant la mort de Rodrigue, elle la désirait véritablement? C'est précisément parce qu'elle la demande sans la désirer qu'elle en a, et beaucoup.

Pour ces trois raisons, la vérité et le naturel de cette contradiction, la nécessité de l'intérêt dramatique, le mérite de Chimène, Corneille a eu raison de supposer que Chimène demandait la mort de Rodrigue sans la désirer.

4° *Elle méconnaît son vrai devoir.* (Walras.)

On a dit : le vrai devoir de Chimène c'est de déclarer formellement devant Rodrigue et derrière lui qu'elle ne l'épousera jamais ; elle ne dit pas un mot de ce refus et elle s'attache à un autre devoir qui est fictif, parce qu'il est l'accomplissement d'une simple formalité, la poursuite de Rodrigue. Ce reproche est injuste pour deux raisons : d'abord Chimène n'accomplit pas une simple formalité en poursuivant Rodrigue, elle croit que la justice peut l'atteindre ; ensuite pour que Chimène déclarât hautement ne pas vouloir épouser Rodrigue, il faudrait que la tragédie fût conçue au point de vue purement idéal, c'est-à-dire que la morale pure fût la règle de conduite de tous les personnages ; or Corneille l'a conçue au double point de vue idéal et humain ; il a cherché la conciliation de la vérité idéale et de la vérité humaine, c'est précisément ce qu'on appelle la lutte du devoir et de la passion. Blâmer la réticence de Chimène, c'est vouloir supprimer le côté humain de la pièce, c'est adresser à Corneille un reproche de théologien.

5° *Son évanouissement.* (L'Académie.)

Chimène s'évanouit quand le roi lui annonce la mort de Rodrigue et, après avoir repris ses sens, comme elle est toute honteuse d'avoir laissé paraître involontairement son amour, elle use à son tour d'un stratagème et même de deux stratagèmes pour expliquer son évanouissement : elle dit d'abord qu'elle s'est évanouie de plaisir en apprenant la mort de celui qui a tué son père ; bientôt après elle dit qu'elle s'est évanouie de chagrin en pensant que Rodrigue avait échappé par une mort glorieuse sur le champ de bataille à la mort honteuse de l'échafaud. L'Académie critique vivement cette scène et propose d'y substituer un mélodrame de sa façon. Sans doute les explications de Chimène sont subtiles, fausses et contradictoires. Mais d'abord on comprend que la pudeur de l'amour, c'est-à-dire le sentiment le plus développé dans le cœur d'une jeune fille, l'amène à rétracter l'aveu involontaire qui vient de lui échapper et même à le rétracter par deux déclarations incohérentes qui se détruisent l'une l'autre ; rien de plus naturel que ce trouble de l'esprit en pareille circonstance, c'est une suite de la confusion du cœur ; non-seulement c'est naturel, mais c'est spirituel, c'est l'esprit appelé au secours du devoir, c'est un effort d'imagination fait par Chimène pour se prouver à elle-même, ce dont elle n'est pas convaincue, qu'elle a un devoir à remplir. Cette introduction de l'esprit dans l'accomplissement du devoir est ce que M. Nisard appelle finement la ressemblance avec la vie.

Quatorzième reproche injuste relatif à Rodrigue.
— *Contradiction dans son rôle.* (Walras.)

On a dit : Quoique Rodrigue soit de tous les personnages de la pièce le plus logique dans sa conduite, il se contredit ; au début de la pièce il comprend qu'il ne peut épouser Chimène : « Puisqu'après tout il faut perdre Chimène. » (I, vi), et à la fin il considère son mariage comme possible :

> Pour posséder Chimène et pour votre service
> Que peut-on m'ordonner que mon bras n'accomplisse. (V, vii.)

Cette contradiction est l'expression de la lutte morale qui se livre dans son cœur entre le devoir et la passion ; c'est le fond même du sujet, comme les contradictions de Chimène. En faire un reproche à Corneille, c'est encore lui faire un reproche de théologien.

Tels sont les reproches injustes auxquels a donné lieu la tragédie du *Cid*.

PARAGRAPHE IX

Reproches justes.

La tragédie du *Cid* donne lieu à plusieurs reproches justes, mais sans importance. Malgré leur peu de gravité, il faut les connaître.

Premier reproche juste. — *La scène souvent vide, les entrées et les sorties des acteurs non motivées.* (La Harpe.)

Dans cette tragédie, la scène est souvent vide, ou bien, ce qui revient au même, les acteurs sont forcés d'entrer et de sortir sans se parler et sans se voir. Ce défaut est perpétuel dans la tragédie. En voici des preuves : on le rencontre trois fois dans le premier acte.

Première fois. — *Entre la première et la seconde scène.* — La première scène, conversation confidentielle entre Chimène et sa suivante, se passe dans la maison de Chimène. Quand elle est terminée, ces deux femmes se retirent en même temps pour faire place à l'Infante et à sa confidente Léonor. Mais ces deux nouveaux personnages ne viennent pas rendre visite aux deux précédents et n'ont rien à leur dire ; le lieu où se passe cette seconde scène ne doit donc plus être l'appartement de Chimène ; c'est celui de l'Infante. D'un autre côté, comme aucun changement de décor n'indique ce changement de lieu, il faut de deux choses l'une, ou que la scène reste vide un instant entre le départ de Chimène et d'Elvire et l'entrée de l'Infante et de Léonor, ou que les deux personnages sortants s'éloignent sans que les deux personnages entrants les aperçoivent ou soient aperçus d'eux. Dans le premier cas, la scène reste vide ; dans le second, les acteurs sortent et entrent sans se parler et sans se voir, ce qui est contraire à toutes les règles du poëme dramatique.

DEUXIÈME FOIS. — *Entre la seconde et la troisième scène.* — Quand la conversation entre l'Infante et Léonor est terminée, elles se retirent l'une après l'autre, l'Infante la dernière, et les deux pères de Chimène et de Rodrigue, le comte et don Diègue, entrent en se disputant. Ces deux personnages, on le devine, ne viennent pas non plus rendre visite aux précédents; cette troisième scène ne doit donc plus avoir lieu dans l'appartement de l'Infante, mais sur la place qui s'étend devant le palais du roi, ou dans le vestibule de sortie de ce palais, puisque c'est au sortir de l'audience royale que les deux rivaux se disputent. Or, comme aucun changement de décor n'indique ce second changement de lieu, le poëte a compté pour se faire comprendre sur le vide de la scène un instant libre de tout acteur, ou sur cette espèce d'invisibilité réciproque des personnages entrants et sortants.

TROISIÈME FOIS. — *Entre la cinquième et la sixième scène.* — Après la cinquième scène, où don Diègue outragé se livre à son désespoir, scène qui se passe sur la place du palais ou dans le vestibule de sortie, comme nous venons de le voir, vient la scène dans laquelle don Diègue remet à son fils le soin de sa vengeance, c'est la sixième; mais ce n'est pas sur la place ni dans le vestibule du palais qu'a lieu cette rencontre du père et du fils; Rodrigue va trouver son père chez lui, car son père, après l'affront, s'est caché dans son appartement, et les stances mêmes qui suivent prouvent que cette conversation entre le père et le fils a lieu dans la maison du vieillard. En l'absence de changement de décor, le poëte emploie le même procédé que plus haut pour simuler le changement de lieu, le vide de la scène ou l'invisibilité des personnages. Le reste de la pièce offre de nombreux exemples de ce défaut. En voici le nombre exact : premier acte, trois ; — deuxième acte, trois ; — troisième acte, trois ; — quatrième acte, deux ; — cinquième acte, quatre : en tout, quatorze changements de lieu.

Ce défaut est sans importance, parce qu'il porte sur un détail purement matériel et par conséquent accessoire dans une pièce consacrée à l'analyse des passions; le mécanisme seul de la pièce, ce qu'on appelle quelquefois la charpente, en souffre un peu. Les écrivains du dix-septième siècle étaient beaucoup moins scrupuleux que ceux du dix-huitième et surtout ceux de nos jours sur ces questions de forme. Cependant Corneille s'est corrigé de ce défaut dans ses autres pièces, où il a eu soin de ne laisser jamais la scène vide et de ne mettre que des entrées et des sorties motivées.

Voici les différents moyens que Corneille a imaginés pour sauver l'invraisemblance d'un lieu immuable, malgré quatorze changements de lieu. D'abord il a cru que le spectateur français, plus insouciant que le spectateur anglais de ces détails matériels, se prêterait suffisamment par l'imagination à ces changements de lieu non indiqués par les décors. Ensuite il s'est abstenu dans le dialogue de tout ce qui pourrait localiser la scène, de sorte que les auditeurs ou les lecteurs ne saisissent jamais de contradiction entre les paroles des personnages et le lieu où elles sont prononcées ; enfin il a imaginé d'un bout à l'autre de sa pièce une sorte de terrain vague où tous ses personnages se présentent successivement et qui sert indifféremment de salle d'audience, de place, de rue, d'appartement de Chimène, de l'Infante et du comte. C'est l'inconvénient de notre système dramatique, qui sacrifie complétement la mise en scène, ou partie matérielle du drame, à la partie morale ou analyse des passions. Les critiques allemands s'en sont beaucoup moqués et, il faut l'avouer, non sans raison. L'un d'eux, Schlégel, a dit que dans la plupart des tragédies françaises on pourrait substituer à l'indication ordinaire du lieu de la scène ces simples mots : La scène est sur le théâtre. Du reste, il ne faudrait pas croire que la mise en scène fût plus soignée au dix-septième siècle en Espagne et en Angleterre qu'en France. En Espagne, les changements de lieu, qui sont si fortement accusés dans les tragédies, comme dans celles de Guilhem de Castro par exemple, le sont, non pas par les décors et le machiniste, mais par le poëte et les détails descriptifs dont il a chargé sa pièce. En Angleterre, quand le lieu de la scène changeait, on employait *certains signes* qui indiquaient ce changement, comme un poteau avec l'inscription : FORÊT, BORD DE LA MER, PLACE PUBLIQUE, et l'imagination complaisante des spectateurs se prêtait à ces combinaisons. Il est évident que ce procédé grossier ne vaut guère mieux que l'absence de toute indication.

Du reste, tout changement de décor était impossible en France au dix-septième siècle, vu l'encombrement de la scène envahie par les grands seigneurs. On sait qu'à cette époque ils y avaient leurs siéges, qu'ils touchaient presque les acteurs. Dans ces conditions, le poteau espagnol et le poteau anglais eux-mêmes étaient impossibles pour deux raisons : premièrement, parce que tout moyen d'illusion n'est possible qu'à distance; secondement, parce que la présence de ces gentilshommes pimpants et enrubannés avait introduit sur la scène l'étiquette des salons; le poteau eût été de mauvaise compagnie. Terminons en disant que cet encombrement de la scène est cause que la tragédie classique en France offre si peu d'action, et qu'elle a le caractère d'un discours de bon ton entre un petit nombre de personnages qui ne bougent pas ou du moins bougent peu. L'action d'une tragédie doit manquer de mouvement quand les acteurs manquent d'espace. Tout doit se réduire, comme dans le théâtre classique, à des conversations debout.

Deuxième reproche juste. — *Le caractère vague et indéterminé du lieu où se passe chaque scène.* (Walras.)

Ce reproche s'adresse à la tragédie du *Cid* et au théâtre classique en général. Les spectateurs ne savent jamais où se passent les scènes qu'ils ont sous les yeux; ils semblent toujours être sur je ne sais quel terrain vague qui est tout ce que l'on veut et qui n'est rien du tout. C'est contraire à la vraisemblance. L'homme ne plane pas entre ciel et terre comme l'oiseau, il vit dans une vallée, au bord d'un fleuve, dans une cabane, dans une maison, dans un palais. Mais, dira-t-on, ce détail matériel est insignifiant; ce n'est pas l'avis de Boileau, qui a dit : « Que le lieu de la scène y soit fixe et marqué. » (*Art poétique*, III, 38.) Sans doute, l'analyse morale doit passer avant la mise en scène; il est bon cependant de signaler ce défaut, parce que le théâtre français est inférieur sous ce rapport au théâtre anglais et au théâtre allemand. Voltaire a tenté une réforme à cet égard : il a voulu remplacer le terrain neutre de Racine et de Corneille par des changements de décors; mais le système qu'il a inventé ne vaut guère mieux que celui de ses prédécesseurs. Pour concilier l'unité de lieu avec ce changement de décors qu'il rêvait, il a supposé que les acteurs restaient immobiles, et que les décors, doués de la puissance de locomotion, venaient à leur rencontre. Dans la tragédie de *Sémiramis*, la première pièce où il ait appliqué sa théorie, la scène représente au troisième acte un cabinet dans lequel se trouve Sémiramis; tout à coup ce cabinet fait place à un salon magnifiquement orné dans lequel se trouve encore la reine, qui de cette façon change de lieu sans faire un pas. Plus loin, dans la même pièce, le tombeau de Ninus se trouve d'abord en plein air, devant le palais; puis, quelque temps après, dans le salon dont nous venons de parler, à côté du trône; après cette fantaisie ambulatoire, pendant laquelle l'ombre de Ninus sort de son mausolée au grand effroi des spectateurs du salon, le tombeau retourne à son ancienne place où on le retrouve pendant tout le cinquième acte.

On voit que le théâtre classique laisse beaucoup à désirer sous le rapport de la mise en scène, même après les tentatives de réforme de Voltaire. Au dix-neuvième siècle, de très-grands progrès ont été accomplis de ce côté; mais c'est aux dépens de l'analyse morale, de sorte qu'en France l'histoire du théâtre français a toujours flotté entre ces deux alternatives, le spiritualisme sans mise en scène et la mise en scène sans spiritualisme.

Voici maintenant quatre reproches, mais toujours peu importants, qui résultent de l'observation trop rigoureuse de l'unité de temps, c'est-à-dire de la nécessité des vingt-quatre heures.

Troisième reproche juste (*premier des quatre*). — *L'air pressé des personnages qui semblent toujours avoir la montre à la main.*

C'est M. Fauriel, professeur à la Faculté des lettres de Paris, qui a exprimé ce reproche. Il a dit ironiquement en parlant du *Cid* : « Chez Corneille on dirait que tous les personnages travaillent à l'heure, tant ils sont pressés de faire le plus de choses possibles dans le moins de temps. » Cette préoccupation de l'heure revient souvent dans la pièce, on voit qu'elle poursuit Corneille, en voici des preuves :

Premièrement : — Quand Chimène et Elvire s'entretiennent le matin de la victoire que Rodrigue vient de remporter la nuit, Elvire dit :

> Trois heures de combat laissent à nos guerriers
> Une victoire entière et deux rois prisonniers.

Deuxièmement : — Quand Rodrigue a guerroyé toute la nuit contre les Maures, Chimène vient le lendemain matin même demander au roi qu'il se batte en duel avec don Sanche et elle l'obtient. C'est invraisemblable; il lui faudrait du repos.

On voit que le poëte est pressé par l'heure. C'est don Diègue qui se charge de la rappeler : quand le roi fait observer avec bon sens que Rodrigue est fatigué et qu'il faut renvoyer le duel au lendemain : « A demain ! sortir d'une bataille et combattre à l'instant ! » Don Diègue lui répond par une fanfaronnade toujours applaudie : « Rodrigue a pris haleine en vous la racontant. » Cela veut dire que don Diègue songe à l'heure et que, si Rodrigue ne se bat que le lendemain, cela fera trente-six heures au lieu de vingt-quatre. L'éternelle loi des vingt-quatre heures s'oppose au renvoi du duel ; la vraisemblance cède à cette nécessité. C'est étrange, c'est absurde, mais il en est ainsi. Voici un détail plus bizarre encore, c'est la *troisième preuve :* Quand don Diègue a fait l'observation dont nous venons de parler, le roi Fernand se ravise ; il renonce à son idée du duel pour le lendemain et prend un biais : « Du moins une heure ou deux, je veux qu'il se délasse, » dit-il. C'est à faire sourire. Car cela veut dire qu'il cherche à concilier le repos de Rodrigue avec la règle des vingt-quatre heures, qu'il a jeté les yeux sur le cadran et qu'il s'est assuré que la chose est à la rigueur possible ; c'est alors qu'il se risque à glisser une heure ou deux de répit. En supposant qu'il soit neuf ou dix heures du matin et que Rodrigue prenne deux heures de repos, le duel pourra encore avoir lieu vers midi, avant l'expiration du terme fatal.

Telles sont les preuves que les personnages de la tragédie du *Cid* semblent toujours compter les heures pour ne point dépasser les vingt-quatre.

Quatrième reproche juste (second des quatre). — *Le sacrifice de la vérité géographique et historique.*

Corneille a soin d'indiquer, dans un passage de sa tragédie, le lieu où se passe la scène et il le fait en termes qui prouvent qu'il a conscience de son erreur et cherche à s'en justifier. La scène, dit-il, se passe à Séville :

> C'est l'unique raison qui m'a fait dans Séville
> Placer depuis dix ans le trône de Castille.

Il y a là une erreur. Le roi Fernand est roi de Castille, or Séville n'est pas la capitale de la Castille, mais bien la capitale de l'Andalousie, et l'Andalousie ne faisait pas partie des États du roi de Castille au milieu du onzième siècle, c'était un royaume indépendant des rois d'Espagne et soumis à un roi musulman; ce ne fut que deux cents ans plus tard que les Maures en furent dépossédés et qu'elle appartint aux rois d'Espagne. En effet, le mariage du *Cid* eut lieu en l'an 1050 et c'est en 1248 que Ferdinand III, surnommé le Saint, roi de Castille et de Léon, conquit l'Andalousie sur les Maures. Ferdinand Ier n'a donc jamais régné à Séville. Quand il dit qu'il a fait de cette ville la résidence royale pour tenir les musulmans à distance, parce qu'ils n'attendent qu'une occasion favorable pour reconquérir cette importante capitale dont ils sont dépossédés depuis dix ans, il fait sans doute un très-bon raisonnement au point de vue stratégique, mais un très-mauvais au point de vue historique, il commet un anachronisme. La scène devrait se passer à Burgos, capitale de l'ancienne Castille. C'est là que Guilhem de Castro l'a placée, c'est en effet dans les montagnes d'Ocra, voisine de Burgos, que Rodrigue vainquit les Maures dans une expédition de terre qui dura plusieurs années. Pourquoi donc Corneille a-t-il donc ainsi métamorphosé l'histoire et la géographie? Disons d'abord qu'il l'a fait volontairement et c'est pour un motif si frivole qu'on est tenté d'en sourire; c'est pour ne pas contrarier Aristote, c'est pour obéir à la loi des vingt-quatre heures. Pour que Rodrigue pût se marier à la fin de la pièce (car c'est la préoccupation constante de Corneille), il fallait qu'il remportât sur les Maures un succès rapide et définitif, un succès enlevé, comme on dit, dans les vingt-quatre heures. Une expédition par mer s'y prêtait seule; car les expéditions sur terre sont bruyantes et tumultueuses, comme dit Cicéron, elles se font pressentir longtemps d'avance tandis que les expéditions par mer sont silencieuses et jettent l'ennemi au cœur de la ville avant même qu'on ait pû soupçonner sa présence. (*De Republicâ*, II, III.) De plus, sur terre, l'ennemi peut se ravitailler, réparer ses pertes, se disperser dans le voisinage, traîner la guerre en longueur, tandis que la mer ne se prête pas à ces retours offensifs. Voilà pourquoi Corneille a changé le caractère de l'expédition de Rodrigue, rejeté Burgos comme lieu de la scène et cherché un port de mer qui pût rendre possibles le débarquement, la défaite et le rembarquement des Maures dans les vingt-quatre heures. Mais pour le choix de son port, une grave difficulté se présentait : il n'en pouvait trouver, sur le littoral de l'Andalousie, d'assez important pour servir de lieu de résidence à la cour du roi Fernand et même à Rodrigue. Qu'a-t-il fait? Il a pris un biais. Il a choisi Séville qui n'est pas un port de mer, puisqu'elle est à soixante-seize kilomètres des côtes, mais où le mouvement de la marée peut à la rigueur se faire sentir, s'il est vrai qu'il soit sensible à vingt lieues des côtes, parce que Séville est sur le Quadalquivir qui se jette en effet dans la mer. Corneille a supposé que, grâce à ce fleuve complaisant, les Maures avaient profité de la marée haute pour remonter rapidement le fleuve jusqu'à Séville et de la marée basse pour le descendre plus rapidement encore; comme la marée met en effet six heures à monter et six heures à descendre, l'expédition a pu s'opérer de nuit et Rodrigue s'écrier triomphalement :

<blockquote>Le flux les apporta, le reflux les remporte.</blockquote>

Grâce à toutes ces ingénieuses combinaisons, la règle des vingt-quatre heures a été rigoureusement observée et Aristote satisfait. Au milieu de ces subtilités, il est encore un point curieux à signaler, c'est que ce mode d'invasion des Maures remontant un fleuve a été suggéré à Corneille par ses souvenirs de riverain de la Seine ; il était de Rouen et il s'est rappelé qu'au neuvième siècle les pirates northmans ont pénétré dans l'intérieur de notre pays en remontant ainsi le cours des fleuves.

En résumé l'erreur historique de Corneille consiste à supposer qu'au milieu du onzième siècle l'Andalousie appartenait aux Espagnols, et l'erreur géographique à désigner Séville au lieu de Burgos comme capitale du royaume d'Espagne.

Cinquième reproche juste (*troisième des quatre*). — *L'accumulation des faits accomplis en si peu de temps par Rodrigue.*

On trouve avec raison que Rodrigue accomplit bien des exploits en peu d'heures. Le soleil ne s'est pas levé deux fois et il a dû se battre avec le comte qu'il tue, avec les Maures qu'il met en fuite, avec don Sanche qu'il désarme ; il a dû avoir deux entrevues avec Chimène, l'une le soir, l'autre le lendemain matin ; deux avec son père, l'une pour écouter ses plaintes, l'autre pour recevoir ses félicitations ; trois avec le roi, la première pour lui raconter sa victoire sur les Maures, la seconde pour lui rendre compte de son duel avec don Sanche, la troisième pour entendre les accusations de Chimène. Le temps aurait besoin d'être dilaté pour contenir à l'aise tant d'événements. Il y a là de quoi remplir des mois et des années. La pièce espagnole en embrasse trois. L'unité des vingt-quatre heures empêchait Corneille d'imiter en cela Guilhem de Castro ; il avait bien conscience de l'invraisemblance d'un pareil entassement de faits, il le déclare dans l'examen du *Cid*, mais sa docilité envers les préjugés de son siècle était plus forte que ses scrupules.

Sixième reproche juste (*le dernier des quatre*). — *Le sacrifice de la vraisemblance morale relativement aux revirements incroyables de sentiments par lesquels passe Chimène.*

Ce reproche ressemble au précédent, seulement au lieu de porter sur des faits matériels, il porte sur des faits moraux, aussi est-il plus grave ; c'est même le plus sérieux de tous ceux que l'on a adressés à la pièce. L'homme peut à la rigueur précipiter suivant sa volonté le cours des événements matériels, grâce à un redoublement d'activité physique, mais il n'en est pas de même des événements dont son âme est le théâtre ; il est des émotions et des sentiments qui ne peuvent se développer qu'avec le temps, qu'on ne peut accélérer ou suspendre comme les aiguilles d'une horloge. Tels sont les sentiments, telles sont les émotions de Chimène. Il y a invraisemblance morale à ce que son cœur passe, dans le court espace de vingt-quatre heures, par les revirements incroyables qu'on remarque chez elle ; il n'est pas naturel qu'elle quitte, reprenne et requitte coup sur coup sa colère, sans se donner le temps de respirer. Ainsi, pour se borner à un exemple, il n'est pas vraisemblable qu'après avoir demandé le soir au roi la mort de Rodrigue, elle retourne le lendemain matin lui adresser la même demande ; elle devrait au moins laisser passer la journée ; dans la pièce espagnole les circonstances sont espacées de manière à justifier les mouvements divers de son cœur ; plusieurs mois s'écoulent entre son premier et son second appel au roi, et, pour motiver le second, l'auteur suppose que dans l'intervalle Rodrigue, moins courtois, n'a cessé de la braver, qu'il chasse à l'épervier sur ses terres et qu'il tue ses colombes. C'est plus logique, mais cela détruit l'unité de temps, et Corneille a mieux aimé manquer à la vraisemblance morale qu'à la règle aristotélique. Peu s'en faut même qu'au dénoûment Chimène n'épouse Rodrigue ; la règle des vingt-quatre heures l'y engage ; mais cette fois, contrairement à tout ce qui se passe dans le reste de la pièce, la règle inexorable du temps cède à la loi plus grande des convenances.

Septième reproche juste. — *Monotonie du rôle de Rodrigue et de Chimène.* (Voltaire, la Harpe.)

Il est incontestable que ces deux personnages, si intéressants d'ailleurs, sont un peu monotones; chaque scène leur fait faire un détour qui les ramène à la situation précédente; ils semblent tourner dans un cercle. Quand Chimène a dit : « Sire, sire, justice ! » ce qui est le cri du devoir ; quand elle a dit à Rodrigue : « Va, je ne te hais point, » ce qui est le cri de la passion, elle ne fait que commenter ces deux mots de cent façons ingénieuses. Sans doute il y a un peu plus de variété dans le rôle de Rodrigue; mais s'il nous apparaît sous des jours différents devant son père, devant le comte, devant le roi, devant les Maures, il est monotone devant Chimène; toutes les fois qu'il lui parle, c'est pour lui annoncer qu'il veut mourir. Il renouvelle cette déclaration sous toutes les formes, quelquefois même sous une forme grotesque : « Je vais lui présenter mon estomac ouvert. » (V, 1.) Et non content d'entretenir Chimène de ses projets de mort volontaire, il en parle devant son père (III, vi), devant le roi et toute sa cour (V, vii), de sorte qu'il n'y a pas un personnage de la pièce, sauf le comte, à qui il ne communique soit en particulier, soit en public, ses pensées de suicide. C'est monotone, c'est ennuyeux, c'est même un peu comique. Voltaire a raison de dire à la troisième déclaration : « Rodrigue a offert sa tête si souvent que cette nouvelle offre ne peut plus produire le même effet. » On peut même ajouter que, pour le développement du caractère de Rodrigue, la tragédie ne fait aucun pas depuis l'acte III, scène iv, jusqu'à la fin, et la preuve c'est qu'on trouve, acte III, scène iv, le vers suivant : « C'est pour t'offrir mon sang qu'en ce lieu tu me vois, » et qu'on lit, dans la dernière scène de l'acte V, ce vers presque identique : « Je viens tout de nouveau vous apporter ma tête. » (Voir pour toutes ces répétitions d'idées : III, iv ; — III, vi ; — V, i ; — V, vii.)

Huitième reproche juste. — *La préoccupation de la gloire chez Chimène.* (Walras.)

Chimène parle trop souvent de sa gloire et de son honneur :

> Il y va de ma gloire, il faut que je me venge. (III, iii.)
> Pour conserver ma gloire et finir mon ennui. (III, iii.)
> J'ai trop de courage
> Pour souffrir qu'avec toi ma gloire se partage. (III, iv.)
> Ma gloire à soutenir et mon père à venger. (III, v.)

Pour son honneur (voir III, iii; — IV, i, etc.). Ce sont là des considérations personnelles d'un ordre inférieur au devoir. Il y a même dans les paroles précédentes un sentiment de vendetta qui convient à un personnage du onzième siècle, mais qui sied mal à Chimène telle que Corneille l'a conçue. Peut-être le poëte lui a-t-il prêté à dessein ce langage pour la rapprocher de l'humanité.

Neuvième reproche juste. — *Le caractère abstrait, monotone et même un peu comique de l'Infante.*

Quoique le rôle de l'Infante soit utile, il donne lieu à ces trois reproches : il est trop abstrait, il est monotone, il est un peu comique. 1° *Il est trop abstrait.* Corneille a voulu débarrasser ce personnage de toutes les circonstances extérieures dont Guilhem de Castro l'a entouré; il lui a ôté le mouvement et la vie; il en a fait une abstraction; c'est un double sentiment dialogué, le sentiment de l'amour pur aux prises avec le sentiment de la dignité. Cette métamorphose fâcheuse est la conséquence de notre système dramatique qui tend à supprimer tout ce qui dessine vivement le monde extérieur, c'est-à-dire la réalité concrète, pour y substituer l'analyse intérieure, c'est-à-dire la vérité abstraite. — 2° *Il est monotone.* L'Infante fait toujours la même chose; elle passe son temps à calculer les chances qu'elle a d'épouser Rodrigue. Ainsi pendant qu'il se bat contre le comte elle se dit qu'il peut bien tuer son adversaire et qu'alors, son mariage avec Chimène étant impossible, il peut devenir son mari, et elle explique à sa suivante Léonor (II, v) ses projets d'avenir; déjà même elle voit Rodrigue assis à côté d'elle sur le trône d'Espagne. — 3° *Il est un peu comique.* C'est en effet un peu comique de lui voir faire des efforts perpétuels pour se faufiler dans le cœur de Rodrigue sans y parvenir. Ainsi quand elle apprend que Chimène se propose, après la victoire du Cid sur les Maures, de faire un second appel au roi pour demander sa mort, elle lui glisse un petit conseil intéressé où elle trouve son compte, c'est de cesser de l'aimer pour le punir, mais de le laisser vivre, pour qu'elle, l'Infante, puisse l'épouser :

> Ote-lui son amour, mais laisse-nous sa vie. (IV, ii.)

N'est-il pas drôle de lui voir faire des tentatives, pendant toute cette mêlée, pour rattraper et repêcher son Cid? Un autre détail comique c'est qu'elle passe une partie de son temps à accorder la main de Rodrigue à Chimène, c'est-à-dire à donner

ce qui ne lui appartenait pas. « Le don que j'en ai fait me nuit »
(V, II), se dit-elle à elle-même ; et ailleurs dans une conversation avec sa suivante : Elle aime don Rodrigue et le tient de ma
main » (I, II), ou bien encore : « Je ne veux pas reprendre un
bien que j'ai donné » (V, III). Une autre fois elle sort de chez
elle pour aller avertir Chimène qu'elle lui cède Rodrigue : « Allons encor un coup la donner à Rodrigue » (V, III). Comme si
Chimène avait besoin de sa permission pour épouser Rodrigue !

Dixième reproche juste. — *La faiblesse des stances de
l'Infante.*

Elles sont pleines de subtilités, de froideur, et arrêtent la
marche d'une situation pathétique. (Voir § VI, 4º.)

Onzième reproche juste. — *L'invraisemblance du silence de don Sanche dans la scène où il apporte son épée à
Chimène.* (La Harpe.)

Nous avons vu que la démarche de don Sanche en elle-même
était à l'abri de tout reproche. Mais ce qui est invraisemblable
c'est son silence une fois qu'il est vis-à-vis de Chimène. Il voit
qu'elle se trompe, qu'elle croit Rodrigue tué, elle l'entend pro-
férer des injures à son adresse, comme exécrable assassin, et
il ne lui dit rien, il ne la tire pas de son erreur. Un mot lui
suffirait, il ne le prononce pas. Mais, dira-t-on, la volubilité de
Chimène l'empêche de parler. Cette excuse est inadmissible.
On peut toujours glisser un mot, même au milieu du débordement de paroles le plus effréné. On sent trop l'artifice du poëte
qui a voulu par ce quiproquo amener Chimène à l'aveu public
de son amour. Pourquoi cet aveu ? pour faire accepter l'idée de
son mariage avec Rodrigue, dénoûment auquel Corneille songe
toujours, parce que c'est la vérité historique ; ce qui ne l'empêche pas d'un autre côté de faire tous ses efforts pour le triomphe de la vérité morale qui est l'impossibilité de ce mariage.

Douzième et dernier reproche juste. — *Le dénoûment de la tragédie du Cid est mauvais.*
Il est d'une invraisemblance choquante. (Scudéry). *Il est ambigu, incohérent, contradictoire, impossible.* (Walras).

1º *Il est d'une invraisemblance choquante.* Scudéry dans ses
observations sur le *Cid* dit qu'il est invraisemblable et cho-

quant que Rodrigue et Chimène se marient à la fin de la pièce, le jour même où le père de Chimène a été tué par Rodrigue. A quoi les critiques de nos jours répondent ordinairement que ce reproche est injuste et qu'il tombe de lui-même, puisque Rodrigue et Chimène ne se marient pas à la fin de la pièce, mais que leur mariage est seulement annoncé comme probable au bout d'un an, à l'expiration du deuil de Chimène, ce qui est bien différent. Et les mêmes critiques ajoutent : Si Scudéry avait lu attentivement la fin de la tragédie de Corneille il n'aurait pas exprimé un pareil blâme. Ce raisonnement est fort juste, néanmoins il est difficile d'admettre que Scudéry, quelque malveillant qu'il fût, n'ait pas lu ou n'ait pas compris la fin de la tragédie de Corneille et l'on ne peut s'empêcher de se demander s'il n'avait pas quelque raison pour formuler le reproche précédent. Or, en cherchant bien, on découvre que Corneille avait mis dans la première édition du *Cid*, parue en 1636, quatre vers qui indiquent le mariage de Rodrigue et de Chimène comme devant avoir lieu le jour même et qui motivent l'observation de Scudéry :

> Mais à quoi que déjà vous m'ayez condamnée,
> Sire, quelle apparence à ce triste hyménée,
> Qu'un même jour commence et finisse mon deuil
> Mette en mon lit Rodrigue et mon père au cercueil. (V, vii.)

Corneille a effacé ces vers parce qu'il a reconnu la justesse du reproche de Scudéry et il y a substitué les vers suivants qui annoncent au contraire que le mariage de Rodrigue et de Chimène n'aura pas lieu, même au bout d'un an :

> Mais à quoi que déjà vous m'ayez condamnée,
> Pourriez-vous à mes yeux souffrir cet hyménée ?
> Et quand de mon devoir vous voulez cet effort,
> Toute votre justice en est-elle d'accord ?

Si Corneille avait publié cette version en 1636, Scudéry ne lui aurait pas adressé le reproche dont nous parlons; mais, étant admis les quatre premiers vers, il avait raison de trouver le dénoûment d'une invraisemblance choquante; ce sont les critiques contemporains qui se trompent en l'accusant de légèreté ou de mauvaise foi. Tout ce que l'on peut dire c'est que, si ce reproche était juste en 1636, il a cessé de l'être à partir de 1637, c'est-à-dire depuis la modification des quatre vers incriminés.

2° *Il est ambigu.*
Le dénoûment du *Cid* est ambigu parce qu'on ne sait pas si

Rodrigue et Chimène se marieront ou ne se marieront pas (au bout d'un an, bien entendu, car l'idée du mariage le jour même a été complétement écartée par Corneille); il y a autant de raisons pour croire au mariage que pour n'y pas croire, et cette ambiguïté a été recherchée à dessein par Corneille; il est même curieux d'étudier les efforts prodigieux qu'il a faits pour concilier ces deux vérités incompatibles, la vérité historique qui est le mariage et la vérité morale qui est l'impossibilité du mariage. Rien de tel dans Guilhem de Castro qui admet le mariage comme naturel et même comme exigible, vu la jurisprudence barbare du temps.

Voici les preuves qu'ils se marieront : 1° *Les aveux mêmes de Corneille dans l'examen du* Cid. « Pour ne pas contredire l'histoire j'ai cru ne me pouvoir dispenser de jeter *quelque idée* de leur mariage. » 2° *L'annonce de ce projet de mariage faite dès la première scène.* Corneille a supposé dès le début de la tragédie que les deux pères connaissaient l'amour de leurs enfants et consentaient à leur union; les choses sont beaucoup moins avancées dans Guilhem de Castro; les deux jeunes gens s'aiment, il est vrai, avant la querelle de leurs parents, mais leurs parents ne sont pas informés de leur amour; Corneille a renchéri sur l'auteur espagnol en plaçant tout d'abord Rodrigue et Chimène sur les confins du mariage; on voit qu'il est pressé d'en jeter *quelque idée,* comme il dit. 3° *L'éloge que le comte fait de Rodrigue comme gendre,* quelques minutes avant de se battre en duel avec lui. Ce curieux panégyrique est comme la confirmation du consentement qu'il a déjà donné au mariage de sa fille avec Rodrigue; il semble dire du bord de la tombe qu'il approuve l'union projetée. 4° *Le sens de l'exhortation au combat* adressée par don Diègue à son fils :

> Si tu l'aimes, apprends que revenir vainqueur
> C'est l'unique moyen de regagner son cœur. (III, v.)

Ces vers sont une allusion au mariage de Rodrigue et de Chimène. Il ne faut pas oublier que c'est don Diègue qui devait au commencement de la pièce demander au comte la main de sa fille pour son fils, et que sa dispute a laissé son intention à l'état de projet. Il y revient ici pour renouer le nœud défait. On peut dire en effet que le mariage, s'il a lieu, sera en grande partie son œuvre. Ce n'est pas sans intention que Corneille l'a placé sous les auspices du personnage le plus raisonable et le plus vénéré de la pièce, d'un vieillard. — 5° *La renonciation de* don Sanche à la main de Chimène en faveur de Rodrigue. Don Sanche après avoir été désarmé par Rodrigue donne pour ainsi dire sa démission d'amoureux de Chimène. Il veut en se retirant écarter tous les obstacles qui s'opposent au mariage de son rival avec celle qu'il aime ; c'est le sens de ces mots :

> J'aime encor ma défaite
> Qui fait le beau succès d'une amour si parfaite.

6° *La renonciation de l'Infante à la main de Rodrigue en faveur de Chimène.* L'Infante annonce, après la victoire de Rodrigue sur les Maures, c'est-à-dire quand elle voit redoubler les chances de mariage de Rodrigue et de Chimène, qu'elle renonce à la main de Rodrigue en faveur de Chimène :

> Sèche tes pleurs, Chimène, et reçois sans tristesse
> Ce généreux vainqueur des mains de ta princesse.

Il est évident que Corneille en imaginant cet épisode qui fait sourire a songé uniquement à faire la place nette pour le mariage de Rodrigue et de Chimène ; le poëte cherche avec un soin minutieux et naïf à renverser un à un tous les obstacles qui pourraient s'y opposer ; il en invente même d'invraisemblables ; c'est une preuve qu'il trouve le mariage difficile à admettre.
— 7° *Les deux victoires de Rodrigue sur les Maures et sur don Sanche.* Ces deux épisodes n'ont d'autre but que de rendre possible son mariage avec Chimène. Les conditions mêmes de la seconde victoire offrent ceci de particulier qu'elles le mettent presque sous la volonté de Dieu, qu'elles lui donnent un caractère providentiel, puisque le duel judiciaire était considéré au moyen âge comme l'expression de la volonté divine. — 8° *Les aveux d'amour volontaires et involontaires de Chimène pour Rodrigue.* Si Corneille a tant multiplié les aveux de Chimène, c'est uniquement pour préparer le lecteur à l'idée de son mariage, malgré l'obstacle moral qui s'y oppose. Quatre fois son secret lui échappe ; deux fois spontanément, sous forme de confidence ; deux fois malgré elle, dans une explosion de douleur. *Premièrement* (II, III) : Dans une conversation avec l'Infante, où elle dit à sa suivante qu'elle espère bien que Rodrigue se battra, parce qu'un gentilhomme comme lui se dégraderait en ne se battant pas ; cette conversation est admirablement combinée pour amoindrir la culpabilité de Rodrigue et rendre son mariage moins choquant. — *Deuxièmement* (III, III) : Dans une conversation avec sa confidente, entretien qui a lieu immédiatement

après sa première démarche auprès du roi ; après avoir demandé sa mort elle laisse éclater son amour pour lui, et refait ainsi ce qu'elle vient de défaire. — *Troisièmement* (IV, v) : Dans la scène d'évanouissement en présence du roi et de la cour, quand elle croit Rodrigue mort ; cette émotion est un aveu involontaire. — *Quatrièmement* (V, v) : Dans la scène du quiproquo en présence de don Sanche, quand elle croit Rodrigue tué ; car Corneille a imaginé deux fois le stratagème d'une mort simulée pour arracher à Chimène l'aveu de sa passion. C'est une répétition qui prouve sa préoccupation, la pensée qui l'obsède. — 9° *L'annonce publique de ce mariage faite par le roi dans la dernière scène* (V, vii) : Ce dernier argument en faveur du mariage peut être considéré comme le couronnement de tous les autres, parce que le roi est la plus haute expression de la justice et de l'honneur, c'est de plus un maître qui ordonne. Corneille a voulu que ce fût lui qui levât les derniers scrupules de Chimène et c'est pour y parvenir qu'il lui adresse une exhortation finale, dans le but de l'engager à ne plus rougir de sa tendresse et à suivre l'arrêt du ciel.

On voit par cette énumération que tous les incidents de la tragédie sont combinés de manière à rendre le mariage possible, que Corneille a fait tous ses efforts pour terminer sa pièce conformément à la vérité historique. D'un autre côté nous allons voir qu'il a voulu se ménager une porte de sortie, c'est-à-dire qu'il a fait également tous ses efforts pour ménager la vérité morale.

Voici les preuves que Chimène et Rodrigue ne se marieront pas.

1° *Les aveux indirects de Corneille dans l'examen du* Cid. Le mot que nous avons cité précédemment sur le mariage de Rodrigue et de Chimène : « *J'ai cru ne me pouvoir dispenser d'en jeter quelque idée,* » est si vague, si indifférent que Corneille semble l'avoir mis là pour l'acquit de sa conscience. C'est par condescendance pour la vérité historique qu'il a effleuré cette question. Il n'a jamais voulu la résoudre catégoriquement. « Il est vrai que dans ce sujet, ajoute-t-il, il faut se contenter de tirer Rodrigue du péril, sans le pousser jusqu'à son mariage avec Chimène. » Et ailleurs : « J'ai peine à voir que Chimène y consente (au mariage) chez l'auteur espagnol, bien qu'il donne plus de durée à la comédie qu'il en a faite. » Ces deux passages ne contiennent-ils pas un désaveu du mariage ? Ou du moins ne prouvent-ils pas que, placé entre la vérité historique et la vérité morale, Corneille penchait du côté de la vérité morale? — 2° *L'incompétence des personnages qui parlent de ce mariage.* Il est à remarquer que dans cette pièce tout le monde parle de ce mariage sauf les deux parties intéressées. Le comte, don Diègue, l'Infante, don Sanche, le roi en parlent plus ou moins longuement; Rodrigue et Chimène, c'est-à-dire les deux personnes dont le consentement peut seul trancher la question, n'en disent rien ou du moins Chimène n'en dit rien et Rodrigue n'ouvre la bouche sur ce sujet que pour prouver qu'il n'ose pas s'y arrêter. Cet état passif et ce silence des deux principaux personnages ne prouvent-ils pas encore, comme le second aveu de l'examen, que les préférences de Corneille étaient pour le célibat de Chimène et de Rodrigue? — 3° *L'ajournement du mariage à un an.* C'est le renvoi aux calendes; un mariage ajourné à un an est aussi bien un mariage rompu qu'un mariage conclu. — 4° *La déclaration de l'impossibilité de ce mariage* faite par Chimène et Rodrigue eux-mêmes : « Ah! cruelles douleurs! ah! regrets *superflus!* » — 5° *Le refus de Chimène.* Elle dit une première fois à sa confidente, pendant le duel de Rodrigue et de don Sanche, qu'elle n'épousera pas Rodrigue quand même il reviendrait vainqueur, parce que la volonté du roi et la loi du combat ne sont pas des autorités suffisantes pour faire plier sa volonté :

> Quand il sera vainqueur, crois-tu que je me rende? (IV, iv.)

Une seconde fois elle exprime son refus d'une manière plus catégorique encore. C'est quand l'issue du duel est connue et que le roi la met en demeure de tenir sa promesse. Ici le moment est solennel; elle n'est plus en présence d'une suivante, elle est devant le tribunal même qu'elle a invoqué, devant la justice qu'elle a appelée à son aide. Elle refuse encore et accompagne même son refus de remontrances pleines de fierté sur l'étrange proposition du roi; elle lui fait comprendre que son mariage serait une espèce de parricide :

> De ce qu'il fait pour moi dois-je être le salaire?...
> C'est trop d'intelligence avec son homicide?
> Vers ses mânes sacrés c'est me rendre perfide
> Et souiller mon honneur du reproche éternel
> D'avoir trempé mes mains dans le sang paternel? (V, vii.)

Voilà son dernier mot; à partir de ce moment, elle laisse parler le roi et garde jusqu'à la fin de la tragédie une attitude muette. On a donc le droit de dire que Chimène, dans tout le cours de la tragédie, ne parle de son mariage que pour en repousser l'idée.

On a fait trois objections pour prouver qu'elle en acceptait l'idée : la première est tirée de ce vers : « Sors vainqueur d'un combat dont Chimène est le prix » (V, I) ; la seconde, de celui-ci : « Et quand un roi commande on lui doit obéir » (V, VII) ; la troisième, de son silence après l'annonce de son mariage renvoyé à un an par le roi. Nous allons réfuter ces trois objections.

Première objection. — *Quand Chimène dit à Rodrigue : « Sors vainqueur d'un combat dont Chimène est le prix, »* c'est une ruse qu'elle emploie, c'est une promesse purement verbale qu'elle fait à Rodrigue, pour l'empêcher de se laisser tuer par don Sanche, parce qu'elle a employé inutilement tous les arguments que son esprit lui a suggérés, parce qu'elle est poussée à bout par l'obstination de Rodrigue ; elle parle en désespoir de cause. C'est une de ces glissades dont parle Corneille : « *Si la présence de son amant lui fait faire quelque faux pas, c'est une glissade dont elle se relève à l'instant même.* » (Examen du *Cid*.) En effet immédiatement après avoir donné à Rodrigue cette espérance illusoire, lorsqu'elle se trouve seule en présence de sa confidente, c'est-à-dire lorsqu'elle n'a plus aucun motif de déguiser sa pensée, elle exprime le sentiment opposé : « Quand il sera vainqueur crois-tu que je me rende ? » (V, IV.) Le fameux vers si souvent cité : Sors vainqueur... n'est donc qu'une feinte, une figure de rhétorique appelée antiphrase.

Deuxième objection. — *Quand elle dit à Fernand : « Et quand un roi commande on lui doit obéir,* » cela signifie, non pas qu'elle consent à épouser Rodrigue, mais qu'elle cesse de demander sa mort. Il suffit pour s'en convaincre de lire attentivement les vers qui précèdent et ceux qui suivent ce mot. Rodrigue vient de lui dire que, puisqu'elle continue à demander sa mort, il la prie de le tuer elle-même ; ses dernières paroles tournent même un peu à l'épitaphe :

> Et dites quelquefois en déplorant mon sort :
> « S'il ne m'avait aimée, il ne serait pas mort. »

à quoi Chimène répond qu'elle cessera de demander sa mort puisque le roi ne veut pas la lui accorder (ici se trouve le vers en question), et elle ajoute en développant de plus en plus sa pensée, que, pour l'épouser, c'est autre chose; ce serait commettre une espèce de parricide; elle accompagne même cette protestation contre le mariage de termes très-véhéments et, comme nous l'avons dit, de remontrances respectueuses à l'adresse du roi. On voit qu'il est question dans tout ce passage de mort et non de mariage; le vers: Et quand un roi commande... annonce donc le désistement de ses poursuites judiciaires et non son acquiescement au mariage.

Troisième objection. — *Quand elle garde le silence, après l'annonce de son mariage faite publiquement par le roi,* cela veut dire non pas qu'elle consent, mais qu'elle refuse. Corneille le dit lui-même dans l'examen du *Cid :* « Je sais bien que le silence passe d'ordinaire pour marque de consentement; mais quand les rois parlent c'en est une de contradiction; on ne manque jamais de leur applaudir quand on entre dans leurs sentiments et le seul moyen de leur contredire avec le respect qui leur est dû, c'est de se taire. »

Telles sont les preuves que le dénoûment de cette tragédie est ambigu, parce que Corneille fait autant d'efforts pour prouver la possibilité que l'impossibilité de ce mariage.

C'est à dessein que Corneille a donné au dénoûment ce caractère d'ambiguïté; la preuve c'est qu'il dit d'une manière très-vague : « j'ai cru ne me pouvoir dispenser de jeter quelque idée de ce mariage, » comme il n'y a rien de plus aléatoire que l'idée d'un mariage, c'est comme s'il disait: les spectateurs seront libres de croire au sujet de ce mariage ce qu'ils voudront. Une seconde preuve, c'est qu'il avoue lui-même dans la phrase suivante que son but a été de concilier la vérité historique et la vérité morale : Ce n'était que par là que je pouvais accorder la bienséance du théâtre avec la vérité de l'événement. » (Examen du *Cid.*) Chercher à concilier ces deux choses incompatibles, c'était se condamner volontairement à l'ambiguïté.

A travers l'obscurité de ce dénoûment on distingue néanmoins la préférence de Corneille, le côté où il penche, c'est le célibat de Rodrigue et de Chimène. Cette préférence ressort de la faiblesse de l'argument principal invoqué en faveur du mariage, l'ajournement à un an proclamé par le roi, et de la force de l'argument principal invoqué en faveur du célibat, le refus obstiné et définitif de Chimène. Si Corneille n'a pas dit plus nettement sa pensée, c'est qu'il a le plus grand respect de l'histoire; d'un autre côté, s'il incline du côté du célibat, c'est qu'il a encore plus de respect pour la morale que pour l'histoire. Corneille se trouvait dans une impasse, entre l'histoire qui s'imposait à son esprit et la morale qui s'imposait à son cœur, il n'a pas cherché à en sortir. Son hésitation est un manque d'art mais une preuve de conscience. Il a mieux aimé faire un mauvais dénoûment qu'une infraction soit à l'histoire, soit à la morale ; c'est une imperfection littéraire, mais c'est une grande preuve de gravité et surtout d'honnêteté.

En résumé Corneille a pensé comme son siècle et comme tous les honnêtes gens : Rodrigue et Chimène ne doivent pas se marier.

3° *Il est incohérent.* — Le dénoûment est incohérent, ce qui est encore plus grave qu'ambigu. Il est arrivé une singulière aventure à ce dénoûment. Corneille avait prêté à Chimène, dans la première édition de 1636, quatre vers qui attestaient de sa part le refus de se marier dans les vingt-quatre heures, mais non pas le refus absolu d'épouser Rodrigue.

Sire, quelle appparence...... (Voir plus haut.)

On comprenait parfaitement que le roi répondît à cette observation de Chimène par le discours qui termine toutes les éditions modernes et dont le sens est : puisque vous refusez de vous marier tout de suite, vous vous marierez dans un an. C'était logique. Mais Corneille, sur l'observation de Scudéry et de l'Académie française, changea la réponse de Chimène, en y substituant quatre vers qui indiquent de sa part un refus absolu d'épouser Rodrigue et il ne changea pas le discours final du roi Fernand, de sorte qu'aujourd'hui ce discours final n'offre pas de rapport avec la réponse de Chimène. Chimène dit qu'elle ne veut pas épouser Rodrigue et le roi lui répond qu'elle l'épousera dans un an. Corneille aurait dû, pour être logique, modifier le discours du roi, comme il avait modifié celui de Chimène, de manière à établir entre les deux une concordance. Il ne l'a pas fait ; de là une incohérence.

4° *Il est impossible.* — Le dénoûment de la tragédie du *Cid*, telle que Corneille l'a conçue, est impossible. En effet il a voulu ménager à la fois la vérité historique qui est le mariage et la vérité morale qui s'oppose au mariage ; s'il optait pour le célibat, il sacrifiait la première ; s'il optait pour le mariage, il sacrifiait la seconde ; il n'a opté ni pour l'un ni pour l'autre ; ni mariage, ni célibat, c'est-à-dire dénoûment impossible, tel est le dernier mot de cette admirable tragédie.

Guilhem de Castro, qui n'est jamais sorti du domaine historique ou du moins n'a idéalisé ses personnages qu'autant que l'exigeait la morale vulgaire, n'a pas éprouvé cet embarras : il termine tout simplement l'aventure de ses deux héros par leur mariage qu'il considère non pas comme une affaire de cœur, mais comme une affaire de justice, comme une question de dommages et intérêts.

Tels sont les reproches justes adressés à la tragédie du *Cid*.

PARAGRAPHE X

Place du *Cid* dans la vie de Corneille, dans l'histoire du théâtre français et de la littérature française en général.

Première question. — *Quelle place occupe le* Cid *dans la vie de Corneille ?*

Corneille fit cette pièce à trente ans (né en 1606). Il avait déjà composé ses sept comédies, *Mélite*, *Clitandre*, la *Veuve*, la *Galerie du palais*, la *Suivante*, la *Place royale*, l'*Illusion* et la tragédie de *Médée* parue l'année précédente 1635. Jusque là il avait hésité entre la comédie d'intrigue et la tragédie, il n'avait pas encore trouvé sa véritable voie ; il la trouve en composant le *Cid*; cette pièce est donc la révélation de son génie. De plus Corneille y a mis l'empreinte de deux sentiments personnels qu'il éprouvait alors dans toute leur vivacité, l'honneur et l'amour : l'honneur, qui a toujours été sa règle de conduite, l'amour, que lui avait inspiré une jeune personne de Rouen nommée Mlle Milet (nom dont *Mélite* est l'anagramme, 1629). Cette passion n'est pas un mystère, puisque Corneille lui-même l'annonce en 1636 dans l'excuse à Ariste :

Elle eut mes premiers vers, elle eut mes premiers feux.

Les effusions de tendresse de Chimène et de Rodrigue peuvent donc être considérées comme le langage de son propre cœur encore ému de souvenirs personnels. « Le *Cid* est une pièce de jeunesse ; c'est le commencement d'un homme ; le jeune homme qui n'admirerait pas le *Cid* manquerait à la vocation de son âge, parce que le *Cid* est une fleur d'amour et d'honneur. » SAINTE-BEUVE.

Une autre observation relative à Corneille et à ses idées

personnelles, c'est que, dans la tragédie du *Cid*, il peint l'amour avant le mariage, c'est-à-dire l'amour hasardeux, avec ses périls, ses obstacles, ses audaces compromettantes, ses aventures romanesques, ses projets contradictoires et ses coups d'épée ; il n'était pas encore marié ; quatre ans plus tard, en 1640, dans la tragédie de *Polyeucte*, il peint l'amour dans le mariage, c'est-à-dire l'amour fidèle, sûr, dévoué, avec sa noble confiance en lui-même, sa franchise, ses austères devoirs, l'unité de sa conduite et ce sentiment d'honneur obstiné qui étend la fidélité jusqu'au veuvage, c'est-à-dire jusqu'au delà de la tombe ; il était marié. Telle est la place du *Cid* dans la vie de Corneille.

Deuxième question. — *Quelle place occupe le* Cid *dans l'histoire du théâtre français et de la littérature française en général ?*

1° *Dans l'histoire du théâtre français :* Cette tragédie ouvre une ère nouvelle au théâtre français ; jusque là les auteurs dramatiques étaient divisés en deux groupes dont l'un imitait la Grèce et Rome, l'autre l'Espagne et l'Italie ; les premiers faisaient des tragédies archaïques en reproduisant les procédés matériels des anciens ; les seconds faisaient des pièces romanesques en imitant l'imbroglio et les concetti des modernes. Corneille fonde la tragédie sur l'analyse des grandes vérités morales qui sont la vie même de l'âme humaine et le patrimoine de l'humanité dans tous les temps et dans tous les lieux. Et non-seulement il ouvre une ère nouvelle au théâtre français en inaugurant sur la scène ce genre de tragédie, mais il constitue la tragédie française dont l'essence est l'analyse des vérités morales universelles. « Le Cid est un beau commencement, c'est le commencement d'une poésie. » Sainte-Beuve.

2° *Dans l'histoire de la littérature française en général :* En 1636, le dix-septième siècle n'avait encore rien produit de grand ni de vraiment beau. La littérature française reconstituée sous Henri IV et datant de Malherbe était dans l'attente. Sans doute elle n'en était plus à son coup d'essai, mais elle n'avait pas encore donné son coup de maître. Quelques strophes nobles et fières de Malherbe faisaient pressentir et désirer une œuvre entière et de longue haleine. Les lettres de Balzac parues en 1624 avaient produit une agréable impression par un certain éclat et une certaine grâce de style, mais elles offraient trop de fleurs de rhétorique, c'était un printemps artificiel. Le *Cid* est la première œuvre qui passionne le public tout entier, qui fasse événement. C'est l'inauguration du dix-septième siècle, c'est le commencement d'un grand siècle. « C'est le chant du départ de la noble littérature française. » SAINTE-BEUVE.

Voici du reste un tableau complet de la littérature française avant et après le *Cid*.

Tableau complet des ouvrages parus avant et après le Cid, *de 1600 à 1636 et de 1636 à 1656, année des* Provinciales *de Pascal*.

Le seizième et le dix-septième siècles ont fourni quelques précurseurs de Malherbe et de Balzac qu'il serait injuste d'oublier. Au seizième siècle, Calvin, Rabelais, Amyot, Montaigne, Henri Estienne, les auteurs de la *satire Ménippée* (Pierre Pithou, Gilles Durant, Rapin, Passerat, Florent Chrétien, Gillot, Leroy), Henri IV et ses lettres. Marguerite de Valois et ses mémoires, Duperron, Dossat. Au dix-septième siècle : Saint-François de Sales : *Introduction à la vie dévote*, 1608. — Guillaume Duvair : *Traité de l'éloquence française*, 1614. C'est le premier écrivain qui ait donné en France des préceptes sur l'art d'écrire ; on a dit qu'avec lui la France avait commencé sa rhétorique et qu'elle l'avait achevée avec Balzac ; la prose de Duvair offre un commencement de régularité ; celle de Balzac est plus savante, plus cadencée, plus rhythmique. — Coeffeteau : *traduction de Florus* qui coûta à l'auteur trente et un ans de travail, 1621. — Malherbe et ses premières *poésies lyriques*, 1621. — Balzac et ses *lettres*, 1624.

CORNEILLE : Le *Cid*, 1636.

DESCARTES : *Discours sur la Méthode*, 1637 ; Les *Méditations*, 1641. — VOITURE : Ses *lettres* qui ne furent publiées qu'en 1650, mais qui circulèrent longtemps manuscrites ; cet écrivain représente l'hôtel de Rambouillet dont l'influence s'exerça surtout de 1624 à 1645. Corneille et ses autres grandes tragédies : *Horace, Cinna, Polyeucte, Pompée, le Menteur, Théodore, Rodogune, Héraclius, Andromède, Don Sanche d'Aragon, Nicomède*, jusqu'à *Pertharite* inclusivement, 1654, signal de sa décadence. — VAUGELAS : *Remarques sur la langue française*, 1647, ouvrage très-important qui contribua à fixer notre langue en lui donnant la qualité essentielle de la correction ; cet écrivain représente l'Académie française dont l'influence se développe de

1635, époque de sa fondation, à 1656, époque de la publication des *Provinciales* de Pascal. A partir de cette dernière date, l'influence des grands écrivains se substitue à celle de l'hôtel de Rambouillet et de l'Académie française. — ROTROU, toutes ses comédies et toutes ses tragédies, de 1638 à 1650. La première, *Antigone* est de 1638, la dernière, *Cosroës* de 1649, *Venceslas* est de 1647, onze ans après le *Cid*. — Les premières œuvres des écrivains jansénistes qui contribuent beaucoup au développement de la prose française, comme la *Fréquente communion* d'Arnauld, 1643. Les autres grands ouvrages de Port-Royal, la *Logique* et la *Grammaire générale*, sont postérieurs aux *Provinciales*. — MOLIÈRE : ses premières *farces*, de 1646 à 1654 : les *Trois docteurs rivaux*, le *Maître d'École*, le *Docteur Amoureux*, le *Médecin Volant*, la *Jalousie de Barbouillé*. Il ne fit paraître avant les *Provinciales* que deux comédies importantes, l'*Étourdi*, 1653, et le *Dépit Amoureux*, 1654.

PASCAL : *Les Provinciales*, 1656.

C'est le premier ouvrage de génie écrit en prose, après le *Cid* de Corneille et le *Discours sur la méthode*, de Descartes. En résumé, de 1636 à 1656, c'est-à-dire pendant vingt ans, rien ne parut, ni de Boileau, ni de Bossuet, ni de Fénelon, ni de Racine, ni de la Fontaine, ni du cardinal de Retz, ni de Mme de Sévigné, ni de la Rochefoucauld, ni de Fléchier, ni de Bourdaloue, ni de Malebranche, ni de Mme de Lafayette, ni de Saint-Evremond, ni même de Thomas Corneille qui avant 1656 ne fit jouer qu'une pièce insignifiante, les *Engagements du hasard*, 1647.

D'après ce tableau, on peut dire qu'en 1636, Corneille et Descartes se trouvèrent isolés ; aucun grand écrivain ne seconda leurs efforts. Voiture, Vaugelas et Rotrou se groupèrent timidement autour d'eux ; les écrivains de Port-Royal et Molière préludèrent à leurs grandes œuvres par quelques essais.

Quant aux écrivains secondaires, ils pullulèrent. Jamais à aucune époque de la littérature française ils ne furent si nombreux ; on en compte près de trois cents dont les noms sont parvenus jusqu'à nous ; on dirait que tout le monde veut écrire. On sent qu'on assiste à l'enfantement d'une littérature nouvelle et qu'une fermentation générale s'est emparée des esprits.

Voici une esquisse rapide de ces genres secondaires :

1° La fureur théâtrale.

Mairet, Tristan, Du Ryer, Théophile Viaud, Racan, Gombauld, Richelieu, Colletet, l'Etoile, Boisrobert, Rotrou, Chevreau, Desfontaines, Chillac, Hauteroche, Claveret, Georges de Scudéry, Saint-Sorlin Desmarets, Coras, La Calprenède, Mme de Villedieu, Mme Deshoulières, Segrais, Racan, Scarron, Cyrano de Bergerac, Quinault, l'abbé Perrin, Benserade, Somaize, Jean Hesnault, Douville, Beys, la Serre, Gillet de la Tessonnerie, De Villiers, les Iles le Bas.

On en compte ainsi de quatre-vingt-quinze à cent.

2° Les grandes compositions romanesques.

Honoré d'Urfé, La Calprenède, Gombauld, Gomberville, Mademoiselle de Scudéry, Madame de Villedieu.

3° La manie des sonnets, des madrigaux, des bouts-rimés, des cartes de géographie sentimentales.

Voiture, Benserade, Sarrazin, Hénault ou Hesnault, qu'il ne faut pas confondre avec le président Hénault, historien, Desbarreaux, Dulot, Charleval, Adam Billaut, Meynard, Godeau, Gombaud, Théophile Viaud, Saint-Pavin, L'abbé Mathieu de Montreuil et sa sœur, Patrix, Pelletier, Mme de la Suze, Mme de Villedieu, Somaize, Neuf-Germain, Réné le Pays. Melle de Scudéry, le comte de Maulevrier, Tristan Guéret.

4° L'épopée.

Chapelain, Saint-Amant, Le père Le Moyne, Godeau, Georges de Scudéry, Saint-Sorlin Desmarets, Brébeuf, Julien Colardeau, Jacques de Coras, Lesfargues, Carel de Sainte-Garde.

5° Le débordement du burlesque.

On compte environ soixante-quinze auteurs dans le genre burlesque : Scarron, Dassoucy, Furetière, Brébeuf, les frères Perrault, Dufresnoy, Barciet, Claude Petit Jehan, un anonyme qui signe M. C. P. D., Devales de Montech, le sieur Bergonig, Guillaume Duprat, Richer, le médecin Dufour, le Chevalier de Lontaud, Henri de Picou, un anonyme qui signe D. L. B. M.,

François Colletet, Charles Beys, Sarrazin, Guy-Patin, Barclay, Charles Sorel, Théophile Viaud, De Lannel, Subligny, Balzac, Ménage, Segrais, Mademoiselle de Montpensier, Saint-Amant, le sieur de Préfontaine, Dusouhait et le Pays, Rosset, Tristan l'Ermite, Douville, Fancan, les libraires de Hollande, l'abbé d'Aubignac, Berthaud, Pierre le Jolle, l'abbé de Pure, la grande Mademoiselle, Verdier, le Petit, Clerville, Tabarin, De Villiers, les Iles le Bas, Ménage, le Père Carneau, de la Frenaye, le R. P. Protoplaste de Zorobabel (pseudonyme), Jacques-Jacques (pseudonyme). Tous les auteurs de Mazarinades au nombre de quatre mille) dont les principaux sont : Marigny, Blot, Joly, Patru, Bautru, Pelletier, Oudin, Gabriel Chapuys, de Cholières, Monbrun, Bardou, Dubosc. Les journalistes : Loret, Robinet, Mayolas, Boursault. Nous avons les ouvrages de tous ces écrivains. Ce défilé de mauvais poëtes et de mauvais prosateurs prouve combien le génie de Corneille était supérieur à son temps ; cependant on se tromperait en croyant que son triomphe fut facile. Tous ces écrivains secondaires étaient maîtres de l'esprit public, ils étaient forts par le nombre et l'esprit d'intrigue ; quelques-uns même jouissaient d'une grande popularité. Si Corneille resta maître du terrain ce ne fut pas sans lutte ; il dut la victoire non-seulement à la supériorité, mais encore à la persévérance de son génie ; il la dut surtout à l'heureuse destinée de la France qui ne permit pas qu'elle restât longtemps dévoyée.

Quand il fut secondé de Pascal et de Boileau, et que ces deux grands écrivains entrèrent en scène, le sort de la littérature française fut décidé. Les grands écrivains se succédèrent avec rapidité et l'on put croire pendant la seconde moitié du dix-septième siècle que la providence voulait dédommager la France par un prodigieux enfantement de génies supérieurs de l'avortement de génies médiocres dont elle l'avait affligée durant la première moitié.

FIN DE LA TRAGÉDIE DU CID.

EXPLICATION
DU THÉATRE CLASSIQUE

CORNEILLE

—

HORACE

ANALYSE DE LA TRAGÉDIE.

Albe et Rome sont en guerre depuis longtemps, sans que la victoire penche ni d'un côté ni de l'autre. L'incertitude de cette situation pèse principalement sur deux familles unies par des liens de parenté, quoique appartenant aux deux partis opposés, la famille des Horaces et celle des Curiaces. Les liens qui les rapprochent sont d'un côté un mariage, de l'autre un projet de mariage ; un mariage a été conclu entre Sabine, sœur des trois Curiaces et l'un des trois Horaces ; un mariage est projeté entre Camille, sœur des trois Horaces et l'un des trois Curiaces. Ces deux femmes gémissent de la prolongation de cette guerre parce qu'elles ne sont pas soutenues comme leur mari, leur fiancé et leurs frères par l'ardeur du patriotisme. Elles ouvrent toutes les deux la tragédie par des confidences sur l'état de leur âme douloureusement partagée entre leur amour pour le pays où elles sont nées et leur attachement à celui où le mariage a fixé l'une et va fixer l'autre. Tout à coup la joie fait trêve à leurs longs soucis : au moment où elles s'y attendent le moins, Curiace, le fiancé de Camille, vient du champ de bataille même, à la faveur d'un armistice conclu entre les deux peuples, annoncer à Camille et à Sabine que la guerre touche à sa fin et qu'elle va se terminer ce jour même, presque sans effusion de sang : les deux chefs des partis ennemis, Métius-Fuffétius, dictateur d'Albe, et Tullus Hostilius, roi de Rome, sont convenus de tirer au sort les noms de six combattants, trois dans chaque camp, qui videront dans un combat singulier la querelle commune ; cette épreuve ne va pas tarder à avoir lieu. La nouvelle en est accueillie avec transport par Sabine et par Camille, rassurées désormais sur le sort de leur mari, de leur fiancé et de leurs frères ; elle plaît surtout à Camille, dont le mariage projeté depuis longtemps va pouvoir enfin s'effectuer. Mais cette joie n'est pas de longue durée : l'heureux message de Curiace est bientôt suivi d'un second et d'un troisième message, tous deux inattendus et malheureux qui s'échelonnent comme une gradation de mécomptes. Le second, encore accompli par Curiace, vient annoncer, non plus à Camille et à Sabine, qui se sont retirées, mais à Horace seul, la première partie du tirage au sort, c'est-à-dire le choix des trois guerriers désignés pour représenter Rome, et qui sont précisément les trois Horaces ; ce choix flatte singulièrement le patriotisme du jeune Horace, mais il ne laisse pas d'inquiéter le messager lui-même, Curiace, à peu près sûr de la défaite d'Albe, quels que soient les champions choisis pour la représenter ; le troisième message est rempli par Flavian, soldat de l'armée d'Albe, en présence d'Horace et de Curiace, toujours en conversation ; il vient leur annoncer la seconde partie du tirage au sort qui paraît encore plus inattendue que le message précédent, puisque les trois guerriers désignés pour représenter Albe sont encore trois frères, et précisément les trois Curiaces, bizarre effet du sort qui fait de ce jeu du hasard une guerre fratricide ! Horace et Curiace, malgré les liens de parenté qui les unissent, acceptent résolûment le devoir qui leur est imposé, avec cette différence toutefois qu'Horace s'en réjouit, tandis que Curiace s'en afflige. C'est en vain que ces deux héros du patriotisme se voient sollicités par Camille et par Sabine, par Camille qui demande au Curiace, son fiancé, l'abandon d'un devoir si rigoureux, par Sabine qui vient offrir sa vie en holocauste à son mari Horace, pour rompre par sa mort les seuls liens qui unissent réellement les deux familles et empêcher ainsi cette guerre d'être une guerre fratricide ; les deux rivaux restent inébranlables et, à la voix du vieil Horace, qui survient pour arrêter les supplications des femmes, partent pour le champ de bataille.

Tels sont les préliminaires du combat déjà divisés en dix épisodes, c'est-à-dire sept situations morales et trois récits ainsi échelonnés : *Première situation morale* : Les plaintes de Sabine sur la guerre qui traîne en longueur. — *Seconde situation morale* : Les plaintes de Camille sur le même sujet. — *Premier récit* : Le premier message de Curiace sur le projet de choisir six combattants, suivi d'une courte situation morale, la joie de Camille. — *Second récit :* Le second message du même Curiace sur le choix des trois combattants romains. — *Troisième situation morale,* succédant au récit précédent : La joie du jeune Horace, heureux d'être le représentant de Rome, et l'inquiétude de Curiace sur Albe, gravement compromise par le choix des guerriers romains. — *Troisième récit :* Le troisième message de Flavian sur le choix des trois combattants Albains. — *Quatrième situation morale*, faisant suite au récit précédent : La discussion entre les deux frères, diversement émus par le choix dont ils viennent d'être l'objet. — *Cinquième situation morale :* Les efforts de Camille pour retenir Curiace. — *Sixième situation morale :* Les efforts de Sabine pour retenir Horace. — *Septième situation morale :* L'intervention du vieil Horace, mettant fin à toutes ces discussions par un ordre catégorique. Tels sont les faits antérieurs au combat et développés jusqu'à la fin du second acte.

Le combat va se livrer ; il donnera lieu pareillement à une série d'épisodes habilement échelonnés, de manière à varier l'intérêt en le graduant ; ces épisodes sont au nombre de huit (quatre récits et quatre situations morales) et voici dans quel esprit ils sont conçus : Corneille a éloigné du spectateur tous les faits matériels ; il les a, pour ainsi dire, immatérialisés ; il les fait connaître par les récits des témoins oculaires et par les sentiments des personnages intéressés, auditeurs de ces récits ; on peut donc dire que dans toute cette partie de la tragédie, Corneille a imaginé une sorte de dédoublement des faits ; d'un côté sur le champ de bataille, des faits matériels, mais invisibles pour le spectateur ; de l'autre sur la scène, une suite de récits et de situations morales, correspondant à ces récits ; les récits sont donc l'écho des faits accomplis sur le lieu du combat, et les situations morales sont l'écho de ces récits. Autant de faits, autant de narrations et par suite autant d'analyses morales, soigneusement faites par l'auteur. L'auditeur a donc deux sources de renseignements pour connaître les faits écartés de ses yeux.

Voici dans quel ordre se succèdent les quatre épisodes du combat et les quatre situations morales qui en sont le contre-coup, ou, pour mieux dire, l'interprétation.

Premier épisode du combat : Le soulèvement des deux armées : dès que les six combattants paraissent sur le champ de bataille, les deux armées indignées de voir de tels amis en venir aux mains pour la cause commune se soulèvent, et demandent soit un engagement général, soit d'autres combattants. Le roi, indécis, propose de consulter les dieux ; en attendant, le combat est différé. Ce premier épisode du combat est exposé dans un récit fait par Julie, confidente de Sabine, en présence de sa maîtresse et de Camille, par Julie qui a tout vu du haut des remparts. La situation morale qui en est la conséquence est une impression contradictoire de confiance et de défiance produite sur le cœur des deux femmes qui écoutent ce récit : de confiance sur le cœur de Sabine, qui espère que les dieux n'autoriseront pas ce combat impie ; de défiance sur celui de Camille qui ne voit dans cette protestation des deux armées que l'ajournement de la lutte commencée. — *Deuxième épisode du combat :* La réponse des dieux qui autorisent ce combat singulier et l'échange des premiers coups portés par les six combattants. (Il faut s'arrêter ici un instant pour admirer la fécondité d'invention de l'auteur qui a su nous conduire jusqu'à la cinquième scène de l'acte trois, c'est-à-dire à la seconde moitié de sa tragédie, avant que les six combattants en soient réellement venus aux mains, et cela sans laisser l'intérêt faiblir un seul moment, puisqu'il est soutenu par douze épisodes, c'est-à-dire quatre récits et huit situations morales.) Les Horaces et les Curiaces ont donc croisé le fer ; aucun résultat n'est encore obtenu, sinon que les adversaires sont aux prises. Corneille s'arrête encore ici un moment. Ce second épisode du champ de bataille est exposé dans un récit fait par le vieil Horace lui-même en présence des mêmes personnages, Sabine et Camille, par le vieil Horace qui a voulu accompagner ses fils sur le terrain, mais qui, par un scrupule d'amour paternel facile à comprendre, est revenu immédiatement après les premières passes des combattants, pour n'être pas témoin des péripéties de ce cruel combat. La situation morale, conséquence de cet épisode, est encore une impression contradictoire de joie et de chagrin : de joie patriotique chez le narrateur lui-même, le vieil Horace, qui exprime le plaisir, l'orgueil dont il a senti son cœur rempli à la vue de ses fils marchant résolûment au combat ; de chagrin chez Sabine et chez Camille, qui ne peuvent plus se faire illusion et ne cherchent pas à retenir leurs larmes. — *Troisième épisode du combat :* La fausse victoire des Curiaces sur les Horaces. Deux Horaces sont tués à la suite d'un premier engagement et le troisième est en fuite ; les trois Curiaces survivants, quoique

blessés, le poursuivent et sont près de l'atteindre, la victoire
paraît pencher de leur côté. Cet épisode est exposé dans un
récit fait encore par Julie en présence de Sabine, de Camille et
du vieil Horace, par Julie qui, comme précédemment, a tout vu
du haut des remparts et, jugeant les faits trop précipitamment,
a cru le combat terminé et est venue annoncer la nouvelle de
la défaite de Rome. La situation morale, conséquence de ce
troisième épisode, est encore double comme les précédentes,
mais non contradictoire ; c'est d'un côté le désespoir du vieil
Horace entremêlé de regrets touchants à l'adresse de ses deux
fils tués, et de menaces de mort à l'adresse de son fils vivant;
de l'autre c'est la douleur de Sabine et de Camille et leur intervention en faveur du jeune Horace menacé de mort par son
père ; si elles éprouvent en secret quelque sentiment de plaisir, Sabine de savoir son mari encore vivant, Camille son
fiancé, elles dissimulent leur joie par respect pour la douleur
du vieillard. — *Quatrième et dernier épisode du combat* : La
victoire définitive du dernier Horace sur les trois Curiaces. Le
jeune Horace est parvenu à tuer successivement ses trois adversaires, grâce à l'habile stratagème d'une fuite triomphante
qui lui a permis de diviser ses ennemis et de les vaincre à tour
de rôle. Cet incident met fin à la guerre par le triomphe de
Rome sur Albe. Ce quatrième épisode est exposé dans un récit fait par Valère en présence de Sabine, de Camille et du
vieil Horace. Valère a été envoyé exprès par Tullus Hostilius,
non pas pour annoncer au vieil Horace cette bonne nouvelle,
puisqu'il l'en croit instruit, mais pour l'en complimenter ;
c'est un chevalier romain qui aime Camille concurremment
avec Curiace et qui, par parenthèse, n'est pas fâché de ce dénoûment, parce que la mort de Curiace donne, du moins à
ce qu'il s'imagine, quelque chance de succès à son amour rebuté. La situation morale qui résulte de ce dernier épisode du
champ de bataille est encore une impression contradictoire de
plaisir et de douleur : de plaisir chez le vieillard Horace, que
la victoire de son troisième fils console de la mort des deux
autres et qui laisse éclater sa joie comme père et comme Romain ; de douleur chez Camille qui, dans cette victoire ne
voit que la mort de son fiancé. Quant à Sabine, il n'est pas
question d'elle dans cette scène.

Telle est la série des faits matériels, des récits et des situations morales correspondantes, pendant le combat. Tout compte
fait, Corneille a imaginé jusqu'à ce moment de sa tragédie

huit récits et douze situations morales, c'est-à-dire vingt épisodes.

Reste la troisième partie de la tragédie, après le combat. Elle se divise en trois épisodes, le retour d'Horace, la mort de sa sœur, son procès; ces faits eux-mêmes sont accompagnés de situations morales si variées qu'il serait trop long de les énumérer; on peut en fixer le nombre à huit environ; ce qui porte à trente et un le nombre total des incidents de cette tragédie si complexe. Voici comment ils se succèdent dans la troisième partie.

Horace, immédiatement après le combat, arrive chargé des dépouilles des Curiaces. La première personne qu'il rencontre est sa sœur Camille; celle-ci, au lieu de le féciliter de sa victoire, lui reproche la mort de son fiancé et l'accable même d'imprécations. Horace irrité la tue. Ce meurtre, qui souille sa victoire, crée pour lui un nouveau péril, à peine au sortir du précédent; c'est un procès; il lui est intenté par Valère; celui-ci accuse Horace de fratricide devant le roi et demande la mort du coupable. Les débats ont lieu, non dans le palais du roi, mais dans la maison même du vieil Horace où viennent d'entrer l'un après l'autre Valère et le roi. Cinq discours sont prononcés dans ce procès. Le premier par l'accusateur d'Horace, Valère; le second par son défenseur, le vieil Horace, qui, tout en déplorant la mort de sa fille, donne raison à son fils; le troisième par l'accusé lui-même qui ne prend la parole que pour avouer son crime et mettre sa vie à la discrétion de son roi; le quatrième par Sabine, qui survient au milieu des débats dans l'intention de détourner le fatal dénoûment qu'elle redoute pour son mari; à cet effet elle tente de le soustraire à la mort en proposant au roi une substitution de personnes, conformément à une superstition antique qui autorisait ces tristes échanges; elle demande à mourir à sa place; le cinquième discours est prononcé par le roi qui acquitte Horace et, pour donner satisfaction aux mânes de Camille, ordonne qu'elle soit enfermée dans le même tombeau que le Curiace son fiancé.

Telle est l'analyse de cette tragédie divisée, comme on le voit, en trois parties : avant, pendant et après le combat.

PARAGRAPHE I

Date. — Titre. — Devanciers de Corneille. — Dédicace. — Personnages. — Source. — Intention de l'auteur en choisissant ce sujet. — Difficulté d'exécution. — Soumission de Corneille aux censures académiques. — Retour au giron classique. — Autres exemples de combats singuliers.

Première question. — *Quelle est la date de la première représentation d'*Horace?

1639, la même année que *Cinna*, trois après le *Cid*. Si Corneille resta trois ans sans rien produire, c'est qu'il était découragé par les persécutions du *Cid*. On lit dans la correspondance de Balzac : « Corneille ne fait plus rien. Scudéry a du moins gagné cela en le querellant qu'il l'a rebuté du métier et lui a tari sa veine. Je l'ai, autant que j'ai pu, réchauffé et excité à se venger en faisant quelque nouveau *Cid*. (*Lettre à Chapelain*, 15 janvier 1639.)

Deuxième question. — *A quelle observation donne lieu le titre de cette pièce ?*

On intitule cette pièce tantôt *Horace*, tantôt les *Horaces*; le vrai titre est *Horace*.

Dès 1640, les écrivains du temps disent déjà les *Horaces*; à cette époque Chapelain écrit à Balzac : « Pour les *Horaces* de Corneille, on ne vous en saurait servir, pour ce que le poëte est à Rouen et que le poëme est de ces marchandises qui sont à vendre et non à donner. » (*Lettre* du 25 decembre 1640.)

En 1674, Boileau dit *Horace* au singulier : « Voici un exemple de sublime qui s'est présenté assez heureusement à ma mémoire; il est tiré de l'*Horace* de M. Corneille. » (Préface de la traduction du *Traité du Sublime*, 1674.)

En 1687, la Bruyère dit les *Horaces* : « Quelle plus grande tendresse que celle qui est répandue dans tout le *Cid*, dans *Polyeucte* et dans les *Horaces* ! — et ailleurs : comme l'*OEdipe* et les *Horaces* de Corneille en sont la cause. (*Des ouvrages de l'esprit*.)

Voltaire, au dix-huitième siècle, dit tantôt *Horace*, tantôt les *Horaces*, et cela dans la même phrase; il est vrai que Voltaire n'a pas d'orthographe : « Si on reproche à Corneille d'avoir pris dans les Espagnols les beautés les plus touchantes du *Cid*, on doit le louer d'avoir transporté sur la scène française, dans les *Horaces*, les morceaux les plus éloquents de Tite Live et même de les avoir embellis... *Horace* n'est point encore une tragédie régulière, mais on y trouve des beautés d'un genre supérieur. » (*Commentaire sur Corneille*. Première phrase du *Commentaire* de cette pièce.) L'analyse qu'il fait de cette pièce porte pour titre : *les Horaces*.

La Harpe dit les *Horaces* : « Les trois premiers actes des *Horaces* pris séparément sont peut-être, malgré les défauts qui s'y mêlent, ce que Corneille a fait de plus sublime. » (*Le Lycée*.) Il s'exprime toujours ainsi.

Taschereau, principal biographe de Corneille au dix-neuvième siècle, dit toujours *Horace* : « C'est à ce ministre lui-même que Corneille dédia *Horace*. » (Tome Ier, page 120.)

Bouieux, auteur d'une thèse sur Corneille, parue en 1866, dit toujours les *Horaces*.

Les directeurs de théâtre ont mis sur leurs affiches tantôt *Horace*, tantôt les *Horaces*; de nos jours le Théâtre-Français met *Horace*. Nous nous conformons à la pensée et au texte de Corneille en intitulant cette pièce: *Horace*. Corneille, dans l'examen de sa pièce, n'a jamais sanctionné d'autre orthographe. Le pluriel n'est pas logique, parce que, si les deux frères d'Horace sont nommés dans la pièce, ils n'y figurent pas; le jeune Horace seul en est le héros.

Troisième question. — *Quels auteurs ont composé des pièces sur le même sujet ? Quels sont les devanciers de Corneille ?*

Premièrement : En Italie, l'Arétin. (*L'Orazia*, la sœur d'Horace, tragédie parue à Venise en 1546.)

Secondement : En Espagne, Lope de Véga. (*El Honrado Hermano*, tragédie parue en 1622.)

Troisièmement : En France, Pierre Loudun d'Aigaliers. (*L'Horace Trigémine*, tragédie parue en 1596.)

Quatrième question. — *A qui la tragédie d'Horace est-elle dédiée ?*

A Richelieu.

Cinquième question. — *Comment se fait-il que Corneille* ait dédié sa tragédie à Richelieu, trois ans après les persécutions du *Cid* ?

C'est que Richelieu, tout en prêtant la main aux détracteurs de Corneille, avait continué de lui servir sur sa cassette une pension de cinq cents écus, et que Corneille, pauvre et incapable de lutter contre un ministre si puissant, était réduit à accepter en même temps ses bienfaits et ses mauvais procédés. Du reste, il est probable que Richelieu, après le *Cid*, ne tint pas rigueur à Corneille ; on devine même pourquoi ; c'est que Corneille, après l'affaire du *Cid*, fit sa soumission. La preuve en est dans une lettre que Boisrobert remit vers cette époque à Richelieu, de la part de Corneille, et où se trouvent ces mots : « Je suis un peu plus de ce monde qu'Héliodore qui aima mieux perdre son évêché que son livre, et j'aime mieux les bonnes grâces de mon maître que toutes les réputations de la terre. » Il est logique d'admettre que Richelieu qui avait persécuté Corneille, non par jalousie littéraire, mais parce qu'il le considérait comme un réfractaire, lui rendit sa faveur après l'acte de soumission qui ressort de la lettre précédente. Une seconde preuve du pardon de Richelieu, c'est qu'il maria Corneille quelques mois après la première représentation d'*Horace*. *Horace* est de la fin de l'année 1639, et le mariage de Corneille eut lieu vers le milieu de l'année 1640. Corneille dédia donc sa pièce à Richelieu comme s'il n'y avait jamais eu d'orage entre le protecteur et le protégé. Du reste, si le ministre rendit sa faveur au poëte, après *Horace*, il la lui retira de nouveau après *Polyeucte*, parce que cette pièce est faite contre les règles ; enfin, comme Richelieu mourut deux ans après la première représentation de cette tragédie (1642), on peut dire qu'en résumé il mourut sans avoir jamais complétement pardonné au grand écrivain son opposition.

Sixième question. — *Que faut-il penser de l'épitre dédicatoire de la tragédie d'*Horace ?

Elle est conçue en termes si louangeurs, elle renferme des éloges tellement hyperboliques que Richelieu aurait pu y voir un persifflage s'il n'avait été rassuré contre ce soupçon par son amour-propre ; la postérité même pourrait y voir une basse flatterie si elle ne connaissait la fierté de Corneille. Entre autres phrases adulatrices, on y lit celle-ci : « Le changement visible qu'on remarque dans mes ouvrages depuis que j'ai l'hon-

neur d'être à Votre Éminence, qu'est-ce autre chose qu'un effet des grandes idées qu'elle m'inspire, quand elle daigne souffrir que je lui rende mes devoirs ? » Plus loin Corneille dit qu'en regardant deux heures la figure de Richelieu, il en apprend plus qu'en lisant ses livres pendant dix ans. Toute l'épitre est écrite sur ce ton qui tourne quelquefois au galimatias et même au grotesque. Pourtant il ne faut voir dans ce langage ni malice, ni bassesse, car Corneille n'était ni persiffleur ni flatteur. Trois raisons l'expliquent : *Premièrement*, l'inexpérience de Corneille dans l'art des compliments; il était lourd et maladroit quand il lui fallait, par devoir ou par politique, tourner un compliment aux grands du jour; il n'avait pas la délicatesse d'esprit d'Horace et de Virgile en cette matière. *Secondement*, une simplicité, et, comme dit le critique Geoffroy, cette espèce de *bêtise* que Mme de la Sablière reprochait plaisamment à la Fontaine et qui n'appartient qu'aux grands génies. *Troisièmement*, les mœurs littéraires du temps qui autorisaient ce langage. Corneille ne faisait que se conformer à l'usage en parlant ainsi; il suivait machinalement la mode, il remplissait une simple formalité; les hommes de lettres dépendant alors des grands seigneurs dont ils étaient les domestiques, comme on disait alors, il n'y avait pas d'humiliation à les flatter, cela ne tirait pas à conséquence. « On doit plaindre Corneille, dit Sainte-Beuve, ce serait injure de le blâmer. » Voltaire a donc tort de se montrer scandalisé, et M. Taschereau a fort judicieusement réduit à leur juste valeur toutes ces dédicaces à Richelieu, à Montauron, à Mazarin et à Fouquet. Cependant, si les mœurs littéraires de l'époque absolvent complétement Corneille, notre poëte ne souffrait pas moins dans son amour-propre d'un tel état de choses, car il déplore lui-même quelque part *ce je ne sais quoi d'abaissement secret*.

Septième question. — *Quels sont les personnages de la pièce ?*

Les personnages principaux sont : Le vieil Horace, père d'Horace et de Camille; Horace, son fils; Curiace, citoyen d'Albe, fiancé de Camille; Camille, sœur d'Horace, fiancée de Curiace; Sabine, femme d'Horace, sœur des trois Curiaces. Les personnages secondaires sont : Tullus Hostilius, roi de Rome; Valère, chevalier romain, amant rebuté de Camille; Flavian, soldat de l'armée d'Albe; Julie, dame romaine, confidente de Sabine et de Camille ; Procule, soldat de l'armée romaine.

Huitième question. — *Quelle est la date de l'événement ?*

L'an 83 de Rome, ou 670 ans avant J.-C. sous le règne du roi Tullus Hostilius.

Neuvième question. — *Quel est le lieu de la scène et que faut-il penser de l'unité de lieu et de l'unité de temps ?*

Ces deux unités sont beaucoup plus sévèrement observées que dans la tragédie du *Cid*, puisque tous les événements se passent dans le même lieu, la maison du vieil Horace, et dans les vingt-quatre heures, même dans les douze. Le critique allemand Schlégel reproche à Corneille d'avoir représenté un événement public « *intrà privatos parietes*, » comme il dit. Ce reproche est injuste, parce que le sujet de la tragédie d'*Horace*, si on l'examine de près, n'est pas un événement public, la guerre d'Albe et de Rome, mais bien le contre-coup de cet événement public sur une famille honnête et courageuse. Le véritable lieu de la scène devait donc être ce foyer domestique dont tous les hôtes sont si douloureusement éprouvés.

Dixième question. — *A quelle source Corneille a-t-il emprunté le sujet d'Horace ?*

A une page de Tite Live, livre I, chapitres XXIII et suivants.

Onzième question. — *Quelle fut son intention en empruntant le sujet de sa pièce à un texte aussi peu étendu ?*

Il voulut réfuter ses ennemis qui lui refusaient le don de l'invention, sous prétexte que les principales scènes de la tragédie du *Cid* lui avaient été suggérées par Guilhem de Castro. Dans *Horace* au contraire tout est de son invention. Il a fait sortir d'une situation très-simple en elle-même et qui tient à un seul événement, à un combat, une série d'épisodes et de situations morales très-variés, puisqu'ils sont au nombre de trente environ, et d'une originalité complète. Pour cette raison, la tragédie d'*Horace* est l'œuvre la plus personnelle de son théâtre.

Douzième question. — *Quelle difficulté présentait le sujet de cette tragédie ?*

Il était extrêmement difficile d'intéresser le spectateur pendant cinq actes avec les péripéties d'un combat qui se livre loin de la scène et dure un quart-d'heure. Il fallait un grand art et un grand génie d'invention pour bâtir un drame sur un événement lointain et rapide comme celui-là ; ce n'est que par un miracle de suspensions habiles, d'atermoiements ingénieux que Corneille a pu mener si longtemps son action. C'est ce qui fait dire à la Harpe que, de tout le théâtre de Corneille, les trois premiers actes d'*Horace* sont ceux où il a mis le plus d'art et qu'on n'en trouve ni l'original chez les anciens ni la copie chez les modernes. Ainsi furent réfutées les calomnies auxquelles avait donné lieu la tragédie du *Cid*.

Treizième question. — *Corneille en composant la tragédie d'Horace a-t-il tenu compte des reproches adressés à la tragédie du* Cid?

Oui ; Corneille craignait la critique, tout en la bravant ; il n'était pas l'esclave de l'opinion publique, mais il cherchait à la contenter, ce qui est une preuve de modestie et une leçon pour les esprits médiocres généralement hautains. Le succès du *Cid* n'avait point effacé à ses yeux la censure de l'Académie ; aussi résolut-il de donner satisfaction à ses adversaires dans *Horace* et les tragédies suivantes. La critique s'était attaquée dans le *Cid* à l'imitation, au choix d'un sujet moderne, à l'absence d'unité de lieu, aux entrées et aux sorties non motivées, au caractère heureux du dénoûment et surtout au triomphe de l'amour. Pour l'imitation, nous venons de voir comment il réfuta ses adversaires ; pour le choix du sujet, il l'emprunta aux temps antiques ; pour l'unité de lieu, elle est tellement rigoureuse qu'elle offre dans *Horace*, par sa rigueur même, matière à la critique ; pour les entrées et les sorties, elles sont toutes motivées ; pour le caractère du dénoûment, la mort de Camille qui ensanglante la scène le rend suffisamment tragique. Quant au triomphe de l'amour, voici ce qu'il fit pour éviter ce reproche : dans aucune pièce importante après le *Cid* il ne montre les faiblesses du cœur, il n'en fait voir que la force ; à partir d'*Horace*, il cherche dans l'homme ce qui résiste et non ce qui cède ; nulle part dans ses tragédies principales on ne retrouve les entraînements de passion qui emportent Chimène : ainsi, dans *Horace*, l'amour est puni par le meurtre de Camille de sa révolte contre les lois de l'honneur ; dans *Cinna*, l'amour est subordonné par Emilie à l'implacable devoir de venger un père; dans *Polyeucte,* il est complétement immolé au devoir de la fidélité conjugale et de la religion, sans que ce sacrifice coûte aucune vertu ni à Sévère, ni à Pauline, ni à Polyeucte. Du reste Corneille exprime lui-même nettement l'intention d'accorder dorénavant une influence moins grande à l'amour dans ses tragédies : « J'ai cru jusqu'ici, dit-il dans une lettre à Saint-Evremond, que la passion de l'amour est trop chargée de faiblesses pour être la dominante d'une pièce héroïque; j'aime qu'elle y serve d'ornement et non de corps. » (année 1666).

Telles sont les preuves que Corneille après le *Cid* a voulu rentrer dans le giron classique. Mais ce retour fut de courte durée. Depuis sa rentrée au théâtre en 1659 et dans les pièces nombreuses de sa décadence, *Attila, Bérénice, Pulchérie, Suréna,* il revient à son ancienne habitude et mêle l'amour à tout, comme la Fontaine faisait de Platon. Les vieillards amoureux abondent dans ses pièces à partir de 1659. On dirait que les succès de Quinault et de Racine lui aient fait oublier ses anciens serments et qu'il ait voulu en remontrer à ces doucereux, comme il appelait les poëtes du jour. Il avait même fini par se persuader qu'il avait été dans sa jeunesse bien plus galant qu'eux et il ne parlait d'autrefois qu'en hochant la tête comme un vieux berger.

Quatorzième question. — *L'histoire offre-t-elle des exemples de combats singuliers, autres que celui des Horaces et des Curiaces, terminant une guerre ?*

Il y en a quelques-uns dans l'histoire des premiers temps de Rome ; mais celui des Horaces et des Curiaces est le dernier. Plus tard il y eut des combats singuliers dont l'influence se fit sentir sur le sort d'une bataille, mais il n'y en a pas qui ait décidé du sort d'une guerre. Ni César, ni Pompée, ni Octave ni Antoine ne se sont jamais avisés de terminer leurs différends par un duel.

Dans l'*Iliade* (3º livre), Pâris et Ménélas ont une fois recours à ce genre de combat pour terminer cette guerre nationale qui n'était au fond qu'une brouillerie de ménage; Pâris fut vaincu, mais une flèche indiscrètement lancée par un troyen ralluma la guerre.

L'histoire de France a enregistré dans ses annales un cartel envoyé par François Ier à Charles-Quint; celui-ci le refusa; il envoya à sa place l'électeur Palatin qui provoqua le maréchal de Turenne ; mais ce dernier refusa à son tour, disant qu'il n'était pas tenu de répondre à une boutade de jeune homme.

PARAGRAPHE II

Du mérite historique de la tragédie d'Horace. — La vérité sur tant de vertus. — Comparaison entre Horace, Cinna et Polyeucte. — De l'idée du patriotisme et de ses différentes manifestations. — Variété dans les personnages d'hommes et de femmes. — Simplicité et vraisemblance des situations morales. — Actes les plus beaux et actes les plus faibles.

Première question. — *Quel est le mérite historique de la tragédie d'Horace ?*

Le mérite historique de cette tragédie consiste en ce que l'art du poëte a su, dans un cadre de médiocre étendue, représenter la famille romaine et la cité tout entière ; la famille romaine avec la diversité des membres qui la composent, la pureté de ses mœurs, la sévérité de la loi paternelle, l'austérité de son patriotisme ; la cité tout entière avec ses rudes institutions, ses vertus militaires, cet amour de la liberté et de la domination qui la destinaient à l'empire du monde. La tragédie d'*Horace* est donc un tableau complet des naïves et rudes vertus des temps républicains.

Deuxième question. — *Comment Corneille a-t-il pu présenter dans un même cadre ce double tableau ?*

En supposant les deux familles des Horaces et des Curiaces unies par le mariage de Sabine. Ce ressort dramatique, qui est la principale et la plus heureuse invention de Corneille dans cette tragédie, permet au poëte de montrer le contre-coup des événements publics sur deux maisons particulières, de mêler les émotions du foyer à celles de la patrie, c'est-à-dire de placer en face l'un de l'autre deux tableaux, celui de la cité et celui de la famille antiques. Supposez le jeune Horace célibataire, comme dans Tite Live, ce double résultat est impossible.

Troisième question. — *Corneille n'a-t-il pas prêté trop de vertus à ces Romains des vieux âges ?*

On trouve au premier abord que tant de vertus sont incompatibles avec l'état de barbarie où se trouvait Rome, 670 ans avant Jésus-Christ. On s'étonne que cette troupe de pâtres et de brigands, tels que les dépeint Tite Live, soit devenue tout à coup si édifiante. Mais on comprend que le sentiment du patriotisme ait pu inspirer à ces barbares toutes ces vertus. Le patriotisme devait être très-développé chez eux, parce que leur pays était petit et que, plus un pays est petit, plus on l'aime. Ces chaumières, ces granges, ces troupeaux leur appartenaient; leur patrie se composait de quelques terres enlevées aux voisins, mais ils l'aimaient, parce que ce pays était bien à eux. Quand les Romains eurent conquis l'univers, ils perdirent le sentiment du patriotisme et les vertus qui y sont attachées.

Quatrième question. — *Comparez la tragédie d'*Horace *à* Cinna *et à* Polyeucte.

Corneille, dans la tragédie d'*Horace*, a plus de mérite d'atteindre au sublime, parce que les personnages de cette pièce sont de simples particuliers et les faits des événements ordinaires, tandis que dans les deux autres tragédies il met en scène des personnages illustres et s'appuie sur de grands événements. Dans *Cinna* il met en scène le maître du monde et dans *Polyeucte* un gouverneur de province; l'idée de *Cinna* est l'élévation de l'empire sur les ruines de la république, celle de *Polyeucte* est plus grande encore, c'est la lutte du christianisme et du paganisme. Le combat des Horaces et des Curiaces n'est qu'un conflit entre deux bourgades et cependant aucune tragédie de Corneille ne donne une plus haute idée de la grandeur romaine. C'est que le poëte a eu l'art d'élever et d'agrandir son sujet.

Cinquième question. — *Quelle est l'idée générale de la tragédie d'*Horace?

La peinture de l'héroïsme patriotique, c'est-à-dire le sacrifice des affections du cœur et de la famille aux devoirs du citoyen. Les personnages de cette pièce sont des personnifications variées de ce sentiment et telle est l'élévation de pensées à laquelle ils se tiennent tous, que Voltaire a dit avec raison en parlant de cette pièce : « Corneille, vieux Romain parmi les Français, a établi une école de grandeur d'âme. »

Sixième question. — *Quels sont les personnages qui représentent cette idée du patriotisme ?*

Ils sont au nombre de trois : le vieil Horace, le jeune Horace, Curiace.

Septième question. — *Comment Corneille s'y est-il pris pour varier chez ces trois personnages l'expression du patriotisme ?*

Il est évident que l'expression trois fois répétée du même sentiment eût été monotone. Aussi Corneille a-t-il évité soigneusement ce défaut en prêtant à chacun de ces trois personnages une nuance différente de patriotisme appropriée à son âge et à son caractère ; le vieil Horace représente le patriotisme calme, stoïque, réfléchi ; le jeune Horace, le patriotisme ardent, farouche, impitoyable ; Curiace, le patriotisme doux, humain, tempéré par la sensibilité.

Huitième question. — *En quoi consiste l'héroïsme du jeune Horace, de Curiace et du vieil Horace?*

L'héroïsme du jeune Horace consiste à faire triompher son devoir de citoyen de quatre passions différentes : 1° de l'amour de la vie (il s'expose à mourir en combattant) ; — 2° de l'amour filial (la considération de son père ne doit pas l'arrêter) ; — 3° de l'amour fraternel (il lutte contre ses trois beaux-frères) ; — 4° de l'amour conjugal (il ne doit pas se laisser fléchir par la crainte d'être séparé à jamais de sa femme, ni par celle de l'attrister en combattant ses trois frères.

L'héroïsme du jeune Curiace consiste à faire triompher son devoir de citoyen de trois passions différentes : 1° de l'amour de la vie (il s'expose à mourir en combattant) ; — 2° de l'amour fraternel (il lutte contre ses trois beaux-frères, et d'un autre côté il faut qu'il résiste au chagrin qu'il va causer à sa sœur Sabine en combattant son mari) ; — 3° de l'amour proprement dit (il ne doit pas se laisser arrêter par son amour pour Camille sa fiancée, ni par la possibilité de la perdre en perdant la vie).

L'héroïsme du vieil Horace consiste à faire triompher son devoir de citoyen de son amour pour ses enfants, c'est-à-dire à désirer le succès de sa patrie aux dépens de la vie de ses fils.

En comparant ces trois personnages on voit que le plus héroïque de tous est le jeune Horace, parce que c'est lui qui sacrifie le plus de passions à son devoir de citoyen.

Neuvième question. — *Quelles sont les autres sources de variété imaginées par Corneille dans l'invention des caractères ?*

C'est la création des deux personnages de femme Sabine et Camille. Ces deux rôles ont en effet pour but de reposer l'esprit fatigué par la peinture des rudes vertus du patriotisme romain. Elles représentent l'hésitation entre le devoir et la passion, plus faible chez Sabine qui penche vers le devoir, plus grande chez Camille qui penche vers la passion. De plus Sabine est douce et Camille emportée; Sabine sensible, désintéressée, pleine de dévouement, offre sa vie en holocauste pour sauver celle de son mari; Camille au contraire irritée, violente, agressive, se fait ôter la vie par son frère à cause de l'emportement de son caractère et de son langage. C'est ainsi que Corneille échappe à la monotonie par la création de ces cinq personnages dont aucun ne ressemble à l'autre, quoique les trois premiers et les deux derniers représentent chacun de son côté la même idée.

Dixième question. — *Sabine et Camille font-elles preuve d'héroïsme patriotique ?*

Non; l'héroïsme patriotique consisterait pour elles à engager Horace et Curiace à se battre et elles les en détournent; Camille félicite même Curiace à un certain moment d'avoir fui le champ de bataille; il consisterait encore à faire des vœux chacune pour le pays qui les a vues naître, Sabine pour Albe et Camille pour Rome; à sacrifier en faveur de leur patrie leur amour pour leur mari ou leur fiancé; elles font tout le contraire; elles penchent toutes deux pour le pays où l'amour les attache. Cependant l'une des deux, Sabine, à défaut d'héroïsme patriotique, fait preuve trois fois de suite, d'un autre genre d'héroïsme, l'héroïsme conjugal, c'est quand elle offre avant le combat le sacrifice de sa propre vie pour ôter à cette guerre le caractère d'une lutte fratricide; quand elle propose à Horace de la tuer après le meurtre de Camille, parce qu'elle ne peut plus ni aimer ni haïr son mari sans crime; enfin quand elle veut le sauver de la mort, au milieu du procès, par une substitution de personne.

Onzième question. — *Donner une idée de la simplicité des moyens employés par Corneille pour exciter l'intérêt?*

Rien n'est plus simple en réalité que l'idée de décomposer le combat des Horaces et des Curiaces en une dizaine d'incidents suivis d'un nombre égal de récits et de situations morales. Rien de plus simple que ce système de coupures qui consiste à décomposer un fait synthétique en apparence en différents épisodes; la difficulté est de ne pas tomber dans l'invraisemblable ou l'artificiel. Corneille a évité ces deux défauts. Voici la preuve de son habileté : il a divisé en deux scènes le tirage au sort des six combattants et en deux scènes aussi le combat lui-même. Rien de mieux motivé que cette division, puisqu'il est naturel que Curiace ait hâte d'annoncer à Horace le caprice bizarre du sort qui choisit trois frères pour représenter Rome, sans se douter de la récidive plus bizarre encore à l'égard des trois représentants d'Albe. D'un autre côté rien de plus naturel que le jugement à première vue porté par Julie sur l'issue du combat, parce que Julie juge comme toutes les femmes avec précipitation et conclut le dénoûment de la lutte sur un épisode qui n'en est que le prélude.

Douzième question. — *Que penser des situations morales de cette tragédie ?*

Toutes ces alternatives de sécurité et d'inquiétude, de joie et de douleur, d'espérance et de crainte sont l'âme même de la tragédie française et constituent chez nous ce qu'on est convenu d'appeler les coups de théâtre; les trois premiers actes de la tragédie d'*Horace* peuvent être considérés comme les modèles du genre. On ne peut citer comme équivalent que le quatrième acte du *Britannicus* de Racine.

Treizième question. — *Quels sont les actes les plus beaux ?*

Les trois premiers, parce qu'ils offrent la suite très-variée des récits et des situations morales dont nous venons de parler; le plus beau des trois est le second qui renferme la suite des récits et des situations morales depuis le tirage au sort des trois soldats romains inclusivement jusqu'au départ de tous les adversaires pour le combat, c'est-à-dire le récit de Curiace annonçant à Horace le choix des trois guerriers romains, le récit de Flavian annonçant dans la scène suivante à Curiace que lui aussi a été nommé avec ses deux frères, le dialogue d'Horace et de Curiace immédiatement après cette double nouvelle, les efforts de Sabine et de Camille pour détourner leur mari et leur frère de l'accomplissement de ce devoir, enfin les adieux et les derniers conseils du vieil Horace à son fils et à l'adversaire de son fils. C'est à l'occasion de ce second acte que Voltaire a dit : « J'ai cherché dans tous les anciens, dans tous les théâtres étrangers une situation pareille, un pareil mélange de grandeur d'âme, de douleur, de bienséance et je ne l'ai pas trouvé. »

Quatorzième question. — *Quels sont les actes les plus faibles?*

Le quatrième et le cinquième, surtout le cinquième. Le quatrième est faible parce que la moitié, c'est-à-dire trois scènes sur sept, roule sur la mort de Camille qui forme une seconde action; le cinquième, parce que c'est une suite de plaidoyers; ce dernier acte sent plus le barreau que le théâtre; c'est de l'éloquence judiciaire plutôt que de la poésie dramatique. On a dit que Corneille était un grand avocat, par métaphore bien entendu, c'est-à-dire que ses tragédies offraient un arsenal de discours et d'arguments capables de servir de modèles aux avocats; c'est vrai; le cinquième acte d'*Horace* en est la preuve; il renferme une grande quantité de preuves présentées avec habileté; il atteste un grand art de plaider. Corneille avait été du reste avocat au parlement de Rouen dans sa jeunesse; il n'avait eu aucun succès.

PARAGRAPHE III

Du sentiment religieux et des signes du temps dans la tragédie d'*Horace*.

Première question. — *Donnez une idée du sentiment religieux répandu dans la tragédie d'*Horace?

On a toujours fait un mérite à Corneille d'avoir exactement reproduit la physionomie de l'histoire dans ses tragédies, c'est-à-dire d'avoir observé le caractère, les mœurs, le costume de ses personnages et l'esprit général de l'époque où ils vivaient. On a même fait sur Corneille historien un livre intéressant (Desjardins). Ce mérite historique apparaît dans la tragédie d'*Horace*. Les Romains, surtout à l'époque des rois, étaient essentiellement religieux ; ils mêlaient la religion à tous les actes de leur vie privée et publique ; c'est la religion qui a civilisé cette poignée de vagabonds ; c'est elle qui a tracé l'enceinte de la cité primitive et l'a mise sous la protection de Jupiter Terminalis ; c'est elle qui a pris sous sa sauvegarde la cité naissante ; en un mot la religion prenait et pénétrait le Romain de toutes parts ; le patriotisme lui-même était pour lui une espèce de sentiment religieux : « Il y avait ceci de particulier chez les Romains, dit Montesquieu, qu'ils mêlaient quelque sentiment religieux à l'amour qu'ils avaient pour leur patrie. Cette ville fondée sous les meilleurs auspices, ce Romulus leur roi et leur dieu, ce Capitole éternel comme la ville, et la ville éternelle comme son fondateur, avaient fait autrefois sur l'esprit des Romains une impression qu'il eût été à souhaiter qu'ils eussent conservée. » (*Grand. et décad. des Romains*, X.)

La maison elle-même était pour le Romain une espèce de temple pour lequel il fallait combattre et mourir, *pro aris et focis*, dit le proverbe ancien. Ce sentiment religieux étroitement uni au patriotisme ressort des *Décades* de Tite Live, de l'*Énéide* de Virgile et des premiers livres de Denys d'Halicarnasse.

Corneille en a tenu compte dans sa tragédie d'*Horace* ; son œuvre en est pénétrée ; en voici la preuve :

D'abord sa pièce s'ouvre, pour ainsi dire, sous les auspices des dieux, elle est placée sous leur patronage. Dès les premières scènes, quand Curiace vient annoncer à Camille le parti adopté par les deux chefs de choisir six combattants, Julie va remercier les dieux de leur bienfaisante intervention :

> Allez et cependant au pied de nos autels
> J'irai rendre pour vous grâces aux Immortels. (I, III.)

Plus loin, quand le roi de Rome et le dictateur d'Albe ont choisi pour combattants les Horaces et les Curiaces, l'armée consulte les dieux pour savoir s'ils autorisent cette rencontre, qui lui paraît impie :

> Consultons des grands Dieux la majesté sacrée. (*Ibid.*)

Sabine, Camille et Julie ne s'entretiennent de leur côté, pendant cette consultation, que de la réponse probable des divinités, l'une pour espérer en leur clémence, l'autre pour s'en méfier. Ce n'est qu'après leur réponse affirmative que l'action, un moment suspendue, reprend sa marche; c'est le vieil Horace qui annonce cet effet de la volonté divine :

> Vos frères sont aux mains; les Dieux ainsi l'ordonnent. (III, v.)

Les adversaires partent pour le combat, et c'est encore sous l'empire d'une pensée religieuse que le vieil Horace se sépare d'eux :

> Faites votre devoir et laissez faire aux Dieux. (II, vIII.)

Quand le vieil Horace rentre chez lui après les premières passes des combattants, c'est encore aux dieux qu'il pense; il accepte leur arrêt, il espère en leur bonté :

> La prudence des Dieux autrement en dispose,
> Sur leur ordre éternel mon esprit se repose. (III, v.)

et quand il apprend la fuite simulée de son fils, ce sont les dieux qu'il prend à témoin de son serment de mort contre le fugitif; il abrite derrière eux sa responsabilité :

> J'atteste des grands dieux la suprême puissance
> Qu'avant le jour fini, ces mains, ces propres mains
> Laveront dans son sang la honte des Romains. (III, vI.)

serment auquel Sabine répond par une plainte au sujet de la sévérité divine :

> Dieux! verrons-nous toujours des malheurs de la sorte!

La victoire de Rome sur Albe n'est pas plus tôt connue que la première pensée de Tullus Hostilius est d'offrir aux dieux en remercîment un sacrifice solennel :

> Il remet à demain la pompe qu'il prépare
> D'un sacrifice aux Dieux pour un bonheur si rare. (IV, II.)

Le vainqueur lui-même, malgré son caractère farouche, malgré sa brutalité qui va tout à l'heure le pousser au fratricide, doit offrir lui-même aux dieux la victime et l'encens : Pensez-vous, dit Valère au roi,

> Pensez-vous que les Dieux vengeurs des innocents
> D'une main parricide acceptent de l'encens? (V, II.)

Quelques instants après, quand Sabine survient au milieu des débats, c'est une pensée religieuse qui l'amène; si elle propose au roi de mourir à la place de son mari, c'est que les dieux autorisent ces tristes échanges ; elle se fait l'interprète d'une croyance religieuse admise par ses auditeurs et son juge : Le trépas, dit-elle, me sera plus doux,

> Si je puis par mon sang apaiser la colère
> Des Dieux qu'a pu fâcher sa vertu trop sévère. (V, III.)

Enfin, c'est encore un appel à la religion qui termine cette tragédie, puisque l'idée qui en forme la conclusion est une proposition faite par Tullus Hostilius de se rendre les dieux favorables par une cérémonie expiatoire qui sera l'ensevelissement de Curiace et de Camille dans un tombeau commun. La pensée des dieux circule donc à travers toute la tragédie d'*Horace*; elle l'ouvre et elle la ferme.

Ce caractère religieux de la pièce entière est si évident qu'un critique, M. Desjardins, cherchant une définition de cette tragédie, n'en a pas trouvé de plus juste que : *Le patriotisme religieux sous les rois*, ou première époque de l'histoire romaine.

On a peine à croire, après ces réflexions, qu'un critique moderne, Gustave Planche, ait accusé Corneille d'avoir travesti l'histoire, dans la tragédie d'*Horace*, parce qu'il a, prétend-il, privé cette époque primitive de son caractère religieux. (Voir *Reproches injustes*, paragraphe VII, 3° reproche.)

Deuxième question. — *Quels sont les signes du temps ou les traces d'idées contemporaines dans la tragédie d'*Horace ?

Premièrement : Le choix du sujet. Le choix de ce sujet répond à certaines préoccupations, ou plutôt à certaines habitudes politiques du commencement du dix-septième siècle. « A cette époque, dit Sainte-Beuve, on avait une occasion, en produisant sur la scène ces vieux républicains, d'appliquer les maximes d'État qu'on retrouve dans Balzac, Gabriel Naudé, et auxquelles Richelieu avait donné cours. Corneille se laissa probablement séduire à ces raisons du moment ; l'essentiel, c'est que de son erreur même il sortit des chefs-d'œuvre. »

Secondement : Les galanteries amoureuses et les beaux sentiments de ces vieux républicains. Cela répondait aussi aux habitudes chevaleresques de l'époque.

Troisièmement : La phraséologie romanesque de certains personnages. Ainsi Julie appelle les Horaces et les Curiaces qui vont se battre malgré les liens de parenté « ces cruels généreux, » expression empruntée au langage des ruelles ; plus loin se trouve une théorie sur l'amour qui devait réjouir les raffinés de l'époque :

> On peut lui résister quand il commence à naître,
> Mais non pas le bannir quand il s'est rendu maître,
> Et que l'aveu d'un père engageant notre foi
> A fait de ce tyran un légitime roi. (III, IV.)

Quatrièmement : *Les antithèses et les subtilités de langage de Camille, de Sabine et même de Curiace* ; c'était le ton mis à la mode par l'hôtel de Rambouillet. Camille dit à Julie, en parlant du jour où elle fut fiancée à Curiace :

> Ce jour nous fut propice et funeste à la fois ;
> Unissant nos maisons, il désunit nos rois ;
> Un même instant conclut notre hymen et la guerre,
> Fit naître notre espoir et le jeta par terre. (I, II.)

Ce langage maniéré de Camille a été justement qualifié de métaphysique galante. L'esprit du temps confondait le ton de l'amour avec le jargon de la galanterie. Corneille paie tribut au mauvais goût de son époque ; il hurle avec les loups.

Sabine, interpellant sa pensée qu'elle tourne et retourne en tous sens, dit dans un monologue :

> En l'une je suis femme, en l'autre je suis fille ;
> En l'une je suis fille, en l'autre je suis femme ;
> Songeons pour quelle cause, et non par quelle main ;
> Je songe par quel bras et non pour quelle cause. (III, I, *passim*.)

et quand elle vient se proposer pour victime à la place de son mari, au milieu du procès, elle s'égare en subtilités, comme :

> Il mourra plus en moi qu'il ne mourrait en lui. (V, IV.)

Curiace, que son caractère et son sexe devraient défendre d'un pareil langage, dit :

> Et qu'un bel œil est fort avec un tel secours ! (II, V.)
> Vengez-vous d'un ingrat, punissez un volage.
> Et s'il fallait encor que l'on en vînt aux coups,
> Je combattrais pour elle en soupirant pour vous. (I, III.)

Cet arrangement symétrique d'idées, ces batteries de mots plaisaient beaucoup à cette époque. C'est ainsi que Corneille parle pour son compte dans le sonnet qu'il adresse à Richelieu :

> Il m'a fait trop de bien pour en dire du mal,
> Il m'a fait trop de mal pour en dire du bien.

Cinquièmement. — *L'emploi des vers en refrain.* Le monologue de Sabine (III, 1) offre un curieux exemple d'un genre de vers qui charmait les contemporains de Corneille et qu'on pourrait appeler les fausses strophes ou vers en refrain. On ne voit au premier coup d'œil dans ces vers qu'une suite continue de rimes masculines et de rimes féminines, mais en les analysant on y remarque, comme dans une chanson, deux couplets de vingt-deux vers chacun, terminés par un refrain antithétique ; les refrains et les couplets se balancent symétriquement. Le premier couplet renferme l'idée que Sabine se réjouira de la victoire, de quelque côté qu'elle penche, et se termine par ce refrain : « Qu'on ne peut triompher que par le bras des miens. » Le second couplet renferme l'idée que Sabine s'affligera de la victoire, quel que soit le parti qu'elle favorise, et se termine par ce refrain : « Qu'on ne peut triompher que par la mort des miens. » Ce qui met le comble à cette combinaison artificielle c'est que, outre les deux refrains précédents, il s'en trouve deux autres qui les renforcent :

> En l'une je suis femme, en l'autre je suis fille. (22ᵉ vers.)
> En l'une je suis fille, en l'autre je suis femme. (44ᵉ vers.)

Il est difficile d'imaginer une plus mauvaise rhétorique.

Sixièmement. — *Les monologues de femmes* : les comédiens voulaient alors des monologues. « La déclamation approchait du chant, dit Voltaire, surtout celle des femmes ; les auteurs, Corneille comme les autres, avaient cette complaisance pour elles. » Du reste la disposition de la scène encombrée de spectateurs entravait le jeu des acteurs et condamnait nécessairement la tragédie française à n'être qu'une suite de conversations ou de monologues debout.

Septièmement. — *Le système de tutoiement non réciproque.* Camille tutoie Curiace qui ne la tutoie pas.

CAMILLE.
Est-ce toi, Curiace, en croirai-je mes yeux ?
CURIACE.
N'en doutez pas, Madame, et revoyez un homme
Qui n'est ni le vainqueur ni l'esclave de Rome. (I, III.)

Et ailleurs :

CAMILLE.
Quoi ! Tu ne veux pas voir qu'ainsi tu me trahis ?
CURIACE.
Avant que d'être à vous, je suis à mon pays. (II, v.)

(Voir ce même langage, II, v ; — I, III.)

Ce tutoiement non réciproque n'existe qu'entre fiancés, ou, comme on disait alors, entre amants. Il cesse entre mari et femme ; ainsi dans la tragédie d'*Horace*, on le remarque entre Camille et Curiace ; on ne le remarque pas entre Sabine et Horace ; ces deux derniers se tutoient tous les deux. (Voir sur ce sujet le *Cid*, § III, 3°.)

PARAGRAPHE IV

Scènes principales.

Première scène principale (acte I, scène I). — *L'exposition du sujet, faite dans une conversation entre Sabine et Julie, sa confidente.*

Dans cette conversation antérieure au choix des six combattants et même à l'armistice, Sabine annonce la guerre qui depuis longtemps déchire Albe et Rome, le parti adopté par les deux peuples de terminer ce jour même leur querelle par une épreuve décisive, enfin l'indécision de son cœur, partagé entre sa tendresse pour Albe, son pays natal, et son attachement à Rome, son pays d'adoption ; elle annonce toutefois qu'après avoir incliné jusqu'à ce jour pour Rome, elle ne peut s'empêcher, au moment décisif, d'incliner pour Albe. On remarque dans cette scène deux belles apostrophes consécutives, la première à la ville d'Albe, la seconde à la ville de Rome. Tout ce morceau, d'un pathétique doux et touchant, ouvre la tragédie par des pensées paisibles. Le caractère de cette scène est remarquable parce qu'il contraste avec l'austérité, la grandeur et le ton belliqueux qui dominent dans toute la pièce. Cette scène sert donc autant à exposer le sujet qu'à mettre en relief le caractère de Sabine, qui est la douceur et la tendresse. Cette conversation de Sabine et de Julie ne laisse pressentir en rien le combat des Horaces et des Curiaces qui aura lieu tout à l'heure, ni aucun combat particulier entre quelques adversaires que ce soit ; on s'attend bien à un engagement prochain et même décisif, mais à un engagement général.

Remarquons enfin qu'il y a dans cette scène une suite de beaux vers où Corneille profite du calme de l'exposition pour représenter pompeusement la destinée antérieure de la république romaine. C'est l'apostrophe à Rome. Voir depuis :

Je sais que ton État encore en sa naissance..........

Seconde scène principale (I, ii). — *La conversation entre Camille et Julie.* — Elle fait suite à la précédente, et continue l'exposition. Dans cette scène également antérieure au choix des six combattants et même à l'armistice, c'est-à-dire ayant lieu en pleine guerre, Camille exprime d'abord le chagrin que lui cause cette lutte homicide qui désole deux pays et s'oppose à son projet de mariage avec Curiace ; ensuite l'indécision de son cœur partagé entre Rome et Albe, indécision beaucoup moins grande toutefois que celle de Sabine, parce qu'il penche naturellement du côté d'Albe, pays de son fiancé ; enfin son amour pour Curiace. L'analyse de ce dernier sentiment occupe presque toute la scène ; elle raconte la naissance, le développement et les diverses péripéties de cet amour dont elle augurait très-bien la veille, parce qu'un oracle lui avait annoncé son mariage prochain, mais dont elle augure très-mal aujourd'hui, parce qu'un rêve de la nuit dernière lui a annoncé que Curiace mourait sur le champ de bataille. Cette scène sert à faire ressortir le caractère passionné, impressionnable et faible de Camille.

Troisième scène principale (I, iii). — *Le récit de Curiace* venant annoncer à Sabine et à Camille le parti adopté par les deux armées, c'est-à-dire le choix de six combattants qui videront dans un combat singulier la querelle commune. Curiace, dans ce récit, intercale le discours du dictateur albain, qu'il répète textuellement ; ce discours inspiré de Tite Live est plus nerveux et plus touchant que celui de l'historien romain ; rien n'en arrête l'éloquente rapidité. — Cette scène est postérieure à l'armistice, mais antérieure au choix des six combattants, parce que Curiace est venu immédiatement après le discours du roi apporter à Camille et à Sabine la bonne nouvelle de la fin de la guerre, se croyant personnellement hors de danger, parce qu'il ne se doute pas, comme c'est naturel, que c'est précisément sur lui et sur ses frères que va tomber le choix du sort pour terminer cette lutte sanglante. Ce récit a donc pour objet d'achever l'exposition de la pièce, et, pour conséquence, de rassurer Sabine et Camille qui, d'après le calcul des probabilités, ne se doutent pas plus que Curiace, du choix futur des combattants.

Quatrième scène principale (II, i). — *Le premier discours du jeune Horace* lorsqu'il apprend, par un second récit de Curiace, qu'il a été choisi pour représenter Rome et qu'il ne sait pas encore que ses adversaires seront ses trois beaux-frères. Ce premier discours est l'expression du patriotisme le plus pur et le plus irréprochable. Comme il ignore en effet qui il combattra, il se borne à exprimer la joie de représenter Rome en cette circonstance. Aucun sentiment de dureté fraternelle n'altère encore son héroïsme.

Cinquième scène principale (II, III). — *Le second discours du jeune Horace et sa conversation avec Curiace.*

Il est prononcé par Horace lorsque le choix des trois Curiaces vient d'être annoncé par Flavian et que par conséquent Horace connaît ses adversaires. Ce second discours est l'expression d'un patriotisme dur et farouche. En effet, il se réjouit non plus de représenter Rome, mais de lutter contre ses beaux-frères. Cette scène fait ressortir le contraste qui existe entre Horace et Curiace, en montrant le patriotisme inflexible du premier, le patriotisme humain et sensible du second. C'est dans cette conversation que se trouvent les vers souvent cités : « Je ne vous connais plus. » — « Je vous connais encore et c'est ce qui me tue. » La raideur sauvage dont fait preuve Horace convient aux premiers temps de la république romaine et sied de plus à un guerrier farouche qui va tout à l'heure répandre le sang de sa sœur. D'un autre côté la fermeté mesurée et même douce de Curiace, fermeté qui n'exclut ni le sentiment de l'amitié ni celui de l'amour, forme une opposition dramatique avec le caractère d'Horace. Grâce à ce contraste, Corneille a su faire un chef-d'œuvre de la conversation entre ces deux guerriers.

Sixième scène principale (II, VIII). — *Les adieux du vieil Horace à ses fils partant pour le combat.*

Cette scène est très-courte, mais très-touchante. Rien de plus pathétique que ces adieux adressés à son fils et à celui qui devrait être son gendre, si le sort ne l'avait désigné pour le combat, à cet homme qui va tuer son fils ou être tué par lui, car il n'y a pas d'autre alternative. L'idée de la soumission à la volonté divine qui termine cette scène,

Faites votre devoir et laissez faire aux Dieux !

caractérise bien le patriotisme essentiellement religieux des premiers temps de la république romaine.

Septième scène principale (III, v). — *Le récit du vieil Horace* qui, après une courte apparition sur le champ de bataille, est ramené chez lui par un sentiment de délicatesse paternelle bien facile à comprendre ; il raconte alors à sa fille et à sa belle-fille le peu qu'il a vu, c'est-à-dire la réponse des dieux qui condamnent le soulèvement de l'armée et exigent la rencontre des six combattants, l'énergique attitude des uns et des autres et l'échange des premiers coups portés en sa présence.

Huitième scène principale (III, vi). — *La scène de douleur du vieil Horace.*

Cette scène fait suite à la précédente ; il est question de la douleur qu'il éprouve, lorsqu'un récit anticipé fait par Julie lui apprend la fausse nouvelle du triomphe d'Albe. C'est à ce moment qu'il prononce le mot célèbre « *qu'il mourût !* », mot qui atteste son héroïsme, parce qu'en le prononçant il oublie qu'il est père, pour se souvenir seulement qu'il est citoyen.

Neuvième scène principale (IV, ii). — *La scène de joie du vieil Horace.*

Il est question de la joie qu'il éprouve en apprenant de la bouche de Valère la victoire de Rome due à l'heureux stratagème de son fils. Cette scène est la contre-partie de la précédente ; il se livre à une véritable explosion de joie comme père et comme citoyen ; on peut même dire que c'est ici l'unique expression de sa joie, puisque auparavant il a toujours eu quelque souci et que, dans quelques instants, il reverra son fils souillé du sang de sa fille. Dans cette scène, il faut remarquer, dit Saint-Marc Girardin, que le vieil Horace donne un libre cours à sa tendresse, parce qu'elle est d'accord avec son devoir ; il ne s'abandonne à l'expression de son amour que parce qu'il sait son fils vainqueur ; alors il pleure sans se cacher. Ainsi ce vieux Romain qui s'accusait au départ de son fils d'avoir les larmes aux yeux, pleure maintenant sans contrainte, « et ses larmes de joie nous touchent encore plus que ses larmes d'inquiétude, parce qu'elles nous découvrent le fond de son amour qui, jusqu'alors, se dérobait à nos yeux avec une sorte de pudeur. » Tel est le caractère de l'amour paternel chez ce vieillard ; avant l'accomplissement du devoir, il se cache ; après, il se montre.

Dixième scène principale (IV, v). — *Les imprécations de Camille et sa mort.*

Ses imprécations. Elles ont toujours passé pour les plus belles qu'il y ait au théâtre; le génie de Corneille s'y fait sentir dans toute sa vigueur. Cependant ce morceau de déclamation émeut très-peu le spectateur, parce qu'un personnage ne peut arracher nos larmes ou même simplement nous émouvoir qu'à la condition de pleurer ou d'être ému; *Si vis me flere dolendum est primùm ipsi tibi.* Or Camille n'est que furieuse. Voltaire adresse à ces imprécations deux reproches injustes. 1° Il dit que Camille a tort de s'emporter contre Rome, qu'elle ne devrait s'emporter que contre Horace. C'est une erreur; comme Horace n'oppose à la douleur de Camille que l'intérêt de Rome, ils est naturel que Camille s'emporte contre Rome et non contre Horace; 2° Il dit que Camille se laisse aller à un emportement exagéré. Corneille fait bien de prêter à son personnage ces exagérations de pensées et de langage; d'abord elles sont dans le caractère de Camille, irascible, violente, sans empire sur elle-même; ensuite elles motivent sa mort. C'est une règle du poëme dramatique que, lorsqu'un personnage meurt, il doit mériter son sort, c'est-à-dire que sa mort doit être amenée par ses torts. Ainsi le comte dans la tragédie du *Cid*. Si Camille était moins violente, l'acte d'Horace serait révoltant, inadmissible.

Sa mort. (Voir sur ce sujet, § VI, 14°.)

Onzième scène principale (V, III). — *Le plaidoyer du vieil Horace en faveur de son fils.*

C'est le plus beau des cinq plaidoyers du cinquième acte. Ce discours est intéressant parce qu'il nous montre le vieil Horace sous un jour nouveau; ce vieux romain si stoïque, quand il s'agit de faire passer le devoir avant l'amour paternel, est néanmoins le plus tendre des pères, quand il s'agit d'arracher son fils à un danger que son honneur ne lui fait pas un devoir de braver. Il déploie dans ce discours une grandeur d'éloquence admirable; on ne peut avoir raison avec plus d'habileté, de bon sens et de patriotisme.

Le procès d'Horace occupe les deux dernières scènes du cinquième acte qui n'en a que trois. S'il occupe deux scènes au lieu d'une, comme cela paraîtrait naturel, c'est que Sabine survient au milieu des débats pour proposer au roi de mourir à la place de son mari, ce qui amène une scène nouvelle, l'entrée de chaque personnage correspondant toujours à une scène.

PARAGRAPHE V

Etude des différents personnages.

Première question. — *Caractérisez le personnage du vieil Horace ?*

Le vieil Horace est, comme tous les vieillards de Corneille, le personnage le plus dramatique de la tragédie, celui qui domine tous les autres. Il s'élève en effet au-dessus d'eux, avec la majesté du vieillard, l'autorité du père, le dévouement du citoyen. Il y a dans cette pièce une échelle de grandeur d'âme qui monte de degrés en degrés de la douceur et de la tendresse de Sabine à l'impassible dévouement de ce vieillard qui domine tous les orages de la passion soulevés autour de lui et apparaît sublime de calme et de noblesse. Du moment où il entre en scène, il s'empare de tout l'intérêt, sa grandeur efface tout. Il ressemble en ceci à don Diègue, dans la tragédie du *Cid*, car don Diègue éclipse aussi, dès qu'il paraît, tous les personnages qui l'entourent, si bien que, dans cette pièce de la jeunesse, c'est le vieillard qui est le plus grand. Corneille, dans son théâtre, donne le pas aux vieillards sur les jeunes gens.

Voici un autre trait de caractère qu'il importe de relever chez le vieil Horace : l'énergie n'exclut pas chez lui la sensibilité. Comme tous les pères de Corneille, il est à la fois énergique et tendre. Chez Corneille, les pères paraissent durs au premier abord, ils n'ont pas du moins cette agitation qui est le signe de la tendresse et que nous appelons sensibilité ; mais si on les prend à ces moments imprévus où ils ne se surveillent plus, à ces moments où le devoir accompli permet à la passion de se montrer, ils sont tendres et pleurent comme les autres hommes. Ils aiment leurs enfants, comme tous les pères doivent les aimer, d'un amour ferme et élevé, soumettant toujours leur tendresse au devoir, c'est-à-dire à une chose plus impérieuse que la passion.

Deuxième question. — *Caractérisez le personnage du jeune Horace ?*

Le jeune Horace est la personnification du citoyen romain, mieux encore, du soldat romain dans les premiers temps de la république; il est dur, farouche, absolu dans son dévouement à la patrie; il subordonne tout à ce sentiment; il ne raisonne pas, *il n'examine rien*, comme il dit; il ne connaît que le devoir dans ce qu'il a de plus strict, et même quelque chose de plus étroit que le devoir, la consigne. C'est en effet cette dernière considération, autant que le patriotisme, qui le porte à se battre avec plaisir contre son beau-frère; cette obéissance aveugle, et, comme on dirait de nos jours, passive, diminue-t-elle son mérite? Non. C'est précisément parce que sa consigne contrarie tous les sentiments naturels de son cœur que le dévouement patriotique qu'elle lui commande est méritoire et héroïque.

Troisième question. — *Caractérisez le personnage de Curiace?*

Curiace est la personnification du patriotisme tempéré par l'humanité; il fait preuve de fermeté, mais d'une fermeté mesurée et même douce, qui n'exclut pas les sentiments de l'amitié ni ceux de l'amour.

Quatrième question. — *Comparez les deux personnages d'Horace et de Curiace?*

Chez Curiace le devoir parle aussi haut que chez Horace; le patriotisme le plus pur respire en lui comme en son beau-frère; seulement il ne prend pas chez lui cette forme absolue et purement militaire qu'il prend chez Horace. Horace est un soldat que l'amour du pays enflamme, mais que la discipline enchaîne, au point de détruire en lui toute tendresse; devant le devoir, il n'est plus ni ami, ni frère, ni époux: il représente l'inexorable patrie; c'est l'âme de Rome même. Curiace, au contraire, est un soldat qui aime son pays, mais qui aime aussi sa famille et les siens; tout en étant citoyen, il reste ami, frère, fiancé; la nature n'est pas étouffée en lui par la consigne: c'est un homme. Ce sont là deux patriotismes différents; le premier ne s'inspire que des devoirs imposés par la cité, le second s'inspire en même temps des droits de l'humanité. Le premier est idéal et au-dessus de nous; le second est réel et à notre portée. Cependant le premier, quoique moins rapproché de la nature, produit plus d'effet sur le spectateur, parce que les sentiments exagérés causent toujours aux hommes assemblés une impression plus profonde que les sentiments modérés.

Cinquième question. — *Caractérisez les deux personnages de Sabine et de Camille ?*

Sabine et Camille écoutent la voix de leur passion et font passer l'intérêt de leur tendresse avant le devoir trop austère pour elles du patriotisme. L'analyse des émotions plus douces que celles de leurs frères, dont leur âme est remplie et auxquelles leurs confidences donnent un libre cours, rompt la monotonie qu'offrirait la peinture des rudes vertus romaines. Elles représentent la faiblesse à côté de la force, ce qui cède dans la nature humaine à côté de ce qui résiste. Ces deux rôles sont donc dans la pièce une source de variété.

On en a donné une autre interprétation. La Harpe a vu chez Sabine et chez Camille deux personnages destinés à contrebalancer par leur influence les projets du vieil Horace et de son fils. Mais cette interprétation donne lieu à une objection sérieuse : le caractère des deux guerriers est trop énergique pour qu'ils se laissent influencer par ces deux femmes; d'un autre côté, c'est un principe de l'art dramatique que, toutes les fois qu'on établit au théâtre un combat d'intérêts opposés, l'issue doit en être douteuse, parce que les forces des combattants doivent se balancer. Or il faut avouer que, si Sabine et Camille étaient destinées à faire contre-poids aux deux Horaces, ces deux rôles ne rempliraient pas leur but, puisque les deux femmes ne tiennent nullement en échec les deux hommes. La Harpe s'est donc trompé ; l'interprétation précédente est préférable. Sabine et Camille ne représentent pas la résistance aux volontés des deux Horaces; elles ont été imaginées par Corneille pour reposer par des émotions plus douces l'âme fatiguée de la peinture des rudes vertus romaines.

Sixième question. — *Quel est le plus important des deux rôles de Sabine et de Camille ?*

Celui de Sabine dans les trois premiers actes; celui de Camille dans les deux derniers. Camille, même après sa mort, prend le premier rang sur Sabine dans les deux derniers actes, par l'importance des débats que sa mort soulève. Un personnage peut ne pas paraître dans un ou plusieurs actes et même dans une pièce entière et être cependant le héros de cet acte ou de cette pièce. Ainsi, dans la tragédie de Corneille intitulée la *Mort de Pompée*, Pompée ne paraît pas une seule fois, puisqu'il est mort avant la première scène ; il est néanmoins le principal personnage de la tragédie, parce que l'intrigue tout entière est la conséquence de sa mort et tourne autour de cet événement. Ainsi Camille, bien que tuée, absorbe l'attention dans les deux derniers actes d'*Horace*. Ce changement d'importance, dans le rôle des deux femmes, est un défaut, de l'aveu même de Corneille, parce que la dignité relative des personnages ne doit pas ainsi varier d'un acte à l'autre, surtout quand rien ne justifie l'amoindrissement de ceux qui, dès le début, ont mérité pour une raison quelconque la supériorité.

Septième question. — *Comparez Sabine et Camille ?*

Ces deux personnages offrent une ressemblance et des différences. Voici la ressemblance : elles ne font pas preuve d'héroïsme patriotique, puisqu'elles préfèrent, Camille surtout, le pays où l'amour les attache à celui qui les a vues naître, et qu'elles font tous leurs efforts pour détourner Horace et Curiace du combat où le devoir les appelle. Voici les différences, elles sont assez nombreuses. — *Premièrement* : Sabine hésite, Camille n'hésite pas à sacrifier l'honneur à l'amour. En effet Sabine exprime dans un long monologue (III, i) l'incertitude de son cœur partagé entre Albe et Rome, tandis que Camille exprime hautement ses préférences pour Albe et son fiancé et félicite même Curiace d'avoir fui le combat, quand elle prend étourdiment son retour pour une désertion (I, iii). — *Deuxièmement* : Sabine est confiante et respectueuse envers les dieux, car elle espère qu'ils seront assez bienveillants pour ne point ratifier le choix des six combattants :

Les Dieux n'ont pas en vain inspiré ce tumulte. (III, ii.)

Camille est méfiante et peu respectueuse envers les dieux, car elle dit qu'il est inutile de les consulter et qu'ils sont prêts à autoriser cette lutte fratricide :

Disons plutôt, ma sœur, qu'en vain on les consulte. (III, ii.)

— *Troisièmement* : Sabine est douce, résignée, passive ; Camille, violente, emportée, agressive. Sabine est douce puisqu'elle ne parle de son sort que pour se plaindre, de son pays que pour exprimer le tendre attachement qu'il lui inspire ; sa douceur tourne même un peu à la tristesse et à la mélancolie, puisqu'elle est poursuivie par l'idée de la mort dont elle parle trois fois. Elle est résignée et passive, car elle n'oppose aux coups du sort et à l'indomptable énergie de son mari et de son beau-père que ses larmes et un langage éploré qui dégénère même quelquefois en rhétorique sentimentale. Camille est violente et emportée, car ses paroles respirent la colère et la fureur, elle est même agressive, car elle va au-devant de son frère pour le provoquer, elle insulte à son triomphe, elle brave son bras victorieux, elle s'attire par ses injurieuses apostrophes le coup mortel. Corneille a voulu peindre en elle l'effet d'une grande passion qui aveugle le cœur et condamne les plus nobles sentiments ; telle est l'intention générale de ce rôle ; l'intention particulière est de justifier par les éclats exagérés de la colère et l'approbation coupable d'un acte qui serait une lâcheté, s'il était vrai, la mort qui va dans quelques instants frapper cette femme furieuse. — *Quatrièmement* : Sabine n'exerce aucune influence sur les événements ; l'opposition qu'elle fait aux combattants est toute en paroles ; Camille exerce sur la marche de l'action une influence considérable puisque sa mort met en péril les jours d'Horace et fait presque commencer une seconde tragédie après la première.

Huitième question. — *Caractérisez le rôle de Flavian ?*

Ce personnage joue un rôle important, quoique n'étant qu'un simple messager. En effet la nouvelle qu'il apporte, celle du choix des trois combattants albains, postérieure à celle du choix des trois combattants romains, jette le bouleversement dans cette famille tout à l'heure si heureuse, elle change en deuil la joie de Sabine, de Camille et de Curiace (II, II). « Voilà la première scène au théâtre, dit Voltaire, où un simple messager ait fait un effet tragique, en croyant apporter des nouvelles ordinaires. J'ose croire que c'est la perfection de l'art. »

PARAGRAPHE VI

Reproches justes.

Premier reproche juste. — *Le manque d'unité de la tragédie ou les deux actions.* (Corneille, Voltaire.)

Corneille reconnaît lui-même dans l'examen d'*Horace* que cette tragédie renferme deux actions au lieu d'une. Voltaire dit à l'acte IV scène II : « Ici l'action est complétement terminée ; il s'agissait de la victoire et elle est remportée, du destin de Rome, et il est décidé ; voilà donc une nouvelle pièce qui commence. »

On a donné deux explications pour prouver l'unité de cette tragédie.

Première explication.

On a dit : Ce n'est pas le jeune Horace qui est le centre de l'action, c'est le vieil Horace. C'est à lui que viennent aboutir tous les incidents du drame, c'est autour de lui que tournent tous les événements de la tragédie. Au premier abord l'action de cette tragédie paraît double, parce que au péril de Rome s'ajoute celui de son libérateur ; mais comme ce double danger éprouve le même cœur, celui du vieil Horace, les divers épisodes de cette tragédie ne sont plus que des moyens dramatiques destinés à nous faire contempler dans toutes ses attitudes ce vieillard, à la fois père et citoyen, qui, dominant tous les personnages et concentrant tous les faits, produit l'unité d'intérêt. Telle est la première explication donnée en faveur de l'unité de cette pièce. Que faut-il penser de cette interprétation ? D'abord Corneille n'y a pas songé, puisqu'il n'en parle pas dans l'examen de sa pièce. Ensuite ce système d'interprétation a l'inconvénient de créer, à côté et en dehors des trois unités classiques et traditionnelles, une quatrième espèce d'unité, grosse de conséquences, si on l'admettait, l'unité d'intérêt. Ce serait une innovation, ce serait presque une révolution que l'on ferait faire à Corneille en lui attribuant cette intention. En effet les conséquences de cette quatrième espèce d'unité ne tendent à rien moins qu'à supprimer les trois autres auxquelles tenaient tant les écrivains du dix-septième siècle ; et ce qu'il y a de plus curieux dans cette explication un peu fantaisiste, c'est que cette nouvelle espèce d'unité prêtée à Corneille est précisément celle qu'a adoptée l'école française romantique de la Restauration, l'école de Victor Hugo, pour faire une révolution dans l'art dramatique. L'école française de 1827 l'avait empruntée elle-même à Gœthe, un des ancêtres du romantisme français, à Gœthe qui l'applique comme règle générale à tous ses drames et qui en a fait la formule de l'école dramatique moderne dont il est le chef. Gœthe part en effet de ce principe, comme Shakspeare du reste, son prédécesseur, que l'unité de temps, de lieu et d'action sont complétement inutiles, et qu'il y a toujours unité, malgré une vingtaine d'événements aussi importants les uns que les autres, du moment où un caractère principal, où un personnage unique, vécût-il de dix ans à cinquante ans, est placé au centre du drame de manière à tout centraliser, c'est-à-dire à créer l'unité d'intérêt. Cette interprétation est en effet la seule manière d'expliquer l'unité des tragédies de Shakspeare, de Goëthe et de Schiller qui ressemblent à des biographies autant qu'à des pièces de théâtre. Les Français ne raisonnent pas ainsi ; cette théorie est contraire à nos habitudes d'esprit, à notre humeur. Nous voulons que notre tragédie soit une crise et non pas une histoire, comme disait Napoléon à l'historien allemand Muller ; or si l'on substitue l'unité d'intérêt à l'unité d'action, on tombe dans l'histoire. Il serait vraiment étrange de prêter au fondateur du théâtre classique en France la théorie dont se sont précisément prévalus les écrivains romantiques de la Restauration pour renverser le théâtre classique du dix-septième siècle.

Seconde explication.

On a encore dit : le sujet de cette tragédie n'est pas la victoire de Rome, c'est la peinture de l'esprit romain dans la famille et dans la cité : Corneille a voulu montrer l'influence des institutions publiques sur le sort particulier des différents membres d'une même famille, le contre-coup de la guerre sur les personnages qui la composent ; la tragédie ainsi conçue comporte deux tableaux, d'un côté la guerre soutenue par Rome, de l'autre les périls qui en sont la conséquence pour cette famille, périls pour Horace, périls pour Sabine, périls pour Camille, périls pour le vieil Horace ; le premier tableau appelle le second et le second n'est complet que lorsque la série des périls est épuisée pour cette infortunée famille. Cette explication est plus ingénieuse et plus historique que la précédente ; c'est la plus moderne. Elle a l'inconvénient de faire entrer dans le cadre de la tragédie des idées générales qui n'étaient pas dans l'esprit de Corneille, comme le tableau de la cité antique.

Il est plus simple d'expliquer la dualité d'action de cette pièce comme le fait Corneille qui avoue ingénument, et sans même songer aux circonstances atténuantes, le défaut de sa pièce.

Explication de Corneille.

Si Corneille a mis deux actions au lieu d'une dans *Horace*, c'est qu'il y a été forcé par la nécessité de faire sortir Sabine et Camille de la situation où le commencement de la tragédie les avait engagées. Toutes les situations morales imaginées par lui dans les trois premiers actes ont eu pour résultat de mettre en évidence ces deux femmes qui sans cela seraient restées complétement secondaires; ce sont elles en effet qui, par l'analyse de leurs impressions sont les héroïnes de ces situations morales si importantes; pendant que les hommes se battent, elles expriment leurs sentiments. Or, c'est une règle du poëme dramatique que le dénoûment décide du sort des personnages principaux. Si Corneille avait arrêté sa pièce au triomphe de Rome, c'est-à-dire au milieu du quatrième acte, le sort de Camille et de Sabine n'aurait pas été décidé; en effet ce n'était pas un dénoûment de montrer Camille résignée à son malheur, ce n'en était pas un non plus de montrer Sabine pleurant ses trois frères. Plutôt que de laisser ces deux femmes dans les situations où il les avait mises, il a mieux aimé, pour les en faire sortir, suivre jusqu'au bout l'histoire d'*Horace,* au risque de tomber dans la biographie et sans souci de la multiplicité d'action. Tel est le sens de l'explication fournie par Corneille lui-même. On comprend par ce raisonnement que, si Corneille a péché contre l'unité d'action, ce n'est pas par ignorance des règles, mais par impossibilité de faire autrement; ensuite on voit qu'entre deux défauts, l'absence de dénoûment relativement à Camille et à Sabine, et la multiplicité d'actions, il a choisi celui qu'il croyait le moindre.

Tenons-nous en à cette explication du poëte; ne disons pas comme le critique allemand Schlégel dans un de ses rares moments de bonne humeur, que Corneille a tort de s'abandonner lui-même; Voltaire a raison : il y a dans la tragédie d'*Horace* deux actions au lieu d'une, Voltaire dit même trois : le combat lui-même, le meurtre de Camille et le procès d'Horace.

Deuxième reproche juste. — *Le manque de proportion de la seconde action.* (Corneille.)

Corneille dit que la seconde action, c'est-à-dire la mort de Camille et ses conséquences, est doublement mauvaise, d'abord parce qu'elle est inutile et, comme on dit, surérogatoire, ensuite parce qu'elle manque de proportion, c'est-à-dire qu'elle n'a pas un commencement, un milieu et une fin, éléments indispensables à la juste grandeur de toute action et réclamés fort judicieusement par Aristote.

Troisième reproche juste. — *La mauvaise gradation des deux périls auxquels le jeune Horace est exposé.* (Corneille.)

La chute d'un péril en un autre n'est pas seulement répréhensible parce qu'elle constitue une seconde action, mais encore parce qu'il y a entre ces deux périls une mauvaise gradation : le premier est plus dangereux, le second l'est moins ; le premier est public, le second est privé ; le premier est illustre, le second est infâme. La gradation au lieu d'aller du moins au plus, va du plus au moins, ce qui est contraire à la logique. Tel est le sens du reproche que Corneille adresse à sa propre pièce.

Quatrième reproche juste. — *Le changement dans l'ordre d'importance des deux rôles de Sabine et de Camille.* (Corneille.)

Corneille dit que le changement qui relègue Sabine au second rang dans les deux derniers actes, après qu'elle a occupé le premier dans les trois précédents, n'est pas motivé ; il le trouve contraire aux règles du poëme dramatique. Il a raison.

Cinquième reproche juste. — *L'absence d'intérêt qu'offrent les plaidoyers du cinquième acte.* (Corneille.)

Corneille dit dans son jugement sur *Horace* : « Tout ce cinquième acte est encore une des causes du peu de satisfaction que laisse cette tragédie. Il est tout en plaidoyers, et ce n'est pas là la place des harangues ni des longs discours ; ils peuvent être supportés en un commencement de pièce, où l'action n'est pas encore échauffée, mais le cinquième acte doit plus agir que discourir. » Il faut prendre acte de cet aveu de Corneille et rendre hommage au génie d'un homme assez grand pour se condamner lui-même. Ce cinquième acte en effet, malgré d'admirables détails, surtout dans le discours du vieil Horace, appartient plutôt à l'éloquence judiciaire qu'à la poésie dramatique. Il manque de mouvement, il traîne.

Sixième reproche juste. — *La monotonie des huit récits et des douze analyses morales qui précèdent la mort de Camille.*

Sans doute il y a un art admirable, une profondeur d'études

psychologiques étonnante dans ces récits et ces analyses, on peut même dire qu'il faut un don d'invention rare pour féconder ainsi son sujet, pour varier à ce point les situations, mais il faut aussi avouer que le même procédé vingt fois répété tourne à la monotonie; c'est l'uniformité au milieu de la variété même. Il y a là l'abus d'une qualité, c'est-à-dire un défaut.

Septième reproche juste. — *Les circonstances de manière et de lieu qui accompagnent le procès du jeune Horace.* (Corneille, Voltaire, Schlégel.)

Corneille dit : « Pour le lieu, bien que l'unité y soit exacte, elle n'est pas sans quelque contrainte..... Le roi fait office de juge dans le logis même d'Horace par la seule contrainte qu'impose l'unité de lieu. » Voltaire dit : « Le jeune Horace ne devrait pas être jugé dans la maison de son père et par le roi seul en présence de Valère, du vieil Horace et d'une troupe de gardes. Les rois de Rome ne rendaient point la justice seuls; il fallait le concours du sénat tout entier ou de ses délégués. » Schlégel dit : « Un défaut plus réel selon moi c'est que le poëte a représenté *intra privatos parietes* un événement public et ce défaut fait tomber manifestement le cinquième acte. Quelle autre impression n'aurait-on pas reçue si le vainqueur, ainsi que le peint Tite Live, solennellement condamné par un arrêt cruel en présence du roi et du peuple entier, eût dû sa grâce aux larmes et aux cris de son vieux père. » Sans doute cette critique est juste, et il faut plaindre Corneille de s'être rendu à ce point esclave de l'unité de lieu. Mais cette inexactitude historique offre peu de gravité; on peut même dire que Corneille n'a pas beaucoup manqué à la vérité historique puisque Tite Live dit qu'Horace fut traduit en justice devant le roi, *raptus in jus ad regem*; le roi créa bien des duumvirs pour juger le coupable, mais l'expression de Tite Live prouve qu'il aurait pu le juger seul.

Huitième reproche juste. — *L'absence de gradation dans l'intérêt général de la pièce.*

C'est une règle du poëme dramatique que l'intérêt aille toujours croissant. Or, il n'en est pas ainsi dans la tragédie d'*Horace*, à partir du meurtre de Camille, parce que le jeune Horace sur lequel l'intérêt général de la pièce s'était porté, cesse,

8

à partir de ce moment, d'avoir notre sympathie. Mais, dira-t-on, on s'intéresse à lui d'une autre manière, parce qu'il court un danger de mort, comme accusé de fratricide. Soit ; mais en supposant qu'on s'intéresse encore au meurtrier d'une femme, il y a toujours diminution d'intérêt, c'est-à-dire absence de gradation, parce que évidemment l'intérêt qu'on porte à un homme exposé à la mort pour avoir assassiné sa sœur est moindre que celui qu'on porte à un homme exposé à la mort parce qu'il se bat sur un champ de bataille pour son pays.

Neuvième reproche juste. — *Le déplacement de l'intérêt après le meurtre de Camille.*

Non-seulement il y a absence de gradation dans l'intérêt général de la pièce, mais encore il y a déplacement de l'intérêt. L'intérêt passe, après le meurtre de Camille, du jeune Horace au vieil Horace. Dès que le jeune Horace a tué sa sœur, ce n'est plus à lui qu'on s'intéresse, mais à ce pauvre vieillard, à ce père de famille privé par la guerre de deux de ses fils, par un fratricide de sa fille unique, et obligé de disputer à la mort son quatrième et dernier enfant. C'est un grave défaut dans une tragédie que ce déplacement de l'intérêt ; il ne doit pas se promener au gré du poëte d'un personnage à l'autre ; nous parlons évidemment de l'intérêt principal ; le personnage sur qui il repose au début doit le conserver jusqu'au bout, sinon la pièce est morcelée et incohérente.

Dixième reproche juste. — *L'ignorance du vieil Horace au sujet de la victoire de son fils entre le troisième et le quatrième acte.* (Voltaire.)

On comprend qu'à la fin du troisième acte le vieil Horace croie que son fils a réellement pris la fuite parce qu'il a été trompé par le récit anticipé de Julie ; mais on ne comprend pas qu'entre le troisième et le quatrième acte, il n'ait pas été tiré de son erreur, et l'on est bien étonné de l'entendre continuer ses imprécations au début du quatrième acte, en présence de Valère, quand celui-ci, le croyant au courant de tout ce qui s'est passé, vient, non pas lui annoncer la victoire de son fils, mais l'en féliciter de la part du roi. Voltaire a raison de dire : « Comment ne s'est-il pas mieux informé ? Pourquoi ignore-t-il seul ce que tout le monde sait ? Je ne sais de réponse à cette critique sinon que ce défaut est presque excusable puisqu'il amène de grandes beautés. »

Onzième reproche juste. — *L'anachronisme du vieil Horace s'agenouillant devant le roi.* (Aimé Martin.)

Le vieil Horace s'agenouille devant le roi, au cinquième acte, quand celui-ci vient le féliciter de la victoire de son fils. « Permettez qu'à genoux... » — « Non, levez-vous, mon frère... » Les sujets ne s'agenouillaient pas devant les rois de Rome ; Corneille oublie ici les mœurs romaines et prend le roi Tullus Hostilius pour un roi de France.

Douzième reproche juste. — *L'amoindrissement du personnage du jeune Horace.*

Le jeune Horace après avoir eu toute notre sympathie comme sauveur de Rome ne nous inspire plus que de l'aversion comme meurtrier de sa sœur.

Treizième reproche juste. — *Plus de vanité que de grandeur dans les paroles d'Horace à sa sœur au retour du combat.* (Voltaire.)

Le langage d'Horace à sa sœur au retour du combat renferme un sentiment de forfanterie déplacée en présence d'une sœur affligée. Voltaire a raison de dire : « Ce n'est plus là l'Horace du second acte. Ce bras trois fois répété et cet ordre de rendre ce qu'on doit à l'heur de sa victoire témoignent, ce semble, plus de vanité que de grandeur. Il ne devrait parler à sa sœur que pour la consoler, ou plutôt il n'a rien à lui dire. Qui l'amène auprès d'elle ? Est-ce à elle qu'il doit présenter les armes de ses beaux-frères ? C'est au roi, c'est au sénat assemblé qu'il devrait montrer ces trophées. » Mais, dira-t-on, c'est Camille qui va au devant d'Horace. Ceci n'est point une excuse. Si elle va au devant d'Horace, c'est que le poëte le veut bien. La critique de Voltaire nous paraît fondée. Corneille a voulu motiver par les fanfaronnades d'Horace les imprécations de Camille, mais les imprécations ne justifient pas les fanfaronnades. Il y a là, croyons-nous, un défaut.

Quatorzième reproche juste. — *Le meurtre de Camille.* (Addison, Voltaire, Gidel.)

Voltaire dit : « Cette scène a toujours paru dure et révoltante. Aristote remarque que la plus froide des catastrophes est celle dans laquelle on commet de sang-froid une action qu'on a voulu commettre. Addison dans son *Spectateur* dit « que ce meurtre de Camille est d'autant plus révoltant qu'il semble commis de sang-froid et qu'Horace, traversant tout le théâtre pour aller poignarder sa sœur, avait tout le temps de la réflexion. » M. Gidel dit : « Il y a un malheureux vers qui justifie toutes ces critiques; le voici : C'est trop, ma patience à la raison fait place. »

Il faut d'abord reconnaître que ce n'est pas justifier cet acte dans la tragédie de Corneille que de dire : il est historique. Corneille en l'admettant, l'a pour ainsi dire créé, il en est responsable, il en accepte la charge; d'un autre côté, il ne s'agit plus de juger ce fait comme entravant ou n'entravant pas l'unité de l'action; il s'agit seulement de juger cet événement : un frère tue sa sœur parce qu'elle lui adresse des invectives à propos de la victoire qu'il vient de remporter. Ce fait est-il acceptable? Non évidemment, au point de vue de la vérité idéale. Mais, dira-t-on, Corneille s'est placé au point de vue historique. C'est là une erreur. Corneille dans ses tragédies se place toujours aux deux points de vue à la fois, au point de vue idéal et au point de vue historique; il cherche toujours à concilier les deux vérités, celle de l'histoire et celle de la morale, c'est ce qu'il fait dans le *Cid*; mais souvent ces deux vérités sont incompatibles, et alors, il arrive de deux choses l'une : ou il tombe dans l'incohérence pour avoir trop ménagé les deux vérités, comme à la fin du *Cid*, ou, malgré sa bonne volonté, il sacrifice une des deux vérités, mais alors il amoindrit son œuvre, ou du moins une partie de son œuvre, en lui ôtant soit sa valeur historique, soit sa valeur morale; dans l'épisode qui nous occupe, il a sacrifié la vérité morale. Corneille était dans une impasse, et il y est resté. Il a été obligé de renoncer à son système de conciliation entre les deux vérités.

Voici deux autres explications qui ont été proposées pour la justification de Corneille.

Première explication.

Corneille n'a jamais su peindre de sentiments mixtes, c'est-à-dire mêlés de deux sentiments différents ou contraires, sans tomber tantôt d'un côté, tantôt de l'autre, au lieu de garder une juste mesure, d'équilibrer ces deux sentiments l'un par l'autre. Ainsi Horace est tout patriotisme, c'est un soldat qui ne semble né pour autre chose que pour se battre. Ainsi Cinna exècre Auguste dans les premiers actes et l'exècre dans le dernier.

Seconde explication.

La seconde explication, malgré quelque différence, se rapproche de la première. On a dit : Corneille dans tout son théâtre se fait une idée absolue de certains sentiments, le patriotisme, la vengeance ; il ne décompose pas cette idée, il se la représente sous une forme simple et abstraite à laquelle ne se mêle aucune idée capable de la limiter ; dans la sphère idéale où il se place, il perd complétement de vue la pensée de tout ce qui dans la vie réelle peut altérer les formes de la grandeur qu'il veut représenter. Ainsi par exemple si Horace tue sa sœur, ce n'est pas parce qu'il l'a tuée dans l'histoire, c'est parce que, s'il se laissait insulter par elle, l'image idéale du patriotisme qu'il représente perdrait de sa pureté et de sa grandeur. L'imagination de Corneille se prêtait parfaitement à cet isolement de chaque grande idée, de chaque grande passion. Le fait que lui fournissait l'histoire était conforme à la tournure de son esprit, à sa théorie sur les grandes affections de l'âme humaine, voilà pourquoi il l'a adopté.

La réponse à ces deux explications est facile : elles nous apprennent pourquoi Corneille a introduit le meurtre de Camille dans sa tragédie, mais elles ne le justifient pas ; elles ne le justifient pas, parce que les sentiments du cœur humain sont toujours, ou du moins presque toujours, mixtes, c'est-à-dire mêlés à d'autres sentiments qui les modifient dans un sens ou dans un autre. Il peut se rencontrer dans la vie humaine certaines circonstances extraordinaires qui commandent à l'homme de n'avoir plus qu'un seul sentiment, mais elles sont rares, et pour peu que l'occasion ne soit pas assez exceptionnelle, le personnage qui sacrifie tout à son idée, au lieu d'être grand, est odieux. C'est ce qui arrive ici pour Horace. La nécessité de tuer Camille n'est pas évidente ; aussi son inflexibilité est-elle non pas une vertu, mais un crime. Tels sont les inconvénients de la théorie de Corneille et de toutes les théories qui oublient trop ce point de départ obligatoire des conceptions de l'esprit, la réalité.

Restent pour la justification de Corneille, la vérité historique du fait et son caractère dramatique. Mais d'un côté, comme nous l'avons dit plus haut, jamais Corneille n'a songé à faire de ses tragédies une reproduction de l'histoire, il aurait cru rabaisser son art en agissant ainsi ; de l'autre, il y a quelque chose qui passe avant l'intérêt dramatique, c'est le naturel. Donc Addison et Voltaire ont raison de blâmer le meurtre de Camille.

Quinzième reproche juste. — *Le penchant trop prononcé de Sabine à se proposer pour victime.* (Voltaire, la Harpe.)

Trois fois dans le cours de la tragédie Sabine offre sa vie en holocauste ; voici dans quelles circonstances : *Premièrement* (II, vi) : avant le combat entre les Horaces et les Curiaces ; elle vient proposer à son mari et à son frère, réunis en ce moment, de la tuer, pour que sa mort ôte à cette lutte son caractère de lutte fratricide, en rompant le seul lien réel qui existe entre les deux familles. *Secondement* (IV, vii) : après le meurtre de Camille, Sabine vient proposer à son mari Horace, c'est-à-dire au meurtrier lui-même, de continuer son œuvre homicide en la tuant à son tour, pour la délivrer d'une vie qui lui est désormais importune, puisqu'elle ne peut plus ni aimer ni détester son mari, sans manquer à son devoir de sœur ou de femme. *Troisièmement* (IV, iii) : au milieu du procès d'Horace, elle demande au roi la faveur de mourir à la place de son mari, conformément à une croyance religieuse qui autorisait ces tristes échanges. Ces offres de sacrifice, quelque généreuses qu'elles soient, sont monotones ; de plus elles ressemblent à une vaine déclamation, parce qu'il est évident qu'Horace, Curiace et le roi ne donneront pas à Sabine la mort qu'elle leur demande. « C'est un remplissage amené par des sentiments peu naturels, » dit la Harpe.

Seizième reproche juste. — *Les longueurs et les subtilités des conversations et des monologues de Sabine, de Camille et même de Curiace.* (Voltaire.)

Si ces conversations et ces monologues ont leur raison d'être et font partie de l'action, comme nous l'avons prouvé ailleurs, on y remarque des longueurs et des subtilités choquantes (§ III, 2ᵉ question). Ce n'est pas en justifier les subtilités que de dire : on aimait alors les concetti ; ce n'est pas en justifier les longueurs que de dire avec Voltaire : « Les comédiens voulaient alors des monologues ; c'étaient des exercices de déclamation qui faisaient briller le talent des actrices. » L'art n'est pas une question de mode ; il n'admet pas ces concessions au goût du temps.

Dix-septième reproche juste. — *Les sentiments et la phraséologie romanesques de certains personnages.* (Victor Fournel.)

Sabine et Camille parlent et pensent souvent comme des précieuses de l'époque ; elles se servent d'expressions et font même sur l'amour des théories qui semblent empruntées aux ruelles. (V. paragraphe III.) Sabine fait même des vers en refrain qui, pour parler comme Alceste, sortent du bon caractère et de la vérité.

Dix-huitième reproche juste. — *Le rôle ridicule et même passablement odieux de Valère.* (Sainte-Beuve.)

Valère aime Camille, concurremment avec Curiace, le préféré ; il est désigné par Corneille sous le nom de l'amoureux, Curiace sous celui de l'amant, suivant une distinction de langage usitée du temps de l'auteur. Valère appartient à une classe assez nombreuse dans le théâtre de Corneille, les amoureux en seconde ligne, par ricochet, qui se tiennent derrière le préféré, épiant les circonstances favorables. Ils jouent tous un rôle un peu ridicule, ou, si l'on aime mieux, légèrement comique. Tels sont l'Infante et don Sanche dans le *Cid*, Maxime dans *Cinna*, Valère dans *Horace*. Valère paraît deux fois dans la tragédie. La première (IV, II), pour venir annoncer au vieil Horace la victoire du jeune Horace et la mort des trois Curiaces, avec l'empressement d'un galant qui se fait de fête, dit Sainte-Beuve, parce qu'il croit que la mort du Curiace son rival rend quelque chance à son amour délaissé, et le fera agréer de Camille qui ne songe nullement à lui ; dans cette circonstance il est ridicule. La seconde fois (V, II), pour accuser le jeune Horace de fratricide devant le roi, c'est-à-dire pour demander la mort du dernier survivant d'une famille où il a voulu entrer, pour chercher à priver de son dernier enfant un malheureux vieillard dont il a voulu devenir le gendre. Quel que soit le chagrin qu'il ressente de la mort de Camille, il devrait le renfermer en lui-même, au lieu de chercher par esprit de vengeance à ajouter ce deuil à tous ceux dont vient d'être frappé ce pauvre père de famille. Dans cette circonstance il est odieux.

Tels sont les reproches justes adressés à la tragédie d'Horace. Ils sont nombreux mais sans importance, et ne rabaissent pas le mérite de la pièce.

PARAGRAPHE VII

Reproches injustes.

Premier reproche injuste. — *Le mauvais choix du sujet.* (Voltaire.)

Première réfutation tirée des faits matériels. Quoi de plus dramatique, que l'histoire de cette noble famille achetant la gloire nationale et le triomphe de Rome au prix des plus grands malheurs domestiques! le vieil Horace perd trois enfants et se voit menacé de perdre le quatrième; le jeune Horace perd ses deux frères, ses trois beaux-frères, et, pour comble de maux, tue sa sœur; Sabine perd ses trois frères et sa belle-sœur; toutes ces morts successives qui plongent deux familles dans le deuil sont autant de sacrifices offerts à la patrie. Voltaire trouve toutes ces aventures peu tragiques; c'est-être bien difficile. Peu de drames de Shakspeare sont plus nourris de catastrophes, plus sanglants! Il y a certainement dans les infortunes de cette famille honnête et courageuse, victime des devoirs sacrés du patriotisme, autant d'intérêt que dans bien d'autres tragédies à la mode reposant sur des folies amoureuses ou des maximes philosophiques.

Deuxième réfutation tirée des récits et des situations morales. Pour comprendre l'injustice du reproche de Voltaire, il suffit de songer au merveilleux parti que Corneille a su tirer du récit de Tite Live. Il suffit de récapituler les nombreux épisodes et les nombreuses situations morales imaginées par le poëte, avant, pendant et après le combat pour comprendre avec quel art l'auteur a su approprier à la scène un sujet stérile par lui-même. On peut même dire que cette tragédie est le type des tragédies françaises, parce qu'elle résume l'esprit même du théâtre français, sous une forme un peu exagérée, il est vrai, mais saisissante; tout le monde sait en effet que le caractère du théâtre français est l'analyse des sentiments généraux du cœur humain et que ce sont les révolutions morales qui constituent chez nous ce qu'on est convenu d'appeler les coups de théâtre. Or il est peu de tragédies du théâtre classique qui offrent une aussi grande variété de sentiments généraux et de révolutions morales que la tragédie d'*Horace*. Voltaire a donc tort de dire que le sujet d'*Horace* convient à l'histoire, mais non pas au théâtre. Ce qui l'a porté à exprimer ce jugement, c'est qu'il considérait la marche de l'action et non les détails de l'exécution; mais c'est là une critique mal fondée; le plan peut être faible sans que le choix du sujet soit défectueux.

Deuxième reproche injuste. — *La pièce est une allusion perpétuelle à des faits que l'on ne voit pas.* (Schlégel.)

« En France, dit Schlégel, la défaveur est attachée à tout ce qui frappe les sens. Ce ne sont que les choses incroyables ou révoltantes par leur atrocité qu'Horace veut qu'on dérobe à nos yeux. Il est vrai que l'emploi des moyens physiques peut être sujet à l'abus; mais l'on peut blâmer avec autant de raison l'extrême opposé, c'est-à-dire l'usage de tout refuser aux yeux, de faire que toute la pièce soit une allusion à ce qu'on ne voit pas. Plusieurs tragédies françaises font naître dans l'esprit du spectateur l'idée confuse que de grands événements ont lieu quelque part, mais qu'il est mal placé pour en être le témoin. Il est certain que, lorsqu'on ne nous présente jamais que les effets de causes éloignées ou qui restent invisibles pour nous, la vivacité de nos impressions en est fort diminuée; il vaudrait peut-être mieux que ce fût le contraire, que les causes fussent mises en action et les effets en récit. »

Ce passage de Schlégel exprime nettement la différence des deux systèmes dramatiques qui consistent, le premier à s'adresser aux sens plutôt qu'à l'âme, le second à l'âme plutôt qu'aux sens, systèmes qui ont prévalu le premier en Angleterre avec Shakspeare, en Allemagne avec Goëthe, en Espagne avec Lope de Véga, le second en France avec Corneille et Racine. Derrière ces deux théories opposées se trouve la grande question du matérialisme et du spiritualisme dans l'art. Le débat ramené à ces principes est facile à trancher; tout esprit élevé comprend que, l'âme valant mieux que le corps, l'analyse morale est préférable au développement des faits matériels. D'un autre côté, Schlégel a raison quand il condamne l'abus de l'analyse; l'abus est toujours mauvais; mais avant qu'un écrivain de génie ait trouvé un juste milieu entre l'emploi des moyens moraux et celui des moyens physiques, l'abus du premier vaudra toujours mieux que l'abus du second. La tragédie d'Athalie de Racine est un acheminement vers la conciliation des deux systèmes. Le théâtre entier de Casimir Delavigne a été une tentative ingénieuse, mais malheureusement sans succès, en faveur de la tragédie mixte parlant à la fois à l'âme et aux sens; l'école romantique de 1830 a fait faire à l'art pur, c'est-à-dire au spiritualisme, un pas en arrière, en exagérant les tendances matérialistes du théâtre anglais, allemand, espagnol.

Troisième reproche injuste. — *L'absence de sentiment religieux.* (Gustave Planche.)

« Je reconnais volontiers, dit Gustave Planche, que le dix-septième siècle a travesti l'antiquité ; c'est une vérité qui n'a pas besoin d'être démontrée ; je reconnais sans me faire prier que Pierre Corneille, malgré la fierté des sentiments qui l'animaient, n'a pas toujours respecté le texte des historiens dont il empruntait le secours ; si l'on compare les pages de Tite Live à la tragédie d'*Horace*, l'infidélité est flagrante ; le poëte a négligé tout le côté religieux du sujet qu'il avait choisi. » Si le critique adresse ce reproche à Corneille, c'est parce qu'il a omis dans sa pièce les Suffètes ; il le dit lui-même ; mais on peut répondre que, si les Suffètes sont absents de la tragédie, les dieux y sont présents partout. (V. paragraphe III.)

Quatrième reproche injuste. — *L'éloignement du vieil Horace du champ de bataille.* (Voltaire.)

Voltaire dit : « Il est invraisemblable que Julie voie le combat et que le vieil Horace ne le voie pas. Il semble intolérable qu'une suivante ait vu le combat et que le père des trois champions de Rome reste inutilement avec des femmes, pendant que ses enfants sont aux mains. »

D'abord si Julie voit le combat, c'est du haut des remparts, avec toutes les femmes romaines réunies sur cet observatoire élevé. Ensuite Julie est une étrangère, une suivante qui regarde ce spectacle par curiosité, sans que son cœur y soit intéressé. Il n'en est pas de même du vieil Horace. Il a fait un grand effort pour se rendre sur le champ de bataille ; il y est resté quelques instants ; il a vu les premières passes des combattants, c'est même lui qui en rend compte à sa fille et à sa bru (III, v), mais il ne s'est pas senti le courage d'assister jusqu'au bout aux péripéties de cette lutte cruelle ; un scrupule d'amour paternel bien facile à comprendre en pareille circonstance l'a ramené à la maison. Il y a là un mouvement touchant du cœur humain que Voltaire a tort de blâmer. Il ne faut pas oublier non plus que ce vieillard n'est pas seulement ferme et énergique, vrai modèle de patriotisme ; il est tendre, il aime ses enfants ; sa présence continue, jusqu'au bout, sur le champ de bataille n'aurait été qu'une curiosité barbare, une insensibilité farouche qui lui aurait donné une trop grande ressemblance avec son fils. C'est ce que Corneille a voulu éviter et il a eu raison.

Cinquième reproche injuste. — *Invraisemblance de la méprise du vieil Horace sur la fuite de son fils, au début de son entretien avec Valère.* (Voltaire.)

Il n'est pas question ici de l'erreur du vieil Horace sur la fuite de son fils, quand Julie vient lui faire un récit anticipé du combat; son erreur en cette circonstance est naturelle, puisque Julie se trompe elle-même. Il est question de la continuation de son erreur à l'acte suivant (IV, II), au début de son entretien avec Valère. Voltaire dit qu'en cette circonstance elle est invraisemblable pour deux raisons : d'abord parce qu'il aurait dû être détrompé dans l'intervalle du troisième au quatrième acte, tout le monde connaissant le résultat du combat; ensuite parce que Valère qui vient s'entretenir avec lui n'a pas, comme précédemment Julie, l'excuse de l'ignorance et qu'il devrait tout de suite le mettre au courant des faits, dès qu'il s'aperçoit de sa méprise.

La première partie de ce reproche est juste (voir *dixième reproche juste*), mais la seconde ne l'est pas. En admettant l'ignorance du vieil Horace au sujet de la fuite de son fils, Valère ne pouvait pas détromper le vieillard plus tôt qu'il ne le fait. Voici pourquoi. Il ne vient pas pour apprendre au vieil Horace le résultat du combat, il le croit connu de lui; il vient pour l'en féliciter; il est convaincu que son interlocuteur est au courant de tout ce qui s'est passé, et quand il entend ses paroles courroucées, semblable à une personne interdite et qui ne comprend rien à ce qu'elle entend, il reste muet, ne sachant que penser, ne sachant que dire. Cette situation hésitante est très-naturelle; il ne se rend pas compte du quiproquo. Ce n'est qu'au moment où il voit clairement l'erreur de son interlocuteur qu'il la dissipe d'un mot. La méprise du vieil Horace n'est donc pas trop prolongée; dès que Valère la comprend, et il ne pouvait pas la comprendre plus tôt, elle cesse. Voltaire a donc tort de dire : « Je ne sais pas s'il n'y a pas dans cette scène un artifice trop visible. » Tout y est naturel et logique.

Sixième reproche injuste. — *La faiblesse de ce vers :*

Ou qu'un beau désespoir alors le secourût! (Fénelon, Voltaire, Chamfort.)

Fénelon dit qu'il n'est là que pour la rime, c'est-à-dire que c'est un vers de remplissage : « Notre versification trop gênante engage souvent les meilleurs poëtes tragiques à faire des vers chargés d'épithètes pour attraper la rime. Pour faire un bon vers, on l'accompagne d'un autre vers faible qui le gâte; par exemple, je suis charmé quand je lis ces mots : « Qu'il mourût! » mais je ne puis souffrir le vers que la rime amène aussitôt. » (*Lettre sur les occupations de l'Acad. franç.*, VI.)

Voltaire a renouvelé cette critique, quoique en termes moins sévères : « Voilà, dit-il, le fameux : « Qu'il mourût!... » Tout l'auditoire fut si transporté qu'on n'entendit jamais le vers faible qui suit. »

Chamfort, qui blâmait aussi ce vers, proposa cette correction ourde et malencontreuse :

JULIE.
Mais il est votre fils!
LE VIEIL HORACE.
Lui, mon fils! Il le fut.

La Harpe justifie ainsi ce vers : « Horace devait-il s'arrêter sur le mot : Qu'il mourût? Il est beau pour un Romain, mais il est dur pour un père, et Horace est à la fois l'un et l'autre. Quelle est donc l'idée qui doit suivre naturellement cet arrêt du vieux romain : Qu'il mourût! C'est assurément la possibilité consolante que, même en combattant contre trois et se résolvant à la mort, il y échappe cependant. C'est Rome qui a prononcé : Qu'il mourût! C'est la nature qui, ne renonçant jamais à l'espérance, ajoute tout de suite : Ou qu'un beau désespoir alors le secourût. Je veux bien que Rome soit ici plus sublime que la nature, cela doit être; mais la nature n'est pas faible quand elle dit ce qu'elle doit dire. » Nous sommes tout à fait de l'avis de la Harpe; le premier vers renferme un sentiment d'honneur, le second un sentiment de tendresse.

On a proposé une autre explication de ces deux vers. On a dit : Dans les deux cas, c'est le père qui parle et qui exprime deux fois un sentiment d'honneur; seulement dans le premier vers, c'est un sentiment d'honneur vif et impétueux qui lui fait souhaiter pour son fils la mort plutôt que la honte, et dans le second, c'est un sentiment d'honneur réfléchi qui lui fait désirer la victoire de Rome sur Albe parce qu'il comprend que la mort de son fils entraînerait la victoire d'Albe.

Cette explication est confuse. Elle prétend que c'est le père qui parle deux fois, mais en réalité elle fait parler deux fois le citoyen, puisque derrière le premier vers elle place l'idée de la mort du jeune Horace pour son pays, et derrière le second celle de la victoire d'Albe assurée par sa vie. Mais, dira-t-on, dans le second vers, comme il y a l'idée de la vie de son fils, c'est le père qui parle. Sans doute, mais alors dans le même vers, il y aurait deux idées, celle du citoyen pensant au devoir et celle du père pensant à son amour. Corneille n'a pas l'habitude de confondre ainsi les deux langages, celui du devoir et celui de la passion, lui qui a fait de cette antithèse le sujet même de son théâtre. Il est bien plus naturel et plus logique de dire que quand le vieil Horace parle de la mort de son fils, il parle en citoyen et non en père, et quand il parle de son salut, il parle en père et non en citoyen. C'est plus net que de supposer un père parlant deux fois en citoyen, avec cette différence que, la première fois, il parle seulement en citoyen, tandis que la seconde, il parle non-seulement en citoyen, mais encore en père, ce qui est bien embrouillé.

Nous préférons l'explication de la Harpe.

Septième reproche injuste. — *Le péril illusoire du jeune Horace.* (Voltaire.)

On a dit : Le péril que court le jeune Horace après le meurtre de sa sœur est purement fictif. Malgré la rigueur des lois romaines, sa victoire rend son châtiment impossible. Or c'est un défaut dans une tragédie de chercher à effrayer le lecteur par des dangers inoffensifs auxquels on s'efforce de donner un air redoutable : il ne faut pas se jouer ainsi de notre sensibilité. Ce reproche est injuste parce que le danger d'Horace est sérieux; on craint qu'il ne soit conduit au supplice, et la preuve qu'on a raison de le craindre, c'est qu'il y fut réellement conduit. En effet, le tribunal des duumvirs le condamna, un arrêt de mort fut rendu contre lui : déjà le licteur s'avançait pour le saisir; déjà il lui liait les mains, quand l'ordre de grâce arriva. « Pourquoi donc, dit Geoffroy, un danger si réel dans l'histoire serait-il un danger illusoire sur la scène? »

Huitième reproche injuste. — *Le mélange de familia-*

rité et de sublime dans le langage du vieil Horace. (Voltaire.)

Voltaire blâme certaines expressions du vieil Horace, comme :

> Qu'est ceci, mes enfants? Écoutez-vous vos flammes?
> Et perdez-vous ainsi le temps avec des femmes? (II, vii.)

Cette familiarité s'accorde bien avec ce je ne sais quoi de rude et de simple qui fait la principale beauté de ce personnage ; loin de le rabaisser, elle lui laisse toute son héroïque grandeur ; plus d'élégance dans les termes jurerait avec son caractère. Voltaire, en blâmant ces expressions, cède aux préjugés de son temps où l'on voulait de la dignité partout, où l'on abusait du genre noble.

Neuvième reproche injuste. — *La maladresse du mariage de Sabine et l'invraisemblance qui en résulte.* (Schlégel.)

Schlégel s'exprime ainsi : « Pourquoi le poëte ne s'est-il pas contenté de suivre l'histoire, qui nous apprend qu'une sœur d'Horace aimait un Curiace? Pourquoi a-t-il encore imaginé de marier une sœur de Curiace avec un des Horaces? Il résulte de là une grande invraisemblance. Eût-on jamais choisi pour un pareil combat des guerriers rapprochés par une aussi étroite alliance ? » Ce mariage de Sabine et d'Horace est la plus heureuse invention de Corneille ; c'est précisément cette alliance qui lui a permis de montrer le contre-coup des événements publics sur cette famille honnête et courageuse, de présenter tous les traits d'héroïsme par lesquels elle se signale, de mêler les émotions du foyer à celles du champ de bataille, en un mot de tracer parallèlement ce double tableau de la famille et de la cité antiques. Quant à l'invraisemblance de cette lutte entre parents, elle n'existe que dans l'imagination du critique ; l'histoire romaine n'offre que trop d'exemples de luttes semblables. Les Romains et les Sabins ne se sont-ils pas battus après l'enlèvement des Sabines, c'est-à-dire les beaux-pères contre leurs gendres et les pères de leurs petits-enfants, et les combattants se seraient-ils jamais séparés sans l'intervention des femmes ?

Dixième reproche injuste. — *Mention intempestive de la vertu d'Horace.* (Voltaire.)

Voltaire dit qu'Horace a tort de parler de sa vertu après avoir tué sa sœur : « Embrasse ma vertu pour vaincre ta faiblesse. » (IV, vii.) Le mot *vertu*, *virtus*, n'avait pas chez les Romains le sens qu'il a chez nous. Montesquieu le définit très-bien dans le passage suivant : « C'était un amour dominant pour la patrie qui, sortant des règles ordinaires des crimes et des vertus, n'écoutait que lui seul et ne voyait ni citoyen, ni ami, ni bienfaiteur, ni père; la vertu semblait s'oublier pour se surpasser elle-même, et l'action qu'on ne pouvait d'abord approuver parce qu'elle était atroce, d'après les idées romaines, elle la faisait admirer comme divine. » (*Grand. et décad. des Romains*, XI.) Si la vertu est l'énergie, l'inflexibilité patriotique, Horace, d'après les idées romaines, ne cesse pas d'être vertueux, même après avoir tué sa sœur. Voltaire a tort.

Onzième reproche injuste. — *Un outrage odieux d'Horace à Curiace.* (Vauvenargues, Voltaire.)

Voltaire dit : « Un des excellents esprits de nos jours, Vauvenargues, trouvait un outrage odieux qu'Horace ne devrait pas faire à son beau-frère dans les vers suivants :

> Non, non, n'embrassez point de vertu par contrainte;
> Et, puisque vous trouvez plus de charme à la plainte,
> En toute liberté goûtez un bien si doux. (II, iii.)

On lit en effet dans Vauvenargues : « Corneille apparemment veut peindre ici une valeur féroce. Mais s'exprime-t-on ainsi avec un ami et un guerrier modeste? La fierté est une passion fort théâtrale, mais elle dégénère en vanité et en impolitesse sitôt qu'on la montre sans y être provoqué. » (*Introduction à la connaissance de l'esprit humain.*)

Voltaire adopte cette critique et renchérit même sur Vauvenargues en disant : « J'ajouterai à cette réflexion de l'homme du monde qui pensait le plus noblement, qu'outre la fierté déplacée d'Horace, il y a une ironie, une amertume, un mépris, dans sa réponse, qui sont bien plus déplacés encore. » Le reproche de Vauvenargues et de Voltaire est injuste; Horace n'est pas un modèle d'humanité, ni de politesse; ce n'est pas un homme du monde : malgré ses vertus, il est à demi barbare. Le langage d'un personnage doit être en rapport avec ses actions et son caractère.

Douzième reproche injuste. — *La modestie de Curiace.* (Aimé Martin.)

Aimé Martin blâme ces paroles de Curiace à Horace :

> La guerre en tel éclat a mis votre valeur
> Que je tremble pour Albe et prévois son malheur ;
> Puisque vous combattez, sa perte est assurée. (II, I.)

« Il nous semble, dit le critique, que Corneille s'écarte un peu ici de la vérité des mœurs antiques. La modestie est une vertu toute moderne. » Ce jugement est exagéré. Plus d'un grand homme de l'antiquité était modeste : ainsi les grands capitaines de l'ancienne république qui retournaient à leur charrue après la victoire, Virgile surnommé la jeune fille et bien d'autres. La modestie de Curiace sert encore à faire ressortir l'assurance hautaine et dédaigneuse d'Horace.

Treizième reproche injuste. — *L'inutilité du rôle de Sabine.* (Corneille, Voltaire.)

Corneille dit : « Le personnage de Sabine est heureusement inventé, mais il ne sert pas plus à l'action que l'Infante à celle du *Cid*. » Voltaire ajoute : « Il est vrai que ce rôle n'est pas nécessaire à la pièce, » mais il cherche à le justifier en disant : « J'ose être ici moins sévère que Corneille, ce rôle est du moins incorporé à la tragédie. » Voltaire dit ailleurs que Sabine n'est introduite dans la pièce que pour se plaindre. Il pousse même la barbarie jusqu'à reprocher à cette femme de ne pas mourir. « Sabine parle toujours de mourir, il n'en faut pas tant parler, quand on ne meurt pas. » Tous ces reproches sont exagérés. Sans doute Sabine ne mène pas les événements, elle n'a pas d'influence sur son mari ni sur son beau-père et son rôle est un peu monotone ; son langage est de plus maniéré et précieux ; mais ce personnage est très-utile ; son mariage avec Horace est même la plus heureuse invention de la pièce ; sans elle la tragédie serait impossible, car, sans elle, Corneille n'aurait pas pu développer sa principale idée, le contre-coup des événements publics sur une famille honnête et courageuse. Ensuite, si Sabine ne mène pas l'action parce qu'elle est passive et sans influence sur les hommes qui l'entourent, elle y est cependant liée par la part qu'elle prend à tous les événements ; elle est en effet dans la pièce ce que toute femme doit être au sein de sa famille, s'intéressant à tout ce qui concerne son mari, ses frères, sa belle-sœur, son beau-père ; sans doute elle ne se bat pas, mais elle tremble pour ceux qui se battent ; elle ne meurt pas, mais elle ressent des alarmes aussi terribles que la mort. Sans elle enfin, toutes les révolutions morales qui font le principal intérêt de la pièce n'existeraient pas, puisqu'elles sont amenées par les liens de parenté qui unissent les combattants, et qu'elle est le seul lien réel entre les deux familles. C'est donc un personnage utile et même indispensable.

Quatorzième reproche injuste. — *L'absence d'intérêt des conversations de Sabine et de Camille.* (Voltaire, la Harpe.)

Voltaire dit que Sabine et Camille ne viennent « que pour faire conversation, pour remplir le vide de la scène, pour amuser le peuple. » Voici sa phrase : « Il semble que Camille vienne sans aucun intérêt et seulement pour faire conversation ; la tragédie ne permet pas qu'un personnage paraisse sans une raison importante ; on est fort dégoûté aujourd'hui de toutes ces longues conversations qui ne sont amenées que pour remplir le vide de la scène et qui ne le remplissent pas. » Il dit ailleurs à propos de l'acte III, scène IV. « Cette scène est froide ; on sent trop que Sabine et Julie ne sont là que pour amuser le peuple en attendant qu'il arrive un événement intéressant. »

Tel est le reproche, en voici la réfutation. Sabine et Camille ne viennent pas en scène uniquement pour s'entretenir. Chacune de leurs conversations est l'écho d'un fait matériel qui se passe, vient de se passer ou va se passer sur le champ de bataille, fait matériel que l'auteur au lieu d'exposer sous nos yeux, physiquement, préfère nous révéler moralement, pour ainsi dire, c'est-à-dire par l'analyse des sentiments qu'il provoque chez Sabine et chez Camille ; chacune de leurs conversations, conséquence et explication des divers épisodes de l'action, est comme un miroir à travers lequel le poëte nous fait voir les événements invisibles qui se passent loin de la scène. Elles ne conduisent pas l'action, mais elles en indiquent la marche. Il est donc faux de dire que Sabine et Camille ne viennent que pour s'entretenir, pour remplir le vide de la scène, pour amuser le peuple. Chacune des scènes où elles causent est le reflet des événements du dehors qui forment le nœud même de l'action. On peut ajouter, pour la justification de Corneille, que cette manière de présenter les faits matériels, de les immatérialiser pour ainsi dire, est très-originale et tout à fait conforme au caractère spiritualiste et essentiellement cartésien du théâtre français au dix-septième siècle. On doit lui en faire un mérite et non un reproche.

L'explication précédente fait comprendre pourquoi Corneille

a mis dans sa tragédie d'*Horace* tant de conversations, de confidences et de monologues de femmes; c'est qu'il lui répugnait de parler aux yeux des spectateurs, il préférait s'adresser à leur âme; pour éviter l'exhibition physique des faits, il a eu recours à un ingénieux dédoublement qui consiste à décomposer les événements en événements matériels relégués loin de la scène et en événements moraux, contre-coups des premiers, présentés sur la scène, sous forme de conversations. Ce procédé dramatique est vivement attaqué par Schlégel; Corneille et Racine en ont largement usé; on peut dire que c'est pour eux un titre d'honneur.

Quinzième reproche injuste. — *Le manque d'intérêt du caractère de Camille, vu sa violence.* (Voltaire.)

On a vivement critiqué le caractère de Camille. On a dit: « Elle montre une intempérance de langage, une violence de caractère qui attestent de sa part une grande faiblesse et la rendent insupportable. Cet emportement ne plaît pas chez une femme et exclut toute sympathie; aussi quand elle meurt, bien que sa mort soit affreuse et injuste, la pitié ne s'attache pas à elle, on ne la plaint pas, comme on ferait une femme modérée et raisonnable; en un mot ce personnage n'est pas intéressant. » Cette appréciation du caractère de Camille est fort juste; mais c'est précisément parce que ce caractère est ainsi conçu et qu'il produit sur le spectateur l'effet précédent que Corneille est à l'abri de tout reproche. Il a voulu que Camille fût peu intéressante. C'est en effet une règle du poëme dramatique que, lorsqu'un personnage est tué au théâtre, l'auteur doit motiver sa mort par les défauts de son caractère ou les torts de sa conduite, sans quoi il révolterait la conscience publique par un crime gratuitement odieux. Voilà pourquoi Corneille a représenté Camille violente, emportée, agressive. C'est une preuve d'art; il faut lui en faire un mérite et non un reproche.

Seizième et dernier reproche injuste. — *L'inconvenance des félicitations de Camille à Curiace sur sa prétendue fuite.* (Voltaire.)

Camille s'imagine, en voyant venir Curiace, qu'il a fui le champ de bataille, et elle l'en félicite.

Tu fuis une bataille à tes vœux si funeste. (I, III.)

Voltaire dit à ce sujet : « Il est bien étrange que Camille interrompe Curiace pour le soupçonner et le louer d'être un lâche ; ce défaut est grand et il était aisé de l'éviter. » Voltaire se trompe. Il fallait précisément que Corneille prêtât des défauts à Camille, comme nous venons de le voir. L'oubli de tout sentiment patriotique, l'éloge de la lâcheté achèvent bien de peindre cette femme faible et passionnée qui sacrifie tout à son amour, son devoir et celui des autres. Corneille lui a fait dire ce qu'il voulait et ce qu'il fallait lui faire dire.

Tels sont les reproches justes et injustes adressés à la tragédie d'*Horace*.

FIN DE LA TRAGÉDIE D'HORACE.

EXPLICATION
DU THÉATRE CLASSIQUE

CORNEILLE

CINNA

ANALYSE DE LA TRAGÉDIE.

Émilie est la fille de Toranius, ancien tuteur d'Octave, assassiné par son pupille pendant le triumvirat. Quoique ce crime remonte à vingt années et qu'Auguste ait effacé sa faute en adoptant Émilie et en la comblant de bienfaits, celle-ci ne songe qu'à venger son père. Elle a choisi pour l'instrument de son dessein, Cinna, qui l'aime, et elle lui a annoncé qu'elle lui accordera sa main s'il consent à tuer Auguste. Il accepte et forme avec Maxime une conspiration dont le but est d'assassiner l'empereur. Émilie nous fait part elle-même de ces faits et de ses sentiments dans deux scènes différentes qui servent d'exposition à la pièce : d'abord dans un monologue où elle exprime plutôt ses hésitations et ses craintes au sujet de Cinna que son projet bien arrêté de punir Auguste, ensuite dans une conversation avec sa confidente Fulvie, dont les objections irritent sa fureur et l'amènent à exposer avec une précision énergique son plan de vengeance. Cinna, qui s'est empressé de répondre au premier appel d'Émilie, vient lui rendre compte d'une séance où les conjurés ont arrêté le jour, l'heure et le lieu de l'exécution d'Auguste. Tout paraît donc marcher au gré des deux amants, lorsque Évandre, affranchi de Cinna, accourt lui annoncer qu'Auguste le mande auprès de lui, ainsi que Maxime. Sont-ils découverts ou trahis? Ils l'ignorent, mais il faut obéir : après des protestations de dévouement et de courage, ils se séparent ; Cinna se rend au palais de l'empereur, comptant prendre en chemin Maxime qui n'a pas encore paru.

Auguste ne soupçonnait rien du complot ; mais fatigué des soins de l'empire et désireux de s'en démettre, il a fait venir auprès de lui ses plus intimes confidents pour les consulter sur son projet d'abdication, ne se doutant pas qu'ils viennent d'aiguiser contre lui leurs poignards. Cinna, qui comprend que l'abdication d'Auguste déjouerait la vengeance d'Émilie, car il n'a plus de raison de le tuer s'il n'est plus le tyran de Rome, lui conseille de garder le pouvoir ; Maxime, plus sincère, voyant que la proposition d'Auguste réalise ses vœux de républicain, et heureux en même temps de sauver les jours de l'empereur, contre qui il n'a aucun grief personnel, lui conseille d'abdiquer. Cinna insiste, Auguste se rend à ses instances parce qu'il est convaincu de l'inutilité et même des dangers de son abdication pour Rome. Afin de remercier ses deux familiers de leur affectueux désintéressement, il donne à Cinna la main d'Émilie, et à Maxime le gouvernement de la Sicile, puis, après cette distribution de faveurs, se retire, laissant ses assassins à leurs perplexités. A la suite de cette délibération, où Cinna s'est conduit en traître et Maxime en honnête homme, Maxime reproche à Cinna sa conduite ; pour toute justification, Cinna lui répond que c'est son amour pour Émilie qui lui a fait tenir ce langage. Ce mot est pour Maxime une révélation. Lui aussi aime Émilie sans s'être déclaré ; Cinna n'est donc plus seulement son complice, c'est son rival. Il forme dès lors le projet de le perdre en révélant à l'empereur le secret de la conjuration. Il charge Euphorbe, son confident, de cette triste mission. Mais comme il comprend que Cinna en comparaissant devant l'empereur ne manquera pas de dénoncer sa propre participation au complot et que l'empereur le fera aussitôt rechercher lui-même et punir, il ordonne à son confident d'ajouter qu'il s'est suicidé en se précipitant dans le Tibre, pour échapper au double remords causé par sa trahison envers l'empereur et envers son ami. Mais Euphorbe n'est pas plus tôt parti que Cinna revient auprès de Maxime, troublé, hésitant, saisi de remords, décidé à abandonner le complot. Il déclare même qu'il y renonce, si Émilie y consent. Ce désir de plaire à la fille de Toranius ne fait qu'irriter davantage Maxime qui persévère dans son projet de trahison et ne fait rien pour retrouver Euphorbe. Il se retire pour accomplir son soi-disant projet de suicide. Cinna resté seul exhale ses remords, lorsque tout à coup apparaît Émilie qui dissipe facilement l'hésitation de son timide complice et lui fait jurer une seconde fois la mort de l'empereur.

Cependant Euphorbe a tout révélé à Auguste. Celui-ci, atterré par la découverte de ce complot, exhale dans un admirable monologue son chagrin, son repentir et sa colère; toutefois il hésite entre la punition et le pardon, quand l'impératrice Livie, qui jusqu'à ce moment n'a pas paru, lui conseille la clémence. Il écoute cet avis, mais sans se prononcer, restant encore incertain sur la décision suprême à laquelle il s'arrêtera. Il se retire après avoir fait mander Cinna. Mais entre cet appel du coupable et son interrogatoire se passe un épisode tragi-comique : Maxime, que l'on croyait mort, ressuscite tout à coup pour se jeter aux pieds d'Émilie et lui proposer un enlèvement que celle-ci repousse avec dédain ; cette résurrection et cette proposition lui ouvrent les yeux ; elle comprend la trahison de Maxime et exprime, dans un monologue, son désespoir et sa confusion.

Enfin Cinna est devant Auguste. Celui-ci, dans une première entrevue, où il ne laisse percer que sa colère et ses intentions de vengeance, lui fait une longue énumération de ses bienfaits et le force à entendre les moindres détails de son complot. Puis il l'humilie à plaisir en lui faisant comprendre sa faiblesse et sa nullité. Cinna, démasqué, cherche d'abord à nier, mais accablé de preuves et voyant tout mensonge impossible, il essaie de se relever par une bravade ; Auguste l'accable de nouveau de sa colère et de son mépris et le laisse partir avec la crainte du dernier supplice. Quelle est son intention à ce moment? il hésite toujours et semble plutôt prêt à punir qu'à pardonner. Mais bientôt se présentent successivement devant lui Émilie et Maxime qui viennent avouer leur participation au complot, le dernier même pousse la lâcheté jusqu'à demander le supplice d'Euphorbe. Auguste, voyant surgir de tous côtés des traîtres et comprenant que le ciel est, pour ainsi dire, irrité contre lui, veut l'apaiser par sa clémence ; dans un magnifique élan de générosité, il pardonne à tous ses ennemis et met même le comble à sa grandeur d'âme en donnant à Cinna le consulat et la main d'Émilie. Il est immédiatement récompensé de sa magnanimité par le repentir de Cinna, qui lui jure un entier dévouement ; d'Émilie, qui fléchit son orgueil et abjure sa haine ; de Maxime enfin, qui lui exprime sa confusion et ses remords. Livie, à la vue de ces conversions sincères et de la grandeur d'âme de son époux, est saisie d'un transport prophétique et présage à Auguste la prospérité d'un règne glorieux. Rome, dit-elle en terminant,

> Vous prépare déjà des temples, des autels,
> Et le ciel une place parmi les immortels.

PARAGRAPHE I

Date. — Titre. — Dédicace. — Sources de la tragédie. — Authenticité du fait. — Sort des représentations. — Imitation et parodie. — Double caractère de la pièce, antique et moderne. — Comparaison entre *Horace* et *Cinna*. — Idée principale de la pièce. — Énumération et gradation des personnages.

Première question. — *Quelle est la date de la première représentation de Cinna ?*

1639, trois ans après le *Cid*. Corneille s'était retiré à Rouen, découragé par les persécutions que lui avait attirées sa dernière pièce ; Balzac lui avait conseillé de se venger de ses ennemis en faisant quelque nouveau *Cid*. Il s'était mis à l'œuvre et avait produit *Cinna* :

> Au *Cid* persécuté *Cinna* doit sa naissance.

dit Boileau. Corneille fit plus encore ; la même année il publia *Horace*, c'est-à-dire deux chefs-d'œuvre.

Deuxième question. — *Quel est le titre complet de cette tragédie ?*

Cinna ou la clémence d'Auguste. Si l'auteur a ajouté à son titre un sous-titre, contrairement à l'usage du dix-septième siècle, c'est pour faire comprendre que le principal personnage de la pièce n'est pas Cinna, mais Auguste, et que la principale idée n'est pas l'ardeur de la vengeance employant tous les moyens, l'assassinat même, pour se satisfaire, mais l'héroïsme de la clémence pardonnant à ses ennemis. Le titre donne donc une idée de la pièce.

Troisième question. — *A qui la tragédie de Cinna est-elle dédiée et que faut-il penser de l'épître dédicatoire ?*

Elle est dédiée à M. de Montauron, financier célèbre de l'époque. Il fallait que ce fût un personnage assez mince du côté de la qualité et de la considération pour que Corneille dans son épître dédicatoire ne l'ait pas traité de Monseigneur. La rapidité de sa fortune et son luxe de parvenu le discréditèrent en effet, mais il se fit un peu pardonner l'un et l'autre par le bon emploi de ses richesses et ses libéralités envers les hommes de lettres. Il était si magnifique, dit Tallemant des Réaux, qu'on l'avait surnommé *Son Éminence Gasconne*. Si Corneille lui dédia sa tragédie, c'est qu'il avait le plus grand besoin de ses libéralités ; il était pauvre, et une dédicace était alors un moyen légitime de se recommander aux Crésus de l'époque ; Scarron dit même que de son temps on ne faisait plus d'ouvrages que pour le profit des dédicaces. On comprend quel doit être le ton de celle-ci ; il est obséquieux et même adulateur ; on ne peut s'empêcher d'en ressentir une triste impression ; toutefois il ne faut pas en faire un reproche à Corneille ; il subit l'influence de son temps ; comme au dix-septième siècle les lettres n'étaient pas encore émancipées et que les écrivains n'avaient pas de public, ils étaient obligés d'y suppléer en acceptant la protection des grands seigneurs. Voltaire a tort de faire à Corneille un reproche de son obséquiosité. On peut même dire que, si notre poëte pousse l'inexpérience des compliments jusqu'à la maladresse, cette gaucherie vaut mieux que la dextérité. Néanmoins il convient d'ajouter que les contemporains de Corneille, quelque accoutumés qu'ils fussent aux exagérations de ce genre, furent choqués de cette épître, puisqu'ils créèrent à ce sujet une locution proverbiale « *Épîtres à la Montauron,* » pour désigner les éloges emphatiques et intéressés.

Quatrième question. — *Quelles sont les sources de la tragédie de* Cinna?

Premièrement : Sénèque, *Traité de la clémence* (I, ix). C'est un opuscule philosophique dédié à Néron, dont Sénèque était gouverneur. Le passage relatif à la conjuration offre environ deux pages que Corneille a reproduites presque complétement ; il lui a fourni : 1° le tableau des hésitations d'Auguste après la découverte du complot ; 2° l'intervention de l'impératrice Livie ; 3° les principaux traits de la scène du pardon. Rien de plus. Le personnage d'Émilie, celui de Maxime, le caractère de Cinna, tout le reste n'appartient qu'à lui.

Secondement : Dion Cassius, *Histoire romaine* (livre LIV). C'est un rhéteur plutôt qu'un historien grec, vivant 155 ans après Jésus-Christ, auteur d'une histoire romaine générale en quatre-vingts livres, dont il ne nous reste que dix-neuf, du trente-sixième au cinquante-quatrième. Corneille s'est inspiré à la fois de Sénèque et de Dion Cassius : de Sénèque pour la date de l'événement et les faits rapportés plus haut ; de Dion

Cassius, pour le lieu de la scène ; car le récit des deux historiens ne concorde pas.

Cinquième question. — *Cet acte de clémence est-il authentique ?*

Oui ; cependant on a élevé des doutes sur l'authenticité de cette aventure, pour deux raisons : d'abord à cause du silence de Tacite et de Suétone, les deux principaux historiens de l'époque impériale, qui n'en font pas mention ; ensuite à cause des contradictions de Sénèque et de Dion Cassius. Mais ces deux raisons n'autorisent pas à nier l'authenticité du fait ; Tacite et Suétone n'ont pas tout dit sur Auguste ; une simple contradiction sur la date ou le lieu d'une scène ne l'infirme pas ; ce qui est encore plus concluant, c'est qu'il est impossible d'admettre que Sénèque, qui écrivait un traité pour l'éducation de Néron, quarante-deux ans seulement après la mort d'Auguste, ait falsifié l'histoire au point de présenter au jeune prince une pure fiction comme un des traits les plus admirables de la vie de son trisaïeul. « *Ignovit abavus tuus.* » Votre trisaïeul a pardonné.

La conjuration de Cinna est donc authentique, seulement elle est remplie d'obscurités et inexactement racontée par Sénèque et Dion Cassius. Sénèque donne pour date l'an 730 ; pour lieu de la scène la Gaule ; pour âge de l'empereur quarante ans ; or l'histoire rapporte le voyage d'Auguste en Gaule à l'an sept cent trente-neuf, Auguste ayant à cette époque quarante-neuf ans. Dion Cassius place la scène à Rome, l'an 756, Auguste aurait soixante-six ans, ce qui fait une différence de vingt-six ans entre les deux récits. Pourquoi Corneille a-t-il fait un compromis entre les deux historiens, empruntant à Sénèque la date de l'événement et l'âge de l'empereur, à Dion Cassius le lieu de la scène ? C'est facile à comprendre. Il a emprunté à Sénèque la date de l'événement et par suite l'âge de l'empereur, parce que cette date, antérieure de vingt-six ans à celle de Dion Cassius, avait l'avantage de rapprocher la vengeance d'Emilie du meurtre de Toranius et de la rendre plus vraisemblable en abrégeant l'intervalle qui sépare les deux faits ; elle avait aussi l'avantage de rajeunir de vingt-six ans les deux amants, ce qui n'était pas d'une médiocre importance. Il a emprunté à Dion Cassius le lieu de la scène parce que Rome et le palais de l'empereur lui paraissaient un théâtre plus digne de son action qu'une tente dressée sur le sol gaulois.

Voici, d'après M. Egger, les faits qu'on peut établir avec certitude, en comparant les témoignages divergents des deux historiens :

1° La conjuration est de l'an 756, date fournie par Dion Cassius, contrairement à celle de Sénèque et bien d'accord néanmoins avec cette observation de Sénèque que l'empereur, après avoir pardonné à Cinna, le nomma consul pour l'année suivante; car un fragment des fastes capitolins place le consulat de Cinna en 757. (Marini, *Atti dei fratelli Arvali*, p. 44.)

2° Les deux discours attribués par Dion Cassius à Auguste et à Livie dans cette circonstance sont de pures inventions de l'historien; mais les paroles prêtées par Sénèque à Auguste sont puisées à une source authentique. — Si Corneille avait remarqué les contradictions partielles des deux témoignages et l'anachronisme commis par Sénèque, il eût toujours dû préférer, nous le pensons, la version de ce dernier qui seule lui permettait de donner à Emilie et à Cinna un âge convenable à la nature des passions qu'il leur attribue.

Sixième question. — *Quel est le lieu de la scène ?*

Le palais d'Auguste, à Rome, sur le mont Palatin. Il y a cependant, comme dit Corneille dans son examen, *duplicité* de lieu, parce que une moitié de la pièce se passe chez Emilie, l'autre chez Auguste ; il faut admettre deux appartements dans la même maison, assez éloignés l'un de l'autre pour que les conjurés puissent se réunir sans éveiller les soupçons de l'empereur. Du moment où tout se passe sous le même toit, l'infraction à la règle de l'unité de lieu est bien légère, et cependant Corneille croit devoir s'en justifier, tant il était scrupuleux pour ce qui concerne les règles d'Aristote : « J'aurais été ridicule, dit-il, si j'avais prétendu que l'empereur délibérât avec Maxime et Cinna dans la même place où ce dernier vient de rendre compte à Emilie de la conspiration qu'il a formée contre lui. »

Septième question. — *Quel fut le sort des représentations de Cinna?*

Cette pièce fut jouée sur le théâtre du Marais où elle obtint le plus grand succès. Corneille dit même que de toutes ses tragédies c'est celle qui fut la plus appplaudie : « Ce poëme a tant d'illustres suffrages qui lui donnent le premier rang parmi les miens que je me ferais trop d'importants ennemis si j'en disais du mal. » Elle plut à la ville et à la cour, aux adversaires comme aux partisans du pouvoir ; à ses adversaires, par le tableau des troubles civils et des intrigues politiques dont elle est remplie ; à ses partisans par le triomphe de l'autorité qui la termine. Elle eut, comme le *Cid*, les honneurs de la parodie : l'abbé de Pure publia une brochure intitulée : *Boileau ou la clémence de M. Colbert;* elle eut en Italie, au dix-huitième siècle, ceux de l'imitation : Métastase publia vers 1740 une tragédie intitulée : *Clemenza di Tito*. Ce succès ne se démentit ni au dix-huitième ni au dix-neuvième siècle ; il reçut même une importante confirmation sous le règne de Napoléon Ier qui fit figurer *Cinna* sur le programme des représentations données à Erfurth en 1808. Deux échecs sont venus contrarier néanmoins la fortune des représentations de *Cinna* : *Premièrement*, la suppression du monologue d'Emilie qui ouvre la pièce (paragraphe V, 1re scène principale) ; *deuxièmement*, la suppression du rôle tout entier de Livie (paragraphe VII, 17°). Voltaire approuve ces coupures et il a tort. De nos jours, les passages longtemps supprimés sont rétablis par les directeurs de théâtre, conformément à une règle de goût et à un sentiment de respect qui prévalent à l'égard des grands poëtes comme des grands musiciens.

Huitième question. — *Indiquez le double caractère de cette pièce, antique et moderne à la fois ?*

Elle est antique par les personnages, l'intrigue, et la pensée qui la domine, c'est-à-dire la lutte de la république et de l'empire ; elle est moderne par l'alliance de la politique et de la passion, l'idée accessoire de la supériorité de la femme sur l'homme, surtout par le triomphe de la pensée monarchique, si chère au dix-septième siècle.

Neuvième question. — *Comparez la tragédie d'*Horace *et celle de* Cinna *jouées la même année ?*

La tragédie d'*Horace* nous fait assister à la naissance de la république; celle de *Cinna* à la naissance de l'empire; la première ouvre l'ordre ancien, la seconde le ferme et ouvre l'ordre nouveau. On peut encore dire que la première est le tableau des vertus naïves et rudes qui doivent produire la liberté ; la seconde est le récit de la dernière tentative faite pour la maintenir. Ce sont donc deux tragédies opposées. Tel est leur rapport politique. Voici leur rapport moral : dans *Horace* l'inspiration est plus élevée et les sentiments sont plus purs que dans la tragédie de *Cinna* : Horace vaut mieux que Cinna ; il a plus de volonté personnelle, plus de désintéressement, plus de patriotisme ; Sabine est aussi plus pure, plus tendre, plus dévouée aux siens et à son pays qu'Emilie. Auguste seul soutient la pièce de *Cinna* ; mais sa grandeur d'âme calculée ne vaut pas le patriotisme, quelque brutal qu'il soit, du jeune Horace. On descend donc en passant d'*Horace* à *Cinna* ; on quitte la sphère idéale pour les régions inférieures où s'agitent les passions humaines.

Dixième question. — *Quelle est l'idée principale de la pièce ?*

Il y en a deux : une idée morale, l'héroïsme de la clémence ; une idée politique, la lutte de la république et de l'empire, suivie du triomphe de l'empire.

Onzième question. — *Enumérez les personnages et indiquez-en la gradation ?*

Les personnages principaux sont : Auguste ; Emilie, fille de Toranius adoptée par Auguste à la place de Julie chassée de la maison paternelle ; Cinna, petit-fils de Pompée par sa fille. Les personnages secondaires sont : Maxime, vieux sénateur complice de Cinna ; Livie, impératrice ; Euphorbe, affranchi de Maxime.

Auguste est le principal personnage de la pièce ; Emilie et les autres ne viennent qu'en seconde ligne et ne servent qu'à le faire valoir ; Auguste seul est intéressant, non-seulement après la découverte du complot, mais pendant la conspiration même. C'est donc une erreur de dire, comme Voltaire, qu'Emilie est « l'âme de la pièce » ; l'âme de la pièce est Auguste ; c'est une erreur de la présenter, ainsi que fait M. Géruzez, comme le centre de l'action : « c'est de ce cœur ulcéré par la vengeance et même par les bienfaits que partent les menaces et les complots qui mettent en danger la vie d'Auguste et donnent matière à sa clémence. » Quelque hardie que soit la tentative d'un coupable, il est toujours au-dessous de son juge ; quelque éclatante que soit l'audace d'un ingrat, il est toujours au-dessous de son bienfaiteur. Enfin, pour bien faire comprendre la hiérarchie des personnages de cette pièce, si longtemps et si malencontreusement bouleversée, disons bien haut que l'idée morale développée par Corneille dans cette tragédie, ce n'est pas l'ardeur de la vengeance employant tous les moyens, l'assassinat même, pour se satisfaire, c'est l'héroïsme de la clémence oubliant tout ressentiment pour pardonner à ses ennemis.

PARAGRAPHE II

Sens historique de la tragédie de Cinna.

Première question. — *Indiquez l'erreur du dix-septième et du dix-huitième siècles sur la tragédie de* Cinna ?

Le sens historique de cette tragédie est généralement peu compris. Il a échappé même aux contemporains de Corneille, et, de nos jours, il est encore un mystère pour beaucoup de lecteurs.

La preuve qu'il a échappé au dix-septième siècle, c'est la cause même du succès de cette pièce, telle que nous la donnent les témoignages contemporains. Balzac dit en effet dans une lettre adressée à Corneille : « L'empereur fit Cinna consul et vous l'avez fait honnête homme. » — Ailleurs il nous raconte qu'il a pour voisin un docteur qui est devenu amoureux fou d'Emilie, et qui lui prodigue les noms les plus tendres, la belle, la raisonnable, la sainte, l'adorable Furie, et il partage l'enthousiasme de son voisin le docteur. Ce jugement d'un des hommes les plus éclairés de cette époque prouve que les contemporains de Corneille considéraient Cinna et Emilie comme les deux principaux personnages de la pièce, qu'ils ne voyaient en Auguste qu'un homme habile et ne regardaient sa clémence que comme un trait de politique. Il en résulte comme conséquence que la tragédie de *Cinna* plaisait au dix-septième siècle par le développement de l'idée républicaine et non par le développement de l'idée monarchique, par l'accessoire et non par le principal. Cette erreur est d'autant plus curieuse que le dix-septième siècle étant essentiellement monarchique aurait dû y voir le triomphe de l'autorité, c'est-à-dire l'idée monarchique; elle s'explique néanmoins par l'esprit général qui régnait à l'approche de la Fronde, vers 1639, esprit d'opposition et de révolte, esprit anti-monarchique. On peut supposer, sans en avoir de preuves, que plus tard, quand l'autorité de Louis XIV fut acceptée, la pièce fut mieux comprise et envisagée par son vrai côté.

Au dix-huitième siècle nous retrouvons la même erreur, mais à cette époque elle est explicable, elle tient aux idées générales du temps, défavorables au principe d'autorité et portées à l'indépendance. Le dix-huitième siècle n'a vu dans la tragédie de *Cinna* que ce qui répondait à ses propres sentiments, l'esprit de mécontentement, de lutte et de révolte, et il a fermé les yeux à ce qui les contrariait, le respect de l'ordre établi et le maintien de l'autorité.

Deuxième question. — *Prouvez que le dix-huitième siècle n'a pas compris le vrai sens de la tragédie de* Cinna?

C'est Voltaire et la Harpe qui ont égaré l'opinion publique de leur temps sur cette tragédie, c'est chez eux qu'on trouve les preuves de cette interprétation erronée. On pourrait résumer toutes les observations que ces deux critiques adressent à Corneille au sujet de *Cinna* (et elles sont fort nombreuses) en disant qu'ils reprochent à l'auteur d'avoir prêté beaucoup de défauts aux représentants de l'idée républicaine, à Cinna, à Emilie, à Maxime et même à Euphorbe, et beaucoup de qualités au représentant de l'idée monarchique, à Auguste. Ils lui savent mauvais gré de n'avoir pas embelli les premiers qui avaient leur prédilection, et d'avoir idéalisé le dernier qui ne l'avait pas. On peut même ajouter en passant que Voltaire vide contre Auguste à propos de cette tragédie son carquois d'épigrammes.

Voici la preuve de tous ces faits : d'abord Voltaire vante l'idée de liberté qui règne dans cette pièce : « Dans toutes les tragédies grecques faites pour un peuple si amoureux de sa liberté, on ne trouve pas un trait qui regarde cette liberté, et Corneille, né Français, en est rempli. » Passant à l'examen des personnages qui représentent cette idée, il dit d'Emilie : « Elle est l'âme de la pièce. » Il reproche à Corneille de l'avoir supposée capable de recevoir pendant vingt ans une pension d'Auguste ; il trouve que cette conduite ne s'accorde pas avec son inflexibilité héroïque ; il blâme Corneille de la faire parler de l'empire de sa beauté ; bref, il lui en veut de n'en avoir pas fait une héroïne irréprochable.

Même système d'observations sur Cinna : Il n'aurait pas dû donner à Auguste un conseil perfide. « Ce n'était pas à Cinna à donner à l'empereur les conseils du fourbe le plus déterminé. » — Il n'aurait pas dû se jeter à ses genoux pour le prier de les suivre : « Cinna semble déshonorer les belles choses qu'il a dites par une perfidie bien lâche qui l'avilit ; Cinna que l'auteur veut et doit ennoblir devait-il conjurer l'empereur à genoux ? » — Il n'aurait pas dû aimer Emilie, comme il fait, d'un amour sans espoir et toujours rebuté, et Voltaire reproche à Corneille de ne lui avoir prêté que de petites passions : « Point de vraie tragédie sans grande passion. » — Il n'aurait pas dû persévérer dans son projet d'assassinat après la scène de la délibération : « J'ai vu des lecteurs de goût et de sens réprouver cette scène parce que Cinna pour qui on s'intéressait commence à devenir odieux. » — Il n'aurait pas dû jurer à Emilie de tuer Auguste, c'est à la patrie qu'il aurait dû faire cette promesse solennelle ! Voltaire en donne même la formule : « Les conjurés et moi nous avons fait serment de venger la patrie. » Puis il ajoute : « Voilà un serment respectable ! » Voltaire ne comprend pas que Corneille a voulu montrer en Cinna un conspirateur sans conviction et sans patriotisme.

Même erreur sur Maxime. Voltaire blâme tout ce qu'il fait, tout ce qu'il dit, tout ce qu'il pense, non parce que ses pensées, ses paroles et ses actions sont contraires à l'honneur et même à la simple probité, mais parce que Maxime est républicain et qu'il devrait, comme tel, jouer un noble rôle : « Pourquoi pouvant l'ennoblir, l'a-t-il rendu si bas ? » Ce dernier mot résume bien l'erreur de Voltaire. Jamais Corneille n'a voulu ennoblir ni Emilie, ni Cinna, ni Maxime, ni les conspirateurs, il n'a voulu ennoblir qu'Auguste.

Quand Voltaire examine le personnage d'Auguste, il fait le rebours de ce qu'il vient de faire pour les personnages précédents, c'est-à-dire qu'après avoir blâmé Corneille du mal qu'il dit des conjurés, il le blâme du bien qu'il dit de l'empereur. Il le blâme de lui avoir prêté ce projet d'abdication, il le trouve trop soudain ; et quand il lui est impossible de nier la beauté des scènes où éclate la grandeur d'âme d'Auguste, il en atténue l'éloge par des restrictions, comme à propos de la scène de la délibération : « Ce serait plutôt un beau morceau de déclamation qu'une belle scène de tragédie si... » ; ou bien il entremêle ses critiques d'éloges hyperboliques, comme : « C'est un traité du droit des gens ; c'est un chef-d'œuvre d'éloquence. » Enfin il résume sa pensée par ce mot qui prouve qu'il n'aimait pas la tragédie de *Cinna* : « L'œuvre de Corneille est plutôt un bel ouvrage qu'une tragédie intéressante. »

De deux choses l'une, ou Voltaire ne voit pas la véritable

pensée de Corneille dans cette pièce, ou il la voit, mais elle lui déplaît. Dans le premier cas, on est étonné qu'un si grand génie ne découvre pas la vérité, dans le second, qu'il n'accepte pas la pièce telle qu'elle est conçue et qu'il fasse plutôt de la polémique que de la critique avec Corneille qui n'en peut mais.

La Harpe, écho de Voltaire, ne fait que répéter, en les grossissant, les reproches de son maître ; il ne pardonne pas à Corneille de n'avoir idéalisé ni la conspiration ni les conspirateurs ; il lui en veut d'avoir tressé à Auguste une telle couronne. Il exprime dédaigneusement sa pensée sur cette tragédie en disant qu'elle n'offre « *qu'un intérêt de curiosité.* »

Troisième question. — *Qu'ont pensé de cette tragédie les critiques du dix-neuvième siècle ?*

Le sens historique de cette tragédie n'a été compris qu'au dix-neuvième siècle et encore par quelques critiques seulement, tant est grande la force de la routine et des appréciations toutes faites en littérature ! M. Géruzez répète les vieux reproches de Voltaire et de la Harpe. M. Guizot semble croire que Corneille approuve les actes et la morale d'Émilie, puisqu'il en cherche la justification dans l'esprit général de l'époque « où de longs troubles avaient jeté dans la morale encore peu avancée quelque chose de cette incertitude qu'engendrent les liaisons de parti et les devoirs de situation. » M. Nisard, dans un éloge dont on regrette la brièveté, rend justice à cette tragédie, et repousse les reproches injustes dont elle a été longtemps l'objet : « Parmi les quatre chefs-d'œuvre de Corneille, les esprits difficiles n'en trouvent que deux parfaits, le *Cid* et *Polyeucte* ; les deux autres *Horace* et *Cinna* leur paraissent défectueux dans l'ensemble ; je ne m'associe pas à cette restriction. » M. Demogeot prononce un mot qui dénote l'intelligence du vrai sens de la pièce : « *Cinna* est l'apothéose de la monarchie, comme *Polyeucte* le triomphe de la religion... *Cinna* est une conception dramatique d'une grandeur imposante ; c'est la royauté divinisée par la clémence. » Malheureusement une observation vient ensuite qui affaiblit beaucoup la justesse du jugement précédent : « L'unité d'action s'y forme de deux intérêts subordonnés ; le premier acte est *franchement* républicain ; le poëte s'y livre sans restriction à *ses instincts de liberté* ; son âme est toute aux conspirateurs, sa haine toute au tyran, mais au-dessus de l'imagination qui s'abandonne, il y a la raison qui veille. » Cette phrase renferme autant d'erreurs que de mots.

9.

Nous arrivons aux deux critiques qui ont les premiers donné la clef de cette tragédie, MM. Geoffroy, rédacteur du *Journal des Débats* sous l'Empire, et E. Desjardins, ancien professeur à l'Ecole normale, auteur d'un livre intéressant sur le grand Corneille historien.

Commençons par les appréciations du premier : « La Révolution, dit-il, a expliqué cette tragédie aux Français ; les excès dont elle a été accompagnée leur ont fait comprendre les idées d'ordre et d'autorité que Corneille a développées dans cette pièce... Ce sont les retours sur nous-mêmes, sur notre situation, ce sont nos espérances et nos craintes, c'est tout ce que nous avons vu, tout ce que nous voyons qui prête à cet ouvrage un charme particulier et local. » (15 pluviôse, an XI.) Ailleurs : « La tragédie de *Cinna* semble nous toucher de près, nous y retrouvons ce que nous avons été et ce que nous sommes : un grand empire longtemps déchiré par les factions, enfin rendu à l'ordre, au bonheur, à la gloire ; les sophismes de la licence confondus par les principes de la liberté ; les passions anarchiques enchaînées au pied du trône du premier empereur de Rome, le fanatisme et la démagogie écrasés par l'esprit social et conservateur, tous les fantômes d'un patriotisme faux ou barbare disparaissant à l'abri de la sagesse et des véritables vertus civiques, voilà les tableaux que nous présente cette sublime tragédie. » (19 thermidor, an XII.)

L'explication de M. Desjardins est plus catégorique et plus complète encore. En voici le résumé : Corneille a voulu montrer dans la tragédie de *Cinna* pourquoi la république était tombée et ne pouvait plus renaître ; il a voulu faire comprendre que si Brutus avait fait un rêve naïf mais généreux en croyant la rétablir, ou plutôt en voulant établir une république aristocratique au profit des privilégiés de la fortune, ce grand homme ne pouvait plus trouver pour reprendre son œuvre que des successeurs dégénérés comme Cinna. Corneille a donc fait la justification de l'empire ; nous disons la justification, car il s'est bien gardé d'en faire l'apologie, il n'en a montré que la nécessité et les bienfaits à la suite des guerres civiles ; il en a évité l'apologie parce qu'il avait l'esprit trop juste et l'âme trop haute pour n'en pas reconnaître les abus. Cette justification de l'empire ressort de la manière adroite dont Corneille s'y est pris pour mettre tous les torts du côté des conspirateurs, la raison et le droit du côté de l'empereur ; pour prêter aux premiers toutes sortes de défauts, car ils n'ont pas même les vertus de leur métier, au second toutes sortes de qualités. A côté de la justification, c'est-à-dire de la raison d'être de l'empire, le poëte indique rapidement le secret de sa fondation et la cause de sa durée. — *Le secret de sa fondation*, c'est le secours des légions auquel *Cinna* fait allusion dans la scène de la délibération :

> Rome est dessous vos lois par le droit de la guerre
> Qui sous les lois de Rome a mis toute la terre ;
> Vos armes l'ont conquise, et tous les conquérants,
> Pour être usurpateurs, ne sont pas des tyrans. (II, 1.)

c'est encore l'appui des provinces, mais l'auteur n'insiste pas sur cet argument, parce qu'il l'a longuement développé dans la première scène de la *Mort de Pompée*. — *La cause de sa durée*, c'est l'ordre administratif et la solidarité du prince et de ses agents, succédant aux désordres des proconsuls et à la complicité intéressée du sénat républicain ; cette cause est indiquée dans les vers suivants fort remarquables par le sens historique qu'ils renferment :

> Maxime, je vous fais gouverneur de Sicile,
> Allez donner mes lois à ce terroir fertile,
> Songez que c'est pour moi que vous gouvernerez
> Et que je répondrai de ce que vous ferez. (II, 1.)

Corneille, dans toute cette tragédie, remplie d'une sympathie bienveillante à l'égard d'Auguste, semble s'être inspiré d'une page de Tacite, où l'historien romain rend compte du sentiment public qui accompagna les funérailles de l'empereur, et rapporte simplement et sans prendre parti les jugements divers que les politiques du temps portèrent sur lui ; il en cite un, entre autres, qui montre la nécessité de l'empire après les discordes civiles : « La patrie, en proie à la discorde, pouvait-elle trouver de repos ailleurs que dans le gouvernement d'un seul ? *Non aliud discordantis patriæ remedium fuisse quam ut ab uno regeretur.* » (*Annales*, I, XI.) Telle est l'explication donnée par M. E. Desjardins.

L'interprétation de ces deux critiques est confirmée par le jugement de Napoléon Ier, qui voyait évidemment dans cette pièce l'éloge du régime impérial, puisqu'il la mit lui-même sur le programme, très-court d'ailleurs, des représentations d'Erfurth ; elle y figure en tête. Le voici tout entier : Corneille (*Cinna, Rodogune, le Cid*) ; — Racine (*Andromaque, Britannicus, Mithridate, Iphigénie, Phèdre, Bajazet*) ; — Voltaire (*Zaïre, OEdipe, la Mort de César, Mahomet*) ; — Crébillon (*Rhadamiste*) ; — Lafosse (*Manlius*).

Tel est le sens historique de la tragédie de *Cinna*, d'après les plus récentes appréciations de la critique.

PARAGRAPHE III

Unité d'intérêt de la tragédie de *Cinna*.

Voltaire, la Harpe et quelques écrivains modernes ont vivement critiqué le manque d'unité dans l'intérêt général de la pièce, ou ce qu'ils appellent le déplacement de l'intérêt. Ils ont dit : « L'intérêt passe brusquement des conjurés à l'empereur ; nous nous intéressons d'abord à Cinna et à Maxime ; nous sommes, pour ainsi dire, leurs complices, parce qu'ils conspirent loyalement et que le souvenir des cruautés d'Octave pèse sur l'empereur ; mais à partir du moment où Cinna donne à Auguste un conseil qui ressemble à un guet-apens et où Maxime trahit son ami, l'intérêt se déplace et passe du côté d'Auguste. » Ce reproche n'est pas fondé ; Corneille ne veut pas, même pendant le premier acte, rendre les conjurés intéressants, ni l'empereur odieux.

Voici les preuves qu'il ne veut pas rendre Émilie intéressante :

1° *La supposition qu'elle est fille adoptive d'Auguste.* Corneille a précisément imaginé ce détail contraire à l'histoire (car Auguste ne l'a jamais adoptée) pour la rendre odieuse : il savait bien qu'à Rome les enfants devaient encore plus d'amour filial à leur père adoptif qu'à leur véritable père ; que tout enfant admis dans une nouvelle maison devenait complétement étranger à son ancienne famille ; que le lien de la naissance était brisé pour lui ; que, s'il mourait, son père n'avait même pas le droit de conduire son convoi. Corneille, en supposant qu'Émilie conspire contre Auguste après vingt ans d'adoption, n'a eu qu'un but : la rendre odieuse.

2° *Sa théorie sur la légitimité de l'ingratitude.* Elle affiche une morale scandaleuse, elle dit que l'ingratitude est permise ; qu'il n'y a pas de crime quand on venge son père, qu'on peut tuer son bienfaiteur pour satisfaire sa mémoire ; Corneille, en lui prêtant ces pensées détestables, veut faire comprendre la réprobation qu'elle lui inspire.

3° *Son insensibilité amoureuse.* Elle n'aime pas Cinna ; elle se sert de lui comme d'un instrument pour parvenir à ses fins ; elle le jette dans une entreprise périlleuse où il peut trouver la mort.

4° *Son manque de patriotisme.* Elle n'aime pas plus son pays que Cinna ; l'intérêt de Rome lui est étranger ; elle ne connaît que sa vengeance.

Corneille a donc prêté tous les défauts à ce personnage : elle est ingrate comme fille adoptive, insensible comme amante, indifférente comme Romaine ; elle considère les hommes comme des esclaves trop heureux de la servir et de l'aimer, ou plutôt comme des commissionnaires qu'elle charge de commissions héroïques. Elle n'a qu'un mérite, celui d'une énergie inébranlable ; encore finit-elle par courber la tête.

Voici les preuves que Corneille ne veut pas rendre Cinna intéressant :

1° *Le caractère déclamatoire du récit de la conjuration.* Au moment même où Cinna paraît sous son plus beau jour, dans le récit de la conjuration, il tient un langage qui ne laisse aucun doute sur la pensée de Corneille. Au milieu de ses plus brillantes périodes se glissent des lieux communs pompeux et déclamatoires, une rhétorique artificielle ; son langage est saccadé et haletant ; ce n'est pas l'éloquence naturelle et simple de l'honnête homme convaincu, c'est la faconde du conspirateur ; on sent qu'il a besoin de s'échauffer l'imagination, parce que Corneille a voulu peindre en lui un agitateur politique et non un vrai républicain ; il a détourné de lui l'intérêt, au moment même où il devrait être le plus intéressant.

2° *Les conséquences de ce récit.* Elles sont plus favorables à Auguste qu'à Cinna. L'impression qui résulte de cette énumération des crimes commis pendant le triumvirat est moins un désir de vengeance, c'est-à-dire un encouragement à Cinna, qu'un désir de paix et de concorde, c'est-à-dire un encouragement à Auguste, un appel à un maître capable de prévenir le retour de pareils désordres. La fameuse description des discordes civiles et des excès de Rome déchirant elle-même ses entrailles a plutôt pour but de justifier la révolution politique à laquelle Auguste a attaché son nom que de provoquer celle à laquelle Cinna voudrait attacher le sien.

Les autres causes de défaveur attachées au personnage de

Cinna sont nombreuses : *la lâcheté du conseil qu'il donne à Auguste, son ingratitude après la touchante effusion de cœur de son maître, la petitesse de ses sentiments qui fait de lui l'esclave d'une femme, son hypocrisie et sa platitude qui le prosternent aux genoux de l'empereur* afin de lui arracher une résolution qui sera son arrêt de mort, enfin *l'exagération de ses remords* qui ne lui laisse pas même la dignité du repentir; car, lorsqu'il se repent, il le fait en termes qui l'avilissent; il est glorieux, dit-il, d'être l'esclave de l'empereur :

> C'est l'être avec honneur que de l'être d'Octave. (III, IV.)

Sans doute tous ces défauts sont naturels à une âme faible, et il faut faire un mérite et non un reproche à Corneille de les avoir prêtés à son personnage ; sans doute aussi il faut admirer l'art avec lequel il a su les accumuler sur sa tête sans trop le rabaisser; mais il faut conclure aussi de tous ces faits que jamais il n'a eu l'intention de le rendre intéressant.

D'un autre côté, voici les preuves que le poëte n'a pas voulu rendre Auguste odieux, même pendant le premier acte. Le récit des excès commis pendant le triumvirat a pour but :

1° *De faire souhaiter un maître* capable de prévenir le retour de pareils désordres plutôt qu'un vengeur comme Cinna qui les ramènerait. 2° *De faire comprendre tout le chemin qu'Auguste a dû parcourir pour passer du mal au bien*, c'est-à-dire de rehausser son mérite d'honnête homme.

Il a pour conséquence *de provoquer chez lui l'expression d'un repentir qui le rend touchant*. Corneille n'a énuméré ses crimes que pour nous apprendre qu'il les déplore. En effet, dans son monologue, il s'accuse de tout le mal qu'il a fait, et il s'en accuse avec tant de sincérité qu'on le lui pardonne.

Enfin ce récit a été mis par le poëte à une place telle, que *le tableau des fautes d'Octave est effacé par le lointain même dans lequel il est relégué* : il est au commencement de la pièce, les impressions suivantes le font oublier; car, suivant le mot de Salluste, les dernières impressions effacent les premières : *Plerique mortales postrema meminere*. Corneille a compté sur la nature du cœur humain et sur la magie du théâtre; « Les cruautés d'Octave, dit Geoffroy, sont dans l'avant-scène, les vertus d'Auguste occupent le théâtre. »

Telles sont les preuves qu'Auguste est le seul personnage intéressant de la pièce et que cette tragédie offre par conséquent de l'unité d'intérêt.

Question. — *Pourquoi donc, si Corneille n'a voulu rendre intéressants ni Emilie ni Cinna, les a-t-il entourés, pendant tout le premier acte, d'un certain prestige? Pourquoi a-t-il prêté à leurs vices le langage du sentiment? Pourquoi a-t-il jeté sur leur crime le voile de l'héroïsme?*

Cinq raisons justifient ce fait :

1° *La théorie de Corneille sur la représentation du vice au théâtre.* Corneille pensait que le poëte dramatique doit donner à la peinture du vice des formes brillantes pour ne pas troubler par de grossières impressions les pures jouissances de l'âme. Il pensait qu'il faut imposer même aux méchants un certain type de grandeur afin de présenter de belles images du crime comme de la vertu. « S'il m'est permis de dire mes conjectures sur ce qu'Aristote entend par bonnes mœurs, je crois que c'est le caractère *brillant et élevé* d'une habitude vertueuse *ou criminelle*. » (Premier discours sur le poëme dramatique.) Et ailleurs : « Il faut remuer le cœur et en même temps l'élever par la conception de grands caractères dont les *crimes mêmes* soient accompagnés d'une grandeur d'âme qui a quelque chose de si haut qu'en même temps qu'on déteste leurs actions on admire la source d'où elles partent. » (*Ibid.*) Ailleurs une comparaison empruntée à la peinture fait bien comprendre sa pensée : « Il en est de la représentation du vice comme du portrait d'une femme laide; ce portrait peut être beau, ce qui ne veut pas dire flatté, mais très-agréablement tourné, dessiné et peint avec goût, sans que la femme cesse d'être laide et sans que le peintre ait besoin d'avertir le spectateur que l'original n'en est pas aimable. » (Épître dédicatoire de la suite du *Menteur.*) Cette théorie est élevée, mais elle est dangereuse; elle est élevée parce qu'elle écarte la peinture grossière de la laideur morale et mêle un sentiment d'admiration même à la répulsion que le vice nous inspire; elle est dangereuse pour deux raisons, d'abord parce que les lecteurs peu clairvoyants peuvent se méprendre sur l'intention de l'auteur, comme ceux qui ont cru que Cinna et Emilie étaient d'honnêtes gens; ensuite parce qu'entre les mains d'écrivains maladroits ou malintentionnés elle peut facilement dégénérer en une apologie du vice, comme on l'a vu chez tant de romanciers contemporains. Mais Corneille n'est pas responsable des erreurs ou des abus auxquels sa théorie a donné lieu.

2° *Le caractère de l'assassinat politique dans l'antiquité.* Si de nos jours l'assassinat politique est considéré comme un crime odieux, il n'en était pas de même dans l'antiquité ; on le regardait comme un acte de justice et même de vertu. Il est curieux de voir dans les témoignages du temps, dans la correspondance de Cicéron par exemple, avec quelle indulgence est jugé l'acte de Brutus. Tout le monde le considérait comme un honnête homme. Cette légitimité de l'assassinat politique était du reste la conséquence logique du patriotisme sanguinaire qu'on avait, sinon admiré, du moins compris et absous chez Horace, le premier Brutus, Valérius et Manlius, de ce patriotisme qui fait dire à Maxime, à propos des tyrans :

Et pour s'en affranchir tout s'appelle vertu. (II, 1.)

Si Corneille avait présenté sous un jour odieux la tentative criminelle de Cinna et d'Emilie, sans doute il aurait observé la vérité idéale, mais il n'aurait pas observé la vérité historique ; or il s'est toujours montré soigneux observateur de l'une et de l'autre, il a toujours tâché de les concilier ; c'est un poëte complet.

3° *Le désir de peindre exactement le fanatisme politique.* Si Corneille a entouré Cinna et Emilie d'un certain prestige, c'est encore parce qu'il a voulu montrer que le propre du fanatisme politique est d'ériger le crime en vertu et de chercher, pour ainsi dire, à consacrer par la sainteté du motif le plus effroyable des attentats ; le poëte a voulu mettre en garde l'opinion publique contre un ennemi d'autant plus dangereux qu'il se cache sous des dehors plus séduisants.

4° *La nécessité de la grandeur théâtrale.* Il y a pour les poëtes dramatiques deux sortes de grandeur qu'il ne faut pas confondre, la grandeur morale et la grandeur théâtrale : la grandeur morale qui est celle des honnêtes gens, celle d'Auguste, et qui consiste à se vaincre soi-même, à soumettre les mouvements désordonnés de la nature à l'empire de la raison et du devoir ; la grandeur théâtrale qui peut être celle des malhonnêtes gens, celle de Cinna et d'Emilie, et qui consiste, à soumettre la raison et le devoir à l'empire des passions, à s'abandonner avec éclat aux transports désordonnés de l'ambition, de la vengeance et du fanatisme. Cette seconde espèce de grandeur est fausse et n'est au fond que petitesse, mais les poëtes dramatiques l'ont toujours recherchée, parce que au théâtre il faut frapper fortement l'imagination. C'est une nécessité de métier. Corneille y sacrifie dans *Cinna* ; si un poëte est pardonnable de l'avoir fait, c'est lui; car ordinairement *il tient école de grandeur d'âme*, comme dit Voltaire.

5° *Le désir de faire ressortir Auguste*. Corneille se propose enfin par ce brillant tableau de la tentative des conjurés de faire mieux ressortir le mérite de son principal personnage. D'abord rien ne donne une plus haute idée de son mérite que cette rapidité avec laquelle s'évanouissent, dès qu'il apparaît, tous ces brillants fantômes évoqués un instant par l'imagination du poëte; que cette instantanéité, pour ainsi dire, avec laquelle s'humilient devant lui, dès qu'il entre en scène, les prétendus héros de la conjuration. En second lieu, la grandeur apparente des conjurés fait mieux briller sa générosité, parce que la clémence a plus d'éclat quand elle s'exerce sur des coupables illustres que sur de vils et obscurs criminels.

Telles sont les raisons qui ont décidé Corneille à entourer Emilie et Cinna d'un certain prestige.

PARAGRAPHE IV

Les signes du temps.

Les signes du temps, c'est-à-dire les préoccupations contemporaines, les à-propos historiques, abondent dans la tragédie de *Cinna;* ils donnaient à la pièce un intérêt de circonstance, non-seulement en 1639, mais pendant tout le dix-septième siècle. Ils prouvent jusqu'à quel point Corneille subissait le tour d'esprit de son temps. Les voici :

1° *Le choix même du sujet*. Il répond à un événement politique du règne de Louis XIII, une émeute survenue à Rouen en 1639, l'émeute de Jean va-nu-pieds. Corneille s'était retiré à Rouen, après les persécutions du *Cid;* il y vivait dans la solitude en proie à un profond découragement. Tout à coup éclata en Normandie une révolte causée par la surcharge des taxes mises sur le pain, le sel et le cuir. Elle avait pour chef un personnage connu sous le nom de Jean va-nu-pieds qui menait au pillage des bandes furieuses; elles se précipitaient sur les commis chargés de la perception de l'impôt, démolissaient leurs maisons et pendaient même ceux qu'elles pouvaient saisir. Le parlement de Rouen arrêta les plus mutins, ce qui n'empêcha pas la révolte de dégénérer en une espèce de Jacquerie. Richelieu intervint pour sévir; il chargea le chancelier Séguier de punir les rebelles. Séguier à la tête d'une petite armée prit Rouen d'assaut et condamna la ville à payer une amende de 1,180,000 livres. Ce n'est pas tout; le conseil municipal de Rouen fut dissous, son lieutenant au bailliage révoqué, son parlement et sa cour des aides frappés d'interdit, vingt-deux notables condamnés au bannissement perpétuel, enfin vingt-quatre factieux condamnés au supplice de la roue ou du gibet. Corneille était alors avocat aux siéges généraux de l'amirauté et assistait à ce titre aux séances du parlement de Rouen. Il n'est pas invraisemblable de supposer que ce fait historique arrivé dans sa ville natale ne fut pas étranger au choix de la tragédie de *Cinna*; que Corneille, en racontant la leçon de clémence donnée par Auguste, faisait aussi un plaidoyer en faveur des proscrits et des condamnés à mort. Richelieu fut inflexible et cette supplique indirecte n'arrêta pas le cours de sa justice. Trente-quatre ans plus tard, en 1674, Louis XIV se montra plus sensible, quoique sa sensibilité n'ait pas été suivie d'effet; le duc de Rohan venait d'être décapité pour avoir formé avec Latréaumont, officier subalterne, le projet de livrer Quillebœuf aux Hollandais. Quelque temps après son exécution, Louis XIV assistant à une représentation de *Cinna* et tout ému par la scène du pardon avoua que, si l'on avait imploré à temps sa clémence, il aurait fait grâce au coupable.

2° *Le rapport de cette pièce avec les préoccupations politiques du temps, celles de l'opposition et celles du pouvoir.* Les sentiments analysés dans cette pièce répondent parfaitement à ceux des ennemis et des partisans de l'autorité royale; car il est à remarquer que cette tragédie plut aux uns et aux autres. Voyons d'abord comment elle plut aux ennemis de l'autorité royale : les spectateurs qui assistèrent aux premières représentations de *Cinna* furent les mêmes que ceux qui combattirent à la Marfée (fin de l'année 1641) et neuf ans plus tard firent la Fronde; ils se réjouirent de voir Emilie et Cinna conspirer contre Auguste; ils furent charmés de cette espèce de gloire attachée par Corneille au courage et à l'habileté des conspirateurs; ils reconnurent dans ces tableaux de factions les intrigues secrètes auxquelles ils prenaient part. D'un autre côté cette pièce plut également aux partisans de l'autorité royale, parce qu'elle est tout entière consacrée à l'éloge d'Auguste, qu'elle montre l'esprit de révolte terrassé et se termine par le triomphe de l'idée monarchique.

3° *Le mélange de la politique et de la galanterie.* Un des caractères du dix-septième siècle, surtout de la période agitée qui l'inaugure et qu'on appelle la Fronde, c'est le mélange de la politique et de la galanterie. Il est frappant dans la tragédie de *Cinna* ; on le trouve à des degrés différents chez les trois conspirateurs Emilie, Cinna et Maxime ; il fut imposé à Corneille par le tour d'esprit de son temps. Les politiques galants abondent d'ailleurs dans son théâtre : il suffit de citer *Sertorius*, la *Mort de Pompée*, *Suréna*, *Tite et Bérénice*, *Sophonisbe*, *Pertharite* et presque toutes les tragédies de sa vieillesse. Ce mélange de la politique et de l'amour est-il un défaut? Il serait bien sévère de dire oui, l'amour étant mêlé à tous les grands événements de la vie ; dans tous les cas c'est une des preuves les plus frappantes de la servitude de la mode chez Corneille.

4° *La supériorité de la femme sur l'homme.* Emilie a la supériorité sur Cinna, et en général toutes les héroïnes de Corneille ont la supériorité sur ses héros à cause de la théorie suivante adoptée au dix-septième siècle : la femme qui est aimée ou croit l'être devient la suzeraine de celui qui l'aime et l'homme devient son vassal. Quand l'amour unit deux cœurs, il est fatal ; mais cette fatalité pèse inégalement sur l'homme et sur la femme, ou plutôt elle ne pèse que sur l'homme qui perd sa volonté ; la femme en est affranchie, elle reste libre, elle conserve le gouvernement de ses actions et prend même en main celui des actions de son amant. Cette indépendance donne à la femme la supériorité sur l'homme. Une pareille théorie flattait singulièrement la vanité féminine, non-seulement parce qu'elle établissait d'une manière incontestable l'autorité de la femme, mais encore parce qu'elle assurait son indépendance et qu'elle mettait à plus haut prix le bonheur de sa conquête. Cette dernière considération est tellement vraie qu'on avait alors créé une expression particulière, *la gloire d'une femme*, pour indiquer les preuves du haut prix attaché à son amour. Cette théorie étrange se trouve indiquée dans une lettre de Mme de Sévigné, et, ce qui est plus étonnant, dans un passage des *Sentiments de l'Académie sur le* Cid. On lit en effet dans une lettre de Mme de Sévigné : « L'honneur de ces messieurs est aussi délicat et blond que celui de ces dames. » Mot qui prouve qu'elle est impatientée de cette prétendue supériorité de la femme sur l'homme, qu'elle réclame l'égalité des uns et des autres et qu'elle croit faire une découverte en la réclamant. D'un autre côté on lit dans l'opuscule de l'Académie sur le *Cid* : « S'il eût pu être permis au poëte de faire que l'un de ces deux amants préférât son amour à son devoir, on peut dire qu'il eût été plus excusable d'attribuer cette faute à Rodrigue qu'à Chimène ; Rodrigue était un homme et son sexe, qui est comme en possession de fermer les yeux à toutes les considérations pour se satisfaire en matière d'amour, eût rendu son action moins étrange et moins insupportable. » Ce qui veut dire que, sous l'empire de l'amour, l'homme n'est plus maître de lui, tandis que la femme est toujours maîtresse d'elle-même. On conçoit qu'après cette sentence de l'Académie, Corneille ait sacrifié l'inflexibilité de Cinna à l'avantage de faire ressortir celle d'Emilie.

5° *Le tutoiement non réciproque*. C'est une conséquence de la théorie précédente. Pendant tout le cours de la pièce, sauf dans deux ou trois circonstances, Emilie tutoie Cinna qui ne la tutoie pas.

ÉMILIE.
Ne crains point de succès qui souille ta mémoire,
Le bon et le mauvais sont égaux pour ta gloire.
CINNA.
Mourant pour vous servir tout me semblera doux. (I, III.)
CINNA.
Soyez en ma faveur moins cruelle à vous-même.
ÉMILIE.
Va-t'en et souviens-toi seulement que je t'aime. (I, IV.)

Voir toutes les scènes suivantes : I, III ; — I, IV ; — III, IV. (Consulter à ce sujet : le *Cid*, paragraphe III.)

6° *La ressemblance d'Emilie au point de vue historique avec les héroïnes de la Fronde, au point de vue littéraire avec les héroïnes de roman du jour, au point de vue moral avec les femmes du dix-septième siècle*. Le rôle d'Emilie est conforme aux idées du temps à tous les points de vue.

Premièrement : Au point de vue historique, Emilie est le type de ces femmes illustres du dix-septième siècle qui se lancèrent à l'époque de la Fronde dans toutes sortes de conspirations contre le pouvoir, amazones aventureuses qui défièrent les ministres et les rois, entraînèrent à leur suite les premiers personnages de l'Etat et préférèrent l'exil à la soumission : ainsi Mme de Longueville, Mme de Chevreuse, la princesse Palatine, la Grande Mademoiselle. Mme de Longueville s'empara de l'hôtel de ville dont elle fit sa place forte, se retrancha dans Stenay, s'enfuit en Hollande pour revenir bientôt soulever le midi et soutenir un siége dans Bordeaux; elle entraîna à la révolte Turenne jusqu'alors fidèle et fit du duc de La Rochefoucauld un de ses partisans les plus passionnés. Mme de Chevreuse ou duchesse de Montbazon forma de sang-froid le projet de tuer Mazarin, trouva des complices et n'échoua que par suite de circonstances indépendantes de sa volonté. La princesse Palatine se trouva mêlée à tous les complots de la Fronde, joua un rôle important dans la guerre de Paris, détermina l'élargissement des Princes, c'était une véritable aventurière dont le cardinal de Retz, bon juge en matière d'intrigues, disait : « Je ne crois pas que la reine Elisabeth d'Angleterre ait eu plus de capacité pour conduire un État. » La grande Mademoiselle ou duchesse de Montpensier sauva Condé au combat de la porte St-Antoine en faisant tirer sur les troupes royales le canon de la Bastille. Emilie est l'ancêtre de toutes ces viragos. Sans doute la tragédie de *Cinna* est antérieure aux prouesses politiques de ces femmes illustres, mais de peu d'années seulement, de neuf ans (*Cinna*, 1639 ; — *Fronde*, 1648); ensuite c'est la mode en France qu'un héros de théâtre ou de roman suscite des émules parmi ses admirateurs.

Secondement : Au point de vue littéraire. Emilie ressemble aux héroïnes de roman du jour. Les romans de cette époque écrits par La Calprenède, d'Urfé, Gombaud, Gomberville et Mlle de Scudéry, étaient remplis de femmes chevaleresques que les faiblesses du cœur jetaient dans les intrigues politiques, qui ne doutaient pas de leur beauté et considéraient leur amour comme le digne prix d'une révolution. Elles répétaient sur tous les tons le mot d'Emilie : « Si j'ai séduit Cinna j'en séduirai bien d'autres. »

Troisièmement : Au point de vue moral. Emilie personnifie les femmes du dix-septième siècle en général, parce qu'elle représente l'idée si chère à cette époque de la supériorité de la femme sur l'homme.

7° *Le triomphe de l'idée monarchique.* Cette idée ressort de la pièce entière.

8° *Les expressions de fade galanterie et la phraséologie romanesque de quelques personnages.* Cinna dit, par exemple :

Mais voilà de retour cette aimable inhumaine. (III, III.)

Et Euphorbe :

Un véritable amant ne connaît point d'amis. (III, I.)

Ce langage et cette théorie sont empruntés aux romans de l'époque et principalement à l'Astrée où sont examinées ces questions sentimentales. Corneille a tort de prêter à ses politiques amoureux un langage aussi raffiné et des théories aussi subtiles.

9° *La morale répréhensible de Livie et la justification des crimes politiques par la raison d'Etat.*

Quand Emilie reproche à Auguste les crimes du triumvirat, Livie l'interrompt par ces mots :

> Tous ces crimes d'Etat qu'on fait pour la couronne
> Le ciel nous en absout alors qu'il nous la donne. (V, II.)

Cette théorie odieuse, et que Corneille condamne, était admise au dix-septième siècle : c'était une idée reçue, même parmi les plus illustres personnages, qu'on pouvait conspirer contre l'Etat, porter les armes contre sa patrie, sans être coupable, témoin Condé et Turenne. Ces préjugés qui révoltent aujourd'hui notre patriotisme étaient un héritage des discordes civiles qui signalèrent le règne de Henri IV, celui de Louis XIII et le début de celui de Louis XIV. Durant ces époques troublées, les principes de la morale commune ne semblaient pas obligatoires pour tout le monde. On croyait qu'il y avait deux morales, une grande et une petite. « A cette époque, dit Guizot, de longs troubles avaient jeté dans la morale encore peu avancée quelque chose de cette incertitude qu'engendrent les liaisons de parti et les devoirs de situation ; peu d'idées générales et beaucoup d'intérêts particuliers laissaient une grande latitude à cette morale de circonstance qui se forme selon le besoin des affaires et que les besoins de la conscience transforment en vertus d'Etat. Ainsi le surintendant des finances d'Emeri disait en plein conseil que la foi n'était que pour les marchands et que les maîtres des requêtes qui l'alléguaient pour raison dans les affaires du roi méritaient d'être punis. » Les maximes que professe Livie n'étonnaient donc personne en 1639 ; elles formaient comme une monnaie courante à l'usage des politiques du jour. Corneille en les introduisant sur la scène ne fait que traduire les idées de son temps. Il est bien entendu qu'il les condamne, puisqu'il suppose qu'Auguste se repent de tous ces crimes d'Etat justifiés par Livie, et puisque Cinna et Emilie tentés un instant de l'imiter s'arrêtent à temps pour rentrer dans la voie de la vraie morale.

Tels sont les signes du temps dans la tragédie de *Cinna*.

PARAGRAPHE V

Scènes principales.

Première scène principale (acte I, scène II). *Le monologue d'Emilie.*

Ce monologue a besoin de justification, puisqu'il a été supprimé pendant presque tout le dix-huitième siècle. Il est nécessaire, dramatique, naturel, intéressant. — *Premièrement : Il est nécessaire.* En effet il sert d'exposition à la pièce ; il est indispensable à l'intelligence du sujet, puisqu'il nous apprend tous les faits qui servent de point de départ à la tragédie, le meurtre de Toranius, le souvenir vivace qu'Emilie en a gardé, son projet d'assassinat sur la personne d'Auguste, l'intervention de Cinna comme instrument de sa vengeance ; si la tragédie commençait par la scène suivante où elle déclare avec une extrême énergie de haine qu'elle veut la tête d'Auguste, elle ressemblerait à une insensée, à une furie dont rien n'expliquerait les projets sanguinaires ; elle épouvanterait le spectateur non préparé à cette explosion de haine. La première scène au contraire, calme et froide, malgré sa forme un peu déclamatoire, amène naturellement la seconde. — *Deuxièmement : Il est dramatique.* En effet il ouvre l'action d'une manière claire et rapide, il satisfait à cette condition du drame d'éviter la forme narrative et d'y substituer la forme psychologique, c'est-à-dire l'analyse morale ; Emilie nous fait connaître tous les faits nécessaires à l'intelligence du sujet sans les raconter, mais en nous rendant compte de ses sentiments, c'est-à-dire en nous montrant le contre-coup moral de ces faits sur son âme. — *Troisièmement : Il est naturel.* Une explication est ici nécessaire, parce qu'on dit ordinairement que le caractère de ce monologue est le manque de naturel, c'est-à-dire l'emphase et la boursouflure. Sans doute les apostrophes qu'elle adresse à ses passions, la généalogie, comme dit Boileau, qu'elle fait de sa haine et de sa vengeance ont quelque chose de déclamatoire et d'emphatique, mais c'est précisément le ton qui convient à sa situation ; elle n'a pas de devoir de vengeance à remplir et elle veut se persuader qu'elle en a un ; sa raison ne lui fournissant aucune preuve pour la convaincre, elle est obligée de recourir à son imagination, et l'imagination n'amène jamais sur les lèvres qu'un langage plus ou moins artificiel. Ce défaut est donc voulu et intentionnel et, par suite, n'est pas un défaut. Quand un personnage doit parler avec emphase et que l'écrivain le fait parler emphatiquement, son langage est naturel. — *Quatrièmement, il est intéressant.* C'est le seul moment où Emilie soit intéressante. Partout ailleurs elle se laisse aller à l'emportement de sa haine, à l'ironie, au dédain ; ici elle s'abandonne au regret de la mort de son père, elle exprime ses hésitations, son inquiétude même au sujet de Cinna, elle fait preuve de quelque sensibilité comme fille et comme amante. On lui sait même gré des efforts qu'elle fait pour se persuader qu'elle a un devoir à remplir, parce qu'on comprend qu'il y a de sa part illusion et non fausseté. (Voir *douzième reproche injuste.*)

Deuxième scène principale (acte I, scène II). *La conversation d'Emilie et de Fulvie.*

Voltaire dit de cette scène : « Ce n'est qu'une scène avec une confidente et elle est sublime. » Emilie, après avoir chassé les hésitations qui l'avaient un instant poursuivie dans la scène précédente, communique à Fulvie son projet de vengeance ; Fulvie fait tous ses efforts pour la ramener à des sentiments plus doux, en lui rappelant les bienfaits d'Auguste qui lui font un devoir de la reconnaissance, le grand nombre de mécontents prêts à se charger d'un rôle qui convient mieux à un homme qu'à une femme, enfin le péril auquel elle expose Cinna. Fulvie fait preuve en cette circonstance de bon sens et de fermeté, en lui parlant le langage de la raison et en la contredisant malgré la violence de son caractère. Elle joue ici le même rôle que deux jeunes filles du théâtre de Sophocle, Chrysothémis et Ismène. Chrysothémis, dans la tragédie d'*Electre*, veut arrêter le bras de sa sœur Electre, armé pour frapper Egisthe et Clytemnestre meurtriers de leur père Agamemnon ; Ismène, dans la tragédie d'*Antigone*, veut empêcher sa sœur Antigone de violer l'édit du roi Créon qui a défendu d'enterrer leur frère Polynice ; Fulvie ne réussit pas mieux qu'Ismène et Chrysothémis. Les trois femmes énergiques suivent le cours de leurs pensées. Les poëtes dramatiques aiment beaucoup ces contrastes de la faiblesse et de la force chez les femmes. Cette scène ne fait pas double emploi avec la précédente : dans la précédente, Emilie nous fait part de ses hésitations et de ses craintes ; dans celle-ci, de son désir bien arrêté de vengeance ; rien de plus naturel que cette gradation d'idées ; chez les âmes violentes comme Emilie, l'opposition ne fait qu'irriter : « *Ira corgui non vult*, dit Sénèque, *et in malè cœptis honestior illi videtur pertinacia quam pœni-*

tentia. La colère ne veut pas être réfutée, et, quand elle a tort, l'entêtement lui paraît plus honorable que le repentir. (*De Irâ*, I.)

Cette scène, sans être sublime comme le prétend Voltaire, est belle, parce que Emilie trouve, pour exprimer sa haine contre Auguste, des accents très-énergiques ; quoiqu'elle ait tort et que tous ses raisonnements soient des sophismes, elle sait les revêtir d'un si beau langage qu'elle émeut fortement l'esprit ; ainsi Racine entoure Agrippine d'une majesté qui en impose. Les poëtes classiques donnent au vice un certain air de grandeur, sans le rendre aimable ; les poëtes romantiques le rendent aimable.

Troisième scène principale (acte I, scène III). *Le récit de la conjuration.*

Nous expliquerons son originalité, sa signification politique, son caractère dramatique, son caractère littéraire, sa justification. — *Premièrement : Son originalité.* Il appartient tout entier à Corneille par la pensée et par l'expression ; il n'y en a de trace ni dans Sénèque ni dans Dion Cassius. — *Deuxièmement : Sa signification politique.* Comme Cinna n'est pas un républicain convaincu et qu'il hésite beaucoup à faire tomber la tête d'Auguste qu'Emilie lui demande, il a besoin, pour exécuter son projet, de s'enhardir lui-même ; il entasse dans son discours les images terribles ; il prodigue au tyran les noms les plus odieux ; c'est une manière de se donner du courage pour l'accomplissement d'une œuvre qu'il n'a pas conçue. C'est aussi la condamnation de Cinna prononcée par Corneille ; c'est la preuve que ses hardiesses républicaines ne sont que les boutades d'un mécontent. Comment Corneille a-t-il osé mettre ces hardiesses dans sa tragédie ? Pour deux raisons : la première, c'est qu'il ne les y met que pour les blâmer ; la seconde, c'est que, au dix-septième siècle, les maximes républicaines étaient inoffensives, parce que le pouvoir était tolérant par suite de sa sécurité même. — *Troisièmement : Son caractère dramatique.* Ce récit a un caractère dramatique non-seulement à cause du danger que court Auguste, mais encore à cause de celui que courent, ou du moins que paraissent courir, les conspirateurs. Il se termine en effet par l'arrivée inattendue d'Evandre qui vient troubler leur sécurité, en leur annonçant qu'Auguste les mande auprès de lui. — *Quatrièmement : Son caractère littéraire.* Il ne faut pas répéter cette banalité, mise en circulation par Voltaire, que c'est un des plus beaux morceaux d'éloquence que nous ayons dans notre langue. Il offre des qualités, mais à côté de ces qualités, des défauts saillants. Pour les qualités, d'abord il est énergique par les sentiments et les expressions d'une force admirable. Ensuite il est varié, par suite d'un heureux mélange du discours et de la narration; rien n'est plus propre à éviter la monotonie que cette combinaison du genre oratoire et du genre narratif; c'est ce que Corneille appelle dans son examen de *Cinna, une narration ornée*. Enfin il offre un heureux choix de figures expressives, c'est-à-dire d'images énergiques, qui résument toute une époque. L'auteur avait à tracer la période du triumvirat signalée par mille scènes sanglantes; ce tableau était trop vaste pour pouvoir être reproduit dans tous ses détails, trop répugnant pour que l'auteur pût s'en permettre la peinture matérielle; quelques traits choisis avec goût l'ont à la fois resserré et rendu sans matérialisme. (Pour les défauts de ce récit, il est par moments déclamatoire et emphatique. Voir paragraphe III.) *Cinquièmement : Sa justification.* Cette scène est une narration; mais toute narration, quelque brillante qu'elle soit, est plus ou moins déplacée dans une tragédie; cependant celle-ci ne l'est pas, et Corneille nous dit très-justement pourquoi : « Pour qu'une narration soit admissible, il faut que celui qui la fait et celui qui l'écoute aient l'esprit assez tranquille, et s'y plaisent assez pour lui prêter toute la patience nécessaire. » (Examen de *Cinna*.) Or Cinna qui raconte et Emilie qui écoute éprouvent tous deux de la joie, celui-ci de donner à Emilie de si belles espérances, celle-là de voir Cinna réaliser si rapidement ses intentions.

Quatrième scène principale (acte II, scène I). — *La scène de la délibération.*

Nous parlerons de son authenticité et de la bonne foi d'Auguste; de son caractère dramatique et de son caractère politique général, du caractère particulier de chacun des trois discours. 1° *Son authenticité.* Cette délibération n'est pas authentique. Le rhéteur Dion Cassius parle bien d'une délibération semblable; sans doute il suppose qu'après Actium (41 ans avant J.-C.) Octave consulta Agrippa et Mécène pour savoir s'il devait garder l'autorité ou rétablir la république; il ajoute même qu'Agrippa prit en main la cause de la république et Mécène celle de l'empire (*Hist. rom.*, liv. II, chap. 1er — 41), mais rien ne prouve qu'Octave ait eu réellement cet entretien; Dion Cassius, qui seul en fait mention, est plutôt un rhéteur qu'un historien. Ce qui donne surtout à la scène rapportée par lui un air apocryphe, c'est le choix d'Agrippa comme avocat de la république ; tout le monde sait que celui qui fut plus tard le gendre d'Auguste fut un des auxiliaires les plus dévoués du régime impérial et l'homme d'action qui contribua le plus à fonder la dynastie d'Auguste. Ce récit est une fiction oratoire de Dion Cassius, une de ces déclamations d'école dont parlent Quintilien, Sénèque et Juvénal, ce dernier, entre autres, quand il dit :

> Et nos ergò manum ferulæ subduximus, et nos
> Consilium dedimus Syllæ privatus ut altum
> Dormiret... (*Sat.* 1, 15.)

« Et moi aussi, quand j'étais jeune, j'ai composé de belles déclamations où je conseillais à Sylla de ronfler dans la vie privée. » — 2° *De la bonne foi d'Auguste*. Quoique cette délibération ne soit pas authentique, elle est vraisemblable, et cela suffit pour la justifier. Elle est vraisemblable pour deux raisons : *Premièrement* : Suétone nous apprend qu'Auguste songea deux fois à abdiquer : « *De reddendâ republicâ bis cogitavit.* » (*Vie d'Auguste*, 28.) *Secondement* : Il était de bonne foi, quoique Montesquieu prétende le contraire : « Qui ne voit, dit cet historien, que, si Auguste eût voulu se démettre de l'empire, il était impossible qu'il n'y eût réussi ; ce qui fait voir que c'était un jeu, c'est qu'il demanda tous les dix ans qu'on le soulageât de ce poids et qu'il le porta toujours. » (*Grand. et déc. des Romains*, XIII.) Montesquieu se trompe, Auguste a pu désirer mainte fois se démettre du pouvoir et néanmoins le garder toute sa vie. Plusieurs raisons ont pu le déterminer à ne pas donner suite à son projet : les périls qu'il courait en rentrant dans la vie privée, les dangers auxquels son abdication exposait Rome, en ramenant la guerre civile ou en lui donnant pour successeur un tyran insupportable, c'est-à-dire l'inutilité de sa tentative pour le rétablissement de la liberté. Il est probable que c'est cette dernière raison qui le décida à rester sur le trône ; l'ancienne liberté romaine était irrémédiablement perdue ; Rome avait besoin d'un maître, et le mot de Galba mourant à Pison était déjà vrai : « *Si immensum imperii corpus stare ac librari sine rectore posset, dignus eram a quo respublica inciperet.* (*Histoires*, I, 16.) Si le corps immense de l'empire pouvait subsister et se maintenir sans maître, j'étais digne de rétablir la république. » La délibération imaginée par Corneille est donc vraisemblable ; celle de Dion Cassius l'est pour ce qui concerne Auguste, mais ne l'est pas pour ce qui concerne Agrippa. — 3° *Son caractère dramatique général.* Cette scène n'est pas une suite de dissertations politiques sur le meilleur des gouvernements possibles, ce n'est pas de l'éloquence de parlement ou d'académie, c'est vraiment de la poésie dramatique : en effet, comme nous savons qu'Auguste a pris pour confidents ceux mêmes qui viennent d'aiguiser contre lui leurs poignards, nous tremblons pour sa vie, et, quand nous le voyons adopter l'avis de Cinna, notre frayeur augmente, parce que cette détermination le livre pieds et poings liés à son ennemi. — 4° *Son caractère politique général.* Corneille inaugure dans cette scène l'éloquence politique par la profondeur de ses vues et la mâle précision de son langage. « Les matières d'État, dit Voltaire, y sont traitées avec une précision que la prose ne saurait atteindre ; c'est un traité du droit des gens... Tous les écrivains politiques ont traité ces pensées ; aucun a-t-il approché de la force, de la profondeur, de la netteté, de la précision des discours de Cinna et de Maxime ? » Pour l'idée politique qui ressort de toutes ces discussions, la voici : c'est l'exposé des maux qui ont travaillé la république romaine et préparé l'avénement du régime nouveau, c'est-à-dire les abus du gouvernement populaire ; si le poëte a enveloppé sa pensée de quelques voiles, s'il la laisse deviner plutôt qu'il ne l'exprime, c'est pour rester impartial, c'est pour ne pas violer les règles de l'art en se substituant à ses personnages. — 5° *Caractère particulier du discours d'Auguste.* L'empereur écoute sans parti pris Maxime et Cinna ; il fait preuve de sagesse et de modération ; s'il adopte l'avis de Cinna, c'est dans la crainte que son abdication ne rouvre pour son pays l'ère des guerres civiles au lieu d'ouvrir celle de la liberté. En restant sur le trône, il fait preuve de dévouement, parce qu'il sacrifie ses goûts personnels aux intérêts de Rome. (Pour la forme de ce discours, voir paragraphe VII, 16°). — 6° *Caractère particulier du plaidoyer de Cinna.* Ce discours fait ressortir sa fourberie et son habileté ; sa fourberie, parce que le conseil qu'il donne à Auguste ressemble à un guet-apens ; son habileté, parce qu'il sait donner un accent de sincérité affectueuse à sa trahison. Ce plaidoyer sert encore à faire comprendre l'idée de Corneille dans cette tragédie : comme Cinna dit le contraire de sa pensée dans son analyse des excès du pouvoir populaire et dans son éloge des avantages de la monarchie, on devrait comprendre à quelques passages de son discours qu'il ment à sa conscience ; les fourbes se trahissent toujours par quelque endroit, comme le Sinon de Virgile ; il devrait se glisser quelques maladresses, quelques contradictions ou du moins quelques hésitations dans son apologie du pouvoir absolu, comme il y a quelques solutions de continuité, quelques pailles dans un métal mal trempé. Or, il n'en est rien ; tout est net, précis, juste, complet dans son argumentation ; il a l'air trop convaincu pour penser le contraire de ce qu'il dit. On croirait entendre parler un Lafeuillade. De deux choses l'une : ou cette franchise d'argumentation est un défaut, ou elle renferme une intention secrète. Le premier cas n'est guère admissible, Corneille sachant, comme tout autre, faire parler un hypocrite. C'est le second qui est le vrai. Quelle est son intention cachée ? Comme il veut faire triompher dans cette tragédie l'idée monarchique, il n'a pas trouvé de meilleur moyen que de mettre les plus solides arguments en faveur de sa thèse dans la bouche même de son principal adversaire ; c'est habile ; rien de plus adroit que de se servir de son contradicteur comme avocat de la cause que l'on défend. Ainsi Corneille est sorti de l'embarras où il se trouvait dans toute la première partie de cette tragédie : une exposition républicaine placée en tête d'une tragédie consacrée à la justification de l'empire ; c'est comme s'il disait au lecteur : ne vous abandonnez pas au courant de l'idée républicaine qui traverse tout le premier acte ; pour détourner vos sympathies du républicain Cinna et les fixer sur Auguste, je fais parler ce faux monarchiste en vrai monarchiste. — 7° *Caractère particulier du plaidoyer de Maxime.* Il parle en républicain sincère, en honnête homme. Il serait heureux de contribuer au rétablissement de la république et de sauver en même temps la vie d'Auguste ; c'est patriotique et c'est humain. Cette scène est le seul beau moment de ce triste personnage.

Terminons toutes ces observations en disant qu'il y a dans Hérodote une délibération semblable. (Hérodote, *Thalie*, III, 80, 81, 82.) Trois chefs persans, Otanès, Mégabyse et Darius discutent, après le massacre des mages, sur la meilleure forme de gouvernement qu'il convient d'établir en Perse. Otanès propose la république, Mégabyze l'oligarchie, Darius la monarchie. Corneille s'est probablement inspiré de ce passage, car on rencontre dans la scène de la délibération un grand nombre d'idées et même d'expressions semblables à celles de l'historien grec ; vingt-cinq vers environ ressemblent à une interprétation, quelquefois même à une traduction littérale du texte ancien. Il y aurait à ce sujet une curieuse comparaison à faire, le génie d'Hérodote et celui de Corneille offrant plus d'une ressemblance.

Cinquième scène principale (acte III, scène iv). *La conversation d'Émilie et de Cinna.*

Cette scène est importante parce qu'elle développe une des principales idées de la pièce, l'ascendant d'Émilie sur Cinna. Ce dernier vient d'avoir des remords et a renoncé à son projet d'assassinat; il fait part à Émilie de sa rétractation. Celle-ci lui fait comprendre si énergiquement la faiblesse de sa conduite,

Abandonne ton âme à son lâche génie.

elle fait si adroitement résonner à ses oreilles le mot d'amour et même l'effraie tellement par la menace de son suicide que Cinna, déconcerté, se ravise et reprend son premier dessein.

Aucune scène ne caractérise mieux les conspirateurs : la fierté et l'énergie d'Émilie, la mollesse et les hésitations de Cinna. C'est une scène d'analyse morale achevée. Pour le style elle est aussi fort belle. Émilie trouve des accents admirables pour exprimer sa haine contre Auguste et son dédain pour son timide complice; elle écrase Cinna de sa colère tout en faisant semblant de l'enlacer de son amour; elle fait à la fois la furie et la sirène, si bien que ce discours commencé sur le ton de l'imprécation se termine sur celui de l'élégie. C'est un chef-d'œuvre non-seulement d'énergie, mais encore d'habileté féminines.

Sixième scène principale (acte IV, scène ii). *Le monologue d'Auguste après la découverte du complot.*

Ce monologue est nécessaire, intéressant, pathétique, varié. 1° *Il est nécessaire*, parce que, en ce moment, Auguste, qui connaît le complot et tient à son tour la vie des conjurés entre ses mains, est maître de la situation; l'action est tout à coup arrêtée et n'a plus d'autre théâtre que la conscience même de l'empereur, tout dépend de ce qu'il va faire, et, par conséquent, de ce qu'il pense en ce moment; la véritable expression de la situation est donc un discours intérieur. — 2° *Il est intéressant*, parce qu'il nous montre Auguste partagé entre l'indignation que lui cause la découverte du complot et la mélancolie attachée aux grandeurs humaines. — 3° *Il est même pathétique*, pour bien des raisons, parce que la vue d'un homme qui vient d'échapper à la mort émeut toujours fortement; parce que Auguste se fait aimer en rappelant ses crimes passés; parce que son âme est en ce moment le théâtre d'une lutte héroïque d'où il va sortir transformé par le repentir. — 4° *Il est varié.* Auguste passe par une série de sentiments contraires : le premier est la douleur de l'amitié trahie ; peu lui importe le danger qu'il court ; il est tout entier au chagrin d'être haï ; il semble ne pouvoir ni régner ni vivre s'il n'est aimé ; ce premier mouvement est d'une sensibilité touchante. Sa seconde pensée ne l'est pas moins : c'est un retour sur lui-même, un aveu de ses fautes, la justification de ses ennemis ; son humilité l'élève et lui concilie tous les cœurs. A ces deux mouvements si nobles succèdent quelques idées de vengeance ; l'homme reparaît, le triumvir se réveille un instant ; on reconnaît à ce trait la nature ; Auguste plus parfait nous intéresserait moins. Mais il revient bientôt à des sentiments plus doux, sans toutefois se prononcer pour la clémence ; en résumé, il hésite entre la vengeance et le pardon et finit par demander au destin de le tirer de cette cruelle perplexité.

Septième scène principale (acte V, scène I). *L'interrogatoire de Cinna.*

La scène du pardon est précédée d'une autre scène qu'il ne faut pas confondre avec elle, parce qu'elle n'a avec celle-ci aucun rapport. Elle en diffère même tellement qu'on pourrait l'appeler la scène de la punition. Auguste, en effet, dans cette scène préparatoire punit Cinna et se venge même de lui en l'accablant de son mépris et en lui laissant pour adieu ces mots menaçants :

> Tu sais ce qui t'est dû, tu vois que je sais tout ;
> Fais ton arrêt toi-même et choisis tes supplices.

Cinna doit croire qu'il va être envoyé à la mort, et Auguste lui-même incline à la rigueur ; il n'a pas encore triomphé de son ressentiment. Cette scène prouve que Corneille comprenait quel doit être le vrai caractère de la clémence d'Auguste, mêlée de vengeance ; le mot que le duc de Lafeuillade a prononcé à propos d'un des vers qu'elle renferme : « Tu me gâtes le : Soyons amis, Cinna, » loin d'être la condamnation de Corneille, prouve au contraire que le noble gentilhomme comprenait peu le rôle de l'empereur et l'intention du poëte. (Voir paragraphe VI, 4° question.)

Huitième et dernière scène principale (acte V, scène III). *La scène du pardon.*

Auguste à la fin de la scène précédente hésitait; mais les aveux d'Emilie et de Maxime, qui viennent successivement lui révéler leur participation au complot, le décident à pardonner; il voit dans cette triple trahison un avertissement du ciel irrité et veut l'apaiser par l'indulgence. Ce qui lui fait surtout prendre ce parti, ce qui emporte la balance du côté de la générosité, c'est la lâcheté de Maxime demandant le supplice d'Euphorbe.

Quant au mot célèbre : « Soyons amis, Cinna, » ce qui en fait la beauté, c'est moins l'acte du pardon en lui-même que la lutte morale qui le précède et l'analyse des mauvaises pensées qui ont longtemps grondé dans l'âme d'Auguste avant de faire place à la clémence; Corneille dans la peinture de ses longues hésitations s'est montré moraliste achevé. « Il a suivi la passion, dit M. Géruzez, jusqu'en ces profondeurs où souvent elle s'ignore elle-même. »

Pour le style de ces deux admirables scènes, il est d'une grandeur simple et naturelle, sans emphase, quoi qu'en disent quelques critiques.

PARAGRAPHE VI

Étude des différents personnages.

Caractérisez d'une manière générale chaque personnage.

1° *Auguste* est le type de l'héroïsme de la clémence; il personnifie ces hommes qui triomphent de leur colère pour pardonner à leurs ennemis, c'est-à-dire qui sacrifient leur passion à un devoir supérieur; mais il n'est pas à proprement parler un type d'honnête homme; il représente ces hommes endurcis par une longue habitude de sévérité et de vengeance, qui se trouvent tout à coup saisis de remords, et se transfigurent par un énergique effort de volonté. L'Auguste de Corneille est le contraire du Néron de Racine; le premier passe du mal au bien, le second du bien au mal.

2° *Emilie* personnifie deux idées différentes (car son rôle est double) : d'abord les sentiments d'exaltation républicaine qui survivent à la perte de la liberté; ensuite cet esprit de vengeance insatiable qu'aigrissent les bienfaits mêmes et qui répond par des complots de mort aux libéralités du bienfaiteur.

3° *Cinna* est un conspirateur hésitant, dont le cœur est aussi faible que la tête, qui cède moins à ses convictions politiques qu'à l'amour d'une femme et qui tergiverse précisément parce que, au lieu d'agir en son nom, il est l'instrument passif d'une volonté étrangère. Ni lui ni Emilie ne personnifient la cause de la liberté; ce sont deux mécontents, deux exaltés, deux fanatiques; ce ne sont pas deux vrais républicains.

4° *Maxime* est un traître qui, après être entré loyalement dans une conspiration, la dénonce tout à coup lâchement pour perdre son ami en qui il découvre un rival et pour satisfaire une passion surannée et ridicule. Il complète le groupe des trois personnages fort peu intéressants qui personnifient l'idée républicaine et que Corneille subordonne à celui qui personnifie l'idée monarchique, Auguste.

5° *Livie*, personnage tout à fait épisodique, ne représente aucune idée générale, mais sert à caractériser par son intervention dans la pièce, la clémence d'Auguste, c'est-à-dire à lui ôter la spontanéité et le désintéressement.

ANALYSE DÉTAILLÉE DE CHAQUE PERSONNAGE.

1° Analyse détaillée du rôle d'Auguste.

Première question. — *Prouvez qu'Auguste est le principal personnage de la pièce ?*

Dès qu'il paraît, il efface tous les autres; les conspirateurs, qui ont absorbé notre attention pendant tout le premier acte et ont tâché de conquérir notre estime par un faux air d'héroïsme, disparaissent devant lui. Le sentiment d'estime et d'admiration qu'il inspire grandit même de scène en scène jusqu'à la fin; cette concentration d'intérêt sur sa personne et cette gradation de sympathie indiquent assez sa place dans la tragédie.

Deuxième question. — *Le rôle d'Auguste est-il un rôle d'honnête homme ?*

Non; c'est un type d'homme vicieux qui devient honnête homme; trois grandes scènes graduées avec art signalent sa transformation morale. 1° *Celle de la délibération* où il surmonte son ambition et songe à abdiquer pour être le restaurateur de la liberté de Rome; 2° *celle du monologue* où il surmonte sa colère pour laisser éclater son repentir en avouant ses torts envers les Romains ; 3° *celle du pardon* où il arrive par la clémence à son plus haut degré de transformation.

Troisième question. — *L'histoire dit-elle qu'Auguste fut clément ?*

Voltaire prétend que non. « On sait que César son père adoptif fut assez grand pour pardonner à ses ennemis, mais je ne vois pas qu'Auguste ait pardonné à un seul. » Voltaire se trompe ; Auguste était clément ; nous lisons dans Sénèque : « *Ignovit abavus tuus victis ; nam, si non ignovisset, quibus imperasset ? Sallustium et Cocceios et Dellios et totam cohortem primæ admissionis ex adversariorum castris conscripsit. Jam Domitios, Messalas, Asinios, Cicerones, et quidquid floris in civitate erat clementiæ suæ debebat... Hæc eum clementia ad salutem securitatemque perduxit.* » (*De clementiâ*, I, x). Voltaire a l'habitude de dénigrer Auguste.

Quatrième question. — *Quels sont les caractères de la clémence d'Auguste dans la tragédie de* Cinna ?

Elle est héroïque et définitive, voilà pour ses qualités. Elle n'est pas spontanée, elle n'est pas désintéressée, elle est même un peu vindicative, voilà pour ses imperfections. 1° *Elle est héroïque*, c'est-à-dire qu'elle est le résultat d'une lutte dont l'issue a été longtemps douteuse, même pour lui ; il lui a fallu vaincre toutes les mauvaises passions, une longue habitude de colère et de vengeance auxquelles il avait donné cours pendant son triumvirat ; c'est cette victoire qui fait son héroïsme. — 2° *Elle est définitive*, c'est-à-dire qu'elle ne consiste pas à pardonner en passant à un ennemi, mais à renoncer pour toujours à la vengeance ; le pardon de Cinna est pour lui l'abdication de son passé et le point de départ d'une vie nouvelle.

D'un autre côté, comme Auguste n'est pas un honnête homme, mais un homme vicieux qui s'efforce de devenir honnête, sa clémence doit offrir quelques imperfections. — 3° *Elle n'est pas spontanée.* C'est sa femme Livie qui la lui conseille, elle ne paraît même dans la tragédie qu'à cet effet ; Corneille n'a fait que suivre en cela les indications de Sénèque : « Sa femme Livie l'interrompit enfin : Voulez-vous recevoir, dit-elle, le conseil d'une femme ? Charmé de cet avis, Auguste en rendit grâce à Livie. *Interpellavit tandem illum Livia uxor et :* « *Admittis, inquit, muliebre consilium ?...* » *Gavisus sibi quod advocatum invenerat, uxori gratias egit.* » (*De clementiâ*, I, II.) — 4° *Elle n'est pas désintéressée.* C'est l'intérêt personnel qui détermine Auguste à l'indulgence, c'est l'espoir que la clémence lui réussira mieux que la sévérité. Livie lui dit en effet dans Sénèque : « Imitez les médecins; quand les remèdes usités ne réussissent pas, ils essaient les contraires; jusqu'ici la sévérité ne vous a servi de rien, essayez aujourd'hui si la clémence vous réussira. *Fac quod medici solent; severitate adhuc nihil perfecisti, nunc tenta quomodo tibi cedat clementia.* » (*Ibidem.*) L'Auguste de Corneille agit en effet comme celui de Sénèque ; cela ressort des dernières paroles de la scène de la délibération où il récompense ses confidents et des premiers mots de son monologue où il énumère les tristes conséquences de sa sévérité. — 5° *Elle est un peu vindicative.* Auguste se venge de Cinna dans la scène qui précède celle du pardon et que nous avons appelée l'interrogatoire de Cinna. Là sa colère ne cesse de fermenter contre son meurtrier; le triumvir menace à chaque instant de reparaître; il se venge de lui en le couvrant de confusion et de honte, il se venge de lui en l'humiliant de son dédain :

> Ta fortune est bien haut, tu peux ce que tu veux,
> Mais tu ferais pitié, même à ceux qu'elle irrite,
> Si je t'abandonnais à ton peu de mérite. (V, 1.)

Il se venge de lui en le laissant partir sous le coup d'une menace de mort. La clémence d'Auguste a aussi dans Sénèque un caractère vindicatif. « Je plains la république si je suis le seul obstacle qui t'empêche de gouverner; tu ne peux même pas défendre l'honneur de ta maison. *Male mehercule cum populo romano agitur, si tibi ad imperandum nihil præter me obstat. Domum tuam tueri non potes.* » (*Ibidem.*)

Cinquième question. — *La clémence d'Auguste, pour offrir ces imperfections, en est-elle moins méritoire ?*

Au contraire, elle n'en est que plus méritoire. L'homme qui fait le bien après avoir longtemps fait le mal a plus de mérite que celui qui a toujours fait le bien; la difficulté vaincue fait le mérite des grandes actions; la lutte double le prix de la victoire.

Sixième question. — *L'Auguste de Corneille ressemble-t-il à l'Auguste de l'histoire ?*

Non, Corneille l'a idéalisé, quoiqu'il lui ait prêté les défauts que nous venons de voir. Balzac disait en parlant de cette idéalisation : « Aux endroits où Rome est de brique, vous la rebâtissez de marbre et je prends garde que ce que vous prêtez à l'histoire est meilleur que ce que vous empruntez d'elle. » L'Auguste de l'histoire est moins grand, moins noble, moins héroïque que celui de Corneille; Corneille malgré ses restrictions attribue les belles actions de son personnage à sa modération, à son patriotisme, à l'empire d'une âme maîtresse d'elle-même comme de l'univers; les vertus d'Auguste tenaient plus de l'habileté que de la noblesse naturelle des sentiments, quelques-unes même étaient calcul et apparence; sa frugalité sent un peu l'affectation : « Il n'est pas de Juif, disait-il, qui jeûne plus rigoureusement le jour du 'Sabbat que je n'ai fait aujourd'hui? » Que dire de ses habits filés par sa femme et ses filles? De la démolition du palais somptueux bâti par sa fille Julia? N'y a-t-il pas là un peu d'exagération, de simplicité étudiée? Quoi qu'il en soit, Corneille en transfigurant son personnage n'a fait que suivre un certain courant de popularité favorable à Auguste. Les vices de ses successeurs ont fait ressortir son mérite; les chrétiens ont honoré en lui le prince sous lequel est né Jésus-Christ; Charlemagne l'a considéré comme l'idéal du souverain; les lettrés de la Renaissance, à commencer par Montaigne, l'ont béni comme le protecteur et le représentant de la civilisation romaine; les contemporains de Louis XIV l'ont regardé comme le symbole de la monarchie absolue; Corneille en faisant son panégyrique a mis le comble à sa gloire. La voix de Montesquieu et celle de Voltaire s'élèvent seules comme des dissonances au milieu de ce concert d'éloges.

2° Analyse détaillée du rôle d'Émilie.

Première question. *Caractérisez le rôle d'Émilie?*

C'est avec Médée la première apparition de ces personnages féminins auxquels Corneille prête une âme virile; le poëte les a introduits dans son théâtre parce qu'il les voyait autour de lui, mêlés aux troubles civils, quelquefois même à la tête des conspirations. Émilie n'est pas intéressante et le mot connu de Balzac ou plutôt de son voisin le docteur, « C'est une adorable furie, » n'est pas juste. Elle n'est pas adorable, parce qu'elle est insensible à toutes les émotions de la tendresse; elle n'est pas une furie, parce que les furies se laissaient désarmer par les prières des mortels, tandis que Émilie est inexorable et ne laisse à Cinna de choix qu'entre la vengeance et la mort :

> Et qu'il choisisse après de la mort ou de moi. (III, v.)

C'est une femme toujours furieuse, voilà tout; ou plutôt c'est une fanatique égarée par l'esprit de vengeance. Mais, dira-t-on, son rôle étincelle de beautés admirables; c'est le mot dont se servent ses admirateurs; c'est vrai, elle a des mouvements de dédain et de colère magnifiques, des élans de haine fort éloquents; mais d'abord ce sont là des qualités peu intéressantes chez une femme; ensuite l'emploi qu'elle en fait ne peut que la déconsidérer, puisqu'elle s'en sert contre son bienfaiteur; enfin Corneille ne les lui a prêtées que pour la forme seulement, c'est-à-dire parce qu'il est convaincu que le poëte dramatique doit donner, même à la peinture du vice, une *forme brillante*, et aussi par scrupule historique, c'est-à-dire pour se conformer à ce préjugé antique, quelque odieux qu'il le trouvât, la légitimité de l'assassinat politique. Au fond de sa pensée, il condamne Émilie, et toutes les qualités qu'il lui prête tournent à sa confusion.

Deuxième question. *Quel genre d'intérêt offre ce personnage?*

Si Émilie n'inspire aucune sympathie, elle a cependant plusieurs mérites : d'abord elle exerce une grande influence sur la marche de l'action, elle est comme le ressort dramatique de la pièce; ensuite elle saisit fortement l'esprit par l'énergie de ses accents; enfin l'inflexibilité de son caractère sert à mieux faire ressortir la mollesse de Cinna et le mérite d'Auguste : la mollesse de Cinna, parce qu'elle lui sert de contraste; le mérite d'Auguste, parce qu'il est plus difficile de faire plier une rebelle indomptable qu'une rebelle timide. Mais ces divers genres d'intérêt n'ont aucun rapport avec ce qu'on appelle les qualités morales d'un personnage; ils sont purement littéraires.

Troisième question. *Caractérisez sa haine contre Auguste?*

M. Guizot fait une observation fort juste sur la haine d'Émilie; il dit que c'est plutôt une pensée qu'un sentiment : c'est-à-dire un raisonnement, une conception de son esprit plutôt qu'un mouvement de son cœur; cela ressort de ce mot qu'elle prononce quelque part :

> Je me fais des vertus dignes d'une Romaine. (III, IV.)

En effet les héroïnes de Corneille obéissent plutôt à des idées qu'à des sentiments; on pourrait même appliquer cette observation à plusieurs de ses héros. Une idée abstraite les dirige presque tous.

3° Analyse détaillée du rôle de Cinna.

Première question. *Caractérisez le rôle de Cinna ?*

Corneille n'a voulu montrer dans Cinna qu'un fanatique égaré par l'amour, comme dans Émilie une fanatique égarée par l'esprit de vengeance. Cinna n'est pas un vrai républicain; c'est un amoureux qui se fait assassin pour plaire à sa maîtresse; il n'agit pas par conviction politique, mais par passion; il manque de patriotisme; s'il n'aimait pas, il ne conspirerait pas; c'est une tête faible et un cœur aveugle. Si le dix-septième siècle a vu en lui un honnête homme, et plus encore, *l'honnête homme de la pièce*, comme le reproche justement Voltaire aux lecteurs de cette époque, c'est que le dix-septième siècle s'est laissé égarer par quelques esprits mécontents et factieux, comme il y en avait tant à l'époque de la Fronde, auxquels il a déplu de voir le héros du désordre et de l'opposition maltraité dans la personne de Cinna; c'est que le dix-septième siècle a voulu, pour ainsi dire, protester contre Corneille, en réhabilitant Cinna malgré lui. Du reste le dix-huitième siècle, tout en apercevant cette erreur par les yeux de Voltaire, y est tombé lui-même, et pour la même raison. Seulement l'erreur du dix-huitième siècle est explicable, tout le monde étant à cette époque plus ou moins porté vers les idées d'indépendance.

Il faut avouer que Corneille laisse plutôt deviner qu'il n'exprime ses sentiments de sévérité à l'égard de Cinna; deux raisons le déterminent à ne pas se prononcer plus clairement : d'abord le respect de la vérité historique qui nous apprend que dans l'antiquité les conspirateurs étaient des personnages estimés et recommandables, des espèces de héros, vu la légitimité de l'assassinat politique admise à cette époque; ensuite son système dramatique qui consiste à donner un certain éclat au portrait des méchants. Corneille laisse du moins deviner sa sévérité quand il présente Cinna accompagné d'un long cortége de défauts et de vices : faiblesse de caractère et d'esprit, petitesse de sentiments, indécision, ton déclamatoire, absence de patriotisme, esprit de trahison, poussé jusqu'au guet-apens, platitude de courtisan succédant à la haine la plus effrénée ; il la laisse surtout deviner quand il le rabaisse, à son plus beau moment, pendant le récit de la conjuration, en le faisant parler plutôt en orateur de désordre qu'en républicain.

Deuxième question. *Cinna est-il l'instrument passif d'Émilie ?*

Corneille, pour le relever un peu, lui prête bien quelques sentiments personnels de haine contre Auguste ; il suppose, lorsqu'il le montre bravant l'empereur dans la scène du pardon, que c'est sa haine héréditaire de petit-fils de Pompée qui a armé son bras contre le fils adoptif de César :

Seigneur, je suis Romain et du sang de Pompée. (V, ɪ.)

mais cette restriction ne change rien à son caractère, c'est un des nombreux traits que le poëte a imaginés pour donner « *un caractère brillant et élevé* » à ses défauts. Cinna est, quoi qu'il en dise lui-même, l'instrument passif d'Émilie.

4° Analyse détaillée du rôle de Maxime.

Première question. *Caractérisez le rôle de Maxime et donnez la raison d'être de ce personnage ?*

Maxime est un personnage vil et odieux : il est menteur, car la comédie de sa résurrection repose sur un mensonge. — Il est traître et même trois fois traître, car sa dénonciation retombe sur Émilie, Cinna et son parti tout entier qu'il expose à la colère de l'empereur. — Il est cruel, car dans la scène du pardon, il demande à Auguste la mort d'Euphorbe ; et, ce qui met le comble à sa perversité, c'est qu'elle est intéressée ; en effet, s'il dénonce la conjuration, c'est pour épouser Émilie ; s'il demande la mort d'Euphorbe, c'est pour se faire bien venir d'Auguste ; tout cela est vrai et bien observé ; il n'est pas dans la nature de l'homme d'être infâme gratuitement.

Maxime, malgré son infamie, a sa raison d'être. — 1° Il sert à faire ressortir la noblesse d'Auguste, comme dans une réunion d'hommes, les petits font ressortir les grands. — 2° Il donne à la tragédie de Cinna plus de ressemblance avec la vie, le monde comptant malheureusement beaucoup de gens qui lui ressemblent. — 3° Il sert à indiquer la pensée principale de Corneille dans la tragédie de Cinna : tous les vices accumulés sur la tête de ce personnage, qui est un des représentants de l'idée républicaine, prouvent que Corneille a voulu dans cette tragédie condamner la république et justifier l'empire.

Deuxième question. *Maxime est-il seulement vil et odieux ?*

Il est encore un peu comique.

Troisième question. *Quelles sont les circonstances qui le font descendre au rang d'un personnage de comédie ?*

Trois circonstances : sa passion surannée pour Émilie, le faux bruit de sa mort, sa colère contre Euphorbe.

1° *Sa passion surannée pour Émilie.* Maxime est vieux, Émilie est jeune ; un vieillard amoureux est toujours ridicule.

2° *Le faux bruit de sa mort.* Lorsqu'il charge son affranchi Euphorbe de dénoncer à Auguste la conspiration, il le prie d'ajouter qu'il s'est fait justice lui-même en se noyant dans le Tibre. Ce n'est qu'un mensonge, mais il est plausible, en effet, tout le monde comprend que Maxime doit se dire que Cinna, en comparaissant devant Auguste, le dénoncera à son tour comme son complice, et qu'Auguste le fera arrêter. Il veut donc faire croire à l'empereur, en lui annonçant son suicide, qu'il n'a pas pu résister à ses remords et à la honte d'être jeté en prison. C'est vraisemblable, quoiqu'il ne donne pas suite à son projet ; en effet il ne se tue pas, et, quelques moments après la déclaration d'Euphorbe, il reparaît, pour proposer à Émilie de l'enlever. N'y a-t-il pas quelque chose de comique dans cette réapparition imprévue ? peut-on s'empêcher de sourire en le voyant revenir après un suicide qu'il s'est bien gardé de commettre ?

3° *Sa colère contre Euphorbe.* Lorsque Euphorbe vient d'accomplir la mission dont il l'a chargé lui-même auprès de l'empereur, Maxime, furieux de voir l'inutilité de son stratagème, puisque Émilie repousse avec dédain sa proposition d'enlèvement, se livre contre son affranchi absent aux transports d'une colère naïve (cela ressemble un peu à la colère de Chimène contre don Sanche). Il l'accuse d'être l'auteur de tout le mal et il le cherche pour le tuer; cette fureur a quelque chose de comique, puisque c'est lui-même qui a conseillé à Euphorbe de tout révéler.

5° Analyse du rôle d'Euphorbe.

C'est Euphorbe que Maxime charge de révéler la conjuration à Auguste; il sert donc d'intermédiaire entre Maxime et l'empereur. Mais ce n'est pas un simple rapporteur. Quelque mince que soit son rôle, il a aussi sa personnalité. Dans le peu de paroles qu'il prononce, il prouve que non-seulement il partage les sentiments vils et bas de son maître, mais encore qu'il renchérit sur eux; Maxime se contente de dénoncer Cinna, Euphorbe le calomnie :

> Lui seul combat encor les généreux efforts
> Que sur les conjurés fait ce juste remords. (IV, 1.)

Le valet est encore plus vil que son maître; c'est une gradation fort naturelle.

6° Analyse du rôle de Livie.

C'est elle qui conseille à Auguste la clémence; elle ne paraît même dans la pièce qu'à cet effet; elle indique à Auguste la générosité comme le seul moyen de mettre un terme à ces conspirations sans cesse renaissantes. C'est encore elle qui ferme la tragédie par une prophétie sur l'avenir glorieux du règne d'Auguste. La première partie de son rôle est historique, la seconde est de pure fantaisie. (V. paragraphe VII, 18° et 19°).

PARAGRAPHE VII

Reproches injustes.

Premier reproche injuste. *Le déplacement de l'intérêt.* (Voltaire, la Harpe, Géruzez.) (V. paragraphe III.)

Deuxième reproche injuste. *Le manque d'unité dans l'impression générale de la pièce.* (Géruzez.)

M. Géruzez dit : « La tragédie de *Cinna*, qui s'ouvre par des regrets et des espérances de liberté, se termine à l'honneur de celui qui a consommé l'asservissement de Rome. » Ce reproche est injuste, parce que Corneille n'a nullement l'intention de nous faire partager les regrets et les espérances de liberté qu'exprime Cinna, ni de représenter Auguste comme le tyran de Rome, mais bien comme son sauveur. Corneille n'a pas voulu ouvrir sa pièce sur des perspectives de liberté, ni la fermer sur des perspectives de servitude : il a voulu montrer au commencement le désordre, à la fin l'ordre, c'est-à-dire la nécessité de l'empire succédant à l'anarchie de la république. Il y a donc unité dans l'impression générale de la pièce.

Troisième reproche injuste. — *L'inconsistance du rôle de Cinna.* (Voltaire, la Harpe, Géruzez.)

Ces critiques reprochent à Cinna de changer sans cesse d'idée, d'adopter, de repousser pour adopter de nouveau et repousser définitivement la pensée de l'assassinat ; c'est ce qu'ils appellent de la versatilité, de l'*inconsistance*. Il est évident que Cinna est un personnage versatile et inconsistant, mais c'est précisément ce qu'il doit être ; Corneille n'a pas voulu faire de lui un de ces conspirateurs convaincus, un de ces Brutus, qui marchent droit devant eux sans se préoccuper des obstacles, mais un de ces conspirateurs irrésolus, manquant d'esprit de suite, précisément parce qu'ils agissent pour le compte d'autrui. Rien de plus naturel que cette hésitation d'un esprit soumis tour à tour à l'influence de passions opposées et de sentiments contradictoires, puisqu'il ne pense pas par lui-même. On pourrait retrouver des traces de ce caractère, non-seulement dans les époques agitées de l'histoire de France, au quinzième, au seizième et au commencement du dix-septième siècle où les factions étaient déchaînées, mais encore à Rome, au temps d'Auguste, et dans tous les pays, quand un gouvernement absolu succède à un gouvernement libre. Il est naturel que, dans ces circonstances, les âmes soient partagées entre le regret de l'ancienne liberté et la nécessité de se plier à l'autorité présente. Corneille s'est donc montré fidèle observateur de la vérité morale et de la vérité historique. Lui reprocher l'inconsistance de Cinna, c'est déclarer nettement qu'on aurait voulu qu'il en fît un Brutus, c'est substituer ses idées personnelles, ses rêves, à la véritable pensée de l'auteur, ce qui n'est pas permis en matière de critique. Il faut comprendre et juger l'œuvre d'un écrivain telle qu'il l'a conçue.

Quatrième reproche injuste. — *Tous les défauts et toutes les mauvaises actions de Cinna, entre autres son guet-apens à Auguste.* (Voltaire, la Harpe, Géruzez.)

Même reproche et même réfutation; on comprend que ceux qui reprochent à Corneille, non plus la versatilité, mais les défauts et les vices de Cinna, lui adressent cette nouvelle critique, parce qu'il n'a pas idéalisé à leur gré le conspirateur. Ils n'admettent pas que Cinna pousse la perfidie jusqu'à conseiller à Auguste de garder l'empire et la bassesse jusqu'à se jeter à ses genoux pour le supplier de ne pas abdiquer. Mais cette perfidie et cette bassesse rentrent bien dans le caractère de Cinna, tel que l'a conçu Corneille. Jamais Corneille n'a voulu l'ennoblir, comme le prétend Voltaire : « Cinna, que l'auteur *veut et doit* ennoblir, dit-il, devait-il conjurer Auguste à genoux de garder l'empire, pour avoir un prétexte de l'assassiner? » Voltaire, au lieu d'entrer dans les idées de l'auteur, qui condamne Cinna comme un fanatique égaré par de fausses doctrines et par une volupté perfide, reste obstinément arrêté dans les siennes et juge l'œuvre du poète au point de vue de ses propres préférences. Ce genre de critique s'appelle de la polémique; c'est trop souvent celui de Voltaire.

Cinquième reproche injuste. — *L'inopportunité et l'invraisemblance morale des premiers remords de Cinna.* (Voltaire, la Harpe.)

Ces deux critiques insistent beaucoup sur ce reproche. Ils disent : A la fin de la scène de la délibération (II, I), quand Auguste, pour remercier Cinna du conseil qu'il vient de lui donner et qu'il croit sincère, lui parle avec une touchante effusion de cœur et lui accorde même en récompense la main d'Émilie, à ce moment où les bonnes paroles de son bienfaiteur résonnent à son oreille, il devrait avoir des remords et il n'en a pas. Tout au contraire, il est plus endurci que jamais dans son projet d'assassinat; il se querelle même, au sortir de la délibération, avec Maxime, qui penche vers la pitié. Ce n'est que trois scènes plus loin (III, II) qu'il a des remords; ainsi, prétendent Voltaire et la Harpe, quand on attend son repentir, il ne vient pas, et quand on ne l'attend pas, il vient. Tel est le reproche; en voici la réfutation : Au moment où Auguste lui parle avec bonté, il est encore tout entier à sa passion pour Émilie, au serment qu'il lui a fait, à cette espèce de fièvre anarchique qui s'est emparée de lui ; or il est dans la nature de l'homme de ne rien écouter pendant les premiers moments de la passion ; c'est seulement quand la réflexion est venue, quand cette première ivresse est dissipée par le temps, c'est-à-dire par une émotion plus saine et plus forte, qu'il ouvre les yeux à la raison ; il fait alors ce qu'il aurait dû faire, mais ce qu'il n'a pas pu faire plus tôt. C'est ainsi que les bienfaits du tyran trouvent d'abord Cinna insensible et l'aigrissent même davantage contre lui ; mais un peu plus tard, à mesure que s'approche le moment de frapper, son sang-froid revient, il se retrace l'horreur du crime qu'il médite, il hésite, il se repent ; rien de plus naturel que cette lenteur ; Corneille a suivi fidèlement la marche des sentiments du cœur humain.

Ajoutons pour la justification de Corneille que, si les observations précédentes sont vraies généralement pour les criminels ordinaires, elles le sont encore plus pour Cinna, conspirateur jeune et novice. Sa jeunesse et son inexpérience expliquent qu'il s'exagère toute chose, qu'il trouve autant d'outrages dans les bonnes paroles d'Auguste et qu'il rougisse de recevoir Émilie d'une main détestée ; d'un autre côté, cette même inexpérience dans le crime (car il ne faut pas oublier qu'il n'est nullement endurci) peut très-bien l'amener à des sentiments meilleurs. L'amour-propre exagéré du jeune homme, et du jeune homme amoureux, justifie donc la lenteur de ses premiers remords ; son irrésolution de conspirateur débutant les justifie encore, quand ils arrivent.

Sixième reproche injuste. — *L'inutilité et l'invraisemblance de la scène où Cinna justifie lui-même devant Maxime son hypocrisie envers Auguste.* (Voltaire.)

Cinna, après avoir donné à Auguste le conseil de garder le trône, se justifie devant Maxime de la pensée hypocrite qui l'a porté à tenir un pareil langage. Il explique à son complice pourquoi il a tendu ce piége à l'empereur. Voltaire blâme cette scène. Il dit qu'il a vu des critiques de goût et de sens la réprouver comme inutile et comme mauvaise. Il est logique que Voltaire, après avoir blâmé l'absence de remords chez Cinna, à la fin de la délibération, blâme aussi l'explication que donne Cinna de sa conduite ; la première critique amène la seconde. La réfutation de ce second reproche ressemblera à celle du premier. Si le conspirateur ne s'est pas repenti après la touchante effusion de cœur d'Auguste pour les raisons que nous venons de voir, il ne faut pas s'étonner qu'il explique sa conduite à Maxime ; si son endurcissement est naturel, l'explication de cet endurcissement l'est aussi. Cinna agit conformément à la logique du cœur humain en persévérant dans ses idées de meurtre, il suit la même logique en justifiant son mensonge ; la justesse de sa conduite, quelque odieuse qu'elle soit, entraîne la justesse de ses paroles.

D'un autre côté, on ne peut reprocher à Cinna de parler en fanfaron du mal qu'il fait : il ne se vante de rien, il se contente de se justifier parce que Maxime l'accuse. On ne peut pas non plus lui reprocher de commettre une imprudence compromettante en faisant cette confidence, parce qu'il est sûr, à tort ou à raison, de la discrétion de son complice. La justification qu'il fait de son hypocrisie est donc vraisemblable, naturelle, logique.

Nous venons de prouver contre Voltaire que cette scène n'est pas mauvaise ; nous allons prouver qu'elle n'est pas inutile. Pourquoi Voltaire la trouve-t-il inutile ? Parce qu'elle est bientôt suivie d'une scène opposée, c'est-à-dire d'une scène de repentir ; il trouve que la seconde détruit la première et que la première est par conséquent superflue. Quel raisonnement ! Ce sont précisément ces revirements de sentiments, ces révolutions morales qui constituent dans le théâtre classique ce que la critique contemporaine appelle *les coups de théâtre* ; révolutions bien plus intéressantes que les empoisonnements ou les coups de poignard. Cette scène, critiquée par Voltaire, est au contraire un des plus beaux monuments de l'éloquence de Corneille et de la vigueur de son dialogue.

Septième reproche injuste. — *L'amoindrissement progressif et le repentir définitif de Cinna.* (Voltaire, la Harpe, Géruzez.)

Voici le développement de ce reproche ; les critiques précédents ont dit : « Cinna s'annonce d'abord magnifiquement, et il a toutes nos sympathies quand il exprime, au début de la pièce, ses opinions républicaines ; nous l'admirons comme un héros de la liberté ; mais il commence à baisser dans notre estime quand il donne à Auguste le conseil de rester sur le trône ; ses hésitations tardives du troisième acte dissipées facilement par les reproches d'Emilie l'amoindrissent encore, parce qu'il est sans volonté ; enfin nous lui retirons le peu d'estime que nous lui avions gardé, quand, au dernier acte, devant tout à la clémence d'Auguste, rentré dans son crédit, chargé de dignités nouvelles, époux d'Emilie, ce farouche républicain n'est plus bon qu'à faire un courtisan. »

Voici la réfutation de ce reproche : S'il est vrai, comme nous l'avons prouvé, que Corneille n'ait jamais voulu nous intéresser à Cinna, on ne peut lui reprocher d'avoir progressivement amoindri ce personnage ; s'il l'a fait décliner peu à peu dans l'estime publique, c'est pour prouver que son éclat n'était qu'emprunté, que sa gloire n'était que fausse gloire, que l'idole du premier acte avait les pieds d'argile. Il faut même un grand art pour faire ainsi descendre graduellement un personnage d'un sommet relativement élevé à un degré d'humiliation tel qu'on n'a plus pour lui que du dédain. Corneille a su indiquer admirablement les diverses périodes de la chute de Cinna ; il a su, principalement à la fin de sa tragédie, faire concourir son humiliation au triomphe de l'empereur, c'est-à-dire s'en servir comme d'un moyen pour mettre en relief la pensée principale de sa pièce, la justification de l'empire.

Huitième reproche injuste. — *L'absence de sentiments mixtes chez Cinna.* (Guizot.)

Guizot dit : « Corneille n'a jamais su peindre un sentiment mixte et composé de deux sentiments contraires, sans se jeter tantôt d'un côté, tantôt d'un autre. Cinna exècre Auguste dans les premiers actes et l'adore dans les derniers ; le poëte ne voyait d'abord que la haine, il ne voit maintenant que l'affection ; chacun de ces sentiments pris à part est entier, absolu, comme s'ils ne devaient pas se trouver réunis dans le même cœur. »

Cette remarque est vraie, et elle est d'un philosophe qui connaît le cœur humain. En effet, rien ne tempère la haine de Cinna au début de la pièce, rien ne tempère son attachement à la fin, quoiqu'il soit ordinairement rare qu'un sentiment nous domine à l'exclusion d'un autre. Cependant Corneille a eu raison de supposer son personnage tel qu'il le représente. Sans doute il est rare, mais il n'est pas impossible qu'un sentiment s'empare de notre âme au point d'en chasser les autres ; quand l'ardeur de la passion nous emporte soit vers le bien, soit vers le mal, il arrive souvent que nous oublions tout pour suivre une seule pensée ; nous fermons les yeux à tous les sentiments opposés qui la contrarient.

Il n'y a plus alors de sentiments mixtes : il y a un sentiment vaincu qui se retire et un sentiment vainqueur qui triomphe; celui qui se montre oublie celui qui se cache. C'est précisément ce qui se passe dans l'âme de Cinna : quand il hait Auguste, il oublie ses raisons de l'aimer; quand il l'aime, il oublie ses raisons de le haïr. C'est naturel.

Neuvième reproche injuste. — *La forme du récit adopté pour la conjuration de Cinna.* (Schlégel.)

Schlégel s'exprime ainsi : « La conjuration est tenue dans l'éloignement et ne se voit qu'à travers un magnifique récit; elle n'excite point cette sombre inquiétude, cette attente de l'événement qui pourrait rendre un pareil sujet si éminemment tragique. » Ce reproche du critique allemand tient à la différence des deux systèmes dramatiques adoptés en Allemagne et en France, le premier aimant les développements pittoresques qui parlent aux yeux, le second préférant les développements d'analyse morale, les récits et les discours qui parlent à l'âme. (Voir sur ce sujet : *Tragédie d'Horace*, paragraphe VIII, 2°.)

Dixième reproche injuste. — *L'inconsistance du rôle d'Émilie.* (Voltaire, la Harpe.)

Émilie a certainement plus d'esprit de suite que Cinna; elle résiste à Auguste pendant toute la pièce, mais cela ne l'empêche pas de se ranger à la fin sous son ascendant. Voltaire s'autorise de ce fait pour blâmer son inconsistance.

Ce reproche n'est pas juste. Oui certainement elle est, pour employer ce mot, inconsistante; elle n'a pas la ténacité d'un Brutus, non plus que Cinna son complice. Mais comme Corneille ne veut pas la proposer à notre admiration, comme il ne se sert au contraire de ce personnage que pour faire valoir Auguste, pour montrer son ascendant sur les cœurs les plus rebelles, Corneille a très-bien fait de lui faire abjurer à la fin de la tragédie tout sentiment de haine :

> Ma haine va mourir que j'ai crue immortelle,
> Elle est morte et mon cœur devient sujet fidèle. (V, iii.)

Son inconsistance est donc aussi naturelle que celle de Cinna.
Émilie ne sert pas seulement à faire valoir Auguste, elle fait comprendre la pensée principale de Corneille dans cette tragédie : si le plus énergique représentant de la cause républicaine l'abandonne pour passer du côté de l'empereur, c'est

que Corneille a voulu montrer dans cette pièce la nécessité de l'empire. Ses ennemis mêmes la proclament.

Onzième reproche injuste. — *Le manque d'intérêt du rôle d'Émilie.* (Voltaire.)

Premièrement : Voltaire a tort de reprocher à Corneille de n'avoir pas rendu Émilie intéressante, parce qu'en réalité il ne devait pas appeler sur elle l'intérêt. On ne cherche pas à rendre aimable un personnage dont on condamne les paroles et les actes ; c'est sur l'empereur et non sur les conjurés que Corneille appelle et devait appeler l'intérêt ; il n'est jamais entré dans sa pensée de faire accepter comme légitime l'assassinat politique, ni de personnifier dans Émilie pas plus que dans Cinna la cause de la république.

Secondement : Si Émilie n'est pas intéressante, ce n'est pas pour les raisons qu'en donne Voltaire. Il dit qu'elle n'est pas malheureuse ; ce n'est pas tout à fait juste ; s'il y a vingt ans qu'Octave a fait périr son père, ce malheur, quelque ancien qu'il soit, n'est pas cependant de ceux qu'on puisse oublier. Émilie peut bien s'en souvenir, son tort est de poursuivre une vengeance si tardive et surtout après avoir accepté les bienfaits d'Auguste. Voltaire dit ensuite qu'elle n'intéresse pas parce que les sentiments d'un Brutus ne conviennent pas à une femme ; ce n'est pas encore bien juste ; la haine d'Émilie contre Auguste n'est pas purement politique, comme celle de Brutus contre César ; elle se confond dans son cœur avec celle qu'elle porte au meurtrier de son père. Si Émilie n'est pas intéressante, c'est parce qu'on ne doit pas se faire soi-même justice par l'assassinat ; c'est qu'elle a plutôt le caractère d'un homme que d'une femme ; c'est qu'on ne doit pas donner à une conspiration politique la forme d'une intrigue amoureuse ; c'est qu'une femme ne doit pas se servir de la passion qu'elle inspire à un homme pour l'exposer à un danger de mort. Voilà les vraies causes du peu d'intérêt qui s'attache à elle ; Voltaire ne les a pas entrevues.

Douzième reproche injuste. — *Le manque de naturel dans l'analyse des sentiments de haine et de vengeance d'Émilie.* (Boileau, Fénelon, Voltaire.)

Boileau dit qu'Émilie a tort de faire la généalogie de ses sentiments. Fénelon dit : « On parle naturellement et sans ces tours si façonnés quand la passion parle ; personne ne voudrait

être plaint dans son malheur par son ami avec tant d'emphase. »
Voltaire s'exprime ainsi : « De bons critiques qui connaissent l'art et le cœur humain n'aiment pas qu'on annonce ainsi de sang-froid les sentiments du cœur. Ils veulent que les sentiments échappent à la passion ; ils trouvent mauvais que l'on dise : J'aime plus celui-ci que je ne hais celui-là ; j'ai de la fureur ; ils veulent que cette fureur, cet amour, cette haine éclatent, sans que le personnage vous en avertisse ; c'est le grand art de Racine ; ni Phèdre, ni Iphigénie, ni Agrippine, ni Roxane, ni Monime ne débutent par venir étaler leurs sentiments secrets dans un monologue et par raisonner sur les intérêts de leur passion. » Ces reproches, adressés à Corneille par trois écrivains si compétents, méritent d'autant plus réflexion qu'ils portent sur une scène dont Corneille était particulièrement satisfait, lui qui d'ordinaire se juge si sévèrement ! S'il fait cas de cette scène, contrairement à son habitude, c'est probablement parce qu'elle a un sens ou un mérite qui échappe à Boileau, à Fénelon et à Voltaire.

Voyons d'abord ce que Corneille en dit : « Je ne veux pas dire que, quand un acteur parle seul, il ne puisse instruire l'auditeur de beaucoup de choses, mais il faut que ce soit par les sentiments d'une passion qui l'agite et non pas par une simple narration. Le monologue d'Émilie qui ouvre le théâtre dans *Cinna* fait assez connaître qu'Auguste a fait mourir son père et que, pour venger sa mort, elle engage son amant à conspirer contre lui ; mais c'est par le trouble et la crainte que le péril où elle expose Cinna jette dans son âme que nous en avons la connaissance. Surtout le poëte se doit souvenir que, quand un acteur est seul sur le théâtre, il est présumé ne faire que s'entretenir en lui-même et ne parle qu'afin que le spectateur sache de quoi il s'entretient et à quoi il pense. » (*Premier Discours sur le poëme dramatique.*) Ainsi Corneille constate en termes fort modestes que ce monologue a deux mérites. *Premièrement,* celui de servir d'exposition à la tragédie en évitant la forme narrative, c'est-à-dire de substituer la forme toujours intéressante de l'analyse morale à la forme toujours plus ou moins froide du récit. Ce mérite est incontestable ; il y a là, non-seulement une difficulté vaincue, ce qui est peu de chose, mais, ce qui est plus important, l'application d'une règle que l'on peut considérer comme fondamentale au théâtre, en France, l'analyse des sentiments du cœur humain. Il est impossible que Voltaire n'admette pas la supériorité d'un pareil genre d'exposition sur l'autre. *Secondement*, celui de faire connaître aux auditeurs tout ce qu'ils doivent savoir, sans que l'acteur qui parle ait l'air de causer avec eux pour leur apprendre des faits qu'ils ignorent, mais qu'il connaît lui-même parfaitement. Il est encore évident que sous ce rapport le monologue d'Émilie offre une justesse et une précision d'idées que ne peut nier Voltaire. Mais, dira-t-on, ce n'est pas le personnage lui-même qui doit analyser ses propres sentiments, c'est le poëte qui doit nous montrer par quels sentiments passe son personnage. A cette objection, il y a deux réponses : d'abord les interpellations qu'Émilie adresse à sa haine et à sa vengeance ne forment qu'une faible partie, l'exorde, du passage incriminé; l'idée principale est l'expression de son inquiétude à l'égard de Cinna, c'est-à-dire de son attachement à sa personne ; ensuite s'il est vrai qu'il vaille mieux prouver par ses actes les sentiments dont on est agité, comme le font les héroïnes de Racine, que de les interpeller, de disserter sur eux, cette vérité générale souffre cependant des exceptions. Il est certains cas où un personnage se trouve dans une situation morale fausse, qu'il s'est créée lui-même, soit par une illusion de son imagination, soit par un raisonnement vicieux, où il croit par exemple avoir un devoir à remplir, sans en avoir réellement aucun. Dans ce cas, son langage doit se ressentir de la fausseté de sa situation morale. Pour se décider lui-même à l'accomplissement d'un devoir imaginaire, il emploiera le langage de l'imagination, les métaphores, les exclamations, les apostrophes, voire même les subtilités, l'emphase et la déclamation; il sera obligé, comme on dit vulgairement, de s'échauffer la tête, parce qu'il est impossible qu'en cette circonstance son esprit parle le langage de la raison, ni même son cœur celui de la vraie sensibilité. C'est précisément le cas où se trouve Émilie ; elle n'a aucune raison logique pour tuer Auguste, et c'est parce qu'elle n'en a pas, qu'elle parle sur ce ton emphatique et déclamatoire. C'est un défaut, sans doute, mais un défaut voulu, intentionnel, qui fait comprendre la situation morale fausse où elle se trouve ; c'est donc le langage de la situation. Ainsi la faconde et la rhétorique de Cinna font comprendre son manque de conviction et de patriotisme; ainsi les subtilités de Chimène, dans son plaidoyer contre Rodrigue, font comprendre ses efforts d'imagination pour se convaincre de son devoir, en l'absence de tout devoir. Or les défauts qui traduisent la vérité même et expriment la nature des choses ne sont plus des défauts, ce sont des beautés, parce que c'est le langage de la nature.

Voici une autre justification du ton déclamatoire d'Émilie : Corneille le lui a prêté à dessein pour faire comprendre que le projet de vengeance qu'elle nourrit ne lui est pas inspiré par le patriotisme, mais par le fanatisme; il est naturel que, quand on obéit à une passion malsaine comme le délire de la vengeance, on ne parle pas avec la même simplicité que lorsqu'on obéit à la passion républicaine, dans ce qu'elle a de noble et de légitime ; pour cette dernière raison, l'emphase d'Émilie est encore naturelle ; donc elle n'est pas un défaut. Voltaire et tous ceux qui critiquent cette scène l'interprètent mal.

Treizième et quatorzième reproches injustes. — *L'inconsistance du rôle de Maxime; tous ses défauts et tous ses vices.* (Voltaire, la Harpe.)

Il est évident que, si Voltaire et la Harpe font le procès à Corneille pour avoir si peu ménagé Émilie et Cinna, représentants de l'idée républicaine, ils le blâmeront plus encore d'avoir si fort malmené Maxime. C'est ce qu'ils font; ils relèvent un à un tous ses défauts et tous ses vices (l'énumération en est facile, quoique longue), et ils adressent au poëte autant de reproches qu'ils rencontrent d'imperfections dans ce triste personnage. Il est inutile de les réfuter un à un. Ils sont injustes, à quelque point de vue que l'on se place, au point de vue politique, comme au point de vue littéraire. Ils sont injustes dans le premier cas, parce que Corneille a voulu flétrir en lui le conspirateur sans conviction, le citoyen sans patriotisme, l'ami sans loyauté, le maître sans bonne foi, l'amant sans jeunesse et sans franchise; ils sont injustes dans le second cas, parce que la représentation du vice n'est pas seulement permise au poëte comique, elle l'est encore au poëte tragique.

Quinzième reproche injuste. — *Le manque d'unité du rôle d'Auguste.*

On a dit : « Le rôle d'Auguste manque d'unité parce qu'il est vicieux dans le premier acte, vertueux dans les quatre autres. » Ce reproche est injuste pour plusieurs raisons : *Premièrement :* au théâtre un personnage peut subir une métamorphose morale, c'est-à-dire passer du mal au bien ou du bien au mal, sans que son rôle manque d'unité, témoin le Néron de Racine. — *Secondement :* il est faux de dire qu'Auguste soit vicieux dans le premier acte ; d'abord il n'y paraît pas, il n'entre en scène qu'au second, c'est-à-dire honnête homme, et la tragédie entière est l'analyse des bons sentiments nés dans son cœur dès son apparition aux yeux des spectateurs ; ensuite la peinture des excès du triumvirat, c'est-à-dire de sa vie passée, n'a pas pour but de faire ressortir les crimes de sa jeunesse, ni de le rendre odieux, comme nous l'avons montré précédemment, mais de faire ressortir le mérite de son âge mûr, en montrant la distance qu'il lui a fallu franchir pour passer du mal au bien.

Seizième reproche injuste. — *Le langage emphatique d'Auguste dans la scène de la délibération.* (Fénelon, Vauvenargues.)

Fénelon dit : « Il me semble qu'on a donné souvent aux Romains un discours trop fastueux ; ils pensaient hautement, mais ils parlaient avec modération ; il ne paraît pas assez de proportion entre l'emphase avec laquelle Auguste parle dans la tragédie de *Cinna* et la modeste simplicité avec laquelle Suétone nous le dépeint dans tout le détail de ses mœurs. » (*Lettre à l'Académie*, VI.) Ce reproche n'est pas juste pour plusieurs raisons. *Premièrement* : Il faut quelque chose de plus relevé au théâtre que dans la vie privée. — *Secondement* : Si Auguste était aussi simple dans sa vie privée que le dépeint Suétone, il ne l'était pas dans ses discours autant que Fénelon semble le croire. Le même Suétone nous apprend qu'il ne parlait jamais en public, qu'il n'avait même jamais avec sa femme de conversation un peu sérieuse, sans avoir préparé et même écrit d'avance ce qu'il devait dire : *Sermones quoque cum singulis atque etiam cum Liviâ suâ graviores non nisi in scriptis et è libello habebat.* (*Vie d'Auguste*, 84.) Quand on écrit d'avance ses causeries de famille, on soigne beaucoup son langage et l'on doit mettre dans ses discours publics plus d'apprêt que ne le suppose Fénelon. — *Troisièmement* : Sans doute les Romains avaient l'habitude de parler avec modération, mais la modération n'exclut ni la noblesse ni la majesté ; ils aimaient trop l'éloquence pour ne pas donner à leur langage une forme un peu oratoire ; du reste, la correspondance de Cicéron en fait foi ; les sujets familiers y sont toujours traités avec noblesse ; en effet, il était difficile que des hommes qui pensaient hautement, comme le reconnaît Fénelon, ne missent pas un peu de cette élévation dans leur langage. Le langage d'Auguste ne dépasse pas les bornes de la majesté permise au maître du monde dans une circonstance solennelle ; il ne tombe point dans l'emphase. Fénelon a tort. On peut même dire qu'un des grands mérites de Corneille est de savoir unir le naturel à la noblesse, la simplicité à la grandeur.

Vauvenargues a fait à Corneille le même reproche, nous en faisons la même réfutation : « Corneille est tombé trop souvent dans ce défaut de prendre l'ostentation pour la hauteur, et la déclamation pour l'éloquence. » (*Réflexions critiques sur quelques poëtes.*)

Dix-septième reproche injuste. — *Le caractère de la clémence d'Auguste.* (Voltaire, la Harpe, Schlégel.)

Nous avons vu que la clémence d'Auguste manquait de spontanéité, de désintéressement et même de cette indulgence complète et sans arrière-pensée qui caractérise la générosité des grandes âmes. (Paragraphe VI, 4°.) Voltaire blâme son manque de spontanéité : « Le conseil de Livie ôte à Auguste la gloire de prendre lui-même un parti généreux ; il suit ce conseil ; cette conduite l'avilit. » La Harpe le blâme également : « Le rôle de Livie affaiblit le mérite de la clémence d'Auguste en lui faisant suggérer par les conseils d'autrui une belle action que la générosité seule doit lui dicter. » La Harpe blâme son manque d'indulgence complète et son arrière-pensée vindicative. Après avoir rappelé le mot du maréchal de la Feuillade, il ajoute : « Cette remarque fait honneur à la délicatesse et au goût du courtisan, elle est certainement fondée, » et il accompagne les deux vers critiqués à tort par le noble gentilhomme :

> Ta fortune est bien haut,
> Mais tu ferais pitié, même à ceux qu'elle irrite,
> Si je t'abandonnais à ton peu de mérite.

de cette observation : « La bienséance dramatique eût été mieux observée si ces vers n'y étaient pas. » Schlégel trouve même à la clémence de l'empereur un autre caractère que personne avant lui n'y avait découvert, la peur : « La grandeur d'âme d'Auguste est tellement équivoque qu'on peut la prendre pour la pusillanimité d'un vieux tyran. » Tous ces reproches sont injustes.

D'abord ceux de Voltaire et de la Harpe sur le manque de spontanéité, le manque d'indulgence complète et l'arrière-pensée vindicative, le sont, pour trois raisons : *Premièrement* :

Ces détails sont conformes à la vérité historique, puisqu'ils se trouvent, comme nous l'avons vu, dans Sénèque et Dion Cassius. — *Secondement* : Ils sont conformes à la vérité morale, parce que la générosité d'un homme qui a longtemps fait le mal ne peut pas ressembler à celle d'un homme qui a toujours fait le bien, elle doit avoir des imperfections que n'a pas l'autre. — *Troisièmement* : Ce n'est pas avilir un grand homme, comme le prétend Voltaire, que de mêler à ses qualités quelques défauts qui le rapprochent de l'humanité. Voltaire est trop difficile, on pourrait lui dire ici comme le Philinte de Molière : « C'est vouloir aux mortels trop de perfection. » — Quant au reproche de Schlégel sur la pusillanimité de l'empereur, il est tellement étrange qu'il mérite à peine d'être réfuté ; Auguste n'a pas peur ; sa clémence offre assez d'alliage, c'est-à-dire de taches, sans y mêler ce gros défaut. S'il s'y trouvait, ni la vérité historique, ni la vérité morale ne pourraient le justifier ; heureusement il n'existe que dans l'imagination du critique allemand.

Dix-huitième reproche injuste. — *L'inutilité, la maladresse et l'inexactitude historique du rôle de Livie.* (Voltaire, la Harpe, G. Merlet.)

Voltaire blâme son inutilité : « Rien ne révolte plus que de voir un personnage s'introduire sur la scène sans avoir été annoncé et se mêler des intérêts de la pièce sans être nécessaire ; on a donc eu raison de retrancher tout le rôle de Livie comme celui de l'Infante dans le *Cid*. » — La Harpe la blâme également en termes presque identiques : « Je ne parle pas du rôle de Livie que l'on a retranché à la représentation, comme l'Infante dans le *Cid*, il était non-seulement inutile, mais... » — M. G. Merlet le blâme aussi : « Quant à Livie, son intervention subite et passagère rappelle l'Infante du *Cid*, non-seulement elle est inutile, mais... » Les trois critiques précédents blâment aussi la maladresse de ce rôle, du moment où ils accusent Livie, comme nous l'avons vu dans le dix-septième reproche, de rabaisser le mérite d'Auguste en mêlant à sa clémence des suggestions étrangères. Quant à son inexactitude historique, c'est un reproche que M. G. Merlet seul lui adresse : « En représentant Livie comme le bon génie d'Auguste, Corneille contredit le sentiment de Tacite, qui voit en elle une marâtre funeste à la famille de César et à l'État. Pour briser tous les obstacles qui fermaient à Tibère le chemin du trône, elle entra dans la voie des crimes domestiques et aida la fatalité qui ravit successivement aux espérances du prince et de Rome Marcellus, Caius et Lucius César, mourant l'un à vingt-trois ans, l'autre à vingt ans. Elle fit exiler Julie, déporter Posthumus Agrippa, écarta tous les enfants et petits-enfants d'Auguste. »

Ces divers reproches sont injustes :

Premièrement : Le rôle de Livie n'est pas inutile, parce qu'il contribue à donner à la clémence d'Auguste son vrai caractère, le caractère historique et moral qu'elle doit avoir, l'absence de spontanéité ; en supprimant ce rôle, c'est-à-dire l'initiative de ce personnage, on dénature la clémence d'Auguste, puisqu'on la rend spontanée, ce qui ne doit pas être. — *Secondement* : Il n'est pas maladroit, parce qu'il ne diminue pas le mérite d'Auguste ; le conseil qu'elle donne à l'empereur ne prouve qu'une chose, c'est que le pardon lui coûte, parce qu'il a à surmonter les résistances de l'égoïsme ; s'il en triomphe, il n'en a que plus de mérite, et le personnage qui sert à prouver la présence de ces obstacles sur son chemin lui rend un service et par conséquent ne commet point de maladresse. — *Troisièmement* : Il n'est pas contraire à l'histoire. Le rôle que Corneille fait jouer à Livie dans sa tragédie ne détruit, n'infirme même nullement les faits odieux reprochés par Tacite à ce personnage ; Corneille dit seulement qu'elle a conseillé à son mari la clémence en faisant valoir la raison de l'intérêt. Or c'est un fait avéré que si Livie commit tous les crimes que lui reproche Tacite, si elle immola tous les héritiers légitimes de la couronne impériale pour faire monter sur le trône son propre fils Tibère, elle apprit à Octave la réserve et la diplomatie, et son expérience contribua à transformer le fougueux triumvir en fin politique ; si elle fut le mauvais génie de l'Empire, elle fut l'Égérie de l'empereur ; Corneille n'a pas voulu dire autre chose.

Dix-neuvième reproche injuste. — *La morale répréhensible de quelques personnages.* (Voltaire, Guizot, Jonette.)

Voltaire blâme ces deux vers prononcés par Émilie :

> Tous ces crimes d'Etat qu'on fait pour la couronne,
> Le ciel nous en absout, alors qu'il nous la donne. (V, II.)

Il dit : « Cette maxime qu'il est permis d'assassiner pour une couronne est aussi fausse qu'horrible. » Et ailleurs : « Livie étale un mépris hautain pour les plus saintes maximes de la morale. » M. Guizot, à propos des mêmes vers, cherche l'origine de la morale relâchée de Livie et la trouve dans l'esprit général de l'époque ; tout en faisant cette restriction, il semble en blâmer l'introduction dans la tragédie de Corneille : « Corneille assujettit ses personnages à l'ensemble des idées de son temps où de longs troubles avaient jeté dans la morale encore peu avancée quelque chose de cette incertitude qu'engendrent les liaisons de parti et les devoirs de situation. » M. Jonette dit : « Rien ne saurait justifier le poëte ; au théâtre une maxime abominable ne révolte pas dans la bouche d'un scélérat, parce que chaque personnage doit parler le langage de sa passion et de son caractère ; mais ici rien de semblable ; ni la situation ni le caractère de Livie n'autorisaient Corneille à lui prêter cette affreuse théorie politique. »

Ces reproches sont injustes par plusieurs raisons : *Premièrement* : Cette morale coupable est conforme au caractère de Livie, c'était la sienne. Tacite représente cette femme comme capable de tous les crimes pour satisfaire son ambition, il dit même qu'on la soupçonne d'avoir empoisonné son mari, « *Et quidam scelus uxoris suspectabant.* » (*Annales*, I, 5.) Mais, dira-t-on, elle peut penser que la raison d'État justifie tous les crimes, elle ne devrait pas l'avouer ; c'est une erreur ; les ambitieux sans scrupule n'hésitent pas à parler des crimes auxquels ils sont redevables de leur grandeur, pourvu qu'ils le puissent sans danger, c'est-à-dire pourvu que ce soit devant des personnes sûres, comme Mathan devant Athalie (III, 3), Photin devant Ptolémée (I, 1), Acomat devant Osmin (I, 1 et II, 3), Livie devant Auguste, Émilie et Cinna (V, 2). Le père adoptif d'Auguste, César lui-même, avait toujours à la bouche ces deux vers des *Phéniciennes* d'Euripide : « Si jamais on doit violer la justice, c'est pour monter au trône ; il faut la respecter en tout le reste. » (*Phéniciennes*, 524.) Ce fait nous est rapporté par Cicéron (*De officiis*, III, 21). Corneille s'est donc conformé à la vérité historique et à la vérité morale en faisant tenir à Livie ce langage. — *Deuxièmement* : Il s'est aussi conformé à la vérité dramatique. Il est permis de représenter au théâtre, même dans la tragédie, des personnages vicieux, parce que la tragédie est, aussi bien que la comédie, la peinture de la vie humaine. — *Troisièmement* : Corneille condamne ces théories. Il est injuste de rendre un auteur responsable des maximes coupables de ses personnages. Ce qui prouve que Corneille condamne le dédain de Livie pour la morale et en général le mépris avec lequel ses contemporains la renvoyaient aux petites gens, ce sont les remords qu'il prête à Auguste, remords que l'empereur ressent précisément à propos des actes que lui a fait accomplir cette fameuse raison d'État. Ce qui le prouve encore, c'est la condamnation formelle que Corneille prononce sur la conspiration fomentée par Cinna, conspiration qui prétendait s'autoriser de cette même raison d'État. Enfin tout le monde avouera que ce qui domine dans la tragédie de Cinna et dans le théâtre de Corneille en général, ce sont les sentiments opposés à la morale de Livie, c'est l'amour de la justice et le respect du devoir, aussi bien chez les grands que chez les petits.

Vingtième et dernier reproche injuste. — *Une disposition au machiavélisme des motifs chez Corneille, ressortant du repentir de Maxime et de Cinna.* (Schlégel.)

Schlégel dit : « Cinna et Maxime sont de vrais scélérats dont le tardif repentir ne peut passer pour sincère. » Et ailleurs : « On voit déjà se dessiner dans la tragédie de *Cinna,* à propos du repentir de Cinna et de Maxime cette disposition au machiavélisme des motifs qui, plus tard, devint le caractère dominant des compositions de Corneille. Cet emploi de pareils moyens toujours repoussant en soi, devient encore chez ce poëte, maladroit et inutile. Il se flattait de surpasser les plus habiles en connaissance du monde, des hommes et de la cour. Avec l'âme la plus droite et la plus honnête, il avait la prétention de pouvoir donner des leçons à Machiavel lui-même; il étale doctement et avec complaisance tout ce qu'il sait sur l'art de tromper, mais il ne se doutait pas seulement de la marche secrète d'une politique astucieuse, de ses souplesses et de ses détours; s'il avait observé Richelieu, il aurait pu en apprendre davantage. »

Cette critique est singulière; la personne de Corneille ne doit pas être mise en cause ici; il ne s'agit pas de savoir s'il était plus fin politique que Richelieu; ces épigrammes à propos d'une tragédie sont déplacées. Il s'agit de savoir si le repentir de Cinna et celui de Maxime ont un caractère machiavélique, c'est-à-dire manquent de sincérité. Rien ne peut le faire supposer; Corneille a déjà assez maltraité ces deux personnages pour qu'il ne soit pas nécessaire d'ajouter cette rouerie à la liste de leurs défauts. Ensuite même en leur supposant cette arrière-pensée hypocrite, il ne faudrait pas en faire un reproche à Corneille, parce qu'on ne doit pas rendre un auteur responsable des défauts de ses personnages. Il n'y a aucune solidarité entre eux et lui. Ce reproche de machiavélisme adressé par Schlégel à Maxime et à Cinna et par contre-coup à Corneille lui-même, ressemble au reproche de peur adressé précédemment à Auguste ; ce sont là des interprétations subtiles et malveillantes du texte, des querelles d'allemand.

Tels sont les reproches injustes adressés à la tragédie de *Cinna*.

PARAGRAPHE VIII

Reproches justes.

La tragédie de *Cinna* donne lieu à peu de reproches justes. Ce sont :

1° *Quelques expressions de fade galanterie qui rappellent la phraséologie romanesque de l'époque.* (V. paragraphe IV.)

2° *Quelques anachronismes d'idées ou d'expressions*, comme la supériorité de la femme sur l'homme, la ressemblance d'Emilie avec les héroïnes des guerres civiles, le mélange de la politique et de la galanterie, le tutoiement non réciproque.

Pour le premier point, la supériorité de la femme sur l'homme, on sait que dans la société antique la femme jouait un rôle effacé qui ne lui permettait pas son immixtion dans les affaires publiques, elle ne pouvait même pas s'occuper de ses affaires privées. La femme même majeure était placée par la constitution primitive de Rome sous la tutelle perpétuelle de ses agnats ou parents par les mâles ; cette tutelle avait pour but de la tenir à l'écart de toutes les affaires ; un tuteur légal était placé près d'elle pour neutraliser son activité civile, lui interdire toute entreprise industrielle, l'empêcher même de chercher à savoir quelles lois se discutaient au sénat, quelles émotions agitaient le forum. (Caton dans Tite Live, XXXIV, II.) Un tribunal composé de ses proches jugeait les infractions à cette loi. *Majores nostri*, dit Caton dans le discours contre l'abrogation de la loi Oppia, *nullam ne privatam quidem rem agere fœminas sine auctore voluerunt.* (*Ibidem.*) La femme, loin d'être supérieure à l'homme, lui était tellement subordonnée qu'on avait créé à cet égard l'expression énergique *esse in manu*, *être dans la main*. « Voluerunt in manu parentum, fratrum, virorum. » (*Ibidem*.) Il y a loin de ces idées à celles que Corneille a développées dans la tragédie de *Cinna*. — *Pour le second point*, la ressemblance d'Emilie avec les héroïnes de la Fronde, l'explication précédente en montre aussi l'anachronisme. — *Pour le troisième*, le mélange de la politique et de la galanterie, même observation. — *Pour le quatrième*, le tutoiement non réciproque, même observation.

Les anachronismes d'expression en dehors du jargon de la galanterie moderne sont peu nombreux ; ce sont les mots *empereur*, *trône*, *monarque*. Ils reviennent trop souvent dans la tragédie de *Cinna*; ils ne sont pas conformes à la vérité historique; Corneille y attache un sens tout moderne ; Auguste était trop habile pour prendre aucun titre qui rappelât le pouvoir absolu; ceux dont il était revêtu existaient déjà sous la république. Sans doute il se laissait appeler *imperator*, mais ce mot signifie général victorieux et non empereur ; il se faisait surtout appeler *princeps*, mot qui signifie non pas *prince*, mais le premier, et encore le premier du sénat, c'est-à-dire inscrit en tête de la liste de cet ordre.

Tous ces reproches, quoique justes, sont peu importants. Sans doute il n'est pas permis (qu'on se place au point de vue de l'histoire ou à celui de l'art), d'habiller des personnages antiques à la moderne; c'est manquer à ce que Fénelon appelle *le costume*. Mais il faut remarquer, pour la justification de Corneille, qu'il a su tirer de grandes beautés de cette conception première fausse; ensuite, qu'une convention tacite permet en France aux poëtes dramatiques de montrer l'homme de leur temps derrière les personnages anciens dont ils tracent le portrait. Il est évident que cette permission n'autorise pas le travestissement, c'est-à-dire la métamorphose criarde; mais c'est un défaut dans lequel Corneille n'est jamais tombé.

Tels sont les reproches justes adressés à la tragédie de *Cinna*.

FIN DE LA TRAGÉDIE DE CINNA.

EXPLICATION
DU THÉATRE CLASSIQUE

CORNEILLE

—

POLYEUCTE

ANALYSE DE LA TRAGÉDIE

Le sujet de la tragédie de *Polyeucte* est le sacrifice que fait Polyeucte des honneurs qui l'attendent, d'une femme qu'il aime et de sa propre vie pour se convertir au christianisme et mourir victime de sa religion nouvelle.

Polyeucte et Néarque sont deux jeunes gens de Mélitène, ville d'Arménie, deux cavaliers de haute naissance placés à la tête de la noblesse de leur pays et unis par les liens d'une étroite amitié. Malgré ces raisons qui les rapprochent et leur donnent même une certaine ressemblance, ils diffèrent en quelques points : Néarque n'est pas marié et il est chrétien, il est même chrétien baptisé, tandis que Polyeucte est marié à Pauline, fille de Félix, gouverneur de l'Arménie, chargé de persécuter le christianisme dans la province qu'il administre, et, de plus, il appartient à la religion païenne, ou du moins, il y appartenait quinze jours avant le commencement de la tragédie, à l'époque de son mariage, car il n'est marié que depuis ce temps-là ; c'est même cette communauté de religion avec son beau-père Félix qui lui a permis d'épouser Pauline, celui-ci désirant essentiellement avoir un gendre païen comme lui. Mais Polyeucte, à l'insu de son beau-père et de sa femme, s'est laissé, depuis quinze jours, détacher du paganisme par les persévérants efforts de son ami Néarque, et, s'il n'est pas encore chrétien, peu s'en faut, il désire l'être, il l'est à moitié, il l'est d'intention, sinon de fait ; c'est, comme on dit, un catéchumène, et il ne lui manque plus, pour appartenir complètement à la religion nouvelle, qu'à se faire baptiser. C'est ce que son ami Néarque l'engage à faire dans une église voisine, le plus tôt possible, pour ne pas laisser à ses bonnes intentions le temps de s'évanouir. Cependant

Polyeucte, malgré ces instances conformes à ses plus secrets désirs, hésite et temporise ; il veut remettre au lendemain la cérémonie qui doit être le signe de sa conversion. Ce qui le retient c'est un scrupule, une prière de sa femme. Ce n'est pas que Pauline se doute de son projet de baptême et qu'en sa qualité de païenne elle cherche à y mettre obstacle ; elle n'en a pas le moindre soupçon, comme nous l'avons dit, puisque Polyeucte lui en a fait mystère ; c'est qu'elle a rêvé cette nuit qu'il mourrait au milieu des supplices ; c'est donc la crainte superstitieuse de voir son rêve se réaliser et non l'intention de s'opposer à la conversion de son mari qui la détermine à le prier de ne pas sortir ce jour-là du palais que tous deux habitent. Polyeucte est trop récemment marié pour chagriner sa femme par un refus ; d'un autre côté Néarque le presse et le gourmande de peur qu'il ne se rétracte, de là une cruelle perplexité pour son cœur ; c'est Néarque qui l'emporte ; il court se faire baptiser dans le voisinage, laissant Pauline au milieu des larmes et tout entière aux tristes pressentiments de son rêve.

Celle-ci, restée seule avec sa suivante Stratonice, lui fait, en attendant le retour de son mari, une longue et double confidence sur son mariage et sur son rêve ; voici ce qu'elle lui révèle : avant d'épouser Polyeucte, elle a été demandée en mariage à Rome par un chevalier romain du plus rare mérite, mais d'une fortune médiocre, nommé Sévère ; elle l'aimait et elle en était aimée, mais Félix n'a pas voulu l'accepter pour gendre à cause de son obscurité ; il a préféré lui donner pour mari le chef de la noblesse de Mélitène, Polyeucte, en qui il trouvait un appui pour ses intérêts, attendu que celui-ci jouissait d'un grand crédit sur les habitants de l'Arménie ; elle s'est donc soumise à la volonté paternelle, par déférence filiale, car elle est un modèle de soumission à tous les devoirs ; mais si elle aime Polyeucte par devoir, elle n'en continue pas moins d'aimer Sévère par inclination. Du reste la tendresse qu'elle conserve pour ce dernier est aussi pure que possible, puisqu'elle le croit mort, comme tout le monde autour d'elle ; en effet Sévère, depuis le jour où il s'est vu refuser sa main, n'a plus reparu ; il est parti pour la guerre du côté de la Perse, tandis qu'elle-même quittait Rome pour suivre son père dans son gouvernement d'Arménie, il s'est battu vaillamment et il est tombé sur le champ de bataille ; c'est du moins ce que dit la rumeur publique, et ce qui donne même un caractère officiel à cette nouvelle, c'est que l'empereur Décius lui a fait dresser sur le lieu même du combat un magnifique tombeau. Ce n'est donc que le souvenir, l'ombre, pour ainsi dire, de son prétendant, qu'elle continue d'aimer, en aimant Sévère. Les choses en étaient là, quand la nuit qui vient de se terminer (c'est ici que commence le récit de son rêve), elle a vu en songe Sévère vivant, porté sur un char de triomphe, et faisant son entrée à Mélitène, d'un autre côté son mari Polyeucte tombant à ses pieds frappé d'un coup mortel, par la main même de Félix, au milieu d'une assemblée de chrétiens.

Elle n'a pas plus tôt terminé cet étrange récit que, tout à coup, comme par un de ces jeux du hasard qui se plaît quelquefois à réaliser les songes, Félix accourt tout ému lui annoncer que Sévère n'est pas mort, qu'il est en Arménie, qu'il va paraître ici même dans quelques instants. Le tombeau que lui a fait dresser l'empereur Décius était vide ; on l'a cru mort, parce que son corps n'a pu être retrouvé sur le champ de bataille, mais il avait simplement disparu, il était tombé vivant entre les mains du roi de Perse ; un échange de prisonniers a eu lieu, Sévère a été rendu au camp romain, la bataille a recommencé ; l'avantage est resté aux Romains, grâce à Sévère, qui a été récompensé de sa belle conduite par le titre de favori et de ministre de Décius. En outre, comme l'Arménie n'est pas loin de la Perse où le combat a eu lieu, Sévère a été chargé par l'empereur d'aller dans cette province, à Mélitène même, offrir un sacrifice aux dieux pour les remercier de la victoire, et il a, en même temps, pour mission de persécuter les chrétiens. Félix tient tous ces détails d'un envoyé qui précède la suite de Sévère, et il est venu en toute hâte avertir sa fille. Pourquoi cet empressement à instruire Pauline de cette affaire d'État? C'est qu'il compte sur elle pour conjurer un danger qu'il redoute. Il comprend, ce qui est en effet la vérité, que le sacrifice dont a parlé Sévère n'est que le prétexte de son voyage en Arménie, que la véritable cause est une seconde demande en mariage de Pauline, car Sévère sait que celle-ci habite Mélitène, mais il ne sait pas qu'elle est mariée à Polyeucte ; aussi Félix craint-il que le ministre de l'empereur, irrité et tout-puissant, ne venge l'injure faite à l'humble chevalier romain en lui ôtant sa place de gouverneur d'Arménie ; en conséquence il conjure sa fille d'aller trouver elle-même Sévère, malgré ce que cette démarche a de douloureux pour son cœur, afin de désarmer, s'il y a lieu, son ressentiment.

Pauline, habituée à refouler en elle-même ses sentiments,

consent à ce que son père exige d'elle, mais ce n'est pas elle qui va trouver Sévère; celui-ci se présente, elle le reçoit. Dans cette pénible entrevue, elle n'a pas à annoncer à Sévère qu'elle est mariée à Polyeucte, car Flavian, serviteur de Sévère, en a préalablement averti son maître; mais elle lui apprend qu'elle aime celui que son cœur a accepté pour époux, et elle le prie de ne plus chercher à la revoir. Toutefois, à travers ces durs aveux, perce involontairement le regret de son premier amour, et Sévère sort de cette entrevue sûr de deux choses : la première, c'est que Pauline l'aime toujours, la seconde, c'est qu'elle est à jamais perdue pour lui. Cependant, comme il est généreux, il écarte de son cœur toute idée de vengeance, relativement à Félix ou à Polyeucte, et il quitte Pauline pour aller présider le sacrifice païen dans un temple de Mélitène.

Cependant Polyeucte n'est pas encore de retour, et son absence prolongée inquiète d'autant plus sa femme que, venant de voir se réaliser presque miraculeusement la première partie de son rêve, relative au retour de Sévère, elle craint d'en voir se réaliser pareillement la seconde, relative à la mort de son mari. A ce moment celui-ci rentre, il est baptisé, mais il le cache à Pauline; il est heureux, il est triomphant, mais il est tellement absorbé par ses idées nouvelles qu'il ne remarque pas la joie que son retour cause à sa femme et qu'il fait à peine attention aux confidences qu'elle lui fait relativement à la visite de Sévère. Sa pensée est tout entière à Dieu et à sa foi dont il ne dit mot, mais qu'il brûle de signaler. L'occasion s'en présente vite. Comme Sévère vient de parvenir au temple et qu'il désire célébrer le sacrifice dont il est chargé, en présence des autorités romaines, il fait savoir à Polyeucte, sans aucune intention malveillante, car il le croit païen, qu'il n'attend plus que lui pour commencer la cérémonie. Polyeucte s'empresse de partir, laissant croire à Pauline qu'il s'y rend comme païen, mais annonçant par derrière à Néarque qu'il s'y rend comme chrétien, avec l'intention formelle de renverser les idoles. Néarque l'arrête un instant avant sa sortie du palais; comme il voit que l'enthousiasme de son ami dépasse les bornes et peut l'entraîner à quelque imprudence, il le lui fait remarquer, et lui, qui tout à l'heure le stimulait, il le retient maintenant: les rôles sont changés; il y a quelques instants Néarque était l'imprudent et voulait sortir, maintenant c'est lui qui est le raisonnable et qui veut rester, tandis que Polyeucte, le temporisateur de la première scène, est le plus ardent. Tel est l'effet du baptême. Dans cette lutte entre les deux amis, Polyeucte l'emporte; il part, mais il ne part pas seul, il entraîne à sa suite Néarque dans le temple. Le sacrifice commence sans incident remarquable, mais au milieu de la cérémonie, les deux amis, poussés d'une même ardeur, déchirent l'édit impérial et renversent de l'autel les statues des dieux.

Néarque est immédiatement mis à mort, et Polyeucte, par une mesure d'indulgence que lui vaut son titre de gendre du gouverneur de la province, est jeté en prison sur l'ordre de Félix lui-même. Pauline n'a pas été témoin de cette dramatique aventure, parce qu'elle a refusé quoique païenne d'assister au sacrifice dans la crainte de rencontrer Sévère au temple; c'est Stratonice sa suivante qui la lui raconte et le récit de cette dernière n'est pas plus tôt terminé que Félix vient le confirmer par son propre témoignage en y ajoutant des malédictions contre son gendre impie, et l'assurance que, s'il ne renie pas le christianisme, il mourra.

A partir de ce moment Pauline ne se fait pas illusion sur Polyeucte; elle comprend que l'exemple de la mort de Néarque ne l'intimidera pas et qu'on n'obtiendra de lui ni désaveu ni même repentir; aussi s'efforce-t-elle d'abord d'obtenir purement et simplement de son père une sentence de pardon en faveur de Polyeucte demeurant chrétien. Félix refuse et ne déguise même pas devant son confident Albin le plaisir que lui causerait la mort de Polyeucte, parce qu'elle lui permettrait de marier sa fille en secondes noces à Sévère dont le crédit servirait très-bien ses intérêts. Pauline, battue de ce côté, fait deux autres tentatives, l'une auprès de Polyeucte, l'autre auprès de Sévère; d'abord auprès de Polyeucte; elle va le voir dans sa prison; elle l'y trouve calme et même radieux, exhalant en vers lyriques la joie dont son cœur est inondé à l'idée du martyre prochain. Elle s'efforce de lui faire abjurer le christianisme, qui va être cause de sa mort, par le tableau des honneurs qui l'attendent ici bas, l'idée du devoir qui incombe à tout homme de respecter la vie qu'il tient de Dieu non comme un héritage disponible, mais comme un prêt; enfin par la considération de leur amour, hélas! si éphémère. Polyeucte répond à cet essai de conversion en tâchant de la gagner elle-même au christianisme; il retourne contre elle tous les arguments dont elle se sert. Pauline vaincue dans cette seconde tentative auprès de son mari, comme elle l'avait été dans sa première auprès de son père, en fait une troisième, mais celle-ci beaucoup plus délicate, auprès de Sévère. Il s'agit pour elle d'avoir une nouvelle entrevue avec celui à qui elle a demandé tout à l'heure comme une faveur spéciale de ne plus chercher à la revoir, et il faut qu'elle lui demande de s'employer à sauver la vie de son rival préféré, c'est-à-dire d'un homme dont la mort servirait bien mieux ses intérêts. Pauline consent à faire sur son cœur ce dernier effort parce qu'elle ne recule devant aucun sacrifice pour sauver la vie de son mari. Elle est dispensée de l'embarras de mander Sévère ou de se présenter chez lui ; elle le rencontre dans cette même prison où elle vient de se rendre pour s'entretenir avec Polyeucte, et où Sévère se présente quelques instants après elle, mandé par Polyeucte qui l'a fait appeler sans en avertir Pauline. Polyeucte en effet a fait appeler Sévère parce qu'il désire lui confier, en présence de Pauline même, avant de mourir, un important secret. Les voilà donc tous trois réunis, le mari, la femme, et, comme on disait au dix-septième siècle, l'amant, dans cette salle de prison, espèce de terrain commun où se sont donné rendez-vous leurs différentes infortunes ! Pauline interdite d'émotion à la vue de Sévère, écoute, avant de lui adresser sa prière, la confidence que Polyeucte désire faire lui-même en sa présence au juge qu'elle aime et en qui elle espère. Voici cette confidence : il va mourir, il y est décidé ; mais il sait que tous deux s'aiment et que jadis ils ont désiré s'épouser ; sa vie a été un obstacle à leur union ; sa mort le supprime, il désire qu'ils s'épousent. Cela dit, il sort de prison escorté par les gardes qui l'emmènent au lieu du supplice.

Pauline, restée seule avec Sévère dans ce cachot vide de son prisonnier, emploie le peu d'instants qui lui restent à plaider pour l'absent ; elle espère ; car elle sait que Sévère est tout-puissant, qu'il est généreux, qu'il n'a qu'un mot à dire pour que son mari soit sauvé, sans abjurer bien entendu le christianisme, et elle est sûre qu'il prononcera ce mot sauveur. Elle lui adresse donc en toute confiance sa prière, et elle quitte brusquement la prison, sans même attendre sa réponse, tant elle est convaincue qu'elle sera favorable ! Elle ne se trompe pas. Sévère, bien que profondément attristé par l'idée de perdre à jamais Pauline, envoie immédiatement à Félix l'ordre de faire grâce à Polyeucte ; c'est un de ses agents, Flavian, selon toute probabilité, qui va lui porter cette nouvelle, sur le lieu même de l'exécution, où il doit déjà se trouver avec le coupable. Quant à lui, au sortir de la prison, il rentre au palais, sans se préoccuper autrement de l'ordre qu'il vient de donner, sûr que ses volontés seront exactement suivies par Félix.

Malheureusement il n'en est pas ainsi et ses prévisions sont trompées. Félix est assurément un modèle de docilité et de subordination ; mais il est si peu intelligent, quoiqu'il se prétende des plus fins, ou plutôt la peur de perdre sa place lui trouble tellement la raison qu'il comprend le rebours de la vérité ; il s'imagine que Sévère veut lui tendre un piége, qu'il veut s'assurer s'il remplira quand même son rôle de persécuteur des chrétiens, prêt à le punir s'il témoigne la moindre faiblesse ; il croit que Sévère veut la mort de Polyeucte, tout en ordonnant de lui laisser la vie. Aussi l'envoie-t-il au supplice, par esprit de zèle, persuadé qu'il interprète fidèlement la pensée de son maître. Cependant, avant de donner l'ordre irrévocable, il a un bon mouvement, ou du moins un mouvement aussi bon que Félix peut en avoir, il lui propose un mensonge. Il lui dit que s'il consent à se laisser passer pour païen, tant que Sévère sera à Mélitène, quitte à reprendre, après son départ, son rôle de chrétien, il lui laissera la vie sauve. Ce moyen de salut répugne naturellement à Polyeucte et c'est alors que Félix le fait mettre à mort. Pauline assiste à son supplice et en revient chrétienne. Sévère en apprenant l'exécution de Polyeucte accourt furieux chez Félix de retour au palais, le charge d'imprécations et, pour le punir de sa désobéissance, le menace dans ce qu'il a de plus cher au monde, dans sa place. Mais toute cette colère trouve Félix insensible ; pendant qu'elle s'exhale, il se convertit lui-même, comme tout à l'heure s'était convertie Pauline, et Sévère n'a plus devant les yeux qu'un chrétien prêt à mourir comme Polyeucte, s'il l'ordonne. Il ne l'ordonne pas ; il est même profondément touché de tant de vertus et tant d'héroïsme ; il ne se convertit pas lui-même, mais il se sent quelque chose de chrétien au fond du cœur, et il annonce que désormais il sera le protecteur de ceux qu'il a jusqu'alors persécutés. Puis il retourne à Rome, à la cour de l'empereur Décius ; Pauline survit à son mari avec les regrets de son loyal amour ; Félix garde sa place, et les honneurs funèbres sont rendus aux deux martyrs Néarque et Polyeucte.

Telle est l'analyse de cette tragédie.

PARAGRAPHE I

Préliminaires de la pièce : Date, — âge de Corneille, — dédicace, — sources, — lieu de la scène et date de l'action, — choix du sujet, — sort des représentations, — Polyeucte et l'hôtel de Rambouillet, — jugement de Corneille sur cette tragédie comparée à celle de *Cinna*, — de l'influence de cette tragédie sur la profession de comédien.

Première question. — *Quelle est la date de la première représentation de Polyeucte ?*

1640.

Deuxième question. — *Quel âge avait Corneille ?*

Trente-quatre ans. Il venait de se marier. Il était donc dans toute la maturité de son génie, et de plus dans une situation d'esprit qui le portait naturellement à la tendresse ; cette dernière circonstance explique la vivacité de passion peu ordinaire dans son théâtre que l'on remarque en plusieurs parties de cette tragédie, notamment dans la scène de la prison entre Pauline et Polyeucte (IV, III). Cette date de 1640 donne lieu à une autre observation, c'est qu'en l'espace de deux ans, 1639 et 1640, il a produit coup sur coup trois chefs-d'œuvre : *Horace*, *Cinna*, *Polyeucte*.

Troisième question. — *A qui cette tragédie est-elle dédiée ?*

A Anne d'Autriche, femme de Louis XIII. C'est à cause de sa piété que Corneille lui dédia cette pièce chrétienne. Mais Corneille ne lui offrit cette dédicace que quatre ans après la première représentation de sa tragédie, en 1644, l'année où il la fit imprimer pour la première fois. A cette époque Louis XIII était mort et Anne d'Autriche était régente. Le poëte inséra même dans son épître dédicatoire un sonnet sur les victoires qui signalèrent les premières années de la Régence ; il n'est point indigne de Corneille et prouve son patriotisme.

Avant de dédier sa tragédie à Anne d'Autriche en 1644, Corneille avait eu le dessein de la dédier à Louis XIII en 1640 ; mais il ne le put et pour une raison assez curieuse : Louis XIII ne le voulut pas. L'anecdote mérite d'être racontée. Monsieur de Schomberg, maréchal de France à cette époque, avertit le roi que Corneille se proposait de lui offrir la dédicace de sa tragédie de *Polyeucte* ; mais cela fit peur au roi de France parce que l'année précédente, en 1639, monsieur de Montauron, à qui Corneille avait dédié *Cinna*, avait donné au poëte deux cents pistoles (2,300 francs environ) et qu'il ne se souciait pas de lui offrir une somme semblable. — « Il n'est point nécessaire, » — répondit-il au maréchal de Schomberg, chargé de la négociation de cette affaire. — « Ah! sire, répliqua ce dernier, ce n'est point par intérêt. » — « Bien donc, continua Louis XIII, il me fera plaisir! » — Corneille se le tint pour dit et ne lui dédia pas sa pièce. Trois ans après cet incident, en 1643, Louis XIII mourut. Corneille fit imprimer sa pièce l'année suivante, en 1644, et l'offrit à la reine-régente qui ne refusa pas l'hommage du poëte. C'est Tallemand des Réaux qui raconte cette anecdote et on la cite de nos jours comme preuve du peu d'intérêt que Louis XIII témoignait à la littérature; on la rapproche d'un autre fait du même genre qui n'est nullement en l'honneur de ce roi : il profita du petit nombre de mois où la mort de Richelieu le laissa roi de fait, pour biffer de sa main toutes les pensions données par son ministre aux hommes de lettres. Ces deux preuves de son indifférence pour les lettres ne font que mieux ressortir le mérite de Louis XIV qui ne suivit pas, comme on le sait, l'exemple de son prédécesseur.

Quatrième question. — *Quelles sont les sources de la tragédie de* Polyeucte?

Corneille a emprunté le sujet de sa tragédie à trois écrivains sacrés ou hagiographes, vivant à des époques et écrivant dans des langues différentes : Siméon Métaphraste, Surius et Mosander; ces trois écrivains se complètent l'un l'autre, c'est-à-dire que le second achève le premier et le troisième le second. *Siméon Métaphraste* est un écrivain grec du dixième siècle après Jésus-Christ; il a écrit les biographies de cent vingt-deux saints et a dit quelques mots du martyre de saint Polyeucte; son récit est le point de départ des deux autres. *Surius* est un chartreux allemand du seizième siècle qui, suivant les habitudes des savants allemands, français ou hollandais de cette époque, a écrit non dans sa langue nationale, mais en latin; il a complété l'ouvrage de Siméon Métaphraste par un livre intitulé : *Vitæ sanctorum*. *Mosander* est aussi un écrivain sacré allemand du même siècle que Surius; il est l'auteur d'un assez volumineux supplément à l'ouvrage de ce dernier, et il a pareillement écrit en latin; c'est dans ce supplément que Corneille a trouvé le plus de documents. On résume cet enchaînement de pensées en disant que Corneille a emprunté le sujet de sa tragédie de *Polyeucte* au complément de la *Vie des saints* de Surius par Mosander.

Cinquième question. — *L'histoire fournissait-elle à Corneille beaucoup de matériaux ?*

Très-peu. Elle lui fournissait les noms de Polyeucte, de Néarque, de Pauline et de Félix, ainsi que les rapports de parenté ou d'amitié qui unissent ces différents personnages ; elle lui fournissait encore le fait de la victoire des Romains sur les Perses, de l'édit de persécution de Décius contre les chrétiens, de la dilacération du décret impérial et de la profanation des idoles païennes par Polyeucte, enfin le martyre de ce dernier. Voilà les grands faits que lui fournissait l'histoire, en voici quelques autres moins importants : les efforts de Néarque, antérieurement baptisé, pour attirer au christianisme Polyeucte de la secte des Gentils, et l'heureux succès de sa propagande qui pousse celui-ci à briser immédiatement les idoles ; une tentative de Félix exempte de tout caractère d'égoïsme, mais non pas de brutalité, pour détourner Polyeucte du christianisme ; une démarche entreprise par Pauline auprès de son mari, sur le conseil de Félix, il est vrai, mais sans aucune pensée d'égoïsme ou d'indélicatesse de la part de ce dernier, puisque ses intérêts personnels ne sont nullement en jeu, le personnage de Sévère n'existant pas dans la légende sacrée ; enfin l'arrêt de mort prononcé par Félix lui-même. Tous ces documents sont bien peu de chose, si l'on considère l'intrigue et le développement des caractères imaginés par Corneille.

Voici en quelques mots ce que le poëte a ajouté au récit de l'hagiographe allemand ; d'abord les faits secondaires : le songe de Pauline ; le baptême effectif de Polyeucte qui dans la légende originale meurt sans être baptisé ; le sacrifice ordonné en Arménie pour la victoire des armées romaines, la mort de Néarque qui, dans l'historien sacré, pousse en avant, mais n'imite pas Polyeucte ; la dignité de Félix qui n'exerce pas les fonctions de gouverneur d'Arménie, mais de simple commissaire impérial et n'a pas à craindre par conséquent pour sa place ; la mort de Néarque et les conversions successives de la fin, celle de Félix et celle de Pauline. Voici maintenant les faits principaux : la création du personnage de Sévère et tous les épisodes qui en sont la conséquence, c'est-à-dire l'amour pur et combattu de Pauline, les luttes morales où éclatent toutes les vertus héroïques de ces deux amants, la générosité de Sévère, la bassesse de Félix tremblant toujours pour sa position, l'influence irrésistible de Polyeucte sur tout ce qui l'entoure, depuis ses amis devenus par hasard ses opposants jusqu'à ses adversaires devenus par miracle ses imitateurs. On peut donc dire que l'histoire ne fournissait à Corneille que des noms propres, deux ou trois faits matériels et qu'il a inventé son intrigue et le développement de ses caractères. Il a d'ailleurs si bien combiné, comme il le dit, *l'ingénieuse tissure des fictions avec la vérité* qu'il est difficile de démêler dans son œuvre les éléments fournis par l'histoire de ceux qui relèvent de son invention.

Sixième question. — *Quel est le lieu de la scène et quelle est la date de l'action de Polyeucte?*

Le lieu de la scène est Mélitène, capitale de l'Arménie, province romaine en partie soumise à la religion païenne, mais déjà envahie par le christianisme. Les scènes se passent dans une salle ou antichambre commune aux appartements de Félix et de sa fille et dans une prison qui, selon toute probabilité, est attenante au palais du gouverneur et même voisine de l'antichambre précédente, en sorte que tous les événements de la tragédie se passent dans le même lieu, sans excepter la scène dans laquelle Polyeucte est représenté comme marchant au martyre.

La date de l'action est l'an 240 après Jésus-Christ, époque qui coïncide avec le règne de l'empereur romain Décius et la septième persécution chrétienne dont cette tragédie est un épisode authentique.

Septième question. — *A quelle remarque donne lieu le choix du sujet de cette tragédie?*

Corneille en mettant sur la scène un sujet religieux sortait de ses habitudes, puisqu'il n'avait jusqu'alors traité que des sujets profanes, et il se trouvait en contradiction avec l'esprit général de son temps, nullement favorable à ce genre de tragédies. En effet les pièces religieuses étaient tellement frappées de discrédit, en 1640, que Guizot a pu dire avec raison qu'à cette époque, au théâtre, on n'osait prononcer le nom de Dieu qu'au pluriel.

Huitième question. — *Quelles sont les preuves de l'impopularité du drame religieux en 1640 et pendant tout le dix-septième siècle?*

Premièrement : La rareté des pièces religieuses qui nous ont été transmises par le dix-septième siècle. — *Secondement :* L'insuccès des efforts tentés par Corneille lui-même qui, malgré la belle tragédie de *Polyeucte* et son pendant si faible de *Théodore*, n'a pu parvenir à créer réellement le drame religieux en France. — *Troisièmement :* Le témoignage des contemporains du dix-septième siècle qui ont condamné l'emploi du christianisme au théâtre, entre autres celui de Richelieu et de Boileau. Richelieu condamna ouvertement Corneille pour avoir fait jouer *Polyeucte.* Boileau proscrit en termes sévères, dans son *Art poétique,* les idées religieuses de la scène :

> De la foi d'un chrétien les mystères terribles
> D'ornements égayés ne sont pas susceptibles. (*Art poét.*, III, 200.)

Il est même tellement l'adversaire de l'emploi du christianisme au théâtre que lui, qui considère *Polyeucte* comme le chef-d'œuvre de Corneille et ne déguise pas son admiration à l'auteur après l'échec subi par sa pièce à l'hôtel de Rambouillet, il omet, comme à dessein, le titre de cette tragédie dans l'énumération des belles pièces de Corneille qu'il allègue sans cesse comme type du beau : le *Cid, Horace* et *Cinna ;* il oublie toujours *Polyeucte ;* puisqu'il professait pour cette pièce un si vif enthousiasme, n'aurait-il pas dû en parler dans le passage précédent de l'*Art poétique* relatif à l'art chrétien ? N'aurait-il pas dû atténuer un peu en faveur de cette œuvre la rigueur de l'arrêt de condamnation dont il frappe tous les sujets chrétiens en général ? Mais non, loin de faire à *Polyeucte* la part glorieuse qui lui revient, et qu'il fait du reste, chose assez curieuse, à *Athalie,* il n'en dit rien, et la pensée de cette pièce ne diminue en rien le mépris avec lequel il parle de l'introduction des idées religieuses dans le domaine de la littérature. Boileau n'est pas ici à l'abri de tout reproche : il eût été logique que l'admirateur de *Polyeucte* se souvînt en cette circonstance que Corneille avait introduit le christianisme sur la scène, sans qu'il y dérogeât, et qu'il fît en retour, par esprit de justice, quelque concession au drame chrétien. Les idées absolues qu'il professait à ce sujet, comme gardien de la tradition, l'ont emporté sur son admiration pour Corneille.

Neuvième question. — *A quoi tient cette impopularité du drame religieux en France au dix-septième siècle, époque si éminemment religieuse ?*

A plusieurs raisons dont la principale est *le respect même que le dix-septième-siècle professait pour le christianisme*. Le dix-septième siècle voulait que le christianisme restât à sa place, c'est-à-dire dans l'Eglise et dans la conscience des fidèles, il ne voulait pas qu'on l'introduisît au théâtre, ni même dans la littérature en général; c'était à ses yeux une profanation, il en faisait sa règle et non pas sa poésie. De nos jours les choses ont bien changé : le christianisme a envahi la littérature et a donné lieu à toutes sortes d'œuvres apologétiques, mais c'est parce que, depuis Voltaire, la littérature a vivement attaqué le christianisme; il en est résulté que, dans cette espèce de duel qui se livre depuis deux cents ans à propos des idées chrétiennes, ceux qui les défendent ont été obligés de descendre sur le terrain où les ont appelés ceux qui les attaquent. Voici les autres causes de cette impopularité : 1° *La vogue dont jouissaient au dix-septième siècle les sujets païens*. Cette vogue était une conséquence de ce grand mouvement d'idées connu sous le nom de Renaissance ; ce mot signifie en effet la résurrection de l'antiquité, et explique comment les esprits, qui s'étaient attachés pendant tout le moyen âge avec une sorte d'idolâtrie aux sujets religieux, y renoncent subitement, pour adopter les sujets empruntés à l'histoire grecque ou romaine. Avec la Renaissance, l'Europe moderne, comme enivrée d'antiquité, oublie le théâtre religieux du moyen âge pour inaugurer un théâtre nouveau opposé, un théâtre profane. 2° *L'impassibilité des saints et des martyrs*. L'inébranlable fermeté de ces personnages, leur constance supérieure à toute faiblesse les rendent peu propres à l'action dramatique, et Corneille a raison de dire, dans l'examen de *Théodore*, qu'une vierge et martyre au théâtre n'est autre chose qu'un terme qui n'a ni jambes ni bras ; les sujets sacrés manquent du principal élément de toute poésie dramatique : la représentation des passions humaines. Celles-ci sont en effet très-mal à l'aise dans des pièces dont le principal héros met sa gloire à les étouffer, le triomphe de la vertu et de la piété ne suffit pas pour nous attacher, parce que nous n'allons pas au théâtre, comme nos aïeux du moyen âge, pour y chercher l'édification, mais bien l'émotion.

Telles sont les raisons pour lesquelles le drame chrétien a une si faible part dans notre littérature, même au dix-septième siècle, époque cependant si favorable au christianisme. Il fallut tout le génie de Corneille pour triompher de ces trois obstacles réunis : la susceptibilité religieuse de son temps, la mode littéraire, la difficulté d'intéresser à des personnages à peu près parfaits qui mettent leur gloire, non pas précisément à étouffer, mais à vaincre leur cœur.

Dixième question. — *Quelles sont les raisons qui ont déterminé Corneille à choisir un sujet de tragédie chrétienne, malgré l'accueil défavorable que faisait le dix-septième siècle à ce genre de pièces?*

Première raison. — *L'impulsion naturelle de son génie franchement chrétien.* Les idées religieuses eurent toujours sur Corneille beaucoup d'empire ; il appartenait complétement à la foi, comme tous les grands esprits du dix-septième siècle. Voici quelques preuves de sa piété. *Première preuve :* Il fit élever ses quatre fils dans la maison religieuse des jésuites de Rouen. — *Seconde preuve :* Il remplit pendant un an la charge de trésorier de la paroisse de Saint-Sauveur, à Rouen, sa ville natale, de Pâques 1652 à Pâques 1653 ; c'est ce que l'on appelait au dix-septième siècle la place de marguillier ; Corneille se donne lui-même ce dernier titre dans une lettre qu'il écrit au père jésuite Boulard, et qui nous est parvenue : « J'avais résolu, dit-il, de différer à vous remercier de votre envoi, d'autant que les dévotions ordinaires de la semaine sainte et les embarras où je suis maintenant comme marguillier de ma paroisse..... » (30 mars 1652.) On conserve même, dans les archives de l'église de Saint-Sauveur, un rapport de trente-deux pages écrit tout entier de sa main et qui n'est autre chose que le compte-rendu de son administration adressé à ses confrères de la fabrique de Saint-Sauveur, comme trésorier en charge de cette paroisse. — *Troisième preuve :* Il fit plusieurs dons à cette paroisse, entre autres celui d'un drap mortuaire en velours noir que l'on possède encore ; ce drap devait servir aux funérailles de tous les membres et de tous les domestiques de sa famille, ainsi qu'il est spécifié dans l'acte de donation ; ce cadeau prouve, outre sa piété, son désir de passer à Rouen la fin de ses jours, désir qui ne fut pas exaucé, puisqu'il mourut à Paris et qu'il fut enterré à l'église Saint-Roch, voisine de la rue d'Argenteuil, où il expira ; ce drap mortuaire de velours noir ne couvrit donc pas ses restes. — *Quatrième preuve :* Il a traduit l'*Imitation de Jésus-Christ* en vers français, travail considérable qu'il commença dix ans environ après *Polyeucte*, et qui n'occupa pas moins de cinq années de sa vie, de 1651 à 1656 ; il le dédia au pape Alexandre VII. Il fit aussi le vœu, après l'échec de sa tragédie, *Pertharite* en 1653 (vœu qu'heureusement il n'a tenu qu'à moitié, puisque depuis il a composé onze tragédies), de ne plus consacrer désormais ses veilles qu'à des ouvrages de piété. C'est à cette circonstance que nous devons les nombreuses poésies chrétiennes qu'il nous a laissées : l'office de la sainte Vierge, les sept psaumes pénitentiaux, les vêpres et complies des dimanches, la traduction de toutes les hymnes du bréviaire romain ; ces poésies chrétiennes sont si volumineuses qu'elles forment au moins le quart de ses œuvres, et, si on ajoute la traduction en vers de l'*Imitation*, elles en forment le tiers. Ce vœu de ne plus consacrer ses veilles qu'à des ouvrages de piété se trouve dans la préface de l'édition complète de la traduction de l'*Imitation*, publiée en 1656. — *Cinquième et dernière preuve* : Il pratiquait. On ne pouvait pas dire de lui comme Joad à Abner :

> La foi qui n'agit point, est-ce une foi sincère ?

C'est ce qui ressort du passage de la lettre précédente écrite au père jésuite Boulart : « ..... Les dévotions ordinaires de la semaine sainte..... » C'est ce qui nous est aussi attesté par son frère Thomas Corneille dans le passage suivant : « Il avait l'usage des sacrements, et pendant les trente-trois dernières années de sa vie, il ne passa pas un seul jour sans réciter le bréviaire romain. » Telles sont les différentes preuves de sa piété.

Seconde raison : *L'exemple de quelques poëtes français contemporains*, Baro, du Ryer, Puget de la Serre, Desfontaine, poëtes fort obscurs, il est vrai, et dont les tentatives de pièces sacrées avaient échoué, mais qui constituaient toutefois pour lui un précédent qu'il se flattait intérieurement de dépasser.

Troisième raison : *L'imitation du théâtre espagnol*. Corneille, comme on le sait, imitait beaucoup le théâtre espagnol ; c'est à Guilhem de Castro, poëte dramatique espagnol du dix-septième siècle, qu'il a emprunté l'idée de son chef-d'œuvre, le *Cid* ; or, au dix-septième siècle même, l'Espagne a produit un très-grand nombre de tragédies religieuses ; elles forment comme un genre de littérature à part, puisqu'on leur donne en espagnol un nom particulier : on les appelle des *autos sacramentales*. Lope de Véga, le principal poëte dramatique espagnol du dix-septième siècle, en a, pour sa part, composé quatre cents ; Caldéron, son contemporain, poëte dramatique

que l'on place par ordre de mérite immédiatement après lui, en a composé aussi un grand nombre ; il est probable que Corneille, encouragé par son imitation de la tragédie chevaleresque du *Cid*, a été aussi déterminé dans le choix de sa tragédie religieuse de *Polyeucte* par la lecture des *autos sacramentales* dont il prit connaissance dans le texte, car il savait parfaitement l'espagnol.

Quatrième raison : *L'actualité qu'offrait au dix-septième siècle la question de la grâce.* Les vagues rumeurs des questions de la grâce commençaient à agiter les esprits et grondaient déjà sourdement autour de Corneille, en 1640, l'année de *Polyeucte*. Corneille saisit, pour ainsi dire, au vol cette inspiration nouvelle, s'en rendit maître et s'y appliqua tout entier ; on peut dire sans invraisemblance que c'est en partie parce que la doctrine du jansénisme venait de se formuler et de passer à l'ordre du jour qu'il fit *Polyeucte,* tragédie tout empreinte de jansénisme.

Onzième question. — *Quel est le nom particulier du genre de poésie religieuse auquel appartient la tragédie de* Polyeucte ?

Les *mystères*, c'est-à-dire ces drames religieux qui charmèrent le moyen âge et remplirent le quatorzième, le quinzième et la première moitié du seizième siècle. La tragédie de *Polyeucte* est un vrai mystère par le choix du sujet et l'exécution de certains détails ; elle ressuscite, éclipse et clôt en même temps, après une longue période de silence et au seuil même du théâtre classique païen du dix-septième siècle, l'ancien genre des martyrs ; elle en est comme le rejeton imprévu, la dernière en même temps que la plus brillante personnification. Corneille, par un effort de génie, a ressaisi à distance et renouvelé ce genre disparu.

Douzième question. — *Les mystères du moyen âge étaient-ils abandonnés depuis longtemps quand parut Polyeucte, et pour quelles raisons avaient-ils été abandonnés ?*

Ils étaient abandonnés depuis cent ans environ, 1548. Deux raisons avaient amené leur chute. *Premièrement* : La Renaissance des lettres, qui, en ramenant l'amour de l'antiquité, avait substitué les sujets grecs et romains aux sujets bibliques ; c'est l'école savante de Ronsard, et principalement ses trois continuateurs Jodelle, Garnier et Hardy, qui provoquèrent cette réforme dramatique. — *Secondement* : L'inconvenance et la grossièreté dans lesquelles avaient fini par tomber ces représentations religieuses devenues de véritables travestissements des livres saints, inconvenance et grossièreté telles, qu'un édit du Parlement les interdit en 1548. Les mystères sont donc morts de deux manières, dès le milieu du seizième siècle, de leur mort naturelle, par suite de l'abus où la vétusté les a fait tomber, et de mort violente, par suite de l'invasion de la Renaissance. Néanmoins il ne serait pas tout à fait juste de dire qu'on ne trouve plus après 1548 aucune trace de ce genre officiellement proscrit, puisque les confrères de la Passion existent encore dans les premières années du règne de Louis XIII, et qu'à cette époque ils vendent leur privilége aux comédiens de l'hôtel de Bourgogne. Mais si le genre *mystère* avait continué d'être exploité par eux, c'était obscurément, sur des tréteaux sans honneur ; on n'en parlait plus en 1640. On a donc raison de dire que la tragédie de *Polyeucte* est la résurrection inattendue de ce genre prohibé et mort en France depuis cent ans.

Treizième question. — *Trouve-t-on dans la littérature française ou dans les littératures étrangères d'autres exemples d'œuvres supérieures qui résument avec éclat, comme* Polyeucte, *des genres précédents obscurs et disparus ?*

Oui ; c'est un phénomène littéraire assez fréquent ; la littérature italienne en offre deux exemples et la littérature française un autre indépendamment de *Polyeucte*. Dans la littérature italienne, ce sont les deux célèbres poëmes épiques de l'Arioste et du Tasse. Le *Roland Furieux* de l'Arioste (1532) résume et éclipse tous les poëmes chevaleresques badins antérieurs, au moment où la chevalerie vaincue tombe et se brise. La *Jérusalem délivrée* du Tasse (1575) résume et éclipse vers la même époque tous les poëmes chevaleresques sérieux antérieurs ; on remarquera que ces deux poëmes se font pendant au point de vue opposé, l'un pour le grotesque, l'autre pour le pathétique et le glorieux ; l'un est comique, l'autre tragique. Dans la littérature française, l'œuvre qui résume comme *Polyeucte* un genre précédent disparu, en se plaçant évidemment dans un tout autre ordre d'idées, c'est le roman de Rabelais intitulé : *Les faits et dits du géant Gargantua et de son fils Pantagruel* (1553). Ce roman résume toutes les œuvres satiriques burlesques ou moralisantes fort nombreuses au moyen âge ; il est comme la réunion de tous les débris des âges précédents.

Il n'est donc pas rare de voir en littérature ces reproductions abrégées et brillantes de toute une veine du passé, faites par un écrivain de génie.

Quatorzième question. *Pourquoi ne considère-t-on pas les deux tragédies de Racine,* Esther *et* Athalie, *comme des mystères, aussi bien que* Polyeucte?

Sans doute *Esther* et *Athalie* sont deux tragédies sacrées et, comme telles, ont des rapports essentiels avec *Polyeucte*; mais ce ne sont pas des échantillons du genre des mystères pour deux raisons: *Premièrement*: Parce que les sujets d'*Esther* et d'*Athalie* sont empruntés à l'Ancien Testament, tandis que les sujets des mystères sont ordinairement empruntés au Nouveau, à la vie de Jésus-Christ ou des Saints, comme l'indiquent toutes les pièces qui nous sont parvenues en ce genre. — *Secondement*: Parce que la forme d'*Esther* et d'*Athalie* est toute moderne, accommodée au goût du dix-septième siècle, adoucie, ornée et parée au gré de Mme de Maintenon et de Fénelon, revêtue de gravité et d'onction; elle n'a pas cette nudité, cette franchise d'allure, cette brusquerie de ressorts, ce caractère gaulois que l'on remarque dans *Polyeucte*, comme dans tous les mystères du moyen âge. Chez Racine, la métamorphose de cette époque est complète, on ne l'y reconnaît plus; chez Corneille, on en voit la résurrection, on la reconnaît.

Quinzième question. *Parmi les nombreux mystères du moyen âge, en est-il un de quelque mérite que l'on puisse citer à côté de* Polyeucte?

Non, pas un seul. C'est même un fait surprenant que les moralités et les soties, c'est-à-dire les pièces du moyen âge qui correspondent aux comédies, aient produit une œuvre remarquable comme l'*Avocat Pathelin* de Pierre Blanchet, tandis que les mystères, c'est-à-dire les pièces qui correspondent aux tragédies n'ont rien produit qui ressemble à une œuvre de talent. Aussi n'est-ce pas un médiocre honneur, pour la tragédie de Corneille, d'être l'expression unique et, pour ainsi dire, posthume d'un genre qui, bien qu'en vogue en France pendant trois cents ans, n'a jamais produit que des platitudes et des grossièretés. Ce fait suffirait pour prouver la puissance créatrice du génie de Corneille. Ce que n'a pu l'esprit français, malgré une persévérance de trois siècles et une foi des plus ardentes, il l'a fait du coup, sans effort et cela le lendemain d'*Horace* et de *Cinna*. On

peut dire que, en cette circonstance, il s'est vraiment montré
poëte, dans le sens positif du mot, c'est-à-dire créateur.

Seizième question. *Quelles sont, non pas les mystères,
mais les tragédies religieuses jouées en France, au dix-septième
et au dix-huitième siècles, soit avant, soit après* Polyeucte ?

1° Les tragédies de collège. Pendant le seizième et le dix-
septième siècles, sous Henri IV, Louis XIII et Louis XIV, ce
fut une habitude de jouer des tragédies religieuses en français
et en latin dans les nombreux colléges disséminés par toute la
France, soit laïques soit ecclésiastiques, soit dépendants soit
indépendants de l'Université. Quelques-unes de ces pièces nous
sont parvenues ; ces représentations étaient, sous une forme modeste et classique, la continuation des mystères. Les jésuites
sont les principaux poëtes de cette littérature. — 2° Quatre tragédies bibliques de l'abbé Nadal : *Saül, Hérode, Antiochus,
Moïse*, toutes jouées au commencement du siècle, sauf la dernière,
interdite. — 3° *Saint-Eustache*, de Baro, mauvais poëte de
l'hôtel de Rambouillet. Cette pièce fut jouée en 1639. — 4° *Saül*,
de du Ryer, un des moins mauvais poëtes dramatiques contemporains de Corneille. — 5° *Sainte-Agnès*, de Puget de la Serre,
écrivain inconnu. Ces deux dernières pièces furent jouées comme
Saint-Eustache en 1639 et tombèrent comme elle. — 6° *Saint-
Genest*, de Rotrou, 1646. Le sujet de cette tragédie est l'histoire
d'un comédien de profession qui remplissait, le jour de l'entrée
de l'empereur Dioclétien dans Rome, l'an 286, le rôle d'un
néophyte dans une bouffonnerie où les mystères chrétiens étaient
tournés en ridicule ; à un mouvement donné, sur la scène même,
l'acteur, au moment où il exprimait l'enthousiasme du martyr,
déclara qu'une lumière intérieure venait de l'éclairer, qu'il parlait sérieusement et qu'il était vraiment devenu chrétien, de
païen qu'il était auparavant ; il fut conduit au martyre par ordre
de l'empereur et mourut victime de sa foi nouvelle. Il s'appelait
Genest ; l'église l'appela Saint-Genest ; il y a dans cette tragédie
une scène sublime. — 7° *Théodore* vierge et martyre, 1645,
seconde tragédie religieuse de Corneille, qu'il faut bien se garder
de mettre sur la même ligne que *Polyeucte*. Ce sont deux sœurs
qui n'offrent aucune ressemblance. *Théodore* est l'histoire d'une
jeune fille chrétienne de naissance illustre qui fut condamnée,
pendant la persécution de Dioclétien, à être publiquement exposée. Elle fut arrachée à ses bourreaux par un chrétien nommé
Didyme ; mais peu de temps après elle marche au martyre avec

son sauveur. Cette tragédie, loin d'être un succès, fut presque un scandale. — 8° *Esther* et *Athalie*, de Racine. — 9° *Jonathas* (1700), *Debora* (1701), *Absalon* (1702) de Duché, poëte qui travailla pour Saint-Cyr, sur les ordres de Mme de Maintenon, quand Racine eut quitté le théâtre. — 10° *Jephté* (1692), *Judith* (1695), de Boyer. — 11° *Zaïre*, de Voltaire, 1732; car il est à remarquer que Voltaire, le plus irréligieux des poëtes, a fait une pièce religieuse, c'est même son chef-d'œuvre. Voici l'explication de cette énigme. Voltaire a développé, sous le couvert de *Zaïre*, une de ses idées favorites, qui est au fond une idée hostile au christianisme, à savoir le danger de la crédulité et de la superstition, et dans cette pièce le personnage crédule et superstitieux, à qui mal arrive, est un personnage chrétien; on voit d'ici la satire. La tragédie de *Zaïre* est en effet l'histoire d'une jeune esclave chrétienne crédule et superstitieuse, qui du sein de l'esclavage est prête à monter sur le trône en épousant un roi qui l'aime; par malheur elle écoute les fables de deux étrangers qu'elle prend sur leur parole pour son père et pour son frère, et qui lui font perdre par leur imposture son fiancé, sa fortune et la vie. Elle est tuée en allant au baptême. Voltaire a donc voulu montrer par l'exemple de cette jeune esclave le danger qu'il y a à être chrétien; sa pièce, dite religieuse, est au fond aussi antireligieuse que possible, puisqu'elle tend à faire ressortir, non pas le mérite des chrétiens, mais les inconvénients attachés à leur religion. — 12° Il y a eu de nos jours quelques tentatives de tragédies religieuses, mais elles n'ont été couronnées d'aucun succès : *Saül*, d'Alexandre Soumet; *Moïse*, de Chateaubriand; la *Mort de Jonathas*, de Lamartine.

Telles sont les différentes tragédies religieuses jouées ou composées en France au dix-septième, au dix-huitième et même au dix-neuvième siècle, indépendamment de *Polyeucte*; elles sont, comme on le voit, très-peu nombreuses; on peut les compter.

Dix-septième question. *Quelle est, de toutes ces tragédies religieuses, celle qui se rapproche le plus de* Polyeucte, *c'est-à-dire celle qui ressemble le plus à un mystère ?*

Le *Saint-Genest*, de Rotrou. Cette tragédie est exactement de la même famille que *Polyeucte*, elle en est la véritable et directe continuation, la postérité pour ainsi dire. Six ans séparent ces deux pièces : *Polyeucte* est de 1640 et *Saint-Genest*, de 1646. La tragédie de Rotrou est même l'unique postérité de celle de Corneille. Car s'il est vrai que le succès de *Polyeucte* excita, vers

1640, une sorte de recrudescence de sujets religieux, si les mauvais poëtes du temps, les la Serre, les Desfontaine se mirent en frais de martyrs, leurs *Saint-Alexis* et leurs *Sainte-Catherine* moururent coup sur coup et de compagnie; on ne se souvient que du *Saint-Genest* de Rotrou; et, si l'on songe que, d'un côté *Esther* et *Athalie* ne ressemblent en rien aux mystères du moyen âge à cause de leur physionomie contemporaine, que *Zaïre* est plutôt une pièce antichrétienne que chrétienne, on est forcé d'avouer que le drame religieux, malgré tout le génie de Corneille, n'a pu faire souche en France.

Dix-huitième question. *Quel fut le sort des représentations de Polyeucte?*

En voici d'abord une idée générale : cette tragédie échoua à l'hôtel de Rambouillet où Corneille en fit la lecture; mais elle réussit au théâtre où elle fut applaudie par la masse des spectateurs. Corneille nous dit à ce sujet avec la naïveté qui est un des traits de son génie : « Cette pièce satisfit tout le monde. » (Examen de *Polyeucte*.)

On peut dire néanmoins, malgré ce succès bien constaté de la pièce, qu'elle ne fut appréciée et comprise que longtemps après, comme nous le verrons plus loin (Voir paragraphe IV, 5°) non pas au dix-septième, ni même au dix-huitième siècle, mais au dix-neuvième. Voltaire, dans l'opinion qu'il exprime sur l'échec et sur le succès de *Polyeucte*, fait des réflexions très-judicieuses, quoiqu'il ait à juger une pièce d'un caractère religieux; il s'étonne que des gens éclairés, comme les écrivains qui composaient l'hôtel de Rambouillet, n'aient pas admiré cette tragédie et il trouve tout naturel que le parterre français l'ait applaudie. Voici ses paroles : « Il est difficile de démêler ce qui put porter les hommes du royaume qui avaient le plus de goût et de lumières à juger si singulièrement. Furent-ils persuadés qu'un martyr ne pouvait jamais réussir au théâtre? c'était ne pas connaître le peuple. » On reconnaît la justesse d'esprit et le bon sens de Voltaire, en matière de critique littéraire. Toutefois nous verrons que, s'il admirait cette tragédie, il se méprenait singulièrement sur son véritable sens. Les observations suivantes feront mieux comprendre encore le sort des représentations de *Polyeucte*.

Dix-neuvième question. — *Quelle fable fut débitée au sujet de cette tragédie avant sa première représentation?*

On raconte que, les comédiens ayant d'abord refusé de jouer cette tragédie, Corneille donna son manuscrit à l'un d'eux, qui le jeta sur un ciel de lit, où il demeura oublié pendant dix-huit mois. Cette anecdote n'est pas authentique ; un fait digne de foi, c'est qu'avant de représenter sa pièce au théâtre, il la lut à l'hôtel de Rambouillet.

Vingtième question. — *Pourquoi Corneille lut-il sa tragédie à l'hôtel de Rambouillet avant de la faire jouer sur le théâtre du Marais ?*

Pour deux raisons : la première, c'est qu'il était lui-même de l'hôtel de Rambouillet ; il fit même plusieurs sonnets pour la *Guirlande de Julie*. La seconde, c'est que c'était l'usage à cette époque de soumettre toutes les affaires de l'esprit à ce tribunal souverain en matière littéraire.

Vingt et unième question. — *Rendez compte de l'accueil qu'on y fit à sa pièce ?*

Elle y fut condamnée d'une voix unanime. Mais en raison de la grande réputation dont jouissait Corneille, et par égard pour les bienséances qu'observait scrupuleusement l'hôtel de Rambouillet, on y mit des formes. Les auditeurs ne manifestèrent aucun mécontentement, ils applaudirent même un peu en présence du poëte qui se retira convaincu que sa pièce n'avait pas déplu. Ce n'est que quelques jours après que l'un des membres de cette société, Voiture, connu pour son affabilité, fut chargé d'aller trouver Corneille, pour lui conseiller, au nom de la docte assemblée, de ne pas risquer sa pièce au théâtre. Cet avis fut principalement appuyé par Godeau, évêque de Grasse.

Vingt-deuxième question. — *Quelles sont les causes de la condamnation de cette tragédie par l'hôtel de Rambouillet ?*

1° La principale est l'*intervention du christianisme*. Voiture fut même chargé de dire à Corneille que c'est le christianisme qui avait surtout infiniment déplu. (On remarquera le mot *surtout*, qui suppose d'autres raisons.) Mais si l'hôtel de Rambouillet condamna cette pièce à cause de sa forme chrétienne, ce n'est pas qu'il fût l'ennemi du christianisme, c'est qu'il était l'ennemi de l'introduction du christianisme dans la littérature et surtout au théâtre, comme tous les esprits du dix-septième siècle, comme Boileau. C'est par zèle religieux qu'il condamna cette pièce religieuse. Telle est la raison avouée de l'échec de *Polyeucte* à l'hôtel de Rambouillet ; voici les autres :

2° *L'infraction de Corneille à la mode littéraire de son temps.* On sait que l'hôtel de Rambouillet était dépositaire et comme conservateur des usages littéraires au commencement du dix-septième siècle. Or, dans ce temps-là, la mode consistait à emprunter, pour le roman, tous les sujets de composition aux mœurs chevaleresques du moyen âge et, pour le théâtre, à l'histoire romaine ou à l'histoire grecque. Les sujets bibliques étaient démodés. Corneille, en cherchant dans le Nouveau Testament un sujet d'inspiration, passa aux yeux de tous ces beaux-esprits pour un dissident, un réfractaire. Les membres de l'hôtel de Rambouillet condamnèrent la pièce comme conservateurs des traditions littéraires.

3° *Le mauvais goût et la frivolité naturelle des esprits à cette époque.* En dehors même de toute susceptibilité religieuse et des préjugés de la mode, les beaux-esprits de l'hôtel de Rambouillet étaient portés à condamner cette pièce, parce qu'ils étaient tous plus ou moins infectés du mauvais goût du temps qui les portait à admirer les sonnets et les madrigaux de l'abbé Cotin, et qui les laissait insensibles aux sévères beautés de *Polyeucte*. Ici c'est comme partisans naturels du petit goût en littérature, suivant le mot de Voltaire, et comme adversaires du grand goût, que les membres de l'hôtel de Rambouillet condamnèrent la pièce.

4° *Les idées de l'hôtel de Rambouillet sur le bel usage et les convenances du monde.* On croyait à l'hôtel de Rambouillet qu'un homme de bonne compagnie, un honnête homme, comme on disait alors, n'aurait jamais dû se permettre un acte d'emportement semblable à celui auquel se livre Polyeucte, en renversant les idoles païennes. Interrompre brutalement un sacrifice où assistent le gouverneur de la province et le ministre de l'empereur parut aux yeux de cette élégante compagnie un acte d'incivilité, le fait d'un homme mal élevé. Les membres de l'hôtel de Rambouillet condamnèrent donc aussi la pièce comme *honnêtes gens*.

5° *L'esprit de galanterie chevaleresque qui régnait parmi les personnages de cette société.* L'hôtel de Rambouillet, en vertu de ses principes sur l'amour (cette question primait alors, comme on sait, toutes les autres), condamna à la fois Polyeucte et Pauline, qui ne faisaient point à ce sentiment les concessions désirables : Polyeucte, puisqu'il préfère, pour employer le langage du temps, son Dieu à sa dame, crime de lèse-galanterie à cette époque ; Pauline, puisque, placée entre deux attachements, elle préfère son mari à son amant. Ces deux procédés étaient le renversement des idées reçues à l'hôtel de Rambouillet, et les membres de cette aimable et galante assemblée, peu d'accord ici avec leurs principes austères sur le christianisme, condamnèrent la pièce comme défenseurs des théories alors en vogue sur l'amour.

6° Une dernière raison leur dicta la condamnation de *Polyeucte*, c'est *la conviction que le public condamnerait cet ouvrage*. Cette considération prouve au moins que ce ne sont pas seulement des motifs personnels qui les déterminèrent à dissuader Corneille de faire jouer sa pièce, c'est encore l'intérêt bienveillant qu'ils lui portaient et le souci de sa réputation que compromettrait un échec dont ils étaient sûrs. Voici sur quoi reposait la certitude que la tragédie de Corneille échouerait au théâtre du Marais, comme à l'hôtel de Rambouillet : sur une hypothèse et sur un fait. L'hypothèse, c'est que l'hôtel de Rambouillet supposait le public animé des mêmes goûts que lui en matière littéraire, ce qui n'était vrai qu'à moitié ; le fait, c'est que ce même public venait de siffler quelque temps auparavant, en 1639, la *Sainte-Agnès* de Puget de la Serre, argument qui ne prouvait évidemment rien contre une œuvre écrite de génie.

Telles sont les raisons nombreuses, comme on le voit, et quelquefois même contradictoires, qui firent échouer cette tragédie à l'hôtel de Rambouillet et déterminèrent les écrivains de cette société à détourner Corneille de la faire jouer sur le théâtre du Marais.

Vingt-troisième question. — *Que fit Corneille après cette déclaration de l'hôtel de Rambouillet ?*

Corneille, après la lecture de sa pièce à l'hôtel de Rambouillet, trompé par les quelques applaudissements qu'on lui avait donnés, ainsi que nous l'avons vu, par politesse, avait porté sa pièce aux comédiens du théâtre du Marais ; mais après la démarche de Voiture, ses illusions se dissipèrent, et, comme il tenait compte de la critique, il retourna chez les comédiens, qui étaient en train d'apprendre sa pièce ; il les pria de la lui rendre parce qu'il renonçait, disait-il, à la faire jouer publiquement. Alors l'un des acteurs de cette troupe, qui ne jouait aucun rôle dans l'œuvre en répétition parce que, dit

Fontenelle, il était trop mauvais acteur, fit observer au poëte qu'il avait tort de la retirer, qu'elle réussirait. Corneille, persuadé par ses observations, renonça à son projet et laissa continuer les répétitions. La pièce eut, nous le répétons, le plus grand succès. L'histoire a conservé le nom de cet homme de goût : il s'appelle Hauteroche ; il est l'auteur de plusieurs comédies, *Crispin médecin*, *l'Esprit follet*, *le Cocher supposé*. Il pouvait être médiocre comme acteur et comme écrivain ; il eut du moins en cette circonstance plus de jugement que l'hôtel de Rambouillet.

Vingt-quatrième question. — *Quelle influence exerça* Polyeucte *sur la profession de comédien ?*

Voici une preuve du succès de *Polyeucte* qui fait plus d'honneur encore à Corneille que les applaudissements du parterre : avant 1641, la profession de comédien était décriée. Mais en 1641 parut un édit royal, signé de Louis XIII, qui la releva en déclarant que désormais elle cesserait « d'être imputée à blâme à ceux qui l'exerceraient et de préjudicier à leur réputation dans le commerce public. » Ce sont les termes mêmes de l'édit royal ; comme il parut un an après l'œuvre du poëte (10 avril 1641), on peut dire que c'est à Corneille, et principalement à sa tragédie de *Polyeucte*, qu'il faut attribuer la réhabilitation de la profession d'acteur au dix-septième siècle. Tous les historiens du théâtre français sont unanimes sur ce point.

Vingt-cinquième question. — *Quel était le jugement de Corneille sur la tragédie de* Polyeucte ?

Il lui préférait la tragédie de *Cinna*, bien que *Polyeucte* soit supérieur à *Cinna* pour l'élévation des pensées, le plan et la marche de l'action, l'unité des caractères et l'unité de l'intérêt. La préférence de Corneille pour *Cinna* s'explique par une tendance naturelle de son génie à placer les sentiments mâles et forts au-dessus des sentiments délicats. Or, s'il est vrai qu'il y a de la force dans le rôle de Polyeucte, c'est la délicatesse qui domine dans ceux de Pauline et de Sévère, tandis que ce sont les sentiments mâles et forts qui dominent dans ceux d'Emilie, de Cinna et d'Auguste. Corneille, en écrivant *Cinna*, était plus dans son élément qu'en écrivant *Polyeucte*. C'est par la raison inverse que Fontenelle, son neveu, préférait *Polyeucte* à *Cinna*. Fontenelle est un écrivain délicat, un peu raffiné, presque un bel esprit, il a de plus une tendance aux idées romanesques :

voilà pourquoi il avait une prédilection pour la tragédie de *Polyeucte*; l'amour de cette femme mariée pour un homme qui ne l'est pas, l'honnêteté de ce cœur qui aime en dehors du devoir, sans cesser d'être pur, plaisait à son imagination portée à la galanterie et au roman.

PARAGRAPHE II

POLYEUCTE ET LE JANSÉNISME.

De l'influence des idées du temps sur le génie de Corneille. — De la théorie de la grâce chez les jansénistes et de nos jours. — Des caractères et des effets de la grâce dans *Polyeucte*. — Du développement des doctrines jansénistes en 1640. — Corneille était-il janséniste et, s'il ne l'était pas, comment a-t-il pu faire une tragédie tout empreinte de jansénisme? — De la journée dite du Guichet et de ses rapports avec *Polyeucte*. — De l'accueil fait à cet ouvrage par les jansénistes et les jésuites.

Première question. — *Le génie de Corneille dépend-il assez des circonstances, s'inspire-t-il assez des idées de son temps, pour que l'on soit autorisé à dire qu'il a été déterminé dans le choix de* Polyeucte *par les vagues rumeurs des questions de la grâce?*

Oui ; mais cette question a soulevé des controverses. La Harpe, suivant les habitudes médiocrement historiques de la critique littéraire de son temps, a dit que non ; Sainte-Beuve a dit que oui et c'est ce dernier qui a raison. La Harpe s'attache à représenter le génie créateur de Corneille comme indépendant des circonstances et ne relevant que de lui, c'est-à-dire complétement étranger à l'influence des événements contemporains : « Ce ne sont pas, dit-il, les troubles de la Fronde qui ont fait faire à Corneille le *Cid* et les *Horaces*. »

Ce jugement exact dans les termes est tout à fait insuffisant pour le fond. Sans doute le génie de Corneille n'est pas le produit des événements contemporains, ni, comme on dit, la résultante des idées de son temps; ce serait le rabaisser que de parler ainsi; mais ces idées exercent sur lui une grande influence; elles laissent leur trace dans presque toutes ses pièces. Ce contre-coup du jour se fait assurément beaucoup moins sentir sur Corneille que sur Racine, mais il se fait sentir. Non, peut-on dire avec la Harpe, ce ne sont pas les troubles de la Fronde qui ont fait faire à Corneille le *Cid* et les *Horaces*, mais c'est le tour d'esprit de son temps qui lui a fait jeter à pleines mains, non pas dans ses quatre chefs-d'œuvre, mais dans ses vingt-neuf autres pièces (car il en a composé trente trois) les subtilités, les aventures romanesques, les imbroglios, le jargon de la galanterie substitué au langage de l'amour, en un mot tout ce faux goût qui infectait la première moitié du dix-septième siècle et qui malheureusement est une des causes de la décadence rapide de son génie. Ses chefs-d'œuvre eux-mêmes ne sont pas complétement exempts de cette influence maligne qui se glisse, à toutes les époques, dans toutes les œuvres de l'esprit, comme l'air dans tout ce que l'on respire; et, pour ne pas chercher les imperfections dans les belles tragédies de Corneille, ce qui serait chercher des taches au soleil, pour n'y saisir que l'écho des événements contemporains, répétons, à propos du *Cid*, que c'est la lutte des derniers représentants de la féodalité, nivelée par Richelieu, contre ce ministre encore vivant et tout-puissant en 1636, qui inspire à Corneille la scène où le comte don Gomez de Gormaz, père de Chimène, refuse d'obéir aux ordres du roi qui lui enjoint, par la bouche d'un de ses officiers, de faire des excuses au vieillard don Diègue; répétons que c'est l'opposition des gentilshommes du commencement du dix-septième siècle aux récents décrets de Richelieu contre le duel qui lui suggère l'idée du duel de Rodrigue contre le comte, et le plaidoyer de don Sanche en faveur de ce genre de combat prohibé par Richelieu, plaidoyer d'autant plus hardi qu'il est soutenu par don Sanche en présence du roi Fernand lui-même, qui représente ici Louis XIII, et que le roi vient d'émettre personnellement des idées complétement opposées. Dans une autre tragédie, *Cinna*, que la Harpe cite en faveur de sa thèse, on trouve aussi des traces de l'influence exercée sur Corneille par les idées de son temps, quoique *Cinna* soit un de ses quatre chefs-d'œuvre. C'est la supériorité de convention que les idées, alors à la mode en matière de galanterie, donnaient aux femmes sur les hommes qui a déterminé Corneille à accorder un rôle si important à Émilie dans cette tragédie; c'est en effet Émilie qui mène Cinna; d'un autre côté, quoi que dise la Harpe sur l'absence de rapport entre les troubles de la Fronde et le génie de Corneille, il est probable que ce sont les sentiments tumultueux de révolte dont tous les esprits étaient agités en France, la veille de la Fronde, qui inspirèrent au poëte les tableaux animés de conspiration contre le pouvoir absolu dont la tragédie de *Cinna* est remplie. Cette pièce parut en effet en 1639 et la Fronde éclata en 1648. Voilà plusieurs preuves que le génie de Corneille n'est pas aussi indépendant des circonstances que la Harpe veut bien le dire.

Pour ce qui concerne la tragédie de *Polyeucte*, elle offre aussi plusieurs preuves du même fait : sans citer celles que tout le monde connaît, à savoir les traces de galanterie qu'on rencontre çà et là dans les rôles de Pauline et de Sévère, il en est une autre plus frappante : *Le caractère religieux et militaire de quelques personnages*. C'est l'esprit de la génération à la fois guerrière et théologienne du règne de Henri IV, génération au milieu de laquelle Corneille est né et a été élevé, dont il a vu les derniers représentants, qui lui a inspiré l'idée de donner un caractère à la fois religieux et militaire aux principaux personnages de sa tragédie, Polyeucte, Néarque, Félix, Sévère. Il y a là un reflet des idées contemporaines; l'auteur n'a pas évidemment trouvé ces types dans Surius ni dans Mosander; ils lui ont été suggérés par les troubles civils du règne précédent dont il a entendu causer les derniers acteurs.

Ces divers exemples prouvent que les idées du temps assiégeaient l'esprit de Corneille, même dans les pièces, où son génie est le plus hors d'entraves, c'est-à-dire dans ses chefs-d'œuvre, et l'on peut logiquement en conclure qu'il a été déterminé dans le choix de *Polyeucte* par une des actualités les plus dramatiques du dix-septième siècle, par la question religieuse qui divisait alors les jansénistes et les jésuites, la doctrine de Port-Royal sur la Grâce.

Deuxième question. *Qu'est-ce que la Grâce d'après les jansénistes ?*

La tragédie de Corneille étant l'application dramatique de cette théorie célèbre, il faut savoir ce qu'on entend par ce mot; mais, pour ne pas s'étonner des explications suivantes, il est important de se rappeler que la théorie janséniste de la Grâce est une hérésie publiquement condamnée en 1665 par le Formulaire. On appelle Formulaire une formule de condamnation de toutes les doctrines professées par Jansénius, une espèce de bulle que le pape Alexandre VII publia pour réduire le jansénisme au néant. Tous les prêtres, tous les moines et même toutes les religieuses furent forcés de signer cette pièce; ils déclaraient en donnant leur signature réprouver formellement les doctrines du jansénisme; non-seulement le pape exigea d'eux ce serment comme sujets de l'Église, mais encore le roi de France les y obligea comme sujets de l'État. Le Formulaire fut donc à la fois une loi civile et une loi religieuse. Voici maintenant ce que les jansénistes entendaient par la Grâce :

1° La grâce est un don divin qui relève l'homme de l'état de déchéance dans lequel il est tombé depuis le péché d'Adam et qui assure son salut dans l'autre monde ; celui à qui ce don est refusé, est damné.

2° Ce don est un effet de la prédestination, c'est-à-dire que Dieu, qui détermine tout de toute éternité, a désigné d'avance, avant la naissance de chaque mortel, quelles sont les âmes qu'il sauverait par la grâce, et quelles sont celles beaucoup plus nombreuses qu'il laisserait se perdre sans elle, de sorte que les unes sont prédestinées au salut avant même leur naissance, et les autres à la damnation, ce qui revient à dire que Jésus-Christ n'est pas mort pour tout le monde.

3° Ce don est absolument gratuit de la part de Dieu, c'est-à-dire que la grâce n'est pas le prix de nos mérites, qu'elle peut être accordée à un scélérat et refusée à un honnête homme. Elle n'est pas le prix de nos mérites, puisqu'elle leur est antérieure ; nos mérites ne pouvaient exister avant elle ; elle en est la cause et non la conséquence. Les petits enfants eux-mêmes qui, avec leur irresponsabilité, sont vis-à-vis de la grâce sur la même ligne que les hommes raisonnables avec leur responsabilité, les petits enfants sont divisés en deux classes : celle à qui la grâce a été donnée, celle à qui la grâce a été refusée.

4° La grâce est une faveur irrésistible pour ceux à qui elle est destinée, inabordable pour ceux à qui elle ne l'est pas ; c'est-à-dire qu'elle s'impose aux privilégiés de Dieu, du moins à ceux qui ont reçu la grâce efficace (car il y a une autre grâce simple qui n'est pas irrésistible) et que, fût-on méchant, scélérat et pervers, on l'obtient, on la subit et l'on marche par conséquent à son salut ; ce qui veut encore dire d'un autre côté que les exclus, les parias de la Providence, eussent-ils toutes les vertus qui constituent l'honnête homme, ne peuvent y prétendre malgré leur valeur personnelle, s'ils ne sont désignés d'avance à la participation de cette faveur divine. Il résulte de ce dernier détail que la liberté humaine n'est plus qu'un vain mot, que les hommes ne sont plus responsables de leurs actes et que par conséquent l'honnête homme n'a plus de mérite à faire le bien, ni le malhonnête homme de démérite à faire le mal.

5° Enfin, et c'est le dernier trait de cette étroite et impitoyable doctrine, il n'est pas permis à l'homme de demander, ni même de désirer la grâce, c'est-à-dire d'y penser, si la grâce ne l'a pas prévenu ; pour que l'homme songe à la grâce, il faut qu'il l'ait, s'il ne l'a pas, il ne peut en concevoir le plus léger soupçon. Il possède le trésor précieux, ou il ne se doute pas de son existence ; il n'y a pas de milieu. On ne souhaite pas la grâce ; on l'a ou on ne l'a pas. Telle est la théorie des jansénistes.

Son principal inconvénient est, comme nous l'avons dit, la suppression de la liberté humaine. Mais on comprend que les jansénistes n'étaient pas assez illogiques pour pousser cette théorie jusqu'à ses dernières conséquences et priver l'homme de la liberté ; par une contradiction qu'ils ne se chargeaient pas d'expliquer, ils maintenaient cette liberté, ils disaient qu'elle coexistait avec la grâce, et, quand on en venait avec eux à l'argumentation, ils répondaient par le mot qui coupe court en matière religieuse à toute discussion, c'est un mystère. Cependant cette explication ne sauva pas le jansénisme des foudres papales ; Alexandre VII ne trouva pas la liberté humaine suffisamment sauvegardée même par ce palladium sacré du mystère, ou plutôt il la trouva supprimée complétement, puisqu'il déclara le jansénisme une hérésie, par le Formulaire de 1665.

Troisième question. — *Y a-t-il encore de nos jours une théorie de la grâce ?*

Oui, et la foi en cette théorie n'est pas facultative ; ceux qui l'admettent sont orthodoxes, ceux qui la rejettent hétérodoxes. Ce n'est pas une opinion théologique proposée au libre examen des fidèles, c'est un dogme constant et un article de foi qui oblige ; les théologiens du dix-neuvième siècle en parlent sans cesse et l'Eglise le met en avant avec une invincible persévérance. Le dogme actuel est même exactement semblable au dogme janséniste du dix-septième siècle ; on y retrouve les mêmes principes : la prédestination, le caractère gratuit de la grâce, l'exclusion de certains enfants, l'impossibilité de résister à la grâce, l'absence de tout mérite antérieur. La preuve que cette théorie est bien la théorie catholique, c'est que Bossuet l'expose longuement dans son ouvrage intitulée : *Défense de la tradition et des Saints-Pères*. On peut consulter à ce sujet la seconde partie de cet ouvrage (livre IX, chapitre xxii et livre XII, depuis le chapitre xii jusqu'au chapitre xviii). Si Bossuet a développé cette théorie au dix-septième siècle, elle doit être encore vraie au dix-neuvième, et si les conséquences étaient telles au dix-septième siècle que nous les avons indiquées, elles subsistent de nos jours, car il n'y a pas deux logiques, une pour les jansénistes du dix-septième siècle et une autre pour les théologiens du dix-neuvième.

Pourquoi donc cette théorie de la grâce est-elle une hérésie du temps de Louis XIV et un dogme du nôtre? En voici la raison : c'est que les jansénistes du dix-septième siècle, tout en proclamant la liberté et par suite la responsabilité humaine, s'attachent à faire ressortir de cette théorie les principes et les conséquences qui déconcertent la raison; c'est qu'ils appliquent les efforts de leur âpre et indocile logique à développer ce que ce mystère a d'humiliant pour l'orgueil de l'homme et d'écrasant pour sa petitesse, comme la dégradation de notre nature, la réprobation du plus grand nombre, la sévérité de Dieu; c'est que, pour nous servir d'une expression pittoresque de Bossuet, ils font du port l'écueil; tandis que les théologiens du dix-neuvième siècle dissimulent l'écueil, c'est-à-dire s'attachent à laisser dans l'ombre toutes les parties de cette doctrine désolantes pour notre raison, ruineuses pour notre liberté, décourageantes pour notre espérance; ils mettent soigneusement en relief le principe de la liberté qui permet à l'homme de faire le bien d'une manière méritoire, et de concourir personnellement à l'œuvre de son salut. Sans doute les théologiens de l'Eglise moderne savent bien que le dogme de la prédestination contrarie la liberté humaine, mais, par un sentiment d'indulgence qui leur est familier, ils font entrevoir à l'homme la récompense de ses efforts en dépit de l'arrêt de damnation signé d'avance; ils s'appuient pour confirmer ce dernier point précisément sur le caractère incompréhensible du mystère, de sorte que leur argumentation consiste à dire : la prédestination est une barrière pour l'homme, mais le libre arbitre est une force qui l'aide à franchir cette barrière et tous ceux qui le veulent la franchissent; ce n'est pas très-logique, mais c'est consolant, et cela soutient l'homme dans la pratique du christianisme. L'Eglise d'un autre côté exalte le principe de la bonté divine et, au lieu de présenter à l'adoration des fidèles, comme les jansénistes, un Christ aux bras étroits qui repousse la plupart des hommes, elle leur présente un Christ bienveillant toujours prêt à pardonner, c'est-à-dire à ouvrir son sein à qui veut s'y réfugier. Voilà pourquoi la même doctrine est une hérésie en 1665 et un dogme en 1877.

Sans doute il n'y a qu'une différence très-légère entre les

jansénistes hérétiques et les catholiques orthodoxes, puisque cette différence porte non sur le texte, mais sur l'interprétation de la doctrine; et même pour qui va au fond des choses et n'écoute que la logique, il n'y en a aucune, la théorie moderne n'étant qu'un compromis, un accommodement; néanmoins, comme la nature humaine y trouve son compte et que l'Eglise y gagne des fidèles, on a pris son parti de cet accommodement et de ce compromis; la doctrine janséniste a triomphé comme dogme à force de bienveillance, c'est-à-dire de concessions.

Pour en revenir à *Polyeucte*, comme cette tragédie n'a rien d'humiliant pour la raison humaine, ni de ruineux pour la liberté, comme le Christ dont il y est parlé admet un grand nombre d'élus et ne repousse personne, comme c'est un Dieu de bonté et non un Dieu exclusif et sévère, il ressemble bien plus au Dieu de la vraie doctrine catholique qu'au Dieu des jansénistes; la grâce dont il est question dans cette tragédie a donc bien plus de rapports avec la grâce telle qu'on l'entend de nos jours, sans encourir le reproche d'hérésie, qu'avec la grâce telle que l'entendaient les hérétiques du dix-septième siècle.

En réalité, si on a vu dans cette pièce l'empreinte du jansénisme, c'est qu'au moment où elle fut publiée, le jansénisme venait de remettre en discussion la théorie de la grâce; mais le rapport de cette tragédie et de cette hérésie est plutôt chronologique que théologique.

Quatrième question. — *Quels sont les caractères et les effets de la grâce dans la tragédie de* Polyeucte?

1° La grâce effleure les uns et métamorphose complétement les autres : elle effleure Sévère et métamorphose complétement Polyeucte, Félix et Pauline.

2° Elle agit instantanément, par sursaut, pour ainsi dire, et sans avertissement préalable : l'âme se trouve subitement changée, renouvelée, sans que rien ait pu faire prévoir ce changement, ce renouvellement; de là l'origine de ces expressions consacrées : les coups de la grâce, les coups d'état, les coups de foudre de la grâce. Félix et Pauline n'avaient nulle intention de se convertir au christianisme, quelques minutes avant le martyre de Polyeucte; la grâce les frappe avec l'instantanéité d'un coup de foudre.

3° La grâce surprend les uns au milieu de l'impiété la plus radicale, les autres au milieu de l'hésitation religieuse : le premier point est vrai pour Pauline et pour Félix, le second pour

Polyeucte. Chez ceux qui hésitaient, tout en penchant vers la foi, la grâce fixe, arrête tout ce qu'il y avait d'indécis et de flottant dans leur âme ; chez les autres elle bouleverse tout.

4° La grâce pousse immédiatement ceux qu'elle frappe aux dernières limites de l'enthousiasme, et cet effet se produit aussi bien sur les impies que sur les hésitants. Voilà pourquoi Pauline, quelques minutes après sa conversion, propose à Félix de la tuer ; voilà pourquoi Félix lui-même n'est pas plus tôt converti qu'il offre sa vie à Sévère ; voilà pourquoi enfin Polyeucte, incertain avant le baptême, est exalté en quelques secondes, après avoir reçu cette consécration.

5° La grâce arrive par mille particularités de moyens ; une prière, un baptême, un jubilé, une confession générale, une effusion solitaire, la vue d'un martyre : pour Polyeucte et Néarque, c'est le baptême ; pour Félix et Pauline, c'est la vue d'un martyre ; pour Sévère, c'est la réflexion intérieure accompagnée de la comparaison des vertus chrétiennes avec les vertus païennes.

6° La grâce révèle sa présence par l'exagération même des actes auxquels se livrent ceux qu'elle frappe. Ainsi un certain scandale, une certaine déraison caractérise leur conduite ; loin de voir dans la bizarrerie de leurs actes un fait répréhensible, il faut y voir le sceau de la grâce ; tout ce qui est raisonnable aux yeux du bon sens vulgaire et des personnes judicieuses n'est pas la grâce, tout ce qui au contraire choque ce bon sens et ces personnes, l'est en réalité. Ainsi Polyeucte, brisant les statues des dieux au milieu d'une cérémonie publique présidée par le représentant de l'empereur et le gouverneur de la province, fait un acte contraire aux usages, au bon sens, aux habitudes de la bonne compagnie ; c'est précisément parce qu'il se livre à cet acte insensé, scandaleux, excentrique, qu'il est vrai, qu'il est dans son rôle d'homme frappé de la grâce : ce n'est pas *nonobstant* cette infraction à l'exacte raison, c'est *à cause de* cette infraction même qu'il est irréprochable. L'hôtel de Rambouillet lui a fait un reproche de ce dont il faut lui faire un mérite.

7° La grâce exige le sacrifice de toutes les affections terrestres. Celui qui en est atteint se doit à Dieu tout entier, sans réserve ; tout ou rien, comme dit la devise. Voilà pourquoi Polyeucte abandonne à Dieu *et femme et biens et rang*.

8° La grâce agit uniformément sur tous ceux qu'elle frappe, malgré les différences de condition ou de moralité antérieure.

Ce caractère de la grâce signifie qu'il y a pour tous les participants un esprit commun, fondamental et identique auquel tous se reconnaissent, qui supprime toutes les dissemblances précédentes. Voilà pourquoi les personnages convertis à la fin de la tragédie de *Polyeucte* se trouvent tous, malgré la différence de leurs antécédents, sur le même pied, c'est-à-dire confondus et égaux dans un même sentiment de piété.

9° Enfin la grâce n'est pas la récompense de nos mérites et peut descendre chez les plus indignes, c'est ce que signifie cette expression : c'est un don purement gratuit de la part de Dieu. Voilà pourquoi Félix, le malhonnête homme, en est favorisé à la fin de la pièce contre toute attente.

Tels sont les caractères et les effets de la grâce, ainsi que Corneille les a indiqués dans la tragédie de *Polyeucte*.

Cinquième question. — *Port-Royal et son œuvre, le Jansénisme, s'étaient-ils déjà manifestés en 1640, l'année de Polyeucte?*

Oui. En 1640, la querelle des jansénistes et des jésuites commençait à diviser la France. Port-Royal et son œuvre le Jansénisme étaient déjà dans leur premier éclat. Jansénius était mort depuis deux ans seulement (1638) et c'est l'année même de la première représentation de *Polyeucte* qu'avait été publié à Louvain le fameux livre de cet hérésiarque intitulé *Augustinus*, qui contenait le résumé de la doctrine nouvelle (1640). La secte des jansénistes comptait déjà à cette époque des enthousiastes, puisque, en 1637, Antoine Lemaistre, célèbre avocat au parlement de Paris, neveu par sa mère des Arnauld de Port-Royal, s'était retiré du barreau, où il remportait de grands succès, pour entrer comme solitaire au couvent de la vallée de Chevreuse ; elle comptait même des victimes, car déjà la persécution avait commencé pour elle. Depuis 1638, c'est-à-dire depuis deux ans, la prison de la Bastille s'était refermée par ordre de Richelieu sur l'abbé de Saint-Cyran qui s'était fait le principal propagateur des doctrines de Jansénius. Tous ces faits tenaient les esprits attentifs ; la question était même sortie du domaine des théologiens pour entrer dans celui du public ; la cour et la ville, Paris et la province étaient remplis de personnes qui s'enquéraient de l'œuvre à moitié mystérieuse et du monastère déjà menacé. Il n'est donc pas étonnant que le bruit de cette doctrine nouvelle se soit propagé jusqu'à Corneille, dans sa solitude de Rouen, ni qu'il en ait fait le sujet d'une tragédie. Le poëte offrait cette étude religieuse à un public déjà familiarisé avec ces questions, et même passionné pour elles, comme on l'est pour toute nouveauté qui s'annonce par la persécution.

Sixième question. — *Corneille était-il janséniste comme tend à le faire croire cette tragédie de* Polyeucte?

Non. On ne le voit lié avec aucun janséniste, on ne le rencontre jamais chez eux et il est impossible d'avoir des doutes à cet égard parce que les jansénistes, très-attentifs à relever dans leurs écrits les moindres rapports d'amitié qui existaient entre eux et les personnages illustres de l'époque, ne citent nulle part le nom de Corneille. Deux circonstances pourraient faire croire à des relations entre eux et lui, mais elles ne prouvent rien. Les voici : 1° Le séjour de la famille de Pascal à Rouen, ville qu'habitait Corneille. Il est vrai qu'en 1639 Pascal le père vint habiter Rouen avec toute sa famille pour y exercer sa charge d'intendant de Normandie ; il est encore vrai que Corneille eut de nombreux rapports avec cette famille, qu'il encouragea même de ses conseils la sœur de Pascal, Jacqueline Pascal, jeune enfant poëte de quatorze ans. Mais Blaise Pascal, celui qui devint plus tard le principal représentant du jansénisme, n'avait à cette date de 1639 que seize ans ; c'était donc encore un enfant ; il ne put exercer aucun genre d'influence sur Corneille ; du reste ce n'est que sept ans plus tard, en 1646, que Pascal entra dans le parti janséniste avec son père et ses deux sœurs. — 2° La présence dans les environs de Rouen, à Rouville, d'un prêtre janséniste très-influent. Il est encore vrai que, près de Rouen, à Rouville, vivait un prêtre nommé Guillebert, curé de Rouville, ami intime et direct de Port-Royal, tellement influent dans son parti que c'est lui qui gagna au jansénisme le jeune Pascal et toute sa famille, ainsi que l'historien du Fossé ; il est même probable que Corneille le connaissait ; mais rien ne nous fait supposer qu'il fût lié avec lui, nous ne savons rien de précis à cet égard. Il est pourtant un janséniste que Corneille a connu incontestablement, mais c'est parce que celui-ci connaissait tout le monde, Arnauld d'Andilly. En résumé rien ne prouve que Corneille ait eu des rapports avec les jansénistes ; tout prouve au contraire qu'il en a eu avec les jésuites.

Nous le trouvons en effet toute sa vie en rapport d'amitié et de correspondance avec eux. Voici la raison et les preuves de ce fait. *Premièrement* : La raison. C'est la reconnaissance qu'il leur conserva comme leur ancien élève, car c'est chez les jésuites de Rouen qu'il fut élevé.— *Secondement* : Les preuves : 1° C'est aux jésuites qu'il confia l'éducation de ses quatre fils ; Corneille eut six enfants, quatre garçons et deux filles. — 2° Il chargea l'un d'eux, le père la Rue, d'être le parrain de son troisième fils. — 3° Il fut en correspondance avec plusieurs d'entre eux, entre autres avec le père Genovéfain et le père Boulart ; nous avons même plusieurs lettres de Corneille adressées à ce dernier, une par exemple dans laquelle il lui parle du compte-rendu financier qu'il vient de présenter relativement à sa gestion de marguillier à la fabrique de la paroisse de l'église St-Sauveur à Rouen. — 4° Corneille recommandait et protégeait les jésuites auprès de Louis XIV ; ainsi c'est lui qui servit d'introducteur au père la Rue auprès du grand roi, et il lui rendit ce service dans une épître dédicatoire qui valut au P. jésuite la protection du roi pour le reste de ses jours. — 5° Enfin Corneille traduisit en vers français un grand nombre de vers latins composés par les jésuites ; ces traductions, qui ne devaient pas avoir pour lui beaucoup d'attrait, étaient toujours des services. Ainsi, en 1667, il traduisit le poëme latin que le père la Rue composa à l'occasion des victoires de Louis XIV, et il le fit pour populariser cette œuvre médiocre et attirer sur son auteur les bonnes grâces du roi. On a vu quel fut le résultat de cette traduction, car l'épitre dédicatoire, dont nous avons parlé plus haut, en est précisément l'introduction. Dans une autre circonstance, en 1676, quand Louis XIV partit pour l'armée, le frère d'un des plus intimes amis de Corneille, professeur de rhétorique au collége appelé de nos jours Louis-le-Grand, le père jésuite Lucas, composa une pièce de vers latins qu'il adressa au roi ; Corneille la traduisit encore en français, comme celle du père la Rue. Corneille, avons-nous dit, était très-lié avec son frère qui n'était pas jésuite, mais qui jouissait d'une assez grande notoriété au dix-septième siècle, à en croire le témoignage de l'auteur du Mercure galant, Boursault, qui dit de lui : « Il était connu de tout ce qu'il y avait d'habiles gens à l'Académie et le grand Corneille le consultait sur ses ouvrages. » — 6° Corneille, adressa une ode en vers français assez longue et très-flatteuse à un jésuite de son temps, son professeur de rhétorique au collége de Rouen, le père Delidel ; elle se termine par cet aimable compliment en latin :

> Quod scribo et placeo, si placeo, omne tuum est,

et par ce pieux hommage, d'une exagération un peu naïve, mais qui sent bien Corneille :

> Et, comme je te dois ma gloire sur la terre,
> Puissé-je te devoir un jour celle des cieux !

Ces preuves d'attachement données par Corneille aux jésuites lui attirèrent quelques reproches dont il ne tint aucun compte et on peut dire qu'il fit bien, nul n'étant meilleur juge que lui en pareille matière. Les jésuites lui rendaient d'ailleurs en bons procédés la déférence qu'il leur témoignait. En voici les preuves : 1° A la mort de son troisième fils, filleul du père La Rue, celui-ci composa une épître en vers latins qui nous est parvenue et qui respire une douleur véritable ; elle est imprimée parmi les œuvres de Corneille. — 2° Ce sont les jésuites qui lui donnèrent le conseil de traduire en vers français l'*Imitation de Jésus-Christ* et ce sont encore eux qui contribuèrent à l'immense succès que cette œuvre obtint au dix-septième siècle ; ils la popularisèrent en la faisant adopter à leurs dévotes et aux nombreux établissements religieux dont ils étaient directeurs. — 3° Enfin quand Corneille vieilli fut en butte à d'injustes reproches, quand il fut accusé d'insouciance paternelle, de manque de dignité dans quelques actes de sa vie privée, de jalousie envers Racine, c'est un jésuite, le savant Tournemine, qui entreprit sa justification dans un ouvrage intitulé : *Défense du grand Corneille*. Ce qui donne quelque valeur à ce plaidoyer, c'est qu'il parut dans une gazette alors très-répandue, entièrement rédigée par les jésuites et dont le père Tournemine fut trente-quatre ans directeur, le *Journal de Trévoux*. En résumé, il y eut toujours, entre Corneille et les jésuites, échange de bons procédés.

Septième question. *Comment se fait-il que Corneille ait composé une tragédie janséniste, sans être janséniste ?*

Il ne faut pas se laisser tromper par le mot janséniste, c'est la chose qu'il faut regarder. Or la chose ici, c'est une théorie qui existait bien avant le dix-septième siècle, bien avant le jansénisme, puisqu'on la trouve au quatrième siècle après J.-C., dans saint Augustin, et même au premier dans saint Paul, car la doctrine de la grâce remonte jusqu'à cette époque. Corneille en composant sa tragédie de *Polyeucte* a voulu tracer un tableau du christianisme, dans les premiers siècles de l'Eglise, et non pas un chapitre de l'histoire religieuse au dix-septième siècle ;

s'il y a un reflet de jansénisme dans sa pièce, c'est par suite d'un rapport chronologique entre les croyances religieuses de deux époques différentes ; il a trouvé la coexistence historique toute faite, il ne l'a pas créée ; il l'a peut-être saisie avec plaisir, mais on ne peut pas dire qu'il ait revêtu une idée ancienne d'une forme moderne, qu'il ait fait œuvre de janséniste ; non il a fait tout simplement œuvre d'historien du christianisme au troisième siècle. En écartant ainsi du mot jansénisme toute équivoque, on comprend qu'il ait pu faire une tragédie sur la grâce, sans être pour cela janséniste. Au fond, ce raisonnement revient à dire que *Polyeucte* n'est pas une tragédie janséniste, mais simplement une tragédie chrétienne, ce qui est vrai.

Huitième question. — *Quelle est la preuve que Corneille n'a pas réellement songé à faire une tragédie janséniste, en composant* Polyeucte *?*

C'est qu'il n'y a rien dans cette tragédie qui puisse la faire ressembler à une œuvre de parti : aucune apologie de la secte déjà persécutée, aucune allusion à ses partisans, ni à ses ennemis, aucun détail que l'on puisse considérer comme relatif aux événements du jour, et même, dans la manière de présenter la théorie de la grâce, nul air de polémique. Si cette pièce était écrite par un janséniste, elle ne le serait pas avec ce calme et cette sérénité ; elle aurait un air plus militant ; elle ressemblerait plus ou moins à un plaidoyer ; il y aurait çà et là des récriminations contre les injustices dont étaient victimes les jansénistes, comme on en voit dans *Athalie*, tragédie véritablement écrite par un janséniste, sous la forme apologétique et défensive d'une réclamation. C'est même cet esprit de la tragédie d'*Athalie* qui fut la principale cause de son échec auprès de Louis XIV. Dans la tragédie de *Polyeucte*, rien de semblable ; partout on y voit l'éloge de la grande Église de Jésus-Christ, nulle part celui de la petite Église de Jansénius.

Neuvième question. — *N'a-t-on pas remarqué cependant, toute théorie à part, un certain rapport entre les personnages de Corneille et les jansénistes ?*

Oui ; on a remarqué entre les uns et les autres une certaine conformité d'humeur, une sorte de parenté morale ; les uns et les autres ont quelque chose de pompeux et de dévot, de romanesque et de religieux, d'Espagnol en même temps que de saint. Ce double caractère se trouve chez les principaux jansénistes, comme les Arnauld et la mère Agnès, chez les héros de

Corneille, et chez Corneille lui-même. A ce titre la tragédie de *Polyeucte* est janséniste; mais c'est là un rapport indirect, nullement religieux, purement moral.

Dixième question. — *Quel est l'événement janséniste contemporain qui offre quelque analogie avec la tragédie de Polyeucte?*

C'est la journée, dite *journée du guichet*, racontée par Sainte-Beuve. La voici, d'après cet écrivain.

On appelle ainsi un événement qui s'est passé le 25 septembre 1609, à Port-Royal-des-Champs, dans la vallée de Chevreuse, à six lieues de Paris. C'est à la fois une scène de couvent et une scène de famille. Cette journée tire son nom du guichet du couvent près duquel se passa la scène, non le guichet du parloir, mais celui du mur de clôture. Les acteurs et les témoins de cet événement sont huit personnages appartenant tous à la nombreuse et illustre famille des Arnauld, si connue au dix-septième siècle pour ses opinions jansénistes; voici leurs noms : 1° la jeune Angélique Arnauld, abbesse de Port-Royal, quoique âgée seulement de dix-sept ans et demi; c'est elle qui joue dans cette scène le principal rôle; — 2° sa sœur Agnès Arnauld, âgée de seize ans; — 3° sa seconde sœur Marie-Claire, âgée de neuf ans; ces deux dernières vivaient, comme leur sœur aînée, au couvent de Port-Royal-des-Champs, mais comme amies et compagnes d'Angélique et non pas comme religieuses. Les cinq autres personnes qui prennent part à cette scène sont venues du dehors pour rendre visite aux précédentes. Ce sont : 1° M. Arnauld père, le chef de cette nombreuse famille; — 2° Mme Arnauld, la mère; — 3° M. Arnauld, le fils aîné, âgé de vingt-et-un ans, celui qui fut surnommé plus tard Arnauld d'Andilly et qu'il ne faut pas confondre avec son frère, connu sous le nom de grand Arnauld; ce dernier est le plus jeune et le plus illustre de la famille, il s'appelle encore Antoine Arnauld, comme son père l'avocat; il n'assistait pas à cette scène; — 4° Mlle Anne Arnauld, sœur des précédentes, âgée de quatorze ans; — 5° Mme Lemaistre, femme du neveu de Mme Arnauld et par conséquent nièce de Mme Arnauld et cousine des quatre jeunes filles nommées plus haut. Tels sont les personnages.

Voici les faits : Le 25 septembre 1609, M. Arnauld, le père, accompagné des quatre dernières personnes que nous venons de citer, se présente à Port-Royal-des-Champs pour voir sa fille

Angélique, comme il en avait l'habitude depuis sept ans et demi ; car celle-ci était abbesse de ce couvent depuis l'âge de dix ans et demi ; la veille il avait fait prévenir sa fille de son arrivée ; il comptait donc être attendu ; il frappe, on ne répond pas, frappe encore, même silence. Que se passait-il donc à l'intérieur? une révolution, ou plutôt une réforme de couvent. Sa fille Angélique avait formé le projet de rompre avec le monde et même avec sa famille ; elle avait donné l'ordre de ne pas ouvrir, et, pour être plus sûre d'être obéie, elle avait elle-même retiré les clefs des mains des tourières. En prière dans la chapelle, elle attendait pleine de trouble et d'anxiété le dénoûment de la scène qui se passait près du guichet du mur de clôture. Le bruit du marteau redouble au dehors ; elle sort alors de la chapelle et s'avance seule vers le mur d'enceinte ; elle ouvre le guichet, mais refuse d'ouvrir la porte, et explique les motifs de sa conduite. Alors un dialogue décisif a lieu entre le père et la fille ; celle-ci, faiblissant un peu, fait à son père la concession de le laisser entrer, s'il le veut bien, dans le petit parloir du couvent, et consent à s'entretenir avec lui à travers la grille. Mais M. Arnauld, toujours en dehors, près du guichet du mur de clôture, refuse d'entrer au parloir, demande qu'on lui ouvre la grande porte, ordonne et menace ; Mme Arnauld sa femme, à deux pas de lui, se mêle aux reproches ; le frère de vingt-et-un ans le prend plus haut que tous les autres, crie au meurtre, au parricide. M. Arnauld le père, voyant que toutes ses récriminations sont inutiles, demande de guerre lasse qu'on lui rende au moins ses deux autres filles, qui ne sont pas religieuses, Agnès et Marie-Claire ; on les lui amène, mais par une porte dérobée, de peur qu'il n'entre par supercherie. Il s'apprête alors à remonter en carrosse ; mais tout à coup il se ravise et consent à entrer un moment dans le parloir, comme sa fille Angélique le lui avait proposé tout à l'heure ; il y pénètre donc seul, pendant que les six autres personnes restent près du guichet extérieur. Mais une fois dans le parloir, nouvelle scène de tendresse plus émouvante encore que la première. La jeune Angélique ouvre non pas la grille, mais le rideau tendu devant la grille du parloir ; elle voit le visage, la pâleur et les larmes de son père, qu'elle n'avait pu apercevoir à travers les interstices du guichet ; à ce spectacle elle ne peut maîtriser son émotion, car elle aimait beaucoup son père, et elle tombe évanouie ; son père inquiet appelle au secours ; à ses cris accourent Mme Arnauld la mère, M. d'Andilly et tout le reste de la famille qui stationnent au dehors, enfin toutes les religieuses de la maison ; on ranime la jeune abbesse, on l'étend sur un lit près de la grille même du parloir, et là une seconde conversation, paisible et affectueuse, s'établit entre le père et sa fille ; elle dure jusqu'à la fin du jour et peu à peu la famille entière y prend part. Le résultat fut que dorénavant ni la famille Arnauld ni personne n'entrerait plus dans le couvent de Port-Royal-des-Champs ; en effet, à partir de ce jour, il fut clôturé, et la réforme projetée par la jeune Angélique fut accomplie.

Telle est la journée appelée *la journée du guichet* dans les *Mémoires de Port-Royal*. On peut trouver ce titre un peu prétentieux quand, on songe à des dénominations semblables données à des événements historiques beaucoup plus importants : la journée des barricades, la journée des dupes ; mais on s'en étonnera moins, si l'on songe à l'importance qu'avaient à cette époque toutes les questions relatives au jansénisme. Le philosophe Royer-Collard le jugeait ainsi, quand il disait que cette scène est une des plus grandes pages de la nature humaine. C'est en effet la lutte de la nature et de la religion, et, à un point de vue plus spécial, c'est le triomphe de la grâce, c'est par conséquent le triomphe du jansénisme et son installation victorieuse à Port-Royal. Victorieuse est bien le mot, car voici quel fut l'épilogue de cette scène : la famille entière des Arnauld se convertit à la suite de cette action de la jeune Angélique ; sur les sept personnages qui en furent témoins, six se firent religieux et entrèrent même à Port-Royal: ce furent M. et Mme Arnauld, le père et la mère, les trois sœurs d'Angélique, sa cousine Mme Lemaistre ; le seul qui ne se fit pas religieux fut le jeune homme de vingt-et-un ans, M. d'Andilly ; encore vécut-il à Port-Royal, mais comme solitaire. Mme Arnauld la mère donna même un exemple frappant d'humilité : comme elle était entrée en religion après les trois aînées de ses quatre filles, elle appelait la première, c'est-à-dire Angélique : « Ma mère, » et les deux autres, c'est-à-dire Anne et Marie-Claire : « Mes sœurs. »

Telle est l'importance de la journée du guichet. — « Sans cette journée, dit Sainte-Beuve, il n'y avait pas de Port-Royal.»

Onzième question. — *Quels sont les rapports de* la journée du guichet *et de la tragédie de* Polyeucte ?

1° Des deux côtés, c'est la lutte des sentiments naturels et de la grâce, lutte se terminant par la défaite des sentiments naturels et le triomphe de la grâce ; c'est l'histoire de deux familles disputant à la religion un de leurs membres qui rompt brusquement avec elles pour se consacrer tout entier à Dieu, ici Polyeucte, là la jeune Angélique Arnauld.

2° Des deux côtés, ce sont les mêmes caractères de la grâce, c'est-à-dire une violence de parti pris, un certain scandale, une certaine déraison que condamnent les gens sensés et qui sont précisément les signes de la grâce : de même que toute la famille Arnauld et les religieuses les plus régulières du couvent condamnent la jeune Angélique de refuser de voir son père, ainsi tous les parents, tous les amis de Polyeucte le blâment de renverser les idoles; les désapprobateurs de ces deux actions représentent les gens du monde qui donnent tort aux deux acteurs, et cependant les deux acteurs ont raison au point de vue religieux, et c'est l'infraction commise par eux aux règles ordinaires du bon sens qui les rend plus vrais, en même temps qu'elle les grandit aux yeux de la religion qu'ils professent.

3° Des deux côtés, du côté de Polyeucte et de la jeune Angélique, l'amour divin vient subitement, sans dire comment, sans qu'il y ait en apparence cause suffisante pour l'invasion. En effet la jeune Angélique Arnauld se sent tout d'abord sous l'influence de la grâce à la suite de deux sermons faits par deux médiocres prédicateurs de passage au couvent de Port-Royal, l'un, le père Basile, pauvre parleur, l'autre, le père Bernard moine violent et indiscret; Polyeucte, de son côté, subit la même influence, après 'acte passager du baptême; ce trait de ressemblance entre les deux personnages confirme la vérité de ce mot sur la grâce : *Pareille à la mort, elle arrive comme un voleur*.

4° Enfin, des deux côtés, ce sont les mêmes conversions subites et multipliées : ici celle de Félix, de Pauline et de Sévère; là celle des six personnages cités plus haut. On peut même dire, en comparant le dénoûment de la tragédie et celui de la journée du guichet, que les effets de la grâce accomplis sans applaudissement et dans l'ombre à Port-Royal sont encore plus surprenants que ceux qui s'accomplissent au grand jour dans la tragédie de *Polyeucte*. Le drame est dépassé par l'histoire.

Douzième question. — *Que prouve cet événement, par rapport à la tragédie de* Polyeucte?

Il prouve l'à-propos de la tragédie en 1640; il signifie que cette pièce offre, sous l'image du temps passé, l'histoire du temps présent, sans que Corneille ait songé, comme nous l'avons vu, à rechercher les allusions; il prouve enfin que les événements qui font le sujet de ce drame religieux étaient non-seulement possibles, mais vrais, au moment où ils furent représentés sur la scène. Voilà comment les grands écrivains savent profiter, sans en avoir l'air, de l'opportunité. Sans doute cet épisode de l'abbaye de Port-Royal était ancien, puisque Corneille n'avait que quatre ans à cette époque, mais il était connu de tout le monde en 1640, vu l'illustration de la famille des Arnauld, et, quand le parterre vit les conversions successives qui signalent la fin de la tragédie, il n'eut qu'à se rappeler celles de *la journée du guichet* pour comprendre qu'elles étaient possibles à la nature humaine. Les coups de foudre successifs de la grâce n'avaient rien de surprenant sous l'empereur Décius, puisqu'on venait de les voir se reproduire sous Louis XIII et avec plus d'intensité encore. Peut-on trouver une preuve plus concluante de cette vérité que la tragédie de *Polyeucte* répondait à l'ardente inquiétude qu'inspirait à tous les contemporains de Corneille, en 1640, la question de la grâce? N'est-il pas permis en même temps d'en inférer que, si la pièce eut tant de succès, malgré la proscription dont étaient frappés les sujets religieux à cette époque, elle le dut en grande partie à son actualité?

Treizième question. — *La tragédie de* Polyeucte *fut-elle accueillie favorablement des jansénistes?*

Non; il semble au premier abord que les jansénistes aient dû se montrer favorables à une tragédie pleine de leur doctrine et qui glorifie la grâce; mais il n'en fut rien. En voici les preuves et les raisons.

D'abord *les preuves* : On ne trouve aucun éloge de cette tragédie dans les divers écrits des jansénistes de Port-Royal, quoique ceux-ci soient nombreux et que quelques-uns traitent spécialement de l'art dramatique, par exemple l'ouvrage de Nicole intitulé : *Traité de la comédie*, et publié en 1659; non-seulement la tragédie de *Polyeucte* n'y est pas louée, quoique le nom de Corneille y soit cité et que le poëte y soit même jugé toujours avec considération; mais encore certains passages semblent être la condamnation de cette pièce; ainsi Nicole dit que Corneille, malgré tous ses efforts pour rendre ses pièces pures, n'a pu y parvenir, que celles-ci sont contraires à la morale de l'Ecriture et propres à corrompre les cœurs en leur inspirant des sentiments profanes; il cite à ce propos plusieurs exemples empruntés aux tragédies de ce poëte; bien qu'il n'en cite aucun de *Polyeucte*, le silence même qu'il garde au sujet de cette pièce équivaut à une condamnation. Du moment qu'il ne fait pas d'exception en sa faveur, c'est qu'il la censure comme les autres. Une seconde preuve que la tragédie de *Polyeucte* fut atteinte de quelques censures par les jansénistes, c'est un passage de la préface mise par Corneille en tête de sa tragédie de *Théodore*, jouée cinq ans après la précédente, 1645. On y lit : « Ceux que le scrupule, le caprice ou le zèle rend opiniâtres ennemis du théâtre n'ont pas grande raison de s'appuyer de l'autorité de saint Augustin, parce que c'est avec justice que saint Augustin condamna les comédies de son temps, tandis que c'est avec injustice qu'on veut étendre cette condamnation jusqu'à celles du nôtre qui ne contiennent pour l'ordinaire que des exemples d'innocence, de vertu et de piété. » Ce passage désigne assez clairement les jansénistes et les deux tragédies chrétiennes de Corneille. Il est évident par là que les partisans de la doctrine augustinienne n'avaient pas reconnu le signe de la grâce que Corneille portait au front et que, loin de l'adopter comme un des leurs, ils l'avaient au contraire rejeté. Il est encore évident, d'après le ton d'amertume qui règne dans le passage précédent, que Corneille était blessé de leurs censures; cependant hâtons-nous de dire qu'il l'était, non par rapport à lui, mais à cause de la haute idée morale qu'il se faisait du théâtre.

Voici les raisons qui firent condamner cette tragédie par les jansénistes : 1° Les jansénistes étaient systématiquement ennemis du théâtre, par scrupule religieux, par esprit de sévérité évangélique. Ils étaient tous de l'avis de Nicole qui traite les poëtes dramatiques d'empoisonneurs d'âme. Cependant, quoiqu'ils aient traité sévèrement Racine, le grand Arnauld applaudit ses deux tragédies bibliques, *Esther* et *Athalie*. On regrette qu'il n'ait pas traité de même *Polyeucte*. Ici les jansénistes laissent éclater en matière littéraire l'esprit de parti qu'ils apportaient en matière religieuse; ils absolvent Racine parce qu'il est janséniste, ils condamnent Corneille parce qu'il ne l'est pas. C'est injuste. — 2° Corneille avait trop de relations avec les adversaires des jansénistes, c'est-à-dire avec les jésuites, il était trop ostensiblement leur traducteur, leur correspondant, leur ami, pour que les jansénistes se fissent les apologistes de ses œuvres. — 3° La tragédie de *Polyeucte* n'est janséniste qu'accidentellement, comme nous l'avons établi plus haut, par suite d'un rapport chronologique entre l'idée de la grâce, telle qu'elle existait au troisième et au dix-septième siècle, après Jésus-Christ; les jansénistes avaient donc raison de ne voir ni un plaidoyer en faveur de leur parti dans cette pièce, ni un avocat attaché à leur cause dans le poëte qui l'avait écrite.

Quatorzième question. — *Cette tragédie fut-elle accueillie plus favorablement des jésuites ?*

Oui; les jésuites, entre autres le père La Rue, se sont montrés très-indulgents pour Corneille. Cela tient à deux raisons : 1° Corneille était leur ami. — 2° Les jésuites ne condamnent pas le théâtre. Si Bourdaloue est sévère à cet endroit, il fait exception aux principes de l'ordre; l'indulgence des jésuites pour le théâtre tient à ce qu'ils ont toujours joint l'esprit de mondanité à l'esprit de dévotion et qu'ils ont eux-mêmes cultivé la poésie dramatique. Ainsi indépendamment de toutes les tragédies de collége dont ils sont les auteurs, c'est le père La Rue qui a composé la comédie de l'*Andrienne* jouée sous le couvert de l'acteur Baron; car celui-ci n'est qu'un prête-nom. On comprend que les jésuites n'aient pas condamné chez autrui ce qu'ils faisaient eux-mêmes. En résumé Corneille, malgré la tragédie de *Polyeucte*, était plutôt pour le parti non augustinien que pour le parti augustinien, et les jésuites lui furent plus favorables que les jansénistes.

PARAGRAPHE III

Idée générale et originalité de la pièce. — Les signes du temps. — Du mérite historique de cette tragédie et de l'exactitude des détails qu'elle fournit sur l'esprit public de la société romaine au troisième siècle, le caractère particulier des chrétiens et l'influence des Barbares sur le christianisme.

Première question. — *Quelle est l'idée générale de la tragédie de* Polyeucte ?

C'est une idée d'héroïsme, comme dans toutes les tragédies de Corneille; mais ici l'héroïsme est double : il y a d'un côté l'héroïsme de l'amour divin représenté par Polyeucte, c'est-à-dire le sacrifice de toutes les affections terrestres à l'amour de Dieu; de l'autre l'héroïsme de l'amour humain représenté par Pauline et par Sévère, c'est-à-dire le sacrifice de l'amour proprement dit à la fidélité conjugale chez Pauline, au devoir de l'honneur chez Sévère. L'héroïsme de Polyeucte est plus grand que celui de Pauline et de Sévère, parce que celui-ci place son idéal en Dieu et qu'il y sacrifie son amour pour sa femme, les honneurs qui l'attendent ici-bas, enfin sa propre vie, tandis que Sévère et Pauline ne placent leur idéal que dans le sentiment du devoir et de l'honneur, c'est-à-dire dans un sentiment purement terrestre et qu'ils n'y sacrifient qu'une chose, leur amour. Sans doute, à la fin de la pièce, Pauline s'expose aussi à la mort en se convertissant au christianisme, mais ce danger n'est que fictif. Il ne constitue pas pour elle un mérite égal à celui de Polyeucte.

Deuxième question. — *En quoi consiste l'originalité de* Polyeucte?

Elle consiste dans le choix du sujet, dans le mélange des sentiments délicats et forts, dans la combinaison du surnaturel religieux et du naturel humain, mais surtout dans ce qu'on peut appeler le déplacement de l'idéal. Examinons ces différents points.

Premièrement: Le choix du sujet. Corneille avait emprunté jusque-là ses sujets à l'antiquité grecque et romaine, à l'histoire espagnole ou au moyen âge chevaleresque; il avait suivi la mode du temps et travaillé sur le même fond que les écrivains de second ordre, avec cette différence qu'il frappait d'une marque incomparable ces sujets du domaine public; mais en écrivant *Polyeucte*, il s'affranchit du goût de la société d'alors et, par un effort de génie, se fraie une voie nouvelle.

Secondement: Le mélange des sentiments délicats et forts. Dans ses tragédies, Corneille analyse de préférence les sentiments énergiques de la nature humaine, le patriotisme, l'honneur, l'ardeur de la vengeance; dans *Polyeucte* il analyse de plus les sentiments délicats et tendres auxquels il sait donner, et c'est ici le comble de l'art, une forme héroïque, si bien que sa pièce offre un mélange exquis de force et de douceur, les fines bienséances de Racine à côté de la magnanimité qui lui est propre.

Troisièmement: La combinaison du surnaturel religieux et du naturel humain. Ces deux éléments opposés, et qui se côtoient sans cesse dans la tragédie, lui donnent une physionomie exceptionnelle : elle tient du mystère proprement dit, sans que les acteurs aient la perfection des saints, ce qui la rendrait monotone, et de la tragédie profane, sans que les acteurs aient les imperfections des hommes, ce qui la rendrait banale; les personnages participent de la nature des uns et des autres, ce qui les met en dehors de la famille des héros ordinaires de Corneille.

Quatrièmement : Le déplacement de l'idéal. Corneille avait jusqu'alors placé l'idéal de la nature humaine dans les plus nobles instincts de l'âme, l'honneur, la magnanimité, la clémence, le patriotisme, dans le sacrifice des tendresses du cœur à la loi morale et au devoir. Mais dans la tragédie de *Polyeucte* toutes ces grandes vertus deviennent secondaires, elles sont reléguées dans la partie inférieure de la tragédie ; au-dessus d'elles est placée une vertu nouvelle, un idéal nouveau, l'enthousiasme religieux. Il en résulte que les personnages de cette pièce qui auraient joué dans le *Cid*, *Horace* ou *Cinna*, le principal rôle, comme Pauline ou l'amour chaste sacrifié au devoir, Sévère ou le soldat héroïque cherchant à oublier son amour sur les champs de bataille, ne jouent plus ici qu'un rôle secondaire ; au-dessus d'eux plane un personnage qui les dépasse tous ; la grandeur des premiers, quelle qu'elle soit, est dépassée par une autre grandeur ; leurs nobles passions sont éclipsées par une passion plus noble encore. Corneille imagine une sphère supérieure à toutes celles déjà si élevées où il avait fait mouvoir jusqu'alors ses personnages : sa nouvelle pièce ressemble, pour la distribution des groupes et la division du sujet, au tableau de la *Transfiguration* de Raphaël ; elle offre un plan supérieur où se tient Polyeucte, seul, le regard tourné vers le ciel ; un plan inférieur où se tiennent les autres personnages, le regard tourné vers Polyeucte.

Voilà ce qui fait réellement l'originalité de cette tragédie ; telles sont les raisons qui lui assignent une place unique, non-seulement parmi les œuvres de Corneille, mais dans le théâtre classique.

Troisième question. — *Quels signes du temps remarque-t-on dans la tragédie de* Polyeucte ?

Nous avons vu que le génie de Corneille subissait, quoi qu'en dise la Harpe, l'influence des événements contemporains. (Paragraphe II, question 1re.) On en trouve la trace dans cette tragédie, quoiqu'elle soit une peinture exacte de la haute société romaine au troisième siècle ; on comprendra comment il peut se faire qu'une même pièce soit à la fois en dehors des idées du temps et dans ces mêmes idées, un tableau du passé et un reflet du présent, si l'on songe que les œuvres du génie sont toujours complexes, qu'une belle tragédie est un monde.

Voici les signes du temps qu'on peut relever dans *Polyeucte*: Premièrement : Cette tragédie est le triomphe de la religion ; or la religion est un des principes de la société du dix-septième siècle ; déjà Corneille dans la tragédie de *Cinna*, jouée l'année précédente, avait montré le triomphe d'un sentiment dominant à cette époque, le sentiment monarchique ; Racine se réservait le troisième élément de cette société polie, l'influence des femmes. — *Secondement* : Cette tragédie est la mise en scène de la théorie de la grâce qui préoccupait si fort à cette époque les jansénistes. — *Troisièmement* : Les personnages, Polyeucte, Néarque, Sévère ont la physionomie à la fois religieuse et guerrière, dévote et mondaine qu'offraient les gentilshommes du règne de Henri IV et cette génération du commencement du dix-septième siècle au milieu de laquelle Corneille était né et avait été élevé. — *Quatrièmement* : Cette tragédie renferme en certains endroits l'expression du sentiment de l'amour tel que le concevait le dix-septième siècle. On y trouve d'abord dans les conversations de Pauline, de Sévère et même de Polyeucte, ces subtilités de langage usitées à l'hôtel de Rambouillet et connues sous le nom de style précieux ; ensuite cette théorie répandue à cette époque que les grandes âmes seules sont capables d'aimer ; c'est Polyeucte qui l'exprime :

> La pitié qui me blesse
> Sied bien aux plus grands cœurs et n'a point de faiblesse. (I, 1.)

C'est ainsi que Mlle de Scudéry dans un de ses romans fait dire à son héros Artamène : « Cette faiblesse est glorieuse et il faut avoir l'âme grande pour en être capable. » Cependant ce langage, qui est la règle générale dans les tragédies de Corneille trop porté à substituer la galanterie à l'amour, est une exception dans la tragédie de *Polyeucte*, ainsi que dans celle du *Cid* ; les personnages de ces deux dernières pièces parlent généralement d'après la vraie tendresse du cœur.

Ces divers signes du temps prouvent que Corneille, sans avoir nullement métamorphosé Polyeucte, Pauline, Sévère ni Félix en personnages français, a su néanmoins donner à sa pièce un intérêt de circonstance; on y trouve, à côté d'une action antique, une inspiration moderne.

Quatrième question. — *Quelle est la période des persécutions chrétiennes à laquelle correspond la tragédie de Polyeucte ?*

A l'an 250 environ, c'est-à-dire à la septième persécution.

La lutte du paganisme et du christianisme a duré trois cents ans malgré la fortune toujours croissante du christianisme ; c'est au plus fort du combat que nous introduit la tragédie de *Polyeucte*. Celle de *Théodore* appartient à une époque postérieure d'une cinquantaine d'années et se rapproche par conséquent davantage du triomphe du christianisme et de la paix de l'Eglise.

Cinquième question. — *Quel est le mérite historique de la tragédie de* Polyeucte ? *Que nous apprend-elle sur le troisième siècle après J.-C. ?*

La tragédie de *Polyeucte*, comme toutes les tragédies de Corneille, a un grand mérite d'exactitude historique ; elle nous offre le tableau des premiers siècles de l'ère chrétienne, elle nous donne une idée de l'esprit public de la société païenne à cette époque, du caractère particulier des chrétiens et de l'influence des barbares sur le christianisme. Voici la preuve de ces faits :

Premièrement : L'esprit public de la société païenne au troisième siècle. L'élévation morale de Pauline et de Sévère, la bassesse de Félix peuvent nous donner une idée du double caractère de la société de ce temps à la fois très-polie et très-corrompue. Le troisième siècle était très-poli ; c'est le siècle de Tertullien et de Lactance ; on y voit briller parmi les païens eux-mêmes et dans les conditions les plus opposées, sur le trône comme dans l'esclavage, des âmes d'une pureté extraordinaire ; Pauline et Sévère personnifient cette grandeur d'âme des classes nobles voisines du trône. Ce siècle était en même temps très-corrompu et il faut avouer qu'il offrait encore plus de corruption que de politesse ; c'était une époque vraiment frivole, brutale et sceptique ; la philosophie elle-même, c'est-à-dire l'expression la plus pure de la pensée, y était tellement avilie qu'elle était tombée entre les mains d'imposteurs, que ceux qui en faisaient profession ne se comprenant plus les uns les autres avaient imaginé pour se distinguer des costumes de théâtre bariolés et bizarres comme ceux des comédiens, qu'ils prenaient pour texte de leurs dissertations la diffamation de tous les grands hommes Zénon, Socrate, Platon, ce qui faisait dire à Marc-Aurèle qu'il était heureux de mourir pour ne pas rester plus longtemps « dans ces ordures ». Félix personnifie cette bassesse. — Le jugement contradictoire que portait cette société païenne sur les chrétiens est encore parfaitement exprimé par Stratonice et par Sévère. La première leur est défavorable, le second leur est bienveillant. Stratonice en femme ignorante et qui juge toute chose par le côté extérieur dit que les chrétiens sont des sorciers. « Leur secte dans ses sacrifices use de sortilége ! » s'écrie-t-elle ; c'est ce que pensaient en effet les païens de leurs ennemis ; ils les considéraient comme affiliés aux mages, à ces disciples de la cabale qui prédisaient l'avenir ; et, ce qui donnait lieu à ces commentaires, c'était le mystère dont ils s'entouraient, ces poissons, ces pains, ces coupes de vin qui figuraient dans leurs cérémonies religieuses. Ce jugement des païens sur les chrétiens est indiqué vaguement par Tacite, Pline, Suétone et Lucien ; il est affirmé par l'édit de l'empereur Julien qui, croyant combattre la propagande chrétienne par ses propres armes, admit officiellement dans l'Empire l'exercice de la magie et le culte des esprits, comme un moyen de rendre la vie au paganisme vieilli. Comme cette opinion sur les chrétiens est un peu grossière, Corneille choisit, pour en être l'interprète, un personnage secondaire, Stratonice, c'était cependant l'opinion générale. Le jugement de Sévère est celui d'une minorité intelligente et éclairée. Il a de l'estime pour les chrétiens, il ne trouve pas leur religion plus mauvaise que celle des païens, il la trouve même meilleure. Ce scepticisme tolérant est tout à fait conforme à l'esprit du second, du troisième et du quatrième siècles ; il suffit pour s'en convaincre de lire le sceptique Lucien. Corneille a encore songé en faisant de Sévère un juge bienveillant du christianisme à personnifier en lui tous les païens qui se convertissaient à la religion nouvelle.

Secondement : Le caractère particulier des chrétiens. Cette tragédie peint admirablement le caractère des chrétiens durant ces époques de persécution ; ils n'étaient pas, comme on pourrait le croire, patients, résignés, attendant la mort avec la douceur de l'agneau qu'on s'apprête à immoler ; ils étaient violents, agressifs, provocateurs ; ils défiaient leurs adversaires, ils couraient au-devant de la mort, en un mot ils étaient fanatiques. C'est bien là le caractère de Polyeucte, il renverse les idoles, c'est-à-dire il appelle la persécution. On a été longtemps avant de comprendre cet esprit des premiers chrétiens, Voltaire lui-même le critique, il crie au scandale, au fanatisme ; mais c'est précisément ce fanatisme qui fait la vérité de *Polyeucte* ; Corneille en lui prêtant ce caractère a fait preuve d'un grand sens historique.

Troisièmement : L'influence des barbares sur le christianisme. Corneille a bien fait comprendre dans cette tragédie que Dieu se servit des barbares comme d'auxiliaires du christianisme, comme d'instruments de propagande chrétienne, en exterminant les païens et en pardonnant aux chrétiens. On sait que Bossuet a dit : « Le glaive des barbares ne pardonne qu'aux chrétiens, et c'est seulement après l'inondation des barbares que s'achève entièrement la victoire de Jésus-Christ sur les dieux romains... » C'est ce que Corneille exprime autrement dans ce vers :

> Le Scythe va venger la Perse et les chrétiens. (IV, II.)

vers prophétique qui résume avec énergie le rôle des barbares dans les destinées de l'Église nouvelle. Corneille sait, comme on le voit, au moyen de quelques traits rapides et dramatiques, ouvrir à l'imagination des horizons imprévus, et interpréter les faits en historien consommé.

PARAGRAPHE IV

Du jugement erroné porté sur la tragédie de *Polyeucte* par le dix-septième et le dix-huitième siècle. — Preuves, causes, réfutation de cette erreur. — Quand a-t-on commencé à comprendre cette tragédie ? — Des quatre vers qui ont servi de point de départ au scepticisme religieux du dix-huitième et du dix-neuvième siècle.

Première question. — *Le dix-septième et le dix-huitième siècle ont-ils compris le vrai sens de la tragédie de* Polyeucte ?

Non ; le dix-septième et le dix-huitième siècle ont considéré Sévère et Pauline comme les personnages principaux et Polyeucte comme un personnage secondaire ; ils ont attaché plus d'importance à l'intrigue d'amour qui s'agite entre les deux premiers qu'au martyre du second ; ils n'ont pas compris que Corneille avait, dans cette tragédie, déplacé son idéal, c'est-à-dire qu'au lieu de le faire consister, comme il l'avait fait jusque-là, dans le triomphe des plus nobles sentiments de l'âme humaine, accomplissement du devoir, obéissance aveugle à l'autorité paternelle, fidélité conjugale, respect du serment, observation de l'honneur, il l'avait placé plus haut, en le faisant consister dans l'enthousiasme religieux, dans le sacrifice de tous les intérêts terrestres et de la vie à l'amour et à la possession de Dieu. Telle est l'erreur du dix-septième et du dix-huitième siècle.

Deuxième question. — *Quelles sont les preuves de cette erreur ?*

Pour le dix-septième siècle, Voltaire dit que ce qui fit le succès de cette pièce au théâtre, à cette époque, c'est l'amour de Sévère pour Pauline : « Les membres de l'hôtel de Rambouillet purent craindre qu'une femme qui aimait à la fois son amant et son mari n'intéressât pas et c'est précisément ce qui fit le succès de la pièce. » Ainsi les contemporains de Corneille, d'après ce témoignage de Voltaire, virent avant tout dans Pauline une première amoureuse et dans Sévère un premier amoureux. Pour le dix-huitième siècle, le fait est encore plus hors de doute ; Voltaire prodigue les sarcasmes à Polyeucte qu'il appelle un fanatique et à Néarque qu'il traite de convulsionnaire, tandis qu'il ne tarit pas en éloges sur Sévère ; s'il fait grâce à la tragédie de *Polyeucte*, c'est en sa faveur ; s'il a quelque estime pour cette pièce dont il maltraite tous les personnages, sans même en excepter Pauline qu'il appelle une bourgeoise se targuant de sa vertu et voulant être aimée de son mari qu'elle n'aime pas, c'est toujours à cause de Sévère. Voltaire dit quelque part : « C'est à Sévère qu'on s'intéresse et le public prend toujours, sans qu'il s'en aperçoive, le parti du héros amant contre le mari qui n'est que héros. » Ceci est une grave erreur ; Polyeucte est bien plus héros que Sévère et le public s'intéresse bien plus au premier qu'au second. Ce passage prouve clairement qu'au dix-huitième siècle Sévère était le principal personnage de la pièce. Cette erreur du dix-huitième siècle est encore confirmée par les deux témoignages suivants. Voltaire dit en parlant de la scène de la prison, dans laquelle Pauline prie Sévère de s'employer auprès de Polyeucte pour le détourner de son projet, ou le sauver de la mort : « C'est surtout cette scène qui soutient cette tragédie. » Mot très-impropre parce qu'il veut dire que c'est le généreux désintéressement de Sévère qui fait le principal intérêt du drame et que Sévère en est par conséquent le héros. Enfin Voltaire dit : « L'extrême beauté du rôle de Sévère, la situation piquante de Pauline, son admirable scène avec Sévère au quatrième acte assurent à cette pièce un succès durable. » — Il est toujours question, comme on le voit dans ces passages, de Sévère et de Pauline ; jamais un mot de Polyeucte. La partie profane de cette pièce est tout pour le dix-huitième siècle, la partie religieuse en est comme non avenue.

Troisième question. — *N'y a-t-il pas toutefois dans Voltaire un mot qui pourrait faire croire que le public du dix-huitième siècle n'était pas tout à fait de son avis sur la tragédie de Polyeucte et que l'erreur précédente serait la sienne plutôt que celle de son temps ?*

Oui ; il y a dans Voltaire un mot qui tend à nous faire croire que le public de son temps n'était pas tout à fait de son avis, quoiqu'il fût alors l'arbitre du goût. Voltaire après avoir dit que « les esprits philosophes, dont le nombre est fort augmenté, méprisent beaucoup l'action de Polyeucte et de Néarque », ajoute, en parlant du public français de son époque : « Mais le parterre entier ne sera jamais philosophe, » mot qui signifie évidemment qu'une partie du public du dix-huitième siècle, comprenant et admirant la partie religieuse de la pièce, applaudissait ce que Voltaire appelle le fanatisme de Polyeucte, soit qu'il ne partageât pas ses idées en pareille matière, soit que, les partageant, il comprît que tel devait être le caractère de Polyeucte ; il admettait alors que Corneille avait eu raison de donner à son personnage les mœurs et les habitudes que l'histoire prête aux premiers chrétiens. Cet aveu de Voltaire mérite d'être relevé parce qu'il prouve que, si Voltaire lui-même ne comprenait pas ou ne voulait pas comprendre la tragédie de Corneille, une partie du public français du dix-huitième siècle la comprenait, ce qui donnerait raison au mot connu : « Il y a quelqu'un qui a plus d'esprit que Voltaire, c'est tout le monde. » Néanmoins le mot jeté en passant par Voltaire sur la divergence d'opinion qu'il rencontrait dans une partie du public ne nous paraît pas assez explicite pour justifier le dix-huitième siècle de l'erreur accréditée et si longuement développée par Voltaire ; elle retombe selon nous sur ses contemporains, et ce qui nous porte surtout à croire que l'appréciation de Voltaire triomphait, c'est que de nos jours encore, au dix-neuvième siècle, pendant quarante ans, c'est-à-dire jusqu'en 1840 environ, c'est le rôle de Sévère qui a été l'emploi principal de la pièce. Cette erreur du goût public au dix-neuvième siècle est évidemment un héritage du siècle précédent.

Quatrième question. — *Quelles sont les causes de cette erreur ?*

Ce qu'il y a de plus étrange dans cette erreur commise par deux siècles et demi à propos de cette admirable tragédie, c'est qu'elle est due à deux causes différentes. Le dix-septième siècle a vu dans Sévère le principal personnage de la pièce parce que, à cette époque, l'amour était un point essentiel et comme un principe fondamental ; comme Sévère exprime cette idée beaucoup mieux que Polyeucte, il le primait.

Le dix-huitième siècle au contraire lui a accordé cette importance exagérée parce que, à cette époque, le scepticisme religieux, la discussion des principes de foi sur lesquels reposent les croyances, l'esprit philosophique, en un mot, était tout, et qu'en effet Sévère est, en certains endroits de la pièce, animé de cet esprit de doute et d'incrédulité ; il émet sur la religion des maximes fort peu religieuses, il ressemble vaguement à ce qu'on appelle au dix-huitième siècle un philosophe, et au dix-neuvième un libre penseur.

Quant au dix-neuvième siècle, si l'on s'est encore mépris en France sur le sens de cette tragédie, c'est que notre siècle est l'héritier du scepticisme religieux du siècle précédent ; c'est aussi parce qu'il y a eu littérature des habitudes de routine, des jugements de commande qui perpétuent les erreurs. Ainsi chaque époque juge les œuvres de l'esprit avec ses tendances particulières et la même erreur peut être accréditée pour deux ou trois raisons différentes.

Cinquième question. — *De quelle époque date la véritable intelligence de cette pièce ?*

De 1840 environ, avons-nous dit, du jour où une artiste de talent et même de génie, Mlle Rachel, joua le rôle de Pauline, non en première amoureuse, mais en néophyte chrétienne, du jour où elle a attaché plus d'importance au côté religieux de ce personnage, à la préparation de sa conversion et à sa conversion même qu'à son amour, du jour où elle fit si bien comprendre la sublimité de ce vers :

> Je vois, je sais, je crois, je suis désabusée. (V, v.)

Elle fut beaucoup assistée dans cette espèce de révolution, on pourrait dire de réhabilitation, en faveur de la tragédie de *Polyeucte*, par un autre acteur nommé Beauvallet qui fit de Polyeucte un type de martyr chrétien. On peut dire que ce sont ces deux artistes qui ont fait comprendre les premiers au public français, nous ne parlons pas du public lettré des académies et des écoles, que la tragédie de *Polyeucte* est un drame chrétien et non pas une pièce d'amour, comme on le croyait au dix-septième siècle, ou un manifeste philosophique, comme on le croyait au dix-huitième.

Sixième question. — *Quelle est la conclusion de ces faits ?*

C'est que les œuvres de l'esprit ont leurs vicissitudes, *habent sua fata libelli*, comme dit le poëte ancien ; c'est que le dix-septième et le dix-huitième siècle aimaient le mieux dans cette œuvre ce que nous aimons le moins, et qu'ils aimaient le moins ce que nous aimons le mieux ; c'est que, si la pièce de Corneille a eu du succès pendant deux cents ans, ce succès lui-même s'est mépris ; c'est que nos ancêtres ont passé devant cette admirable épopée chrétienne, sans se douter des véritables beautés qu'elle renferme. Exemple peut-être unique dans l'histoire littéraire d'un chef-d'œuvre applaudi sans être compris !

Septième question. — *Quels sont les quatre vers, prononcés par Sévère, qui ont fait considérer son rôle comme le principal de la pièce par Voltaire et son époque et qui ont servi de point de départ au scepticisme religieux du dix-septième et du dix-huitième siècle ?*

> Peut-être qu'après tout ces croyances publiques
> Ne sont qu'inventions de sages politiques
> Pour contenir un peuple ou bien pour le mouvoir
> Et dessus sa faiblesse affermir leur pouvoir.

Plus loin on trouve encore ce vers qui atteste ses sentiments de tolérance religieuse :

> J'approuve cependant que chacun ait ses dieux.

Ces deux passages sont supprimés dans un grand nombre d'éditions, non par un caprice d'éditeur, mais par la volonté formelle de Corneille, comme on le verra plus loin. Ils se trouvaient primitivement, acte IV, scène VI, après ces mots :

> Et, me dût leur colère écraser à tes yeux !
> Nous en avons beaucoup pour être de vrais Dieux.

Voilà les vers qui ont décidé du faible de Voltaire et de tout le dix-huitième siècle pour le rôle de Sévère. Voilà les vers qui ont fait considérer ce personnage par Voltaire et ses contemporains comme un déiste. Corneille ne se doutait pas en les écrivant qu'ils fourniraient matière à toutes les dissertations philosophiques des deux siècles suivants et que ces doutes, émis en passant par un païen sceptique, deviendraient les articles fondamentaux de la foi philosophique ; quoi qu'il en soit et malgré le caractère anodin qu'ils ont dans la bouche de celui qui les prononce, l'esprit de parti s'en est emparé, au point que l'on peut dire qu'ils renferment la substance du scepticisme religieux moderne. Il n'est pas étonnant que Voltaire s'en soit épris, parce qu'ils renferment en quelques mots le résumé de toutes ses idées.

Huitième question. — *Ces vers expriment-t-ils la véritable pensée de Corneille ?*

Non, il n'y faut pas voir une profession de foi de Corneille, d'abord parce qu'il était profondément chrétien, ensuite parce que nul poëte ne s'est moins substitué que lui à ses personnages, enfin parce qu'on trouverait dans son théâtre une foule d'autres passages écrits dans un esprit opposé.

Neuvième question. — *Comment le dix-septième siècle accueillit-il ces vers et que fit Corneille à ce propos ?*

Le dix-septième siècle n'y fit aucune attention vers 1640, et Corneille les laissa subsister dans les premières éditions de sa tragédie ; mais peu à peu ils parurent suspects, ses contemporains s'en alarmèrent ; alors Corneille, voyant l'abus qu'en faisaient autour de lui les ennemis du christianisme et désireux de ne pas leur fournir d'armes contre une religion qu'il respectait, les supprima comme antireligieux ; il n'y fut contraint par personne, il le fit volontairement et par mesure de prudence ; ils ne figurent plus dans l'édition de 1660. Pourquoi ces vers parurent-ils inoffensifs pendant vingt ans au dix-septième siècle ? C'est que, jusqu'en 1660, les attaques contre le christianisme furent assez innocentes pour que les dévots n'en prissent pas ombrage. Ainsi ils laissèrent La Fontaine écrire sa fable des *Deux Rats*, le *Renard* et l'*Œuf*, sans l'attaquer, quoiqu'il y soit dit que, chez les animaux, la mémoire est corporelle ; ils laissèrent Boileau exprimer dans plusieurs satires des doutes fort peu orthodoxes sur la religion, sans lui chercher querelle ; mais leur cabale éclata à propos de Molière, le jour où il fit représenter *Don Juan* (1665) et la scène du louis d'or donné au pauvre, scène dans laquelle don Juan fait l'aumône à un mendiant à condition qu'il blasphème ; elle ne connut plus de bornes à propos de *Tartuffe* (1667). Voilà pourquoi Corneille, pour éviter un scandale et peut-être des persécutions, prit le parti, et il fit bien, d'effacer ces quatre vers de son édition de 1660. Quelques critiques prétendent qu'il ne les effaça que de l'édition de 1664, ce qui serait assez vraisemblable, parce que c'est en 1664 que l'on commença à jouer les trois premiers actes de *Tartuffe*. Toujours est-il qu'ils ne reparurent plus dans ses œuvres de son vivant. Les éditions conformes au texte *définitif* du poëte ne doivent pas les reproduire.

PARAGRAPHE V

Les trois unités. — Le plan. — Jugement de Racine. — Jugement de Voltaire.

Première question. — *Que faut-il penser des trois unités dans la tragédie de* Polyeucte ?

Elles sont exactement observées. *Pour l'unité de lieu*, tout se passe dans le palais de Félix qu'habitent Pauline et Polyeucte, et où Sévère est descendu; on peut même admettre que l'acte de la prison a lieu dans le palais, en supposant un cachot contigu à l'appartement du gouverneur. *Pour l'unité de temps*, elle ne dépasse pas les vingt-quatre heures, elle se borne même à douze. La pièce commence le matin, comme l'indique le récit du songe que Pauline vient d'avoir la nuit, et elle se termine avant la fin du jour, après le martyre de Polyeucte. *Pour l'unité d'action*, tous les événements de la tragédie concourent à la mort de Polyeucte, depuis le songe du début qui l'annonce jusqu'à l'erreur de Félix qui la détermine; tous les épisodes sont imaginés pour nous faire songer à cette mort : l'arrivée de Sévère nous la fait craindre, le scandale du temple la rend inévitable, les trois démarches de Pauline en écartent un instant le danger, l'obstination de Polyeucte le ramène, l'ordre de Sévère l'éloigne encore, enfin l'inintelligence et l'excès de zèle de Félix tranchent la question si longtemps débattue. L'unité d'action entraîne *l'unité d'intérêt*. Sous ce dernier rapport la tragédie de *Polyeucte* ne donne pas lieu au grave reproche signalé à propos d'*Horace;* dans cette pièce l'intérêt se déplace du jeune Horace au vieil Horace. Dans *Polyeucte*, c'est toujours le mari de Pauline, le futur martyr, qui absorbe l'intérêt principal et sans jamais démériter. Au contraire, sa vertu, son enthousiasme augmentant d'heure en heure avec sa foi, l'intérêt qui s'attache à lui grandit pareillement. Les autres personnages sont chacun de leur côté, mais à un degré moindre, fort intéressants ; eux non plus ne démériteut. Corneille a donc su faire à chacun sa part, sans méconnaître cette loi fondamentale que l'intérêt principal ne doit pas se disperser sur plusieurs personnages, sous peine de s'affaiblir, et il a établi cette gradation : le martyr au premier rang, la femme vertueuse au second, l'amant généreux au troisième.

Deuxième question. — *Que faut-il penser du plan ?*

Cette tragédie est de toutes les œuvres de Corneille celle où il a le mieux disposé l'ordre des scènes. Elles s'enchaînent avec un art admirable, sans lenteur, sans invraisemblance ; les actes de Polyeucte qui contribuent à amener sa mort se succèdent avec une progression marquée et la suite des démarches entreprises en sa faveur se déroule avec une simplicité et une logique irréprochables.

Troisième question. — *Quel jugement Racine a-t-il porté sur la tragédie de* Polyeucte ?

Racine n'a pas rendu justice à cette tragédie ; dans le discours qu'il prononça pour la réception de Thomas Corneille, frère de Pierre Corneille, il mentionna les quatre chefs-d'œuvre suivants du grand poëte : Le *Cid*, *Horace*, *Cinna*, *Pompée*, et il oublia *Polyeucte:* cependant le caractère religieux de cette pièce, et bien plus encore son caractère janséniste, auraient dû particulièrement lui plaire. A quoi tient cet oubli de la part de celui qui devait faire plus tard *Esther* et *Athalie* ? Probablement à ce qu'il n'admettait pas, comme ses contemporains et principalement les jansénistes, que le christianisme fût introduit sur la scène. — Mais pourquoi, dira-t-on, a-t-il composé *Esther* et *Athalie* ? C'est une contradiction. — Non, ce n'en est pas une, parce qu'il ne destinait pas ces deux pièces au théâtre et la preuve c'est qu'il les a composées en dehors des règles ordinaires du poëme dramatique, lui qui en était un si exact observateur.

Quatrième question. — *Quel est le jugement de Voltaire sur cette tragédie en général et les divers personnages en particulier ?*

Premièrement : Voltaire admire cette tragédie en général, mais les principales beautés lui en échappent. (Paragraphe IV, question 1re et suivantes.) Les termes mêmes dont il se sert pour exprimer son admiration prouvent qu'il ne l'a pas comprise. Ce qui le frappe le plus c'est l'extrême beauté du rôle de Sévère et la situation de Pauline, idée et expression bien fausses !

Secondement : Polyeucte. Voltaire condamne ce personnage parce qu'il montre, dit-il, la témérité d'un néophyte, peu instruit des maximes des chrétiens, en déchirant l'édit de l'empereur et en troublant un sacrifice solennel. Voltaire pense que la religion elle-même condamne cet excès de zèle et Polyeucte ne lui paraît qu'un fanatique détestable. (V. paragraphe VIII, 1er reproche injuste.) On reconnaît à ces critiques son animosité contre le christianisme.

Troisièmement : Néarque. Le jugement qu'il porte sur Néarque est analogue à celui qu'il porte sur Polyeucte. C'est à ses yeux un convulsionnaire qui a ensorcelé un jeune imprudent. Ce mot est tout à fait impropre, puisque à partir du second acte Néarque joue vis-à-vis de Polyeucte le rôle de modérateur.

Quatrièmement : Pauline. Pauline dont il aime, comme il le dit, la situation *piquante*, n'échappe pas à ses sarcasmes. Il la traite comme une bourgeoise qui se targue de sa vertu et veut absolument être aimée de son mari, sans l'aimer. Ces épigrammes tiennent à ce qu'il déteste en elle la femme du martyr. Personnellement il est porté à l'aimer, mais elle lui déplaît comme mariée à Polyeucte, et elle l'irrite par sa conversion au christianisme.

Cinquièmement : Sévère. C'est à ses yeux le héros de la pièce ; pour lui il n'a pas assez d'éloges, parce qu'il voit en lui un déiste.

PARAGRAPHE VI

Scènes principales.

Première scène principale (acte I, scène I). *L'exhortation au baptême adressée par Néarque à Polyeucte.*

Cette scène est l'exposition de la pièce. Corneille y oppose l'ardeur du chrétien, depuis longtemps baptisé, à la tiédeur et aux hésitations du néophyte en qui la grâce n'est pas encore descendue ; le débat qui s'élève entre les deux amis a pour but de marquer la différence du degré de zèle religieux auquel l'un et l'autre est arrivé, au moment où s'ouvre la pièce, degré plus élevé chez Néarque, inférieur chez Polyeucte. L'auteur tient à signaler tout d'abord cette différence, parce que tout à l'heure le spectateur comprendra mieux tout le chemin que Polyeucte aura parcouru en quelques instants, quand il reviendra baptisé et que son zèle, moindre au début, dépassera celui de son ami. Cette comparaison fera bien comprendre l'idée principale de la pièce, l'influence souveraine de la grâce. On a reproché à cette première scène d'offrir des discussions théologiques déplacées. Ce reproche est injuste. En voir la réfutation plus loin. (Paragraphe VIII, 25e reproche injuste.)

Deuxième scène principale (acte I, scène III). *La confidence de Pauline à sa suivante Stratonice.*

C'est une double confidence relative à son mariage et à son rêve de la nuit précédente. (Voir pour ces deux récits l'analyse de la pièce où les faits sont détaillés.) Pauline rend compte dans cette scène de l'état de son cœur partagé entre Sévère, qu'elle croit mort, mais qu'elle aime par inclination, et Polyeucte qu'elle aime par devoir et qu'elle craint de voir mourir. Cette scène est la suite de l'exposition; mais il y a entre elle et la précédente une différence fondamentale qui indique tout d'abord les deux éléments dont la tragédie se compose, l'élément religieux et l'élément profane : dans la première scène entre Néarque et Polyeucte, il n'est question que de grâce, de baptême, de Dieu, cela annonce la partie religieuse du drame; dans la seconde scène entre Pauline et sa suivante, il n'est question que d'amour, de mariage manqué, de mariage conclu, de mari et d'amant, cela annonce la partie profane de la tragédie. Le double caractère divin et humain de cette pièce est donc nettement indiqué dès le début par la disposition de ces deux scènes.

Indépendamment de cette considération générale, le songe de Pauline donne lieu à plusieurs observations particulières. — *Premièrement :* Il fait partie de ce bagage d'incidents dramatiques que les écrivains classiques du dix-septième siècle se croyaient obligés par tradition d'introduire dans leur drame. On connaît celui d'*Athalie;* on connaît celui d'*Horace;* ce dernier est aussi au début de la tragédie et, comme celui de Pauline, il annonce le dénoûment. C'est Camille la sœur d'Horace qui rêve, avant l'ouverture du combat, qu'elle aperçoit un champ de bataille où des ombres se poursuivent les unes les autres et disparaissent successivement; ces ombres sont les trois Curiaces poursuivant le jeune Horace; le rêve de Camille est donc le résumé fait par avance et sous une forme un peu énigmatique du combat qui va se livrer. (*Horace*, I, III.) — *Deuxièmement :* Le songe de Pauline, malgré son caractère de lieu commun, est néanmoins lié au développement des caractères, à l'action et au dénoûment. Il est lié au développement des caractères puisqu'il nous apprend le genre d'amour raisonné et sérieux que Pauline porte à son mari; les hésitations de Polyeucte qui, après l'avoir entendu, se sent partagé entre son amitié pour Néarque qui le prie de n'y pas faire attention et son amour pour Pauline qui le conjure d'en tenir compte; enfin les concessions momentanées que la tendresse conjugale arrache à ce dernier et qui aboutissent à un acquiescement aux volontés de Néarque.

Il est lié à l'action, car, dès le début de la pièce, il l'entrave, voici comment : toute l'action de cette tragédie dépend du baptême de Polyeucte, puisque son baptême amène le sacrilége du temple et le sacrilége, sa mort. Or, le songe de Pauline fait quelque temps obstacle à ce baptême et laisse même croire un instant qu'il n'aura pas lieu, il tient donc un instant l'action en suspens et menace de l'entraver, ce qui est un moyen d'y intéresser.

Enfin il est lié au dénoûment, puisqu'il l'annonce; Pauline rêve en effet que Polyeucte meurt, ce qui est vrai. Cette vision renferme la conclusion de la tragédie; elle en offre d'avance, sous une forme incidente et fictive, le résumé réel; c'est le procédé des anciens qui mettaient dans le prologue le sommaire des faits principaux. Cette allusion à la mort de Polyeucte jetée comme par hasard dès le début de la pièce et correspondant avec le dénoûment est comme un fil délicat qui unit le commencement et la fin de la tragédie, en constitue l'unité invisible; on dirait un cadre entourant un tableau.

Tels sont les rapports de ce songe avec les caractères, l'action, le dénoûment; ce n'est pas, on le voit, un pur ornement; c'est un ressort dramatique utile.

Malgré son opportunité, le songe de Pauline ne vaut pas celui d'Athalie pour plusieurs raisons. Ce dernier a un éclat de style que n'a pas le précédent; il est encore plus lié à l'action que celui de Pauline; en effet celui de Pauline n'en est que l'obstacle momentané, tandis que celui d'Athalie en est le nœud même : c'est parce que Athalie a vu en rêve un jeune enfant l'assassiner qu'elle va dans le temple pour désarmer la colère divine, qu'elle s'en fait chasser par Joad, qu'elle y revient pour interroger Joas, qu'elle envoie Mathan pour demander son extradition, que Mathan s'en fait chasser comme elle et qu'elle fait le siège du temple de Jérusalem, asile de son mystérieux ennemi; la cause première de tous ces incidents qui constituent l'action est en réalité le songe d'Athalie. Enfin ce songe a un dernier mérite que n'offre pas celui de Pauline. Il fait partie des croyances religieuses juives, tandis que celui de Pauline ne fait pas partie des croyances religieuses païennes. Les Hébreux étaient réellement convaincus que leur dieu leur communiquait ses volontés au moyen de visions nocturnes qu'il leur envoyait, c'était pour eux un article de foi ; de là tous ces songes dont la Bible est remplie.

Troisième scène principale (acte II, scène II). *La première entrevue de Pauline et de Sévère.*

Elle a lieu à la demande de Félix ; celui-ci, craignant le ressentiment de Sévère, a prié sa fille de le désarmer ; il n'a tenu aucun compte des efforts douloureux que sa fille doit faire pour consentir à cette démarche, des regrets que la vue de Sévère va éveiller dans son cœur tout plein de son image ; il ne songe qu'à lui, à sa position ébranlée ; il ne voit plus dans sa fille qu'un instrument de réconciliation, un moyen de salut. Cette scène révèle donc le caractère égoïste et méprisable de Félix. Elle fait aussi ressortir l'héroïsme de Pauline qui sacrifie d'un côté les plus délicats sentiments de son cœur au devoir de l'obéissance filiale et de l'autre l'amour qu'elle éprouve pour son ancien prétendant au devoir de la fidélité conjugale. Mais ce qui fait la principale beauté de cette scène c'est qu'à travers les sévères accents que lui dicte, en présence de son amant, le devoir qui l'attache à son mari, on sent percer l'involontaire attendrissement de son cœur ; son émotion est en désaccord avec ses paroles ; son émotion semble dire : je vous aime toujours, tandis que ses paroles disent : j'aime mon mari et jamais mon cœur n'admettra la moindre pensée contraire à l'honneur conjugal. De son côté Sévère, non moins noble qu'elle, tout en souffrant de cette fidélité, la respecte, si bien que ces deux amants, après s'être revus et s'être convaincus qu'ils s'aiment toujours, se quittent avec la promesse de ne plus se revoir. N'est-ce pas là un double héroïsme? Plus tard ils se revoient contre leur prévision et leur seconde entrevue est encore plus émouvante que la première.

Quatrième scène principale (acte II, scène VI). *Polyeucte voulant entraîner Néarque au temple pour y renverser les idoles.*

C'est la contre-partie de la première discussion des deux amis au début de la tragédie, lorsque Néarque voulait entraîner Polyeucte au baptême. Ici les rôles sont changés. Tout à l'heure c'était Néarque le plus résolu ; c'était lui qui poussait Polyeucte ; maintenant c'est Polyeucte qui est le plus résolu et qui pousse

Néarque. Ce changement vient de ce qu'entre ces deux entretiens Polyeucte a reçu le baptême et que, par un rapide effet de la grâce, il a franchi en quelques instants tout l'intervalle qui le séparait de Néarque, qu'il a même dépassé son ami. En effet, il n'est pas plus tôt entré dans le christianisme par le baptême qu'il aspire au martyre, et non-seulement il veut mourir, mais il veut que Néarque meure avec lui; non-seulement il est animé de cet esprit de fanatisme qui lui fait affronter les derniers supplices, mais encore il est animé de cet esprit de prosélytisme qui le porte à y entraîner son ami, double effet de la grâce dont il se sent pénétré.

Cette scène est donc importante d'abord au point de vue des caractères, puisqu'elle sert comme de terme de comparaison entre la ferveur religieuse de Néarque et celle de Polyeucte; ensuite au point de vue de l'action, puisqu'elle lui fait faire un pas, en amenant la scène sacrilége du temple, cause du dénoûment; puis au point de vue historique, puisqu'elle peint l'esprit de propagande et d'agression dont étaient animés les premiers chrétiens; enfin au point de vue théologique, si l'on peut s'exprimer ainsi, ou, si l'on préfère, au point de vue purement religieux, puisqu'elle montre la rapidité foudroyante de la grâce.

Cinquième scène principale (acte III, scène II). *Le récit du sacrilége de Polyeucte, fait par Stratonice à Pauline.*

Ce récit mis dans la bouche d'une confidente a les avantages et les défauts du genre. Les avantages, c'est qu'il permet à Corneille d'éloigner du regard des spectateurs une scène d'un caractère violent qui eût parlé plutôt aux sens qu'à la raison, c'est d'en atténuer le côté matériel en l'offrant seulement à l'oreille, suivant le précepte de Boileau :

> Ce qu'on ne doit point voir, qu'un récit nous l'expose.

Les défauts, c'est qu'il est, comme tous les récits, un peu froid, un peu artificiel, entaché de rhétorique, c'est surtout qu'il transforme un personnage de la pièce en une machine à tirades; Stratonice n'est qu'une confidente, il est vrai, c'est-à-dire un personnage subalterne, mais c'est une raison de plus pour que ce développement ait l'air peu naturel : l'art qu'exige un semblable récit ne se concilie guère avec l'ignorance de Stratonice. Cependant il est relevé par les cris touchants de Pauline qui répond à chacun des détails de l'attentat commis par Polyeucte, qu'elle ne savait pas chrétien, par une protestation inattendue de sympathie et même d'amour pour son mari, comme si elle se sentait déjà prête à l'imiter. On attend d'elle un désaveu, elle n'a que des mots d'approbation. Comme elle sent déjà la vie de Polyeucte exposée, elle se rapproche déjà de lui plus intimement; on voit que, tout en n'admettant pas cet acte, elle en aime l'auteur, et qu'elle est prête à le prouver par sa conversion finale.

Sixième scène principale (acte IV, scène II). *Les stances de Polyeucte dans sa prison.*

Polyeucte emprisonné par ordre de Félix, après la scène du temple, attend patiemment la mort; son cœur se réjouit à cette idée, il bénit son sort, il va recevoir dans le ciel la récompense à laquelle il aspire, déjà il en savoure, comme il dit, les saintes douceurs. Un hymne de bonheur s'échappe de ses lèvres; ce sont les strophes qu'il prononce, pleines d'élan, d'enthousiasme, de sincérité. Ce morceau de poésie lyrique est irréprochable. Ces stances de *Polyeucte* rappellent celles du *Cid*. (Le *Cid,* I, VI.) Rodrigue vient de recevoir de son père l'ordre de se battre en duel avec le père de Chimène qui l'a soufflé, il va se mesurer avec l'insolent, ce qui l'expose à perdre en même temps l'amour de Chimène et la vie; c'est au moment de se rendre sur le terrain qu'il prononce ses strophes si connues. La situation morale des deux personnages est bien différente : Polyeucte chante son Dieu, Rodrigue sa maîtresse; le premier est heureux de quitter la terre, le second ne l'est pas, quoiqu'il ne craigne pas la mort. Polyeucte parle en saint, le Cid en gentilhomme amoureux; la comparaison n'est donc pas possible entre les deux morceaux pour l'élévation des idées; quant à la forme, le rhythme est dans *Polyeucte* bien mieux approprié au sujet que dans le *Cid,* puisque la poésie lyrique est de sa nature consacrée à l'expression de l'amour divin, bien plutôt qu'à celle de l'amour humain, quoi qu'en dise Horace : « *Musa dedit fidibus et juvenum curas et libera vina referre.* » C'était peut-être vrai pour l'antiquité païenne, mais cela ne l'est pas pour le Moyen Age chevaleresque, ni pour le christianisme.

Septième scène principale (acte IV, scène III). *L'entrevue de Pauline et de Polyeucte dans la prison.*

C'est la scène dans laquelle Pauline, après une tentative inutile auprès de Félix pour obtenir la vie de Polyeucte, fait une démarche auprès de son mari lui-même, pour l'engager à abjurer le christianisme. Elle invoque tour à tour les honneurs qui l'attendent, le devoir qui lie tout homme à la vie, l'amour qui doit l'attacher particulièrement à elle. Ce qu'il y a de plus remarquable dans cette scène, c'est moins le plaidoyer même de Pauline, quelque admirable qu'il soit d'élévation et de délicatesse, que la réponse de Polyeucte : celui-ci tâche de convertir au christianisme celle qui veut le ramener au paganisme. On retrouve ici les traces de cet esprit de prosélytisme qu'il déployait tout à l'heure vis-à-vis de Néarque, lorsque, retenu par son ami, il cherchait à l'entraîner. L'attitude de Polyeucte, en face de ses adversaires ou de ses contradicteurs religieux, consiste à repousser la discussion qu'ils lui offrent, et à leur imposer ou du moins à chercher à leur imposer ses idées, à ne pas les suivre sur le terrain où ils l'appellent, mais à les attirer sur le sien ; d'attaqué, il se fait agresseur.

Huitième scène principale (acte IV, scène v). *La seconde entrevue de Pauline et de Sévère, dans la prison, après le départ de Polyeucte.*

C'est la deuxième tentative de Pauline pour sauver son mari. Elle espérait ne plus revoir Sévère dont elle fuyait la présence, parce que sa vue, en réveillant dans son cœur de douloureux souvenirs, lui cause un mortel chagrin. Mais au moment où elle s'était promis de ne plus le revoir et où celui-ci s'y était engagé, elle ne se doutait pas que Polyeucte était chrétien, que sa vie serait en danger et qu'elle aurait besoin pour le sauver de l'intercession même de celui qu'elle ne voulait plus revoir. Le péril que court son mari a changé sa résolution ; elle est décidée, quoi qu'il lui en coûte, à avoir une seconde entrevue avec Sévère. Cet entretien a lieu dans la prison même de Polyeucte ; Pauline vient de s'y rendre ; Sévère mandé par Polyeucte y est entré aussi quelques instants après elle ; Polyeucte leur a adressé quelques mots d'adieu, et ce dernier vient de sortir pour marcher au supplice, les laissant seuls. Les minutes sont précieuses, puisque Polyeucte se rend au lieu de l'exécution ; Pauline les emploie à supplier Sévère, dans un langage mêlé de tendresse et de gravité. Cette entrevue est plus délicate et, on peut le dire, plus douloureuse encore que la première, parce que dans la première il ne s'agissait pour Pauline que de dire à Sévère : je vous aime toujours, mais je suis dévouée à mon mari, ne nous voyons plus ; tandis que dans celle-ci il faut qu'elle lui dise : quoique mon mari soit l'ennemi de votre bonheur, sauvez-le. Cette scène est la plus neuve et la plus originale de toute la pièce. C'est celle que Voltaire appelle si improprement *piquante*. Elle est héroïque. Les deux personnages sacrifient les plus tendres sentiments de leur cœur à un devoir inflexible ; Pauline à celui de la fidélité conjugale envers un mari menacé de mort, Sévère à celui de la générosité à l'égard d'un rival préféré ; tous deux se prouvent leur amour mutuel, l'un en faisant, l'autre en accordant une demande qui est l'immolation même de cet amour : c'est donc le triomphe de la noblesse et du désintéressement chez Pauline et chez Sévère. Cette scène, quoique d'un caractère profane, porte l'empreinte profonde du christianisme : Sévère et Pauline ont en cette circonstance comme un reflet de cette brillante auréole qui couronne le front de Polyeucte. Chez les personnages de Corneille la grandeur est communicative.

Neuvième et dernière scène principale (acte V, scène III). *La scène de Polyeucte marchant au supplice.*

Cette scène a lieu en présence de Pauline et de Félix qui tentent un dernier effort sur Polyeucte ; celui-ci impatient de mourir répond aux supplications de sa femme et aux menaces de son beau-père par une espèce de chant d'allégresse en l'honneur de Jésus-Christ et une suite d'imprécations aux divinités païennes ; l'enthousiasme religieux déborde de son cœur ; il semble déjà éclairé des rayons d'en haut. Cette scène est la plus sublime expression de l'amour divin. Elle prouve, pour nous servir d'une expression de Châteaubriand, que *le chrétien aime Dieu comme la souveraine beauté et le ciel comme sa patrie*.

On y remarque un parfait modèle de ce genre de style antithétique et à double compartiment, dans lequel excelle Corneille :

« Où le conduisez-vous ? — A la mort. — A la gloire ! »

PARAGRAPHE VII

Etude des différents personnages.

Question unique. — *Dites un mot de chaque personnage.*

Polyeucte représente l'héroïsme de l'amour divin, c'est-à-dire le sacrifice de tous les intérêts et de toutes les passions terrestres à Jésus-Christ ; c'est le type de ces premiers chrétiens intolérants et fanatiques qui ne se contentaient pas de subir la persécution, mais qui couraient au-devant d'elle ; son caractère agressif et provocateur est essentiellement conforme à l'histoire.

Pauline représente l'héroïsme de l'amour humain, c'est-à-dire le sacrifice de l'amour proprement dit au devoir de la fidélité conjugale ; c'est un type d'honnête femme immolant les plus doux sentiments de son cœur à la sainteté du mariage et assez maîtresse d'elle-même pour marcher au-devant des plus douloureuses épreuves avec la certitude d'en triompher.

Sévère est un type de générosité et représente comme Pauline l'héroïsme de l'amour humain ; c'est un mélange de fermeté romaine et de délicatesse chevaleresque ; Sévère est un homme qui travaille lui-même à la ruine de ses vœux les plus chers, en cherchant à sauver la vie de celui dont la mort servirait bien mieux ses intérêts ; on peut le considérer comme le modèle de l'honnête homme accompli dans le monde.

Néarque est comme Polyeucte un chrétien intolérant et fanatique, mais plus modéré que Polyeucte.

Félix est le type de ces personnages, on pourrait dire de ces fonctionnaires publics, rampants et poltrons qui craignent toujours pour leur place, et font pour la conserver toutes sortes de platitudes, même des crimes. C'est la personnification de l'égoïsme poussé jusqu'à ses dernières limites ; c'est un homme pour qui la famille même n'existe plus. Ce personnage bas et odieux forme avec les trois précédents un contraste complet.

PARAGRAPHE VIII

Analyse détaillée du rôle de Polyeucte.

Première question. — *Polyeucte inspire-t-il au spectateur des sentiments de terreur et de pitié comme tous les personnages de tragédie menacés de mort ?*

Non ; quoiqu'il doive mourir, la mort est pour lui un bien si enviable qu'on ne le plaint pas. Lors même qu'il s'afflige sur l'aveuglement de Pauline sa femme, quelque sincère et quelque vive que soit sa douleur, nous ne la partageons pas, parce que nous comprenons qu'elle n'altère en rien chez lui la félicité du martyr, parce que nous savons que cette félicité subsistera même au milieu des supplices. L'homme évidemment ne peut être sensible au malheur de son prochain qu'autant que son prochain y est sensible lui-même ; mais quand le mal ne l'effleure pas, il s'abstient de le plaindre. Cette absence de terreur et de pitié concernant Polyeucte prouve qu'il habite une région supérieure à celle où s'agitent nos douleurs, qu'il a quelque chose de surhumain ; nous éprouvons au contraire de la compassion pour Sévère et pour Pauline plus rapprochés de nous.

Deuxième question. — *Polyeucte domine-t-il toutes les affections humaines au point de les étouffer ?*

Non ; s'il en était ainsi, il ne serait pas intéressant ; il règle ces affections, il ne les étouffe pas. Il éprouve de l'amitié pour Néarque, de l'amour pour Pauline. Que devient le premier de ces deux sentiments ? Il est toujours très-vif dans son cœur, mais il n'y cède pas, il le modère, puisque c'est malgré Néarque qu'il va au temple ; quand son ami meurt, il ne pleure pas sa mort, il est vrai, mais ce n'est pas parce qu'il a cessé de l'aimer, c'est parce que son sort lui paraît enviable et qu'il espère bientôt le rejoindre dans le ciel. Que devient son amour pour Pauline ? Il est loin de le refouler au fond de son cœur, il le laisse éclater à plusieurs reprises et même beaucoup plus vivement que son amitié pour Néarque, ce qui est très-naturel ; ainsi, quand il est sur le point de sortir de prison et de quitter Pauline, il verse des larmes :

> Le déplorable état où je vous abandonne
> Est bien digne des pleurs que mon amour vous donne. (IV, III.)

et, quand il marche au supplice, son dernier mot est un adieu touchant à Pauline :

> Chère Pauline, adieu, conservez ma mémoire. (V, III.)

L'enthousiasme religieux n'étouffe donc pas en lui les affections humaines. Ce n'est pas un stoïque aux yeux secs qui vole embrasser la mort ; sous le martyr on sent un homme et son cœur parle au moment même où il va rejoindre son Dieu. Ces efforts de tendresse comprimée le rendent intéressant.

Troisième question. — *A quoi tient la supériorité de Polyeucte sur Pauline et sur Sévère ?*

A deux raisons. *Premièrement* : A l'idéal divin qu'il se propose. *Secondement* : A l'absence de toute faiblesse. Polyeucte a toujours les yeux fixés vers le ciel et il meurt volontairement, on peut le dire, pour avoir le plaisir d'y monter plus tôt, tandis que Pauline et Sévère appartiennent à la terre et y restent, tout en s'y montrant vertueux jusqu'à l'héroïsme. D'un autre côté Pauline et Sévère, tout grands qu'ils sont, ont des faiblesses. Ainsi Pauline propose à Polyeucte un mensonge. Dans la scène de la prison, quand elle voit qu'elle ne peut le déterminer à renoncer au christianisme, elle lui propose de dissimuler sa croyance jusqu'au départ de Sévère :

> Ne feignez qu'un moment, laissez partir Sévère. (IV, III.)

On voit que Félix n'est pas le seul à offrir à Polyeucte ce moyen peu honorable de salut. Voici une faiblesse de Sévère : ce n'est pas seulement un mouvement de générosité qui le porte à renoncer à l'égard de Polyeucte à tout sentiment de vengeance, c'est encore le sentiment de la gloire, c'est-à-dire l'idée de la réputation qu'il va s'acquérir en agissant ainsi, ce qui est évidemment un mobile intéressé :

> Et contentons ainsi d'une seule action
> Et Pauline et ma gloire et ma compassion. (IV, VI.)

Voici enfin une dernière faiblesse commune à Pauline et à Sévère : sans succomber à la passion qui les entraîne l'un vers l'autre, ils lui accordent cependant un certain empire. Sans doute le combat qu'ils lui livrent et dont ils sortent victorieux les élève à nos yeux, mais il ne les élève pas aussi haut que Polyeucte qui combat tout autant et triomphe beaucoup plus. Ces faiblesses de Pauline et de Sévère les rendent intéressants et vrais, selon le mot de Boileau :

> Et toujours aux grands cœurs donnez quelques faiblesses;

mais elles les rendent en même temps inférieurs à Polyeucte qui a plus de franchise, car il ne ment jamais, plus de mépris pour la gloire, car il se soucie aussi peu de sa réputation humaine que de la fumée, enfin plus d'empire sur son amour, car il renonce à sa femme près de laquelle il pourrait finir tranquillement ses jours. Polyeucte a donc plus d'honnêteté, plus de désintéressement, plus de cette force d'âme qui est le fondement de toutes les vertus. Il est encore supérieur à Sévère pour deux raisons d'un ordre différent, mais qu'il est bon de constater ici, parce qu'au dix-septième siècle on proclamait très-haut la supériorité de Sévère sur Polyeucte. *Premièrement* : Polyeucte a sur Pauline une influence qu'est loin d'avoir Sévère : son martyre amène la conversion de sa femme ; en cette circonstance l'influence de Sévère est nulle, son autorité est même bravée. *Deuxièmement :* Après sa mort, Polyeucte conserve tout son empire sur le cœur de Pauline, puisque celle-ci déclare qu'elle veut rester veuve, ce qui est le triomphe de la supériorité d'un homme sur un autre, attendu que cela veut dire qu'un homme a été non-seulement de son vivant, mais après sa mort, préféré à son rival. Ces deux raisons attestent d'une manière irrécusable la supériorité de Polyeucte sur Sévère dans le cœur de Pauline. Les raisons précédentes attestaient d'une manière générale sa supériorité sur Sévère et sur Pauline elle-même.

Quatrième question. — *Si Polyeucte n'a pas de faiblesses, il est parfait, et, s'il est parfait, il n'est pas intéressant, car au théâtre on ne s'intéresse pas aux saints; que penser de cette objection ?*

Polyeucte n'a pas de faiblesses, si l'on prend ce mot, comme nous l'avons fait précédemment, dans le sens de défauts, comme altération de la vérité, manque de franchise, amour de la gloire ; mais il en a, si l'on prend ce mot dans le sens d'affections terrestres, de sentiments connus des hommes et inconnus des saints ; nous avons vu qu'il aime son ami et qu'il aime sa femme ; par conséquent il est homme, et, s'il est homme, il est imparfait. Corneille dit naïvement dans sa préface qu'il est parfait, en s'excusant sur l'autorité d'Heinsius, de Grotius et de Buchanam. C'est une erreur ; il ne faut pas prendre ce mot au pied de la lettre ; être parfait c'est avoir une nature angélique, c'est appartenir à la classe de ces êtres célestes qui n'ont rien de commun avec les passions humaines, comme certains personnages de Milton ou de Klopstock, c'est être un saint ; nous reconnaissons en Polyeucte notre semblable et nous l'aimons, parce que, tout en surmontant ses affections terrestres, il les ressent et il en souffre ; Corneille ne l'a pas représenté comme un saint, mais comme un homme qui aspire à le devenir, ce qui est bien différent.

Cinquième question. — *Que faut-il penser du fanatisme de Polyeucte ?*

Ce serait méconnaître l'histoire des premiers siècles de l'Eglise chrétienne que de s'imaginer que l'esprit d'intolérance et de fanatisme fût du côté des païens ; non, il était du côté des chrétiens. La preuve c'est que les païens ouvraient leur Panthéon à tous les dieux, même à celui des chrétiens ; s'ils persécutèrent si affreusement ces derniers, c'est que ces derniers ne se contentaient pas d'adorer leur Dieu, mais qu'ils voulaient détruire ceux des païens ; c'est qu'ils n'admettaient pas de partage, c'est qu'ils voulaient toute la place ou rien. S'ils s'étaient bornés à leur rôle de disciples d'un Dieu nouveau, ils n'auraient pas été persécutés ; ils le furent parce qu'ils voulurent le substituer aux dieux anciens. C'est précisément cet esprit d'exclusion et d'envahissement, qu'on appelle intolérance, fanatisme. Sans doute ce caractère agressif fit la grandeur et la force des premiers chrétiens, mais il fit aussi leur malheur ; en tout cas, c'était leur trait distinctif et comme la marque de leur origine. Corneille a donc raison de représenter Polyeucte s'armant contre les faux dieux, violant le culte établi et les lois sociales ; il donne à son personnage le caractère qu'il doit avoir, et il a d'autant plus de mérite en cette circonstance que personne au dix-septième siècle ne se doutait du véritable esprit du christianisme dans les premiers siècles de l'Église ; c'est une découverte de l'histoire au dix-neuvième siècle ; c'en est une de l'archéologie et de l'épigraphie, nous la devons principalement à l'intelligence des inscriptions trouvées récemment dans les catacombes par les soins de deux savants italiens nommés de Rossi et Marchi. Corneille en devinant ces détails historiques a devancé son époque et montré l'intuition du génie.

Sixième question. — *Comment peut-on appliquer à la tragédie de* Polyeucte *cette expression remarquable de Corneille dans la préface de sa tragédie :* « la tissure des fictions avec la vérité ? »

Ce mot ne signifie pas seulement le mélange des faits historiques fournis par le récit de Surius et de Mosander et des faits de pure invention imaginés par Corneille. Cette explication est superficielle et ne rend pas compte du mot *tissure* qui indique un entrelacement d'événements bien plus intime que ne le suppose l'explication précédente. Par *tissure* Corneille a voulu dire rapport étroit, et pour ainsi dire *contexture* des sentiments humains et des sentiments divins de cette tragédie ; solidarité qui existe entre les uns et les autres. Les sentiments humains y sont tellement nobles et tellement épurés qu'ils sont la source des sentiments divins. Chez Polyeucte, par exemple, l'honnête homme forme le mari généreux et le mari généreux forme le martyr ; chez Pauline, la fille obéissante forme l'épouse vertueuse et l'épouse vertueuse la chrétienne de la fin ; c'est comme si Corneille disait : toutes les vertus se donnent la main, les vertus humaines et les vertus surhumaines. Supposez d'abord un honnête homme et une honnête femme, vous aurez facilement un homme et une femme héroïques ; ayez un homme et une femme héroïques, vous aurez facilement un saint et une sainte. Ainsi tout se tient, tout forme *un tissu* dans cette tragédie. Tel est le sens de cette expression.

Septième question. — *La conduite de Polyeucte comme mari donne-t-elle lieu à quelque critique? Que faut-il penser de cette conduite?*

D'abord Polyeucte, considéré comme mari, est-il malheureux? Il ne l'est pas précisément, parce que, s'il renonce au bonheur de posséder Pauline, c'est pour un bonheur plus grand encore à ses yeux, celui de posséder le ciel. Est-il coupable? Non, parce qu'il n'assiste pas complaisamment au spectacle d'une intrigue d'amour entre Pauline et Sévère. Est-il ridicule? Non plus, parce que, quand il cède Pauline à Sévère, il cède ce qu'il a, et non ce qu'on lui a pris. Enfin il n'est pas odieux, parce qu'en renonçant à Pauline, il n'obéit pas, comme Félix, à un calcul ambitieux. Qu'est-il enfin? il est héroïque, et il est désintéressé. Il est héroïque, parce qu'il lui faut, en quittant Pauline, renoncer à un amour qui lui est cher ; et il est désintéressé, parce qu'en mourant il songe au bonheur de celle qu'il quitte :

Vivez avec Sévère ou mourez avec moi !

c'est-à-dire soyez heureuse sur la terre ou dans le ciel.

Huitième question. — *Que faut-il penser, au point de vue littéraire et moral, de la réunion de ces trois personnages Polyeucte, Pauline, Sévère, c'est-à-dire le mari, la femme, l'amant?*

Ces trois personnages forment une espèce de trilogie banale que l'on retrouve dans presque tous les romans modernes. Leur réunion sert ordinairement de thème à des intrigues plus ou moins morales. C'est Corneille qui a le premier créé cette société irrégulière ; les romanciers modernes l'ont exploitée largement ; mais autant Corneille y avait mis de vertus, autant ceux-ci y ont mis de vices. Tant il est vrai qu'en littérature, les mêmes situations peuvent, suivant le génie des auteurs, servir de prétexte au développement des plus belles, comme des plus laides passions de l'âme ! Tout dépend de la moralité de l'écrivain, et aussi, il faut l'avouer, de celle de leurs contemporains.

Car si les auteurs recherchent les aventures coupables, c'est qu'elles plaisent aux lecteurs de leur temps.

Neuvième question. — *L'honnêteté de l'intrigue dans la tragédie de Polyeucte était-elle une tradition générale au dix-septième siècle?*

Oui ; cette honnêteté d'intrigue était la doctrine, sinon la pratique, du dix-septième siècle. Mlle de Scudéry l'expose tout au long dans le premier volume du *grand Cyrus* publié en 1650, dix ans après *Polyeucte*. Ce qui ne veut pas dire que le dix-septième siècle ne comptât que des saints, mais ce qui signifie que l'état moral des esprits était bon, qu'on pensait mieux qu'on n'agissait, tandis que de nos jours, la littérature étant passablement corrompue, l'état moral des esprits est plus mauvais ; on pense aussi mal qu'on agit.

PARAGRAPHE IX

Analyse détaillée du rôle de Pauline.

Première question. — *Pauline est-elle un type d'amour conjugal?*

Non ; elle est un type non pas d'amour conjugal, mais d'honneur conjugal. Elle a la pureté, la sévérité, l'élévation morale, et surtout la fidélité de l'épouse, mais elle n'en a pas la tendresse prévenante, l'ardeur, la confiance, la naïveté, l'entier renoncement à toute affection étrangère, et elle n'a pas ces dernières qualités parce qu'une partie de son cœur appartient à Sévère.

Deuxième question. — *Comment se fait-il que le dix-septième siècle, c'est-à-dire le plus grave et le plus honnête de nos siècles littéraires, représente plus volontiers l'honneur que l'amour conjugal?*

Il serait naturel que ce siècle si honnête représentât des femmes aimant franchement et uniquement leur mari et non pas aimant ailleurs et en dehors du mariage ; il serait digne de sa gravité de peindre la vertu sans mélange, sans restriction, la vertu toute nue, comme on dit. Cette répugnance tient à deux raisons : *Premièrement* : A une certaine légèreté de l'esprit français qui lui fait éprouver un plaisir secret à l'analyse des passions illégitimes, lors même qu'il les condamne et ne les partage pas. *Deuxièmement.* Aux exigences du théâtre qui veut des situations morales où la vertu soit en jeu, parce que ces périls qu'elle court émeuvent l'âme du spectateur. Du reste cette habitude des situations équivoques, même dans les œuvres les plus honnêtes, comme la tragédie de *Polyeucte*, n'indique pas une décadence dans la morale publique, mais simplement un besoin d'émotion de la part du spectateur. On éprouve au théâtre un plaisir secret à voir l'honnêteté lutter contre le vice, sans qu'on ait soi-même aucune tendance à mal faire. Les actes de l'homme valent généralement mieux que ses opinions.

Troisième question. — *Le personnage de Pauline fait-il exception, ou est-il conforme, à la règle observée par Corneille dans la création de ses personnages de femmes ?*

Il y fait exception, voici pourquoi : dans le théâtre de Corneille, les femmes sont très peu susceptibles d'amour, elles ont quelque chose de viril et d'héroïque qui les rapproche de l'homme, tel est le caractère d'Emilie dans *Cinna*, de Camille dans *Horace*, de Rodogune, de Cléopâtre, de Médée. Corneille se vante lui-même dans la préface de *Sophonisbe* de préférer le reproche d'avoir fait ses femmes trop héroïques à la louange d'avoir efféminé ses héros. Cependant Pauline et Chimène, quoique héroïques, puisqu'elles sacrifient leur passion à leur devoir, font cependant plus de concessions à l'amour, se laissent plus aller à cette pente de la tendresse le long de laquelle on rencontre toutes les femmes.

Quatrième question. — *Quelle est la qualité éminemment française que l'on remarque chez Pauline ?*

La raison ; Pauline aime Sévère, mais son amour n'est ni passionné comme l'amour antique, chez Phèdre et Didon ; ni rêveur, comme l'amour moderne, chez Ophélie et Marguerite ; il est raisonnable, il est sensé ; ainsi il n'est ni grec ni romain, ni anglais, ni allemand, il est français. C'est la raison qui écarte Pauline de son inclination première et lui fait préférer son mari à Sévère, ce parfait amant, comme on l'appelle. C'est la raison qui fait qu'elle est toujours inquiète de Polyeucte absent, même quand Sévère est devant elle et qu'elle soupire tout bas et même un peu tout haut pour ce dernier. C'est la raison qui la fait discuter, argumenter comme le plus habile avocat, dans les trois discours qu'elle adresse à Félix, à Polyeucte à Sévère lui-même, pour le salut de son mari ; c'est la raison enfin qui lui inspire dans tout son rôle une parfaite sobriété d'expressions, une simplicité complète d'attitude, une absence de mouvements éperdus ; la tête calme et le cœur agité, voilà son caractère ; c'est là une qualité essentiellement française.

Cinquième question. — *Quelle est la femme de la Révolution française à laquelle on a comparé Pauline?*

Madame Roland. On a dit que toutes deux étaient à la fois tendres, enthousiastes et raisonnables en même temps qu'héroïques. Ce qui complète leur ressemblance, c'est que Mme Roland éprouve aussi un amour étouffé pour le girondin Buzot. Enfin, dans leur langage même, il y a quelque rapport. Comme toutes deux aiment en dehors du mariage et qu'elles sacrifient néanmoins leur passion à leur devoir, il en résulte que leur langage cherche à concilier toute chose, comme leur cœur, et prend un caractère particulier qu'on pourrait appeler la casuistique de l'amour. En voici la preuve tirée d'une des quatre précieuses lettres que Mme Roland a adressées à Buzot et dont la découverte inespérée a mis le public au courant de cette intrigue d'amour : « Par ma captivité je me sacrifie à mon époux, je me conserve à mon ami, et je dois à mes bourreaux de concilier le devoir et l'amour. Ne me plains pas. » — Ne croirait-on pas entendre parler Pauline ?

Ces deux femmes montrent une complète sérénité en présence de la mort, car il ne faut pas oublier que Pauline la brave comme Mme Roland. Mais ce qui les rapproche le plus c'est que, tout en aimant, en dehors du mariage, elles mettent au-dessus de leur amour un sentiment d'honneur auquel elles sacrifient toutes deux leur espérance et qui les comble d'une félicité tellement souveraine qu'il les indemnise de tous leurs sacrifices.

Sixième question. — *Caractérisez la situation de Pauline placée entre son devoir et sa passion?*

Elle est naturelle, elle n'est pas très-morale, elle est pathétique et héroïque. Elle est *naturelle*, parce que l'expérience de la vie prouve que le cœur est souvent partagé ainsi entre une passion légitime et une passion illégitime ; elle n'est pas *très-morale*, parce que le cœur d'une femme mariée devrait être fermé à toute passion étrangère ; elle est *pathétique* et par suite parfaitement appropriée au théâtre, parce qu'elle donne lieu à une lutte qui émeut le spectateur ; enfin elle est *héroïque*, parce qu'elle se termine par la défaite des sentiments proscrits.

Septième question. — *Pauline se trouve-t-elle embarrassée dans cette situation difficile entre son devoir et sa passion ?*

Non, parce qu'elle ne songe pas à ménager sa passion, qu'elle veut hardiment la combattre et qu'alors cette franchise d'intention la met à l'aise. Ce n'est que dans le cas contraire qu'elle éprouverait de la gêne. Le spectateur est aussi tranquille qu'elle ; tout en la plaignant, il n'éprouve aucune inquiétude sur le résultat final d'une lutte dont il est sûr de la voir sortir victorieuse.

Huitième question. — *Qu'est-ce qui fait la force de Pauline dans la lutte qu'elle soutient contre sa passion ?*

D'abord le sentiment profond de son devoir, ensuite la connaissance qu'elle a de l'infirmité de la nature humaine ; elle parle en effet quelque part de sa faiblesse : « Je sais ma faiblessse, » dit-elle à Félix. C'est précisément cette méfiance d'elle-même qui lui donne de la force ; ceux qui se croient forts sont près de la défaite ; ceux qui ne se croient pas tels sont près de la victoire. Enfin Pauline doit une partie de sa force à la surveillance scrupuleuse qu'elle exerce sur sa conduite : « Je ne le verrai pas, » dit-elle à Félix, à propos de Sévère. Elle comprend que le meilleur moyen d'échapper à un danger, c'est de le connaître, et que, pour ne pas tomber dans un précipice, le plus sûr c'est de marcher les yeux ouverts. Ainsi disposée, elle triomphe de tous les obstacles.

Neuvième question. — *Quand Pauline est forcée de voir Sévère, dans quelle disposition d'esprit se présente-t-elle à cette entrevue ?*

Avec confiance et modestie à la fois. Avec confiance, parce qu'elle a une résolution d'honnêteté qui la rend sûre d'elle-même ; avec modestie, parce que, semblable aux forts, elle ne peut s'empêcher d'éprouver en présence du danger, des alarmes involontaires ; les honnêtes gens craignent tous les périls et ne succombent à aucun ; les autres n'en craignent aucun et succombent à tous.

Dixième question. — *Quelle est la scène dans laquelle Pauline déploie la plus grande délicatesse de sentiments ?*

Dans sa seconde entrevue avec Sévère, c'est-à-dire, dans l'entrevue de la prison. Là, elle s'adresse au rival de son mari pour lui demander de le sauver; elle prouve par cette démarche qu'elle croit qu'un homme capable de l'aimer et à qui elle a avoué son amour est prêt à cet acte de générosité. C'est la scène la plus originale de toute la tragédie.

Onzième question. — *Faire ressortir le caractère du renoncement de Pauline à Sévère ?*

Il est touchant et honnête : touchant, parce qu'il coûte à son cœur; honnête, parce qu'il ne coûte rien à la morale; il est de plus héroïque, parce que c'est le triomphe du devoir sur les instincts de la nature.

Douzième question. — *Apprécier la conduite de Pauline comme veuve ?*

Sa conduite comme veuve est aussi belle que comme épouse. Elle étend l'idée de l'honneur conjugal même au-delà de la mort de Polyeucte, c'est-à-dire même au-delà de la tombe. Elle refuse en effet d'épouser Sévère, et, loin de se prévaloir de l'autorisation de son mari, elle la rejette. Puisqu'elle s'interdit de l'aimer comme épouse, elle se croit interdit de l'épouser comme veuve ; ce serait à ses yeux considérer la mort de Polyeucte comme une délivrance, tandis que c'est pour elle un malheur ; ce serait paraître en avoir fait le vœu, tandis qu'elle l'a toujours appréhendée. Voilà de la délicatesse ! Voilà l'honneur conjugal poussé jusqu'à ses dernières limites !

Treizième question. — *Malgré cette beauté du caractère de Pauline, quelle restriction faut-il apporter à l'éloge de ce personnage ?*

Quoiqu'elle soit un type parfait d'honneur conjugal, son nom ne peut être invoqué comme modèle de femme irréprochable, d'honnête femme accomplie, d'épouse en un mot. Pourquoi ? parce qu'elle donne aux honnêtes femmes et aux épouses l'exemple d'une lutte dangereuse où elle triomphe, mais où d'autres peuvent succomber. Le véritable type de l'épouse parfaite est dans la vertu même et non pas entre le vice et la vertu.

Quatorzième question. — *Le personnage de Pauline a-t-il exercé une influence quelconque sur la littérature française ?*

Oui, sur le théâtre et sur le roman, au dix-septième, au dix-huitième et au dix-neuvième siècle. Il a même fait école, de deux manières différentes, en bien et en mal ; il a donné aux poëtes dramatiques et aux romanciers l'idée des femmes honnêtes et celle des femmes malhonnêtes. Rien de plus logique que cette double influence : comme il y a chez Pauline la fidélité de l'épouse, elle a fait école de femmes vertueuses ; comme il y a en elle l'amour défendu, elle a fait école de femmes coupables ; elle ressemble ainsi à un maître qui aurait deux espèces de disciples : ceux qui l'imitent en bien et ceux qui l'imitent en mal. C'est au dix-septième et au dix-huitième siècles qu'elle a fait école d'honnêtes femmes. Dans ces deux siècles en effet les honnêtes femmes sont plus fréquentes au théâtre et dans le roman que les femmes malhonnêtes. Au théâtre, chez Crébillon et chez Voltaire, les héritiers les plus directs de Corneille, les femmes sont généralement honnêtes ; dans le roman de Mme de Lafayette, *la Princesse de Clèves*, dans celui de Rousseau, *la Nouvelle Héloïse*, la vertu y domine le vice ; les femmes ne se considèrent pas comme des créatures soumises aux lois instinctives de la nature, mais comme des êtres soumis aux lois obligatoires de la morale. C'est au dix-neuvième siècle que Pauline a fait école de malhonnêtes femmes. Quoi que cet aveu ait d'humiliant pour nous, il faut le faire, parce qu'il faut savoir confesser ses torts. Le théâtre et le roman du dix-neuvième siècle abondent en femmes impudentes pour qui sont perdues les nobles traditions de Pauline. Le premier soin de ces disciples a été de ne pas imiter leur maître. Notre siècle, sous ce rapport (il n'est ici question que de littérature) ne vaut pas les deux précédents.

Quinzième question. — *Comparer Pauline aux héroïnes du théâtre et du roman moderne ?*

Pauline ne croit pas, comme les héroïnes modernes, à la fatalité de l'amour, c'est-à-dire à la puissance irrésistible de cette passion. Sans doute elle est tendre, elle est sensible, elle parle même quelque part des « surprises des sens. »

Ces surprises des sens que la raison surmonte. (I, III.)

Seulement elle les regarde comme des tentations et des périls qu'il faut combattre, tandis que les héroïnes modernes les considèrent comme des lois et même des inspirations de la conscience auxquelles il est permis de céder. De là les scrupules infinis et la vertu édifiante de Pauline, l'insouciance et l'effronterie scandaleuse des femmes qui peuplent le théâtre et le roman contemporains.

PARAGRAPHE X

Analyse détaillée du rôle de Sévère.

Première question. — *Quels sont les principaux traits du caractère de Sévère ? les analyser ?*

Ce sont la générosité, le désintéressement, la délicatesse, l'esprit philosophique. Sa générosité consiste à étouffer son ressentiment comme prétendant rebuté de Pauline, à ne punir ni Polyeucte ni Félix de l'affront qui lui a été fait jadis, à ne pas profiter, ce qui lui serait facile, de ses avantages pour se venger, à faire au contraire tous ses efforts pour sauver celui que tout le monde s'attendait à le voir perdre et qu'un autre aurait en effet perdu. Son désintéressement consiste à renoncer volontairement à Pauline, malgré la misérable politique de Félix qui voudrait les marier tous deux et malgré l'autorisation de Polyeucte qui souhaite lui-même ce mariage. Sa délicatesse consiste à s'arrêter devant l'obstacle que lui a créé la fidélité de Pauline et à respecter la vertu qui le désespère. Son esprit philosophique consiste à présenter la religion comme une invention humaine et un moyen de gouverner les peuples, les lois comme des combinaisons intéressées écloses dans le cerveau des législateurs, la morale comme le résultat des spéculations des philosophes. Son esprit philosophique éclate encore dans sa tolérance religieuse : il est païen, mais il admet parfaitement le christianisme ; il comprend que chacun ait ses dieux ; Sévère est partisan de la liberté de penser et de la liberté des cultes. Toutes ces qualités réunies ont fait dire de lui à Sainte-Beuve que c'était le modèle de l'honnête homme accompli dans le monde ; la dernière l'a fait considérer par Voltaire et tout le dix-huitième siècle comme le grand rôle de la pièce.

Deuxième question. — *Caractériser la générosité de Sévère ; est-elle spontanée ou réfléchie ?*

On peut dire qu'elle est à la fois spontanée et réfléchie : spontanée, parce qu'elle est l'effet naturel de son noble caractère ; réfléchie, parce qu'elle est en même temps l'effet de la vertu de Pauline sur son cœur. Sans doute Sévère est porté à respecter l'honneur partout où il le rencontre, mais l'autorité du devoir que Pauline lui oppose est aussi une force devant laquelle il est obligé de s'incliner. Il trouve chez Pauline une vertu qu'il admire et une volonté qui le tient à distance : de là le côté spontané et le côté réfléchi, obligatoire même de sa générosité, du moins vis-à-vis de l'épouse de Polyeucte.

Troisième question. — *L'esprit philosophique de Sévère affaiblit-il le caractère religieux de la tragédie ?*

Non ; quoique Sévère fasse sur la religion des observations fort peu religieuses, le caractère général de la pièce n'en souffre nullement ; il reste essentiellement religieux, parce que le côté sacré de cette œuvre est trop fortement accusé pour souffrir la moindre atteinte de ces réflexions sceptiques. Du reste Sévère est bien plus près du christianisme que de la philosophie ; en le pressant un peu, on en ferait bien plutôt sortir un disciple de Jésus-Christ qu'un libre-penseur, et la preuve c'est que le poète annonce sa conversion prochaine. Ce n'est donc pas l'esprit philosophique, c'est l'esprit religieux qui domine en lui. Ce serait mal comprendre son rôle que d'attribuer plus d'importance à ses conjectures sur la politique, la morale et la religion ou plutôt *les religions* qu'à son hommage aux vertus chrétiennes et aux manifestations de la grâce. C'est bien plutôt l'homme de saint Augustin que celui de Voltaire, quoi qu'en dise ce dernier.

Quatrième question. — *Quelle est l'importance du rôle de Sévère au point de vue de l'action et de la moralité de cette tragédie ?*

Sévère fait à la fois le drame et la morale de la pièce, au point de vue purement humain, cela se comprend. Il en fait le drame, en paraissant, parce que son arrivée amène pour Pauline un danger de chute, pour Félix un danger de disgrâce et pour Polyeucte un danger de mort. Il en fait la morale, en se retirant, parce que son départ est le triomphe de la vertu de Pauline et de l'honneur conjugal dans la maison de Polyeucte.

Cinquième question. — *Quelle est l'importance des deux rôles réunis de Sévère et de Pauline ? Les comparer à celui de Polyeucte ?*

Premièrement : Les deux rôles réunis de Sévère et de Pauline forment la partie profane de la pièce; ils représentent le naturel humain parfait, l'idéal de l'amour humain; le rôle de Polyeucte forme la partie sacrée de la pièce, il représente le surnaturel religieux parfait, l'idéal de l'amour divin. Les deux rôles réunis de Sévère et de Pauline servent donc de contraste au rôle de Polyeucte. *Secondement* : Ils lui servent encore de terme de comparaison et contribuent à le rehausser davantage, en nous faisant comprendre à quelle hauteur il faut qu'il s'élève pour être encore plus grand qu'eux, déjà si grands.

Sixième question. — *Apprécier le procédé dont s'est servi Corneille pour rehausser le personnage de Polyeucte, en l'opposant à Sévère?*

Un génie moins élevé que Corneille n'eût pas manqué, pour faire ressortir la grandeur de Polyeucte, de l'opposer à des personnages humbles et vulgaires; c'eût été une comparaison tirée des petits qui n'eût rien prouvé sinon la maladresse ou la bassesse d'esprit de l'auteur. Corneille, en opposant son héros à des personnages héroïques eux-mêmes, fait preuve d'une élévation naturelle de pensées et fait bien mieux comprendre la grandeur de celui qu'il veut exalter, parce qu'il est bien plus difficile de dépasser ceux qui dominent que ceux qui rampent.

Septième question. — *Quelle conclusion tirer de ce fait que Polyeucte représente l'idéal divin et Sévère l'idéal humain?*

Il faut en conclure que c'est Polyeucte le principal personnage de la pièce et non Sévère, comme l'ont cru le dix-septième et le dix-huitième siècle.

Huitième question. — *Sévère reste-t-il toujours humain?*

Oui, il reste toujours en dehors de l'enthousiasme religieux qui règne d'un bout à l'autre de cette pièce et entraîne successivement tous les personnages; il observe, il réfléchit, il juge; il est touché, mais non entraîné, par les conversions de la fin. Au moment même où on croit qu'il va incliner vers le christianisme, il se reprend et s'arrête. Il est probable qu'il se convertira, mais ce n'est pas une certitude, il peut ne pas se convertir. Corneille n'a pas voulu lui faire dépasser cette mesure strictement philosophique. Cependant, nous le répétons, s'il semble prêt à tomber d'un côté, c'est plutôt du côté religieux que du côté sceptique.

Neuvième question. — *Sévère, pour garder constamment sa mesure de personnage humain, en est-il moins sympathique ?*

Il reste jusqu'au bout sympathique, parce qu'il est jusqu'à la fin bon, honnête et généreux. Il n'est pas nécessaire qu'il se convertisse pour garder notre affection.

Dixième question. — *Que faut-il conclure de ce rôle calme et observateur ?*

Que Corneille s'en est servi comme d'un moyen d'introduire de la variété dans sa pièce, attendu que tous les autres rôles sont plus ou moins des rôles d'enthousiasme et d'entraînement. Si Sévère avait suivi l'exemple des autres personnages qui sortent tous de l'humanité pour prendre place dans le divin et le surnaturel, sans en excepter Félix, il en fût résulté une grande monotonie ; l'idéal humain pur et simple n'eût pas été représenté.

Onzième question. — *Quelle conclusion a-t-on tirée de ce fait que le rôle de Sévère est toujours calme et observateur, que c'est un rôle de réflexion ?*

On en a conclu que ce personnage était un peu passif et spectateur lui-même ; on l'a, pour cette raison, comparé au chœur antique dont le rôle consiste en effet à observer, à réfléchir et à juger les faits qui se passent sur la scène. Cette comparaison n'est pas juste. Sans doute Sévère moralise sur ce qu'il voit et donne même d'avance, si l'on veut, le ton au jugement des spectateurs, par exemple quand il accepte comme juste le mariage de Pauline, quand il approuve sa soumission aveugle à l'autorité paternelle, quand il passe condamnation sur le sacrilège de Polyeucte et son obstination à rester chrétien, sur la conversion simultanée de Félix et de Pauline ; sans doute, il laisse tous ces événements se dérouler sans y prendre part, en observateur, pour ainsi dire ; cependant il participe à l'intrigue, puisque son arrivée amène les craintes et les démarches de

Pauline, puisque, tant qu'il est à Mélitène, la vie de Polyeucte est entre ses mains et que, sur un signe de sévérité ou de clémence de sa part, ce dernier peut être envoyé au supplice ou amnistié, enfin puisque son départ contribue à la moralité du dénoûment en attestant la vertu de Pauline. Jamais le chœur antique n'a été aussi intimement lié à l'action d'une tragédie; la comparaison est donc fausse.

Douzième question. — *Quelle autre explication a-t-on donnée du rôle de Sévère, indépendamment des interprétations précédentes?*

On y a vu une précaution dramatique imaginée par Corneille pour contre-balancer aux yeux des spectateurs, parmi lesquels se trouvaient autant de mondains que de dévots, l'effet de la vertu des autres personnages qui peut paraître outrée. Sévère serait une espèce de contre-poids aux vertus surhumaines déployées par Néarque, Polyeucte et Pauline. Cette interprétation nous paraît subtile. Toute précaution dramatique est ici complétement inutile. La vertu de Néarque, de Pauline et de Polyeucte n'est pas outrée; les mondains eux-mêmes comprennent qu'on meure pour son Dieu; ils admettent cet enthousiasme sans le partager. Tant de vertu n'a pas besoin de laissez-passer. Sévère ne sert pas à faire admettre, mais à faire paraître plus grand Polyeucte.

Treizième question. — *Quelle classe de la société romaine représente Sévère?*

Sévère représente cette partie de la haute société romaine qui se convertissait lentement au christianisme. Entre les païens persécuteurs et les païens rapidement convertis, se trouvait en effet une classe intermédiaire qui hésitait, se mettait timidement en marche vers les idées nouvelles, parce qu'on ne renonce pas en un jour à la religion de ses pères, mais qui finissait par se laisser ébranler à la vue du nombre toujours croissant des vertus chrétiennes et des martyres. Sévère n'est donc pas un individu, mais le type de cette société du troisième siècle qu'entamait peu à peu le christianisme. Son estime pour les chrétiens et son esprit de tolérance, qui plaisait tant à Voltaire, sont conformes aux croyances et aux sentiments d'une partie de la société romaine du troisième siècle après Jésus-Christ; ces idées ne forment pas anachronisme, bien que se rapprochant de celles que préconisait Voltaire. Ainsi Pline le

Jeune, dans une lettre adressée à Trajan, dit que les chrétiens interrogés en sa présence ont déclaré s'engager par serment à observer toutes les grandes vertus sur lesquelles reposent la société, et on comprend à son langage qu'il n'est pas éloigné de croire ces prétendus coupables innocents de toutes les fautes qu'on leur impute. (Livre IX, lettre 97.) Rien n'empêchait donc Corneille de supposer que Sévère est un de ces païens qui commencent par l'estime et finissent par la conversion.

PARAGRAPHE XI

Analyse détaillée du rôle de Félix.

Première question. — *Quels sont les défauts de Félix ?*

La bassesse, la peur, l'égoïsme, la cruauté, le manque de discernement uni à une grande prétention à la finesse. Sa bassesse consiste à exploiter l'amour de Pauline et de Sévère pour s'en faire un préservatif; son égoïsme, à sacrifier à ses intérêts personnels le cœur de sa fille qu'il soumet aux plus pénibles épreuves pour assurer sa propre sécurité; sa cruauté, à faire froidement périr Polyeucte pour plaire à Sévère; sa peur, à craindre sans cesse de perdre sa place; enfin son manque de discernement, son inintelligence, à prendre le rebours de la vérité, en s'imaginant que Sévère désire la mort de Polyeucte, quoiqu'il ait ordonné de lui laisser la vie.

Deuxième question. — *Quelle a été l'intention de Corneille en créant le personnage de Félix ?*

On se trompe généralement en croyant que ce personnage sert à faire paraître plus grand Polyeucte, par une comparaison du moins au plus, c'est-à-dire de son abjection avec l'héroïsme de Polyeucte. Ce n'est pas la supériorité de Polyeucte sur un monstre qui le rehausse à nos yeux; on n'est pas grand pour s'élever au-dessus des malfaiteurs. L'intention de Corneille, en créant ce personnage si peu sympathique, a été de faire entrer dans le cercle de son drame l'imitation de la vie humaine qui offre en effet beaucoup d'êtres aussi méprisables que Félix.

Troisième question. — *Ce personnage est-il vrai et instructif?*

Il est vrai ; on rencontre sans cesse dans le monde des personnages qui tremblent pour leur place, et font, pour la garder, toutes sortes de platitudes. Il est instructif, quoique répugnant, parce qu'on apprend souvent beaucoup mieux à détester le mal et à s'en prémunir, en voyant de malhonnêtes gens, qu'en vivant dans le commerce des hommes de bien. La peinture du vice présentée de temps en temps et avec à propos est quelquefois une meilleure leçon que le tableau de la vertu.

Quatrième question. — *Citer des personnages bas et vulgaires dans le théâtre de Corneille?*

Félix se trouve en assez nombreuse compagnie dans le théâtre de Corneille : Maxime, dans la tragédie de *Cinna*; Ptolémée et Cléopâtre dans la *Mort de Pompée*; Aristie, femme de Pompée, dans *Sertorius*; Prusias, Arsinoé et Flaminius dans *Nicomède*. On voit que Corneille affectionne ce contraste des bons et des mauvais.

Cinquième question. — *Corneille est-il l'inventeur de cette association des bons et des mauvais?*

Non ; il en a trouvé l'exemple dans le théâtre espagnol, qu'il a, comme on le sait, beaucoup imité. On trouve perpétuellement dans Lope de Véga et Caldéron le mélange de la vérité héroïque et de la vérité bourgeoise, c'est-à-dire de la vertu et du vice.

Sixième question. — *Trouve-t-on dans le personnage de Félix le système d'idées absolues familier à Corneille et dont Pauline est un exemple frappant?* (Paragraphe XIV, 2ᵉ reproche juste.)

Oui ; Corneille s'est formé une idée absolue de la bassesse à propos de Félix, comme il s'est formé dans *Horace* une idée absolue du patriotisme à propos du jeune Horace; du courage, à propos de Nicomède, de la vengeance à propos d'Émilie. Que résulte-t-il pour Félix de cette idée absolue de la bassesse qu'il représente? C'est qu'il n'a aucun bon mouvement, que sa bassesse n'offre aucun tempérament, n'est atténuée par aucune vertu ; c'est qu'il n'est pas plus arrêté par un scrupule de désintéressement que le patriotisme du jeune Horace ne l'est par un mouvement de sensibilité, que le courage de Nicomède ne l'est par une réflexion de prudence. Félix est, comme on dit vulgairement, tout d'une pièce. Telle est en effet la conséquence du système d'idées absolues adopté par Corneille dans toutes ses tragédies ; les individus, qu'il choisit comme personnification d'une idée quelconque, vivent d'une existence à part et à laquelle ne se mêlent en rien ces correctifs, ces alternatives, ces contradictions même qu'offre l'existence de chaque individu dans la vie commune.

Septième question. — *Le rôle de Félix est-il comique, comme le répète Voltaire et comme on le dit quelquefois d'après lui ?*

Non ; Félix est un personnage bas et vulgaire, ce n'est pas un personnage comique. Rien de ce qu'il dit, rien de ce qu'il fait ne provoque le sourire, pas même son embarras à l'arrivée de Sévère ; au contraire tous ses actes et toutes ses paroles, concourant à la mort de Polyeucte, sont de nature à inspirer la terreur et la pitié. Les critiques qui trouvent ce rôle comique font ce raisonnement : Félix est un personnage bas et méprisable, les personnages de ce genre ne conviennent qu'à la comédie, donc c'est un rôle comique. C'est là, suivant nous, un mauvais raisonnement et un abus de mots : un mauvais raisonnement parce que les personnages bas conviennent aussi bien à la tragédie qu'à la comédie ; un abus de mots, parce que le mot comique signifie autant et même plus souvent *risible* que *propre à la comédie*.

Huitième question. — *L'emploi du comique est-il permis dans la tragédie ?*

Non et oui, en même temps. Non, si par ce mot on entend des scènes plaisantes intercalées au milieu des scènes pathétiques, dans le seul but de délasser le spectateur par la variété et de le faire rire de temps en temps, afin qu'il ne s'ennuie pas de s'affliger toujours. Oui, si par ce mot on entend, comme Voltaire l'entendait d'ailleurs, des scènes basées sur l'analyse de sentiments vils, vulgaires, odieux et même ridicules, mais de nature à produire un effet tout opposé au rire et à la gaîté, c'est-à-dire de nature à causer de l'inquiétude, des alarmes, de la pitié ou de la terreur. Le premier genre de comique est inadmissible dans la tragédie, du moins dans la tragédie classique, parce qu'il supprime la distinction des genres si nécessaires à la perfection des œuvres de l'art ; le second au contraire est admissible, parce qu'il la laisse subsister. Le caractère de Félix rentre dans le second genre, en admettant, bien entendu, ce mot avec son second sens, malgré l'inexactitude de la locution. S'il en est ainsi, le rôle de ce personnage n'est nullement déplacé dans la tragédie de *Polyeucte*.

Neuvième question. — *Corneille et ses contemporains étaient-ils favorables au mélange du tragique et du comique proprement dit, c'est-à-dire du comique dont le seul but est de délasser par le rire ?*

Oui, pour les contemporains de Corneille ; non, pour Corneille. Les contemporains de Corneille étaient favorables à ce mélange, parce que les mauvais écrivains qui avaient précédé l'auteur du *Cid*, Jodelle, Garnier, Hardy, Mairet, les y avaient habitués. La preuve en est que le comique proprement dit est un des caractères de la *Sophonisbe* de Mairet jouée trois ans avant le *Cid*, 1633, avec le plus grand succès et même préférée plus tard à la *Sophonisbe* de Corneille. Mais Corneille rejeta toujours cette association de deux genres contradictoires, comme portant atteinte aux règles de l'art. Les auteurs dramatiques espagnols avaient aussi mis à la mode ce mélange du comique et du tragique, dans la première moitié du dix-septième siècle. On peut donc dire que Corneille réagit en cette circonstance contre l'esprit général de son temps en France et en Espagne.

Dixième question. — *Quel mot devrait-on employer pour désigner le comique auquel Voltaire fait allusion dans les tragédies de Corneille et qui est parfaitement toléré, quoi qu'en dise Voltaire ?*

On devrait se servir du mot familiarité, ou bassesse, ou vulgarité de sentiments. Les expressions ne manquent pas ; toutes valent mieux que *comique* qui a l'inconvénient de signifier « risible » et par conséquent de ne pas s'appliquer à des choses qui ne le sont pas du tout. Voltaire a tort de répéter ce mot impropre à chaque page de son commentaire sur *Polyeucte*.

Onzième question. — *Quels sont les avantages pour la tragédie de ce genre de comique que nous désignons, pour parler plus justement, sous le nom de familiarité et de bassesse ?*

L'emploi de la familiarité et de la bassesse dans la tragédie a deux avantages : le premier, de préserver la tragédie française d'une dignité excessive qui dégénère vite en raideur, reproche que l'on a justement adressé à notre théâtre ; le second, de faire ressembler davantage la tragédie à la vie humaine, qui offre en effet ce mélange de grandeur et de petitesse.

Douzième question. — *Quelles en sont les conditions ?*

On peut les ramener à quatre. *Premièrement :* Le naturel. Il faut que les personnages familiers ou bas, créés par le poëte, soient semblables à ceux que l'on rencontre dans la société. *Secondement :* La mesure. Il ne faut pas qu'ils dépassent une certaine limite dans la bassesse de leurs sentiments et la familiarité de leur langage ; car, ce qui est vrai du style, l'est aussi de la pensée. Le style et la pensée les moins nobles ont toujours leur noblesse. *Troisièmement :* Le rapport de cette familiarité et de cette bassesse avec les sentiments de terreur et de pitié développés dans la tragédie. Il faut que ces sentiments bas et vulgaires constituent un péril pour un ou plusieurs personnages intéressants de la pièce. *Quatrièmement :* Un certain idéal dans la laideur même, si l'on peut s'exprimer ainsi. Il faut que le poëte déploie dans la peinture de ces personnages bas et vulgaires un certain art qui les relève, les rende tolérables, et, pour parler comme Boileau, les embellisse.

> Il n'est point de serpent ni de monstre odieux
> Qui, par l'art embelli, ne puisse plaire aux yeux. (*Art poétique*, III.)

Treizième question. — *Le personnage de Félix satisfait-il à ces quatre conditions ?*

Oui. *Premièrement :* Sa bassesse et son égoïsme sont des défauts qu'il n'est pas rare de rencontrer dans le monde et qui font malheureusement de lui un personnage très-naturel. *Secondement :* Son langage ne dégénère jamais en trivialité, il a même quelquefois de la force et de la noblesse. *Troisièmement :* Les sentiments vils et égoïstes dont il est animé contribuent à la terreur et à la pitié des spectateurs, en exposant Polyeucte à un danger de mort tellement réel qu'il finit par y succomber. *Quatrièmement :* La laideur morale de ce personnage est en quelque sorte relevée et idéalisée par certains traits ingénieux que l'auteur a su répandre sur elle, comme par exemple le respect envers les dieux et la fidélité envers l'empereur Décius, fidélité sur laquelle s'appuie Félix pour condamner à mort Polyeucte. Sans doute ces raisons ne suffisent pas pour motiver l'ordre cruel qu'il donne, puisqu'il aurait dû avant tout être assez intelligent pour comprendre le véritable sens de l'ordre de Sévère et l'exécuter au pied de la lettre, mais ce sont néanmoins des circonstances atténuantes qui adoucissent l'odieux de sa conduite et empêchent son action de ressembler à un crime. Il y a donc là un effort du poëte pour *embellir* ce monstre, comme dit Boileau.

Quatorzième question. — *Citer d'autres personnages du théâtre de Corneille et de Racine que l'on peut rapprocher de Félix, non pas qu'ils soient aussi odieux et aussi vils, mais parce qu'ils ont plus ou moins de bassesse?*

Aman, dans *Esther*; Mathan dans *Athalie*; Narcisse dans *Britannicus*; Maxime dans *Cinna*; Valère dans *Horace*.

PARAGRAPHE XII

Analyse des rôles secondaires, Néarque, Stratonice, Albin.

Première question. — *A quoi sert le rôle de Néarque?*

A donner la mesure des progrès de Polyeucte dans le christianisme. C'est en comparant Polyeucte à son ami que l'on comprend la marche des idées religieuses dans son âme, le développement de ce feu intérieur allumé en lui par la grâce. Au début de la pièce, Néarque baptisé depuis longtemps a beaucoup plus d'enthousiasme que lui, parce qu'il jouit des dons de la grâce et même de la grâce efficace; mais dès que Polyeucte a reçu le baptême, Néarque est dépassé; son zèle religieux, plus grand tout à l'heure, est maintenant plus faible; il y a quelques instants il marchait devant Polyeucte, cherchant à l'entraîner; maintenant il marche derrière lui, cherchant à le retenir. Ces inégalités d'ardeur chez Néarque, comparé à Polyeucte, nous donnent une idée très-juste de la progression de la grâce chez ce dernier. Néarque fait comprendre Polyeucte, comme un thermomètre fait comprendre le temps.

Deuxième question. — *Quels sont les autres personnages secondaires ?*

Albin, confident de Félix; Stratonice, confidente de Pauline; Fabian, confident de Sévère.

Troisième question. — *Donnent-ils lieu à quelque observation générale ?*

Ils sortent de la classe vulgaire des confidents, qui ne sont ordinairement que des machines à réplique ou à récits et qui gâtent trop souvent les plus belles tragédies ; ils ont une physionomie propre ; surtout Albin, le premier de ces personnages secondaires.

Quatrième question. — *Caractériser le rôle d'Albin ?*

Albin est clairvoyant, juste, sensible, raisonnable ; c'est de plus un serviteur franc et poli. Il est représenté durant tout le cours de la pièce comme défendant Polyeucte contre son maître lui-même auquel il montre le ridicule de ses craintes, la vanité de ses espérances et l'injustice de sa conduite ; l'honnêteté de son caractère ne se dément pas un instant ; c'est un serviteur qui vaut mieux que son maître ; il a toutes les qualités qui manquent à celui-ci.

Cinquième question. — *Prouver ces qualités ?*

Il est *clairvoyant*, parce qu'il reconnaît chez Polyeucte un honnête homme et chez Félix, son maître, le contraire d'un honnête homme ; il est *juste*, parce qu'il prend le parti du premier contre le second, quoiqu'il puisse lui arriver malheur de contredire ainsi son maître ; il est *sensible*, parce que, non-seulement il compatit au malheur de Polyeucte, mais encore il s'efforce de le conjurer par toutes sortes de représentations et de conseils adressés à Félix ; enfin il est *raisonnable*, parce qu'il apprécie les hommes à leur juste valeur et ne se laisse pas tromper par les apparences. En effet, il redresse les erreurs de jugement de Félix. En voici une preuve : quand Sévère vient de donner à Félix l'ordre de laisser vivre Polyeucte et que Félix dit à Albin que c'est un piége tendu à sa bonne foi, Albin lui répond par un mot qui lui prouve qu'il se méprend complétement sur la pensée de Sévère.

Je ne vois rien en lui qu'un rival généreux. (V, 1.)

Il fait encore preuve de jugement en donnant à Félix un conseil qui peut le tirer d'embarras dans l'incertitude où il se trouve vis-à-vis de Polyeucte, c'est d'écrire à l'empereur Décius pour lui demander ce qu'il faut faire en cette circonstance. Ailleurs enfin il relève une autre erreur de Félix : celui-ci lui parle, avec son égoïsme ordinaire qui touche cette fois au cynisme, du profit qu'il compte tirer de la mort de Polyeucte en donnant Sévère pour second mari à Pauline, il lui montre que cette mort lui fera courir au contraire un grand danger en l'exposant à la colère du peuple : « Sa mort mettra ce peuple en rage. » (V, 1.) Voici maintenant les preuves que c'est *un serviteur franc et poli*; il est *franc*, parce qu'il ne se cache pas pour critiquer la conduite de son maître, c'est ouvertement, en face, qu'il le blâme ; il est *poli*, parce qu'il le blâme sans manquer à la déférence qu'un serviteur doit à son maître, c'est-à-dire en termes modérés et convenables. Ainsi, quand Félix vient de lui dire que la mort de Polyeucte lui sera très-profitable en lui permettant de donner un mari puissant à sa fille, au lieu d'exprimer durement l'indignation que lui fait éprouver un pareil langage, il répond respectueusement à Félix :

> Votre cœur est trop bon et votre âme trop haute,

compliment déguisé et ironique qui n'est qu'une manière indirecte de glisser adroitement un reproche. Voltaire n'a pas compris ce vers quand il a dit qu'Albin avait tort de prononcer des paroles qu'il considérait lui-même comme un mensonge. Jamais antiphrase n'a été qualifiée de mensonge ; jamais ironie destinée à prévenir une mauvaise action et présentée poliment n'a été imputée à blâme à celui qui se l'est permise. C'est là une de ces légèretés de critique, comme il y en a tant dans Voltaire.

PARAGRAPHE XIII

Reproches injustes.

Premier reproche injuste. — *Le fanatisme qui pousse Polyeucte à renverser les idoles.* (L'hôtel de Rambouillet. Voltaire.)

Ce reproche a été présenté de deux façons, par l'hôtel de Rambouillet et par Voltaire. L'hôtel de Rambouillet a dit : Polyeucte agit contrairement aux bienséances et aux usages reçus en renversant les idoles devant le représentant de l'empereur, son action choque les gens bien élevés et, comme on disait alors, les honnêtes gens; Polyeucte manque de civilité.

Voltaire a dit : C'est un intolérant, un fanatique qui mérite la mort, puisqu'il ne veut pas laisser chacun libre d'exercer son culte, et qu'il veut imposer sa religion à autrui. Ainsi Polyeucte est condamné par l'hôtel de Rambouillet au nom du bon ton, par Voltaire au nom de la tolérance religieuse.

Réfutons d'abord le reproche de l'hôtel de Rambouillet. Les habitudes des gens du monde, la considération des usages reçus dans la bonne compagnie n'ont rien à voir dans les circonstances dont il s'agit : le christianisme était à cette époque une question de vie et de mort; or, les questions de ce genre ne sont pas affaires de salon; on ne peut demander à un homme dont la religion est persécutée et l'existence menacée, dont les coreligionnaires meurent par milliers dans les amphithéâtres, de témoigner aux bourreaux de ses frères, à ceux qui peuvent demain le livrer lui-même aux bêtes, la courtoisie que l'on apporte entre gens bien élevés dans les rapports ordinaires de la société.

Quant au reproche de Voltaire, il est aussi injuste que le précédent. S'il ne faut pas juger l'acte de Polyeucte en se plaçant au point de vue de l'urbanité des salons, il ne faut pas non plus le faire en se plaçant au point de vue de la philosophie moderne : la tolérance religieuse, si chère au dix-huitième siècle, et à si juste titre, n'a rien à voir ici; les chrétiens du troisième siècle étaient intolérants, fanatiques même et, à leur manière, persécuteurs. Ils n'attendaient pas la persécution, ils la provoquaient; ils ne se contentaient pas d'affirmer leur religion, ils voulaient détruire la religion païenne; il entrait aussi bien dans leur rôle de renverser les idoles que d'adorer Jésus-Christ. Quand Voltaire critique le fanatisme de Polyeucte, c'est comme s'il lui reprochait d'être historique. Il est vrai que Voltaire, ayant l'habitude d'habiller tous ses personnages à la française et même à la mode du dix-huitième siècle, est tout étonné de voir Corneille donner à Polyeucte le costume de son temps.

Deuxième reproche injuste. — *La trop grande résignation avec laquelle Polyeucte accepte la mort.*

On a dit : Il n'en coûte pas assez à Polyeucte pour mourir; il est trop résigné à son sort; l'idée de quitter tout ce qu'il a de plus cher au monde, sa femme, et tout ce qu'il a de plus glorieux, ses titres et ses honneurs, ne coûte pas assez à son cœur; son sacrifice est trop facile. Cette espèce d'indifférence empêche qu'on s'intéresse à lui et diminue beaucoup son héroïsme.

Ce reproche est injuste; Polyeucte ne ressemble en rien aux saints du martyrologe qui ont pu se faire un honneur de ne ressentir aucune des passions de l'humanité et que nul lien n'attachait à la terre, parce qu'ils les avaient d'avance brisés tous, en étouffant en eux toute passion terrestre. Polyeucte est sensible, il est homme, il aime son ami Néarque, sa femme Pauline; il lui en coûte beaucoup plus que ne le prétendent ses détracteurs de les quitter; la lutte que soutient son cœur entre son devoir de chrétien et ses sentiments d'ami et de mari, pour ne pas se traduire en plaintes bruyantes, n'en existe pas moins et n'en est pas moins méritoire. Son âme est le théâtre d'un combat silencieux dont il sort vainqueur; l'absence de gémissements et de larmes qu'on remarque chez lui n'est pas de l'impassibilité, c'est le triomphe du devoir sur les angoisses de la nature; il est donc à la fois pathétique par sa sensibilité et édifiant par son héroïsme; il n'appartient pas seulement, comme on a l'air de le dire, à la galerie de la vie des saints, il appartient encore au théâtre.

Troisième reproche injuste. — *La manière dont la grâce descend chez Polyeucte, non pas sous une forme mystérieuse et invisible, mais à l'aide de la cérémonie matérielle du baptême.* (Schlégel.)

Le critique allemand a dit : La grâce ne descend pas en Polyeucte d'une manière mystérieuse et invisible, comme cela devrait être. Elle n'est pas le résultat d'une influence secrète; il y a une sorte de matérialisme dans cette transmission du don divin au moyen d'un fait sensible, d'une opération matérielle comme le baptême; la grâce doit descendre dans une âme chrétienne lentement d'abord, ensuite après de longues méditations pieuses et immatériellement.

Voici la manière de réfuter ce reproche : *Premièrement* : Il n'est pas contraire à la théorie de la grâce de supposer que ce don divin descende à la suite de quelque fait sensible, de quelque cérémonie visible et matérielle qui dessille subitement les yeux du croyant. Il est dans la nature de ce dogme d'admettre mille particularités de moyen, entre autres le baptême, pour l'illumination complète et soudaine de l'âme. Cette raison suffirait pour justifier l'auteur. La suivante est par surcroît. *Secondement* : Les choses ne se passent pas au théâtre comme on les voit se passer d'ordinaire dans la vie réelle. Dans la vie réelle on a le temps d'agir, on prend ses aises, les choses marchent lentement; au théâtre, on est pressé par le temps, on est limité par les vingt-quatre heures, on va vite. Un solitaire dans sa cellule, un religieux dans son cloître, a devant lui les mois, les années; il subit lentement l'influence secrète de la grâce; un personnage dramatique n'a que quelques instants, il la sentira instantanément, et personne n'aura le droit de critiquer cette nécessité théâtrale, parce qu'elle n'est pas contraire à la théorie de la grâce, telle qu'elle est admise théologiquement. Il n'y a donc rien à blâmer ni dans la cause subite, ni dans le signe matériel de l'opération intérieure de la grâce sur laquelle Corneille a fondé le saint exploit de Polyeucte. Ce serait vouloir transporter le poëte en dehors des conditions où se meut le drame que d'exiger de lui une infusion mystérieuse et invisible du don divin dans l'âme de son héros.

Quatrième reproche injuste. — *L'absence d'héroïsme chez Polyeucte.* (Voltaire.)

Voltaire n'admet ni l'héroïsme de Polyeucte, quand il renonce à la vie, en brisant les idoles, puisqu'il ne voit en lui qu'un fanatique qui mérite son sort, ni son héroïsme, quand il renonce à Pauline en la résignant à Sévère, puisqu'il ne voit en lui qu'un mari bourgeois et même ridicule qui traite sa femme comme *un bénéfice,* c'est son expression, c'est-à-dire comme une propriété transmissible. Il est facile de rabaisser par des épigrammes les situations les plus grandes. Renoncer à la vie quand on n'a qu'un mot à dire pour la garder, et qu'on ne prononce pas ce mot, parce qu'il répugne à la conscience, est un acte héroïque; faire le sacrifice volontaire de ce qu'on a de plus cher au monde, de son amour pour sa femme, parce qu'on préfère tout ce que le ciel promet de félicité à tout ce que la terre a de plus enchanteur, est également héroïque. Se moquer de pareilles situations c'est ne pas comprendre ce que deux pareils sacrifices coûtent à un noble cœur, c'est badiner avec la douleur.

Cinquième reproche injuste. — *L'absence de sincérité dans l'amour que Pauline porte à Polyeucte.* (Voltaire.)

Voltaire a dit : Quand Pauline passe subitement de la tendresse pour Sévère, avec qui elle vient d'avoir une entrevue (la première, celle du début), à la crainte pour son mari qu'elle appréhende de voir mourir, c'est une affection de pure bienséance, cela est ajusté au théâtre, c'est un amour qui n'est pas sincère.

On peut répondre à ce reproche de deux manières. *Premièrement :* Le mot amour, pris dans son sens vulgaire, est impropre pour caractériser le sentiment que Pauline éprouve pour son mari ; c'est plutôt une affection raisonnée que de l'amour. Elle ne se trompe jamais ni ne trompe personne à cet égard ; et, comme les craintes qu'elle exprime relativement à son mari à la suite de son entretien avec Sévère n'ont pas le caractère romanesque et passionné que les vrais amoureux mettent dans leurs paroles, mais qu'elles sont présentées d'une manière à la fois raisonnable et tendre, comme toutes les observations de Pauline, elles sont sincères ; ce n'est pas une affection de pure bienséance ; elle part du cœur ; cela n'est pas ajusté au théâtre, c'est vrai, seulement, nous le répétons, ce n'est pas, dans le sens propre du mot, de l'amour. — *Secondement :* L'affection que Pauline témoigne à son mari ne serait pas sincère, s'il était question ici d'une âme commune et non de Pauline. Une âme commune ne saurait éprouver deux sentiments opposés, l'un légitime, l'autre illégitime, sans être subjuguée par l'un des deux ; mais une âme forte, comme celle de Pauline, le peut réellement. C'est même cette coexistence de deux passions incompatibles, son amour pour Sévère fondé sur la passion, son affection pour son mari fondée sur le devoir, qui fait la beauté du rôle de Pauline. Voltaire se dit : Pauline aime Sévère et fait semblant d'aimer son mari ; c'est net, mais c'est brutal et faux. Il est vrai d'ajouter que le relâchement de la morale privée au dix-huitième siècle ne préparait guère Voltaire à comprendre le rôle de Pauline.

Sixième reproche injuste. — *L'absence d'amour de Pauline pour Polyeucte ?* (Mme la Dauphine.)

Ce reproche est plus catégorique que le précédent. Il est de Mme la Dauphine, femme du grand Dauphin fils aîné de Louis XIV, père du duc de Bourgogne. Ce mot de Mme la Dauphine est rapporté par Mme de Sévigné, dans une de ses lettres : « Voilà cependant, dit-elle au sortir d'une des premières représentations de *Polyeucte*, une très-honnête femme qui n'aime pas son mari. » (Mme de Sévigné, *Lettre* du 28 août 1680.)

Il est évident que, si par amour, Mme la Dauphine entend, amour passionné, Pauline n'aime pas son mari, c'est Sévère qu'elle aime ainsi ; mais si par amour on entend affection tendre et raisonnée, elle aime son mari. Les femmes n'admettent pas cette distinction ; par amour, elles entendent la passion et toutes ses inconséquences, et comme Pauline n'a point de passion pour Polyeucte, la mère du duc de Bourgogne déclare qu'elle n'a pas d'amour. Laissons de côté ce raisonnement féminin et voyons la vérité. Le devoir, comme il arrive chez les âmes honnêtes, a créé chez Pauline un sentiment affectueux qui n'a ni la violence, ni l'aveuglement, ni la déraison de l'amour, mais qui a plus de profondeur, de solidité, de dévouement, et qui a surtout la délicatesse de ce qu'on appelle l'honneur ; c'est en vertu de ce raisonnement qu'on dit et qu'on a le droit de dire : Pauline aime son mari. Il faut donc admettre pour reconnaître ce sentiment de Pauline, deux sortes d'amour auxquels on donne par un abus de mots le même nom, amour : l'un fondé sur la passion, l'autre sur l'estime et le devoir ; le premier est capricieux et fugitif, le second solide et durable ; en effet la passion s'éteint, l'estime et le devoir restent. Sans doute ce n'est pas la théorie qui a cours au théâtre et dans les romans, ce n'est pas non plus celle de Mme la Dauphine, mais c'est celle de Corneille et c'est la bonne. Il était digne du poëte qui a épuré la scène de tous les sentiments grossiers d'y introduire cette noble théorie de l'amour raisonnable ; elle vaut bien celle de l'amour passionné.

Septième reproche injuste. — *L'obéissance passive que Pauline témoigne à son père Félix.*

Pauline témoigne en deux circonstances son obéissance passive à son père. *Premièrement*, en épousant Polyeucte quoiqu'elle préfère Sévère. *Secondement*, en consentant à revoir Sévère, quoique cette entrevue répugne à son cœur. Il ne faut pas faire à Pauline un reproche de cette obéissance passive, parce que Corneille a voulu représenter en elle plusieurs genres d'héroïsme, celui de la fidélité conjugale et celui de l'obéissance filiale. Elle ne pouvait réaliser le second qu'en poussant l'obéissance jusqu'à la passivité, c'est-à-dire jusqu'au renoncement à elle-même, jusqu'au sacrifice de ses plus chères affections. Corneille, en la montrant héroïque comme fille, a voulu réagir contre l'esprit des comédies et des romans de son temps qui n'admettaient de filles intéressantes que celles qui luttent contre la volonté de leur père, et qui traitaient de poltronnes toutes les filles obéissantes; blâmer Pauline en cette circonstance, c'est ne pas comprendre l'intention de Corneille qui a précisément voulu relever l'autorité paternelle ébranlée par les mauvaises doctrines des poëtes comiques et romanciers. Il faut même remarquer avec quel art le poëte a gradué les deux actes d'obéissance filiale de Pauline ; elle fait le premier avant son mariage, le second, après; elle est tenue au premier, elle ne l'est pas au second, c'est-à-dire qu'elle obéit à son père, même quand elle est légalement dispensée de le faire, elle ne profite pas de l'émancipation conjugale, pour s'affranchir de l'obéissance filiale. C'est ainsi qu'elle étend le sentiment de ses devoirs même au delà des limites ordinaires ; ce qui est une barrière pour les autres, n'en est pas une pour elle ; par un raisonnement semblable, elle se croira obligée de rester fidèle à son mari, même après sa mort, et de ne pas se remarier. Ce qu'elle fait comme fille, après son mariage, elle le fera comme veuve, après la mort de Polyeucte. Tout se tient chez Pauline, la fille et l'épouse ; dans ces deux conditions, elle raisonne comme les grandes âmes qui pensent qu'en ce monde, pour faire son devoir, il faut faire plus que son devoir.

Huitième reproche injuste. — *La tendresse qui règne dans la conversation de Pauline et de Sévère.* (L'abbé d'Aubignac.)

C'est l'abbé d'Aubignac, le critique le plus autorisé du commencement du dix-septième siècle, qui a adressé ce reproche au personnage de Pauline; les jansénistes contemporains de Corneille l'ont répété après lui. L'abbé d'Aubignac a dit : « L'entrevue de Pauline avec Sévère est peu convenable pour une honnête femme. Elle lui dit qu'elle l'aime tendrement, qu'elle n'a épousé Polyeucte que par devoir et que sa vertu succombe en sa présence. » L'abbé d'Aubignac exagère ici quelque peu ; il continue en ces termes : « Elle eût mieux fait de lui dire que son devoir et son mariage avaient étouffé tous les sentiments qu'elle avait pu concevoir autrefois en sa faveur, c'est la conduite que devait garder une femme vertueuse. »

L'abbé d'Aubignac parle ici en prêtre, et non en littérateur; il se place au point de vue du confessionnal et non du théâtre. Il est certain que Pauline, en évitant Sévère, aurait mieux suivi l'Évangile qui prescrit d'éviter la tentation, et qu'elle aurait plus respecté le sacrement du mariage qui ordonne à l'épouse de n'aimer que son époux. Mais ce n'est pas là ce qu'on demande absolument à un personnage dramatique; on veut qu'il ait des passions en lutte avec son devoir et qu'il en triomphe; c'est cette lutte même qui fait le pathétique pour les spectateurs et c'est ce triomphe qui fait l'héroïsme pour les personnages. Les héroïnes tragiques ne sont pas des dévotes et nous n'allons pas chercher au théâtre l'édification, mais l'émotion. Nous demandons l'honneur et la vertu, avec le combat, mais non pas la perfection évangélique.

Neuvième reproche injuste. — *Le caractère des malheurs qui frappent Pauline, condamnables en ce qu'ils ressemblent à des malheurs de comédie.* (Voltaire.)

Par *malheurs de comédie* Voltaire entend, non pas la mort de Polyeucte qu'il considère comme un malheur tragique, mais la séparation définitive de Pauline et de Sévère, à la suite de la conversation où ces deux personnages se quittent, en se déclarant qu'ils ne se reverront plus. Voltaire prétend en cette circonstance que, lorsque les malheurs de l'amour consistent pour une honnête femme à rester dans sa chambre et à vivre avec son mari, ce sont des malheurs de comédie.

Ce reproche est injuste. Comme Pauline a été victime de l'égoïsme paternel, qu'elle a été forcée, c'est le mot, d'épouser qui elle n'aimait pas et empêchée d'épouser qui elle aimait, elle souffre, elle inspire de la pitié. C'est se faire une idée bien fausse de l'amour que de croire qu'il ne peut être tragique qu'en étalant à nos yeux des perfidies, des violences, des assassinats. Il l'est tout autant, et peut-être davantage, quand il tourmente en secret un cœur sensible et délicat, d'autant plus malheureux qu'il souffre sans se plaindre et refoule en lui-même les sentiments dont les traits le déchirent. C'est la situation de Pauline; ses malheurs sont donc tragiques.

Dixième reproche injuste. — *La vanité quelquefois outrecuidante du langage de Pauline.* (Voltaire.)

C'est une allusion à un passage de la première conversation de Pauline et de Sévère, passage dans lequel Pauline annonce ainsi à Sévère qu'elle aime Polyeucte :

> Oui, je l'aime, Sévère, et n'en fais point d'excuse;
> Que tout autre que moi vous flatte et vous abuse,
> Pauline a l'âme noble et parle à cœur ouvert. (II, II.)

Voltaire dit : « Plus on a l'âme noble, moins on le doit dire. L'art consiste à faire voir cette noblesse sans l'annoncer ; Racine n'a jamais manqué à cette règle ; Corneille fait toujours dire à ses héros qu'ils sont grands ; l'opposé de la magnanimité est de se dire magnanime. »

Ce reproche paraît juste au premier abord, il l'est même en thèse générale, mais ici il est faux, parce que les mœurs antiques ne ressemblent pas aux mœurs modernes. Sans doute il est contraire aux bienséances modernes de faire son éloge ; mais les anciens ne se croyaient pas obligés à autant de modestie que nous ; le progrès de la civilisation a amené cette différence ; il faut nous en applaudir ; cependant il ne faut pas être choqué d'entendre tenir par nos prédécesseurs le langage qu'ils parlaient réellement. Ainsi tout le monde connaît le début de la tragédie d'*OEdipe Roi* de Sophocle : Je suis OEdipe tant vanté par tout le monde (vers 87), et ce passage du premier chant de l'*Enéide* de Virgile : *Sum pius Æneas fama super æthera notus.* (I, 378.) Je suis le pieux Enée dont la renommée est montée jusqu'au ciel. Sans doute la société dont Pauline fait partie ne remonte pas aussi haut que celle d'OEdipe et d'Enée ; mais elle se rapproche néanmoins beaucoup plus de l'ancienne que de la moderne, puisque c'est la société de l'an deux cent cinquante après Jésus-Christ. Quant à Racine, s'il n'a jamais prêté à ses personnages ces complaisances de langage, bien plutôt naïves que fanfaronnes, c'est qu'il les a toujours habillés à la moderne, ce que ne fait pas Corneille.

Onzième reproche injuste. — *Le départ de Pauline de la prison avant la réponse de Sévère.* (Voltaire.)

Voltaire trouve qu'il n'est pas du tout naturel que Pauline, qui vient de demander à Sévère la grâce de Polyeucte, quitte la prison, sans écouter la réponse qu'elle attend avec tant d'impatience.

On explique la précipitation de son départ de deux manières, d'abord par la certitude où elle est que cette réponse sera favorable et qu'il est par conséquent inutile de l'attendre ; ensuite par l'impatience où elle est de sortir d'une situation très-embarrassante pour une femme, à savoir supplier son amant pour son époux.

Douzième reproche injuste. — *Le caractère moderne du rôle de Sévère, moderne pour deux raisons, à cause de son* *esprit philosophique et de la tournure chevaleresque de son amour pour Pauline.* (Voltaire.)

Examinons d'abord le premier reproche : les idées philosophiques de Sévère. Il n'y a là aucun anachronisme ; le mot : esprit philosophique est peut-être moderne, mais la chose ne l'est pas. Cet espèce de scepticisme religieux que témoigne Sévère était très-commun au troisième siècle ; à cette époque vivaient beaucoup d'individus, fort honnêtes d'ailleurs, qui n'étaient ni païens convaincus, ni chrétiens, mais qui admettaient la légitimité de toutes les religions, sans se montrer fervents pour aucune. Si on en doute, on n'a qu'à se rappeler Lucien qu'on a appelé le Voltaire de l'antiquité, et qui vivait vers le milieu du deuxième siècle après Jésus-Christ, c'est-à-dire peu de temps avant Sévère et Pauline. Lucien n'était pas une exception de son temps, il représentait une grande partie, la majorité de la société romaine.

Voyons maintenant le second reproche qui est de Voltaire comme le précédent. Voltaire a dit : « Il y a dans le rôle de Sévère une délicatesse d'honneur, un sentiment chevaleresque et même une galanterie héroïque dont on n'avait aucune idée sous le règne de Décius ; c'est un héros du moyen âge, c'est un chevalier du règne de François Ier. » Réponse : *Premièrement* : Il ne faut pas se laisser tromper par les mots, ce qu'il faut considérer c'est la chose, c'est-à-dire le sens des mots. Or le mot chevaleresque, qui par lui-même est moderne et caractérise des façons d'agir et de parler essentiellement modernes, renferme néanmoins des idées qui sont tout aussi anciennes que modernes, avec cette différence qu'elles étaient plus répandues au moyen âge que dans l'antiquité, à savoir la pureté des sentiments, la générosité des pensées, la loyauté de l'amour et par-dessus tout le sentiment délicat de l'honneur. La chevalerie a développé, raffiné même si l'on veut ces idées, elle ne les a pas créées ; elles se sont rencontrées de tout temps et en tout lieu chez quelques âmes d'élite ; elles ne sont le privilége d'aucune époque, elles forment le domaine moral de l'humanité. Au moyen âge on a vu, comme on le répète si souvent, la fleur de toutes ces belles choses, mais le germe en existe à toutes les époques et partout. *Secondement* : La société du troisième siècle, au milieu de laquelle vivaient Sévère et Pauline, offrait précisément, au milieu de la décadence des mœurs publiques et privées, un rare exemple des plus pures vertus. On y rencontrait, dans les classes élevées et même sur le trône, des âmes d'une grande noblesse, témoin l'empereur Marc-Aurèle et son maître Fronton, témoin les Antonins. — « Les cimes du monde romain, dit Marc-Aurèle lui-même, étaient éclairées d'une belle et vive lumière, quoique celle-ci, continue-t-il, en descendant jusqu'à la multitude, ne pût percer de ses rayons affaiblis les corps épais qui lui faisaient résistance. » Cette pureté morale de quelques Romains des hautes classes était l'œuvre des philosophes errants et principalement des philosophes stoïciens qui avaient entrepris à cette époque un véritable système de prédication morale populaire et parcouraient le monde en le remplissant de leur enseignement. C'est ce qui a fait dire qu'à cette époque la vertu antique semblait vouloir jeter son dernier éclat, avant de céder la place au christianisme. Deux raisons fort justes ont donc déterminé Corneille à prêter à Sévère cette exquise délicatesse de sentiments et d'honneur que Voltaire lui reproche : *Premièrement :* Une raison morale, c'est que dans tous les temps et dans tous les lieux il y a eu de grandes âmes aussi éprises de l'honneur qu'au moyen âge. *Secondement :* Une raison historique, c'est qu'au troisième siècle après Jésus-Christ, il s'en rencontrait un grand nombre dans la haute société romaine.

Treizième reproche injuste. — *La bassesse de Félix.* (Voltaire, Schlégel.)

Votaire et Schlégel ont dit : Il n'est pas permis d'introduire dans une tragédie de caractères bas.

C'est une erreur ; les personnages de ce genre ont leurs droits d'entrée dans une tragédie, mais à une condition, c'est que leur bassesse contribue au développement des sentiments de terreur et de pitié qui sont l'essence même de toute tragédie. C'est ce qui arrive pour Félix, puisque sa bassesse constitue un perpétuel danger de mort pour Polyeucte et en est même la cause déterminante. (Voir paragraphe XI, Question 8ᵉ et suivantes.)

Quatorzième reproche injuste. — *La maladresse de Félix accompagnée de fanfaronnade, et par suite l'erreur dont il est dupe à propos de l'ordre de Sévère, l'invraisemblance de la raison qui le détermine à envoyer Polyeucte à la mort.* (Voltaire.)

Tous ces travers de Félix tiennent à sa bassesse. *Premièrement :* Il est fanfaron. En plusieurs circonstances il parle de sa haute science politique, de sa finesse de courtisan, de son habileté à découvrir la pensée d'autrui sous les voiles où elle se cache, et par suite de l'impossibilité de le tromper; il s'offre même de donner des leçons d'astuce à Sévère :

> Et moi, j'en ai tant vu de toutes les façons
> Qu'à lui-même au besoin j'en ferais des leçons. (V, 1.)

Voilà sa fanfaronnade. *Deuxièmement :* Il est maladroit. Il se trompe lourdement quand il voit dans Sévère un ennemi qui tend un piége à sa bonne foi en lui ordonnant de laisser vivre Polyeucte; il croit que Sévère lui dit le contraire de sa pensée pour l'éprouver, tandis qu'il lui dit réellement ce qu'il pense. On a trouvé cette maladresse et cette outrecuidance peu naturelles et l'on en a conclu que l'erreur par laquelle il fait mourir Polyeucte est invraisemblable.

Voici la réfutation de ces reproches : Pour sa fanfaronnade, ce sont les gens les plus malhabiles qui se piquent habituellement d'y voir le plus clair, la forfanterie est la compagne ordinaire de l'aveuglement; pour sa maladresse, les hommes qui passent leur vie comme Félix à trembler pour leur place peuvent être amenés par l'obsession perpétuelle de la peur à se faire une idée fausse de tout ce qui les entoure, à se méprendre sur les vrais sentiments des personnages avec qui ils sont en rapport; ils peuvent considérer comme des traîtres les hommes les mieux intentionnés à leur égard; la peur trouble le jugement. Si la maladresse de Félix est naturelle, l'erreur de jugement qui lui fait mal interpréter l'ordre de Sévère et envoyer Polyeucte à la mort est donc vraisemblable.

Quinzième reproche injuste. — *La lâcheté de Félix.* (Schlégel.)

Ce critique a dit : « Félix dont la basse lâcheté fait tourner contre Polyeucte tous les efforts de son rival pour le sauver. » Par lâcheté Schlégel entend tous les bas calculs de Félix pour désarmer Sévère, pour lui faire épouser Pauline, pour se défaire de Polyeucte. Ce reproche n'est donc que celui de sa bassesse; le mot seul diffère.

Si Schlégel blâme cette lâcheté c'est qu'il n'admet pas plus que Voltaire les personnages bas au théâtre; nous avons suffisamment réfuté ce reproche. (Voir *ibidem*, Question 13º et paragraphe XI, Question 8º et suivantes.) On pourrait ajouter qu'il y a en effet de la lâcheté et même de la cruauté dans la conduite de ce beau-père envoyant froidement son gendre à la mort pour consolider sa position, mais il n'y a là aucune exagération, aucune invraisemblance : rien de plus lâche et de plus féroce que la pusillanimité.

Seizième reproche injuste. — *Corneille aurait dû donner à Félix un grand zèle pour la religion païenne au lieu de lui prêter des sentiments de bassesse.* (Voltaire.)

D'après la pensée du critique, ennemi de la bassesse dans la tragédie, Corneille aurait dû établir un constraste entre le zèle de Polyeucte pour le christianisme et celui de Félix pour le paganisme.

Sans doute il y avait là matière à une antithèse ingénieuse. Mais outre que Corneille eût négligé en cette circonstance l'occasion de représenter au vif un de ces malhonnêtes gens, comme on en rencontre tant dans le monde, il eût été difficile de trouver au troisième siècle après Jésus-Christ un gouverneur de province persuadé de la vérité du paganisme ; les persécuteurs ne manquaient pas, mais ce qu'on n'eût pas rencontré c'est un persécuteur convaincu.

Dix-septième reproche injuste. — *L'ignorance de Félix relativement aux grands événements qui viennent de se passer en Arménie.*

On a dit : Il n'est pas vraisemblable que le gouverneur de l'Arménie, province voisine de la Perse, ignore la victoire que les armées romaines viennent de remporter sur les armées des Perses.

Sans doute l'Arménie n'est pas éloignée de la Perse, puisqu'elle est située au nord de ce pays, et que ces deux provinces sont par conséquent contiguës ; cependant le combat ne s'est pas livré précisément sur les confins des deux contrées, et les hémérodromes de ce temps n'allaient pas aussi vite que les courriers de nos jours ; ensuite ce détail est si peu important, il est si indifférent au développement des caractères et à la marche de l'action qu'il ne vaut pas la peine d'être relevé.

Dix-huitième reproche injuste. — *La conversion de Félix.* (La Harpe.)

La Harpe trouve la conversion de Félix blâmable pour deux raisons, à cause de la répétition monotone d'un miracle et de l'indignité du personnage converti.

Examinons ces deux raisons. *Premièrement :* La répétition monotone d'un miracle. La Harpe a dit : « un moyen aussi extraordinaire qu'un miracle peut être admis une fois, mais ne doit pas être répété. Corneille en abuse quand il l'emploie successivement pour Pauline et pour Félix, c'est trop d'une fois; il y a là quelque chose de monotone. » D'abord deux miracles ne doivent pas être confondus avec une série de miracles; la monotonie ne peut commencer avec le nombre deux; ensuite ces deux miracles sont tout à fait naturels, parce qu'ils sont obtenus du ciel par les prières de Polyeucte qui vient d'y monter et dont le spectateur a entendu quelques minutes auparavant les vœux et les promesses d'intercession; enfin ils sont tout à fait conformes à cette rapidité contagieuse de conversions qui poussait les chrétiens des premiers siècles de l'Eglise à suivre l'exemple des glorieux martyrs dont l'enthousiasme se communiquait à eux. — *Secondement* : L'indignité du personnage converti. La Harpe a dit : « Le spectateur admet bien que Pauline se convertisse; la conversion au christianisme est une récompense que mérite cette honnête femme; mais le vil et méprisable Félix devrait en être exclu. » Raisonner ainsi, c'est se placer au point de vue dramatique, vrai absolument, mais ici tout à fait déplacé, que les bons doivent être récompensés et les mauvais punis. Sans doute les grands écrivains ne doivent pas s'écarter de ces dénoûments appuyés sur la morale. Mais il faut considérer ici que la tragédie de *Polyeucte* est une tragédie religieuse qui repose sur la théorie de la grâce : or, c'est pour ainsi dire un article de foi que la grâce est octroyée aux indignes aussi bien qu'aux autres hommes; c'est cette vérité fondamentale qu'on exprime habituellement au moyen de ces mots : la grâce est un don gratuit de la part de Dieu, c'est-à-dire qu'elle est antérieure à tous les mérites et qu'elle en est indépendante, qu'un homme peut la recevoir tout en étant malhonnête, égoïste, scélérat. C'est précisément le cas de Félix. La seule objection que l'on puisse faire à Corneille, c'est que cette théorie de la grâce avec son caractère de gratuité était inconnue au troisième siècle; mais elle ne l'était pas, puisqu'elle se trouve dans saint Paul qui vivait au premier siècle de l'ère chrétienne. On lit en effet dans une épître de lui aux Romains : — « Dieu dit à Moïse : J'aurai pitié de qui je veux avoir pitié; je ferai miséricorde à qui je voudrai faire miséricorde. Ce n'est donc pas ici l'œuvre de l'homme qui s'efforce ou qui court, mais de Dieu qui a pitié; le potier n'est-il pas maître de son argile? Ne peut-il pas tirer de la même boue un vase d'honneur et un vase d'ignominie? » (*Epître aux Romains*, IX, 15-21.) — Saint Paul dit ailleurs : — « C'est ainsi qu'aujourd'hui encore un petit nombre d'hommes ont été sauvés par la préférence de la grâce; si c'est par la grâce, ce n'est donc point par les œuvres, car autrement la grâce n'est plus la grâce. » (*Épitre aux Romains*, XI.) L'expression : *ce n'est donc point par les œuvres*, établit clairement la gratuité de la grâce et la participation des indignes. Si cette théorie se trouve dans saint Paul, au premier siècle après Jésus-Christ, elle devait être connue du troisième, Corneille a donc pu l'introduire sans anachronisme dans sa tragédie de *Polyeucte*.

Dix-neuvième reproche injuste. — *La trivialité générale du langage de Félix.* (Voltaire.)

D'abord le mot trivialité est exagéré; sans doute cette pièce renferme des expressions familières, Félix a un langage conforme à ses pensées, mais l'auteur n'a jamais dépassé les limites du bon goût et le précepte de Boileau s'y trouve fidèlement observé :

Le style le moins noble a pourtant sa noblesse. (*Art poétique*, I, 80.)

Voici en effet les expressions les plus familières que se permette Félix, on peut voir qu'elles ne sont pas triviales : — « *Que tu discernes mal le cœur d'avec la mine!* » dit-il à son confident Albin. — *Les restes d'un rival*, pour désigner Pauline. — *La plus fine pratique des cours*, pour dire les intrigues qui s'y trouvent. — C'est en vain que Sévère *tempête*. — Mais moi, *j'en ai tant vu de toutes les façons*, dit-il à propos de ce même Sévère, qu'à lui-même au besoin j'en ferais des leçons. — Non-seulement ces expressions ne sont pas triviales, mais elles ont un mérite : elles donnent à la tragédie plus de laisser-aller, plus de naturel; elles lui ôtent cette raideur qu'on a tant reprochée au théâtre français. Si Corneille fait des efforts pour faire descendre la tragédie de ses échasses, il ne faut pas l'en blâmer. Voltaire, avec sa théorie sur la dignité du langage, a rendu un mauvais service à la langue tragique; il eût mieux fait d'imiter Corneille. En second lieu, la familiarité de Félix est souvent fort heureuse; elle exprime avec originalité et souvent sous une forme piquante des idées basses; de nos jours, nous sommes beaucoup moins timorés que Voltaire et ses contemporains; nous n'exagérons pas cette pudeur de style que réclame Voltaire; nous admettons les familiarités de Corneille, convaincus que nous ne devons pas nous montrer plus difficiles sur ce point que les Grecs eux-mêmes.

Vingtième reproche injuste. — *L'absence de progression dans l'enthousiasme religieux de Polyeucte, de Pauline et de Fé-*

lix; l'invraisemblance de l'instantanéité de leur zèle. (Schlégel.)

Le critique allemand insiste beaucoup sur ce reproche; il l'adresse à Polyeucte, à Pauline et à Félix. Nous l'avons déjà réfuté pour Polyeucte. (Voir *ibidem*, 3ᵐᵉ reproche injuste.) Voici comment l'écrivain allemand formule sa pensée : — « Les miracles de la grâce sont posés en fait dans cette tragédie, mais non pas manifestés sous un jour à la fois frappant et mystérieux. » — Nous ne pouvons que répéter ici ce que nous avons dit plus haut pour Polyeucte, à savoir que ce caractère visible et instantané de la grâce est conforme d'abord à la théorie religieuse adoptée par l'Eglise, ce qui est le point principal; ensuite, aux nécessités théâtrales qui forcent l'auteur de parler aux yeux et d'agir vite, ce qui est une justification secondaire. Schlégel reproche à ces trois conversions de se présenter comme des faits accomplis. L'auteur ne pouvait, sur la scène et en vingt-quatre heures, représenter le lent travail des métamorphoses religieuses qui s'accomplissent dans le loisir des cloîtres.

Vingt et unième reproche injuste. — *Le caractère général de l'intrigue, nouée sans doute avec beaucoup d'art, mais manquant souvent de dignité, parce que le choix des ressorts dramatiques n'est pas toujours tragique.* (La Harpe.)

Ce reproche est une allusion au rôle entier de Félix. La Harpe dit que cette absence de dignité dans le choix des ressorts dramatiques est le principal défaut de l'ouvrage. Quoique nous ayons déjà réfuté ce reproche à propos de Félix, nous ajouterons ici quelques mots.

La Harpe prétend que, comme toutes les parties d'un drame réagissent réciproquement les unes sur les autres, la disconvenance d'un caractère forme un défaut qui retombe sur l'œuvre tout entière. C'est vrai, mais comme le caractère de Félix n'offre aucune disconvenance, quoique vil et méprisable, l'œuvre n'en souffre pas. Pourquoi, répétons-le, Félix malgré sa bassesse n'est-il pas déplacé dans la tragédie? C'est que tout ressort dramatique, pour prendre l'expression de la Harpe, fût-il un vil sentiment de peur ou même de lâcheté, offre assez de dignité quand il amène des événements terribles. Que ce soit la pusillanimité d'un poltron ou l'audace d'un scélérat effronté qui cause le malheur d'une honnête femme ou la mort d'un honnête homme, peu importe, nous plaignons cet homme et cette femme, sans nous demander si la cause de leur infortune est digne ou indigne. Il n'est pas ici question de savoir si le coupable est du genre noble ou du genre vulgaire, mais bien de voir si les victimes souffrent et si elles supportent vaillamment leurs épreuves. Soulever en cette circonstance une question de convenance ou de disconvenance, à propos de l'auteur de tout ce mal, est une puérilité ou une chicane d'école.

Vingt-deuxième reproche injuste. — *Le caractère des premiers actes qui se rapprochent de la comédie par le ton du dialogue et par le genre des situations.* (Reproche qui rentre dans le précédent.)

Ce reproche est de Voltaire ; il est répété par Schlégel. Voir la réfutation du reproche précédent et même paragraphe, reproches relatifs à Félix. (Questions 13-14-15-19.)

Vingt-troisième reproche injuste. — *Les trivialités d'expressions dont cette pièce abonde.*

(Voir même paragraphe, 19ᵉ reproche.)

Vingt-quatrième reproche injuste. — *L'invraisemblance de certains détails d'avant-propos, et, pour ainsi dire d'avant-scène, comme la mission de Sévère en Arménie, son ignorance relativement au mariage de Pauline, la faute commise par Félix contre les convenances et l'étiquette quand il ne va pas au devant de Sévère et ne le voit qu'après Pauline.*

Ces défauts sont insignifiants, parce qu'ils ne portent ni sur l'intrigue ni sur les caractères ; le dernier donne même lieu à de grandes beautés, puisqu'il amène la première entrevue de Sévère et de Pauline. Il est vrai que Sévère devrait offrir en Perse et non en Arménie le sacrifice d'actions de grâces, puisque c'est en Perse qu'il a été vainqueur ; mais, dira-t-on, il est envoyé pour persécuter les chrétiens. Il n'y paraît guère. On sent trop que le motif de son voyage est le désir d'épouser Pauline ; sans doute Corneille eût mieux fait de le dire, mais c'est une tache si légère qu'on ne peut pas la reprocher à l'auteur. Du reste donner un but politique à son voyage, c'était ennoblir tous ces événements.

Il est encore vrai que Sévère pourrait connaître le mariage de Pauline, mais cependant cela ne va pas de soi, puisqu'il n'est conclu que depuis quinze jours et que c'est là une question de famille qui ne doit pas avoir le retentissement d'un fait politique.

Quant à la faute que Félix commet contre l'étiquette en n'allant pas au devant de Sévère, c'est ne pas comprendre le rôle de ce personnage que de formuler un pareil blâme ; le rôle de Félix est d'avoir peur pour sa place ; or, il a précisément peur de Sévère et il ne veut le voir que dûment désarmé par Pauline. Tout son caractère est révélé par ce premier acte de poltronnerie.

Vingt-cinquième reproche injuste. — *L'invraisemblance des discussions théologiques de la première scène entre Néarque et Polyeucte.* (Voltaire.)

Dans cette scène, Néarque explique à son ami le caractère et les effets de la grâce, l'obligation de s'y conformer ; il prononce même le mot de grâce efficace, opposée par les jansénistes à la grâce simple ; Polyeucte, de son côté, en conteste l'urgence, en discute les ordres impérieux, dit qu'on peut attendre, sans que pour cela elle échappe ; c'est une conversation qui ressemble en effet à un débat, mais le reproche de discussion théologique est injuste.

D'abord ce mot est exagéré ; la conversation n'a pas l'étendue d'une discussion ; les deux ou trois expressions précises qui s'y trouvent n'ont pas un caractère assez technique pour rappeler la théologie ; la scène ne perd pas son caractère de conversation religieuse entre deux amis qui diffèrent d'avis. Ensuite, comme la tragédie de *Polyeucte* est religieuse, il est impossible d'éviter les développements d'un ordre religieux, à la condition qu'ils fassent bien partie de l'action ; c'est ce qui arrive ici ; cette conversation va déterminer dans quelques minutes Polyeucte à se faire baptiser ; le baptême lui inspirera l'idée de renverser les idoles païennes, et ce renversement des idoles amènera son supplice ; son entretien avec Néarque est donc le premier anneau de cette chaîne d'événements dont sa mort est le dernier. En troisième lieu ces dialogues sur les questions religieuses devaient être fréquentes au troisième siècle, entre fanatiques et indifférents, ou, comme on disait alors, entre catéchisés et catéchumènes, les uns cherchant à entraîner les autres. Enfin ce langage qui nous paraît suranné et quelque peu exotique, à la fin du dix-neuvième siècle, était parfaitement compris du parterre français en 1640, époque où les questions de la grâce agitaient tous les esprits. Chaque jour ces matières théologiques défrayaient les conversations, et le public se trouvait par avance familiarisé avec cette sorte d'idées et de langage. La disposition générale des esprits rendait de pareilles scènes non-seulement très-vraisemblables mais encore très-intéressantes. Aujourd'hui, bien que peu portés à ces idées, nous sommes forcés de convenir que la scène incriminée offre une couleur locale parfaitement en harmonie avec l'ensemble de la tragédie.

Vingt-sixième reproche injuste. — *La multiplicité des conversions de la fin.*

(Voir même paragraphe, Reproche 18.) A la fin de la tragédie, il y a deux conversions, celle de Pauline et de Félix, et un commencement de conversion de la part de Sévère. Cette multiplicité d'événements semblables est justifiée par le caractère instantané et contagieux de la grâce, tel que l'admettaient les premiers chrétiens et tel que l'admet encore l'Eglise. Qu'on se rappelle la journée du Guichet où six personnes sont converties par une seule ! (Paragraphe II, Questions 10 et 11.)

PARAGRAPHE XIV

Reproches justes.

Premier reproche juste. — *Traits de galanterie mondaine dans les deux rôles de Pauline et de Sévère.*

L'influence de l'hôtel de Rambouillet se fait sentir dans quelques passages du rôle de ces deux personnages; leur langage est quelquefois précieux et empreint, comme on disait au dix-septième siècle, d'une galanterie « noble et civile. » En voici des exemples :

> Sur mes pareils, Néarque, un bel œil est bien fort. (I, 1).
> Achevons de mourir en lui disant adieu. (II, 1.)
> Trop heureux, mais trop tard, je n'ai pu l'acquérir,
> Laisse-la moi donc voir, soupirer et mourir. (*Ibid.*)

C'est ce que Boileau appelle spirituellement mourir par métaphore. Ailleurs Sévère dit encore :

> Pourrai-je voir Pauline et rendre à ses beaux yeux
> L'hommage souverain que l'on va rendre aux Dieux ? (II, 1.)

Certainement ce langage est affecté, et cependant l'amour de Sévère et de Pauline est si vrai que, malgré ces défauts de style, personne ne le prend pour de la galanterie, qu'il fait même sur le spectateur la plus vive impression. Voltaire lui-même, qui relève avec sa verve habituelle ces traits de mauvais goût, ne peut s'empêcher de rendre témoignage au pathétique de la situation dans laquelle se trouvent ces deux infortunés amants : « Un général d'armée, qui vient en Arménie soupirer et mourir en rondeau, paraît très-ridicule aux gens sensés de l'Europe ; tout cela est vrai, et il n'en est pas moins vrai que l'amour de Sévère intéresse, parce que tous ses sentiments sont nobles. »

Deuxième reproche juste. — *Le système d'idées absolues de Pauline.* (Guizot.)

Ce reproche est le plus grave que l'on puisse adresser à la pièce. Voici en quoi il consiste : Quand Pauline parle à Félix de son amour pour Sévère, elle le fait avec une véhémence si grande qu'elle semble ne pas aimer Polyeucte, c'est-à-dire oublier son devoir, et quand elle parle à Polyeucte de son amour pour lui, elle le fait avec une émotion si grande qu'elle semble ne pas aimer Sévère, c'est-à-dire oublier sa passion. En voici la preuve : elle dit à Félix, à propos de son amour pour Sévère :

> Moi, moi, que je revoie un si puissant vainqueur,
> Et m'expose à des yeux qui me percent le cœur ! (I, IV.)

C'est le cri de l'amour le plus vif, c'est l'effroi d'un cœur déchiré de ses blessures. Ici elle prouve qu'elle adore Sévère. D'un autre côté voici ce qu'elle dit à Polyeucte de son amour pour lui, quand elle cherche à le sauver d'une mort imminente :

> Ne désespère pas une âme qui t'adore ! (V, III.)

Ce langage est aussi tendre que celui qu'elle tient à propos de Sévère ; c'est l'expression de l'amour passionné ; ici elle prouve qu'elle adore Polyeucte. Dans ces deux cas, elle parle évidemment avec une véhémence qui dépasse le but. Ce qu'elle éprouve en réalité dans ces deux circonstances, c'est un sentiment mixte, c'est-à-dire composé d'amour raisonné pour son mari et d'amour passionné pour Sévère ; ces deux sentiments se limitent réciproquement dans son cœur, ils devraient se limiter également, c'est-à-dire se tempérer l'un l'autre, dans son langage. Corneille, au lieu de les adoucir mutuellement, ne voit d'abord que l'un qu'il fait très-fort, ensuite que l'autre auquel il donne la même force. Il prend chacun séparément, comme si tous deux ne se trouvaient pas réunis dans le même cœur. Le défaut de Pauline est donc une véhémence trop franche, un langage trop exclusif, soit qu'elle parle de son devoir, soit qu'elle parle de son amour.

Première question. — *Comment expliquer ce défaut de Pauline?*

Ce défaut de Pauline tient au caractère même de l'esprit de Corneille; Corneille a en toutes choses des idées absolues, c'est-à-dire que, toutes les fois qu'il veut exprimer sur la scène une idée quelconque, il s'y livre tout entier, écartant toutes les idées particulières qui contrarient son idée générale; il est inhabile à peindre les sentiments mixtes, c'est-à-dire composés de deux sentiments contraires. Toutes les fois qu'il lui faut analyser des sentiments de ce genre, il se jette soit d'un côté, soit de l'autre. C'est une disposition d'esprit qui lui est naturelle et qu'on retrouve dans presque toutes ses tragédies; et cependant *Polyeucte* est avec le *Cid* la pièce où il a le plus habilement mêlé les diverses affections du cœur.

Deuxième question. — *Quels sont les inconvénients de ce système d'idées absolues?*

Premièrement : Il est opposé à la nature des choses, parce que la plupart des sentiments de l'homme sont des sentiments mixtes; il est rare qu'une passion s'introduise dans notre cœur sans y être combattue par une passion contraire; la sagesse consiste dans l'équilibre de ces éléments opposés, c'est à le maintenir que concourent tous les efforts des honnêtes gens; nos paroles et nos actes se ressentent toujours de l'association de ces principes différents. *Secondement :* Il est cause des maximes contradictoires qu'on rencontre dans le théâtre de Corneille; le poëte, en vertu de sa tendance à pencher toujours du côté des idées absolues, exprime avec la plus véhémente franchise les pensées les plus opposées, les plus incompatibles; il en résulte que la morale de son théâtre est quelquefois très-sévère, quelquefois très-relâchée. Ainsi on trouve chez lui, à côté des principes d'un républicanisme inflexible, des maximes d'une obéissance servile. Voici des maximes d'un républicanisme inflexible :

La perfidie est noble envers la tyrannie. (*Cinna*, III, IV.)
Pour être plus qu'un roi, tu te crois quelque chose. (*Ibid.*)

Voici des maximes d'une obéissance servile :

> Sire, on se défend mal contre l'avis d'un roi,
> Et le plus innocent devient soudain coupable
> Quand, aux yeux de son prince, il paraît condamnable
> C'est crime qu'envers lui se vouloir excuser ;
> Notre sang est son bien, il en peut disposer. (*Horace*, V, ii.)

Le duc de Grammont a dit que Corneille est le bréviaire des rois, on peut dire avec autant de raison que c'est le bréviaire des républicains, puisqu'il nous apprend aussi bien la soumission à l'autorité royale que l'insurrection contre elle. Corneille expose avec tant de bonne foi ces maximes contradictoires qu'on n'est pas tenté de lui en faire un reproche; la cause en est dans son système d'idées absolues, la véhémence et, un peu aussi, la naïveté de son génie.

Troisième question. — *Quels sont les avantages de ce système d'idées absolues?*

Comme l'application de ce système suppose l'entier abandon du poëte à telle ou telle idée spéciale, il en résulte chez Corneille une grande habileté à représenter le génie des différents peuples, le caractère particulier de chaque individu. Ainsi ses Grecs, ses Romains, ses Espagnols sont vraiment des Grecs, des Romains, des Espagnols ; ses rois, ses ministres, ses républicains sont vraiment des rois, des ministres, des républicains ; chacun de ses personnages a bien la physionomie et le langage qui lui conviennent. Il n'en est pas de même chez Racine. Comme Racine prend ses peintures dans la nature humaine générale et efface de ses portraits les signes individuels, ses personnages ont moins d'originalité, moins de physionomie propre ; ils sont aussi bien français que grecs ou romains. Sans doute ce dernier système a ses avantages au point de vue philosophique, mais celui de Corneille est préférable au point de vue historique. Quant au point de vue dramatique, le plus important ici, la chose est fort contestable et donnerait lieu à de longues controverses qu'il est impossible d'aborder ici.

Tel est l'ensemble des reproches injustes et justes adressés à la tragédie de *Polyeucte*.

FIN DE LA TRAGÉDIE DE POLYEUCTE.

EXPLICATION
DU THÉATRE CLASSIQUE

RACINE

BRITANNICUS

ANALYSE DE LA TRAGÉDIE.

Le sujet de la tragédie de *Britannicus* est le premier crime de Néron qui empoisonne son beau-frère Britannicus, fils de Claude, parce que Agrippine sa mère veut le faire monter sur le trône à sa place.

Néron, élevé au trône par les intrigues et les crimes de sa mère Agrippine, commence à se lasser de sa tutelle et veut régner seul, comme son précepteur Burrhus le lui conseille; Agrippine ne veut rien céder de son autorité, et, quand elle se voit écartée du trône par son fils, elle forme la résolution de l'en faire descendre lui-même, pour lui donner un successeur auprès duquel elle gardera l'autorité qu'il lui retire. Son choix s'arrête naturellement sur Britannicus, fils de Claude, héritier légitime du trône, qu'elle est parvenue jadis à en écarter, mais auquel elle rend aujourd'hui sa protection, pour se servir de lui comme d'un point d'appui et d'un épouvantail contre son propre fils. Dans le but de relever la fortune de ce jeune prince et de se l'attacher, elle le fiance à Junie qu'il aime. Mais Néron est averti à temps de tous ces projets par Narcisse qui sait tout, qui voit tout, Narcisse traître à double visage qui se donne comme l'ami de Britannicus, obtient de lui l'aveu de tous ses secrets, aussi bien politiques qu'amoureux, et va les raconter à Néron. Grâce à lui, l'empereur découvre le plan de sa mère, et le déjoue par une série d'actes hardis qui se succèdent coup sur coup, en révélant les rapides progrès de son audace.

D'abord il fait enlever Junie au milieu de la nuit, pour rompre le mariage projeté par Agrippine entre elle et Britannicus; ensuite il fait exiler Pallas, favori de sa mère, dont le pouvoir et les immenses richesses appuient le crédit d'Agrippine ; puis il annonce à Junie, dans un premier entretien, qu'il veut l'épouser, et qu'à cet effet il divorcera avec Octavie. Mais, comme il veut que Britannicus renonce à tout espoir de mariage avec elle, il ordonne à Junie, sous peine de mort pour Britannicus, de déclarer elle-même à son fiancé, dans une entrevue à laquelle Néron assiste invisible et présent derrière un voile, qu'il doit renoncer à son amour. Cette entrevue n'a pas le résultat que Néron attendait ; elle se termine par un dénoûment heureux, grâce à l'adresse de Junie qui déguise son amour et laisse partir Britannicus désespéré ; aussi le désappointement de Néron est-il grand ; toujours convaincu qu'ils s'aiment, malgré leur froideur apparente, il prend sa revanche à la manière des tyrans, par la ruse et la violence. Voici comment : Narcisse ménage entre Junie et Britannicus une seconde entrevue dans laquelle ils se croient seuls cette fois et à l'abri de tout espionnage ; malgré leur réserve, ils se parlent plus librement. A ce moment Narcisse va avertir à la dérobée Néron qui, sans se faire annoncer, entre brusquement dans la salle du palais où ils causent, le front sévère et menaçant. Britannicus indigné d'une pareille conduite, trouve tout à coup pour lui répondre, et même pour le braver, une énergie qu'on ne soupçonnait pas en lui ; à partir de ce moment Néron le fait arrêter et projette sa mort.

Puis, pour compléter la vengeance provisoire dont son cœur jaloux est avide, il fait arrêter en même temps Junie sa complice, Agrippine qu'il croit avoir favorisé leur seconde entrevue, et il menace même de faire arrêter Burrhus qui lui paraît suspect, parce que sa vertu condamne cette série d'iniquités. Ces actes de violence matérielle accomplis, le sort de Britannicus est à peu près décidé ; un combat moral mêlé de trois incidents va le fixer.

Ces trois péripéties sont trois entrevues qu'il a successivement avec sa mère, avec Burrhus et avec Narcisse. Après l'entrevue avec sa mère, c'est-à-dire la première, Néron poussé à bout par l'orgueil maladroit d'Agrippine, est plus que jamais décidé à tuer Britannicus ; seulement par un raffinement d'hypocrisie et de cruauté auquel il est vite parvenu, il veut le tuer en laissant croire à sa mère ainsi qu'à son rival, qu'il se réconcilie avec lui, ou plutôt avec tous deux. Après la seconde entrevue, c'est-à-dire l'entrevue avec Burrhus, converti par l'éloquente vertu de son gouverneur, il est décidé réellement, sans ruse et sans arrière-pensée, à se réconcilier avec son frère adoptif. Après la troisième, c'est-à-dire après l'entrevue avec Narcisse, il forme définitivement et d'une manière irrévocable le projet d'accomplir son fratricide.

Il l'accomplit en effet. Au milieu d'un repas, il empoisonne Britannicus. Ce crime commis, Agrippine, rapidement avertie par Burrhus de ce qui vient de se passer, accourt dans la salle du festin, arrête Néron qui s'enfuit, et l'accable d'imprécations au milieu desquelles perce le sinistre pressentiment de sa propre mort ; quelques minutes après, Narcisse est mis en pièces dans la rue par le peuple : Junie se sauve du palais pour entrer dans le collége des Vestales ; Néron désolé, non pas du meurtre de Britannicus, mais de la perte de Junie, rentre dans son appartement pour attenter à ses jours ; Agrippine et Burhus le suivent pour l'empêcher d'accomplir son funeste dessein : tous deux restent à la cour.

Telle est l'analyse de cette tragédie.

PARAGRAPHE I

Préliminaires : Titre de la pièce. — Date. — Sources. — Choix du sujet. — Sort des représentations. — Dédicace. — Les deux préfaces de Racine. — Rapports de Racine et de Corneille en cette circonstance.

Première question. — *A quelles observations donne lieu le titre de la tragédie de Britannicus ?*

Réponse : Ce titre, si simple en apparence, donne lieu à deux observations importantes :

Première observation. Ce n'est pas le principal personnage qui donne son nom comme titre à la tragédie. Britannicus n'est en effet qu'un personnage secondaire, qui ne vient qu'après Agrippine, Néron, Burrhus et Narcisse. Cette dénomination de la tragédie est contraire à la règle adoptée en pareille matière par Racine et son prédécesseur Corneille qui choisissent ordinairement pour titre de leurs pièces, le nom du personnage le plus important ; ainsi le *Cid, Horace, Cinna, Polyeucte, Rodogune, Andromaque, Iphigénie, Esther*. Si Racine s'est départi en cette circonstance de son habitude ordinaire, c'est qu'il a mieux aimé considérer le principal événement de la pièce, la mort de Britannicus, que le principal personnage Agrippine. C'est ce qu'il a fait aussi pour la tragédie d'*Athalie* : il annonce dans la préface de cette pièce que, s'il avait choisi pour titre le nom du principal personnage, il l'aurait intitulée *Joad*, mais qu'il a préféré se laisser guider par le principal événement, qui est en effet la mort d'Athalie. On peut dire, à propos de la tragédie de *Britannicus*, que ce qui l'a déterminé à opter pour le principal événement et non pour le principal personnage, c'est une raison de tendresse et de sympathie pour le malheur. Il a accordé exceptionnellement l'honneur de son titre (car c'en est un), non pas au plus fort, mais au plus faible ; non pas au bourreau, ou à celle qui ne valait guère mieux que lui, mais à la victime ! On reconnaît là l'âme sensible de Racine.

On peut se demander ici quelle est la règle suivie en pareille circonstance par les poëtes grecs : ils faisaient comme Corneille et Racine : ils choisissaient pour titres de leurs tragédies le nom du principal personnage : *Prométhée*, *Agamemnon*, *Ajax*, *Antigone*, *Philoctète*, *OEdipe-Roi*, *OEdipe à Colone*. Quelquefois, mais rarement, ils dérogeaient à cette habitude, et intitulaient leurs pièces du nom du chœur : les *Euménides*, les *Suppliantes*, les *Trachiniennes*, les *Choéphores* ; cette exception tient à ce que, dans l'antiquité, le poëte étant chargé officiellement de former le chœur, et cette fonction étant une véritable magistrature, quand le héraut annonçait publiquement l'ouverture des jeux, au lieu de dire : on va jouer telle ou telle tragédie, il disait : « Faites avancer le *chœur* d'Euripide ; faites avancer le *chœur* de Sophocle, » et à la suite de cette annonce on ne trouvait pas extraordinaire de voir commencer une pièce qui s'appelait tout simplement du nom du *chœur*. C'était une réponse aux paroles du héraut. Racine et Corneille imitaient donc, même dans leurs titres, les maîtres de l'antiquité, Eschyle, Sophocle et Euripide.

Deuxième observation. Il faut remarquer la simplicité de ce titre : un nom propre, voilà tout ; *Britannicus* et non : *Mort de Britannicus*. Ce détail, insignifiant en apparence, montre le dédain des poëtes classiques du dix-septième siècle pour les titres à effet. Un poëte de nos jours eût préféré la seconde dénomination. Le titre de la tragédie de Corneille, *Mort de Pompée*, n'infirme pas cette observation, car tout le monde sait que le sujet de cette dernière pièce n'est pas la mort de Pompée, mais bien les suites de cette mort et que Pompée ne paraît pas dans cette tragédie, parce qu'il est tué avant qu'elle ne s'ouvre. Les auteurs contemporains attachent une grande importance à leurs titres : c'est pour eux une grosse affaire. Quelquefois même, ils font une pièce pour un titre qui se présente tout d'abord à leur esprit et qui leur paraît ingénieux, témoin ce dramaturge moderne, Crisafulli, qui intitula une de ses pièces : *Giroflée, Girofla*, parce qu'une mère de famille, qui avait perdu sa fille, la reconnaît tout à coup, à sa voix, au milieu d'une ronde d'enfants qui chantaient l'air précédent. En général les écrivains modernes donnent à leur titre une tournure dramatique qu'ils croient saisir vivement l'esprit du lecteur, ou une forme explicative qu'ils considèrent comme le résumé philosophique de la pièce : de là ces titres effrayants et développés des pièces modernes, même des bons auteurs : les *Diables noirs*, de Sardou, l'*Honneur et l'argent* de Ponsard. Les poëtes anciens et les poëtes modernes du dix-septième siècle n'attachaient pas tant d'importance à une bagatelle : ils ne voyaient dans le titre qu'une étiquette insignifiante. Ils ne songeaient pas à produire de l'effet, avant le lever de la toile ; à émouvoir avant de parler, à orner leur enseigne. N'est-ce pas une puérilité et presque une supercherie d'enjoliver l'étiquette pour encourager à ouvrir le sac ?

Deuxième question. — *Quelle est la date de la première représentation de* Britannicus?

Réponse. 1669. Deux ans après *Andromaque*, de 1667. Dans l'intervalle Racine fit jouer les *Plaideurs*, en 1668.

Troisième question. — *Quelles pièces Racine a-t-il composées avant* Britannicus?

Réponse. Quatre : La *Thébaïde* ou les *Frères ennemis*, 1664. — *Alexandre*, 1665. — *Andromaque*, 1667. — Les *Plaideurs*, 1668.

Quatrième question. — *A qui cette tragédie est-elle dédiée ?*

Au duc de Chevreuse, ami intime de Fénelon, beau-frère du duc de Beauvilliers, gendre de Colbert. (C'est à Colbert qu'est dédiée *Bérénice*.) Racine dédia sa tragédie de *Britannicus* au duc de Chevreuse pour deux raisons : la première, c'est que le duc de Chevreuse était son protecteur. C'est lui qui lui procura en effet le moyen, on pourrait dire l'honneur, car c'en était un à cette époque, de lire pour la première fois sa tragédie au ministre Colbert, son beau-père. Celui-ci l'approuva fort, ce qui n'empêcha pas d'ailleurs la tragédie d'être très-mal accueillie du public, à son début. La seconde raison c'est que le duc de Chevreuse était intimement lié avec les jansénistes de Port-Royal dont Racine était, avec Pascal, l'hôte le plus illustre. Le duc de Chevreuse possédait même un petit château bâti par son père sur le terrain de Port-Royal, dans la vallée dite de Chevreuse. Il est évident que le duc et le poëte ont dû souvent s'y rencontrer, le poëte invité par le duc. L'épître dédicatoire adressée par Racine à son protecteur est pleine de dignité. Elle n'offre pas les éloges hyperboliques qui déparent trop souvent celles de Corneille. Racine savait plus que Corneille garder la mesure dans les choses ordinaires de la vie. — Remarquons encore que la tragédie de *Britannicus* n'est pas le seul ouvrage célèbre du dix-septième siècle offert au duc de Chevreuse par un janséniste de Port-Royal. C'est encore à lui qu'est dédiée l'œuvre qui honore peut-être le plus les solitaires de cette abbaye : *la Logique ou l'art de penser* (1661), due à la collaboration d'Arnauld et de Nicole. Il est évident que le duc de Chevreuse était la Providence des jansénistes, qui avaient tant besoin, sous Louis XIV, d'une Providence!

Cinquième question. — *A quelle époque se passe l'action de la tragédie de* Britannicus?

Réponse. La troisième année du règne de Néron, l'an 57, comme l'indiquent ces vers de l'exposition :

> Rome, depuis trois ans par ses soins gouvernée,
> Au temps de ses consuls croit être retournée.

Cette date est contraire au témoignage de Tacite qui met l'empoisonnement de Britannicus au début du règne de Néron. Celui-ci monte sur le trône en octobre 54, il empoisonne Britannicus vers le mois de mars 55. L'action devrait donc se passer le sixième mois environ du règne de Néron. Si Racine a changé cette date, c'est qu'à ce moment Britannicus n'avait que quatorze ans, âge bien jeune pour un personnage de tragédie. Racine, en lui donnant dix-sept ans, levait toute difficulté. Par suite de ce changement de date, tous les personnages de la pièce se trouvent avoir trois ans de plus, Néron a vingt ans, au lieu de dix-sept. Le désir de vieillir ce dernier personnage n'entre pour rien dans l'anachronisme de Racine; car à dix-sept ans Néron était déjà assez cruel pour tuer Britannicus et assez indépendant de caractère pour écarter du trône sa mère Agrippine; la preuve c'est qu'il le fit.

Sixième question. — *Quelles sont les sources de la tragédie de* Britannicus?

Réponse. Racine a emprunté le sujet de sa tragédie à trois écrivains latins : Tacite, Sénèque et Suétone, mais surtout à Tacite.

1° *A Tacite.* Le douzième et le treizième livre des *Annales* (derniers chapitres du douzième et premiers du treizième), lui ont fourni les éléments de sa pièce. La fin du douzième livre contient les événements relatifs aux intrigues d'Agrippine sous le règne de Claude, l'avénement de Néron, les premiers rapports de Britannicus et de ce prince, la conduite de Narcisse à la cour de Claude, c'est-à-dire l'exposition même du sujet; le commencement du treizième renferme les deux grands événements qui forment le corps de la tragédie, l'intrigue proprement dite, à savoir la disgrâce d'Agrippine et le meurtre de Britannicus. Mais ce serait une erreur de croire que Racine ait puisé son inspiration dans ces deux livres exclusivement. Comme sa tragédie est un tableau de la dégradation romaine, non-seulement sous Néron, mais encore sous les empereurs qui l'ont précédé et suivi, on y retrouve l'esprit général des *Annales* et le souvenir de presque tous les livres dont cet ouvrage se compose, particulièrement les livres I, III, IV, XII, XIII, XV, comme on retrouve dans la tragédie d'*Athalie*, l'esprit, les réminiscences même de la Bible entière, y compris l'Ancien et le Nouveau Testament. Racine a une manière savante et synthétique de composer ses tragédies qui lui fait verser dans *Britannicus* son érudition païenne, comme dans *Athalie* son érudition biblique.

2° *A Sénèque.* Le traité *de Clementiâ* a fourni à Racine la plupart des idées développées dans les discours de Burrhus, principalement dans sa longue conversation du quatrième acte avec Néron, qui est comme le résumé de cet opuscule philosophique. Le poëte a abrégé le philosophe avec un goût admirable. Racine a surtout imité les chapitres 1er et xiie du premier livre de ce traité. Ces emprunts étaient parfaitement de circonstance, puisque c'est pour Néron lui-même que Sénèque composa le *de Clementiâ*. Burrhus ne fait que répéter ce que Sénèque lui a dit effectivement et lui a dit, on peut l'affirmer, en présence de Burrhus même.

3° *A Suétone*. Les vies de Tibère, de Claude et de Néron ont fourni quelques traits à Racine.

La tragédie de *Britannicus* est composée avec tant d'art que toutes les traces d'imitation sont invisibles, et qu'elle pourrait cependant donner lieu à un travail analogue à celui du pasteur protestant Athanase Cocquerel sur *Athalie*, c'est-à-dire à un commentaire perpétuel qui juxtaposerait à chaque vers l'usage, le fait ou le texte ancien correspondant. C'est du reste ce qu'avoue Racine lui-même dans sa seconde préface, quand il dit que ses emprunts à Tacite sont si nombreux que le recueil en tiendrait autant de place que la tragédie.

Septième question. — *Quelle idée a guidé Racine dans le choix de son sujet?*

Racine a choisi un sujet historique, et l'a emprunté précisément à Tacite, dans l'intention bien arrêtée de réfuter ses adversaires qui prétendirent, après la tragédie d'*Andromaque*, qu'il ne savait peindre que l'amour; Racine, affectaient-ils de dire, ne saura jamais dessiner de caractères vigoureux ni traiter la politique des cours, comme Corneille son prédécesseur. La tragédie de *Britannicus* est une réponse à ces préventions injustes. Agrippine, Néron, Burrhus et Narcisse sont des caractères tracés avec beaucoup d'énergie, et la politique corrompue des cours n'a jamais été peinte avec autant de vérité, quoique le mot de *politique* ne soit jamais prononcé. Racine a déployé dans cette tragédie les qualités que ses adversaires lui contestaient. Rapprochement curieux! C'est dans les mêmes conditions que Corneille a composé la tragédie d'*Horace*, pour répondre à ses détracteurs qui lui refusaient, après la tragédie du *Cid*, le don de l'invention. Les grands écrivains du dix-septième siècle ne traitent pas le public avec le dédain superbe qu'affectent les auteurs contemporains; ils tiennent compte et profitent de la critique, même quand elle est malveillante, et leur génie ne fait qu'y gagner, puisque nous devons le *Britannicus* de Racine aux critiques adressées à l'*Andromaque*, de même que la tragédie d'*Horace*, de Corneille, aux critiques du *Cid*.

Huitième question. — *Quel fut le sort des représentations de* Britannicus.

Cette tragédie échoua complétement à son début; elle n'eut que huit représentations en 1669 et fut aussitôt délaissée par le public. On peut se faire une idée du dédain avec lequel elle fut accueillie à son apparition par le jugement qu'a osé en porter un des critiques les plus obscurs de cette époque, du nom bizarre de Robinet. C'était un versificateur ridicule qui rédigeait une gazette en vers, suivant la mode du temps, dans le genre de celle de Loret. Elle contenait le feuilleton dramatique, le feuilleton du Lundi de cette époque. Robinet fit dans son journal un compte-rendu rimé de la première représentation de *Britannicus*; il y compare la tragédie de Racine à une pièce de sa façon sur le même sujet et il ne craint pas de proclamer la sienne bien supérieure à celle du grand poëte, pour le plan, l'action, les caractères et la philosophie du sujet. Ce sont ses expressions. Comme le public était dans le principe défavorable à Racine, il trouva ce jugement tout naturel. Mais heureusement la pièce se releva vite et du vivant même de Racine. L'année suivante, vers 1670, ou un peu après, vers 1671, les dates ne sont pas bien précises, elle eut le plus grand succès, et de même que l'auteur en avait constaté l'échec dans sa première préface, il en constata le succès dans la seconde. « De toutes ses tragédies, dit-il, *Britannicus* est celle que la cour et le public revoient le plus volontiers. » Autant il avait ressenti vivement l'injustice du premier accueil fait à sa pièce, laissant éclater son dépit contre ses détracteurs, entre autres Corneille, autant il se montra joyeux et triomphant du second accueil; il supprima toutes ses épigrammes précédentes. On pardonne aisément l'injustice dès qu'elle est réparée. Depuis ce retour de l'opinion publique vers 1670, 1671, la tragédie de *Britannicus* est toujours restée en possession du théâtre.

Neuvième question. — *Quelles furent les causes de l'échec momentané de* Britannicus?

1° La cabale. — 2° Le caractère du goût public à cette époque.

1° *La cabale*. Il est évident que les ennemis de Racine, à la tête desquels il faut malheureusement mettre Corneille, se liguèrent pour faire échouer la pièce; ils étaient presque tous gens de lettres, et fort nombreux, on en comptait jusqu'à quatre-vingt-neuf, ils parvinrent à ourdir contre leur ennemi une conspiration qui ne réussit que trop bien. Voici comment ils s'y prirent : ils firent en sorte que la salle fût à peu près vide, ou du moins occupée par eux seuls, le jour de la première représentation. Le hasard les servit; ils profitèrent d'une fête populaire qui avait le privilége d'attirer le public, pour faire jouer la pièce de Racine. Elle devait être représentée sur le théâtre de l'hôtel de Bourgogne, situé dans le quartier de la rue Saint-Denis. C'est là précisément que la fête devait avoir lieu; tous les marchands de l'endroit, qui formaient l'auditoire habituel de l'hôtel de Bourgogne, se portèrent de préférence au spectacle forain; il n'y eut presque personne dans la salle. Les ennemis de Racine s'y donnèrent rendez-vous au grand complet, et usèrent encore d'une autre ruse pour mieux faire réussir leur complot. Les gens de lettres occupaient alors au théâtre de cet hôtel un banc réservé appelé *le banc formidable*. Ils se gardèrent bien ce jour-là de s'y montrer, de peur de paraître former contre Racine un attroupement séditieux; ils se dispersèrent dans la salle et se livrèrent tout à leur aise à leurs démonstrations malveillantes. Le poëte Boursault était au parterre fort au large, Corneille seul dans une loge, animé de sentiments défavorables; il était vieux, âgé de soixante-quatre ans; l'année précédente avait paru *Attila*, la pièce qui rime avec *holà!* Boileau était présent, admirateur de la pièce et affligé de son échec. Il se garda bien d'aller voir Corneille dans sa loge; *sa figure très-expressive*, dit Boursault, *et qui aurait pu passer au besoin pour un répertoire du caractère des passions, épousait toutes celles de la pièce l'une après l'autre et se transformait comme un caméléon à mesure que les acteurs débitaient leur rôle.* Il ne put tout seul tenir tête à l'orage qui emporta la pièce. Ainsi la cabale triompha de l'œuvre naissante.

2° *Le caractère du goût public à cette époque.* Une cabale ne suffit pas pour faire échouer une pièce, si l'animosité des ennemis particuliers de l'auteur ne trouve pas un point d'appui sur l'opinion générale. Or il faut convenir, à propos de la tragédie de *Britannicus*, que la foule sanctionna, quelque temps du moins, l'arrêt des gens de lettres, et qu'elle fit de même échouer *Phèdre, Athalie, le Misanthrope.* Ce n'est pas que le goût public fût aussi corrompu en 1669 qu'il l'était au commencement du siècle, ou même l'année du *Cid*, 1636. Non, il était déjà formé ou du moins suffisamment éclairé, puisque tant de chefs-d'œuvre, entre autres ceux de Descartes, de Pascal, de Molière et de Corneille avaient déjà paru à cette époque. Ce n'est pas non plus, comme on l'a prétendu, que le public ne fût pas habitué à entendre développer sur la scène la politique des cours, puisque Corneille n'avait pas fait autre chose pendant quarante ans; c'est ailleurs qu'il faut chercher la cause de l'erreur commise alors par le parterre : elle tient à la différence même des procédés dramatiques employés par les deux poëtes; la manière dont Racine développe la politique des cours dans la tragédie de *Britannicus* ne ressemble en rien à la manière dont Corneille l'avait développée jusqu'alors dans ses œuvres, entre autres dans ses tragédies d'*Horace*, de *Cinna*, de *Sertorius*, de *Nicomède*, de *Rodogune*. Corneille accompagne l'analyse morale de ses personnages, rois, princes et princesses, de bruyantes conspirations, de combats ou de récits de combats, d'empoisonnements successifs, d'assassinats multipliés, en un mot d'un appareil scénique tumultueux qui saisit vivement l'esprit de la foule. Racine au contraire adoucit toutes ces couleurs, éloigne tout ce fracas. Il fait agir tous ses personnages, même les plus violents, Néron par exemple, sans bruit et à la sourdine pour ainsi dire; Ainsi c'est la nuit, sans scandale, que Junie est enlevée. Il donne à la politique des cours une marche sourde, un air dissimulé et hypocrite plutôt qu'emporté et tapageur; c'est dans de grands discours explicatifs ou de longs plaidoyers contradictoires qu'il développe le jeu des passions, plutôt que dans de turbulents épisodes. Il n'en fallut pas moins pour dérouter le public d'alors; il avait ses habitudes, il y tenait; car il en est de la foule comme des enfants, elle contracte facilement une certaine tournure d'esprit dont il lui est ensuite difficile de se départir. Le parterre de 1669 se trouva donc comme dépaysé en face de la tragédie de *Britannicus*; elle dut lui paraître un tableau d'intérieur, une scène de famille, à côté des grandes tragédies un peu épiques de Corneille. Toutefois, s'il se trompa, il ne se trompa pas longtemps et revint bientôt à la vérité, en applaudissant *Britannicus*. Ces revirements rapides de l'opinion publique prouvent, comme nous l'avons annoncé plus haut, que le goût à cette époque n'était plus corrompu, mais qu'il avait encore besoin d'être tenu en éveil et dirigé. Geoffroy a donc tort de dire dans son cours de littérature : « La pièce était trop belle pour plaire au public d'alors dont le goût était dépravé. »

Dixième question. — *Que faut-il penser de la préface, ou plutôt des deux préfaces de* Britannicus ? *Quelles idées y sont développées ?*

L'auteur a mis deux préfaces, au lieu d'une, en tête de sa tragédie, parce que la seconde est un correctif et comme une rétractation de la première. Voici le résumé de la première : elle se compose de deux parties ; d'abord la réfutation des reproches que ses détracteurs avaient adressés aux divers personnages de sa tragédie ; ensuite une longue attaque, on pourrait même dire une diatribe, contre Corneille, qu'il ne nomme pas, mais qu'il désigne si visiblement qu'il est impossible de ne pas le reconnaître. Racine se venge des critiques que son adversaire avait adressées à sa pièce, et de la cabale qu'il croit avoir montée contre lui, en relevant spirituellement les défauts de ses dernières pièces, en les exagérant même un peu. Il compare avec impertinence Corneille à un vieux poëte malveillant dont Térence avait à se plaindre et qu'il persiffle dans un de ses prologues, *veteris malevoli poetæ*. Dans cette première préface règnent une ironie et une aigreur qui prouvent deux choses : la première, que Racine était très-irritable et qu'il avait vivement ressenti les injustes critiques des partisans de Corneille ; la seconde, qu'il était vindicatif et savait mettre au service de sa vengeance un talent épigrammatique incontestable.

Voici le sens de la seconde préface : c'est la reproduction presque textuelle, non pas de la précédente, mais de la première partie de la précédente ; l'auteur en a supprimé toute la seconde partie, c'est-à-dire le pamphlet contre Corneille, parce qu'il a compris que, même en admettant les torts de l'auteur du *Cid* à son égard, l'aigreur du vieux poëte ne justifiait pas la sienne, et qu'il devait se montrer, lui, jeune et en possession de la scène, plus tolérant et plus respectueux envers le fondateur du théâtre français. On dit que c'est sur l'avis des jansénistes de Port-Royal, ses maîtres vénérés, que Racine supprima toutes ces récriminations contre Corneille ; on peut supposer qu'il se prêta de bonne grâce à leur désir ; il ne faut pas oublier non plus que la seconde préface ne parut qu'après que sa pièce se fut relevée au théâtre. Le succès porte à l'indulgence. Quoi qu'il en soit, ce second avertissement au lecteur est beaucoup moins spirituel que le premier, par suite de la suppression de toute la partie satirique, mais il est beaucoup plus convenable et s'il fait moins d'honneur à l'esprit de Racine, il en fait plus à son caractère.

Onzième question. — *Le ressentiment de Racine contre Corneille était-il fondé? Avait-il tort ou raison de le soupçonner d'être à la tête de la cabale qui fit échouer sa pièce?*

Racine avait raison; son ressentiment était fondé. Pour ce qui est d'une cabale en règle, montée par Corneille, pour faire échouer la tragédie de *Britannicus*, il est impossible d'affirmer le fait, il est même invraisemblable de l'admettre, Corneille n'ayant pas dû s'abaisser jusqu'à ce rôle indigne de lui. Mais ce qui est incontestable, c'est que ses partisans ne se servirent pas seulement de son nom, mais s'autorisèrent encore de ses critiques pour former le complot qui fit échouer la tragédie. Ils lui servirent d'écho. Il est en effet prouvé que Corneille ne vit pas sans ombrage la gloire naissante de Racine et qu'il s'en émut au point d'en paraître jaloux. Voici la preuve de ce fait : il écrivit à son ami Saint-Evremond une lettre dans laquelle il prétendit que les héros de Racine n'étaient qu'une copie des siens : « Je pense avoir le droit, dit-il, de traiter de ridicules ces vains trophées qu'on établit sur les anciens héros refondus sur notre mode! » Ce qui veut dire que les personnages des tragédies de Racine sont une seconde édition de ceux de Corneille. C'est une erreur et une injustice. Les héros de Racine ne sont pas des *refontes* de ceux de Corneille. Ce passage de la lettre à Saint-Evremond est antérieur à tous les démêlés de Racine et de Corneille; c'est l'ouverture des hostilités, c'est la première flèche. Racine en eut connaissance et s'en montra fort irrité; survint l'échec de *Britannicus*, auquel contribua évidemment Corneille, d'abord par ses critiques, qui circulaient si ouvertement que Racine les relève une à une dans sa première préface, comme étant signées de son nom, ensuite par sa présence à l'hôtel de Bourgogne, le soir de la première représentation, au milieu d'une assemblée complètement hostile. Il n'en fallut pas plus pour pousser Racine à bout et provoquer de sa part la violente riposte que l'on connaît. Racine avait-il complétement raison d'user de représailles? Evidemment non. Sans doute Corneille avait eu les premiers torts, mais il avait pour lui plusieurs excuses, celle de l'âge (soixante-trois ans), du déclin de sa popularité, du chagrin, de la pauvreté même, tandis que Racine avait pour lui la jeunesse (trente ans), le bonheur, l'aisance, la gloire! Ensuite Racine n'était pas non plus à l'abri de tout reproche vis-à-vis de Corneille. L'année précédente, en

1668, il avait parodié dans sa comédie des *Plaideurs* un des plus beaux vers du *Cid* :

> Ses rides sur son front gravaient tous ses exploits.

Vers appliqué par Racine à un vieil huissier. « Ne tient-il donc qu'à un jeune homme, écrivait à ce propos Corneille au même Saint-Evremond, de venir tourner en ridicule les vers des gens ? » En résumé Corneille était excusable pour plusieurs raisons et Racine aurait dû se montrer plus indulgent.

Douzième question. — *Quel fut le dernier mot de Racine en cette circonstance ?*

Si Racine eut tort de se montrer si vindicatif envers Corneille, bien qu'attaqué, il fit du moins tout ce qu'il put pour faire oublier sa vengeance. Du vivant de Corneille, il supprima de sa préface le passage injurieux. Après sa mort, il fit son éloge à l'Académie française. Voici en quelle circonstance : il fut chargé de répondre au discours de Thomas Corneille, son frère, le jour de sa réception, et il mit dans sa réponse au récipiendaire cette phrase célèbre : « La France se souviendra avec plaisir que, sous le règne du plus grand de ses rois, a fleuri le plus grand de ses poëtes. » Il est difficile d'être plus flatteur ; il est impossible de s'excuser d'une manière plus aimable. Il serait à souhaiter de nos jours que les querelles littéraires se dénouassent avec cette urbanité et cette franchise.

PARAGRAPHE II

La pièce des connaisseurs.

Première question. — *Quel est le mot dont on se sert ordinairement pour caractériser la tragédie de* Britannicus ?

C'est la pièce des connaisseurs.

Deuxième question. — *De qui est ce mot ?*

On l'attribue ordinairement à Voltaire, mais c'est une erreur, ou du moins ce n'est pas complétement vrai. Il est exact que, dans la préface du commentaire de Voltaire, sur la tragédie de

Bérénice de Racine, se trouve la phrase suivante : « *Britannicus* fut *la pièce des connaisseurs* qui conviennent des défauts et qui apprécient les beautés. » Mais cette expression se trouve déjà dans Racine qui l'a employée, près de cent ans auparavant, dans la seconde préface de sa tragédie de *Britannicus*. On y lit en effet : « Si j'ai fait quelque chose de solide et qui mérite quelque louange, la plupart des *connaisseurs* demeurent d'accord que c'est ce même *Britannicus*. » Voltaire n'a donc fait que répéter le mot de Racine, l'habiller autrement, lui donner cette forme vive et définitive sous laquelle il nous est parvenu. En réalité il n'en est que le parrain ; c'est Racine qui en est le père.

Troisième question. — *Quel est le sens de ce mot ?*

Il ne signifie pas d'une manière banale qu'il faut connaître l'histoire pour apprécier le mérite de cette tragédie : c'est vrai, mais c'est incomplet ; il signifie qu'il faut, pour employer un mot connu, *s'y connaître*, c'est-à-dire avoir du goût, l'esprit éclairé, le sentiment critique pour comprendre l'art avec lequel cette œuvre est composée, les beautés simples mais profondes et cachées qu'elle renferme.

Quatrième question. — *Ce mot est-il applicable à plusieurs tragédies de Racine ?*

Oui ; les tragédies de Racine étant presque toutes savantes, composées avec un art profond et délicat, une interprétation de l'histoire poussée jusqu'à l'érudition, les *connaisseurs* en sont plus frappés que la foule. Celles de Corneille étant traitées avec moins d'art, et renfermant, pour nous servir d'une heureuse expression de La Harpe, *une pompe informe*, plaisent plus à la foule qu'aux *connaisseurs*, aux jeunes gens qu'aux hommes mûrs.

Cinquième question. — *Prouver qu'il est juste d'appliquer ce mot à la tragédie de* Britannicus ?

D'abord il faut connaître l'histoire pour comprendre cette tragédie qui est une application, ou plutôt une interprétation perpétuelle de l'histoire. La cour des empereurs romains, les passions qui s'y agitent, les intrigues qui s'y trament et même l'état de l'esprit public à cette époque de corruption y sont reproduits avec tant d'exactitude que le critique allemand Schlégel, fort sévère pour le théâtre français, a écrit ces mots, à propos de la tragédie de *Britannicus :* « Du côté de la peinture historique, c'est peut-être la première des tragédies françaises. » La connaissance de l'histoire est donc indispensable pour en saisir le mérite. Mais ce point de vue est le moins important. Il faut *s'y connaître,* avons-nous dit, pour apprécier cette pièce. Il y règne en effet un ton général tellement opposé à celui qu'on s'attendait à y rencontrer, il y a des caractères et des situations tellement à l'inverse des situations et des caractères sur lesquels on comptait que la foule a crié à l'invraisemblance ; jamais ce mot n'a été plus prodigué qu'à propos de cette tragédie ; il y a une progression si savamment combinée dans l'audace de Néron qu'on ne l'a pas vue ; une série d'échecs si bien comptés dans la disgrâce d'Agrippine qu'ils ont passé inaperçus ; des ménagements si habiles dans la conduite de Burrhus qu'ils n'ont pas frappé ; une action si dramatiquement suspendue qu'on l'a accusée de lenteur, et enfin un dénoûment si régulièrement conduit qu'on l'a trouvé traînant. Les preuves d'art dont cette tragédie abonde étaient nouvelles au théâtre ; les yeux inexpérimentés ne les ont pas vues d'abord, et même n'y ont vu que des défauts.

Sixième question. — *Quelles sont ces preuves d'art ?*

Les unes sont relatives à l'ensemble, les autres à certains détails de la tragédie. Voici celles qui sont relatives à l'ensemble :

1° Le caractère général de cette tragédie. — 2° Son sens caché. — 3° Le mélange des deux intérêts, celui de la politique et celui du sentiment. — 4° L'accord de la vérité abstraite et de la vérité locale. — 5° L'atténuation des hontes et des infamies de la Rome impériale. — 6° L'interprétation à la fois exacte et libre de l'histoire.

Voici celles qui sont relatives à certains détails :

7° La conception même du rôle de Néron. — 8° La conception même du rôle de Narcisse. — 9° La suspension de l'action au quatrième acte. — 10° Le caractère exceptionnel de certaines situations. — 11° Le caractère du dénoûment. — 12° Les progrès dans la diction.

I. — Preuves d'art relatives a l'ensemble de la tragédie.

1° *Le caractère général de cette tragédie.*

Le caractère le plus remarquable de cette tragédie, si on la juge d'ensemble, c'est l'allure calme et paisible des deux passions les plus tumultueuses du cœur humain dont Racine a entrepris l'analyse dans cette pièce, l'ambition et la cruauté, l'ambition chez Agrippine, la cruauté chez Néron ; c'est la marche lente et réfléchie de la scélératesse naissante, c'est la profondeur concentrée de la méchanceté qui essaie ses premiers pas, voilà pour Néron ; ce sont les sourdes intrigues de la vanité, les frivoles aspirations au commandement, les élans sans portée et sans grandeur d'une ambition qui s'agite sur place, voilà pour Agrippine. Racine en restant ainsi dans ce qu'on appelle *les tons modérés* a su résoudre ce difficile problème : présenter sous une forme calme la politique agitée des cours, sous les empereurs les plus remuants et les plus audacieux. La foule s'attendait à voir dans la bouche des personnages qui composent cette tragédie toute la rhétorique du crime et dans le développement de l'intrigue tout le répertoire des coups de théâtre connus ; elle fut tout étonnée d'y trouver un langage retenu et une action fort peu bruyante. Les *connaisseurs* seuls apprécient le mérite d'un pareil tableau, parce qu'ils comprennent toute la force de la modération et toute l'opportunité d'une intrigue sans fracas ; ils conçoivent que, Néron ne faisant que débuter dans le crime, Racine se trouvait dans la situation d'un peintre qui aurait à faire pour tableau, non pas un orage, mais les symptômes précurseurs d'un orage.

Voici un autre caractère général de cette tragédie non moins remarquable que le précédent : c'est la forme noble et imposante sous laquelle Racine a su peindre une époque corrompue ; c'est un certain air fier et majestueux qu'il a donné à la Rome impériale, déjà souillée cependant par tant de crimes. L'auteur a voulu montrer par là que Rome conservait encore, malgré sa dégradation, quelque chose de sa grandeur passée. Le rôle d'Agrippine, par son côté hautain et ses façons solennelles, le rôle de Néron, mélange de cruauté et de grands airs, d'astuce et de pompe, contribuent à donner à la tragédie ce second caractère. C'est une preuve d'art de la part du poëte que d'avoir su rappeler ainsi le passé à travers le présent, d'avoir fait retomber les derniers rayons d'une grande époque évanouie sur son déclin honteux. Mais ce n'est pas tout : l'art du poëte est allé encore plus loin.

2° *Son sens caché.*

Cette tragédie frappe vivement l'esprit du lecteur non-seulement par ce qu'elle dit, mais encore par ce qu'elle ne dit pas. A côté du tableau de la dégradation actuelle des Romains et des empereurs, on entrevoit celui de leur dégradation future. Racine a su ouvrir une perspective sur l'avenir de Rome, en remplissant son cinquième acte de funèbres pressentiments. On peut comprendre qu'une ère, qui s'ouvre par de pareils crimes, aboutira à la plus complète dégradation et à la ruine de Rome. La fin de la tragédie offre un côté divinatoire. Il est donc à remarquer que Racine, qui se proposait uniquement de peindre la Rome impériale sous Néron, a su rappeler ce qu'elle avait été avant lui, grande et majestueuse, et faire pressentir ce qu'elle sera après, un abîme de corruption. N'est-ce pas la marque d'un art achevé que d'avoir su tracer dans un seul tableau, au moyen de souvenirs et de prédictions, le présent, le passé et l'avenir de Rome, et cela avec une parfaite unité ? De telles beautés passent inaperçues de la foule et ne peuvent frapper que l'œil exercé des *connaisseurs*.

3° *Le mélange des deux intérêts, celui de la politique et celui de la religion.*

Cette tragédie n'est pas seulement le tableau politique de la Rome impériale, sous Néron et ses successeurs, c'est encore l'analyse de l'amour touchant et malheureux qui unit Junie et Britannicus. Racine a déployé un art extrême pour faire marcher de front ces deux intérêts différents, sans que le plus fort détruise le plus faible, sans même qu'ils se nuisent un seul instant. Pour découvrir cette heureuse association de deux éléments, en apparence incompatibles, il faut l'œil exercé d'un *connaisseur*.

Nous développons plus loin cette importante question. (Paragraphe III, 4° et 5° question.)

4° *L'accord de la vérité abstraite et de la vérité locale.*

(Voir, pour le sens de ces mots et l'accord de ces deux vérités, paragraphe III, 6° et 7° question).

5° *L'atténuation des hontes et des infamies de la Rome impériale.*

Racine a su peindre, dans cette tragédie, une époque corrompue, sans cependant choquer le goût par le tableau de cette corruption. Il en a écarté les faits de nature à nous inspirer de la répulsion, tels que débauches, adultères, incestes, assassinats en masse ; il s'est abstenu de toute peinture à la façon de Suétone et de Juvénal; il s'est attaché à l'analyse de quelques passions énergiques, mais modérées dans leur excès même ; il a évité de parler aux sens, il s'est adressé seulement à l'intelligence du lecteur. Grâce à ces précautions délicates, qui sont l'essence même de l'art et de la poésie, il a tracé un tableau qui donne une idée suffisante de la réalité, sans jamais tomber dans le réalisme.

6° *L'interprétation à la fois exacte et libre de l'histoire.*

Racine, sans altérer les faits principaux de l'histoire, mais en modifiant quelques faits secondaires et insignifiants, a su créer un certain nombre de personnages qui sont des types. Ainsi c'est en changeant l'âge et un peu le caractère de Narcisse, qu'il est parvenu à en faire le type de ces affranchis romains qui aplanissent aux empereurs la route du crime ; c'est en changeant l'âge de Britannicus, qu'il a pu en faire un type de générosité, de noblesse et d'amour ; c'est en modifiant le caractère de Junie qu'il en a fait un type de pureté et de douceur. Ces légers écarts historiques ont permis à l'auteur de former un groupe de personnages homogènes, contemporains les uns des autres, vivant à la même cour ; il a créé ainsi le personnel de sa tragédie et fait de chacun de ceux qui y figurent le représentant d'une idée. Assouplir ainsi l'histoire, la façonner à sa pensée, sans encourir le reproche d'inexactitude, c'est la preuve d'un art achevé ! Pour comprendre ces combinaisons savantes, cet équilibre gardé entre le respect dû à l'histoire et les droits de l'invention poétique, il faut avoir l'esprit cultivé. Tous ces efforts heureux du génie sont lettre morte pour la foule et charment le goût des *connaisseurs*.

II. — Preuves d'art relatives a quelques détails de la tragédie.

7° *La conception même du rôle de Néron.*

Racine, en concevant le rôle de Néron tel qu'il nous le présente, a abordé une difficulté sérieuse : ordinairement les auteurs tragiques prennent les héros tout faits, à ce moment de leur vie où ils ne changent plus ; de leur caractère arrêté ils font sortir l'intrigue qui découle naturellement du sujet. Racine a procédé tout autrement : il a pris Néron à un âge de transition, et c'est ce passage de l'innocence au crime qu'il a voulu peindre, difficulté d'autant plus grande que cette évolution morale de son héros s'accomplit dans le court espace de vingt-quatre heures. Pour parvenir à son but, il a fallu qu'il pesât tous les mots, calculât tous les gestes et comptât, pour ainsi dire, tous les pas de Néron, parce que chacun de ces mots, de ces gestes et de ces pas avait une importance capitale; il a fallu qu'il imaginât un concours de circonstances nombreuses, pressantes et bien choisies qui l'aiguillonnassent de toutes parts et précipitassent sa détermination; mais il était nécessaire en même temps qu'il y eût un enchaînement logique entre toutes ces circonstances, entre les premiers et les derniers actes de Néron, afin que, chacun d'eux étant un progrès vers le mal, le dernier fût le couronnement naturel de tous les précédents. Pour arriver à ce résultat, Racine a déployé un art infini : il a fait marcher son intrigue à la fois lentement et vite; lentement, parce que Néron, encore honnête, hésite et calcule; vite, parce qu'il commet, avant l'expiration des vingt-quatre heures, son premier assassinat. Il y a là une admirable gradation de moyens pour arriver à une fin voulue; il faut être *connaisseur* pour apprécier ces beautés.

8° *La conception même du rôle de Narcisse.*

Il en est du rôle de Narcisse comme de celui de Néron; il présentait une grande difficulté. Ce personnage appartient à une famille de scélérats froids et calculateurs, généralement odieux au public. Il y a en effet deux espèces de scélérats : ceux qui sont hardis et violents, toujours prêts à l'éclat et aux coups de main, doués d'une certaine énergie qui ne manque pas de courage; ceux-là étonnent, émeuvent, intéressent; le public les accepte facilement; il en est d'autres lâches et ténébreux, ménageant tout le monde pour mieux trahir, faisant le mal en cachette, se glissant dans les familles, sous le voile de l'amitié, pour y semer la ruine et la mort; ceux-là sont odieux et dégoûtent; le public les accepte difficilement. Ils peuvent compromettre le succès d'une tragédie. Quoique Narcisse appartienne à cette dernière catégorie, Racine est parvenu à le faire admettre, tant il a prêté d'art, de souplesse et même d'élégance à cet odieux personnage! On peut dire que la difficulté dont il a triomphé était grande, puisque Voltaire la trouve insurmontable et déclare de semblables scélérats inadmissibles au théâtre. Encore un mérite de Racine, perdu pour la foule, et relevé seulement par les *connaisseurs !*

9° *La suspension de l'action au quatrième acte.*

La marche de l'action, dans la tragédie de *Britannicus*, offre, au milieu même de la pièce, une particularité remarquable : c'est un point d'arrêt fort long, puisqu'il dure un acte entier, le quatrième. Voici la preuve de ce fait : à la fin du troisième acte, Néron, convaincu de l'amour de Junie pour Britannicus et exaspéré de l'audace de ce dernier, a arrêté sa mort. C'est à ce moment qu'il le fait garder à vue, provisoirement, avant de le tuer ; l'acte se termine aussi par l'incarcération de Junie et d'Agrippine, et une menace d'emprisonnement pour Burrhus. La situation est bien nette ; la volonté de Néron n'offre pas d'équivoque. Eh bien ! cette même situation se retrouve à la fin du quatrième acte ; rien n'y est changé ; Néron veut, comme il le voulait tout à l'heure, tuer Britannicus. — « Viens, dit-il à Narcisse, allons voir ce que nous devons faire. » Ce qui veut dire : allons empoisonner Britannicus. Le quatrième acte tout entier est donc, pour ainsi dire, *stationnaire*; c'est la lutte des bonnes et des mauvaises influences se disputant l'âme de Néron et le trouvant à la fin tel qu'il était au commencement. Cette suspension de l'action est un défaut aux yeux du public ignorant, qui veut que l'intrigue marche, coure, vole droit au but ; c'est un trait de génie pour les *connaisseurs* qui comprennent le merveilleux talent d'analyse déployé par l'auteur, pour intéresser le spectateur pendant un acte entier, sans le secours d'aucun événement matériel, par la seule peinture des passions et de leurs rapides alternatives.

10° *Le caractère exceptionnel de certaines situations.*

Nous avons dit qu'il y a dans cette tragédie des situations tellement à l'inverse de celles qu'on a l'habitude de voir au théâtre et sur lesquelles on compte, que la foule en a été choquée et a crié à l'invraisemblance. En voici deux. *Premièrement* : La confidence de Néron à Burrhus relativement au meurtre de Britannicus. *Secondement* : L'entretien de Narcisse avec Néron, succédant à celui de Burrhus avec le même personnage.

Première situation. Racine a supposé que Néron, résolu de tuer Britannicus, se démasque devant Burrhus, c'est-à-dire devant la vertu même, malgré le respect involontaire que celle-ci devrait lui inspirer et malgré les obstacles qu'une pareille confidence peut apporter à l'exécution de son dessein. C'est au début de son grand entretien avec Burrhus que Néron lui fait cet aveu inattendu :

> J'embrasse mon rival, mais c'est pour l'étouffer.

Le vulgaire condamne ce passage, parce que, dit-il, les scélérats n'ont pas l'habitude de se démasquer, ou du moins ne le font que devant leurs pareils, comme par exemple Mathan devant son confident Nabal. (*Athalie*, III, III.) Mais les *connaisseurs* ne jugent pas ainsi cette situation. Cette confidence sans nécessité et faite à un honnête homme, loin d'être invraisemblable, est au contraire le coup de pinceau d'un grand maître. Néron est devenu en peu d'instants, après l'irritante conversation de sa mère, car il en sort, un scélérat consommé, que rien n'effraie, que rien n'arrête, qui a tout perdu, même la conscience, et qui fait, par conséquent, aussi peu de cas de la vertu et de la résistance possible de Burrhus que du plus fragile roseau.

Deuxième situation. Ordinairement, quand un auteur veut mettre sous les yeux du lecteur deux tableaux, l'un agréable, l'autre disgracieux, l'un beau, l'autre laid, l'un représentant la vertu avec ses dehors aimables, l'autre le vice avec ses allures repoussantes, il commence par la peinture choquante et finit par la peinture aimable ; il suit cette marche, parce que le cœur humain cherche à se débarrasser le plus vite possible des sentiments qui lui sont odieux, et préfère se reposer sur ceux qui lui sont doux. Racine a fait le contraire. Il commence par la conversation de Burrhus avec Néron et finit par celle de Narcisse. L'honnête homme parle le premier, et le malhonnête, le second. Sans doute on comprend cet ordre, puisqu'il s'agissait de représenter le triomphe du vice sur la vertu ; mais comme il est contraire à l'ordre naturel des choses, à la logique du cœur humain, il était périlleux. Racine s'exposait à voir tomber la seconde scène sous le poids du mépris public ; elle a réussi, grâce à l'art avec lequel il a su rendre éloquente la méchanceté même de Narcisse. Le mérite de cette difficulté vaincue ne peut frapper que l'œil exercé d'un *connaisseur*.

11° *Le caractère du dénoûment.*

Il faut remarquer l'art parfait, l'art essentiellement grec, du dénoûment de cette tragédie. L'auteur a prolongé sa pièce au delà de la mort de Britannicus, pour deux raisons : la première, pour ne pas laisser le spectateur sous l'impression affreuse d'un empoisonnement, ce qui est une preuve de délicatesse ; la seconde, pour l'instruire du sort de tous les personnages qui ont, à des titres divers, occupé son attention, durant le cours de la pièce, preuve de régularité dans l'observation des règles de la composition. Cette double intention du poëte échappe au vulgaire qui accuse ce dénoûment de lenteur et d'inutilité ; elle frappe les *connaisseurs* qui y trouvent le cachet d'Euripide et de Sophocle.

12° *Les progrès dans la diction.*

Cette tragédie offre un progrès dans le style sur la tragédie précédente d'*Andromaque*. Boileau en fut frappé et le dit à l'auteur. Le style d'*Andromaque*, quelque admirable qu'il soit, offre des traces de jeunesse et de mauvais goût, comme ce vers :

> Brûlé de plus de feux que je n'en allumai.

Celui de *Britannicus* n'offre pas ces imperfections ; il porte l'empreinte de la maturité.

Telles sont les preuves que la tragédie de *Britannicus* est effectivement la pièce des *connaisseurs*.

PARAGRAPHE III

Différence entre la tragédie de *Britannicus* et les autres tragédies de Racine. — Caractère et idée générale de la pièce. — Les deux intérêts qu'elle offre, l'intérêt de la politique et celui du sentiment. — Observation des deux vérités appelées la vérité abstraite et la vérité locale.

Première question. — *En quoi la tragédie de* Britannicus *diffère-t-elle des autres tragédies de Racine ?*

En ce que le caractère général des autres tragédies de Racine est l'élégance, tandis que celui de la tragédie de *Britannicus* est la force. Le sentiment domine dans les autres, la politique dans celle-ci. Sous ce rapport la tragédie de *Britannicus* se rapproche des œuvres de Corneille.

Deuxième question. — *En quoi la force déployée par Racine, dans cette tragédie, diffère-t-elle de la force déployée par Corneille dans toutes les siennes ?*

En ce que la force déployée par Corneille a quelque chose de plus soutenu, de plus rude, de plus nu, tandis que celle de Racine est toujours plus ou moins ornée et se dérobe même quelquefois, malgré tous les efforts de l'auteur, sous l'élégance du vers.

Troisième question. — *Quelle est l'idée générale de la tragédie de* Britannicus ?

Racine veut peindre la bassesse des Romains dégénérés et les débuts de Néron dans le crime. Le but du poëte est donc double, il a une pensée générale et une pensée particulière : montrer un peuple corrompu et un homme en train de se corrompre. *La pensée générale* ressort des passages assez nombreux où il peint la servilité des Romains, l'influence de la soldatesque sur l'élection des empereurs, et surtout du long discours prononcé par Narcisse devant Néron (IV, IV), véritable tableau de la dégradation romaine tracé avec l'énergique fidélité de Tacite. *La pensée particulière* ressort du reste de la pièce.

Quatrième question. — *Cette tragédie est-elle uniquement un tableau politique ?*

Non. Elle offre aussi un intérêt de sentiment. La jeunesse, l'inexpérience et la franchise de Britannicus, la candeur et la modestie de Junie, l'amour qui les unit, toutes les aimables vertus de ces deux personnages répandent sur le tableau politique de la cour romaine une douce teinte d'intérêt et de sensibilité. Cette œuvre n'est donc pas seulement celle d'un historien exact et profond, c'est encore celle d'un moraliste délicat et sensible.

Cinquième question. — *Est-ce que l'intérêt de la politique et celui du sentiment n'ont pas en eux-mêmes quelque chose d'incompatible, et le tableau tracé par Racine n'offre-t-il pas, sous ce rapport, des disparates ?*

Sans doute, l'intérêt de la politique et celui de l'amour ou du sentiment sont naturellement distincts ; mais ils ne sont pas incompatibles. L'exemple de l'histoire ne prouve que trop l'influence du sentiment sur les questions de cour et même sur les plus importantes. La difficulté de cette tragédie consistait d'abord à ne pas isoler ces deux intérêts, mais à les faire marcher de front ; ensuite, en les faisant marcher de front, à ne pas affaiblir l'un par l'autre, et, à plus forte raison, à ne pas sacrifier l'un à l'autre. C'est ce que Racine est parvenu à faire, à force d'art (c'est encore une preuve que *Britannicus* est la pièce des connaisseurs); partout ces deux genres d'intérêt se balancent sans se nuire. Pour en avoir une preuve, il suffit de se rappeler la dispute de Britannicus et de Néron. C'est surtout dans cette scène que les deux intérêts sont en présence : Néron personnifie celui de la politique et Britannicus celui du sentiment, avec cette complication que Néron ressent aussi de l'amour et que Britannicus n'est pas étranger aux préoccupations politiques, puisqu'il revendique sa couronne en même temps que sa fiancée; cette combinaison réunit les deux genres d'intérêt sur chaque personnage. Eh bien ! dans cette scène si complexe, les deux caractères de Néron et de Britannicus se choquent, se heurtent même avec violence, sans que l'un des deux brise l'autre. Britannicus se maintient dans un état d'égalité complète vis-à-vis de Néron, malgré sa faiblesse et grâce à sa vertu; Néron, de son côté, n'est ni rabaissé, ni confondu par la noble contenance de son rival, malgré la lâcheté de sa trahison, grâce à son rang d'empereur. Les deux personnages restent fermes et debout dans cette lutte; aucun des deux n'est sacrifié à l'autre. Les deux intérêts de la pièce sont aux prises, sans se nuire.

En voici un second exemple : Britannicus et Junie s'aiment, au milieu de personnages qui se font la guerre; leur âme est noble et pure au milieu d'un monde corrompu. S'ils traversaient la tragédie sans être affectés des grandes intrigues qui s'y agitent, sans s'apercevoir des grands personnages qui s'y coudoient, l'intérêt de l'amour triompherait, celui de la politique serait compromis. Il y aurait dans la pièce une pastorale qui se développerait en sécurité à côté d'une politique aveugle et dupe qui laisserait tout faire. Mais comme le sort de ces deux amants dépend sans cesse des terribles personnages qui se meuvent autour d'eux, les deux intérêts sont sauvegardés.

En voici un troisième exemple : il est relatif à Junie considérée dans ses doubles rapports avec Britannicus et Néron. Le caractère de Junie est la douceur et la timidité, unie à la tendresse; c'est sous ces traits qu'elle paraît à Britannicus. Mais que va devenir cet esprit faible et craintif devant Néron? S'il reste tel, il pliera, et alors un des deux intérêts sera sacrifié, celui du sentiment. Racine l'a prévu; Junie si tendre devant Britannicus, devient ferme devant Néron ; son langage est net et précis sans bravade, sa contenance est aussi énergique que possible devant le maître du monde. Maîtresse d'elle-même et assez courageuse pour dire toute sa pensée, elle avoue sans déguisement son amour pour Britannicus, et si, à un moment donné, elle pleure, ce n'est pas de peur, c'est de tendresse, et ces larmes même sont une preuve de résistance, puisqu'elles sont un aveu d'amour. Cette jeune fille si timide ne se trouve donc nullement abaissée devant Néron, et elle fait de son côté, avec la réserve que comporte son sexe, ce que Britannicus fait du sien, avec plus d'audace ; elle conserve donc son rang.

C'est ainsi que, dans tout le cours de la pièce, les deux intérêts, celui de la politique et celui du sentiment, se font toujours équilibre. Il faut beaucoup d'art et de goût pour arriver à cette juste mesure. C'est ce que la Harpe appelle *l'art des nuances* et la gradation insensible des couleurs ; Racine, grâce à son extrême habileté en pareille matière, a évité toute espèce de disparate. Corneille est ordinairement moins heureux, parce que son génie se prête moins à ces tempéraments, et le fait tomber dans les extrêmes.

Sixième question. — *Qu'entend-on au théâtre par la vérité abstraite et la vérité locale, si fidèlement observées par Racine, dans la tragédie de* Britannicus?

La vérité abstraite ou philosophique, ou éternelle (car ces trois mots sont synonymes) c'est l'étude du cœur humain faite sur un personnage que l'on considère non comme un individu, mais comme un type, abstraction faite du temps où il a vécu et de sa nationalité. *La vérité locale* ou historique est l'étude du cœur humain faite sur un personnage considéré comme individu et que l'on cherche à rendre le plus ressemblant possible, en tenant compte de ses habitudes, de son caractère connu, de sa nationalité, en un mot de son *costume*. C'est Fénelon qui a le premier prononcé ce mot. On a même appelé ce dernier genre de vérité la fidélité au costume.

Septième question. — *Quelles sont les habitudes du théâtre français, et de Racine en particulier, relativement à ces deux genres de vérité ?*

Le théâtre français, héritier des traditions du théâtre grec, s'attache de préférence à la vérité abstraite ; chez les écrivains classiques, chaque personnage est ordinairement le type, c'est-à-dire la représentation idéale de quelque passion, de quelque sentiment général de l'humanité; ce n'est pas un individu, un habitant de tel ou tel pays, c'est comme une personnification du moi humain. Ainsi Hermione, c'est la jalousie; Andromaque, c'est l'amour maternel; Phèdre, l'amour des sens. Tel est le procédé habituel de Racine; il incline du côté de la vérité abstraite. Mais il ne faut pas exagérer sa pensée; pour parler le plus exactement possible, on peut dire que Racine a composé deux sortes de tragédies : celles où il s'attache à peu près exclusivement à la vérité abstraite, telles que *Bérénice* et *Phèdre*, dont la première n'a rien de romain, ni la seconde rien de grec; et celles où il cherche à réunir la vérité abstraite et la vérité locale, telles qu'*Esther*, *Athalie* et *Britannicus*, c'est-à-dire les trois tragédies qui figurent dans le théâtre classique. Comme, de ces trois pièces, *Britannicus* est la première en date, on peut dire que c'est la première tragédie de Racine où l'accord soit fait entre ces deux genres de vérité. — Corneille penche plutôt du côté de la vérité locale; ses Romains sont plus romains et ses Grecs plus grecs que ceux de Racine. Quant à Voltaire, il néglige complétement l'individu, pour développer quelque idée générale; mais il diffère de Racine, en ce que l'idée générale développée par Racine appartient à l'humanité de tous les temps et de tous les lieux, tandis que l'idée générale développée par Voltaire appartient au dix-huitième siècle et le plus souvent à son génie personnel; ce dernier dédaigne complétement la vérité locale, la fidélité au costume.

Huitième question. — *Prouver que, dans la tragédie de* Britannicus, *l'accord est fait entre ces deux vérités?*

Le rôle de Néron est non-seulement la peinture exacte du personnage connu sous ce nom (voilà la vérité locale); c'est encore une étude générale du cœur humain passant du bien au mal, en se pervertissant peu à peu (voilà la vérité abstraite). De même pour Agrippine; on reconnaît en elle non-seulement la physionomie que lui prête l'histoire, mais encore le type idéal de l'orgueil et de l'ambition féminine.

Il n'est pas étonnant de trouver dans les tragédies païennes et dans les tragédies bibliques de Racine cette double empreinte de la vérité abstraite et de la vérité locale; l'habitude de la première lui vient de Port-Royal, c'est-à-dire de cette école de penseurs où il a appris à étudier le cœur humain, en négligeant les variétés de mœurs et de gouvernement, pour ne s'occuper que de l'homme et de sa nature ; l'habitude de la seconde lui vient des écrivains de l'antiquité, de Tacite, entre autres, et de quelques auteurs sacrés, qui lui ont appris à peindre son sujet des couleurs de l'histoire.

PARAGRAPHE IV

Les signes du temps.

Première question. — *Ne se rencontre-t-il pas dans la tragédie de* Britannicus *quelques détails qui rappellent l'histoire contemporaine de l'écrivain, le siècle de Louis XIV ?*

Oui ; cette tragédie, dont l'action se passe au premier siècle de l'ère chrétienne, offre des traces assez nombreuses du dix-septième siècle ; elle ne peint pas seulement, comme nous venons de le dire, l'homme de tous les temps et l'homme du temps des empereurs romains ; elle peint encore en quelques endroits l'homme du temps de Louis XIV, que dis-je ? Louis XIV lui-même et sa cour. Nous appellerons ces derniers détails les signes du temps. Les voici :

1° *La tournure générale des conversations de Junie et de Britannicus, ainsi que de Néron lui-même, quand il parle de son amour;* ces personnages adoptent souvent, pour exprimer leur passion, un langage voisin de cet esprit de galanterie si à la mode au dix-septième siècle, non-seulement à la cour, mais encore à la ville.

2° *L'élégance quelquefois pompeuse du langage de Néron.* Néron parle quelquefois avec une majesté qui rappelle le grand roi, ainsi quand il prononce l'exil de Pallas :

> Je le veux, je l'ordonne, et que la fin du jour
> Ne le retrouve pas dans Rome ou dans ma cour. (II, 1.)

3° *La théorie de l'amour considéré comme une passion irrésistible à laquelle tout doit céder le pas.* Quand Néron énumère devant Burrhus toutes les raisons qui l'empêchent de tenir compte des récriminations de sa mère relativement à son amour pour Junie, il s'écrie : « Il faut que j'aime enfin ! » (III, 1.) Ce qui ne veut pas dire : il faut que je finisse par aimer ; mais, enfin ma plus forte raison pour aimer Junie, c'est qu'il faut que je l'aime, c'est que l'amour me domine et que je ne peux lui résister. Cette théorie de l'amour vainqueur, irrésistible, était familière au dix-septième siècle, non pas en 1636, à l'époque du *Cid*, mais trente-trois ans après, en 1669, à l'époque de *Britannicus*. En effet, en 1636, les héros de Corneille tenaient un autre langage :

> L'amour n'est qu'un plaisir, l'honneur est un devoir!

dit le vieux don Diègue à son fils. A cette époque l'amour était un esclave qu'on devait dompter, plus tard c'est un tyran qu'on doit suivre. Cette différence de sentiments tient-elle seulement à la différence du génie de Racine et de Corneille? Nous ne le croyons pas. Elle tient aussi, et surtout, au changement des mœurs publiques, du *Cid* à *Britannicus*, et ce changement vient des exemples de la cour; *Regis ad exemplar totus componitur orbis*. En 1669, Mlle de Lavallière jouissait de tout l'éclat de sa vice-royauté. Cette théorie de l'amour tout-puissant est un signe de la décadence des mœurs en France, de 1636 à 1669. Elle ne devait guère être connue de Néron.

4° *Le cérémonial du palais de Versailles transporté à la cour de Néron.* Quand Burrhus annonce au début de la pièce à Agrippine que Néron n'est pas visible, parce qu'il cause avec les deux consuls il lui dit :

> Déjà par une porte au public moins connue
> L'un et l'autre consul vous avaient prévenue,
> Madame,... mais souffrez que je retourne exprès...

ce qui veut dire que Néron a introduit les deux consuls par la petite porte, ou, comme on disait à la cour de Louis XIV, par le petit degré, et qu'il est maintenant avec eux dans la salle d'audience, ou, comme on disait au dix-septième siècle, dans le cabinet du conseil.

5° *Quelques épigrammes contre les mœurs faciles et même artificieuses de la cour de Louis XIV.* Néron dit à Narcisse en parlant des qualités qui lui font trouver Junie aimable :

> Et c'est cette vertu si nouvelle à la cour
> Dont la persévérance irrite mon amour.

Si nouvelle à la cour! est une allusion que n'a pu retenir l'esprit caustique de Racine. Il est vrai que, si l'épigramme s'applique directement à la cour de Louis XIV, elle est amenée naturellement par le sujet. Et ailleurs, on ne peut s'empêcher de penser à l'hypocrisie qui régnait autour du grand roi, quand Junie dit à Britannicus :

> Je ne connais Néron et la cour que d'un jour,
> Mais, si j'ose le dire, hélas dans cette cour,
> Combien tout ce qu'on dit est loin de ce qu'on pense !
> Que la bouche et le cœur sont peu d'intelligence !
> Avec combien de joie on y trahit sa foi !

On croirait entendre la duchesse de Bourgogne arrivant en 1695 au milieu de la cour de Versailles, avec son ingénuité et sa candeur provinciale, du fond de son château de Savoie où elle n'avait vécu qu'avec sa mère. De pareils vers devaient avoir déjà de l'actualité en 1669 et prêter de l'intérêt à des scènes aujourd'hui un peu languissantes.

6° *Quelques allusions à la conduite privée de Louis XIV.* En voici une première à sa galanterie vis-à-vis des femmes aimables de sa cour :

> Quoi ! Narcisse, tandis qu'il n'est point de Romaine
> Que mon amour n'honore et ne rende plus vaine,
> Qui, dès qu'à ses regards elle ose se fier,
> Sur le cœur de César ne les vienne essayer !... (II, II.)

Ces vers avaient un intérêt d'actualité en 1669, parce que c'est l'année même où Mlle de la Vallière s'aperçut des intrigues de Mme de Montespan pour la supplanter dans le cœur du roi, comme elle avait supplanté elle-même l'épouse légitime.

Voici une seconde allusion à l'isolement de la reine Marie-Thérèse ; c'est Albine qui dit à Agrippine :

> A peine parle-t-on de la triste Octavie !

On ne peut s'empêcher de penser, en entendant ce vers, qu'il y avait aussi en 1669, à la cour de France, une reine légitime, honnête et délaissée dont on parlait aussi peu que de la triste Octavie. Et tous les vers sur le divorce !

> Trop heureux, si bientôt la fureur d'un divorce
> Me soulageait d'un joug qu'on m'imposa par force ! (II, II.)

Ne traduisent-ils pas la pensée secrète de Louis XIV ? Et les vers sur l'habitude qu'avait Louis XIV de danser dans les ballets de la cour !

> Pour toute ambition, pour vertu singulière,
> Il excelle à conduire un char dans la carrière,
> À disputer des prix indignes de ses mains,
> A se donner lui-même en spectacle aux Romains ! (IV, IV.)

Quelques critiques prétendent que ce passage corrigea Louis XIV de son défaut; d'autres affirment que Racine ne songea nullement au grand roi en cette circonstance. Mais comme il est prouvé par le témoignage de Tacite (V. paragraphe (V, 5°) que Néron ne descendit à ce rôle de baladin que cinq ans après la mort de Britannicus, lorsqu'il eut tué sa mère, est-il probable que Racine eût bravé cet anachronisme, s'il n'y eût été déterminé par l'utilité d'une allusion personnelle à Louis XIV?

Tels sont les signes du temps qu'offre la tragédie de *Britannicus*.

PARAGRAPHE V

De l'interprétation de l'histoire dans la tragédie de *Britannicus*. — Eléments fournis par l'histoire. — Additions et modifications.

Première question. — *Que faut-il penser de la manière dont Racine a interprété l'histoire dans la tragédie de Britannicus?*

Quoiqu'il n'y ait pas au théâtre de tragédie où l'histoire soit plus exactement suivie que celle-ci, Racine ne s'y est pas cependant conformé servilement; ce n'est pas une mosaïque, un pastiche décoloré du passé, c'est une œuvre vivante et réelle. L'auteur n'a pas fait comme cet écrivain anglais Ben Jonson qui, dans ses tragédies, ne met aucune pensée qui ne soit tirée des auteurs anciens. On reconnaît dans son Néron, son Burrhus et son Agrippine non-seulement les personnages de la tradition, mais des personnages animés, un véritable ministre honnête homme, un véritable empereur cruel, une véritable femme ambitieuse. Il n'a pas copié l'histoire, il l'a interprétée; il en a enveloppé son idée poétique.

Deuxième question. — *Quels sont les éléments fournis à Racine par l'histoire?*

L'esprit général de la tragédie, c'est-à-dire les vices et la dégradation de la Rome impériale; les traits principaux du caractère d'Agrippine, de Néron, de Burrhus et de Britannicus; les motifs de haine de Néron contre Britannicus, tirés de l'appui que lui prête Agrippine; la complicité de Pallas et d'Agrippine, ainsi que la disgrâce du premier; les intrigues et la chute d'Agrippine; enfin tous les détails de l'empoisonnement.

Troisième question. — *Quels sont les faits inventés par Racine?*

On peut les diviser en deux séries : 1° Les additions; 2° les modifications.

I. — ADDITIONS A L'HISTOIRE.

L'amour de Junie et de Britannicus; l'amour de Néron pour Junie et toutes les scènes qui en sont les conséquences; le rôle de médiateur joué par Burrhus, entre Agrippine et Néron; toutes les mauvaises influences qui poussent Néron au mal, la jalousie, l'opposition de Britannicus, les manœuvres de Narcisse, la maladresse de sa mère; enfin tous les signes de la disgrâce d'Agrippine qui forment une échelle ascendante fort curieuse.

II. — MODIFICATIONS A L'HISTOIRE.

1° *Le rôle entier de Narcisse.* Racine a tout modifié, son âge, son caractère, ses rapports avec Néron et avec Britannicus, sa participation au meurtre de ce jeune prince et son genre de mort. Narcisse n'a été ni le confident de Néron, parce qu'il n'a pas eu le temps de le devenir, ni le meurtrier de Britannicus, puisqu'il est mort six mois avant lui, et que, tant qu'il a vécu, il a été son ami. C'est un tribun de cohorte prétorienne nommée Julius Pollion, l'empoisonneuse Locuste et un esclave de confiance de palais, qui ont servi d'agents, plutôt que de complices, à Néron, pour la consommation de son crime. Narcisse fut de son vivant hostile à Néron, puisqu'il était favorable à Britannicus; son caractère était moins vicieux que ne le suppose Racine; il se montra même en certaines circonstances ferme et honorable. Quant à son genre de mort, il ne fut pas déchiré par le peuple; il se suicida dans sa prison, pour n'être pas tué par les émissaires d'Agrippine envoyés avec l'ordre de l'exécuter. (*Annales*, XIII, 1.)

2° *Le rôle entier de Junie.* Junie n'est pas plus la protégée d'Agrippine que Britannicus la victime de Narcisse. C'est encore le contraire qui est vrai. Agrippine persécuta Junie qui mourut, non pas dans le collège des Vestales, entourée de l'estime publique, mais dans l'exil, ou à peu près, entourée du mépris général, par suite d'une calomnie infâme d'Agrippine. Voici son histoire : Junia Calvina était une jeune veuve, belle et honnête, quoique un peu libre en ses manières. Elle avait pour frère un jeune préteur romain, Lucius Silanus, que Claude avait fiancé lui-même à sa fille Octavie; son mariage allait se conclure, quand Agrippine s'empara de l'esprit de Claude et, avant de l'épouser, voulut marier son fils Néron avec cette même Octavie, afin qu'il eût ainsi un pied sur les marches du trône. Mais il fallait, pour sceller cette union, rompre celle qui était projetée entre Octavie et Junius Silanus; elle inventa une calomnie : elle accusa le frère et la sœur d'inceste; Claude la crut, écarta naturellement le gendre sur lequel il avait jeté les yeux, accepta celui que lui proposait Agrippine, chassa d'Italie Junia Calvina, et força d'abdiquer Lucius Silanus, qui se tua de désespoir, ou plutôt par crainte d'être tué, le jour même où son odieuse persécutrice épousait Claude. Quatre ans et demi après ces événements, à la suite de la mort violente de celle qui en était l'auteur, Néron rappela celle qui en avait été la victime innocente : il fit revenir de l'exil Junie, pour rendre le nom de sa mère plus odieux et le sien plus populaire. Voilà la vérité sur Junie, sur ses rapports avec Agrippine et sur sa fin.

Quant à ses relations avec Britannicus, voici ce qu'on peut en dire : elle a effectivement entrevu Britannicus à la cour de Claude, avant son exil, mais alors elle était mariée au fils de Vitellius, et Britannicus n'avait guère à cette époque que treize ans; elle a pu l'y connaître, puisque son frère Lucius Silanus était l'ami de Claude et le fiancé de sa fille. Rien de plus naturel que d'admettre que Junie connût le frère de la jeune fille que devait épouser son propre frère. Britannicus étant frère d'Octavie et Lucius Silanus, frère de Junie, devant épouser Octavie, Junie était la belle-sœur désignée de Britannicus. En tout cas, malgré ces rapports incontestables, il n'a jamais été question d'amour entre eux, Junie, nous le répétons, étant mariée, et Britannicus encore enfant. (Tacite, *Annales*, XII, 4 et 8, XIV, 12.)

Ces modifications historiques relatives à Narcisse et à Junie sont les plus importantes de la pièce.

3° *Le séjour d'Agrippine à la cour, après le meurtre de Britannicus.* Racine annonce, à la fin de sa tragédie, qu'Agrippine reste à la cour, pour empêcher son fils de se tuer et pour tâcher de lui faire suivre d'autres maximes. Cette dernière pensée suppose une surveillance assidue, un séjour prolongé auprès de Néron. Racine le laisse croire au spectateur ; ce n'est pas conforme au témoignage de Tacite. Cet historien dit qu'immédiatement après le meurtre de Britannicus, Néron sépara la maison de sa mère de la sienne, lui assigna comme résidence à la ville le vieux palais d'Antonia son aïeule (aïeule de Néron) et à la campagne ses propriétés de Tuscule et d'Antium. (*Annales*, XIII, 18, et XIV, 2.) Dans les quatre ans et demi qui s'écoulent entre le meurtre de Britannicus et celui d'Agrippine, Néron a bien quelques entrevues avec sa mère et celle-ci vient bien de temps en temps à la cour ; mais, quand c'est Néron qui va voir Agrippine, il se rend toujours chez elle sous bonne escorte et s'éloigne après un court baiser, *post breve osculum*, dit Tacite. Quand c'est Agrippine qui va voir son fils, elle le fait plus rarement encore et seulement dans les derniers mois de cette période de quatre ans et demi, pour contre-balancer l'influence de Poppée. C'est à quinze lieues de Rome, à Baïes, que Néron la fait tuer. Il est donc inexact de dire et de laisser croire au lecteur qu'après la mort de Britannicus Agrippine reste à la cour ; Burrhus seul y reste.

4° *L'âge et le caractère fier et impétueux de Britannicus.* Racine donne à Britannicus trois ans de plus que Tacite, et, au lieu d'en faire comme lui un enfant inoffensif, plus porté à la tristesse qu'à la vengeance, il en fait, non pas habituellement, mais en une circonstance, un énergique jeune homme, qui revendique sa couronne et affronte le courroux de l'empereur.

5° *La manière dont Néron fut salué empereur et son habitude de danser sur le théâtre.*

Il y a ici deux inexactitudes historiques, commises avec intention par Racine.

Voici la première : Burrhus dit à Agrippine que c'est Rome elle-même qui a choisi Néron pour empereur et qu'elle prétend le garder :

> Rome l'a pu choisir ; ainsi, sans être injuste,
> Elle choisit Tibère adopté par Auguste. (III, v.)

Rome n'a pas plus choisi Néron que Tibère. Ce sont les prétoriens qui l'ont imposé à Rome. Voici comment les choses se sont passées : après l'empoisonnement de Claude, Néron fut acclamé par la cohorte prétorienne de garde ce jour-là au palais, transporté au camp sur une litière et salué empereur par les soldats. (XII, 68, 69.) Si Racine modifie l'histoire, c'est pour opposer aux prétentions ambitieuses d'Agrippine l'obstacle de la volonté populaire, espèce de suffrage universel devant lequel on doit s'incliner. Il y a plutôt là une figure de rhétorique permise, qu'une inexactitude.

Voici la seconde : Ce n'est que quatre ans et demi après le meurtre de Britannicus, l'année même de l'assassinat d'Agrippine, que Néron se montra sur le théâtre. Tacite le dit positivement : après la mort de sa mère, il s'abandonna à toutes ses passions qu'il avait contenues, sans les vaincre, par respect pour sa mère, quelle qu'elle fût, *quas malè coercitas qualiscumque matris reverentia tardaverat;* depuis longtemps il voulait conduire un char dans la carrière, et, par une fantaisie non moins honteuse, jouer de la lyre (XIV, 13 et 14); puis Tacite raconte comment il se livra sans réserve à ces goûts. Ce passage n'offre aucun doute, et l'on sait la date précise où Néron commença à se livrer publiquement à ces goûts que condamne Racine. C'est un anachronisme que de les prêter à Néron, l'année même de la mort de Britannicus. Ce qui a déterminé l'auteur à le commettre, c'est le désir de détourner Louis XIV d'un défaut semblable. La tragédie de *Britannicus* lui en offrait l'occasion; il l'a saisie, au prix d'une inexactitude historique, peu importante d'ailleurs.

PARAGRAPHE VI

Les trois unités dans la tragédie de *Britannicus*. — Le caractère du dénoûment. — L'âge réel et l'âge fictif de Néron et de Britannicus. — L'acte le plus beau et l'acte le plus faible.

Première question. — *Que faut-il penser des trois unités dans la tragédie de* Britannicus?

Elles sont très-exactement observées. En voici la preuve :

Premièrement : Unité de temps. Le sujet de la tragédie se passe, non pas dans les vingt-quatre heures, comme c'était le droit du poëte, comme Corneille en a usé dans le *Cid*, mais dans les douze, du matin au soir. Racine indique avec soin ce détail. La pièce commence en effet au lever du jour, ainsi que le constate le début même de la première scène :

> Quoi ! tandis que Néron s'abandonne au sommeil,
> Faut-il que vous veniez attendre son réveil ? (I, I.)

et elle se termine dans la soirée, comme il ressort de ce passage du récit de la mort de Britannicus :

> Pour achever le jour sous de meilleurs auspices. (V, v.)

et de cette phrase que Junie prononce devant Britannicus, pour l'engager à se méfier de ce repas :

> Si Néron irrité de votre intelligence
> Avait choisi la nuit pour cacher sa vengeance ! (V, I.)

C'est en effet le soir même que Néron offre à Britannicus le repas où il l'empoisonne. Il a fallu à Racine un grand effort de génie pour réunir, dans un si court espace de temps, toutes les circonstances propres à faire passer Néron du bien au mal, et sans accumulation choquante de faits, tout le monde sachant de reste que la métamorphose d'une âme n'est pas ordinairement l'affaire d'un lever et d'un coucher de soleil.

Dans une troisième circonstance, Racine constate qu'il observe l'unité de temps. Junie dit à Néron :

> Je me vois, dans *le cours d'une même journée*,
> Comme une criminelle amenée en ces lieux,
> Et, lorsqu'avec frayeur je parais à vos yeux,
> Vous m'offrez tout à coup la place d'Octavie. (II, III.)

Ces différents passages prouvent combien Racine songeait à appliquer le précepte relatif à ce genre d'unité, comme nous avons vu Corneille le faire soigneusement dans la tragédie du *Cid*.

Secondement. Unité de lieu. Elle est aussi très-bien observée. Racine signale, dès les premiers vers de la tragédie, le lieu de la scène :

> Errant dans le palais sans suite et sans escorte.

Toutes les scènes se passent en effet dans le palais de Néron, soit dans le vestibule, soit dans une salle particulière ; l'auteur ne nous conduit nulle part ailleurs, ni au sénat, ni sur une place publique, ni dans la rue, ni même dans l'appartement de Junie, ou d'Agrippine ou de Britannicus. C'est toujours un corridor, ou une grande salle commune, comme qui dirait le salon du palais. Ce qu'il y a de plus curieux dans ces indications de Racine, c'est de voir un aussi grand génie se préoccuper de ces petits détails, ne rien laisser de vague ni d'obscur, s'ingénier presque, pour en instruire le lecteur. On sait, d'un autre côté, quelle importance Boileau attachait à l'observation de ces menues règles de la composition :

> Que le lieu de la scène y soit fixe et marqué. (*Art poét.*, III.)

C'est ainsi que rien de ce qui peut concourir à la perfection d'une œuvre n'était négligé des grands écrivains du dix-septième siècle! Ils tenaient d'Aristote ce respect de la règle : *le maître l'avait dit*; ils s'y conformaient.

Troisièmement. Unité d'action. Elle est irréprochable. Tous les incidents de cette pièce concourent à une seule et même action : le meurtre de Britannicus. La tragédie entière n'est, d'un bout à l'autre, que l'analyse des mauvaises passions, des mauvaises influences qui développent dans l'âme de Néron la pensée, pour ainsi dire unique, de l'assassinat; c'est l'énumération graduée des divers actes d'indépendance ou de brutalité qui sont comme le prélude même de ce forfait. L'action est donc *une*, dans le vrai sens du mot, puisque tous les épisodes aboutissent au dénoûment.

Deuxième question. — *Quel est le dénoûment de la tragédie de* Britannicus ?

Britannicus est empoisonné par Néron; Junie entre dans le collége des Vestales; Narcisse est mis à mort par le peuple, au moment où il veut empêcher Junie d'entrer dans le temple, pour faire plaisir à Néron; Agrippine et Burrhus restent à la cour; Burrhus continue même à servir Néron, quelque indigné qu'il soit de son crime. Quant à Néron lui-même, son dernier sentiment n'est pas le repentir du meurtre qu'il vient de commettre, car il le nie effrontément, c'est la douleur, ou, si l'on veut, le dépit de voir Junie lui échapper; ce dépit est même si grand qu'on craint qu'il n'attente à ses jours. C'est pour prévenir cet acte funeste de désespoir qu'Agrippine et Burrhus courent à sa suite dans son appartement. Seulement tous deux augurent différemment de Néron : Agrippine, par une illusion bien naturelle au cœur d'une mère, fût-elle dénaturée, ne désespère pas de voir le remords se faire jour dans l'âme de son fils, tandis que Burrhus, c'est-à-dire l'étranger, jugeant les choses plus froidement, ne peut s'empêcher de voir dans cet assassinat le prélude d'autres crimes.

Troisième question. — *Que faut-il penser de ce dénoûment ?*

Il satisfait le goût ; il est moral ; il n'est pas tout à fait conforme à l'histoire.

Il satisfait le goût, parce qu'en se prolongeant au delà de la mort de Britannicus, il ne laisse pas le spectateur sous l'impression pénible d'un assassinat, en même temps qu'il l'instruit du sort de tous les personnages auxquels il s'est intéressé, d'une manière ou d'une autre, dans le cours de la tragédie.

Il est moral, parce qu'il montre la vertu récompensée et le vice puni, vieux précepte que les écrivains du dix-septième siècle ne trouvaient pas banal. La vertu est récompensée, puisque Junie est l'objet d'une faveur exceptionnelle de la part du peuple, en entrant, passé l'âge de dix ans, dans le collége des Vestales. Le vice est puni, puisque Narcisse est mis en pièces par le peuple. Mais, dira-t-on, Néron et Agrippine représentent aussi le vice et ne sont pas punis. C'est une erreur, ils le sont. Racine ne pouvait les faire périr, comme Narcisse, l'histoire s'y opposait ; mais il les a montrés punis, le premier par la renommée infâme qu'il lui annonce dans les prédictions d'Agrippine ; la seconde par le sinistre pressentiment de sa mort qui obsède sa pensée, à la fin de la tragédie. La punition de ces deux coupables est dans l'expiation que l'avenir leur réserve et que le poëte indique très-nettement. La conscience du spectateur est satisfaite. Reste Burrhus. C'est un honnête homme, dira-t-on ; il n'est pas récompensé, il y a là une lacune. Erreur encore ! Sans doute Burrhus est honnête homme dans la pièce, mais il ne l'est pas, ou plutôt il ne l'est plus après ; Racine ne pouvait donc le montrer ni récompensé, ni puni ; il ne pouvait que garder le vague ; c'est ce qu'il a fait. Il le montre restant à la cour, voilà tout. Ce dénoûment, si l'on cherche à en sonder le sens, indique plutôt le malhonnête homme de l'avenir et sa coupable condescendance lors du meurtre d'Agrippine ; il fait donc pressentir, si on le presse un peu, la punition du coupable. Cette persévérance à servir le tyran assassin, cette espèce de lien fatal qui le rive à sa personne est le premier châtiment de ce caractère indécis, chez qui la vertu devait tourner si brusquement au vice. Ces récompenses accordées aux bons, ces châtiments infligés aux mauvais ou prédits pour les autres font la moralité du dénoûment.

Cette conclusion, avons-nous dit, n'est pas tout à fait con-

forme à l'histoire. Sans doute, elle l'est pour Néron qui ne témoigna en effet aucun repentir de la mort de Britannicus et justifia de point en point les prédictions d'Agrippine ; elle l'est aussi pour Burrhus qui continua de servir Néron, pour devenir bientôt l'apologiste de ses assassinats, avant d'être la victime de sa fureur, car il eut le même sort que Britannicus ; elle l'est encore pour Britannicus qui mourut dans les circonstances indiquées par Racine ; mais elle ne l'est pas pour Junie, qui fut exilée par l'ordre d'Agrippine son ennemie ; elle ne l'est pas pour Narcisse, qui se suicida dans sa prison, plusieurs mois avant la mort de Britannicus ; elle ne l'est pas pour Agrippine qui, le lendemain de la mort de Britannicus, fut éloignée de la cour et reléguée dans le vieux palais d'Antonia où elle vécut au milieu d'une solitude presque complète.

Quatrième question. — *Pourquoi Racine a-t-il fait survivre Junie à Britannicus?*

Beaucoup d'auteurs de nos jours auraient montré Junie se tuant sur le corps de Britannicus. Racine a supposé un autre dénoûment, pour deux raisons, une raison d'art et une raison de sentiment. *La raison d'art,* c'est qu'il n'aime pas les coups de poignard, et les morts successives de personnages tombant les uns sur les autres, défaut que n'évite pas assez Corneille. La *raison de sentiment,* c'est que Racine sauve toujours, par tendresse de cœur, la vie des héroïnes qu'il nous fait aimer, ainsi Monime, Iphigénie, Aricie, Bérénice. Celles qu'il fait mourir sont presque des hommes ou ne valent pas mieux : Athalie, Hermione, Phèdre, Roxane, Eryphile. S'il fait mourir Atalide, quoiqu'elle n'ait pas les défauts des femmes précédentes, c'est qu'elle n'est pas exempte de perfidie.

Cinquième question. — *Quel était l'âge réel de Néron et de Britannicus, l'année de la mort de Britannicus?*

Néron avait dix-sept ans et trois mois ; Britannicus, quatorze ans accomplis, c'est-à-dire quatorze ans et quelques jours. Voici la preuve de ces deux faits :

1° *Pour Néron.* Tacite dit qu'à la fin du mois de décembre de l'an 54, Néron sortait à peine de ses dix-sept ans : « *Fine anni vix septemdecim annos egressus.* » (XIII, 6.) C'est-à-dire qu'il avait dix-sept ans et quelques jours, car il était né précisément au mois de décembre, comme il ressort du passage où il est dit que le peuple romain voulut par esprit de flatterie commencer le calendrier de l'année par le mois de décembre, parce que c'était le mois où Néron était né (XIII, 10), c'était le mois de décembre de l'an 37 évidemment; puisqu'il avait dix-sept ans en 54. Or il tua Britannicus trois mois après ce mois de décembre 54, au mois de mars 55. Donc il avait dix-sept ans et trois mois, l'année et le mois où il tua Britannicus.

2° *Pour Britannicus.* Tacite dit que, quelque temps avant sa mort, le jour où Agrippine menaça Néron de faire nommer son beau-frère empereur à sa place, Britannicus avait quatorze ans révolus, c'est-à-dire quatorze ans et quelques jours : « *Quatuordecimum ætatis annum Britannicus explebat.* » (XIII, 15.) Ce qui ne fait pas quinze ans, comme le prétend Racine dans sa préface, car quinze ans, c'est quatorze ans plus douze mois, et non pas quatorze ans plus quelques jours, et l'expression de Racine ne correspond pas du tout à la locution de Tacite; d'un autre côté, comme c'est dans le chapitre que suit celui où se trouve cette locution latine, c'est-à-dire dans le chapitre seizième, que Tacite raconte la mort de Britannicus, il est évident que l'âge indiqué précédemment est bien celui de son héros non pas le jour, mais le mois de sa mort, c'est-à-dire quatorze ans et quelques jours. Il est vrai qu'ailleurs Tacite est un peu en contradiction avec lui-même : il dit que Britannicus avait deux ans de moins que Néron : « *Biennio majorem natu Domitium filio anteponit.* » (XII, 25.) Claude préféra à son fils Britannicus Néron plus âgé de deux ans. Or, si Néron avait, comme nous venons de le prouver, dix-sept ans et trois mois à l'époque de la mort de Britannicus, Britannicus en devait avoir quinze et trois mois, et non pas quatorze. L'âge de Britannicus reste donc indécis, d'après le témoignage de Tacite lui-même ; il flotte entre quatorze ans plus quelques jours et quinze ans plus trois mois. Nous penchons pour quatorze ans, parce que dans un autre passage Tacite l'appelle *puer*, un enfant (XIII, 15), et que les anciens attachent un sens très-précis aux mots qui désignent les différents âges de la vie humaine.

Quant à l'âge fictif donné par Racine à ces deux personnages, comme il les vieillit tous les deux de trois ans, Néron a, dans la tragédie, vingt ans et trois mois, et Britannicus soit dix-sept ans plus quelques jours, si l'on admet le premier calcul de Tacite, soit dix-huit ans plus trois mois, si l'on admet le second.

Sixième question. — *Combien de temps s'écoula entre le meurtre de Britannicus et celui d'Agrippine ?*

Quatre ans et demi environ. Britannicus fut tué vers le mois de mars 55, et Agrippine vers le mois de juin 59.

Septième question. — *Quel est le plus bel acte de la pièce?*

Le quatrième, à cause des trois entrevues de Néron avec Agrippine, Burrhus et Narcisse. Cet acte est un des plus beaux qui existent au théâtre ; c'est une sorte de type de la tragédie classique, c'est-à-dire une preuve de cette vérité, qui a force de loi au dix-septième siècle, que l'intérêt dramatique consiste dans le jeu des passions et non dans la complication des événements.

Huitième question. — *Quel est l'acte le plus faible ou plutôt le moins beau ?*

Le cinquième, à l'exception toutefois du récit de la mort de Britannicus et des imprécations d'Agrippine, deux morceaux oratoires assez beaux, mais auxquels on pourrait encore reprocher d'appartenir à un genre de convention. Sauf ces deux scènes, le reste de l'acte est peu intéressant et n'offre pas les beautés d'analyse morale des quatre actes précédents. Malgré l'émotion profonde que cause la mort de Britannicus, tout ce cinquième acte est assez froid. Voici pourquoi : comme on voit, autour de Néron, tout le monde paralysé par la peur, on n'appréhende rien de sinistre pour les autres personnages, on ne s'attend à aucun acte de résistance, ni de désespoir. Agrippine crie beaucoup, mais n'agit pas ; Burrhus maudit le jour, mais reste à son poste ; la faible et douce Junie se sauve dans un asile sûr ; sans doute, tout cela est conforme aux convenances, aux règles de la composition et même un peu à l'histoire, mais ce n'est pas très-dramatique. Le goût est satisfait, mais le cœur peu ému. Nous regretterions qu'il en fût autrement, c'est incontestable ; mais il faut bien constater les raisons d'infériorité de cet acte par rapport aux autres ; cette infériorité est, pour ainsi parler, une nécessité du sujet même.

PARAGRAPHE VII

Scènes principales.

Première scène principale (acte I, scène 1). *La conversation d'Agrippine et d'Albine, le matin au lever du jour, à la porte de l'appartement de l'empereur.*

C'est une scène d'exposition dans laquelle Agrippine se plaint de son fils à sa confidente, en opposant le passé, plein des services qu'elle lui a rendus, au présent plein de son ingratitude. L'enlèvement de Junie sa parente et sa protégée, qui a eu lieu cette nuit même, et dont elle vient lui demander compte, met le comble à l'indignité de sa conduite vis-à-vis d'elle, et elle annonce déjà clairement son projet de vengeance, quoiqu'elle n'ait pour l'écouter qu'une simple confidente. Albine la rassure par l'éloge des vertus dont Néron a donné jusqu'ici l'exemple et du respect filial dont elle prétend qu'il ne s'est jamais écarté.

Deuxième scène principale (acte I, scène II). *La conversation d'Agrippine et de Burrhus.*

C'est la suite de l'exposition ; c'est la continuation des plaintes et des récriminations d'Agrippine. Mais cette scène ne fait pas double emploi avec la précédente, parce que les doléances d'Agrippine sont articulées cette fois avec plus de précision et d'amertume que précédemment, par la raison qu'elles le sont devant Burrhus, c'est-à-dire devant le ministre même qu'elle accuse et rend responsable de l'ingratitude de son fils. Cette scène met en lumière sa dureté de mère, son ambition de reine, son orgueil de femme. Agrippine y formule plus nettement encore que dans sa conversation avec Albine son projet de vengeance, c'est-à-dire le rétablissement de Britannicus sur le trône de ses pères. D'un autre côté, cette même scène fait ressortir la loyauté de Burrhus qui avoue franchement qu'il est le premier à conseiller à Néron l'indépendance et qui le justifie, non-seulement de son affranchissement politique mais encore de l'enlèvement de Junie, qu'il croit sans conséquence. Agrippine sort de cet entretien plus irritée qu'auparavant contre son fils. Ces deux premières scènes ont encore une portée qu'il est indispensable de signaler ici ; comme elles sont pleines d'Agrippine, de ses récriminations et de ses menaces de vengeance, elles prouvent qu'Agrippine est bien réellement le personnage principal de la tragédie, toute exposition mettant sur le premier plan le personnage qui doit jouer le premier rôle. Cette expositon est donc parfaite, puisqu'elle nous apprend non-seulement les faits dont la connaissance est nécessaire à l'intelligence de la pièce, mais encore la hiérarchie des principaux personnages et leur caractère. Ils y sont tous placés les uns en regard des autres, sauf Narcisse qui vient un peu plus tard.

Troisième scène principale (acte II, scène II). *La confidence de Néron à Narcisse au sujet de son amour pour Junie.*

Cette scène est l'analyse de la principale raison qui, dans quelques heures, va déterminer Néron à empoisonner Britannicus, la jalousie ; mais c'est surtout l'analyse et le développement du caractère de ce traître appelé Narcisse ; elle fait connaître sa duplicité comme faux ami de Britannicus, ses bas instincts de courtisan comme flatteur de Néron ; elle le montre poussant l'empereur au divorce d'Octavie, au mariage avec Junie, à la haine d'Agrippine qu'il lui conseille de bannir, et surtout à la haine de Britannicus dont il prépare déjà la mort par ses perfides insinuations. Les confidences amoureuses de Néron ne sont que le prétexte de cette scène ; le héros principal en est Narcisse, qui s'y trouve dessiné, pour ainsi dire, des pieds à la tête. Il ne faut pas oublier qu'au moment où il vient ainsi fixer devant Néron les préliminaires de la mort de Britannicus, il sort de l'appartement de Britannicus.

Quatrième scène principale (acte II, scène III). *La déclaration d'amour de Néron à Junie.*

Cette scène donne lieu au principal reproche juste que l'on puisse adresser à la tragédie : l'abus du langage sentimental usité au dix-septième siècle ; encore ce défaut est-il beaucoup atténué par l'emploi fort opportun de quelques expressions menaçantes qui échappent à Néron et dénotent en lui le tyran féroce prêt à se venger, si l'on n'écoute pas ses soupirs d'amant ; il l'est surtout par l'ordre cruel donné à Junie d'annoncer elle-même à Britannicus, sous peine de mort pour lui, qu'il doit renoncer à son amour. Ce langage ne ressemble certes pas à de la galanterie. Cette scène fait connaître en même temps le caractère de Junie : sa douceur et sa bonne foi ; sa douceur, puisqu'elle écoute étonnée et sans récrimination la déclaration d'amour de Néron ; sa bonne foi, puisqu'elle y répond par l'aveu irréfléchi de son amour pour Britannicus, naïveté qui ne fait qu'exaspérer l'empereur.

Cinquième scène principale (acte II, scène VI). *La première entrevue de Junie et de Britannicus.*

Cette scène est ordinairement désignée sous le nom de *scène de la tapisserie*, parce que Néron y assiste caché derrière un rideau de ce genre. Junie et Britannicus ont, dans cette tragédie, deux entrevues ; voici quelle en est la différence. Dans la première, celle qui nous occupe en ce moment, les deux amants causent devant témoins ; ils sont en effet devant Narcisse, dont Britannicus tolère la présence, parce qu'il le croit son ami fidèle ; ils sont de plus épiés par Néron caché, comme nous venons de le dire, par un voile, circonstance connue de Junie ; aussi leur langage est-il contraint et leurs sentiments sont-ils contenus. Dans la seconde, ils causent sans témoins, ou du moins, si Néron les a écoutés un instant à la porte avant de faire brusquement irruption dans la salle où ils causent, c'est à l'insu de l'un et de l'autre ; aussi se parlent-ils en toute liberté. La première entrevue est ménagée, ordonnée même par Néron : la seconde ne l'est ni par lui, ni par Agrippine, ni même par Narcisse ; elle ne l'est pas par Néron, puisqu'il est fort étonné de l'apprendre ; elle ne l'est pas par Narcisse, puisque celui-ci, en les voyant réunis, manifeste aussi sa surprise ; enfin elle ne l'est pas par Agrippine, quoique Néron l'en accuse, puisque Junie a soin de dire que c'est elle-même qui vient de son propre mouvement, grâce à un défaut de surveillance qu'elle attribue à la conversation qu'Agrippine a en ce moment avec son fils ; la seconde entrevue est donc l'effet du hasard, et l'on ne peut accuser Agrippine d'être de connivence avec Junie et Britannicus, puisqu'elle a préalablement annoncé son intention d'entretenir Néron, sans aucune arrière-pensée de complicité avec les deux amants : « J'assiégerai Néron de toute part. » (III, v.)

Revenons à la première entrevue. Cette scène n'est pas un dialogue d'amour sentimental et précieux, comme il y en a tant au théâtre. L'ignorance de Britannicus, qui ne se doute pas de la présence de Néron et se compromet par une ardeur imprudente, sa surprise à la vue de l'accueil glacial de Junie, l'air contraint et embarrassé de Junie qui se sent écoutée, la surveillance qu'elle est obligée d'exercer sur chacune de ses paroles et chacun de ses regards, enfin le péril que courent ces deux infortunés, tout contribue à faire de cette scène, qui devrait être une scène d'amour, une scène d'inquiétude et d'alarmes. Cette entrevue, avons-nous dit, n'amène pas le résultat voulu par Néron ; il espérait que les deux amants se trahiraient, ils ne se sont pas trahis, grâce à l'adresse de Junie. Cependant, comme il est convaincu, malgré leur silence, qu'ils s'aiment réellement, et qu'il veut punir Britannicus, preuves en main, il saisit avec empressement l'occasion de leur seconde entrevue que vient lui annoncer inopinément Narcisse.

Sixième scène principale (acte III, scène III.) *La seconde conversation de Burrhus et d'Agrippine.*

Cette seconde conversation diffère de la première, quoique le fond en soit à peu près le même. Elle a encore pour sujet, d'un côté les récriminations d'Agrippine sur l'ingratitude de son fils, de l'autre la justification de Burrhus qui se défend de donner de mauvais conseils à Néron et approuve la conduite indépendante de l'empereur. La différence, c'est que les plaintes d'Agrippine sont, dans cette seconde conversation, plus vives que dans la première, parce qu'elles portent sur des griefs plus graves et plus nombreux : la répudiation de plus en plus imminente d'Octavie, le maintien de l'arrestation de Junie, et surtout l'exil de Pallas. De là le surcroît de colère d'Agrippine et l'accentuation plus énergique de ses menaces : de là cet aveu, qu'elle se propose de faire à l'armée, de ses crimes, aveu qui sera plus funeste à elle-même qu'utile à Britannicus, mais dont elle risquera l'odieuse responsabilité, dans l'espérance de détrôner Néron. Agrippine tombe ici dans le délire de la vengeance.

Cette seconde entrevue diffère encore de la première, quant à l'attitude de Burrhus; comme il a vu que la passion de Néron pour Junie prenait une tournure fâcheuse, et qu'il vient du reste de la lui reprocher, dans un entretien récent (III, 1), il ne s'étend plus sur la justification de son maître; il se contente de couper court par quelques mots incisifs et péremptoires aux aveux compromettants d'Agrippine.

Ainsi cette seconde entrevue a pour but de montrer le progrès de l'action, d'un côté par les progrès de l'irritation d'Agrippine qui prouvent qu'elle a fait un pas dans le chemin de la disgrâce, de l'autre par un commencement de réserve chez Burrhus, réserve qui prouve que Néron a fait un pas dans le chemin du mal. On sent déjà approcher le dénoûment, c'est-à-dire la mort de Britannicus.

Septième scène principale (acte III, scène VII). *La seconde entrevue de Britannicus et de Junie.*

Dans cette seconde entrevue, les deux amants savent qu'ils peuvent se parler sans contrainte, puisque aucun témoin ne les écoute. Mais, comme ils sont encore sous le coup de leur premier entretien, au lieu de se laisser aller aux doux épanchements de deux cœurs épris l'un de l'autre, ainsi qu'il est naturel de s'y attendre, ils ne peuvent s'empêcher de parler des émotions pénibles de leur conversation précédente, et même d'en être encore obsédés, comme si elles n'étaient pas évanouies. Britannicus reproche à Junie sa froideur, comme une infidélité, quoique Junie lui en explique clairement la cause; Junie de son côté, tout en lui faisant l'aveu le plus formel de son amour, le fait avec une telle précipitation qu'elle semble encore avoir peur de voir Néron apparaître sur ses pas. Elle vient en effet de s'évader, pour ainsi dire, de prison, à la faveur de la conversation d'Agrippine avec Néron, et elle ressemble à une fugitive qui craint d'être rattrapée par son geôlier. Cette conversation d'amour, tenue à la dérobée et en tremblant, par deux personnages troublés, malgré leurs motifs de sécurité, est originale, touchante et échappe à tout reproche de fadeur sentimentale. Elle est même tragique par le danger subit qui fond sur eux, par l'irruption subite de Néron, averti de leur entrevue par Narcisse et apparaissant au moment même où Britannicus vient de se jeter aux pieds de Junie. On ne peut mieux comparer l'empereur en cette circonstance qu'à un tigre se précipitant sur sa proie. C'est ainsi que, dans cette tragédie, l'amour n'a jamais, quoi qu'on ait dit, un caractère de pure galanterie, fait d'autant plus important à constater que Racine a composé cette pièce pour prouver à ses adversaires qu'il savait parler un autre langage que celui de la passion.

Huitième scène principale (acte III, scène VIII). *La scène de résistance de Britannicus à Néron.*

Cette scène donne lieu à trois observations importantes : *la première*, c'est qu'elle révèle chez ce jeune prince jusqu'alors réservé et timide une énergie cachée dont on ne le croyait pas capable. *La seconde*, c'est que cet acte de révolte est le motif déterminant de sa mort; voici pourquoi : tant que Néron a pu croire qu'Agrippine mettait Britannicus en avant sans qu'il se prêtât à ce jeu de l'ambition et de l'intrigue, il a hésité à le faire périr; mais à partir du moment où il s'est aperçu qu'il prêtait lui-même la main aux manœuvres de sa mère et qu'il revendiquait personnellement ses droits à la couronne, il a arrêté sa mort. *La troisième* observation, c'est que, comme aucun des deux personnages n'écrase l'autre, malgré la différence de leur position et de leur rang, comme la noblesse de Britannicus et l'avantage de plaire à Junie le maintiennent dans un état d'égalité vis-à-vis de l'empereur, et que, d'un autre côté, Néron trouve dans l'ascendant du rang suprême une assurance que ne lui donne pas la vertu, l'intérêt de la politique et celui de l'amour se balancent sans se nuire dans cette tragédie, tellement l'art du poëte a su y combiner des couleurs opposées qui se tempèrent les unes les autres !

Les trois entrevues du quatrième acte offrent une suite de tableaux d'une beauté incomparable ; voici dans quel ordre elles se succèdent :

Neuvième scène principale (acte IV, scène II). *L'entrevue de Néron et d'Agrippine.*

C'est la scène qui commence par ces mots fameux :

« Approchez-vous, Néron, et prenez votre place. »

On y voit la lutte de la mère et du fils, décidés à ne rien céder ni l'un ni l'autre de leur pouvoir. Cette conférence révèle les sentiments coupables de deux âmes également dépravées, qui se détestent, quoique unies par les liens de la parenté la plus intime ; elle montre que, si Agrippine est impudente, Néron ne l'est pas moins, ou plutôt l'est encore davantage ; mais la beauté du langage est telle que les vices honteux étalés par la mère et le fils ont un air de grandeur et de noblesse. Dans cette lutte des mauvais penchants déchaînés, c'est Néron qui remporte la victoire de la ruse, quoiqu'il ait affaire à forte partie ; il est le plus fort, puisque, en se séparant de sa mère, il lui laisse croire qu'il est réconcilié avec son frère Britannicus, tandis qu'il est plus que jamais décidé à le faire périr ; il la trompe, donc il a le dessus.

Dixième scène principale (acte IV, scène III). *L'entrevue de Néron et de Burrhus.*

Cette scène détruit l'effet de la précédente ; Burrhus trouve Néron décidé à tuer Britannicus et le quitte décidé à se réconcilier avec lui. C'est un des plus beaux exemples de l'empire de la vertu sur les cœurs corrompus. C'est le chef-d'œuvre de l'éloquence simple et vraie et de ce grand pathétique inspiré par l'émotion d'un cœur honnête ; c'est la justification du proverbe latin : *Vir bonus dicendi peritus.* On ne trouve ni dans le théâtre ancien ni dans le théâtre moderne, de scène plus importante que cette lutte soutenue avec toutes les armes de la nature et de l'humanité contre les mauvais instincts de l'âme. Burrhus, après ce discours où il croit avoir converti Néron, court annoncer à Britannicus l'heureuse nouvelle de la réconciliation de l'empereur avec lui. A ce moment entre Narcisse.

Onzième scène principale (acte IV, scène IV). — *L'entrevue de Néron et de Narcisse.*

Elle détruit l'effet de la précédente et décide du dénoûment. Néron, en entendant la parole souple et artificieuse de ce traître, oublie celle de Burrhus et se laisse entraîner. Le discours de Narcisse est un chef-d'œuvre d'habileté ; il attaque, il enlace de tous côtés son interlocuteur hésitant : il fait appel à toutes ses passions : l'amour, la crainte, la jalousie, l'orgueil, la vanité ; il dissipe toutes ses hésitations, allume tous ses désirs, étouffe tous ses remords, et cela avec le sang-froid d'un scélérat toujours maître de lui, car les scélérats ne se passionnent pas. Cette scène est un des plus habiles plaidoyers en faveur d'une mauvaise cause qui existent au théâtre.

Le cinquième acte renferme encore deux scènes dignes d'être citées, quoique appartenant à un genre secondaire : *le récit de la mort de Britannicus* et *les imprécations d'Agrippine*. Elles appartiennent à un genre secondaire, parce que la première rentre dans le genre narratif et qu'une narration est toujours au-dessous d'une scène d'analyse morale, d'un plaidoyer ou d'un débat politique ; la seconde, parce qu'une tirade d'imprécations est toujours empreinte de rhétorique et voisine de l'amplification.

Telles sont les scènes principales de la tragédie de *Britannicus*.

PARAGRAPHE VIII

ÉTUDE DES DIFFÉRENTS PERSONNAGES.

Hiérarchie des différents personnages ; preuves et raisons de cette hiérarchie ; un mot sur chaque personnage.

Première question. — *Quelle est la hiérarchie des différents personnages de la tragédie de* Britannicus ?

En premier lieu Agrippine ; ensuite Néron, Burrhus et Narcisse ; enfin Britannicus, qui ne vient qu'en cinquième ligne, et Junie la dernière.

Deuxième question. — *Prouver qu'Agrippine est le principal personnage de la pièce.*

Racine lui-même le dit dans sa seconde préface, où se trouvent ces mots : « C'est elle que je me suis surtout efforcé de bien exprimer, et ma tragédie n'est pas moins la disgrâce d'Agrippine que la mort de Britannicus. » On en voit encore la preuve dans l'exposition de la pièce, dont les deux premières scènes sont consacrées tout entières à Agrippine, et dans tout le cours de la tragédie, où son rôle prime les autres. C'est elle, en effet, qui la remplit de ses récriminations, de ses menaces et de ses plans de vengeance ; c'est son ambition et sa maladresse qui motivent la conduite de Néron ; c'est elle qui est le point de mire de tous ses actes de sévérité, de violence et d'injustice ; c'est elle qu'il frappe dans la personne de Pallas, de Junie et de Britannicus ; elle est, en un mot, l'âme de toute la tragédie.

Troisième question. — *Pourquoi Racine a-t-il fait d'Agrippine le principal personnage de cette tragédie, quoique dans l'histoire elle soit subordonnée à Néron ?*

Dans Tacite et dans Suétone, dont Racine s'est inspiré, le premier rôle appartient à Néron et le second à Agrippine. Si Racine a interverti cet ordre d'importance, c'est par suite de sa prédilection pour les rôles de femmes. On en voit une preuve frappante dans les titres de ses pièces. Sur douze tragédies composées par lui, six ont pour titres des noms de femmes : *Andromaque*, *Bérénice*, *Iphigénie*, *Phèdre*, *Esther*, *Athalie*. Cette prédilection est telle que, quand il accepte un sujet des mains des anciens, pour pouvoir intituler son œuvre d'un nom de femme, il déplace le centre de l'action et la fait pencher du côté d'un personnage de ce sexe. Ainsi pour *Phèdre* : il a emprunté le sujet de cette œuvre à Euripide ; mais la tragédie grecque est intitulée *Hippolyte*, et le héros de la pièce est réellement ce jeune homme ; Racine intitule la sienne *Phèdre* et donne le premier rang à la femme de Thésée. C'est par une substitution d'intérêt analogue qu'il donne la prééminence à Agrippine sur Néron, en dépit de Suétone et de Tacite.

Quatrième question. — *Pourquoi Racine n'a-t-il pas intitulé sa tragédie* Agrippine, *si Agrippine en est le principal personnage ?*

Par intérêt pour le malheur ; il a mieux aimé tirer son titre du principal événement que du principal personnage ; en intitulant sa pièce *Britannicus*, il accordait un témoignage de tendresse à la victime qui périt au dernier acte ; il faisait passer l'humanité avant la règle littéraire.

Cinquième question. — *Prouver que le personnage de Narcisse est plus important que celui de Britannicus.*

Au théâtre, l'importance des personnages ne se mesure pas à la gravité des événements matériels dont ils sont les héros ou les victimes, mais à celle des événements moraux au milieu desquels ils interviennent ; tel personnage peut tuer ou être tué, sans jouer un rôle considérable ; tel autre peut conseiller ou dissuader le meurtre et occuper le premier rang. C'est ce qui arrive ici pour Burrhus et pour Narcisse : le premier arrête le bras de Néron, le second le pousse ; tous deux, par suite de cette influence morale sur ses déterminations, passent avant Britannicus, personnage moindre, précisément parce qu'il n'est que tué, c'est-à-dire passif. Du reste, cette importance relative des personnages ressort clairement des scènes où ils figurent : il est facile de reconnaître que la conversation de Burrhus et d'Agrippine au premier acte, celle de Burrhus et de Néron au quatrième, les conseils de Narcisse à Néron relativement à son amour pour Junie au second, et relativement au meurtre de Britannicus au quatrième, sont des scènes d'analyse morale bien supérieures à toutes celles où paraît Britannicus, sans en excepter sa belle scène de résistance à Néron. Ce personnage ne vient réellement qu'en cinquième ligne ; c'est bien là sa place.

Sixième question. — *Racine a-t-il bien ou mal fait de n'accorder qu'un rang inférieur à Britannicus ?*

Il a bien fait. Le rôle de victime, quelque sympathique qu'il soit, n'était pas une raison suffisante pour faire passer Britannicus avant les autres personnages plus influents que lui. Il eût été contraire à l'exactitude historique de subordonner Agrippine, Néron, Burrhus et Narcisse, qui ont gouverné ou pris une part active au gouvernement de Rome, à un enfant de quatorze ans, qui ne paraît dans Tacite que pour mourir. Racine ne pouvait faire en sa faveur qu'une exception, celle du titre, et il l'a faite.

Septième question. — *Dites un mot de chaque personnage ?*

Agrippine est le type de l'ambition féminine unie à l'orgueil, à la ruse et à l'emportement.

Néron est le type de ces âmes perverses qui, après avoir hésité quelque temps entre le bien et le mal, se décident pour le mal et y marchent à grands pas. S'il n'a pas la fureur sanguinaire des grands scélérats, on comprend que l'emportement de ses passions, la bassesse de son âme et la faiblesse de son caractère ne tarderont pas à l'y conduire.

Burrhus est le plus parfait modèle de la conduite qu'un honnête homme doit tenir au milieu d'une cour corrompue, s'efforçant de réconcilier ceux qui se font la guerre, de ramener au bien ou du moins d'arrêter sur la pente du mal ceux qui méditent de coupables desseins.

Narcisse est un type de traître, animant Britannicus contre Néron et Néron contre Britannicus, pour faire sa cour à Néron, en qui il découvre un désir immodéré de se débarrasser de son rival et pour se faire récompenser de ce service par des faveurs et peut-être même le partage du pouvoir.

Britannicus et Junie sont deux types de vertu et de loyauté perdus au milieu d'une cour corrompue; peut-être ne sont-ils pas aussi Romains que les autres personnages; néanmoins leur amour est entouré de tant de surveillance et de dangers qu'il intéresse comme un amour tragique, et la noblesse de ces deux infortunés est si grande qu'ils reposent et édifient l'âme du spectateur.

PARAGRAPHE IX

Analyse détaillée du rôle d'Agrippine.

Première question. — *Caractériser le rôle d'Agrippine?*

Agrippine est une femme ambitieuse, hautaine, égoïste, haineuse et vindicative, insolente, emportée, cruelle, amie de l'or, de l'apparat et de la représentation; avant tout, elle ne se soucie de vivre que pour régner; elle emploie pour parvenir à ce but les vices aussi bien que les vertus de ceux qui l'entourent, flatte Pallas pour s'emparer de Claude, se sert de l'ascendant de Burrhus et de Sénèque pour contenir le naturel féroce de son fils qu'elle redoute, protège Britannicus pour contenir l'indépendance de Néron et Junie pour arrêter ses projets de divorce; enfin soutient Octavie, non par intérêt pour la vertu, mais par calcul, pour empêcher une autre femme aimée de prendre sur son fils l'empire qu'elle s'arroge elle-même. Agrippine est encore une femme qui, selon les besoins du moment, traite ses anciens amis en ennemis et ses anciens ennemis en amis, changeant vis-à-vis d'eux de conduite et de langage selon que son intérêt le demande; ainsi Néron et Burrhus, qu'elle protégeait autrefois, deviennent l'objet de son ressentiment, parce qu'ils lui résistent; Britannicus et Junie, qu'elle détestait jadis, deviennent l'objet de sa protection, parce qu'ils peuvent lui être utiles. Enfin Agrippine, malgré les calculs les plus persévérants et les plus raffinés, est condamnée à voir échouer tous ses projets, parce qu'elle a des défauts qui sont incompatibles avec l'esprit de conspiration : la crédulité, l'emportement et la maladresse, incroyable chez un conspirateur, de divulguer ses plans de campagne.

Deuxième question. — *Caractériser son ambition?*

Il y a deux espèces d'ambition : l'une noble, élevée, généreuse, visant aux grandes choses, poursuivant la réalisation de quelque grande pensée, dont le résultat sera le bien-être général, le progrès d'un peuple ou de l'humanité tout entière, c'est celle de Socrate, de Périclès; l'autre sans élévation et sans grandeur, étrangère à toute idée générale, étroite, mesquine, égoïste, ne visant qu'au succès personnel, amie du pouvoir pour en abuser et des honneurs pour en faire étalage, c'est celle d'Agrippine. La première est louable et honnête ; la seconde est vile et méprisable.

Troisième question. — *Caractériser son orgueil et son insolence?*

Son orgueil consiste dans l'étalage de sa noblesse et de ses titres héréditaires, dans l'énumération de ses liens de parenté avec les empereurs romains, avec Germanicus son père, Claude son mari, Caligula son frère, Néron son fils :

> « Moi, fille, femme, sœur et mère de vos maîtres. » (I, II.)

Cet orgueil se change en insolence, quand elle parle à des inférieurs qu'elle ne craint pas :

> Vous dont j'ai pu laisser vieillir l'ambition
> Dans les honneurs obscurs de quelque légion. (I, II.)

dit-elle à Burrhus; mais il s'assouplit singulièrement et devient beaucoup plus humble, quand elle parle à ceux qu'elle redoute, comme Néron. Il disparaît même complétement, quand il s'agit pour elle de se concilier les gens qui peuvent lui être utiles, fussent-ils les plus méprisables des hommes, comme Pallas ; elle descend alors jusqu'à l'humilité la plus rampante ; sans aller aussi loin, elle ne craint pas de faire antichambre, à huit heures du matin, à la porte de l'appartement de son fils, pour obtenir une minute d'entretien. Son orgueil plie donc, comme un roseau, devant son ambition.

Quatrième question. — *Caractériser son emportement et sa maladresse ?*

Son emportement consiste dans des accès de colère qui lui font trahir les secrets qu'elle a le plus d'intérêt à garder ; sa maladresse, à se démasquer elle-même devant ses ennemis, par manque d'empire sur elle-même, par impossibilité de se taire, quand elle est irritée. C'est ainsi qu'elle annonce à Burrhus, dans un accès de colère, son projet d'appel à l'armée. En voulant effrayer son ennemi, elle se perd elle-même.

Cinquième question. — *Caractériser son hypocrisie ?*

Son hypocrisie consiste à cacher, sous des airs d'abnégation maternelle les calculs égoïstes de son ambition, à feindre pour Néron un amour qu'elle ne ressent pas, à jouer au besoin devant lui une comédie de sentiment ; elle consiste à simuler de l'attachement pour Octavie, tandis qu'elle est très-heureuse de la voir délaissée ; à feindre de la tendresse pour Junie et Britannicus, quoiqu'ils lui soient tout à fait indifférents, et qu'elle ne se serve d'eux que comme d'un marche-pied, pour arriver, ou plutôt pour remonter au pouvoir. Tous les actes, toutes les paroles d'Agrippine cachent une arrière-pensée.

Sixième question. — *Caractériser son goût pour l'apparat et la représentation ?*

Sous Claude, elle préside les cérémonies publiques revêtue d'une chlamyde d'or (XIII, 56) ; le jour de l'enterrement de l'empereur, elle déploie un luxe inouï (XII, 69). Un jour elle monte au Capitole, sur un char suspendu, honneur réservé aux statues des dieux. Elle aimait les riches vêtements et les bijoux, à tel point que Néron lui ayant offert, pour lui être agréable, un choix de ce que le trésor impérial renfermait de plus magnifique en ce genre, elle se fâcha vivement, parce qu'elle l'aurait voulu tout entier (XIII, 13). Racine résume avec concision, mais en l'atténuant beaucoup, ce défaut d'Agrippine : elle regrettait, dit-il, *la pompe des Césars.* (III, iv.)

Septième question. — *Tous ces vices d'Agrippine sont-ils présentés par Racine de manière à nous inspirer de la répulsion, ou de l'intérêt ? Le poëte cherche-t-il à les faire haïr ou à les faire aimer ?*

Une réponse catégorique à cette question est très-difficile. Si l'on dit qu'il ne cherche ni à les faire aimer, ni à les faire haïr, on est dans le vrai, et cependant on semble éluder la réponse. Que fait-il alors ? Il s'exerce à les peindre le plus fidèlement possible, en les atténuant un peu, comme un peintre portraitiste chercherait à reproduire son modèle en dissimulant légèrement ses difformités. Une bienveillance évidente guide Racine dans l'analyse morale de tous ces travers ; mais pour les faire aimer, il n'y songe pas, ce serait contraire à la morale ; pour les faire haïr, il n'y songe pas non plus, ce serait contraire aux habitudes d'esprit des écrivains du dix-septième siècle qui ne dogmatisent pas au théâtre, c'est-à-dire ne donnent pas de leçons de morale à propos de tel ou tel personnage. C'est Diderot qui a introduit cette habitude sur la scène, en créant ce qu'on appelle *la tragédie bourgeoise,* genre qui depuis a été très-cultivé.

Mais, dira-t-on, toute grande œuvre littéraire doit avoir une portée morale, renfermer une leçon, et les tragédies classiques ne doivent pas être exemptes de cette loi. Sans doute ; aussi les pièces de Racine et de Corneille y satisfont-elles ; seulement la leçon qu'elles renferment ne tourne pas, comme dans les œuvres modernes, au sermon ; elle se présente sous une forme un peu négative : les grands écrivains du dix-septième siècle nous font détester le vice, en s'abstenant de le faire aimer, en ne lui donnant pas les couleurs de la vertu. Si quelquefois ils l'adoucissent, s'ils lui donnent même, comme dans la tragédie de *Britannicus,* un certain air de grandeur et de noblesse, c'est qu'ils veulent, en atténuant l'odieux qu'il pourrait inspirer, en faire passer l'analyse, en faire admettre le tableau ; ils comptent sur l'art du style et l'intérêt de la forme pour vaincre le dégoût qu'inspirerait la réalité toute nue. C'est le sens de ces vers de Boileau :

> Il n'est pas de serpent, ni de monstre odieux
> Qui, par l'art embelli, ne puisse plaire aux yeux.

mot qui ne signifie pas qu'un serpent devient, grâce à l'art de la poésie, un mouton, ni un scélérat un honnête homme, mais que la peinture du vice devient tolérable et par conséquent morale si on la présente avec goût et modération. C'est ce que Racine fait pour Agrippine : il lui donne de grands airs, sans cesser de la rendre vicieuse ; il entoure même sa personne d'un certain intérêt, mais c'est l'intérêt qui s'attache à toute victime le jour où commence pour elle l'expiation ; il satisfait le goût sans blesser la conscience ; il nous fait éprouver en même temps le charme du beau et l'édification du bien.

Huitième question. — *A quelle époque commence la disgrâce d'Agrippine ?*

Comme les événements de la tragédie de *Britannicus* se passent la troisième année du règne de Néron, on pourrait croire, malgré quelques détails rétrospectifs qui la font remonter plus haut, mais qui glissent inaperçus, qu'elle date effectivement de cette époque. Ce serait une erreur ; la disgrâce d'Agrippine était à ce moment-là un fait accompli, irrévocable. Tacite ne nous laisse aucun doute à cet égard.

La vie d'Agrippine se divise en deux périodes distinctes : celle de son autorité sous Claude, celle de sa disgrâce sous Néron, et cette seconde commence à la fin du premier mois du règne de Néron, octobre 54. Il ne faut pas même compter comme la continuation de son autorité les quelques semaines où elle parvint à tromper son fils, à faire assassiner clandestinement Junius Silanus et Narcisse ; ce ne fut là qu'un triomphe furtif et inavoué ; on peut dire presque absolument que, le jour où Néron monta sur le trône, le pouvoir d'Agrippine tomba. Les trois années que Racine suppose écoulées entre l'avénement de Néron et la disgrâce d'Agrippine se réduisent donc en réalité à trois semaines. Que fit Agrippine pendant les cinq années qui s'écoulent entre l'avénement de son fils et le jour où elle fut tuée par lui ? La surveillance active que Burrhus et Sénèque exercèrent sur elle, l'isolement au milieu duquel Néron la força de vivre, soit dans le vieux palais d'Antonia, soit dans les propriétés de Tuscule et d'Antium, la réduisirent à l'impuissance de nuire. Trop occupée à parer les coups qu'on lui portait de toutes parts, elle ne songea pas à en porter elle-même. Elle était entourée d'accusateurs qui dénonçaient ses moindres actes à Néron ; on en compte jusqu'à douze dans Tacite, tant maîtres qu'esclaves ; de plus elle était devenue, par suite de ses crimes antérieurs, l'objet de l'exécration publique. Néron exploitait adroitement cette impopularité pour resserrer son isolement et inquiéter son âme. Elle feignait de ne pas croire aux intentions coupables de son fils, mais elle tremblait sans cesse. (XIV, 6.) Elle avait évidemment plus peur de Néron que Néron d'elle. Elle craignait même tellement le sort de Britannicus que, pareille à Mithridate, elle en avait d'avance détourné les chances par l'usage fréquent des contre-poisons. (XIV, 6.) La conspiration dont elle est accusée, le lendemain même de la mort de Britannicus, en faveur de Rubellius Plautus, n'est pas authentique ; la punition de tous ses accusateurs en fait foi. On peut donc dire que les cinq années qu'elle a vécu sous le règne de Néron sont l'inverse des six années qu'elle a vécu sous celui de Claude ; sans cesse elle se méfie et se tient sur ses gardes, même au milieu de sa solitude ; sa manie sanguinaire est éteinte ; l'ambition seule veille toujours en elle.

Neuvième question. — *Quels sont les signes de la disgrâce d'Agrippine dans la tragédie de* Britannicus? *En indiquer la marche croissante de scène en scène ?*

Puisque Racine dit, dans sa préface, que le sujet de la tragédie de *Britannicus* est aussi bien la disgrâce d'Agrippine que le meurtre de celui-ci, il a dû en marquer les différents moments, les phases diverses, par des traits précis. On peut, en effet, en suivre la marche progressive, du commencement à la fin de la tragédie. Voici cette intéressante gradation : il y a d'abord les coups qui la frappent personnellement, puis les échecs de ses amis et enfin les succès de ses ennemis. Voyons d'abord les coups qui la frappent personnellement. Ce sont :

1° *La perte de son crédit et de la confiance de Néron, qui en était la source :*

Je vois mes honneurs croître et tomber mon crédit. (I, 1.)
Un peu moins de respect et plus de confiance ! (*Ibidem.*)

2° *La défense de s'approcher de la personne de Néron sans une autorisation spéciale.* C'est ce qui explique la nécessité où nous la voyons réduite, au début de la tragédie, de stationner à la porte de l'appartement de l'empereur, pour attendre son réveil. Cette humiliation était suivie d'une autre, non moins pénible pour elle : quand elle avait obtenu audience, elle ne pouvait parler que devant témoins :

En public, à mon heure, on me donne audience.

Cette mesure l'assimilait à une étrangère, à une importune.

3° *L'acte de Burrhus lui barrant le passage au moment où elle veut entrer sans autorisation.* La défense précédente n'était pas illusoire : une fois, toujours au début de la pièce, après une longue station dans le vestibule du palais, voyant enfin s'ouvrir la porte de son fils, elle veut entrer, sans être annoncée, ou plutôt sans être demandée. Burrhus, en sa qualité de préfet du prétoire, chargé, comme tel, de la police du palais, lui barre le passage ; il le fait poliment et lui propose même d'annoncer sa visite à l'empereur; mais Agrippine, humiliée, refuse. Dans le cours de la tragédie, Néron ne cause qu'une fois avec sa mère, et encore celle-ci est-elle obligée de sortir de prison pour paraître en sa présence, c'est-à-dire qu'elle en obtient l'autorisation préalable. La scène d'imprécations d'Agrippine ne peut compter comme conversation.

4° *Son exclusion des affaires publiques.* Elle les dirigeait en souveraine, sous Claude ; elle en est complétement exclue sous Néron. L'ombre seule m'en reste, dit-elle, et l'on n'implore plus

Que le nom de Sénèque et l'appui de Burrhus ! (I, 1.)

5° *L'humiliation publique qu'elle eut à subir le jour de la réception officielle des ambassadeurs arméniens.* Elle avait contracté, sous Claude, l'habitude de présider, assise à côté de l'empereur son mari, toutes les cérémonies publiques. Elle voulut faire de même le second mois du règne de son fils. Les ambassadeurs arméniens se présentèrent, pour saluer Néron empereur au nom de leur pays; celui-ci était sur son trône ; Agrippine, en retard, s'avance pour s'asseoir près de lui ; il descend quelques marches, l'écarte et lui offre poliment un siége au bas de l'estrade. C'était un affront déguisé sous un hommage. Racine présente ce fait comme antérieur de trois ans à la mort de Britannicus; en réalité il ne la précède que de quelques semaines.

6° *Les ironiques procédés de Néron à son égard.* Toutes les mesures vexatoires ou humiliantes qui précèdent sont peu de chose au prix des deux suivantes, où Néron joint à l'insulte l'ironie et la mystification. Pour se moquer d'elle, il la comble d'honneurs illusoires, lui décerne le titre de prêtresse de Claude, donne pour mot d'ordre aux prétoriens de garde : « La meilleure des mères, » dissimulant ainsi, sous un faux semblant d'autorité, l'impuissance à laquelle il la réduisait. Pour la mystifier, il lui laisse croire, à la fin de sa longue et unique conversation avec elle (IV, II), qu'il se réconcilie avec Britannicus tandis qu'il se prépare à le tuer. Agrippine donne tête baissée dans ce piège; elle court triomphante annoncer à Britannicus, et à Junie le succès de sa démarche, elle chante victoire, et même sur un ton assez orgueilleux, tandis qu'elle vient d'éprouver la défaite la plus complète. Elle est en effet, non-seulement vaincue, mais encore dupée. Remarquons, à propos de cette mystification, que, toutes les fois que Néron et Agrippine mentent l'un devant l'autre, ce qui leur arrive continuellement, Agrippine croit Néron, tandis que Néron ne croit pas Agrippine. Ainsi Agrippine croit Néron, quand il lui annonce sa réconciliation avec Britannicus, et Néron ne croit pas Agrippine, quand elle proteste de son dévouement à ses intérêts et à sa personne. Cette différence tient, non pas à une qualité d'Agrippine, la confiance, mais à un défaut, l'orgueil; elle se croit douée d'une influence irrésistible, elle n'imagine pas qu'elle puisse parler en vain :

> Il suffit, j'ai parlé, tout a changé de face!

Néron, au contraire, est modeste et par suite plus soupçonneux : il se méfie et ne se laisse pas tromper. C'est ce qui fait que, dans la lutte de ces deux natures perverses, c'est le fils qui a le dessus sur sa mère.

7° *L'inutilité de ses récriminations d'abord, ensuite de ses menaces à Burrhus.* Comme si ce n'était pas assez de tous les échecs qu'elle essuie auprès de son fils, Agrippine en éprouve encore devant les ministres de Néron. Ainsi Racine, pour mieux faire sentir la défaite de son orgueil indomptable, le montre pliant non-seulement devant son maître, mais devant son inférieur, que dis-je? devant son obligé, devant sa créature.

Agrippine subit un échec devant Burrhus, puisque, au début du premier acte, quand elle lui reproche de lui aliéner le cœur de l'empereur, il lui répond, dans un fier langage, que ses plaintes sont intempestives, et il lui ferme la bouche par de respectueuses, mais énergiques dénégations. Elle en subit un, plus grand encore, au troisième acte (scène III) quand, après l'exil de Pallas, passant des récriminations aux menaces, elle cherche à effrayer Burrhus, en lui disant qu'elle fera un appel à l'armée et dénoncera la part qu'il a prise à tous les attentats dont la conséquence a été le couronnement de Néron; Burrhus lui répond : « Madame, ils ne vous croiront pas, » et il lui tourne brusquement le dos, en lui annonçant qu'il va poursuivre son œuvre. Il y a dans cette réponse un air de bravade, un ton de défi, qui prouve que celui qu'elle voulait intimider ne la craint pas, et qui ajoute par conséquent à son échec précédent, en mettant, après la réfutation de ses reproches, le dédain de ses menaces.

8° *Son arrestation.* Voici en quelles circonstances elle a lieu. Néron vient d'avoir avec elle une longue conversation que Racine ne rapporte pas, mais qu'il se contente d'indiquer vaguement par ces paroles :

J'irai, j'assiégerai Néron de toutes parts. (III, v.)

dit Agrippine; puis elle va trouver Néron dans son appartement, et la conversation est censée se tenir derrière la toile, dans les coulisses. Elle dure très-longtemps. Pendant qu'elle a lieu, Néron ne peut pas surveiller Junie, sa prisonnière, et celle-ci se sauve pour aller causer avec Britannicus. Narcisse, qui se trouvait avec Britannicus au moment de l'entrée de Junie, court annoncer à Néron que Junie a trouvé le moyen de rompre sa surveillance et qu'elle est auprès de Britannicus. Néron, après avoir fait le scandale que l'on connaît, s'imagine que c'est Agrippine qui a ménagé entre les deux amants l'entrevue qu'ils viennent d'avoir, et que, pour leur donner tout le loisir de causer, elle l'a entretenu elle-même longuement; voilà pourquoi il la fait arrêter. C'est dans son appartement qu'elle est retenue prisonnière, sous la surveillance de Burrhus. Ainsi quand elle entre en scène, quelques instants après, avec cette solennité :

Approchez-vous, Néron, et prenez votre place !

elle est escortée par Burrhus qui joue à peu près le rôle de geôlier, en cette circonstance, et il a fallu qu'elle obtînt au préalable un quart d'heure d'élargissement.

Tels sont les coups qui frappent personnellement Agrippine. Voici les échecs de ses amis :

1° *L'enlèvement de Junie.* Il a lieu vers le milieu de la nuit, c'est-à-dire quelques heures seulement avant le lever du rideau; Junie n'habitait pas le palais; Néron a mis en campagne un nombreux détachement de prétoriens pour s'assurer de sa personne et l'emmener de force au palais, où il lui assigne, comme prison, un appartement soigneusement gardé à vue par les soldats de service :

> De mille affreux soldats Junie environnée
> S'est vue en ce palais indignement traînée. (I, 1.)

Cet enlèvement est un coup porté à Agrippine, parce que Junie est sa protégée et qu'elle a été fiancée par elle à Britannicus. Si Agrippine a formé ce projet de mariage, c'est qu'elle n'a pas trouvé de meilleur moyen, pour s'attacher ce jeune prince qui avait tant de raisons de la haïr, que de lui donner la main d'une jeune fille qu'il aime ; c'est ensuite parce que Junie jouit par sa naissance et son nom d'une autorité capable de relever la fortune de Britannicus : elle est en effet arrière-petite-fille d'Auguste, comme Agrippine elle-même, et en s'unissant au fils de Claude, héritier légitime du trône, elle double son autorité. Agrippine se ménage donc deux appuis pour un, en les fiançant ; aussi ressent-elle une vive inquiétude de l'enlèvement de sa protégée ; d'abord, c'est la preuve que Néron ne tient aucun compte de ses volontés, ensuite c'est la nomination, pour ainsi dire, d'une rivale qui héritera de son pouvoir. Car, jusqu'à ce jour, Octavie n'a pas compté ; c'est Agrippine qui a mené Néron ; mais à partir du moment où une femme aimée remplacera Octavie, Néron lui transmettra le pouvoir exercé par elle ; celle dont elle comptait se faire un auxiliaire va donc devenir son ennemie :

> Une autre de César a surpris la tendresse ;
> Elle aura le pouvoir d'épouse et de maîtresse ;
> Le fruit de tant de soins, la pompe des Césars,
> Tout deviendra le prix d'un seul de ses regards! (III, IV.)

Tel est le préjudice que lui cause l'enlèvement de Junie : elle le ressent comme mère, comme reine et comme femme : comme mère, elle y perd la direction de son fils, comme reine la direction des affaires, comme femme le prestige de l'éclat et de la beauté.

2° *L'isolement d'Octavie et sa répudiation toujours annoncée et toujours imminente.* Dès le début de la tragédie, il est question de la solitude et du vide faits par Néron autour d'Octavie.

> A peine y parle-t-on de la triste Octavie,

dit Albine à Agrippine dès la première scène. Quant à sa répudiation, Narcisse la lui conseille :

> Que tardez-vous, seigneur, à la répudier ? (II, ii.)

et Néron y incline, en exprimant avec brutalité devant le même personnage toute la répugnance que sa femme lui inspire :

> Mes yeux, depuis longtemps fatigués de ses soins,
> Rarement de ses pleurs daignent être témoins. (II, ii.)

Il s'y décide même subitement, quelques minutes après, dans la scène suivante, à la vue de Junie, dont la présence amène chez lui une de ces rapides déterminations, qui lui sont familières, dans cette tragédie, et le font vite tomber du côté où il penche. Le divorce d'Octavie est, comme l'enlèvement de Junie, un coup porté à Agrippine, parce que c'est la destruction de son œuvre, attendu qu'elle avait elle-même marié Octavie à Néron sous le règne de Claude, en rompant, comme on le sait, l'union projetée entre celle-ci et Lucius Silanus, pauvre jeune homme délaissé, qui en était mort de chagrin ; ensuite parce que c'est la substitution d'une reine effective à une reine nominale. Cette répudiation n'a pas lieu dans la pièce ; Junie même n'y prend pas la place d'Octavie, puisqu'elle se fait vestale ; mais Acté, et plus tard Poppée, remplacent la femme légitime, ce qui revient exactement au même, pour l'annulation des pouvoirs d'Agrippine. Quant à Octavie, elle reste à la cour jusqu'à la fin de la tragédie et même après la mort de Britannicus. A la fin de la tragédie, en effet, son appartement sert de refuge à Agrippine, pendant la célébration du repas qui termine la pièce, et quand ce repas est terminé, c'est là que Junie feint de passer, lorsqu'elle médite un plan d'évasion qui repose sur cette fausse visite. Ce n'est que sept ans après l'empoisonnement de son frère que la répudiation d'Octavie devient un fait accompli ; Agrippine était morte depuis trois ans. Néron relégua une première fois sa femme en Campanie ; il la reprit bientôt, puis la relégua une seconde fois dans l'île de Pandatérie, où il la fit assassiner, en lui ouvrant les quatre veines et en la noyant dans un bain d'eau bouillante. Elle avait vingt ans. (*Annales*, XIV, LXIV.) Dans la tragédie de *Britannicus*, elle doit en avoir treize.

3° *L'exil de Pallas.* C'est un des plus rudes coups portés par Néron à Agrippine : Pallas était son soutien ; c'est lui qui, sous Claude, avait ménagé son mariage avec l'empereur et celui de son fils avec Octavie ; c'est lui qui l'aidait de ses conseils, de son influence et de son or, pour le renversement de Néron et le rétablissement de Britannicus. Sa maison était le rendez-vous ordinaire des conspirateurs dont Agrippine était l'âme : Pison, Plautus, l'élite de la noblesse, les sénateurs fidèles au fils de Claude ; à plusieurs reprises il est question dans la pièce de ces conciliabules ; la maison de Pallas y joue, pour ainsi dire, un rôle ; son or, il le prêtait à Agrippine pour se concilier des partisans. Il était immensément riche ; descendant des rois d'Arcadie, maître des comptes et trésorier particulier de l'empereur, il tenait encore dans ses mains la fortune de l'État, ouvrant et fermant à son gré le trésor, revêtu d'une sorte de pouvoir discrétionnaire qui mettait sous sa dépendance, non-seulement les affaires publiques, mais encore les maîtres du monde. On comprend tout ce qu'Agrippine perd, en le perdant. Aussi, depuis son départ, est-elle comme affolée ; c'est ce qui explique ces étranges menaces de vengeance qu'elle profère devant Burrhus. On sent qu'à partir de ce moment elle est prise d'aveuglement et comme de délire.

4° *L'arrestation de Britannicus et de Junie.* Elle a lieu simultanément, à la fin du troisième acte, tout de suite après la scène de résistance de Britannicus à Néron ; elle est suivie, comme on le sait, de l'arrestation d'Agrippine, soupçonnée de complicité dans l'entrevue des deux amants ; elle est également suivie d'une menace d'arrestation lancée contre Burrhus assez hardi pour critiquer la conduite de Néron. Ce qui fait quatre actes de violence, coup sur coup, comme on le voit ! Néron va vite en besogne, la jalousie l'exaspère et le dénoûment approche.

5° *La mort de Britannicus.* Ce crime consomme la disgrâce d'Agrippine, en renversant son dernier soutien. Désormais elle va se trouver seule en face de son ennemi triomphant ; après quatre ans et demi de tergiversations de la part de Néron, d'isolement, de crainte et de projets stériles de la sienne, elle subira le sort de Britannicus ; elle sera tuée à Baïes. (*Britannicus*, en mars 55. — *Agrippine*, en juin 59.)

Tels sont les échecs de ses amis, voici les succès de ses ennemis :

Agrippine a, dans cette tragédie, deux ennemis constants, sans compter Néron, et, chose étrange, l'un est le plus honnête homme, l'autre le plus malhonnête de cette cour si bizarrement composée, Burrhus et Narcisse ; cette coïncidence donne une assez juste idée de la répulsion générale qu'inspirait cette femme également détestée des bons et des mauvais. Tous deux sont en crédit ; tous deux triomphent contre elle. Le premier, Burrhus, est religieusement écouté de Néron, toutes les fois qu'il lui conseille l'indépendance politique et l'émancipation filiale ; son crédit est attesté par le poste d'honneur qu'il occupe à la cour, comme préposé à la garde du palais et comme directeur absolu de la conscience et du cœur de Néron ; son succès est dans cette espèce d'inamovibilité dont il jouit, en dépit d'Agrippine. Le second, Narcisse, traverse toute la pièce en vainqueur ; il y remporte surtout deux triomphes : d'abord dans la scène des confidences amoureuses de Néron (II, II), où il conseille à l'empereur d'épouser Junie et de bannir Agrippine, si elle est pour lui un perpétuel obstacle ; ensuite dans son entretien avec le même Néron, après le départ de Burrhus, au quatrième acte, quand il le détermine à empoisonner son frère. Sans doute Burrhus subit quelques échecs : une première fois, quand il reproche à son élève son amour pour Junie et que celui-ci lui répond que ce ne sont pas là ses affaires ; une seconde fois, quand il fait remarquer à l'empereur l'illégalité de l'arrestation de sa mère et que celui-ci lui répond par la menace d'une arrestation semblable ; enfin une troisième fois, quand l'effet de son admirable plaidoyer en faveur de Britannicus est détruit par le plaidoyer contradictoire de Narcisse. Mais il faut remarquer que, dans les deux premières circonstances, si Burrhus échoue auprès de Néron, c'est que ses conseils sont favorables à Agrippine, de sorte que son insuccès ne peut profiter à la mère de Néron et lui est même aussi préjudiciable qu'un succès, puisqu'il confirme l'enlèvement de Junie et l'arrestation d'Agrippine. Il faut encore remarquer que, dans la troisième circonstance, si le plaidoyer de Burrhus échoue, c'est que, par une compensation fatale à Agrippine, celui de Narcisse réussit, de sorte qu'Agrippine se trouve placée en face de deux adversaires dont les succès et les revers lui sont également funestes. Tous deux écoutés ou éconduits par Néron, vainqueurs ou vaincus, semblent, malgré leur profonde dissemblance, se donner la main, pour la tenir en échec et conspirer sa ruine.

Tels sont les signes divers de la disgrâce d'Agrippine ; ils sont nombreux, comme on le voit ; on est même étonné d'en trouver autant, quand on étudie la tragédie de *Britannicus* à ce point de vue ; il semble que l'auteur ait fait des frais d'invention extraordinaires pour en varier le nombre et en échelonner la marche. Par leur caractère, à la fois moral et matériel, personnel et impersonnel à celle qui en est l'objet, par leur gradation ascendante, par leur influence sur les scènes où ils apparaissent et leur contre-coup sur celles où ils n'apparaissent pas, ils forment une espèce de démonstration logique de la disgrâce d'Agrippine, et l'on comprend, à cette argumentation serrée et pressante, la vérité du mot de Racine : *Ma tragédie n'est pas moins la disgrâce d'Agrippine que la mort de Britannicus.*

COMPARAISON ENTRE L'AGRIPPINE DE TACITE ET CELLE DE RACINE.

Dixième question. — *Quelles sont les différences de l'Agrippine latine et de l'Agrippine française ?*

Malgré l'exactitude historique dont Racine a fait preuve, dans cette tragédie, il y a une assez grande différence entre son Agrippine et celle de Tacite. Le moment de la vie de son héroïne choisi par lui, l'approche de sa disgrâce et par suite la nécessité de l'expliquer, en même temps que le désir de rendre la victime intéressante, l'habitude familière à son esprit de se servir des individus pour créer des types et surtout le penchant naturel de son cœur à flatter les rôles de femme, toutes ces raisons diverses l'ont déterminé à donner à son Agrippine une physionomie différente, en beaucoup de points, de celle qu'a l'Agrippine de Tacite.

Pour l'ordre de cette analyse, nous rangerons toutes ces différences sous les trois chefs suivants :

1° Racine a voulu généraliser les traits de son personnage, c'est-à-dire lui donner un caractère moins individuel, en faire un *type* de femme ambitieuse.

2° Il a voulu motiver sa disgrâce.

3° Il a voulu y intéresser le spectateur.

Pour obtenir le premier résultat, il a donné à son ambition un caractère qu'elle n'a pas dans Tacite, un caractère féminin.

Pour obtenir le second, il a ajouté au développement de ses défauts et de ses vices, une confiance aveugle en elle-même et une suite d'imprudences et de maladresses; d'un autre côté, il a modifié ses rapports avec son fils, en supposant que c'est Néron qui exerce sur elle de l'intimidation, tandis que, dans Tacite, c'est elle qui en exerce sur Néron.

Pour obtenir le troisième, il a fait des efforts considérables, et c'est surtout de ce côté qu'éclate la différence des deux Agrippines : il a adouci son emportement et ses cruautés; supprimé son amour effréné de l'or, la licence de ses mœurs et son impopularité; enfin, ajouté au développement de son caractère de bons sentiments qu'elle n'a jamais eus, à savoir des mouvements d'amour maternel et même des remords.

Nous suivrons cet ordre, en prouvant chaque assertion.

Onzième question. — *Prouver que Racine, pour généraliser le portrait d'Agrippine, pour en faire, non pas un individu, mais un type de femme ambitieuse, a donné à son ambition un caractère féminin qu'elle n'a pas dans Tacite.*

Il semble au premier abord que l'ambition soit la même chez tous ceux qui en sont atteints, que ce soit une passion uniforme, qu'il n'y ait pas deux manières d'être ambitieux : on vise au pouvoir, on veut commander et, pour parvenir à son but, on renverse les obstacles; voilà tout. C'est une erreur : l'ambition diffère selon l'âge, le rang, le caractère, et surtout selon le sexe. Tacite, peu d'accord avec la vraisemblance, mais probablement d'accord avec la vérité, avec la tradition, donne à l'ambition d'Agrippine un caractère viril; le mot est en toutes lettres dans les *Annales* : « *Adductum et quasi virile servitium.* » (XII, 7.) Il est même développé et commenté; Agrippine exerçait le commandement avec une fermeté sans caprices et une volonté suivie, le pouvoir n'étant pas pour elle un jeu : « *Non per lasciviam, ut Messalina, rebus romanis illudens.* » (*Ibidem.*) Mais, comme ce genre d'ambition est plus celui d'un homme que celui d'une femme, comme il est même exceptionnel chez une femme, quoique ce soit vrai dans le cas, Racine le modifie; sans détruire tout à fait l'énergie de l'ambition d'Agrippine, il lui donne je ne sais quelle tournure féminine; Agrippine y perd en originalité, mais son rôle y gagne en généralité; elle est moins la femme qui a régné à Rome sous ce nom; elle est plus la femme qui veut chaque jour et dans chaque foyer exercer, ou plutôt usurper, sous un nom quelconque, le commandement.

Cette suppression de l'originalité individuelle au profit de la ressemblance collective est l'inconvénient, en même temps que l'avantage de cette théorie des *types*, si chère aux écrivains du dix-septième siècle.

Voici les traits d'ambition féminine ajoutés par Racine à son personnage :

1° *Elle éprouve un mouvement de dépit puéril* au souvenir de l'affront que Néron lui a fait essuyer trois ans auparavant, le jour de la réception officielle des ambassadeurs arméniens. Ce que Tacite rapporte comme un fait pur et simple est présenté par Racine avec le ressentiment vivace de la vanité blessée, le mécontentement de n'avoir pu être vue avec les emblèmes extérieurs du pouvoir, au milieu de la pompe d'une grande cérémonie, plaisir pour toutes les femmes, mais plaisir qui se change en spéculation pour les femmes ambitieuses.

2° *C'est pour de petites raisons qu'elle regrette le pouvoir.* L'Agrippine de Tacite apparaît exerçant le pouvoir sous Claude, celle de Racine le regrettant, et elle le regrette, non pas parce que toutes les parties de l'administration lui échappent, non pas parce que toutes les questions de paix et de guerre se décideront sans elle, non pas parce que son fils est trop inexpérimenté pour prendre à vingt ans la direction des affaires politiques, préoccupations qu'elle avait évidemment sous Claude ; mais parce qu'elle ne pourra plus recevoir les ambassadeurs, présider le Sénat et les fêtes publiques, distribuer des faveurs, jouir de la pompe impériale ; ce qu'elle regrette en un mot, c'est l'exercice ostensible du pouvoir, c'est le luxe de la cour, c'est l'apparat et l'étalage du costume. Racine ne lui prête que de ces petits regrets et de ces petites pensées. L'Agrippine de Tacite a, au contraire, dans l'exercice du pouvoir, une certaine grandeur sauvage qui effraie, mais qui impose. Toutes ces considérations secondaires sont naturelles chez une femme.

3° *Elle compromet le succès à peine obtenu par une impatience de commandement, très-naturelle en effet chez les femmes.* Lorsque Néron vient de lui faire admettre le mensonge adroit de sa réconciliation avec elle et avec Britannicus, Agrippine, au lieu de lui témoigner sa joie, se montre impatiente d'exercer ce pouvoir, qu'elle vient de ressaisir, ou du moins qu'elle croit avoir ressaisi, et elle lui dicte condition sur condition ; on dirait qu'elle lui fait signer un traité de réconciliation. En admettant même qu'elle fût sûre du succès, elle devrait imposer silence à sa manie de commandement. Il y a là un trait d'ambition féminine saisi sur le vif.

4° Dans la même circonstance, *elle veut abuser du pouvoir avant même de l'avoir reconquis*. Se croyant déjà revenue aux beaux jours de sa grandeur, elle redevient tout à coup cruelle et le premier emploi qu'elle veut faire de son pouvoir, c'est de se venger de ses ennemis :

> Mais enfin, à son tour, leur puissance décline !
> Rome encore une fois va connaître Agrippine. (V, III.)

Ne pouvoir gouverner soi-même ses mauvais sentiments, quand on prétend gouverner les autres, donner le plus grand signe de faiblesse, quand il faut se montrer fort, et d'injustice, quand il faut se montrer juste, n'est-ce pas là un trait d'ambition féminine naturel et finement rendu ?

5° *Enfin l'ambition d'Agrippine est mêlée de coquetterie.* Une pensée la préoccupe vivement dans sa disgrâce, c'est que Junie, jeune et belle, régnera à sa place.

> Tout deviendra le prix d'un seul de ses regards !

dit-elle avec amertume, en songeant à la grâce de sa rivale, à ses vingt ans ! Racine, pour donner à son ambition un caractère essentiellement féminin, n'avait plus qu'à y ajouter un dernier trait, le regret de la beauté perdue, et il l'a fait. Le *virile servitium*, dont parle Tacite, a disparu.

Douzième question. — *Prouver que Racine, pour motiver la disgrâce d'Agrippine, a ajouté à ses défauts une confiance aveugle en elle-même, de l'imprudence et de la maladresse. Prouver qu'il a aussi modifié les rapports de la mère et du fils, en montrant Agrippine intimidée par Néron, tandis que Tacite montre Néron intimidé par Agrippine ?*

Tacite n'a pas eu à motiver la disgrâce d'Agrippine, attendu qu'il n'a pas songé à l'analyser. Il la mentionne, voilà tout ; quelques faits matériels, une conspiration en faveur de Britannicus, des menaces faites à haute voix devant Néron, quelques allées et venues chez Pallas, lui suffisent ; les causes morales, c'est-à-dire les sentiments et les passions qui précipitent la marche de cette disgrâce, ne le regardent pas. Mais Racine s'y attache comme moraliste ; c'est dans le jeu des passions plutôt que dans le récit de quelques faits matériels qu'il fait consister son drame ; de là tous ces défauts qu'il ajoute à l'Agrippine de Tacite, comme autant d'explications de sa chute.

1° *Une confiance aveugle en elle-même.* C'est le résultat de son orgueil ; Agrippine s'imagine qu'elle n'a qu'à parler pour convaincre, qu'à vouloir pour pouvoir, qu'à commander pour être obéie.

<blockquote>Il suffit, j'ai parlé, tout a changé de face ! (V, II.)</blockquote>

Cette confiance a pour conséquence naturelle la crédulité et, par suite, la facilité à se laisser tromper. Ainsi, quand Néron répond à la comédie de tendresse maternelle qu'elle vient de jouer devant lui par une comédie encore mieux jouée de réconciliation filiale et fraternelle, elle se laisse duper, et cependant rien ne lui serait plus facile que de découvrir cette feinte, à l'empressement que Néron met à lui accorder toutes ses demandes. Une autre femme verrait clair, Agrippine se laisse tromper, parce qu'elle ne doute pas de son ascendant.

2° *Son imprudence et sa maladresse.* Ce sont deux défauts différents ; on peut être imprudent et adroit ; on peut marcher sur le bord d'un abîme, sans y tomber ; ce n'est pas le cas d'Agrippine ; comme elle se lance, sans réfléchir, dans la lutte et qu'elle a affaire à un adversaire plein de sang-froid qui profite de toutes ses fautes, ses imprudences tournent tout de suite en maladresses. Ainsi elle croit être hardie, en annonçant à Burrhus qu'elle va faire appel à l'armée et qu'elle se servira des bras qui ont élevé Néron au trône pour l'en faire descendre ; ce n'est qu'une maladresse, parce que Néron fait son profit de ces menaces et ne lui laisse pas le temps de les exécuter. Elle ressemble alors à un général d'armée qui, la veille du combat, divulguerait son plan de campagne et trouverait ainsi, le jour de l'action, tous ses mouvements paralysés par un adversaire habile. C'est encore une maladresse de sa part que de compter sur l'armée, pour se venger de Néron ; elle devrait comprendre que l'armée ne se déjugera pas ; que Néron est très-populaire auprès des soldats, et qu'elle-même s'est complétement aliéné leur sympathie par ses crimes antérieurs. (XIV, 12.) Elle devrait mieux connaître l'état de l'opinion publique ; elle ne s'en doute pas, elle ne se donne même pas le temps de raisonner ; elle juge tout par colère et par passion ; elle a la manie de conspirer et elle est le contraire d'un conspirateur, puisqu'elle ignore ces deux premiers secrets de son métier :

savoir se taire et bien choisir ses complices. Néron a toutes les qualités du métier qui lui manquent : il est méfiant, il dissimule et il choisit bien ses agents.

3° *L'intimidation exercée par Néron sur elle.* Dans Tacite, Agrippine, même après la mort de Claude, et avant celle de Britannicus, témoigne par ses actes, ses propos et ses gestes qu'elle ne se laisse guère intimider par Néron : elle brave ouvertement sa colère en faisant mettre à mort, à son insu, Junius Silaus et Narcisse, son protégé. Elle l'apostrophe directement et avec une extrême violence ; elle met en action ce qui ne se trouve qu'en paroles dans Racine : J'assiégerai Néron de toutes parts. C'est lui et non Burrhus qu'elle menace d'un appel à l'armée et d'une confession de ses crimes ; c'est à lui qu'elle annonce son plan de conspiration en faveur de Britannicus. Voici les mots de Tacite : Cependant Agrippine, forcenée de colère, semait autour d'elle l'épouvante et la menace, sans épargner même les oreilles du prince, « et elle accompagnait ses discours de gestes violents, s'emportait en injures, étendait les bras. » *Neque principis auribus abstinere, aggerere probra, intendere manus.* (XIV, 13.) Néron lui-même était effrayé de ce langage et de ces gestes : « *Turbatus hisce Nero.* » (XIII, 15.) Voilà la preuve que, dans Tacite, Agrippine intimide Néron.

Si Racine avait imité Tacite en ce passage, il eût été en contradiction avec lui-même, avec son sujet, avec son dénoûment. Comme il se proposait de montrer la disgrâce d'Agrippine, c'est-à-dire la victoire du fils sur la mère, il fallait que le premier eût, dans sa pièce, l'attitude d'un vainqueur et la seconde, celle d'une vaincue ; il fallait que le premier **dominât** l'autre. Néron dit bien quelque part :

> Mon génie étonné tremble devant le sien.

Mais ce mot n'est là que pour la forme ; il peint le Néron de Tacite, il ne peint pas celui de Racine ; c'est bien plutôt le contraire qui est vrai, dans la tragédie française, depuis le premier vers jusqu'au dernier ; c'est bien parce que le génie d'Agrippine tremble devant celui de Néron, qu'on la voit attendre humblement à huit heures du matin le lever de son fils, se retirer sans avoir obtenu audience, éviter en sa présence tout mot blessant, l'assurer de son zèle et de son dévouement, suivre docilement Burrhus dans la prison qui lui est assignée, et s'abstenir soigneusement de toute récrimination, quand elle en sort pour comparaître devant son juge ; si ce n'est pas là l'attitude et le langage d'une femme intimidée, il est difficile de voir ce qu'elle pourrait faire de plus, sans s'humilier. Même dans la grande scène où elle prend un ton solennel :

> Approchez-vous, Néron, et prenez votre place !

elle est plus vaincue que jamais, puisqu'elle sort de prison et qu'elle se trouve placée entre Burrhus son geôlier et Néron son juge. Reste la scène des imprécations ; mais elle ne compte pas ; à ce moment tout est perdu ; sa disgrâce est complète ; elle comprend qu'elle n'a plus rien à ménager, et ses malédictions ne sont que des cris de détresse.

Treizième question. — *Prouver que Racine, pour intéresser à la disgrâce d'Agrippine, a adouci son emportement et ses cruautés ; supprimé son amour effréné de l'or, la licence de ses mœurs et son impopularité ; enfin, ajouté à son caractère quelques mouvements d'amour maternel et même des remords.*

1° *Il a adouci son emportement*. Nous avons dit plus haut que l'Agrippine de Tacite était une sorte de virago qui disait de gros mots et montrait le poing. « *Aggerere probra, simùl intendere manus.* » (XIII, 14.) Celle de Racine a de l'urbanité, de grands airs, des gestes de reine : « Approchez-vous Néron et prenez votre place. » — Elle a l'empreinte de la société élégante et polie du dix-septième siècle ; même au milieu de ses plus grandes fureurs, de ses imprécations, elle surveille ses mouvements : on sent qu'elle a traversé la cour de Louis XIV.

2° *Il a adouci ses cruautés*. L'Agrippine de Tacite est un monstre de cruauté ; l'historien latin nous a laissé une liste de ses victimes : trente-cinq environ ; dix furent frappées de mort, vingt-cinq exilées ; nous avons les noms de seize d'entre elles ; les autres sont anonymes. Voici les dix victimes frappées de mort :

1° *Claude*, son mari (*Annales*, XII, 67), empoisonné, parce qu'elle craignait qu'il ne redevînt favorable à Britannicus.

2° *Narcisse* (XIII, 1), tué dans sa prison, parce qu'il lui avait fait de l'opposition sous Claude et parce qu'il protégeait Britannicus. Tacite dit qu'il se suicida dans sa prison, mais à la suite d'un ordre fatal, *necessitate extremâ*, mot fréquent dans Tacite et qui signifie qu'Agrippine venait d'envoyer un émissaire pour l'exécuter ; il se tua donc pour n'être pas tué.

3° *Lucius Silanus* (XII, 8), fiancé d'Octavie, fille de Claude, et frère de Junia Calvina, la Junie de Racine. Agrippine, pour empêcher son mariage avec Octavie, qu'elle destinait à son fils Néron, l'accusa d'inceste avec sa sœur. Elle allait le faire tuer, quand il se tua : *sive eò usquè spem vitæ produxerat*.

4° *Junius Silanus* (XIII, 1), frère du précédent; empoisonné, parce qu'Agrippine craignait qu'il ne vengeât son frère, et parce qu'il descendait d'Auguste, au quatrième degré.

5° *Lollia Paulina* (XII, 22), dame romaine illustre, tuée, parce qu'elle avait disputé à Agrippine la main de Claude. Comme Narcisse et Lucius Silanus, elle se tua pour éviter la mort.

6° *Domitia Lepida* (XII, 64), belle-sœur d'Agrippine, sœur de son premier mari Domitius, tuée, parce qu'elle cherchait à prendre de l'ascendant sur son neveu Néron.

7° *Statilius Taurus* (XII, 59), riche romain tué, parce qu'Agrippine convoitait ses riches propriétés ; il se suicida dans les mêmes conditions que Narcisse, Silanus et Lollia Paulina.

8° *Atimetus* (XIII, 19, 22), affranchi de la tante de Néron, condamné à mort, pour avoir dénoncé le conspiration d'Agrippine en faveur de Rubellius Plautus.

9° et 10° Deux précepteurs de Britannicus anonymes (XII, 41), hommes vertueux qu'Agrippine fit mettre à mort, parce qu'elle les soupçonnait d'élever Britannicus dans des sentiments de haine contre Néron. Tacite dit que Claude bannit ou fit mourir les plus vertueux précepteurs de son fils; en comptant deux tués et deux bannis, on ne doit pas s'éloigner de la vérité. Nous verrons plus loin les deux bannis.

Voici les exilés :

1° *Junia Calvina* (XII, 4, 8, et XIV, 12). La Junie de Racine; exilée par Agrippine, à la suite de l'accusation odieuse dont nous avons parlé plus haut, à propos de son frère Lucius Silanus; victime et non protégée d'Agrippine.

2° *Junia Silana* (XIII, 19, 22, et XIV, 12), dame romaine que l'on a confondue avec la précédente ; celle-ci était vieille et coquette; l'autre jeune et honnête. Celle-ci est la femme de ce romain Silius que Messaline épousa, quoique déjà mariée à Claude; elle fut tour à tour l'amie et l'ennemie d'Agrippine; cette dernière la fit exiler, parce qu'elle denonça la conspiration vraie ou fausse ourdie par elle en faveur de Rubellius Plautus. Trois ans après son expulsion de Rome, elle vint mourir à Tarente, du vivant même d'Agrippine.

3° *Une troisième Junia* (XIV, 12, et XII, 52), mère de Furius Scribonianus conspirateur; exilée sous Claude, pour un motif inconnu.

4° *Calpurnia* (XII, 22), noble romaine, exilée, parce qu'un jour Claude loua sa beauté. Agrippine l'eût fait mourir, dit Tacite, si cet éloge eût été inspiré par la passion. *Formam ejus laudaverat princeps, nullá libidine, sed fortuito sermone : undè ira Agrippinæ citrà ultima stetit.*

5° et 6° *Iturus et Calvisius* (XIII, 19 et 22), dénonciateurs de la conspiration d'Agrippine en faveur de Rubellius Plautus. (Ce qui fait un mort et trois exilés, pour cette affaire.)

7° et 8° *Valérius Capito et Licinius Gabolus* (XIV, 12), anciens préteurs, exilés probablement pour cause de fidélité à Britannicus.

Reste une série d'exilés anonymes que Tacite désigne ainsi : 1° Quelques affranchis du palais fidèles à la cause de Britannicus; « *Etiam si quis libertorum incorruptá fide depellitur.* » (XII, 41.) — 2° Tous les tribuns et tous les centurions sensibles au sort de Britannicus : « *Simùl qui centurionum tribunorumque sortem Britannici miserebantur.* » (*Ibidem.*) — 3° Les précepteurs les plus vertueux de Britannicus, parmi lesquels, avons-nous dit plus haut, plusieurs furent exilés, et plusieurs tués : « *Optimum quemque educatorem filii exsilio et morte afficit.* » (*Ibidem.*)

En comptant deux précepteurs, cinq affranchis, et dix tribuns ou centurions, cela fait dix-sept victimes anonymes, et avec les huit nommées, vingt-cinq exilés en tout. Telles sont les preuves de la cruauté d'Agrippine; tel est le commentaire de ce que Tacite appelle énergiquement son ambition malfaisante, *mala dominatio.* (XIII, 2.)

Voici maintenant l'idée que Racine nous en a donnée : Personne dans le cours de la tragédie ne lui reproche ses crimes, personne même ne les lui rappelle. Burrhus, Néron et Narcisse pourraient le faire, ils s'en abstiennent; Burrhus se borne à se justifier et à justifier Néron; à la fin, il brave bien Agrippine et rit de ses menaces, mais il ne prend jamais vis-à-vis d'elle le ton de l'accusateur. Néron, qui ne craint pas ordinairement de dire sa pensée, est retenu par je ne sais quel scrupule involontaire, *qualiscumque matris reverentiá*, dit Tacite, et il ne souffle pas mot de cet horrible passé. A un certain moment, dans la grande conférence qu'il a avec sa mère, on croit qu'il va parler; mais il se borne à lui dire qu'on l'accuse

> De n'avoir sous son nom *travaillé* que pour elle. (IV, II.)

Travaillé! sans doute ce mot est d'une ironie sanglante quand on songe à ce qu'était le travail d'Agrippine; mais il est en même temps bien vague et passe bien inaperçu dans le long discours de Néron. Non, personne dans la tragédie ne se fait l'écho de la conscience publique indignée; personne ne relève les crimes d'Agrippine. Nous nous trompons : Agrippine y fait allusion, mais en quels termes!

> Je confesserai tout, exils, assassinats,
> Poison même!... (III, III.)

et ailleurs :

> Des crimes dont je n'ai que le seul repentir. (*Ibidem.*)

C'est-à-dire qu'elle n'en parle que pour regretter de n'en avoir pas le bénéfice. Sans doute, il faut un rare degré d'impudence pour déplorer l'inutilité de ses crimes; c'est une grande preuve de perversité que d'en faire l'aveu, non avec l'humilité du remords, mais avec l'orgueil du triomphe; néanmoins cela ne suffit pas; on attend de la part du poëte quelque chose de plus, une condamnation plus formelle de tant de crimes; elle ne vient pas; on cherche vainement le stigmate que l'auteur aurait dû imprimer au front de son personnage.

Voici un reproche plus grave encore : non-seulement Racine ne lui donne pas la physionomie d'une coupable, mais il la fait parler, d'un bout à l'autre de sa tragédie, sur le ton d'un accusateur, et souvent sur celui d'une victime. Elle n'a que des plaintes et des doléances à la bouche; c'est elle qui souffre, c'est elle qui pâtit; quand ses récriminations sont terminées, elle passe aux menaces; quand les menaces sont épuisées, elle passe aux imprécations, si bien qu'à la fin de la tragédie c'est presque un juge qui prononce la sentence du coupable. Il faut avouer que Racine a bien de l'esprit, disait Louis XIV à Mme de Sévigné; on le voit en cette circonstance.

« Mais, dira-t-on, c'est la seconde partie de la vie d'Agrippine que Racine a voulu peindre, c'est-à-dire l'époque de sa disgrâce et non celle de ses crimes. Racine a voulu montrer non ses fautes, mais son expiation. » Ce raisonnement est inadmissible pour deux causes : la première, c'est qu'Agrippine, bien que plus occupée, sous le règne de Néron, à se défendre qu'à attaquer, n'en a pas moins fait exiler à cette époque Iturus et Calvisius, et mourir Narcisse, Junius Silanus, Atimetus. La seconde, c'est qu'en supposant même Agrippine exempte de tout crime à cette époque, il y avait obligation pour Racine de nous la faire connaître tout entière, afin qu'on pût juger, en toute connaissance de cause, celle dont il se proposait de nous montrer la disgrâce. Il est évident que, quand un juge veut nous faire assister à la punition d'un coupable, la première condition c'est de nous dire quelles sont ses fautes. Racine a le tort de supprimer l'acte d'accusation et de se borner à la sentence. Ce n'est pas au lecteur à chercher dans ses souvenirs historiques les motifs de la condamnation ; c'est au poëte à les indiquer ; rien n'était plus facile ; Racine n'avait qu'à faire comme Corneille, dans la tragédie de *Cinna*, c'est-à-dire à rappeler le passé d'Agrippine au moyen de quelques tableaux rétrospectifs, comme Corneille rappelle celui d'Octave. Ce dernier aussi veut nous intéresser à son personnage, et certainement plus encore que Racine à Agrippine ; mais il a soin de nous montrer le triumvir derrière l'empereur, les meurtres et les proscriptions derrière la clémence. De cette manière, on sait à qui l'on s'intéresse ; on connaît son personnage ; il n'en est pas de même pour Agrippine ; Racine laisse planer autour d'elle un soupçon d'innocence. La vérité générale y gagne, parce que les femmes ambitieuses ne sont pas aussi perverses qu'Agrippine ; mais la vérité particulière, la vérité historique y perd ; son Agrippine ne ressemble pas à celle de l'histoire.

3° *Il a supprimé son amour effréné de l'or.* Tacite dit qu'Agrippine avait une soif insatiable de l'or, *cupido auri immensa* (XII, 7.) Il en donne les raisons et les preuves. *Les raisons*, c'est qu'elle avait besoin de se créer un parti, et que, pour y parvenir, elle prodiguait les fêtes et les largesses (XII, 44) : *Undique pecunias corripiens* (XIII, 18); c'est qu'elle comblait Néron de présents, pour contre-balancer la magnificence de la courtisane Acté (XIII, 13.) *Les preuves*, c'est le meurtre de Statilius Taurus, qu'elle fit mettre à mort pour s'emparer de ses biens ; c'est la confiscation des biens de Lollia Paulina, sur lesquels elle fit main basse, après le meurtre de leur possesseur (XII, 22) ; c'est enfin son attachement à Pallas, dont la fortune personnelle était immense. Cet amour effréné de l'or n'était pas seulement une précaution politique pour consolider son pouvoir, c'était un goût naturel : *Ingenita avaritia*, dit Tacite (XIII, 18). La nécessité de créer des ressources à l'Etat n'était que le prétexte de ses rapines : *Cupido auri immensa obtentum habebat quasi subsidium regno pararetur* (XII, 7). Racine a complétement négligé ce trait de mœurs.

4° *Il a supprimé la licence de ses mœurs.* Tacite et Suétone nous donnent, sur les mœurs d'Agrippine, les détails les plus honteux. Elle commença, dès l'âge de quinze ans, sa vie scandaleuse par un inceste avec son beau-frère Lépidus, mari de sa sœur Drusilla (Suétone, *Caligula*, XXIV ; Tacite, XIV, 2) ; puis elle eut tour à tour pour amants son frère Caligula (Suétone, *Caligula*, XXIV), Pallas (Tacite, XII, 25), et, avant son mariage, Claude (XII, 5). Plusieurs fois elle se présenta même, dit Tacite, devant son fils, voluptueusement parée et prête à l'inceste : *Offerret se filio comptam et incesto paratam* (XIV, 2). L'historien latin dit qu'elle était aussi coupable que Messaline, puisqu'elle sacrifiait son honneur, sa vertu, son corps, tout enfin à sa puissance : *Decus, pudorem, corpus, cuncta regno viliora habere* (XII, 65). Sans doute la licence de ses mœurs ne consistait pas, comme celle de Messaline, en un aveugle entraînement des sens ; c'était plutôt un calcul d'ambition ; mais peu importe. Tacite a beau nous dire quelque part : « Dans son intérieur, elle était de mœurs pures, à moins que son ambition n'y trouvât son compte, » *Domi nihil impudicum, nisi dominationi expediret* (XII, 7) ; ce n'est pas là une excuse, c'est sa propre condamnation ; car l'ambition étant la règle de sa vie, l'honnêteté ne pouvait être celle de sa conduite. Racine ne laisse soupçonner aucun de ces détails ; son Agrippine pourrait passer pour une matrone.

5° *Il a supprimé son impopularité.* Il est vrai que Tacite dit quelque part qu'Agrippine était populaire, à cause de son père Germanicus, mais il le dit à propos de la première période de sa vie, avant ses crimes. A partir du règne de Néron, quand elle se fut signalée par toutes les cruautés que nous avons énumérées plus haut, quand le peuple ne la craignit plus, parce que Néron s'était affranchi de sa tutelle, elle fut très-impopulaire, elle excita une réprobation universelle : *Cupientibus cunctis infringi matris potentiam* (XIV, 1) : Tout le monde désirait son abaissement, dit Tacite. Voilà le mot qui résume l'état de l'opinion publique à son égard, les années qui précèdent sa mort et l'année même de la mort de Britannicus. Ce témoignage sévère prouve que ce n'est pas uniquement par esprit de flatterie que le peuple, le lendemain de l'assassinat d'Agrippine, dressa des arcs de triomphe à Néron et déclara néfaste le jour où sa mère était née ; ce fut aussi par haine pour cette femme, dont il acceptait les jeux et les spectacles, mais dont il détestait la personne. Racine ne dit pas un mot de cette impopularité ; il laisse même croire que l'armée lui était favorable, puisqu'il suppose qu'Agrippine va en appeler à elle, pour le rétablissement de Britannicus :

J'irai, n'en doutez pas, le montrer à l'armée.

puisqu'elle parle même, en plusieurs circonstances, de la faveur dont elle jouit, non-seulement auprès des soldats, mais même auprès du peuple :

Déjà de ma faveur on adore le bruit. (V, III.)

et ailleurs :

Rome de ma faveur est trop préoccupée. (I, I.)

Est-ce illusion de sa part? Croit-elle réellement à sa popularité ? Ne s'est-elle pas aperçue du changement qui s'est opéré dans l'opinion publique à son égard? Peut-être se trompe-t-elle en effet, tant elle est orgueilleuse et crédule ! Mais Racine ne devrait pas nous laisser de doute à ce sujet ; il devrait nous avertir, d'une manière ou d'une autre, de son erreur et ne pas nous faire prendre pour la vérité une illusion de son amour-propre. Il y a là une intention secrète d'intéresser le spectateur à Agrippine, en nous laissant croire qu'elle excitait en effet de son temps l'intérêt public, ce qui est faux ; ce passage renferme une inexactitude historique.

6° *Il a ajouté à son caractère quelques mouvements de tendresse maternelle et même quelques remords.* L'Agrippine de Tacite n'a rien de la mère ; son cœur est fermé à toute tendresse : Néron est pour elle soit un ennemi qu'il faut écarter, soit un instrument de pouvoir dont il faut se servir. Si elle le ménage, c'est par calcul ou par esprit de corruption : c'est en usurière, pour lui prêter de l'or qui lui sera rendu en pouvoir, ou en courtisane, pour lui offrir les séductions de sa beauté qui le détacheront de Poppée. Dans Racine, elle est beaucoup plus humaine ; elle n'a pas étouffé tous les sentiments de la mère : elle ne prête pas sa maison aux rendez-vous de son fils, son or à ses plaisirs, sa personne à ses passions ; si elle ne l'aime pas, elle feint de l'aimer, et cette comédie même d'amour maternel jouée par elle, en sa présence, est une preuve de sensibilité, un hommage involontaire aux sentiments bons et généreux des mères. Ce qui est un signe encore plus délicat de sensibilité maternelle, c'est l'illusion à laquelle elle s'abandonne, tout à fait à la fin de la pièce, quand elle annonce que son fils, touché de repentir, suivra peut-être d'autres maximes. C'est le propre de l'affection maternelle d'espérer quand même, d'espérer toujours.

Quant à ses remords, si la chose n'est pas très-développée chez elle, le mot est dans sa bouche, elle en parle :

> Remords, crainte, péril, rien ne m'a retenue.

Sans doute tous ces bons sentiments ne font qu'effleurer son cœur, mais enfin ils y trouvent place un instant, et, si on les rapproche des mauvais qui sont ou adoucis ou écartés, on est forcé d'avouer que Racine a singulièrement modifié son personnage.

Telles sont les différences de l'Agrippine de Tacite et de l'Agrippine de Racine.

PARAGRAPHE X

Analyse détaillée du rôle de Néron.

Première question. — *Caractériser le Néron de Racine.*

Néron est un monstre naissant ; il n'a encore commis aucun crime ; mais toutes ses paroles et toutes ses actions attestent une âme naturellement perverse. Quoique son cœur soit plein de mauvaises pensées, il ne fait pas étalage de sa dépravation ; il ne prononce aucune maxime de cruauté, il n'a pas la rhétorique du crime, mais il en a déjà la profondeur réfléchie et les calculs raffinés.

Deuxième question. — *Quelle nuance Racine s'est-il efforcé d'observer dans la peinture de ce personnage ?*

Il s'est efforcé de garder un juste milieu entre la vertu et le crime : il ne l'a pas représenté vertueux, parce qu'il ne l'a jamais été; il ne l'a pas non plus représenté aussi vicieux qu'il le fut depuis, parce que les premières années de son règne furent heureuses ; il a reproduit ce moment indécis de sa vie où il brise ses liens et passe de la retenue à l'audace; il l'a montré comme un homme en qui fermentent tous les vices et qui commence à se déclarer.

Troisième question. — *Caractériser la scélératesse dont il fait preuve dans cette tragédie.*

C'est un mélange de sang-froid, d'hypocrisie et de naïveté, quoique ce mot semble bien peu applicable à Néron. *Son sang-froid* consiste à se posséder toujours devant ses ennemis, surtout devant sa mère, à ne jamais se laisser emporter, même quand il est poussé à bout, à garder pour lui les secrets qu'il lui importe de tenir cachés, ce qui l'empêche d'être jamais dupe. *Son hypocrisie* consiste à donner le change à sa mère sur ses vrais sentiments à l'égard de Britannicus et vis-à-vis d'elle ; *sa naïveté,* à croire que Burrhus lui est favorable, parce qu'Agrippine vient de se montrer mécontente de lui ; en effet, dans cette circonstance, il lui avoue, d'abondance de cœur, pour ainsi dire, le crime qu'il va commettre; sa naïveté consiste encore à croire qu'il fait une action légitime en tuant son frère :

> Ils mettront ma vengeance au rang des parricides! (IV, iv.)

mot qui signifie qu'il trouve tout simple de se débarrasser de Britannicus, mais que les Romains sont si sots et si étrangers à la politique qu'ils sont capables de regarder cette mort comme un parricide. Rien ne lui paraît donc plus naturel que cet acte. Sa scélératesse est, pour ainsi dire, inconsciente. Il se considère comme un honnête homme. N'est-ce pas la naïveté de la dépravation?

Quatrième question. — *Donner une idée de la progression de sa scélératesse.*

Elle fait de si rapides progrès, et la métamorphose de Néron, du matin au soir, est si complète qu'on peut dire en effet de lui au début :

> Enfin Néron naissant
> A toutes les vertus d'Auguste vieillissant. (I, 1.)

et le présenter à la fin comme un scélérat consommé qui voit mourir Britannicus, sans changer de visage :

> Ses yeux indifférents ont déjà la constance
> D'un tyran dans le crime endurci dès l'enfance. (V, vii.)

On voit tellement les progrès du mal dans son âme, du commencement à la fin de la tragédie, qu'on n'est pas étonné de ce changement de langage : c'est la logique même de ses passions qui lui a fait franchir toute cette distance en si peu de temps.

Cinquième question. — *Prouver que le Néron de Racine est un caractère faible.*

Il hésite entre les conseils de Burrhus et ceux de Narcisse. Il va de l'un à l'autre, au gré du moment. Rien de plus naturel que ces hésitations : elles tiennent à son âge même et aux derniers scrupules de son éducation; plus tard l'expérience du crime les fera cesser. Disons cependant que le Néron de Tacite, quoique plus jeune de trois ans, tergiverse beaucoup moins et n'a besoin des conseils de personne pour accomplir ses noirs desseins (V. même paragraphe, 9ᵉ question). Au point de vue historique, le Néron de Tacite est probablement très-vrai; mais au point de vue général, celui de Racine est plus naturel : un malhonnête homme doit avoir plus d'hésitation dans l'apprentissage que dans le métier du mal.

Sixième question. — *Quelles sont les influences diverses qui sollicitent Néron au mal.*

Nous avons dit qu'une des raisons qui font de cette tragédie la pièce des connaisseurs, c'est l'énumération des diverses influences qui aiguillonnent Néron de toutes parts, le poussent vers le mal et entraînent sa chute, dans le court espace du lever au coucher du soleil. Il a fallu, pour expliquer ce passage rapide du bien au mal dans les vingt-quatre heures, que Racine en multipliât singulièrement le nombre, et les montrât agissant avec simultanéité et énergie sur son âme. Les voici :

1º Les instincts naturellement mauvais de son cœur qui le poussent du côté où il penche.

2º L'absence de Sénèque, dont l'éloignement de Rome favorise ses désordres, en supprimant un des deux tuteurs de sa jeunesse; Racine a bien pris soin de nous avertir de cette cause de démoralisation pour son personnage : Sénèque, dit Burrhus, dans un des monologues de la pièce,

> Sénèque, dont les soins me devaient soulager,
> Occupé loin de Rome, ignore ce danger. (III, II.)

3° Son amour pour Junie, qui développe en son cœur tous les sentiments de la jalousie, et augmente par conséquent sa haine contre Britannicus.

4° La franchise de Junie, qui ne déguise pas son amour pour Britannicus et contribue par ses aveux à irriter Néron contre lui.

5° Les mauvais conseils de Narcisse, qui ne cesse de le pousser au meurtre.

6° L'orgueil et les maladresses d'Agrippine, dont toutes les paroles et toutes les actions lui rendent Britannicus odieux.

7° La résistance de Britannicus. Toutes les raisons de haine précédentes pourraient être non avenues et céder devant une considération supérieure d'humanité; Néron pourrait épargner Britannicus, s'il s'apercevait que son frère ne se prête pas aux intrigues d'Agrippine, qu'il cherche à s'effacer, à s'annuler, que c'est un prétendant inoffensif ayant abdiqué tous ses droits; mais comme il n'en est rien, comme Britannicus revendique lui-même devant Néron le trône qui lui appartient, il s'offre de lui-même à sa vengeance; il signe, en lui résistant, son arrêt de mort.

Telles sont les influences diverses qui concourent à la transformation rapide de Néron. Racine n'a opposé à ce courant de forces violentes qu'un seul obstacle, la vertu de Burrhus; on en comprend l'inutilité.

Septième question. — *Quelle est la série des méfaits commis par Néron, avant le meurtre de Britannicus?*

Nous venons de voir les causes qui poussent Néron au mal; voyons maintenant ses méfaits avant le meurtre. Conformément à l'observation si juste renfermée dans ce vers de Racine:

> Ainsi que la vertu, le crime a ses degrés. (*Phèdre*, IV, II.)

la tragédie de *Britannicus*, si on l'étudie dans le sens de la métamorphose morale de Néron, offre une énumération d'actes de ruse, d'audace et de violence que l'on peut considérer comme la préparation de son crime, comme la suite des degrés qu'il franchit avant d'arriver au sommet de cette échelle fatale qui est le meurtre de Britannicus. Voici cette marche ascendante vers le mal:

I. — *Ses méfaits vis-à-vis d'Octavie, de Junie et de Britannicus.*

1° Dès qu'il entend parler de Junie, son premier mouvement est de l'enlever, avant même de l'avoir vue. (*Enlèvement de Junie.*)

2° Dès qu'il a enlevé Junie, il veut répudier sa femme Octavie. Cette pensée n'est d'abord annoncée que vaguement par lui dans son premier entretien à Narcisse (II, II), mais elle prend vite de la consistance, et, dès qu'il a vu Junie, c'est-à-dire dans la scène suivante, il déclare à celle-ci que c'est un projet arrêté, sa présence ayant dissipé instantanément tous ses scrupules. (*Projet de divorce avec Octavie.*)

3° Dès qu'il soupçonne l'amour de Junie pour Britannicus, il veut bannir son rival; car il ne commence pas les hostilités contre lui par l'atroce projet de sa mort; ce ne serait pas là de l'analyse; cette pensée ne vient que graduellement, après celle de son bannissement, et elle se développe dans son cœur surtout après la violente secousse de jalousie qu'il ressent lors de la seconde entrevue de Junie et de Britannicus. (*Projet de bannissement de Britannicus.*)

4° Comme il veut, en bannissant Britannicus, punir en même temps Junie, qui se permet de l'aimer, c'est elle qu'il charge de faire connaître à son fiancé l'arrêt d'exil dont il veut le frapper; elle le fera, en lui déclarant qu'il doit renoncer à son amour et quitter Rome; et, pour être plus sûr que sa volonté sera exécutée, Néron se cachera derrière une tapisserie afin d'écouter la conversation des deux amants, et d'entendre prononcer par Junie la sentence qui frappe Britannicus :

> De son bannissement prenez sur vous l'offense. (II, III.)

(*Premier piége tendu à Junie et à Britannicus.*)

5° Comme ce premier piége est déjoué par l'adresse de Junie, qui renvoie Britannicus désespéré, et, comme Néron les sent très-unis malgré leur froideur apparente, il imagine, pour les désunir, une calomnie odieuse : il charge Narcisse de dire à Britannicus que Junie lui est infidèle et qu'elle vient de lui accorder un rendez-vous à lui-même Néron, car tel est le sens de ce vers :

> Par de nouveaux soupçons, va, cours le tourmenter. (II, VIII.)

mensonge dont est facilement dupe le crédule Britannicus, qui reproche ainsi à Junie sa trahison :

Vous voulez que ma fuite assure vos désirs,
Que je laisse un champ libre à vos nouveaux soupirs. (III, vii.)

(*Mensonge de Néron sur le prétendu rendez-vous que lui accorde Junie.*)

6° Cette odieuse calomnie ne réussit pas plus que le stratagème précédent à séparer les deux jeunes gens qui s'aiment. Néron veut alors recourir à la force, c'est-à-dire trouver une occasion de mettre la main sur son rival, de l'arrêter au moment où il le surprendra en faute, en flagrant délit. Cette occasion s'offre à la seconde entrevue des deux amants. Comme Junie est, pour ainsi dire, la prisonnière de Néron, toute conversation avec Britannicus lui est interdite, et constitue par conséquent une infraction aux ordres de l'empereur. Aussi quand elle cause la seconde fois avec son fiancé, c'est après s'être évadée; tous deux sont donc en faute; Néron averti par Narcisse apparaît tout à coup devant eux et tient dans sa main la vengeance qu'il cherchait; elle est même plus complète qu'il ne l'espérait, puisqu'il voit Britannicus aux pieds de Junie, ce qui est la preuve de leur amour, jointe à celle de leur désobéissance. Après cette scène, Néron, qui ne songeait qu'à bannir Britannicus, conçoit la première pensée de sa mort. (*Second piége tendu à Junie et à Britannicus.*)

7° Dès qu'il entend Britannicus revendiquer hautement son trône, dans la scène suivante, la pensée de sa mort fait de nouveaux progrès dans son cœur; elle prend le caractère d'une résolution, et même, à la fin de la hautaine altercation de son frère, d'une résolution arrêtée : il y prélude par l'arrestation du coupable. (*Arrestation de Britannicus.*)

8° Mais, comme il veut punir en même temps sa complice, aussi coupable que lui, plus coupable même, puisque c'est elle qui s'est évadée, en trompant, comme elle le dit elle-même la surveillance dont elle était l'objet : « Je me suis échappée » (III, vii), Néron passe, à son égard, de l'amour à l'hostilité et la fait arrêter aussi. L'appartement qu'il lui avait assigné dans le palais devient pour elle une prison, comme celui d'Octavie était devenu la prison de Britannicus. (*Arrestation de Junie.*)

II. — *Ses méfaits vis-à-vis de Burrhus.*

1° Quand Burrhus reproche à Néron l'enlèvement de Junie, Néron le prie de se taire en lui disant que, si les affaires d'État le regardent, les affaires d'amour ne le regardent pas (III, 1). (*Refus d'écouter les conseils de Burrhus.*)

2° Quand Burrhus lui reproche l'arrestation arbitraire de sa mère, Néron menace de le faire arrêter lui-même (III, ix), (*Menace d'arrestation de Burrhus.*)

III. — *Ses méfaits vis-à-vis d'Agrippine.*

1° Quand sa mère lui demande, le matin, une audience, il ne la lui accorde pas. (*Refus d'audience à Agrippine.*)

2° Quand il apprend qu'elle se rend chez Pallas pour conspirer, il exile celui-ci, pour retirer à sa mère son principal soutien. (*Exil de Pallas.*)

3° Quand il découvre, ou croit découvrir, que c'est elle qui a ménagé entre Britannicus et Junie la seconde entrevue dont il a surpris le secret, il la fait arrêter, quoique sa culpabilité ne soit pas évidente. Son audace vis-à-vis de sa mère fait, comme on le voit, de rapides progrès : comme solliciteuse, il l'éconduit ; comme conspiratrice, il exile son principal agent ; comme protectrice de Britannicus et de Junie, il la fait arrêter ; de ces trois sentiments qui le guident, la haine filiale, l'indépendance politique, la jalousie amoureuse, c'est la jalousie qui parle le plus haut en lui. (*Arrestation d'Agrippine.*)

4° Quand sa mère le pousse à bout par ses remontrances hautaines et les conditions exigeantes qu'elle lui dicte, il se décide à tuer Britannicus ; seulement il se joue de sa mère, en la laissant croire, une heure avant le meurtre, à une réconciliation définitive. Cette scène de duperie, jouée avec le plus grand sang-froid, couronne la série de ses méfaits antérieurs à son crime. (*La comédie de réconciliation dont il dupe sa mère.*)

Nous avons compté quatorze actes de ruse, d'injustice ou de brutalité, avant le meurtre de Britannicus ; huit, vis-à-vis de sa femme, de son frère et de Junie ; deux, vis-à-vis de son gouverneur ; quatre, vis-à-vis de sa mère. On comprend, après cette énumération, que Néron a franchi tous les degrés de l'échelle du mal et qu'il est prêt au fratricide.

Huitième question. — *Que conclure de cette énumération des méfaits commis par Néron, antérieurement à son crime?*

1° Il est difficile de mieux préparer un crime ; voilà de la vraie, de la bonne analyse ; voilà comment les grands écrivains cherchent, dans le développement et le jeu des passions, l'explication des actes de leurs personnages ; leur but n'est pas d'entasser les situations, mais de se borner à une ou deux importantes, qu'ils amènent le plus logiquement possible, par un enchaînement de circonstances morales.

2° Les critiques qui trouvent Néron trop bon sont dans une grave erreur ; cette énumération prouve que Néron, sans être un monstre, fait tout ce qu'il faut pour le devenir, et que chacun de ses actes, antérieurs à l'empoisonnement de Britannicus, sans être criminel, dénote cependant chez lui un penchant au crime.

3° Racine a raison d'écrire dans sa préface ce mot spirituel et juste : « Néron n'a pas encore mis le feu à Rome ; il n'a pas encore tué sa mère, sa femme, ses gouverneurs ; *à cela près*, il me semble qu'il lui échappe assez de cruautés pour empêcher que personne ne le méconnaisse. » (*Première préface.*)

Neuvième question. — *Y a-t-il une différence entre le Néron de Tacite et celui de Racine.*

Oui, il y en a une grande. Tacite peint le monstre achevé, Racine, le monstre naissant. Tacite glisse rapidement sur ses débuts, ses hésitations, et arrive vite à son endurcissement, à la plénitude de sa scélératesse ; le tableau de ses premières années, esquissé en quelques traits, s'efface à côté du tableau de ses crimes, présenté sous de plus grandes proportions. Aussi l'horreur que son Néron nous inspire est-elle aussi complète que possible, et constamment à son apogée. Le Néron de Racine, au contraire, étant celui des premières années, nous inquiète, nous étonne, nous scandalise même, mais ne nous épouvante pas. Le Néron de la tragédie française nous prépare à celui des *Annales*, comme, par un raisonnement inverse, l'Agrippine française est la continuation de l'Agrippine latine. Racine a donc fait preuve d'une double originalité, en imitant Tacite : il a choisi, dans la vie de ces deux personnages, deux moments différents de ceux où l'historien, son modèle, les place et les met en scène ; il peint Néron au moment de son entrée dans la carrière du mal et Agrippine au moment de sa sortie, tandis que Tacite les montre tous les deux en pleine carrière.

Dixième question. — *De quel côté est le plus grand enseignement ?*

Du côté du Néron de Racine, et du côté de son Agrippine. Pour Agrippine, il est évident que la punition d'un ou d'une coupable a une plus haute portée morale que le spectacle de ses crimes. Pour Néron, il est plus instructif d'assister à la formation d'un caractère que de se trouver en présence d'un caractère tout formé; de suivre les différentes phases de son développement que de le voir tout développé. Etre témoin de la croissance morale d'un personnage, c'est voir, pour ainsi dire, s'épanouir une âme humaine; est-il un plus intéressant sujet d'observations? Ne serait-ce pas, pour un naturaliste, une bonne fortune que de voir, au lieu de la plante toute fleurie qu'il étudie, le travail même de la floraison. Assurément il n'est pas d'étude plus intéressante, pour le moraliste, ni de champ plus fécond pour l'analyse des passions, que cette formation même d'un caractère. Le Néron de Tacite, étant tout fait, est moins instructif; mais il est plus terrible et plus dramatique. Il est inutile d'ajouter que la manière dont les deux écrivains ont conçu leur personnage est conforme à la nature même de leur génie, Racine préférant l'analyse morale, Tacite les tableaux saisissants et dramatiques, accompagnés de fortes pensées.

PARAGRAPHE XI

Analyse détaillée du rôle de Burrhus.

Première question. — *Quelle a été l'intention de Racine en créant le rôle de Burrhus?*

Il a voulu opposer un honnête homme à Néron, à Agrippine et à Narcisse, c'est-à-dire à tous ces êtres qu'il appelle énergiquement *cette peste de cour*.

Deuxième question. — *Quels sont les autres personnages vertueux de cette pièce?*

Junie et Britannicus.

Troisième question. — *Quelle différence remarque-t-on entre ces honnêtes gens, et n'y a-t-il pas surabondance de personnages vertueux (autant que de scélérats, trois contre trois) dans une pièce destinée à peindre la corruption de la Rome impériale?*

Ces trois personnages forment deux groupes distincts, dont chacun représente un genre de vertu différente : Burrhus, c'est le stoïcisme officiel, c'est-à-dire la vertu militante, et toute d'opposition, l'honnêteté des forts et des courageux qui avaient organisé la résistance, comme Thraséas au Sénat, Corbulon à l'armée, Sénèque dans les écoles. Junie et Britannicus, au contraire, représentent la vertu privée, timide, pacifique, la vertu des foyers, opposée à celle des assemblées et des écoles, c'est la vertu des faibles ; la première se montre et la seconde se cache ; toutes deux sont ordinairement frappées par l'impitoyable tyran, mais l'une après avoir lutté, l'autre après s'être effacée : ici le combat, là le guet-apens. Ces deux genres de vertu existaient probablement à Rome ; l'histoire mentionne la première, la connaissance du cœur humain nous garantit la seconde ; Racine a peint l'une et l'autre.

On ne peut pas dire qu'il y ait, dans la pièce, surabondance d'honnêtes gens ; il y a seulement variété ; il y aurait excès, si le bien y contre-balançait le mal ; ce ne serait plus une peinture de la corruption de l'Empire ; mais la lutte des mauvais et des bons est tellement inégale, les mauvais y triomphent si aisément, que la présence des bons, quelque nombreux qu'ils soient, ne tient pas plus de place, dans la tragédie, qu'une ombre légère, au milieu d'un grand tableau.

Quatrième question. — *Pourquoi Racine, qui avait le choix entre les deux gouverneurs de Néron, Sénèque et Burrhus, s'est-il décidé pour Burrhus ?*

Cette question n'est pas oiseuse, puisque Racine juge à propos d'en parler dans sa préface. Il est vrai que la raison qu'il donne de son choix n'est pas très-claire, et qu'une fois comprise, on la trouve sujette à discussion. Il est donc nécessaire de donner une explication sur ce point. Voici les paroles de Racine : « Sénèque et Burrhus étaient tous deux gouverneurs de la jeunesse de Néron, l'un pour les armes, l'autre pour les lettres, et ils étaient fameux, Burrhus pour son expérience militaire et pour la sévérité de ses mœurs, Sénèque pour son éloquence et le tour agréable de son esprit, *Burrhus militaribus curis et severitate morum, Seneca præceptis eloquentiæ et comitate honestâ.* Burrhus après sa mort fut extrêmement regretté à cause de sa vertu. » (Racine. Seconde préface, texte de Tacite.) D'après cette explication, deux raisons ont déterminé le choix de Racine :

Premièrement : le caractère de l'enseignement de Burrhus chargé de l'éducation militaire et par suite de l'éducation politique de Néron.

Secondement : la vertu de Burrhus supérieure à celle de Sénéque. Ici l'auteur n'est pas assez explicite. Il semble ne pas faire grand cas de la vertu de Sénèque et lui refuser toute participation à l'éducation morale du prince

> Burrhus conduit son cœur, Sénèque son esprit. (IV, iv.)

Il est évident que, s'ils ont joué tous deux le rôle que Racine leur attribue, le poëte a eu raison de choisir Burrhus. Comme il est en effet question, dans cette tragédie, de la conduite politique et de la conduite morale que suivra Néron, et nullement de la tournure plus ou moins agréable de son esprit, il était logique de faire figurer, à côté de lui, le précepteur spécialement chargé de son éducation politique et morale. Mais le rôle des deux maîtres de Néron n'est pas tel que l'indique Racine. Burrhus ne conduisait pas uniquement son cœur, ni Sénèque uniquement son esprit. Burrhus lui apprenait aussi l'art militaire et la science du gouvernement, deux genres d'enseignement qui s'adressent à l'esprit, et Sénèque, outre la rhétorique et le beau langage, lui apprenait également la morale, science destinée à former le cœur. Ce dernier était en effet un philosophe zélé et consciencieux, un philosophe pratique, un véritable directeur de conscience, comme on disait au dix-septième siècle. Il a laissé du reste un monument de l'éducation morale donnée à son élève, dans le traité *de Clementiá*, dédié à Néron et écrit les premières années de son règne, comme Fénelon a composé pour le duc de Bourgogne l'*Examen de conscience sur les devoirs de la royauté*. Il est donc vraisemblable de supposer que Burrhus et Sénèque s'occupaient simultanément de l'éducation morale de Néron, tout en surveillant plus spécialement, Burrhus son éducation militaire et politique, Sénèque son éducation littéraire. Lequel des deux devait choisir Racine, les attributions de l'un et de l'autre étant ainsi définies ? Si les besoins de sa tragédie avaient exclusivement réclamé un gouverneur moral, il aurait pu être indécis, Sénèque et Burrhus remplissant également ces fonctions ; mais comme ils demandaient, ainsi que nous venons de le dire, un gouverneur à la fois moral et *politique*, et que Burrhus réunissait seul ces deux conditions, le choix de Racine était tout tracé, il devait rejeter Sénèque. Il a bien fait de procéder ainsi ; mais il aurait dû définir plus exactement le rôle du soldat et celui du philosophe dans l'éducation du prince : sans doute Sénèque était incompétent pour la partie militaire et politique, mais il ne l'était pas pour la partie morale, quoique moins vertueux que Burrhus.

Cinquième question. — *Quelles sont les vertus de Burrhus? en quoi consistent-elles?*

Le désintéressement, la franchise, l'indépendance, un honneur inflexible, et, dans l'accomplissement de ses différents devoirs, le sentiment des bienséances.

Son désintéressement consiste à dédaigner les honneurs et même à compromettre par sa franchise vis-à-vis de Néron celui auquel il est parvenu comme préfet du prétoire. *Sa franchise et son indépendance* éclatent dans la liberté de son langage en face de l'empereur et de sa mère. *Son honneur inflexible* consiste à ne transiger avec personne, à blâmer le vice partout où il le rencontre, à réprimander aujourd'hui ceux qu'il louait hier, s'ils cessent de bien faire ; mais il ne le fait pas avec la brutalité d'Alceste, il le fait avec délicatesse et ménagement. *Le sentiment des bienséances* consiste, pour lui, à ne jamais dire du mal de la mère devant son fils, ni du fils devant sa mère, sauf au dernier acte, quand tout est perdu. Placé entre une mère et un fils, dont il blâme également la conduite, il dit à chacun en particulier ce qu'il pense de lui, et, par derrière, il ne dit à chacun que du bien de l'autre. Cette conduite n'est pas seulement convenable, elle est habile ; comme il a affaire à deux ennemis toujours prêts à s'élancer l'un contre l'autre, le meilleur moyen de prévenir tout conflit entre eux, c'est de ne prononcer devant aucun d'eux aucune parole qui puisse les irriter réciproquement. (V. même paragraphe, 8ᵉ question.)

Sixième question. — *Quel ton prend ordinairement Burrhus?*

Celui du calme et de la modération. Comme son rôle est tout entier de réflexion et qu'il représente la raison, au milieu des passions, il est maître de lui, il donne l'exemple de l'empire sur soi-même. Il est clair que, placé en face d'adversaires violents, sa première règle de conduite doit être d'éviter les mêmes excès ; aussi parle-t-il en philosophe, en stoïcien ferme et constant, jamais en homme irrité.

Septième question. — *Y a-t-il quelque exception à cette règle qu'il s'impose? Ne sort-il jamais de ce calme et de cette modération?*

Oui, il en sort une fois, en présence de Néron, après l'aveu que son coupable élève ose lui faire de son crime. A ce moment cet homme paisible s'indigne, s'emporte, devient tout de feu; il parvient même à l'éloquence, à force d'émotion, son langage est plein d'une chaleur qui pénètre et d'une vérité qui entraîne; il émeut Néron lui-même, qu'il croit avoir converti et qu'il convertirait en effet, sans Narcisse. Mais son emportement ne va pas jusqu'à la violence, et c'est quand son adversaire lui lance un de ces mots qui devrait y mettre le comble, qu'il s'apaise au contraire, comme par enchantement, et retrouve sa modération première. Ainsi quand Agrippine le menace de l'accuser devant l'armée de complicité dans tous les crimes qui ont frayé le chemin du trône à Néron, au lieu de répondre par un redoublement d'indignation à cette calomnie, il lui dit avec le plus grand sang-froid : — « Madame, ils ne vous croiront pas! » — Il montre ainsi que son emportement est apaisé par les raisons mêmes qui augmentent d'ordinaire celui des hommes violents.

Huitième question. — *Caractériser la conduite de Burrhus vis-à-vis de Néron et d'Agrippine?*

Burrhus, avons-nous dit, cherche à tenir la balance toujours égale entre Néron et Agrippine, les justifiant quand ils ont raison, les blâmant quand ils ont tort, sans jamais se déclarer absolument en faveur de l'un ni de l'autre. Avec ce parti pris de neutralité, et cette méfiance que tous deux lui inspirent, on comprend, d'un côté, qu'il prenne tantôt le parti de Néron, tantôt celui d'Agrippine, de l'autre, qu'il ne le prenne qu'avec toute sorte de réserve et de restriction.

Ainsi pour le premier point, c'est-à-dire pour la neutralité équitable, il prend le parti de Néron contre Agrippine, quand il voit Agrippine chercher à usurper le pouvoir à la place de son fils, et celui d'Agrippine contre Néron, quand il voit Néron ordonner arbitrairement l'arrestation de sa mère; pour le second point, c'est-à-dire la réserve qu'il apporte à son approbation, même quand il prend le parti de Néron, il lui fait des observations sévères sur sa conduite et il le rappelle au sentiment du respect filial et de la fidélité conjugale; même quand il prend celui d'Agrippine, il lui rappelle, au moment où il la conduit de sa prison devant son juge, qu'elle doit se montrer douce et docile vis-à-vis de Néron. Burrhus est donc alternativement le partisan et le contradicteur de Néron et d'Agrippine ; leur partisan, quand ils font le bien, leur contradicteur, quand ils font le mal ; prend-il leur parti ? ce n'est jamais d'une manière absolue ; les contredit-il ? ce n'est jamais d'une manière irrémissible.

Voici une autre preuve de délicatesse de sa part : quand il blâme la conduite de l'un ou de l'autre, ce n'est jamais par derrière ; il ne dit à la mère que du bien de son fils, au fils que du bien de sa mère. Le mal qu'il pense de chacun d'eux, il le lui dit en face et séparément. Ainsi il n'évite pas ce qui pourrait leur déplaire individuellement ; mais il évite ce qui pourrait les irriter l'un contre l'autre ; son but est leur conversion individuelle, au moyen de paroles sévères, mais leur bonne entente réciproque, au moyen de paroles conciliantes.

Neuvième question. — *Détailler les diverses situations morales de Burrhus, vis-à-vis de Néron et d'Agrippine ?*

Elles sont nombreuses et changent rapidement ; mais, avant tout, il faut constater que ces variations de Burrhus portent sur la conduite morale et non sur la conduite politique de Néron, sur l'homme privé et non sur l'homme public ; en effet, comme empereur, c'est-à-dire comme maître unique et sans partage du pouvoir, Burrhus ne cesse d'approuver Néron, sauf au cinquième acte, bien entendu, où il voudrait le voir disparaître de la surface de la terre, quoiqu'il ne le dise pas. C'est comme homme, qu'il le juge de plusieurs manières.

Il y a dans le rôle de Burrhus cinq situations morales différentes, ou, si l'on veut, cinq moments différents.

1° Le moment où il prend le parti de Néron sans réserve. (Ce sont les deux premiers actes.)

2° Le moment où il prend le parti de Néron, mais en faisant ses réserves et sans prendre celui d'Agrippine. (Depuis le début du troisième acte, scène première : « Vous lui donnez des armes contre vous, » jusqu'à la dernière scène exclusivement de ce troisième acte, scène IX : Que vois-je ? ô ciel !)

3° Le moment où il cesse de prendre le parti de Néron pour embrasser celui d'Agrippine. (Depuis la scène précédente inclusivement, III, ix, jusqu'à la fin de sa grande conversation avec Néron, IV, 3.)

4° Le moment où, croyant avoir converti Néron par son éloquence, il prend de nouveau son parti sans réserve, comme pendant les deux premiers actes de la pièce. (Depuis acte IV, scène III, pendant toute la fin de l'acte IV, pendant tout l'entr'acte qui s'écoule entre l'acte IV et l'acte V, et pendant la première partie de l'acte V, c'est-à-dire pendant les préparatifs et la célébration du festin, jusqu'à la sortie de la salle du repas. V, IV.)

5° Enfin le moment où, désabusé par le meurtre de Britannicus, il condamne définitivement et à tous les points de vue Néron. (Depuis acte V, scène IV, jusqu'à la fin de la tragédie.)

Dixième question. — *Prouver ces cinq situations morales de Burrhus et définir sa conduite dans chacune de ces circonstances ?*

PREMIÈRE SITUATION MORALE.

1° Le moment où il prend le parti de Néron sans réserve.

Dans les deux premiers actes, Burrhus prend le parti de Néron sans réserve et cela se comprend. Au point de vue politique, Néron a raison de vouloir gouverner seul, puisque c'est à lui que le trône appartient, et que, depuis trois ans, il dirige sagement les affaires de l'État. Au point de vue moral, il s'est aussi montré honnête; quoique âgé de vingt ans à peine, il a les vertus d'Auguste vieillissant; aussi, malgré quelques écarts, comme l'enlèvement de Junie, approuve-t-il sans restriction sa conduite, d'autant plus qu'Agrippine se met dans son tort, en conspirant presque ouvertement contre lui. Burrhus justifie les actes politiques et même la conduite privée de son maître. Pour ses actes politiques, il approuve son affranchissement de la tutelle maternelle : « N'est-il pas temps qu'il règne ? » ; il approuve l'exil de Pallas dont la maison servait de rendez-vous aux conspirateurs :

> N'imputez qu'à Pallas un exil nécessaire.

Pour sa conduite privée, il traite l'enlèvement de Junie comme une peccadille; il en plaide les circonstances atténuantes devant Agrippine, et lui en montre, de la meilleure foi du monde, la réparation prochaine :

> Je ne m'étais chargé, dans cette occasion,
> Que d'excuser César d'une seule action. (I, II.)

il est convaincu que ces mauvaises pensées sont sans gravité, et qu'elles s'évanouiront vite, devant les représentations maternelles présentées avec douceur.

A ce moment, il faut remarquer un point important dans la conduite de Burrhus : quoiqu'il prenne sans réserve le parti de Néron contre Agrippine, il ne dit jamais de mal d'Agrippine devant Néron. Deux raisons l'y déterminent ; *premièrement* : le désir de fortifier dans le cœur de Néron le sentiment du respect filial que la désapprobation des actes de sa mère affaiblirait. *Secondement* : la nécessité de ne pas lui fournir d'armes contre elle. Aussi se borne-t-il à lui dire : Vous devez régner, c'est votre droit, c'est votre devoir ; il glisse le plus rapidement possible sur la seconde partie du raisonnement : Agrippine veut régner à votre place. Il lui dit même du bien de sa mère, qu'il juge si mal ; ainsi, il lui dit qu'elle a droit à ses égards, qu'il doit la traiter avec respect, parce qu'elle est sa mère ; il lui conseille probablement de ne plus lui fermer sa porte ni interdire sa présence, comme il vient de le faire. Voici la preuve de ce langage bienveillant pour Agrippine et sévère pour Néron, au moment même où il approuve complètement ce dernier : c'est au début du deuxième acte : la première scène, d'après une habitude familière à Racine, est une fin de conversation, dont le commencement a eu lieu avant le lever du rideau ; Néron et Burrhus entrent en causant ; or on comprend, à la répartie de Néron qui sert de fin au dialogue précédent et d'entrée en scène aux deux personnages, que Burrhus vient de plaider la cause d'Agrippine et de rappeler Néron au sentiment de ses devoirs vis-à-vis d'elle ; Néron se montre du reste touché de ce langage et plein de condescendance comme fils, du moins en cette circonstance :

> N'en doutez pas, Burrhus, malgré ses injustices,
> C'est ma mère et je veux ignorer ses caprices. (II, I.)

DEUXIÈME SITUATION MORALE.

2° Le moment où il prend le parti de Néron, mais en faisant ses réserves, et sans prendre celui d'Agrippine.

Burrhus commence à faire ses réserves au sujet de Néron, à partir du commencement du troisième acte, scène première. Trois circonstances contribuent à lui ouvrir les yeux. *La pre-*

mière, c'est le stratagème honteux et cruel auquel il a recours, en se cachant derrière une tapisserie, pour épier la conversation de Britannicus et de Junie, à la fin du second acte (scène VI); *la seconde,* c'est la scène de la calomnie, relativement à Junie, jouée par Narcisse sur les ordres de Néron, dans l'entr'acte qui sépare le second acte du troisième; *la troisième,* c'est la réponse dure et même impertinente de Néron aux remontrances que lui fait Burrhus sur l'enlèvement de Junie (III, 1). A la suite de ces trois circonstances, qui se succèdent avec une grande rapidité, Burrhus comprend que l'amour de Néron pour la fiancée de Britannicus est beaucoup plus grave qu'il ne le soupçonnait d'abord; et, quand il le voit suivi d'insolence, de ruse, de cruauté, de diffamation, il commence à se méfier de son élève et à prévoir le danger.

Sa conduite, à ce moment, donne encore lieu à une observation importante : ainsi que tout à l'heure il se faisait une règle de ne pas dire de mal d'Agrippine devant Néron, quoique blâmant celle-ci, il s'en fait encore une ici de n'en pas dire de Néron devant Agrippine, quoique blâmant celui-là ; et même, fidèle au principe qui le dirigeait, il y a quelques instants, il dit du bien, ou si l'on veut, il parle en bien du fils à sa mère, ainsi que tout à l'heure il parlait en bien d'Agrippine à Néron. Voici la preuve de ce fait : dans la troisième scène du troisième acte, il dit à Agrippine que l'enlèvement de Junie est facile à réparer, que le divorce d'Octavie n'est qu'une menace qui restera sans effet, et qu'enfin ce qu'Agrippine a de mieux à faire, c'est de se montrer plus douce pour son fils et plus obéissante pour son empereur. (III, III.) Et cependant, au moment où Burrhus tient ce langage, les trois actes coupables de Néron, cités précédemment, ont eu lieu et Burrhus a exprimé hautement devant le coupable sa désapprobation.

TROISIÈME SITUATION MORALE.

3° Le moment où il cesse de prendre le parti de Néron, pour embrasser celui d'Agrippine.

Burrhus cesse de prendre le parti de Néron, pour embrasser celui d'Agrippine, au moment où Néron fait arrêter sa mère. (Acte III, scène dernière.) Tout à l'heure il se contentait de faire ses réserves, quoique les trois conséquences de son amour pour Junie fussent très-graves; mais en présence de ce quatrième délit, plus grave encore que les précédents, l'arrestation arbitraire d'Agrippine, ne sachant plus où s'arrêtera sa passion coupable, dont cet acte de violence n'est que la suite, il se détache complétement de lui et prend la défense d'Agrippine.

Mais, ici encore, sa conduite est digne de remarque. On s'attend, puisqu'il change de sentiments vis-à-vis d'Agrippine et de Néron, à le voir changer vis-à-vis d'eux d'attitude et de langage, à le voir renoncer à toute espèce de réserve vis-à-vis de Néron, d'admonestation et de censure vis-à-vis d'Agrippine, à le voir louer Agrippine devant Néron, blâmer Néron devant Agrippine. Il n'en est rien ; il observe la même prudence, on pourrait dire la même *tactique d'honnêteté* qu'auparavant. Devant Agrippine, lorsqu'il parle de Néron, il continue à ne dire aucun mal de lui, et même il en dit du bien, puisqu'il parle des droits qu'il a à l'obéissance maternelle ; et, quand il parle d'elle, c'est-à-dire de son arrestation, non-seulement il ne la plaint pas du mauvais traitement qu'il condamne et dont il vient, lui-même Burrhus, d'assurer l'exécution, mais encore il la rappelle au sentiment du respect et de la docilité qu'elle doit à son empereur et maître ; devant Néron il continue à agir de même : sans doute, il condamne ouvertement l'arrestation d'Agrippine, ce qui prouve qu'il ne le ménage pas, mais aussi il évite de condamner cette arrestation devant Néron, lorsque Agrippine est présente, pour ne pas causer à la mère un plaisir devant son fils, et de plus il exécute ponctuellement ses ordres, ce qui prouve qu'il le ménage encore. Son attitude et son langage sont donc opposés à ce qu'on attendait de lui. L'explication de cette étrangeté est dans un reste d'illusion qu'il a gardé au sujet de Néron, malgré la gravité de sa dernière faute et dans la conviction que l'ambition d'Agrippine forme toujours le péril imminent de la situation. Voici la preuve des faits avancés plus haut :

Premièrement : C'est devant Néron seul, c'est en l'absence d'Agrippine, qu'il blâme l'ordre d'arrestation : Quoi ! Seigneur, sans l'ouïr ! une mère ! » (III, ix). Agrippine n'entend point ce reproche ; elle est retirée dans son appartement, où Burrhus ira, dans quelques instants, lui notifier la volonté de l'empereur.

Secondement : Au commencement du quatrième acte, Burrhus conduit Agrippine de son appartement, devenu sa prison, à la salle d'audience où Néron lui a permis de se rendre et l'attend ; dans le trajet, Burrhus a un rapide entretien avec sa prisonnière, qu'il escorte ; ce serait le moment de lui prouver qu'il prend son parti, qu'il blâme son arrestation, de s'apitoyer sur son sort, en critiquant la conduite de Néron ; il n'en fait rien ; tout au contraire ; il lui dit : Néron ne vous a pas fait arrêter, il a voulu tout simplement vous retenir au palais pour vous entretenir ; comme il craignait que votre départ ne lui en fît perdre l'occasion, il m'a prié de vous faire rester. Vous allez donc le voir ; il y consent ; mais quand vous lui parlerez, montrez-lui de la douceur, la douceur est le devoir des mères : comme il est votre empereur, montrez-lui de la docilité, la docilité est le devoir des sujets. (IV, x.) C'est ainsi qu'il lui parle avec bienveillance de son fils, avec sévérité d'elle-même, au moment où l'on attendait le contraire. Quant à Néron, lorsque Burrhus se retrouve en face de lui, après l'ordre d'arrestation, sans doute, il lui dit franchement ses vérités, mais d'abord, c'est après lui avoir obéi, ensuite, c'est parce qu'Agrippine, prisonnière, ne peut les entendre. En effet, elle n'assiste pas plus au long plaidoyer de Burrhus contre Néron au quatrième acte, qu'à la scène dans laquelle il condamne devant lui son arrestation. Ainsi se confirme le caractère habile et conciliateur de Burrhus, ménageant toujours Néron devant Agrippine, même lorsqu'il condamne Néron, comme il ménage Agrippine devant Néron, même lorsqu'il condamne Agrippine.

Ainsi se confirme la loi qu'il s'est faite à lui-même de ne dire à chacun d'eux, séparément et pour ce qui le concerne, que des sévérités, pour ce qui concerne l'autre, que du bien ; de cacher, devant celui qui est présent, son irritation contre l'absent ; de faire, en un mot, tous ses efforts pour les corriger individuellement et les réconcilier réciproquement.

QUATRIÈME SITUATION MORALE.

4° Le moment, où, croyant avoir converti Néron par son éloquence, il prend de nouveau son parti sans réserve, comme au début de la tragédie.

Burrhus, pendant sa longue conversation du quatrième acte avec l'empereur, ne sait trop à quoi s'en tenir sur l'effet de son discours. Ce n'est qu'à la fin, lorsqu'il le voit ému et lorsqu'il l'entend lui donner rendez-vous, avec Britannicus, dans son propre appartement, qu'il le croit converti, et Néron l'est en effet. Il part donc content, radieux, fier de son élève, après lui avoir rendu toute son approbation, toute son estime. Cette fausse situation morale dure assez longtemps, parce qu'il ignore que Narcisse défait, derrière lui, ce qu'il vient de faire : elle dure toute la dernière scène du quatrième acte, c'est-à-dire pendant la longue conversation de Narcisse ; tout l'intervalle qui sépare le quatrième acte du cinquième ; les trois premières scènes du cinquième acte, qui se passent pendant les préparatifs du festin et la célébration du festin lui-même ; elle se prolonge encore jusqu'à la fin du repas, auquel il assiste heureux et confiant, mais dont il sort désespéré, pour venir raconter lui-même la scène tragique qui le termine.

Pendant cette période de temps de deux heures environ, la situation morale de Burrhus, partisan absolu de Néron, n'est pas douteuse ; seulement Racine ne l'a pas analysée, elle ressort des faits et non du dialogue ; il faut la deviner. Si le poëte n'a pas mis Burrhus en scène à ce moment, c'est à dessein, pour ménager cet honnête homme, pour ne pas donner au public le spectacle de sa joie trompeuse et de sa poignante erreur. Les événements ne tardent pas à lui donner un cruel démenti, et, quand il reparaît en scène, le voile est tombé de ses yeux.

CINQUIÈME ET DERNIÈRE SITUATION MORALE.

5° Le moment où il condamne définitivement Néron, devenu, contre toutes ses prévisions, le meurtrier de Britannicus.

Le meurtre inattendu de Britannicus consterne Burrhus : une révolution subite s'opère en lui ; il condamne Néron à tous les points de vue, au point de vue moral aussi bien qu'au point de vue politique, comme homme privé et comme empereur ; il le croit capable de tous les crimes imaginables et du malheur de l'empire ; au fond de son cœur, il ne voudrait plus qu'il régnât, il déshonore le trône, il perdra Rome ; sa mort serait à souhaiter. Mais en cette circonstance, le langage de Burrhus donne lieu à plusieurs observations.

Premièrement : Il dit, pour la première fois, du mal de Néron devant Agrippine, parce qu'il croit tout ménagement désormais inutile et même coupable ; le crime est trop flagrant.

Secondement : Malgré cela, il ne fait aucune concession à Agrippine, il continue à la condamner ; s'il ne veut plus du fils sur le trône, il ne veut pas plus de la mère, et même, détail remarquable, il plaint tout le monde de ce crime, Britannicus, l'État, Néron lui-même, et il ne dit pas un mot d'Agrippine ; s'il parle des meurtres qu'il redoute pour l'avenir, il ne dit rien qui la concerne ; on sent que la mère lui est aussi odieuse que le fils.

Troisièmement : Sans doute, le désespoir de Burrhus est celui d'un honnête homme, c'est incontestable ; mais c'est aussi celui d'un homme prêt à devenir courtisan. Sans doute, il s'écrie que Néron aurait dû le tuer, en même temps que Britannicus ; il laisse échapper ce mot d'une tristesse profonde : « J'ai vécu trop d'un jour ! » Mais il dit aussi qu'il a quitté la salle du festin, « dût l'empereur punir sa hardiesse ! » Singulier scrupule en vérité, que la crainte de déplaire à un empereur, au moment où il vient de commettre un assassinat ! Burrhus devrait-il à un pareil moment parler de disgrâce affrontée ? Il l'appréhende donc ! On dirait que Racine a voulu laisser percer, à travers les paroles de désespoir du vieux stoïcien, les restrictions prudentes du courtisan du lendemain, du flatteur qui restera attaché à Néron. Tacite nous dit, en effet, qu'après la mort de Britannicus, il devint un serviteur fidèle, et plus encore, un panégyriste de l'empereur. Quatre ans et demi après ce crime, le lendemain du meurtre d'Agrippine, il vint à la tête des tribuns et des centurions féliciter l'assassin. (*Annales*, XIV, 10.) Racine n'ose ni le dire ni le faire pressentir, pour ne pas détruire l'unité de ce beau caractère et surtout pour ne pas amener le lecteur à ce point de découragement qui le ferait douter de la vertu ; néanmoins la timidité d'indignation qu'il prête à son personnage, cette arrière-pensée de disgrâce bravée ressemble à une vague indication de ce dénoûment, et le séjour de Burrhus à la cour n'est pas fait pour l'écarter. Ainsi aucun des actes de Burrhus, après le meurtre de Britannicus, n'est indiqué, mais tous sont montrés comme possibles. On reconnaît, à cette manière de tout faire comprendre sans rien dire, l'art infini de Racine.

Telles sont les diverses situations morales de Burrhus, vis-à-vis de Néron et d'Agrippine.

PARAGRAPHE XII

Analyse détaillée du rôle de Narcisse.

Première question. — *Quelle a été l'intention de Racine, en créant le rôle de Narcisse ?*

Racine a eu deux intentions, l'une morale, l'autre politique. *L'intention morale*, c'est de personnifier en lui tous les mauvais instincts de l'âme humaine, afin de justifier, par l'influence de Narcisse, le passage rapide de Néron du bien au mal ; l'auteur s'est placé à ce point de vue général que ce sont les mauvais conseils qui perdent les âmes ; c'est en effet Narcisse, ce sont ses suggestions perfides qui font tout le mal de la pièce ; car, sans lui, Néron se convertirait au quatrième acte ; Narcisse peut donc être considéré comme le grand ressort, le démon caché de la tragédie ; sans lui, Néron serait inintelligible, impossible.

L'intention politique, c'est de personnifier en lui la perversité de ces affranchis qui jouèrent, sous les mauvais empereurs, un rôle si important, comme instigateurs de tyrannie et instruments de mal, affranchis quelquefois si puissants qu'ils régnaient sous le nom de l'empereur. Seulement il ne faut pas oublier ici deux choses : *la première,* c'est que Narcisse n'a pas joué ce rôle sous Néron, mais sous Claude ; *la seconde,* c'est qu'aucun affranchi ne l'a joué sous Néron. Cet empereur, dit Tacite, n'était pas d'humeur à se laisser conduire par des esclaves : « *Sed neque Neroni infra servos ingenium.* (XIII, 2.) » On cite bien, sous son règne, quelques noms d'affranchis, Anicétus, Tigellinus, l'histrion Pâris, mais leur influence politique fut nulle ; c'étaient les pourvoyeurs de ses plaisirs. Il entrait dans le plan de Racine de donner un conseiller à Néron ; il a choisi Narcisse, de préférence à un de ces trois derniers, en raison de son illustration, mais c'est au prix d'un anachronisme. Néron, disons-nous, n'a eu besoin des conseils de personne, pour tuer Britannicus ; ce sont ses mauvais instincts et surtout la crainte d'un compétiteur politique, développée par l'ambition remuante d'Agrippine, qui ont fait tout le mal ; nul instigateur ne l'y a poussé ; et cependant il n'avait que dix-sept ans et trois mois et non vingt ans et trois mois, comme le suppose Racine ; ce qui peut donner une idée de sa perversité précoce. Aussi, quand nous disons que, sans Narcisse, Néron serait inintelligible et même impossible, nous voulons parler du Néron de Racine, c'est-à-dire d'un Néron affaibli, d'un caractère hésitant et de peu d'initiative, d'une sorte de sujet psychologique, propre aux observations générales du moraliste sur l'âme humaine, placée entre le bien et le mal ; nous ne voulons pas parler du vrai Néron, du Néron historique, tellement intelligible et tellement possible sans Narcisse, qu'il a existé *sans lui.*

En résumé, l'influence de Narcisse sur Néron est fausse, sous trois rapports ; *premièrement :* parce que Narcisse ne vivait plus depuis deux mois, quand est mort Britannicus, et que, de son vivant, il a toujours protégé ce jeune prince. *Secondement,* parce que Néron n'avait pas besoin d'être poussé au mal, attendu qu'il y marchait tout seul. *Troisièmement,* parce qu'en supposant la nécessité d'un conseiller, Racine aurait dû choisir Anicétus, Tigellinus ou l'histrion Pâris. Mais cette conception ne prête à la critique qu'au point de vue historique ; elle est excellente au point de vue de l'art. Le propre de l'art est de généraliser toute chose : Néron, dans cette pièce, représente tous les mauvais empereurs, et Narcisse tous les affranchis qui ont gouverné sous eux ; peu importe quelque inexactitude dans les caractères et dans les dates ; l'auteur a gain de cause, si son tableau est la peinture d'une grande période historique vue d'ensemble : la question d'art prime la question d'histoire.

Deuxième question. — *Caractériser la conduite de Narcisse vis-à-vis de Néron et de Britannicus.*

Narcisse est, ou du moins se dit, en même temps l'ami de Britannicus et celui de Néron ; il est admis, il a ses entrées dans les deux maisons ; il a, comme on dit vulgairement, un pied dans les deux camps, car les deux beaux-frères sont ennemis ; mais entre ces deux intimités, qu'il fait marcher de front, il y a cette différence que Néron sait qu'il est admis dans l'intérieur de Britannicus, tandis que Britannicus ignore qu'il est admis dans celui de Néron ; ce qui signifie que Narcisse prend en main les intérêts de Néron, pour les servir et ceux de Britannicus, pour les trahir ; qu'il est ami de l'un, mais espion de l'autre. Grâce à ce droit d'entrée qu'il a dans la maison des deux ennemis et à la confiance qu'il a su inspirer à Britannicus, il excite les deux beaux-frères l'un contre l'autre : il fait faire à Britannicus tout ce qui pourra exaspérer Néron, et à Néron tout ce qui pourra exaspérer Britannicus ; il dit au premier : « Épousez Junie, puisque Junie vous aime, et conspirez contre Néron, puisque le trône vous appartient ; et au second : Aimez Junie tout à votre aise ; pourquoi vous embarrasser de l'amour de Britannicus ? Défaites-vous de votre rival, puisqu'il vous gêne. » D'un autre côté, tout en les excitant l'un contre l'autre, il le fait de manière à assurer le succès de Néron, voici comment : comme il a averti Néron seulement du double jeu auquel il se livre, Néron, comme on dit, a barre sur son ennemi ; il le guette, le suit de l'œil, surveille ses moindres mouvements, prêt à fondre sur lui, en temps opportun, tandis que Britannicus, ne se doutant de rien, donne tête baissée dans tous les piéges où l'attend Néron, s'offre, pour ainsi dire, lui-même à ses coups, ou plutôt se laisse conduire par Narcisse au-devant de son bourreau. La tactique de ce traître consiste donc, durant toute la pièce, à rendre le conflit inévitable entre Britannicus et Néron, mais dans des conditions tellement inégales que ces deux ennemis ressemblent à deux joueurs dont l'un verrait à découvert le jeu de son adversaire, tandis que l'autre ne se douterait pas des manœuvres opposées : il est évident que la victoire est assurée d'avance au premier, c'est-à-dire à Néron. Si Narcisse se range du parti de Néron c'est qu'il prévoit que Néron sera le plus fort, c'est qu'il espère être récompensé de son dévouement, en le gouvernant plus tard, comme il a gouverné Claude.

La situation de Narcisse, allant d'un ménage à l'autre, préparant par ses allées et venues perfides le triomphe de ses propres intérêts, rappelle, à quelques différences près, une fable de la Fontaine intitulée l'*Aigle, la Laie et la Chatte*. L'aigle et la laie, c'est Britannicus et Néron ; la chatte, c'est Narcisse ; la différence de la fable et de la tragédie, c'est que la chatte ne prend parti pour aucun de ses deux colocataires et compte s'enrichir des dépouilles de l'un et de l'autre, tandis que Narcisse prend fait et cause pour l'un des deux ennemis ; ici deux victimes, là une seule ; la chatte est plus avide que Narcisse. Du reste la morale est la même de part et d'autre :

> Que ne sait point ourdir une langue traîtresse
> Par sa pernicieuse adresse ! (LA FONTAINE, III, VI.)

Troisième question. — *A quelle famille de scélérats appartient Narcisse ? Définir son genre de scélératesse ?*

Comme il emploie, pour parvenir à ses fins, la ruse, le mensonge, la trahison, comme il s'insinue, sous le masque de l'amitié, chez celui dont il complote la mort, c'est un scélérat vil et méprisable, un scélérat ténébreux. Il n'appartient pas à la famille de ces scélérats hardis, qui marchent à visage découvert, procèdent par violents coups de main et inspirent, par leur audace même, une frayeur tragique qui n'a rien de commun avec le dégoût ; Narcisse ne cause que de la répulsion.

Quatrième question. — *Sa scélératesse est-elle naturelle ou calculée ?*

Elle est l'un et l'autre ; il fait le mal par instinct et par politique. Racine suppose qu'il éprouve du plaisir à tourmenter les faibles, ce qui est le signe d'une perversité innée ; d'un autre côté, s'il se fait le complaisant des vices de Néron, c'est pour arriver au pouvoir, ce qui est le signe d'une perversité étudiée.

Cinquième question. — *Est-il habile ?*

Oui ; Racine lui a donné, au suprême degré, l'habileté. Il sait prendre tous les tons avec Néron, celui de la douceur, de l'ironie, de l'audace, de la persuasion, de la calomnie ; il fait appel à tous les sentiments qui couvent en lui : l'orgueil, l'amour, la jalousie, l'ambition, la crainte de l'opinion publique. Ne faut-il pas une grande adresse pour détruire en un instant l'effet de l'éloquence de Burrhus ?

Sixième question. — *Quels sont les autres traîtres du théâtre de Racine et de Corneille ? Est-il ailleurs d'autres traîtres classiques ? Auquel a-t-on comparé Narcisse ?*

Dans le théâtre de Corneille, on rencontre Maxime, tragédie de *Cinna* ; Prusias, tragédie de *Nicomède* ; Félix, tragédie de *Polyeucte*. Dans le théâtre de Racine, Aman, tragédie d'*Esther*.

Maxime trahit Cinna, parce qu'il est jaloux de l'amour que lui porte Émilie ; Félix trahit son gendre Polyeucte, qu'il envoie à la mort, malgré le pardon de Sévère ; Prusias, roi de Bithynie, trahit son hôte Annibal, qu'il livre à l'ambassadeur romain Flaminius et son fils Nicomède, dont il sacrifie les intérêts à ceux d'un autre enfant préféré. Aman trahit les Juifs pour satisfaire sa rancune contre Mardochée.

Il y a encore un autre traître classique : c'est le Sinon du second livre de l'*Enéide* de Virgile. Narcisse a été comparé à ce dernier. Il y a en effet quelques rapports entre Sinon et lui. Comme lui, Sinon a un pied dans les deux camps, le camp grec et le camp troyen. C'est un ami des Grecs, Grec lui-même, qui se donne comme ami des Troyens, ainsi que Narcisse, dévoué à Néron, se fait passer pour l'ami de Britannicus. Sinon donne aux Troyens un conseil dont l'exécution amène leur ruine, l'introduction du cheval de bois dans leurs murs, comme Narcisse fait pour Britannicus, quand il le pousse à conspirer contre Néron. Pour les différences, Sinon est bien moins coupable que Narcisse, parce qu'il ne fait, dans le camp troyen, qu'une courte apparition ; il n'a pas passé plusieurs années dans leur intimité, comme Narcisse dans celle de Britannicus, il ne s'est pas assis à leurs foyers, il n'a pas reçu leurs confidences, il n'a pas vécu trois ans de leur vie avant de les trahir. Narcisse est donc plus odieux.

Septième question. — *Quelle est l'opinion de Voltaire sur le traître Narcisse, et cette opinion est-elle juste?*

Voltaire, après avoir critiqué le rôle des trois traîtres Maxime, Félix et Prusias, sous prétexte qu'ils n'inspirent que du mépris et que le spectateur veut bien haïr mais ne veut pas mépriser, ce dernier sentiment n'ayant rien de tragique, ajoute, sous forme de comparaison, que le rôle de Narcisse ne mérite pas de reproche semblable, parce qu'il n'est pas *méprisable*. C'est une erreur; il l'est tout autant que les précédents; nous l'avons prouvé plus haut; ce qui ne veut pas dire que ce soit un personnage mal conçu, non plus que les autres traîtres, sous prétexte qu'ils ne sont pas tragiques. Sans doute, le mépris n'est pas tragique de sa nature, mais la cruauté l'est; or, comme Félix, Prusias et Narcisse sont des instruments de mort et que Maxime menace de le devenir, tous ces personnages ont le caractère qui convient à la tragédie et que Voltaire leur dénie; ils sont *tragiques*, et ils le sont, quoique méprisables, parce qu'ils sont cruels.

PARAGRAPHE XIII

Analyse détaillée des deux rôles réunis de Britannicus et de Junie.

Première question. — *Quelle a été l'intention de Racine en créant les deux rôles de Britannicus et de Junie?*

Racine se sert de ces deux personnages pour établir un contraste entre leur vertu et la corruption générale de la cour; ce sont deux types de pureté, opposés à la perversité de Néron, de Narcisse et à l'ambition malfaisante d'Agrippine. Telle est l'intention générale de ces deux rôles; en voici une autre particulière au rôle de Junie : Racine a voulu motiver, par l'amour qu'elle inspire à Néron et la jalousie qui en est la conséquence, les progrès rapides de la haine que Néron conçoit pour Britannicus. En effet s'il le tue, c'est autant parce qu'il est son rival en amour que parce qu'il est son rival en politique.

Deuxième question. — *Indiquer le caractère de ces deux personnages.*

Il est d'usage de dire que Britannicus et Junie sont d'un dessin moins ferme que les autres personnages de la tragédie ; que leur rôle est un peu fade et languissant ; qu'ils sont plutôt Français que Romains ; on dit encore ordinairement que leur amour n'a rien de tragique ; il y a là de l'exagération. Sans doute, il y a en eux je ne sais quoi de sentimental et de chevaleresque, qui rappelle la société française du dix-septième siècle ; sous ce rapport, le reproche est mérité ; mais il n'est pas exact de dire que le dessin de ces deux personnages manque de fermeté et que leur amour n'offre que des teintes douces ; Britannicus, et même Junie, sont, chacun dans son genre, aussi énergiques que les autres personnages, et, de plus, leur amour, sans cesse menacé par Néron, est élevé à la dignité tragique, par le danger qu'il leur fait courir.

Troisième question. — *Quelles seraient les conséquences de l'amour de Junie et de Britannicus, s'il n'offrait que des teintes douces ?*

Ce serait une idylle au milieu d'une tragédie.

Quatrième question. — *Prouver la fermeté de Britannicus et de Junie, et montrer que leur amour est élevé à la dignité tragique.*

Voici les preuves de leur fermeté : Britannicus reproche ouvertement à Néron l'indigne espionnage dont il vient d'être l'objet, lors de sa seconde entrevue avec Junie, et il revendique énergiquement son trône. Junie, mise en demeure par Néron de s'expliquer sur ses sentiments à l'égard de Britannicus, affirme sans détour, comme sans timidité, son amour pour lui, refuse catégoriquement le trône que l'empereur lui offre, le menace même d'entrer dans le collège des Vestales, et tout cela, sans faste et sans bravade, mais avec la fermeté d'une jeune fille qui ne se laisse pas effrayer.

Voici les preuves que leur amour est élevé à la dignité tragique : il est pour eux la cause d'un espionnage incessant, de leur arrestation, d'une menace d'exil et, en dernier lieu, de la mort de Britannicus ; il n'apparaît donc qu'accompagné de terreur et de pitié ; voilà assez d'éléments pour le rendre tragique.

Cinquième question. — *Indiquer une différence remarquable entre le caractère de Britannicus et celui de Junie.*

A côté des ressemblances de ces deux caractères, honnêteté, tendresse, douceur mêlée de fermeté, on remarque une différence frappante : Britannicus est crédule, aveugle, imprudent ; la générosité de son cœur nuit à son jugement ; il suppose chez Néron et chez Narcisse la même loyauté et la même franchise que chez lui. Junie, au contraire, est perspicace, prudente, sensée ; la générosité de son cœur ne nuit pas à la clairvoyance de son esprit ; elle se méfie de Néron et de Narcisse, elle ne croit pas à la sincérité de leurs protestations.

Voici la preuve de cette différence : quand Britannicus apprend que Néron veut se réconcilier avec lui, il se laisse prendre à ce piége et s'écrie :

> Je crois qu'à mon exemple, impuissant à trahir,
> Il hait à cœur ouvert ou cesse de haïr. (V, I.)

D'un autre côté, sa conduite vis-à-vis de Narcisse, les confidences qu'il lui fait sur son amour et ses prétentions au trône prouvent sa confiance illimitée en lui.

Junie, au contraire, dit de Néron :

> Mais me répondez-vous de sa sincérité? (V, I.)

et de Narcisse :

> Mais Narcisse, seigneur, ne vous trahit-il point? (*Ibid.*)

et elle donne une explication très-logique de sa méfiance ; car, non-seulement elle comprend, mais elle raisonne ; elle juge bien, et elle rend compte de ses jugements. « Tout à l'heure, dit-elle, quand Néron me parlait d'amour, il jurait votre perte ; maintenant qu'il parle de réconciliation avec vous, il me fuit. Sa conduite actuelle doit donc cacher un piége, comme sa conduite passée, puisque son langage est le même dans ces deux circonstances opposées.

> Un si grand changement
> Peut-il être, seigneur, l'ouvrage d'un moment? (V, I.)

Ce raisonnement est parfaitement juste. Nous ne voulons pas dire que Junie ait, dans toute la pièce, cette clairvoyance ; ce serait peu naturel ; au début, elle est aussi crédule que Britannicus ; elle croit à la bonne entente de Néron et d'Agrippine ; elle dit, par exemple, à Néron :

> Vos désirs sont toujours si conformes aux siens ! (II, III.)

Mais enfin sa perspicacité paraît, quoique tard, tandis que Britannicus fait preuve, jusqu'au bout, d'aveuglement. Une des conséquences du jugement de Junie, c'est de détourner Britannicus d'aller au repas où il doit trouver la mort ; c'est malgré elle, qu'il s'y rend.

Sixième question. — *N'y a-t-il pas, dans la tragédie d'*Esther, *une situation semblable ?*

Oui ; Zarès, femme d'Aman, a aussi plus de bon sens et de clairvoyance que son mari. Elle lui conseille même, comme Junie, de ne pas aller au repas auquel l'ont invité Mardochée et Esther. Il y va malgré elle, comme Britannicus, et comme lui encore, il y trouve la mort. Même situation, mêmes caractères des deux côtés ; deux femmes voyant un danger que les hommes n'aperçoivent pas et auquel ils succombent, pour ne les avoir pas crues. On reconnaît, à ce trait, la prédilection de Racine pour les rôles de femmes ; il ne se contente pas de leur prêter les qualités aimables de leur sexe, il y ajoute souvent les qualités solides de l'autre.

Septième question. — *Comment se fait-il que Britannicus n'ait auprès de lui qu'un homme corrompu comme Narcisse ? Est-il vraisemblable qu'il n'ait aucun ami honnête ?*

C'est la vérité ; Tacite nous dit que Néron avait eu, depuis longtemps, la précaution de ne placer auprès de lui que des gens sans foi ni honneur : *Nam ut proximus quisque Britannico neque fas neque fidem pensi haberet olim provisum.* (XIII, 15.) Son entourage se composait de Locuste qui distilla le breuvage mortel, de Julius Pollion tribun du prétoire qui fit sentinelle dans la salle du festin pendant que le prince buvait, des gouverneurs soudoyés qui versèrent le premier liquide inoffensif, de l'esclave de confiance qui versa le second, celui qui fut mortel ; voilà au milieu de quelle société vivait Britannicus, une société d'empoisonneurs ! Si Narcisse n'en faisait pas partie, parce qu'il était mort à cette époque, les autres ne valaient guère mieux !

C'était, du reste, la faute d'Agrippine, si Britannicus n'était entouré que de scélérats. N'était-ce pas elle qui, quelques mois auparavant, à la fin du règne de Claude, avait fait disparaître, par la mort ou l'exil, à la suite d'un léger différend survenu entre Britannicus et Néron, tous les gouverneurs honnêtes de Britannicus, pour les remplacer par des surveillants malhonnèles et hostiles? « *Datosque à novercâ custodiæ ejus imposuit.* » (XII, 41.) Elle subissait la loi qu'elle avait faite elle-même. Quand elle voulut revenir, le jour où elle rendit sa protection au fils de Claude, sur le choix fait par elle pendant les jours de colère, elle ne le put pas; Néron, qui naturellement avait accepté ces surveillants, ne lui permit pas de se dédire, et, malgré tous les efforts d'Agrippine, Britannicus resta captif dans ces filets qu'elle lui avait tressés elle-même. Mais l'innocent seul ne devait pas y périr; elle-même devait y trouver la mort, puisque le meurtre de cet infortuné jeune homme ne fut que le prélude du sien.

Huitième question. — *Y a-t-il quelque différence entre le Britannicus de Tacite et celui de Racine?*

Oui, il y en a une assez grande. Dans Tacite, Britannicus est un enfant, il est appelé *puer* (XIII, 15), il a quatorze ans et quelques jours; dans Racine, c'est un jeune homme de dix-sept ans et même de dix-huit ans; car Racine, qui lui donne trois ans de plus, suppose par erreur qu'il en a quinze dans l'histoire (voir paragraphe VI, 5ᵉ question); le poëte français lui prête donc des sentiments plus arrêtés, une raison plus mûre, des passions plus vives que l'historien latin. Dans Tacite, il est timide; la vue du monde le trouble et le déconcerte; il n'a jamais assisté à aucune réunion publique, même à la plus honnête : « *Pueri sobrios quoque convictus ignorantis* » (XIII, 15); sa physionomie a quelque chose de triste et de touchant, il chante au milieu d'un repas une complainte douloureuse qui fait couler les larmes; il ressemble à l'aîné des enfants d'Edouard de Casimir Delavigne. (Celui-ci est affecté de son sort, parce qu'il le comprend; le plus jeune est insouciant, parce qu'il ne le comprend pas.)

Le Britannicus de Racine est différent; sans doute il est, dans sa tenue générale, doux et paisible; mais il est aussi, par moments, fier et emporté; il a de ces *vives et impétueuses saillies* dont parle Bossuet, il a des mouvements à la Condé. De cette différence résulte que Britannicus a perdu, dans Racine, quelque chose de son originalité; car, s'il a des mouvements de vivacité et d'emportement, comme tous les jeunes gens en ont, il ressemble à tous les jeunes gens; il est moins lui-même, il est plus banal; il faut dire aussi qu'il est plus dramatique, ce qui est très-important, puisque c'est dans un drame que Racine le fait paraître.

Neuvième question. — *Y a-t-il quelque différence entre la Junie de Tacite et celle de Racine?*

Oui ; il y en a, et de nombreuses. (V. paragraphe V, 3º question, 2º.)

Dixième question. — *Citer quelques héroïnes de Racine semblables à Junie.*

Iphigénie, Bérénice, Monime. Ces trois jeunes filles personnifient comme elle l'amour innocent et pur. Il y a néanmoins des différences entre ces quatre héroïnes : Iphigénie et Junie dépendent de plus puissants qu'elles ; Bérénice et Monime sont maîtresses de leur destinée. Iphigénie est la moins ferme de toutes ; elle est même passive. Junie a de l'énergie ; Monime et Bérénice se sentent reines et trouvent dans cette position de la force, Monime pour résister à Mithridate, Bérénice pour s'immoler à la gloire de Titus, non pas en se tuant, mais en regagnant la Palestine.

PARAGRAPHE XIV

Reproches injustes.

Premier reproche injuste. — *Atténuation des hontes et des infamies de la Rome impériale, sous Néron, et, par suite, inexactitude du tableau historique tracé par Racine.* (Sainte-Beuve, l'Ecole réaliste.)

Ce reproche est tout à fait moderne. Il a été adressé à Racine par l'école romantique d'abord, puis par l'école dite réaliste. Sainte-Beuve l'a d'abord formulé en 1830, lorsqu'il était un des partisans attitrés du romantisme : « *Britannicus*, dit-il, n'est pas dans les mœurs romaines. » (*Portraits littéraires*, tome Iᵉʳ. Article sur Racine.) Plus tard ce reproche a été repris par les partisans effrénés du coloris : on y reconnaît en effet les tendances de la littérature contemporaine, qui vise à reproduire, dans toute leur nudité, les vices de l'homme, au moyen de tableaux fidèles, propres à en étaler l'horreur. Les adeptes de cette école, véritables matérialistes de l'art, regrettent de ne pas trouver, dans cette tragédie, les débauches, les assassinats, les adultères et même les incestes que l'histoire reproche au règne des mauvais empereurs, et que Juvénal relève dans ses satires. Ils trouvent le tableau de Racine décoloré et par suite inexact.

On réfute ce reproche de trois manières différentes :

Premièrement : Une œuvre dramatique, faite à dix-huit cents ans de distance, ne peut avoir la prétention d'être un relevé exact, ni même approximatif, des travers d'une époque, comme peut l'être un ouvrage fait à proximité des événements et, pour ainsi dire, sur le vif, avec l'intention formelle de signaler les fautes et de stigmatiser les coupables. Les *Satires* de Juvénal et les *Annales* de Tacite pouvaient viser à cette précision de procès-verbal ; mais une tragédie française ne peut être que l'analyse générale de quelques mauvaises passions, dominant à cette époque, et étudiées avec l'exactitude relative d'un poëte qui trie son sujet et songe autant à l'humanité qu'aux personnages historiques mis en scène.

Secondement : Ce système de reproduction exacte du mal et des laideurs morales, appelé de nos jours *réalisme*, est complétement inconnu du dix-septième siècle ; il est même opposé au caractère spiritualiste de la littérature et des arts à cette époque.

Troisièmement : Une tragédie est une œuvre d'art, faite en vue de la beauté idéale ; elle doit s'interdire par conséquent la peinture des vices, dès que celle-ci devient choquante ou impure. La destination de l'art n'est pas d'étaler le mal, mais de l'atténuer, de l'adoucir, afin de ne pas choquer le goût, si l'on veut en détourner le cœur. La première condition pour corriger le lecteur, c'est de rendre la lecture tolérable ; elle est impossible, si elle effarouche l'esprit. La poésie surtout doit, comme dit Boileau, *embellir* les monstres, c'est-à-dire idéaliser le mal. Ce qui rebute n'amende pas. C'était la théorie des Grecs ; c'est celle de Racine dans *Britannicus*. Sans doute son tableau de la Rome impériale est épuré ; il n'a pas l'exactitude d'une page de Suétone ou de Tacite ; mais il est plus beau, plus conforme aux règles souveraines de l'idéal. Ce n'est pas de l'histoire ; c'est quelque chose de plus noble, c'est de la poésie.

Deuxième reproche injuste. — *Caractère peu vivant des principaux personnages, Agrippine, Néron, Burrhus, qui ressemblent plutôt à des abstractions qu'à des réalités.* (L'École romantique, l'École réaliste.)

Ce reproche est une conséquence du précédent. C'est encore

l'école romantique et, plus tard, l'école réaliste qui l'ont exprimé. Parce que Agrippine est présentée sans son cortége de débauches, d'assassinats et d'incestes, parce qu'elle ne prête pas sa maison aux rendez-vous de son fils, parce que les côtés hideux du tigre ont disparu chez Néron, pour nous servir d'une expression de Sainte-Beuve, parce qu'il manque à certains personnages des traits caractéristiques, comme le bras manchot de Burrhus, la langue de maître d'école de Sénèque (*truncâ manu et professoriâ linguâ*), l'esprit folâtre et enjoué de Junie (*festivissima omnium puellarum*), ces personnages sont accusés de manquer de vie et de ressembler à de pures abstractions.

Il y a là une exagération évidente. Qu'on dise que ces personnages ne sont pas ressemblants, c'est vrai; qu'on dise qu'ils ont perdu, en passant de l'histoire dans la poésie, une partie de leur originalité native, c'est exact ; encore faut-il faire cette restriction, qu'un écrivain a toujours le droit, étant donné un personnage historique connu pour sa scélératesse, de le peindre, le moment qui précède ou le moment qui suit cette scélératesse légendaire, comme Racine a fait pour Néron et pour Agrippine. Mais de là à prétendre que ces personnages n'ont ni corps, ni âme, que ce sont des conceptions abstraites, nées du cerveau du poëte, il y a un abîme. Agrippine, Néron, Burrhus et Narcisse vivent, ils se meuvent réellement sous les yeux des spectateurs ; ce ne sont pas des idées, ce sont des personnages ; ils n'offrent pas cette ressemblance brutale et extérieure que réclament quelques esprits grossiers ; mais rien ne leur manque de cette réalité poétique qui suffit aux esprits délicats.

Encore un mot de justification : Que font les portraitistes célèbres, Rigaud, Mignard, Largillière, Latour, Ingres, quand ils veulent nous donner les traits d'un personnage illustre? Copient-ils servilement toutes les imperfections de leur modèle? Non, ils choisissent ; ils écartent certains détails, ils en combinent d'autres, de manière à donner la ressemblance générale. S'il en est ainsi du portrait du visage humain, ne doit-on pas, à plus forte raison, appliquer le même procédé, quand il s'agit de la tragédie, ce portrait de l'âme humaine ?

Troisième et quatrième reproches injustes. — *Caractère de Néron trop cruel. Caractère de Néron trop bon.* (Les contemporains de Racine.)

Ces deux reproches contradictoires ont été adressés à la tragédie par les contemporains de Racine. L'auteur les relève tous les deux dans sa première préface ; mais, dans la seconde, il ne parle plus que du second (Néron trop bon), comme si ses détracteurs avaient vite renoncé au premier. Nous examinerons l'un et l'autre en commençant par *celui de Néron trop cruel*.

Premièrement : Ceux qui ont adressé ce reproche à la tragédie s'appuient sur ce que le Néron de Racine commet des cruautés dans le cours de la tragédie (en voir le développement, paragraphe X, 7° question). Le mot même de *cruautés* est appliqué par Racine aux méfaits dont il se rend coupable, avant le meurtre de Britannicus : « Néron, dit Racine, n'a pas encore mis le feu à Rome, tué sa mère, sa femme, ses deux gouverneurs ; à cela près, il lui échappe assez de *cruautés* pour que personne ne le méconnaisse. » (*Première préface*.) Or, prétendent les auteurs de ce reproche, Néron ne devrait pas commettre tous ces méfaits, justement qualifiés de cruels, puisque dans les premières années de son règne, il se montra très-honnête homme.

Il ne faut pas se laisser tromper ici par les mots. Sans doute, Néron se montra honnête, comme empereur, pendant quelques années ; mais comme homme, il ne le fut jamais. Or, ce n'est pas comme empereur, c'est comme homme, que Racine le peint dans cette tragédie. Il le montre dans son particulier, dans sa famille ; c'est contre sa femme, sa mère, son frère, son précepteur, une jeune fille nouvellement arrivée à la cour, qu'il exerce sa fureur. Veut-on avoir une preuve des mauvais instincts, de la perversion innée de Néron, comme homme ? Suétone dit que, dès son enfance, il montra les marques d'un caractère cruel : « *Tener adhuc, immanitas naturæ.* » (Suétone, *Vie de Néron*, vii.) Ainsi il tâche de faire croire à Claude que Britannicus n'était pas son fils légitime ; il contribue à l'empoisonnement de Claude, sinon comme auteur, du moins comme complice, « *si non auctor, at conscius.* » (*Ibid.*, xxiii.) Enfin, dit Suétone, tous ses vices, débauche, avarice, cruauté, *crudelitas*, le mot est en toutes lettres chez l'historien latin, appartenaient non à son âge mais à son caractère : « *Naturæ illa vitia, non ætatis esse.* » (Chap. xxvi.) Ce témoignage est formel. Racine était donc autorisé à lui prêter, avant même le meurtre de Britannicus, les cruautés que nous avons signalées. Est-il allé trop loin ? Non ; ce sont des espionnages, des enlèvements, des calomnies, des bannissements ou menaces de bannissement, des refus d'audience, des projets de divorce, des arrestations arbitraires, c'est-à-dire des actions condamnables sans doute, mais dont aucune ne dépasse la mesure, en tombant dans le crime proprement dit. En résumé, Racine avait le droit de supposer Néron cruel et il ne l'a pas peint trop cruel.

Secondement : Examinons maintenant *le reproche de bonté.*

C'est celui que les adversaires de Racine firent sonner le plus haut, en 1669, pour faire tomber la pièce ; quelques détracteurs du poëte, prenant le contre-pied des précédents, déclarèrent insuffisantes les preuves de cruautés que nous venons de citer ; ils prétendirent que tous ces méfaits ne dénotaient pas une âme assez perverse ; sans doute ils ne regrettèrent pas de ne pas lui voir commettre de meurtres ou d'assassinats, puisqu'il n'en commit pas avant la mort de son frère, mais ils dirent qu'on devrait trouver dans ses actes plus de perversité, et dans sa bouche des maximes de scélératesse.

De nos jours, Sainte-Beuve a repris ce reproche sous cette forme : « Néron amoureux n'est plus que le rival passionné de Britannicus et les côtés hideux du tigre disparaissent ou sont touchés délicatement, à la rencontre. (*Portraits littéraires*, Racine.)

Trois raisons ont amené les contemporains de Racine, et par suite quelques critiques modernes, à formuler avec insistance ce reproche injuste.

Premièrement : L'habitude que Corneille avait fait contracter au public du dix-septième siècle de se trouver toujours en présence de caractères impétueux et excessifs dans le mal, comme Médée, Rodogune, Cinna et même Horace. Il est évident que le Néron de Racine, qui n'a pas ce déchaînement, parut aux spectateurs de cette époque tiède et hésitant : c'est par comparaison qu'il fut trouvé trop bon.

Secondement : La réputation de cruauté effrénée qui s'attache au nom même de Néron.

Troisièmement : Le malentendu du public qui ne comprit pas le moment de la vie de Néron choisi par Racine.

Ce reproche se réfute de deux manières.

Première réfutation : Ce sont les débuts de Néron dans le crime que Racine a voulu peindre et non les exploits d'un malfaiteur consommé ; c'est le moment où il va entrer dans la carrière et non celui où il y court ; c'est, en un mot, un monstre naissant, suivant l'heureuse expression de Racine, et non un monstre déchaîné. Il fallait que le poëte gardât un juste milieu entre l'esprit de cruauté qui, selon le mot de Suétone, était naturel en lui, et cette force cachée avec laquelle ses gouverneurs tenaient en bride ses mauvais instincts ; il y a parfaitement réussi, puisque tout ce qu'il fait dire et tout ce qu'il fait faire à son personnage, dans le cours de la pièce, ne peut pas être qualifié de crime et dénote néanmoins la perversité d'une âme criminelle. — *Seconde réfutation* : Ceux qui trouvent Néron trop bon lui reprochent, non pas l'absence d'actes criminels que l'histoire eût démentis, mais la modération de son langage. Ils voudraient trouver dans sa bouche des maximes de scélératesse ; ils voudraient que l'auteur lui prêtât la rhétorique du crime. C'eût été un tort. Les âmes perverses n'affichent pas leur perversité ; elles sont plus habiles ; ou, si leur méchanceté paraît dans leur langage, c'est par mégarde, c'est qu'elles se trahissent. Mais en général, elles se surveillent, elles dissimulent. Loin de se répandre en maximes de cruauté, elles laissent plutôt échapper des paroles insidieuses ou naïves, capables de faire croire qu'elles se trouvent très-honnêtes : ainsi, par exemple, ce mot de Néron jugeant le meurtre de Britannicus :

> Ils mettront ma vengeance au rang des parricides !

Mot caractéristique qui signifie : Je ferai, en le tuant, un acte de justice, mais on sera assez sévère pour me condamner ; je suis un honnête homme, mais on me traitera d'assassin. Voilà un langage naturel ! C'est ainsi que parlent les méchants ; ce qui serait contraire à la vérité, ce serait la forfanterie du vice, l'étalage de maximes dépravées. C'est seulement dans les mauvais drames modernes qu'on voit des tyrans effrontés avertir le public de l'horreur que doivent inspirer leurs crimes. Racine a donc eu raison de prêter à son Néron cette retenue de langage ; ce qui ne veut pas dire qu'il ait exagéré sa bonté, puisque ses actes constituent une série d'iniquités. Ses paroles ne sont pas mauvaises, mais ses actions le sont ; donc il n'est pas trop bon.

Cinquième reproche injuste. — *Caractère peu tragique de la scène dans laquelle Néron se cache derrière une tapisserie, pour surprendre la conversation de Junie et de Britannicus.* (Voltaire, la Harpe.)

On a dit que cette scène manquait de dignité, que c'était

une scène de comédie. — On peut réfuter ce reproche de trois manières.

Première et principale réfutation : Comme cette ruse constitue un danger de mort pour un des deux personnages, Britannicus, c'est une pratique odieuse et terrible, c'est une scène tragique. En effet, Néron a prévenu Junie que, si elle ne déclarait pas elle-même à Britannicus qu'il doit renoncer à son amour, il mourrait, et Néron est capable d'exécuter sa menace; de plus, il est aux aguets, il voit et entend tout, on ne peut le tromper; on tremble pour les deux amants; c'est même à partir de ce moment que leur amour, jusque-là un peu froid, devient intéressant. Le procédé de Néron est donc dramatique, non en lui-même, mais par ses conséquences. Il y a des cas où l'art du poëte peut relever et ennoblir ce genre d'épisodes. Ce qui importe, c'est que l'effet obtenu soit conforme à la logique, aux caractères, à la valeur des personnages et surtout empreint de pitié et de terreur. C'est ce qui arrive pour cette scène si souvent et si injustement incriminée.

Seconde réfutation : Cette ruse est parfaitement conforme à la cruauté maligne et raffinée de Néron; elle rappelle un acte semblable qui a pu inspirer à Racine l'idée de sa cachette derrière une tapisserie : Néron, voulant un jour se débarrasser du consul Atticus Vestinus, profita du moment où celui-ci donnait un dîner, pour remplir sa maison de soldats prétoriens; les convives et l'amphitryon effrayés essaient de s'évader; mais les sentinelles armées les forcent de rentrer dans la salle du festin et d'y rester jusqu'à une heure avancée de la nuit; Néron, pendant ce temps, prenait plaisir à contempler la frayeur de ces malheureux qui s'attendaient à chaque instant à passer du banquet à la mort; ce n'est qu'après s'être bien égayé à leurs dépens qu'il les fit relâcher. (*Annales*, XV, 69.)

Troisième réfutation : Comme on a souvent, et à juste titre, reproché aux écrivains classiques du dix-septième siècle d'avoir exagéré la solennité du monde tragique qu'ils font mouvoir, il faut savoir gré à Racine d'avoir introduit dans la tragédie de *Britannicus* un détail emprunté à un ordre d'idées plus familières, presque une scène de mœurs intimes. C'est une manière d'ôter aux héros de théâtre un peu de cette majesté de convention qui déplaît en eux, et de les faire descendre de ce qu'on appelle quelquefois *leurs échasses*. Racine a fait, en ce sens, quelques efforts, entre autres dans la création du rôle de Joas, dans la tragédie d'*Athalie*, et surtout dans l'interrogatoire de cet enfant. Au lieu de condamner le poëte, nous devons lui savoir gré de ces tentatives faites pour donner à ses conceptions plus de laisser-aller et à ses personnages un air et des façons d'agir plus rapprochés de la vie ordinaire.

Mithridate, dans la tragédie de Racine, imagine une ruse semblable à celle de Néron, sans se cacher toutefois derrière une tapisserie. Il aime Monime, mais il soupçonne un rival; il ne sait si c'est son fils Xipharès ou son fils Pharnace; il penche pour Xipharès. Pour découvrir la vérité, il a, avec Monime, une conversation secrète : il lui annonce que, vu son grand âge et ses projets de guerre avec Rome, il renonce à l'idée de l'épouser et qu'il va s'embarquer pour combattre les Romains; mais, avant son départ, il veut la nommer reine du Pont et la marier à Xipharès. A cette nouvelle qui comble ses vœux, Monime se trouble de joie et laisse échapper son secret; elle tombe ainsi dans le piége que lui dressait l'artificieux tyran. (*Mithridate*, III, v.) Voici la suite de cette scène : le même jour, les Romains, appelés par la trahison de Pharnace, également amoureux de Monime, attaquent Mithridate; celui-ci, se voyant à demi vaincu et près de tomber au pouvoir de ses ennemis, se perce de son épée; Monime et Xipharès lui survivent, et ils ajoutent, *pour le venger;* le spectateur comprend aussi *pour s'épouser.* Cette ruse de Mithridate a soulevé les mêmes reproches et se justifie de la même manière que celle de Néron.

Sixième reproche injuste. — *Invraisemblance du passage dans lequel Néron avoue à Burrhus son intention d'empoisonner Britannicus.* (Les contemporains de Racine.)

Néron fait cet aveu à Burrhus au commencement de sa longue conversation du quatrième acte avec son gouverneur. (IV, III.) Burrhus entre dans l'appartement de l'empereur au moment où Agrippine en sort et il s'étonne de voir Néron reconduire sa mère avec tant de cordialité; c'est alors que le traître lui dit :

> J'embrasse mon rival, mais c'est pour l'étouffer.

On a critiqué ce passage; on a dit : Néron ne doit pas se démasquer devant un honnête homme; c'est une confidence peu naturelle, sans nécessité, et qui peut même lui être préjudiciable, par les obstacles qu'elle lui suscitera. Il ne devrait pas la faire.

Ce reproche n'est pas fondé. La Harpe le réfute en disant que Néron prouve par là qu'il a tout surmonté, même la conscience, c'est-à-dire que sa scélératesse est déjà si profonde qu'il se moque de l'honnêteté et de l'opposition de Burrhus. Ce n'est pas la vraie réfutation de ce reproche. Cet aveu est le résultat d'une erreur. Si Néron le fait, c'est qu'il croit que Burrhus, par un brusque changement d'opinion, lui est devenu favorable, et s'il croit à ce retour en sa faveur, c'est qu'Agrippine vient de lui parler de son gouverneur avec un extrême mécontentement. Néron a conclu des plaintes de sa mère à l'approbation de Burrhus.

> Mais son inimitié vous rend ma confiance.

Néron n'a pas compris que Burrhus pouvait critiquer la conduite d'Agrippine, sans cesser de critiquer la sienne ; il a vu un complice chez celui qui n'avait pas cessé un instant d'être son désapprobateur. Cette erreur, fort naturelle chez un scélérat dont le sens moral est perverti et qui croit faire le bien en faisant le mal, est l'unique cause de son aveu ; si l'on comprend qu'il se trompe, on doit admettre qu'il se démasque.

Septième reproche injuste. — *Inexactitude historique de l'âge de Narcisse.* (Les contemporains de Racine. Corneille.)

Les contemporains de Racine, et principalement Corneille, ont vivement reproché à Racine d'avoir ajouté trois ans à l'âge de Narcisse ; on lui a même fait un grand crime de cet anachronisme.

Racine a répondu de son vivant à Corneille par un argument *ad hominem* qui est plutôt une épigramme qu'une justification. Il lui a dit que ce n'était pas lui qui devrait lui reprocher cet anachronisme, puisque, dans sa tragédie d'*Héraclius*, il avait fait régner vingt ans l'empereur Phocas, qui n'en a régné que huit. C'est une malice, ce n'est pas une réponse.

La question mérite un plus sérieux examen. D'abord il est faux, comme l'ont prétendu les contemporains de Racine et comme l'ont répété, sur leur témoignage, les critiques modernes, que Racine ait ajouté deux ans et demi, suivant les uns, trois ans, suivant les autres, à l'âge de Narcisse ; il n'a ajouté que quatre mois. En voici la preuve :

Premièrement : Claude est mort en octobre 54, Britannicus en mars 55 et Narcisse entre les deux. Quand ? On ne sait pas au juste, mais on sait deux choses : premièrement, que c'est la même année que Claude et que c'est peu de temps après lui :

Agrippine, dit Tacite, aussitôt après l'empoisonnement de Claude, se hâta de se débarrasser de Narcisse, *nec minus properato Narcissus* (XIII, 1); la preuve que Narcisse et Claude sont morts à peu près coup sur coup, c'est que les deux chapitres où sont racontées ces deux morts, quoique appartenant à deux livres différents (mort de Claude, XII, 67, et mort de Narcisse, XIII, 1), font partie du groupe de chapitres relatifs à l'an 54, comme il résulte des dates empruntées aux élections consulaires et mises par Tacite en tête de chaque année.

Secondement : On sait qu'après la mort de Claude, Narcisse fut gravement malade, qu'il alla faire une saison d'hiver aux eaux de Sinuesse, et qu'enfin il resta quelque temps en prison avant de mourir ; il est permis de supposer que ces trois événements ont occupé deux mois de sa vie, mais pas plus, puisqu'il est mort la même année que Claude, mort lui-même en octobre ; Narcisse est donc mort au mois de décembre environ de l'an 54 ; et, comme Britannicus est mort au mois de mars 55, il est mort quatre mois seulement avant ce dernier. L'écart historique que s'est permis Racine est donc beaucoup moins grand que ne le disent habituellement les critiques.

Mais, dira-t-on, du moment où Racine vieillit Néron de trois ans, il vieillit d'autant tous les personnages. Nous n'admettons pas ce raisonnement, parce qu'on ne l'a jamais appliqué qu'à Britannicus et à Néron, vu leur extrême jeunesse, et qu'on n'a jamais songé à l'appliquer à Agrippine, à Burrhus, à Narcisse, ni même à Junie. Quand les critiques disent que Racine a ajouté trois ans à Narcisse, ils ne songent pas à ce supplément d'années donné conventionnellement et comme par ricochet à tous les personnages de la pièce ; ils songent à l'intervalle de temps qu'ils croient s'être écoulé entre l'époque réelle de la mort de Narcisse et l'époque réelle de la mort de Britannicus, intervalle qui est, nous le répétons, non pas de deux ans et demi ni de trois ans, mais seulement de quatre mois. L'anachronisme de Racine une fois réduit à sa juste valeur, il n'en reste pas moins acquis aux adversaires de Racine que Narcisse était mort au moment où Néron tua Britannicus, qu'il fut tant qu'il vécut l'ami de ce dernier, enfin que Néron, qui n'admettait de conseil de personne, a conçu et exécuté seul son odieux projet, trois faits sur lesquels Racine est en contradiction avec l'histoire.

Pour le premier, l'anachronisme de quatre mois, il est facile de justifier Racine ; les poëtes ne sont pas, comme les historiens, esclaves de la chronologie, ils ont à cet égard des immunités, pourvu qu'ils en usent discrètement ; pour le second, la participation de Narcisse au meurtre d'un homme dont il a toujours été l'ami et qu'il a même entouré publiquement de sa protection, il y a lieu, croyons-nous, d'adresser un reproche légitime à l'auteur et nous en parlerons au chapitre des reproches justes ; pour le troisième, l'ascendant d'un affranchi sur l'esprit d'un prince qui ne s'est jamais laissé soumettre à pareille tutelle, Racine est justifiable comme sur le premier chef, parce que Néron représente ici tous les mauvais empereurs qui se sont laissé gouverner par les Pallas, les Calliste et les Narcisse, parce qu'il cesse d'être un individu pour devenir un type, en vertu d'une loi de l'art qui permet ces généralisations.

Huitième reproche injuste. — *Autre inexactitude historique dans la supposition que Narcisse était le confident de Néron.* (Les contemporains de Racine.)

C'est encore une critique des contemporains de Racine. Narcisse, avons-nous vu, a vécu deux mois sous le règne de Néron ; il aurait pu être en effet son confident et Racine le suppose, mais ni Suétone ni Tacite ne le disent ; c'est une invention du poëte. Il ne l'a pas été pour deux raisons bien simples ; la première c'est qu'il n'en a pas eu le temps, la seconde c'est qu'il détestait Néron. Il n'en a pas eu le temps ; en effet pendant les deux mois qu'il a vécu sous Néron, et dont Tacite nous donne, pour ainsi dire, le bulletin, il a été retenu au lit par une grave maladie, il a fait une saison d'eaux aux bains de Sinuesse, et il a été détenu dans la prison où il est mort, trois événements qui ont rendu impossible tout rapport entre lui et Néron, et même toute apparition de sa part à la cour. Il détestait Néron, puisque, tout le temps du règne de Claude, il soutint les droits de Britannicus et fit à Agrippine, ainsi qu'à son fils, une opposition obstinée ; puisque, la veille même de la mort de son maître, il prit dans ses bras Britannicus et, attestant les dieux vers lesquels il tendait des mains suppliantes, il lança tout haut cette imprécation contre l'usurpateur : « Puisse Britannicus grandir rapidement et chasser les ennemis de son père ! » (*Annales*, XII, 65.)

Mais, dira-t-on, Narcisse a pu, par un brusque revirement d'idées, passer du côté du plus fort, et, dès l'avénement de Néron, embrasser son parti en abandonnant celui de Britannicus. Il est évident que Tacite, qui pousse l'exactitude jusqu'à nous donner l'emploi de son temps pendant les derniers mois de sa vie, aurait signalé ce fait, s'il s'était présenté ; or il n'en parle pas ; d'un autre côté, il est peu vraisemblable qu'un personnage aussi artificieux que Néron eût accordé sa confiance, au bout d'un mois ou deux, à un homme qu'il avait vu, pendant sept ans de suite, dévoué à la personne de Claude et à sa descendance.

Mais, dira-t-on encore, et c'est sur ce fait que Racine s'est appuyé pour réfuter ses adversaires, Tacite dit que Néron apprit avec regret la mort de Narcisse, *Narcissus ad mortem agitur invito Nerone*, parce que l'avarice et la prodigalité de cet affranchi offraient une conformité merveilleuse avec ses propres vices encore cachés, *cujus abditis adhuc vitiis per avaritiam et prodigentiam mirè congruebat*. (XIII, 1.) Sans doute, Tacite s'exprime ainsi ; mais ce passage n'autorise pas à dire que Narcisse ait été le confident de Néron ; il signifie seulement que les mauvais instincts de cet affranchi lui plaisaient, qu'il n'eût pas été fâché de se l'adjoindre comme conseiller, qu'il avait même peut-être jeté les yeux sur lui pour plus tard ; il n'indique aucun rapport entre eux ; tout est resté dans l'esprit de Néron à l'état de projet. Le rôle de Narcisse comme confident de Néron est donc de l'invention de Racine. Voilà la vérité.

Faut-il faire un reproche au poëte d'avoir imaginé ce fait démenti par l'histoire ? Non, parce qu'un poëte dramatique, n'étant pas tenu à la même exactitude que l'historien, peut présenter comme vrai un fait qui n'est que vraisemblable, à la condition que la vraisemblance soit parfaitement attestée. Or la sympathie de Néron pour Narcisse ressort clairement des deux passages de Tacite, précédemment cités ; il est évident que si Narcisse avait vécu, Néron en aurait fait son confident, dans les limites que comportait son indépendance ; nul doute que la mort seule a empêché l'association de ces deux êtres malfaisants. Donc Racine a eu raison d'imaginer ce fait.

Le seul reproche un peu sérieux qui subsiste, au milieu de tous ceux qu'a provoqués l'intervention de Narcisse dans la pièce, c'est son influence excessive sur l'esprit de Néron naturellement rebelle à tout conseil ; c'est lui qui dirige un homme qui ne s'est jamais laissé diriger par personne. Malgré la valeur de cette objection, nous répéterons ici, pour la justification de Racine, que Néron, dans cette tragédie, n'est plus Néron, mais le type de tous ces mauvais empereurs qu'ont, en effet, gouvernés des affranchis effrontés.

Neuvième reproche injuste. — *Invraisemblance morale de la scène dans laquelle Narcisse fait parade de sa méchanceté.* (Voltaire.)

Quand Néron annonce à Narcisse qu'il se propose de punir Britannicus de l'amour de Junie, et quand il lui fait comprendre qu'il le choisit pour l'instrument de sa vengeance, Narcisse, resté seul, prononce un court monologue qui se termine par ce mot :

> Et, pour nous rendre heureux, perdons les misérables! (II, viii.)

Voltaire a vu dans ce mot une fanfaronnade de vice et il a dit : les méchants ne font pas ainsi parade de leur méchanceté.

Ce reproche est injuste, parce que Narcisse est tout seul, personne ne l'entend, ce sont des paroles jetées, pour ainsi dire, au vent; on n'est pas fanfaron entre quatre murs. Il pense tout haut, il est franc avec lui-même, voilà tout; l'idée de faire fortune lui arrache un cri de joie involontaire, il ne cherche nullement à étaler sa méchanceté puisqu'il n'a pas d'auditeurs. Pour qu'il fût réellement en défaut, il faudrait qu'il en eût; il n'en a pas, donc il ne commet aucune invraisemblance.

Dixième reproche injuste. — *Narcisse devrait avoir un plus grand intérêt à conseiller le crime.* (Voltaire.)

Ce reproche est bien frivole. Narcisse a un grand intérêt à conseiller à Néron le meurtre de Britannicus, puisque c'est sur ce crime qu'il fonde l'espoir de sa fortune. Il espère que l'empereur le récompensera de son zèle par les plus insignes faveurs, peut-être même par le partage de l'autorité. Peut-il être pour un ambitieux intérêt plus puissant?

Onzième reproche injuste. — *Inexactitude historique de l'âge de Britannicus.* (Les contemporains de Racine.)

On a dit : Racine a eu tort d'ajouter trois ans à l'âge réel de Britannicus.

Ce personnage ayant joué un rôle très-peu important dans l'histoire, puisqu'il n'apparaît dans Tacite que pour mourir, Racine avait toute latitude à son égard. Il a usé de son droit de poëte, pour qui la chronologie n'est pas chose aussi sacrée que pour l'historien. Cette addition de trois années à son âge lui a permis de faire de ce jeune adolescent un type de délicatesse, de générosité et d'amour, toutes qualités qu'il eût été impossible de prêter à un enfant de quatorze ans.

Douzième reproche injuste. — *L'invraisemblance dramatique d'un héros aussi jeune, en admettant même comme exact l'âge de dix-sept ans que lui donne Racine.* (Les contemporains de Racine.)

On a poussé plus loin le reproche précédent : on a dit que Britannicus, même âgé de dix-sept ans, était trop jeune pour un personnage dramatique.

Voici la réfutation de ce reproche : à dix-sept ans, un jeune homme peut avoir, sinon les grandes vertus, au moins le germe des grandes qualités qui font plus tard les héros. Le Cid, dans toutes les chroniques espagnoles, n'a que treize ans, et, dans Corneille, il ne doit en avoir que seize ou dix-sept. L'important, c'est que le poëte n'exagère pas le bien chez les personnages de ce genre, c'est qu'il ne leur donne ni la maturité des hommes faits, ni le jugement des vieillards. C'est ce qui arrive pour Britannicus : il a les qualités, mais il a aussi les défauts de son âge ; il est délicat, désintéressé, capable d'amour, un peu triste et quelquefois emporté ; mais il est crédule et peu clairvoyant ; il a du cœur, mais peu de discernement.

Treizième reproche injuste. — *Suppression de la scène du festin, éloignée des yeux, et présentée sous forme de récit.* (Sainte-Beuve.)

Ce reproche étrange, et qui sent le romantisme, est de M. Sainte-Beuve. « Mais ce qu'on a droit surtout de reprocher à Racine, dit-il, c'est d'avoir soustrait aux yeux la scène du festin. »

Tout le monde sait qu'il est contraire aux habitudes du dix-septième siècle de mettre sous les yeux des spectateurs des scènes matérielles, telles qu'illuminations de banquet, empoisonnement de victimes, effarement de convives, circulation de coupes ; c'est tout simplement une scène de Lucrèce Borgia que l'auteur de ce reproche regrette de ne pas rencontrer dans Racine. On sent à ces paroles l'esprit de parti.

Cette théorie ne prévaudra jamais, chez les gens de goût, contre ces vers d'Horace :

> Non tamen intùs
> Digna geri promes in scenam ; multaque tolles
> Ex oculis, quæ mox narret facundia præsens. (*Art poét.*, 182 et sqq.)

ni contre ces vers de Boileau :

> Ce qu'on ne doit point voir, qu'un récit nous l'expose ;
> Les yeux, en le voyant, saisiraient mieux la chose,
> Mais il est des objets que l'art judicieux
> Doit offrir à l'oreille et reculer des yeux. (*Art poét.*, chant III.)

Plus loin, le même critique, prenant son parti du récit, blâme l'auteur d'avoir négligé toutes les circonstances matérielles de l'empoisonnement et de s'être borné à l'effet moral produit sur les convives. (*Portraits littéraires*, 1832.) Il faut méconnaître le caractère spiritualiste et cartésien de l'art dramatique, au dix-septième siècle, pour faire une pareille observation ; du reste M. Sainte-Beuve s'est contredit, ou si l'on préfère, s'est dédit lui-même, quand il a écrit plus tard, à propos du *Cid*, ces lignes qui résument si bien l'esprit du théâtre classique : « On était moins pittoresque parmi nous, du temps de Corneille ; on mettait en première ligne l'analyse morale intérieure ; partout Corneille a rationalisé, intellectualisé la pièce espagnole ; il a mis les seuls sentiments aux prises. C'est là du reste le procédé constant de la tragédie française ; tout ce qui est visible, accentué aux sens, tout ce qui parle distinctement aux yeux et qui dessine vivement le monde extérieur, tel qu'il est, elle l'abstrait, en quelque sorte, le fait passer à l'état de sentiment pur ; elle le transporte de la sphère des sens dans celle de l'entendement tel que va le définir, dans son Discours de la Méthode, Descartes, ce grand contemporain du *Cid*. » (Sainte-Beuve : *Causeries du Lundi*. Corneille, Le *Cid*.) C'est fort bien dit ; c'est à ce point de vue qu'il faut juger la scène du festin ; le critique se réfute ici lui-même.

Quatorzième reproche injuste. — *La transformation que Racine s'est permise à propos de Junie.* (Les contemporains de Racine.)

On a dit : Racine a dénaturé l'histoire en transformant une vieille coquette nommée Julia Silana en une jeune fille très-sage. Voici la vérité à cet égard :

Sous le règne de Néron, l'histoire mentionne deux femmes du noms de Junia : la première, appelée Junia Silana, vieille et coquette, « *Insignis lascivia, impudica et vergens annis.* » (*Annales*, XIII, 19.) C'était la femme de ce jeune romain Silius, que Messaline épousa publiquement, du vivant même de Claude, bien que déjà mariée avec l'empereur ; Junia Silana, désespérée de se voir enlever son mari, se jeta dans les désordres ; elle fut la confidente, puis l'ennemie d'Agrippine ; c'est même sur sa dénonciation que Néron conçut la première idée de tuer sa mère. Elle fut exilée par Agrippine, loin de l'Italie ; quand le crédit de celle-ci déclina, elle se rapprocha du continent et mourut à Tarente, avant sa persécutrice. (XIV, 12.) La seconde Junia s'appelle Junia Calvina. C'est la sœur de ce préteur romain Silanus qui se tua de désespoir de ne pouvoir épouser Octavie qu'il aimait ; ce jeune homme se tua, non pas le jour du mariage d'Octavie et de Néron, comme le prétend Racine, mais celui du mariage d'Agrippine et de Claude. Cette Junia était belle, dit Tacite, *decora* (XII, 4), et, si l'on en croit Sénèque, jeune et très-enjouée : *festivissima omnium puellarum*. C'est cette dernière que Racine a prise pour modèle de sa Junie ; et, comme on ne peut pas la confondre avec la précédente, Racine s'étonne à bon droit que ses accusateurs lui reprochent à cet égard une transformation de personnage.

Reste à savoir si cette seconde Junia était aussi pure que le prétend Racine. Examinons ce point. Assurément si nous n'avions d'autre témoignage, sur cette jeune personne, que les deux passages précédents, on ne pourrait élever aucune discussion sur sa vertu, et on avouerait que Racine a découvert dans l'histoire une jeune héroïne parfaitement conforme, pour la pureté, à celle qu'il a introduite, comme un type gracieux, dans sa tragédie. Mais il y a ici quelques restrictions à faire. D'abord Junia Calvina n'était pas une jeune fille, mais une veuve ; elle avait été mariée quelque temps au fils de Vitellius, *Vitellii nurus*, dit Tacite. (XII, 4.) Quoique Sénèque l'appelle *puella*, cette expression ne contredit pas le témoignage de Tacite, *puella* signifiant chez les Latins aussi bien jeune femme que jeune fille. Une seconde restriction, c'est que Tacite appelle quelque part cette jeune femme *procax* (XII, 4), épithète assez suspecte, que Louandre a tort de traduire par *enjouée*, que Burnouf traduit plus sévèrement par *libre de manières* et qui a même un sens beaucoup plus fort, celui de *hardie, provocante*, épithète qui acquiert évidemment, appliquée à une veuve, une gravité qu'elle n'a pas, appliquée à une jeune fille. C'était donc une veuve hardie et provocante. Enfin, ce qui permet de juger sa conduite avec plus de sévérité que Racine, c'est cette accusation, calomnieuse sans doute, mais motivée probablement par quelque étourderie, d'inceste avec son frère ; Tacite appelle *incustoditus*, c'est-à-dire irréfléchi, indiscret, son attachement pour son frère ; ce mot est bien ambigu, mais l'épithète de *procax* n'est pas de nature à l'atténuer, et, en réunissant ces deux expressions, on est forcé de reconnaître que la veuve de l'histoire n'est pas un type de pureté aussi irréprochable que la jeune fille de la tragédie. La prédilection de Racine pour les rôles de femme lui a fait idéaliser l'innocence et la chasteté de Junie.

Faut-il lui en faire un reproche? Non, pour trois raisons. *Premièrement* : L'obscurité de ce personnage le mettait à sa discrétion et Racine n'a fait qu'user de son droit en exagérant un peu sa réserve et sa modestie. *Secondement* : Cette légère modification n'est pas un pur caprice du poëte, puisqu'elle lui permet d'appliquer une des règles de l'art dramatique, celle qui consiste dans la création des types ; Junie, ainsi conçue, est en effet un type d'innocence, opposé à la corruption de la cour ; supposez-la présentée avec une exactitude historique, elle n'eût pas rempli ce but. *Troisièmement* : Sa pureté est une des raisons qui excitent le plus la jalousie et, par suite, la fureur de Néron ; elle contribue à amener le dénoûment de la pièce ; elle est donc un des ressorts de l'action. C'est ainsi que Racine ne modifie jamais l'histoire qu'au profit de la composition de son poëme et en vue de l'art. Ces ingénieuses inexactitudes ont fait dire à un critique moderne, Demogeot : « L'histoire n'est pour Racine qu'une draperie flottante dont il entoure majestueusement son idée poétique. » (*Histoire de la littérature française*, XXXIII.)

Quinzième reproche injuste. — *Apparition de Junie sur la scène, après la mort de Britannicus.* (Les contemporains de Racine, Boileau.)

On a trouvé étrange que Junie paraisse sur la scène, après la mort de Britannicus ; on a dit : un sentiment de délicatesse devrait l'en empêcher ; sa douleur même devrait lui rendre ce retour impossible. Or, quelques instants après la mort de son fiancé, elle apparaît tout en larmes, en même temps que Néron auquel elle annonce, dans une courte phrase de quatre vers, qu'elle se rend chez Octavie, pour avoir avec elle un entretien conforme à sa triste situation ; ruse qui a pour but de dérouter la surveillance de ses gardiens et de favoriser son évasion du palais !

C'est en vain qu'on chercherait cette scène dans les éditions classiques ; elle en a été supprimée ; on n'y trouve qu'une révélation d'Albine, confidente d'Agrippine, qui vient apprendre à sa maîtresse que Junie n'est point passée chez Octavie, comme elle l'avait annoncé, mais qu'elle s'est enfuie du palais; néanmoins cette scène existait dans le texte primitif de Racine; elle formait la scène sixième; et celle qui commence par ces mots:

> Arrêtez-vous, Néron, j'ai deux mots à vous dire,

formait la septième; elle a été supprimée par Racine lui-même, d'après le conseil de Boileau. Comme elle a donné lieu à un grave reproche de la part de l'illustre critique et des contemporains du poëte, il est bon de l'examiner.

Racine donne plusieurs raisons pour la justifier. Il dit: *Premièrement*, que Junie ne prononce que quatre vers et que ces vers sont assez touchants. *Secondement*, qu'il n'avait pas de raison pour faire dire par un autre personnage ce qu'elle peut dire elle même, c'est-à-dire pour mettre en récit ce qui peut se passer en action. *Troisièmement*, que les anciens font souvent venir sur la scène des acteurs qui n'ont rien autre chose à dire, sinon qu'ils viennent d'un endroit et qu'ils s'en retournent dans un autre.

Il faut avouer que toutes ces excuses sont faibles et même un peu naïves. Il est évident que, si les convenances morales s'opposent à l'apparition de Junie sur la scène, après la mort de Britannicus, ce fait ne se trouve pas justifié par le petit nombre de vers qu'elle prononce, ni par la nécessité d'être sobre de récits faits par des témoins, non plus que par les fréquentes apparitions sur le théâtre antique de personnages qui n'ont rien d'intéressant à nous dire et feraient mieux par conséquent de se taire. Il est clair que, si Racine n'avait pas d'autres moyens de justifier cette scène, il a bien fait de la supprimer; mais il aurait mieux fait de la maintenir, car elle est excellente, et voici pourquoi:

Junie, après la mort de Britannicus, craint que Néron ne s'empare de sa personne, puisqu'il l'a déjà fait enlever la nuit précédente et arrêter dans la matinée; pour éviter un nouvel attentat contre sa liberté, elle combine un plan d'évasion qui ne peut réussir que grâce à la publicité même d'un mensonge. Elle veut se sauver; mais, comme elle est prisonnière, et que ses pas sont surveillés de près par les agents de Néron, et, ce jour-là, plus soigneusement encore que de coutume, il faut qu'elle donne le change à ses gardiens; c'est ce qu'elle fait, quand elle vient annoncer qu'elle se rend chez Octavie; comme on la croit, on ne la suit pas, et, comme on ne la suit pas, elle se sauve. Il est évident que, si elle n'avait pas eu le soin de dérouter elle-même ses gardiens, elle n'aurait pas pu mettre à exécution son projet de fuite. Sa réapparition, après la mort de Britannicus, est donc une condition indispensable du dénoûment.

Seizième reproche injuste. — *Inexactitude historique de l'entrée de Junie dans le collège des Vestales.* (Les contemporains de Racine, Boursault.)

Ce reproche a été exprimé par les contemporains de Racine et surtout par le poëte Boursault. Il est vrai qu'Aulu-Gelle nous apprend qu'une jeune fille ne pouvait entrer dans le collège des Vestales, passé l'âge de dix ans; il est vrai aussi que Junie en a dix-huit environ; son entrée dans le collège des Vestales est donc contraire à la loi romaine.

Mais on sait que Racine a admis une exception en faveur de son héroïne; il a supposé que le peuple, ému de son innocence et de ses malheurs, la prenait sous sa protection et lui accordait une dispense d'âge pour entrer dans le temple de Vesta. Toute la question est de savoir si le peuple faisait quelquefois des exceptions semblables, et s'il avait, sous Néron, assez de pouvoir pour en faire. *Pour le premier point*, le doute n'est pas possible; mainte fois le peuple a dispensé de l'âge légal, pour le consulat et les dignités curules, des grands hommes dignes par leur conduite ou leur talent de ce privilége; on peut admettre, par analogie, qu'en considération de la noblesse, de la chasteté et de l'infortune d'une jeune fille, il lui ouvre, après le temps, les portes d'un asile sacré. *Pour le second point*, il est constant qu'en général le peuple romain, sous les empereurs, ne pouvait pas plus dispenser des lois qu'il ne les faisait; mais il est sûr aussi que, dans certaines circonstances, les empereurs flattaient la populace, cherchaient à la ménager, tout en la privant de ses droits politiques; on peut encore admettre que, dans le cas présent, Néron est comme paralysé et laisse agir le peuple à sa guise; peut-être même encore, aime-t-il mieux renoncer à Junie que d'obtenir sa main, en contraignant son cœur; toutes ces suppositions sont admissibles, quand on songe que Néron veut se tuer de désespoir, à l'idée de l'avoir perdue, et elles expliquent sa muette résignation devant l'arrêt populaire.

Dix-septième reproche injuste. — *Caractère languissant du dénoûment.* (Les contemporains de Racine.)

21.

On a dit : puisque le sujet de la tragédie de *Britannicus* est la mort de ce personnage, elle devrait s'arrêter après sa mort ; on comprend même à la rigueur, si l'on veut voir le meurtrier puni, qu'elle se prolonge jusqu'aux imprécations d'Agrippine qui nous font pressentir la peine du coupable. Mais quand elle a prononcé ces vers :

> Et ton nom paraîtra, dans la race future,
> Aux plus cruels tyrans une cruelle injure,

la pièce devrait s'arrêter là, la conscience de l'auditeur est satisfaite. Mais non, Racine a encore ajouté un grand nombre de détails : l'expression du découragement de Burrhus, le désespoir de Néron, la retraite de Junie, la punition de Narcisse, les projets ultérieurs d'Agrippine ; toute cette fin est languissante ; voilà le reproche exprimé par les contemporains de Racine.

En voici la réfutation : Sans doute, tout ce qui suit la scène de l'empoisonnement n'a pas le caractère tragique de cette catastrophe, et peut même, par comparaison, paraître un peu froid ; cependant deux raisons justifient Racine d'avoir prolongé sa pièce au delà de la mort de Britannicus, une raison de composition et une raison de goût. *La raison de composition*, c'est que, toute tragédie étant l'imitation d'une action commune à laquelle concourent plusieurs personnages, cette action n'est point finie avant que l'on sache en quelle situation elle laisse chacun d'eux ; il était donc nécessaire que Racine, après la mort de Britannicus, nous instruisît du sort de Junie, de Narcisse, de Burrhus, d'Agrippine et même de Néron. *La raison de goût*, c'est qu'il ne fallait pas laisser les spectateurs sous l'impression pénible d'un empoisonnement. Un des caractères de l'art classique français, au dix-septième siècle, c'est d'éviter les situations violentes qui ébranlent trop fortement la sensibilité, ou, si elles sont inévitables, de les atténuer, autant que possible, en y faisant succéder des émotions graves et douces qui reposent, pour ainsi dire, l'esprit. C'est le principe de l'art grec ; en effet, c'est pour amortir d'avance le coup de ces catastrophes violentes, que les poètes grecs font précéder leurs tragédies d'un prologue qui en expose le sujet ; c'est aussi le principe de l'art latin, puisque l'idée principale des *Métamorphoses* d'Ovide, c'est le changement d'un homme en animal, en fleur ou en arbre, au moment où la douleur donnerait à sa mort le caractère d'une convulsion. Cette théorie, approuvée par le goût, était antérieure, comme on le voit, à la philosophie spiritualiste de Descartes ; le *cogito, ergo sum* n'a fait que la confirmer. L'école romantique moderne, procédant de Shakspeare et de Goëthe, fera de vains efforts pour la renverser.

PARAGRAPHE XV

Reproches justes.

Premier reproche juste. — *Le ton de galanterie qui règne dans les rôles de Junie et de Britannicus, ainsi que dans certaines parties du rôle de Néron.*

On peut dire que c'est le plus grave défaut de la pièce. Junie et Britannicus causent quelquefois entre eux, comme on le faisait dans la société polie du dix-septième siècle, qui confondait la galanterie avec l'amour ; voici par exemple des expressions tout à fait contraires à la vivacité de la passion et au naturel : Britannicus vient d'apprendre l'enlèvement de Junie et les alarmes qui ont dû l'accompagner : « Ma princesse, lui dit-il, avez-vous daigné me souhaiter ? » — Et plus loin :

> Quel démon envieux
> M'a refusé l'honneur de mourir à vos yeux ? (II, vi.)

Néron lui-même a quelques-unes de ces expressions fades et doucereuses. « Pourquoi, dit-il à Junie,

> M'avez-vous sans pitié relégué dans ma cour ? (II, iii.)

Et ailleurs, parlant de la beauté de Junie, il vante « les timides douceurs » de ses yeux, et

> Les trésors dont le ciel voulut vous embellir. (*Ibid.*)

Il est vrai, comme nous l'avons vu, que son caractère tyrannique et féroce apparaît aussitôt dans ses menaces, comme lorsqu'il conseille à Junie de ne pas préférer à son mariage avec lui

> La gloire d'un refus sujet au repentir.

Sans doute, la fadeur générale des expressions que nous venons de citer est un peu relevée par ce ton impérieux, mais elle n'en est pas entièrement corrigée.

Deuxième reproche juste. — *La grandeur d'âme un peu romanesque de Britannicus.*

Sans doute Britannicus, comme jeune homme à peine âgé de dix-sept ans, doit être crédule et généreux. Mais il va peut-être un peu loin, quand il prête à Néron sa loyauté, sa franchise, ses vertus :

> Je crois qu'à mon exemple, impuissant à trahir,
> Il hait à cœur ouvert ou cesse de haïr. (V, I.)

Il devrait un peu plus connaître Néron ; sa confiance est peut-être un peu exagérée ; elle sent le héros de roman.

Troisième reproche juste. — *Anachronisme de Néron dansant sur le théâtre.* (Schlégel, Geoffroy.)

Racine dit, au quatrième acte, que Néron, l'année de la mort de Britannicus, s'est déjà donné en spectacle au peuple romain. Racine a tort.

Tacite dit le contraire. C'est quatre ans et demi seulement après cet événement, c'est-à-dire c'est après le meurtre de sa mère, qu'il descendit à ce degré d'avilissement. Jusque-là, il fut retenu par l'ascendant de sa mère, quelque indifférence qu'il eût d'ailleurs pour elle; Tacite le dit formellement : Après l'assassinat de sa mère, dit-il, Néron, fier et vainqueur de la servitude publique, monta au Capitole, rendit grâce aux dieux, et s'abandonna au torrent de ses passions mal réprimées jusqu'alors, mais dont l'ascendant d'une mère, quelle qu'elle fût, avait suspendu le débordement, *quas malè coercitas qualiscumque matris reverentia tardaverat.* Il avait depuis longtemps à cœur de conduire un char dans la carrière... (XIV, 14.) Et Tacite raconte ensuite comment, à partir de cette époque, il se livra à cet exercice public, dans une vallée du Vatican qu'il fit entourer à cet effet d'une palissade. Ce passage ne laisse aucun doute dans l'esprit.

Le témoignage de Tacite est confirmé par celui de Suétone. Cet historien dit en effet que, les premières années de son règne, Néron ne présidait même pas les jeux du Cirque, ou du moins ne les présidait que très-rarement, et qu'il se contentait d'habitude de regarder le spectacle par de petites ouvertures : *Perrarò præsidere; parvis foraminibus spectare consueverat.* (XII.) Ce qui ne permet pas de se tromper sur l'époque où Néron se conduisait ainsi en public, c'est que ce témoignage favorable lui est rendu dans un des chapitres consacrés au récit des événements qui se sont passés les premières années de son règne, immédiatement après un hommage à ses efforts d'honnête homme pour mériter l'estime du peuple romain. Il est vrai que Suétone, dans un chapitre précédent, dit que Néron, dès l'âge le plus tendre, avait été instruit par ses maîtres, un danseur et un barbier! à paraître comme acteur aux jeux troyens du cirque (vii.) Mais ces deux passages ne se contredisent pas; ils prouvent seulement que Néron, devenu empereur à l'âge de dix-sept ans, renonça momentanément, par un sentiment de pudeur, à ses habitudes d'enfance. Le fait est certain et Racine n'en a pas tenu compte. Cet anachronisme est d'ailleurs peu important, et, si l'auteur se l'est permis, il est probable que c'est pour avoir l'occasion de donner une leçon de bienséance à Louis XIV. Le désir d'être utile au roi l'a emporté sur le devoir d'être fidèle à l'histoire.

Quatrième reproche juste. — *Exagération de la méchanceté de Narcisse.*

Nous avons vu qu'il ne fallait pas faire un reproche à Racine d'avoir ajouté quatre mois à l'âge de Narcisse, quoique ce supplément de temps le fasse vivre à une époque où il était mort; mais on peut lui en faire un d'avoir exagéré sa méchanceté.

Sans doute, la cupidité et le luxe étaient les vices dominants de cet affranchi, et c'est par là qu'il plut à Néron : *Cujus abditis adhuc vitiis per avaritiam et prodigentiam mirè congruebat.* (XIII, 1.) Mais l'histoire ne l'accuse pas d'avoir été bas, traître, perfide, altéré du sang des misérables, comme dit Racine. Tacite lui prête même les traits d'un caractère assez noble et assez énergique pour le bien. Ainsi, du vivant de Claude, c'est lui qui se charge de la punition de Messaline (XI, 37.) Il résiste à l'autorité alors toute-puissante d'Agrippine, il dénonce ses désordres à Claude, il ne se cache pas pour défendre Britannicus contre Néron; il annonce, il crie partout que le trône revient au fils de Claude et cette franchise honorable, parce qu'elle est courageuse, est cause de sa mort. Il aurait certainement pu se ranger, après le règne de Claude, du côté du plus fort. Il ne le fit pas; car, nous le répétons, il ne fut jamais une seule minute le confident de Néron; il n'y eut en lui aucun revirement, et, si Néron le regretta, s'il remarqua entre son caractère et le sien *une conformité merveilleuse*, pour prendre le mot de Tacite, cet attachement ne fut qu'un rêve, une sorte de combinaison platonique de la part de Néron; Narcisse ne s'y prêta jamais. Il mourut fidèle à la mémoire de son maître Claude et au parti de Britannicus.

Tous ces faits sont connus et historiques. On peut donc reprocher à Racine d'avoir exagéré sa méchanceté : Narcisse joue un rôle trop important dans l'histoire pour qu'il soit permis de le traiter comme un de ces personnages inconnus que son obscurité met à la discrétion de l'écrivain.

Cinquième reproche juste. — *Manque d'exactitude dans certains détails du caractère d'Agrippine et de Néron.*

Agrippine était plus cruelle, plus immorale que ne la peint Racine; elle n'avait pas ces mouvements de tendresse maternelle et ces remords qu'il suppose; son ambition avait un caractère plus dur, plus viril, puisque Tacite l'appelle *quasi virile servitium;* enfin son caractère avait quelque chose de plus hardi, de plus effronté, de plus sauvage. La vraie Agrippine était moins femme, et moins humaine.

Quant à Néron, il était, malgré ses dix-sept ans et trois mois, rebelle à tout conseil, et jamais affranchi n'a exercé sur ses déterminations l'influence que Racine prête à Narcisse; il ne faut pas oublier ce mot de Tacite : « Néron n'était pas d'humeur à se laisser gouverner par des esclaves; *nam neque Neroni infra servos ingenium.* » (*Annales,* XIII, 2.)

Tel est l'ensemble des reproches injustes et justes adressés à la tragédie de *Britannicus.*

FIN DE LA TRAGÉDIE DE BRITANNICUS.

EXPLICATION
DU THÉATRE CLASSIQUE

RACINE

ESTHER

ANALYSE DE LA TRAGÉDIE

Assuérus, roi de Perse, vient de répudier Vasthi et d'épouser la juive Esther dont il ignore l'origine et la race. Esther raconte elle-même à une autre juive, nommée Elise, sa compagne, qui la croyait morte depuis longtemps, comment elle a été choisie par le roi, parmi d'innombrables rivales, pour succéder à la favorite disgraciée; c'est sur le conseil de son oncle et père adoptif, Mardochée, qu'elle a fait au roi un mystère de sa naissance; grâce à cette précaution soigneusement gardée, elle vit sans péril, sinon sans crainte, à la cour d'Assuérus; malgré le haut rang qu'elle occupe, elle gémit sur les malheurs de Jérusalem et du peuple Juif retenu en captivité : pour se consoler de la patrie absente, elle s'en est créé une image, en réunissant autour d'elle un essaim de jeunes Israélites, qu'elle se plaît à former elle-même dans la loi du Seigneur et avec qui elle adore, également à l'insu d'Assuérus, le Dieu d'Abraham.

Son repos n'est pas de longue durée. A peine a-t-elle fait à Elise ces confidences, à peine le chœur de ses jeunes compagnes a-t-il chanté le cantique de la captivité, que son oncle Mardochée vient lui annoncer un grand malheur : un danger terrible menace le peuple Juif, il va être exterminé dans dix jours. Le coup part de la main d'Aman; Aman est un Amalécite, ministre et favori d'Assuérus, devant qui tout le monde plie le genou, sauf Mardochée, et qui, pour se venger de cette résistance partielle, a formé le projet sinistre de faire périr le peuple Juif tout entier. Le roi Assuérus a signé l'édit de mort, et, si Esther ne se dévoue pas pour le salut de son peuple, la sentence va recevoir prochainement son exécution. Esther hésite un instant, mais Mardochée triomphe facilement de son incertitude, et elle promet à son oncle de faire auprès du roi la démarche périlleuse qu'il sollicite de son patriotisme. Restée seule avec sa compagne Elise, elle songe aux moyens de se procurer la force nécessaire pour sortir victorieuse de cette redoutable épreuve; elle s'agenouille et prie le Dieu d'Abraham, d'Isaac et de Jacob de lui donner le courage et l'éloquence dont elle a besoin pour mener à bonne fin cette noble entreprise.

Le hasard seconde ses desseins; et, avant même qu'elle ait tenté une entrevue avec le roi, le machinateur du noir complot, Aman, est puni dans son orgueil et arrêté dès les premiers pas; voici comment: Hydaspe, officier du palais et espion d'Aman lui-même, vient annoncer à son maître qu'un songe terrible a troublé la nuit dernière le sommeil d'Assuérus et que le roi, pour chasser les images importunes de l'insomnie, s'est fait lire les annales de son règne; cette lecture lui a rappelé que jadis un de ses fidèles sujets l'avait sauvé du poignard de deux assassins, et que cette belle action était restée sans récompense; ce fidèle sujet est Mardochée; le nom odieux de cet homme réveille dans le cœur d'Aman mille idées de haine et de vengeance. Alors Aman, répondant à la confidence d'Hydaspe par une autre confidence, lui fait part de ses sentiments et de ses projets vis-à-vis de Mardochée en particulier et du peuple Juif en général. Le roi Assuérus survient sur ces entrefaites et reprend devant Aman l'histoire de son rêve, commencée par Hydaspe, mais interrompue par la longue confidence du ministre amalécite. Il lui dit qu'il désire récompenser dignement un sujet qui lui a rendu un éminent service et il le prie de lui indiquer lui-même un moyen de lui exprimer sa reconnaissance. Aman, convaincu qu'il s'agit de lui, propose au roi d'accorder à ce mortel heureux les honneurs d'un triomphe public, où, revêtu des insignes de la royauté et monté sur un des chevaux du roi, il parcourrait les rues de Suse, guidé par le plus puissant seigneur de la cour. Ce projet plaît à Assuérus; il ordonne à Aman stupéfait de conduire lui-même Mardochée en triomphe, à travers les rues de la capitale. C'est ainsi qu'Aman voit une première fois ses projets criminels déjoués par le hasard, puisqu'il contribue lui-même fortuitement au triomphe de celui dont il méditait la perte.

Le reste sera l'œuvre de la courageuse intervention d'Esther. Celle-ci, pour sauver les Juifs, se ménage adroitement deux entrevues avec son mystérieux et invisible époux; une première, préparatoire et non demandée, dont le seul but sera d'obtenir la seconde, car il est difficile à la reine de présenter au roi sa requête. *La première* a lieu pendant qu'Aman conduit Mardochée en triomphe ; elle est signalée par un léger évanouissement d'Esther que son mari rassure amicalement, et elle a pour conséquence la promesse d'Assuérus d'assister à un repas auquel Esther l'invite, pour lui expliquer nettement le motif de cette première et énigmatique démarche. Pourquoi Esther ne le fait-elle pas tout de suite? Pourquoi recourir à une invitation à dîner pour lui révéler son secret? C'est que, chez les Juifs comme chez les Orientaux, c'est à table que se traitaient les affaires d'Etat.

L'heure du repas amène *la seconde entrevue* d'Esther et d'Assuérus, l'entrevue explicative. Assuérus et tous les convives se rendent dans la salle du festin, Aman seul se fait attendre ; c'est qu'il s'entretient dans les jardins de la reine avec sa femme Zarès; il lui raconte l'affront qui vient de lui être infligé, et sa judicieuse épouse, pressentant pour lui une disgrâce prochaine, lui conseille de s'y dérober par la fuite ; il refuse de prendre ce parti, puis, mandé par le roi qui commençait à s'impatienter de son retard, il paraît dans la salle du festin, l'air à la fois confus et triomphant. Au milieu du repas, Esther révèle à Assuérus son origine et sa race, intercède en faveur des Juifs ses coreligionnaires qu'il a condamnés à périr, sur l'instigation d'un traître. A ce mot Aman, qu'Esther n'a point nommé, se récrie et se dévoile par sa réclamation même; alors Esther l'accuse ouvertement, fait l'éloge des Juifs, raconte sa parenté avec Mardochée et termine en disant qu'Aman a déjà fait dresser pour lui le gibet. Elle ne pousse pas la colère jusqu'à demander la punition d'Aman ; si elle en a la pensée dans le cœur, le mot n'est pas sur ses lèvres.

Assuérus, après ce discours, se retire dans le jardin contigu à la salle du festin, pour réfléchir un instant sur le parti qu'il doit prendre. Il rentre bientôt et aperçoit Aman aux genoux d'Esther, implorant humblement son pardon. Il prend cette posture pour un nouvel attentat et, dans sa fureur, ordonne immédiatement de le faire pendre. Car ce n'est pas pour punir Aman de ses projets sanguinaires, c'est pour satisfaire un sentiment de jalousie irréfléchi, c'est sur un soupçon mal éclairci, qu'il l'envoie à la mort. Les vœux d'Esther sont réalisés au delà même de ses espérances : Aman est mis en pièces par le peuple, avant d'arriver au gibet ; Mardochée hérite de sa place et de son crédit; le peuple Juif, affranchi de la captivité, est renvoyé dans ses foyers, et le chœur célèbre avec des transports d'allégresse le triomphe de l'innocent et le châtiment du coupable.

PARAGRAPHE I

Des circonstances qui accompagnèrent la composition d'Esther.

Première question. — *Quelle est la date de la première représentation d'*Esther.

1689 (mercredi 26 janvier), douze ans après *Phèdre ;* Racine était âgé de cinquante ans et vivait retiré du théâtre.

Deuxième question. — *Au milieu de quelles circonstances morales, Racine composa-t-il la tragédie d'*Esther ?

Il sortait d'une grande crise morale ; l'échec de *Phèdre* l'avait profondément découragé ; il venait, pour se consoler, de méditer douze ans, sur les Livres Saints, loin du théâtre et du monde, complétement converti ; il avait même voulu entrer dans un monastère ; mais, sur les avis d'un ecclésiastique de bon sens, il avait préféré le mariage ; c'était encore pour lui une retraite au sein de laquelle il vivait dans le recueillement et la piété, s'abstenant même d'aller voir jouer ses propres pièces. C'est à cette époque qu'il écrivait à l'un de ses fils : « Plus je vais en avant, plus je vois qu'il n'y a rien de si doux au monde que de regarder Dieu comme un père qui ne nous manquera pas dans tous nos besoins. » Telles sont les circonstances morales au milieu desquelles il conçut la pensée d'une tragédie religieuse.

Troisième question. — *A quelle occasion la tragédie d'*Esther *fut-elle composée ?*

A la demande de Mme de Maintenon et pour les demoiselles de Saint-Cyr.

Quatrième question. — *Donner quelques détails sur la maison de Saint-Cyr et sur les circonstances qui accompagnèrent la composition d'*Esther ?

La maison de Saint-Louis, à Saint-Cyr, était fondée depuis trois ans seulement. La supérieure était Mme de Brinon; car Mme de Maintenon n'en était que la protectrice ; Mme de Brinon avait déjà composé elle-même pour ses élèves de petites pièces; mais Mme de Maintenon les avait trouvées tellement insipides qu'elle les avait abandonnées. Elle avait d'abord, pour les remplacer, puisé dans le théâtre profane de Racine et choisi *Andromaque*; mais elle s'était bientôt aperçue du danger qu'offraient ces pièces où l'amour a une large place. Elle écrivit alors à Racine : « Nos petites filles viennent de jouer votre *Andromaque*, et, si bien, qu'elles ne la joueront de leur vie ni aucune autre de vos pièces. » Puis elle priait Racine, dans la même lettre, de lui composer « quelque espèce de poëme de l'ordre moral ou historique, dont l'amour fût entièrement banni, pour divertir les demoiselles de Saint-Cyr, en les instruisant. » Racine se trouva fort embarrassé. Sans doute, il désirait plaire à Mme de Maintenon; mais, d'un autre côté, il ne voulait pas faire de tragédie en dehors du système dramatique, suivi par lui jusqu'alors, de tragédie contre les règles; quoiqu'il eût renoncé au théâtre, il voulait du moins ne pas détruire l'opinion que ses ouvrages avaient donnée de lui. Il avait donc à ménager Mme de Maintenon, qu'il ne voulait pas indisposer par un refus, et sa réputation d'auteur, qu'il ne voulait pas compromettre par un échec. Pour sortir d'embarras, il alla consulter Boileau. Celui-ci lui conseilla de renoncer à cette entreprise, parce que Boileau, en sa qualité de législateur de la poésie, était avant tout l'homme des règles; Racine ne trouva pas son compte à ce conseil, parce qu'en le suivant, il mécontentait Mme de Maintenon; il réfléchit longtemps et finit par découvrir dans les Livres Saints, un sujet qui remplissait parfaitement ses vues, celui d'Esther. Il fit part à Boileau de sa découverte; comme celui-ci n'avait aucun parti pris, il approuva le choix de ce sujet et mit autant d'empressement à lui conseiller de faire une tragédie religieuse, sur cette matière, qu'il en avait mis naguère à le dissuader d'une entreprise de ce genre. Racine se mit à l'œuvre, fit son plan en prose, scène par scène, suivant une habitude qu'il avait contractée pour toutes ses tragédies, et, ce canevas terminé, le soumit à l'appréciation de Mme de Maintenon. Celle-ci en fut très-satisfaite, pour deux raisons : D'abord, parce que le sujet était bien approprié aux demoiselles de Saint-Cyr, pour la pureté des sentiments, la brièveté de l'œuvre, l'à-propos des chœurs qui permettaient le chant, et même des costumes orientaux favorables à l'œil; ensuite, parce qu'elle y découvrit la possibilité d'allusions agréables pour elle. Racine, sûr de l'approbation de Mme de Maintenon, se mit définitivement à l'œuvre et composa *Esther*.

Cinquième question. — *Quel jugement Racine portait-il sur la tragédie d'*Esther?

Il l'appelait « un divertissement d'enfants » et ne la destinait pas à la scène, à cause de son irrégularité; les règles du poëme dramatique y sont en effet enfreintes par le prologue, l'absence d'intrigue amoureuse et la partie chantée, qui lui donne un air d'oratorio et même d'opéra. Trois preuves confirment ce fait que Racine ne voulait pas que sa pièce fût jouée sur un théâtre. 1° Une déclaration contenue dans le privilége royal de 1689, déclaration par laquelle « défense est faite à tous acteurs et autres gens montant sur les théâtres publics de représenter cet ouvrage. » 2° Le titre primitif de cette œuvre. On remarque dans ce même privilége que Racine a intitulé son œuvre non pas *tragédie*, mais *ouvrage de poésie tiré de l'Écriture Sainte*. 3° Une preuve morale, aussi concluante que ces deux preuves écrites : la modération des sentiments de terreur et de pitié contenus dans cette pièce.

Cependant, quoiqu'elle ne fût pas destinée à la scène, elle eut un immense succès.

Sixième question. — *Racine est-il le seul écrivain qui ait composé des pièces pour la maison de Saint-Cyr.*

Non. D'abord Mme de Brinon, comme nous l'avons vu, a commencé par en écrire quelques-unes, qui n'ont pas tardé à être rejetées comme sans valeur. Ensuite Duché, contemporain et imitateur de Racine, en a composé un grand nombre, plus que Racine; c'était l'auteur privilégié de Mme de Maintenon à qui ses pièces plaisaient beaucoup, parce qu'elles étaient exemptes à la fois de platitude et de sensibilité. Ses principales sont : *Jonathan* et *Absalon*. Boyer, auteur médiocre, a fait jouer à Saint-Cyr, vers 1695, une *Judith* et une *Jephté*; comme ces deux pièces parurent après *Esther* et *Athalie*, à une époque où l'on craignait déjà pour les demoiselles de Saint-Cyr les dangers de ces représentations mondaines, et où le dernier chef-d'œuvre de Racine était froidement accueilli, ce fut pour notre poëte une dernière tribulation dont il se plaignit à Boileau, dans une lettre du 4 mai 1695. Enfin, Mme de Maintenon a composé elle-même pour ses élèves un recueil de quarante proverbes et de quinze conversations dialoguées, dont quelques-unes sont des chefs-d'œuvre de raison et de piété, entre autres la trente-septième, composée par elle à l'âge de quatre-vingt-deux ans et considérée comme son testament : elle a consacré près de trente ans de sa vie à ce recueil de compositions dramatiques, de 1686 à 1719.

PARAGRAPHE II

Noms des personnages. — Nombre d'actes, de chœurs. — Lieu et temps de la scène. — Devanciers de Racine. — Source de la pièce. — Modifications au récit biblique. — Authenticité historique et importance religieuse de la tragédie d'*Esther*.

Première question. — *Quels sont les personnages principaux de la tragédie d'*Esther ?

Esther, Assuérus, Aman, Mardochée.

Deuxième question. — *Quels sont les personnages secondaires ?*

Elise, confidente d'Esther. Zarès, femme d'Aman. Hydaspe et Asaph, officiers d'Assuérus. Le chœur des jeunes Israélites. La Piété qui récite le prologue.

Troisième question. — *Que signifie* Esther ?

L'inconnue. La reine est ainsi nommée parce qu'on ne connaît à la cour, ni sa race, ni son pays. Elle dit à Elise :

Je vins, mais je cachai ma race et mon pays.

Son véritable nom était Edisse.

Quatrième question. — *Combien d'actes dans* Esther ? *Combien de chœurs ?*

Trois actes ; cinq chœurs, deux dans le premier acte (scènes II et V) ; un dans le second (scène IX) ; deux dans le troisième (scènes III et IX).

Cinquième question. — *Où se passe la scène ?*

A Suze, dans le palais d'Assuérus. Les rois de Perse avaient choisi trois villes principales pour y séjourner alternativement, Suze, Ecbatane et Babylone. Suze était leur résidence d'hiver, Ecbatane leur résidence d'été.

Sixième question. — *Vers quelle époque se passe la scène ?*

Vers l'an 500 avant J.-C., c'est-à-dire au milieu du règne de Darius Ier, fils d'Hystaspe, qui gouverna la Perse de 523 à 485.

Septième question. — *Quels auteurs ont traité le sujet d'Esther, avant Racine ?*

1° André de Rivaudeau, *Aman*, 1656 ; pièce en cinq actes et en vers, mêlée de chœurs et dédiée à Jeanne de Foix, reine de Navarre.

2° Pierre Mathieu et Antoine de Mont-Chrestien, colloborateurs pour une tragédie intitulée *Aman*, 1578. Cette pièce ne manque pas de talent et a pu servir à Racine.

3° Un auteur anonyme a écrit en 1622 une tragédie intitulée : *La perfidie d'Aman*, allégorie faite à propos de l'assassinat du maréchal d'Ancre. C'était un favori de Louis XIII, qui s'aliéna, comme Aman, le cœur de son maître et des nobles, par son orgueil, et qui fut assassiné par Vitry, capitaine des gardes. Son corps fut aussi traîné dans les rues, comme celui d'Aman, par la populace.

4° Pierre du Ryer, *Aman*, 1643. C'est la meilleure de toutes les pièces de ce genre.

5° Jean Desmarets. *Poëme héroïque sur la disgrâce d'Aman*, 1670, rempli d'idées romanesques et fausses.

Huitième question. — *Quelles sont les sources de la tragédie d'Esther ?*

Un livre de l'Ancien Testament intitulé *Esther*, que l'Eglise regarde comme canonique, sauf les additions qui l'accompagnent dans le texte grec des *Septante* et dans les éditions latines de la *Vulgate*. Il est écrit en hébreu, comme tous les livres de l'Ancien Testament, à quelques fragments près ; ceux du Nouveau le sont en grec. (L'*Ancien Testament* fut aussi traduit en grec, sous le règne de Ptolémée Philadelphe, au troisième siècle avant J.-C. ; c'est ce qu'on appelle la version des *Septante*. La *Bible* tout entière fut traduite par saint Jérôme, en latin, au quatrième siècle après J.-C. ; c'est ce qu'on nomme la *Vulgate*.)

Les additions du texte grec des *Septante* et du texte latin de la *Vulgate*, considérées comme des interpolations, contiennent des épisodes assez nombreux de cette histoire d'*Esther* : un songe de Mardochée sur le combat de deux dragons enflammés qui représentent Mardochée lui-même et Aman (ce songe est une figure de la lutte des Juifs et des Persans); la découverte du complot contre la vie d'Assuérus par Bigtan et son complice; l'édit royal autorisant le massacre des Juifs dans l'empire; les prières d'Esther et de Mardochée; la venue d'Esther auprès du roi et deux évanouissements qui la frappent coup sur coup; l'édit royal pour le salut des Juifs, et enfin l'envoi du décret des Purim en Égypte par des Lévites.

Saint Jérôme, dans sa préface du livre d'*Esther*, s'exprime, au sujet de ces additions, en termes d'une singulière énergie. « Ce sont, dit-il, des pièces de rapport qui ont pu être débitées et écoutées comme des improvisations du genre de celles que les écoliers composent dans les classes sur un thème donné. » Aussi quelques passages sont-ils en contradiction manifeste avec le livre même qu'ils sont censés compléter; ainsi, pour n'en citer qu'un exemple, la scène de l'évanouissement d'Esther se trouve dans les additions et ne se trouve pas dans le texte hébreu.

De savants exégètes contemporains, entre autres le pasteur protestant, A. Coquerel, considèrent le livre entier d'Esther comme un chapitre de l'histoire des Perses, écrite d'après les *Mémoires des rois de Perse*, par une main juive, comme la *Cyropédie* de Xénophon le fut par une main grecque. Le livre d'*Esther* a, en effet, une couleur persane très-prononcée; la couleur juive y est à peu près nulle; il n'y est question des Juifs qu'à la troisième personne, et du Dieu d'Israël nulle part. Cette omission est contraire à l'esprit des prophètes et des historiens hébreux.

Quoique cette discussion ne soit pas du domaine littéraire, nous avons cru devoir en dire un mot, pour donner une idée des recherches, souvent fort érudites, de la critique contemporaine.

Neuvième question. — *Racine s'est-il beaucoup aidé du récit biblique ?*

Oui; il l'a suivi pas à pas; il en a reproduit les principaux épisodes; il a mis en œuvre, avec la supériorité du génie, tous les éléments dramatiques dont il se compose. En voici la preuve, on reconnaîtra dans l'analyse suivante la marche de la tragédie :

Le livre d'Esther est divisé en seize chapitres. Les deux premiers sont consacrés à la répudiation de Vasthi, au mariage d'Esther et d'Assuérus, au complot tramé contre la vie d'Assuérus et découvert par Mardochée. Le troisième, aux efforts d'Aman pour obtenir d'Assuérus l'édit de proscription. Le quatrième, à la démarche de Mardochée auprès d'Esther pour déjouer les efforts d'Aman. Le cinquième à la première entrevue d'Esther et d'Assuérus, entrevue préparatoire et non demandée, comme dans Racine ; mais l'épisode de l'évanouissement ne se trouve pas dans la Bible. Le sixième, au triomphe de Mardochée ; dans la Bible, comme dans Racine, cette promenade a lieu entre les deux entrevues du roi et de la reine. Le septième, à la seconde entrevue, c'est-à-dire l'entrevue obtenue et explicative, à ce repas où Esther révèle à Assuérus le secret de son origine et sauve les Juifs par son intervention. Dans la Bible, Aman est puni pour le même motif que dans Racine, c'est-à-dire, non pas pour sa cruauté, mais pour sa posture aux pieds d'Esther. Le huitième, à l'élévation de Mardochée et à la délivrance des Juifs solennellement proclamée par Assuérus. Quant aux huit derniers chapitres du livre d'Esther, Racine les a laissés de côté, parce qu'ils ne sont que la reproduction des détails vus précédemment, entre autres l'histoire de Mardochée et l'exécution de l'édit de délivrance des Juifs. Les Juifs et les protestants ne considèrent pas ces huit chapitres comme authentiques.

Dixième question. — *Racine a-t-il fait quelques modifications au récit biblique ?*

Oui ; tout en restant fidèle au texte sacré, il l'a légèrement modifié, non pas pour ce qui concerne les faits, mais pour ce qui regarde les caractères. Il en a *modernisé* quelques-uns, Esther, Assuérus, Zarès.

Pour ce qui concerne Esther, il a adouci quelques traits de ce personnage, qui rappelaient trop la sévérité de la loi judaïque ; il l'a représentée plus indulgente. L'*Esther* biblique est une favorite vindicative, qui applique la peine du talion, et demande que les dix fils d'Aman soient pendus. (VIII, 5, 11 ; IX, 10, 12, 13.) L'*Esther* de Racine n'a qu'un rapide mouvement de colère :

> Va, traitre, laisse-moi ;
> Bientôt ton juste arrêt te sera prononcé. (III, v.)

La dureté dont elle fait preuve dans la Bible aurait offensé un auditoire chrétien et choqué les mœurs d'une société polie ; elle est changée par Racine en mansuétude. Même observation pour Zarès, femme d'Aman. Dans la Bible, elle est dure et impitoyable ; elle se joint aux ennemis de son mari pour faire pendre Mardochée ; dans Racine, non-seulement elle est clairvoyante et judicieuse, mais encore elle est touchante, elle éprouve les craintes de l'épouse et les sollicitudes de la mère. Ces deux modifications prouvent chez Racine non-seulement le désir de plaire au goût de son temps, mais une disposition particulière de son génie à traiter favorablement les rôles de femmes. Enfin l'Assuérus français n'est ni aussi froid, ni aussi farouche que les despotes d'Asie. Malgré l'appareil pompeux dont il s'entoure et qui fait trembler Esther, il parle du mariage avec des sentiments chrétiens, de sa femme avec urbanité et même amabilité, des embarras du trône avec la mélancolie d'un sage. L'Esther et l'Assuérus modernes ressemblent un peu à Mme de Maintenon et à Louis XIV ; ils sont aussi français que bibliques.

Onzième question. — *Le sujet d'Esther est-il historique ?*

Oui ; les événements qui font le sujet de cette tragédie se sont passés l'an 508 avant J.-C. Assuérus est le nom biblique de Darius Ier, fils d'Hystaspe, qui joua un rôle important dans les guerres Médiques ; c'est lui, en effet, qui les commença en 504 ; ce sont ses deux généraux, Datis et Artapherne, qui furent battus par Miltiade à Marathon, en 490. Il épousa la fille de Cyrus, nommée Atossa ou Vasthi, et la répudia pour épouser une autre femme nommée Esther. Cette dernière était une jeune fille née en Perse, pendant la captivité des Juifs à Babylone ; son intercession sauva réellement les Juifs d'un massacre général. Il est encore vrai que c'est à l'occasion de cette délivrance, prononcée par Darius Ier, que les Juifs instituèrent la fête des *Purim* ou du Sort, ainsi nommée parce qu'on jeta les sorts dans l'urne devant Aman, pour savoir quel mois et quel jour on exterminerait tous les Juifs. Cette fête est encore célébrée actuellement par les Juifs, le 18 février, jour qui correspond à leur 14e jour d'Adar, dernier mois de l'année hébraïque. Aman et Mardochée sont également historiques. C'est à Mardochée qu'on attribue généralement le livre d'*Esther*, où est racontée toute cette histoire.

Douzième question. — *Donnez une idée de l'importance religieuse de la tragédie d'*Esther ?

La tragédie d'*Esther* tranche une question longtemps controversée au dix-septième siècle, et que la pièce de *Polyeucte* elle-même avait laissée sans solution : l'introduction des sujets religieux sur la scène. *Esther*, par son éclatant et incontestable succès, réconcilie la religion et le théâtre. Le mérite de Racine est d'avoir, pour ainsi dire, sanctifié la poésie dramatique par un chef-d'œuvre tiré de la Bible.

PARAGRAPHE III

Du sort des représentations d'*Esther* et des signes du temps ou allusions contemporaines renfermées dans cette pièce.

Première question. — *Quel fut le sort des représentations d'*Esther, *au dix-septième siècle ?*

Esther eut le plus grand succès au dix-septième siècle, autant à cause du patronage de Louis XIV et de Mme de Maintenon que du talent de Racine.

Deux écrivains du temps, Mme de la Fayette et Mme de Sévigné, nous ont laissé un récit détaillé de la première représentation de cette tragédie. Mme de la Fayette, quoique brouillée, à cette époque, avec Mme de Maintenon, et, pour cette raison, peu favorable à Racine, parle de cette cérémonie en termes très-élogieux : « On y porta un degré de chaleur qui passa tout, et, ce qui devait être regardé comme une comédie de couvent, devint l'affaire la plus sérieuse de la cour. »

Mme de Sévigné s'exprime ainsi : « Je ne puis vous dire l'excès de l'agrément de cette pièce ; c'est une chose qui n'est pas aisée à représenter et qui ne sera jamais imitée ; c'est un rapport de la musique, des vers, des chants, des personnes, si parfait et si complet qu'on n'y souhaite rien ; les filles, qui font des rois et des personnages, sont faites exprès ; on est attentif, et on n'a point d'autre peine que celle de voir finir une si aimable pièce. Tout y est simple, tout y est innocent, tout y est sublime et touchant ; cette fidélité de l'histoire sainte donne du respect ; tous les chants convenables aux paroles sont tirés des Psaumes et de la Sagesse et sont d'une beauté qu'on ne soutient pas sans larmes. La mesure de l'approbation qu'on donne à cette pièce, c'est celle du goût et de l'attention. Le roi ne peut s'en rassasier. »

Louis XIV avait fait lui-même toutes les invitations, car on n'entrait qu'avec des billets donnés ; il s'était fait le contrôleur de la salle et recevait ses invités, sa liste à la main. Saint-Simon dit à ce sujet : « Il se mettait en dedans, à la porte de la salle, tenait sa canne haute, pour servir de barrière. » Puis, pendant les entr'actes, il allait dire un mot à chaque spectateur d'importance. C'est à ce propos qu'il dit à Mme de Sévigné, toute fière d'une pareille attention : « Racine a bien de l'esprit. » C'était une faveur que d'assister à ces représentations privilégiées ; l'élite de la nation française s'y donnait rendez-vous ; en un mot, il n'y a pas d'exemple au dix-septième siècle d'une plus grande gloire pour un poëte ; c'est le plus beau moment de la vie de Racine. Les mémoires du temps nous ont même gardé les noms des jeunes filles qui créèrent, comme on dit de nos jours, les principaux personnages ; Mlle de Veillanne, *Esther* ; Mlle de Lalie, qui fit couler des pleurs à Racine le jour de sa prise de voile, *Assuérus* ; Mlle de Glapion, *Mardochée* ; Racine disait d'elle : « J'ai trouvé un Mardochée dont la voix va droit au cœur. » Mlle d'Abancourt, *Aman* ; Mlle de Caylus, âgée de seize ans, nièce de Mme de Maintenon, *La Piété*. La musique des chœurs fut composée par un artiste nommé Moreau ; on dit que Racine, à la fin de la première représentation, se déroba modestement à son triomphe.

Le succès d'*Esther* dura deux ans environ, jusqu'à *Athalie*. Cette dernière pièce n'eut pas, on le sait, la vogue de sa sœur aînée, et l'entraîna même dans sa chute. Une partie des raisons, qui firent tomber *Athalie*, fit aussi, par un effet rétroactif, tomber *Esther* ; les dévots, entre autres le nouveau directeur de Saint-Cyr, Godet des Marais, sulpicien d'une piété rigide et ombrageuse, Mme de Maintenon elle-même, reconnurent le danger de ces représentations mondaines données par les demoiselles de Saint-Cyr, en présence de ce que la cour avait de plus séduisant, et le silence se fit peu à peu autour d'*Esther*, comme autour d'*Athalie*.

Deuxième question. — *Quel fut le sort des représentations d'*Esther, *au dix-huitième siècle ?*

On cessa de jouer *Esther* pendant trente-deux ans (1689-1721). Louis XIV avait défendu de représenter cette pièce sur aucun théâtre, son ordre fut fidèlement observé. Mais un jour, le 8 mai 1721, sous la Régence, c'est-à-dire à une époque où le gouvernement et l'opinion publique n'étaient plus arrêtés par les mêmes scrupules religieux et ne regardaient pas comme une profanation l'introduction d'une tragédie biblique sur la scène, *Esther* fut donnée au Théâtre-Français ; on y fit, il est vrai, des coupures ; on supprima les chœurs que l'on considérait comme un appareil religieux inutile ; la pièce, même débarrassée de ce lest, tomba complètement. Deux raisons expliquent cette chute : le caractère de l'esprit public corrompu par le scepticisme de la Régence et peu propre à saisir les beautés bibliques de cette tragédie ; la médiocrité des interprètes étrangers à ce genre d'ouvrages. Cependant, si cette pièce fut, pour ainsi dire, morte pour le théâtre, pendant le dix-huitième siècle, elle resta toujours vivante, au moins à l'état de légende, dans la maison de Saint-Louis. On raconte en effet que, le 16 novembre 1792, quelques jours avant que le couvent ne fût détruit par la Terreur (car l'édifice actuel est une reconstruction), la dernière religieuse de Saint-Cyr, Catherine de Villeneuve, âgée de soixante et onze ans, mourut en chantant le premier chœur où les compagnes d'Esther déplorent les malheurs de Sion.

Troisième question. — *Quel fut le sort des représentations d'*Esther *au dix-neuvième siècle ?*

Dès le commencement du dix-neuvième siècle, la pièce a reparu au Théâtre-Français et n'a cessé d'y avoir le plus grand succès. On a conservé le souvenir de deux représentations mémorables de cette tragédie. La première, sous l'Empire, en 1803 ; c'est à l'Opéra qu'elle eut lieu, à cause de la musique des chœurs, avec Talma pour interprète du rôle d'Assuérus, en présence de Napoléon Ier. La seconde, le 18 février 1839, avec Mlle Rachel, actrice juive qui interpréta admirablement ce rôle de juive ; cette date du 18 février fut choisie exprès, parce que c'est un jour solennisé par les Israélites, qui fêtent alors leur délivrance.

Si, de nos jours, la pièce a plus de succès qu'au dix-huitième siècle, c'est pour deux raisons : d'abord, parce que le public contemporain la juge, non d'après les principes religieux, mais d'après les principes de l'art ; ensuite, parce que les acteurs, chargés de l'interpréter, l'ont toujours fait avec un talent et une conscience irréprochables.

Quatrième question. — *Quels sont les signes du temps, ou allusions contemporaines, dans la tragédie d'*Esther *?*

Les signes du temps, ou allusions, abondent dans *Esther*. On a même prétendu que la malignité publique les avait exagérées, qu'elle s'en était donné à cœur joie, qu'on avait joué à l'allégorie. Nous ne sommes pas de cet avis; nous croyons vraies toutes les allusions vraisemblables dans cette tragédie, pour un grand nombre de raisons que nous allons énumérer : 1° le goût prononcé du dix-septième siècle pour les allusions de ce genre, pour les à-propos historiques introduits dans les tragédies; 2° une convention tacite qui a toujours autorisé les écrivains français à représenter, derrière le personnage historique mis en scène, l'homme contemporain; c'est ce que nous appellerons *l'autorisation de l'anachronisme dramatique*; 3° le penchant de Racine à l'épigramme, sœur de l'allusion; 4° son courage à risquer des allusions, même hasardeuses et compromettantes, courage qui commence à se montrer dans *Esther*, pour éclater dans *Athalie*; 5° l'aveu même de Mme de Maintenon, de Mme de la Fayette et de Mme de Caylus.

Voici ces allusions : les unes portent sur les personnes, les autres sur les faits.

Voici celles qui portent sur les personnes :

Assuérus, c'est Louis XIV; Esther, c'est Mme de Maintenon; Aman, c'est Louvois et Michel le Tellier; Vasthi, c'est Mme de Montespan; Mardochée, c'est le grand Arnauld; les compagnes d'Esther, ce sont les demoiselles de Saint-Cyr.

Voici celles qui portent sur les faits :

Première allusion. — La répudiation de Vasthi pour *Esther*. C'est la répudiation de Mme de Montespan pour Mme de Maintenon. Un critique, M. G. Merlet, dit : « Il est difficile d'admettre que le souvenir d'une favorite et de son règne ait pu être un heureux moyen de plaire à Mme de Maintenon et à Louis XIV. » Cette objection ne nous paraît pas fondée. L'amour-propre de Mme de Maintenon ne pouvait que trouver son compte à la pensée de son triomphe; c'est ce que dit Mme de Caylus : « La modestie de Mme de Maintenon ne put l'empêcher de trouver dans le caractère d'*Esther* et dans quelques circonstances de ce sujet des choses flatteuses pour elle ; la Vasthi avait ses applications. » Mme de Lafayette est encore plus explicite : « La comédie représentait, en quelque sorte, la chute de Mme de Montespan et l'élévation de Mme de Maintenon ; toute la différence fut qu'Esther était un peu plus jeune et moins précieuse en fait de piété (épigramme qui tient à ce que, à cette époque, Mme de Lafayette était brouillée avec Mme de Maintenon). L'application qu'on lui faisait du caractère d'Esther et de celui de Vasthi à Mme de Montespan, fit qu'elle ne fut pas fâchée de rendre public un divertissement qui n'avait été fait que pour la communauté. » Enfin, Mme de Maintenon s'est reconnue elle-même dans *Esther* succédant à *Vasthi*, puisque, dans sa correspondance, se trouve une lettre où elle s'applique le vers de Racine :

> La fameuse disgrâce
> De l'altière Vasthi dont j'occupe la place.

Deuxième allusion. — L'influence d'Esther sur Assuérus. C'est l'influence de Mme de Maintenon sur Louis XIV. Esther, dans la tragédie de Racine, adoucit, attendrit Assuérus :

> Je ne trouve qu'en vous je ne sais quelle grâce
> Qui me charme toujours et jamais ne me lasse......
> Oui ; vos moindres discours ont des grâces secrètes. (II, VII.)

Dans la Bible, elle ne le charme guère, puisqu'il reste trente jours sans lui parler. Cette influence de Mme de Maintenon sur Louis XIV a été délicatement exprimée par Mme de Sévigné, dans le passage suivant : « Mme de Maintenon fit connaître à Louis XIV un pays tout nouveau, le commerce de l'amitié et de la conversation sans chicane et sans contrainte. » On sait du reste que cette passion d'automne exerça sur le roi une action calme et bienfaisante.

Troisième allusion. — Le mariage inavoué du roi et de Mme de Maintenon. Une expression d'Esther le rappelle. Quand Assuérus veut rassurer sa femme évanouie, il lui dit : « Suis-je pas votre frère ? » Ce mot, impropre dans la bouche de l'Assuérus biblique, convient à l'Assuérus français, parce qu'il exprime et déguise à la fois ce que le terme d'époux aurait eu de trop précis, appliqué à Louis XIV, qui était marié secrètement à Mme de Maintenon.

Quatrième allusion. — L'origine juive d'*Esther*. C'est l'origine protestante de Mme de Maintenon. Quand Assuérus apprend l'origine de sa femme, il traite sa naissance de *source impure*. Cette Esther, dit-il,

> Dans une source impure aurait puisé ses jours ! (III, IV.)

Ce mot rappelle la nouvelle catholique convertie, l'orpheline des prisons de Niort. Mme de Maintenon fut, en effet, enfermée comme protestante aux Ursulines de Niort, puis aux Ursulines de Paris, où elle abjura volontairement le protestantisme à seize ans. L'allusion à Mme de Maintenon s'arrête brusquement dans Racine, puisque Louis XIV est censé persécuter à bon droit les calvinistes, tandis que Assuerus est censé perséter injustement les Juifs.

Cinquième allusion. — Les réflexions mélancoliques d'Esther sur les grandeurs souveraines. C'est le regard que Mme de Maintenon jetait souvent en arrière sur son foyer obscur et son humble condition passée. Esther dit, en parlant de ses compagnes :

> Et c'est là que, fuyant l'orgueil du diadème,
> Lasse des vains honneurs et me cherchant moi-même,
> Aux pieds de l'Eternel je viens m'humilier,
> Et goûter le plaisir de me faire oublier. (I, i.)

Ces vers rappellent un mot que prononça un jour Mme de Maintenon, en regardant de petits poissons rouges qui nageaient tout effarés dans un bassin d'eau claire : « Ils sont comme moi ; ils regrettent leur bourbe. » Il faut que ce parallèle entre l'*Esther* biblique et l'*Esther* française fût bien transparent pour que le grave Boileau le constate dans une de ses satires, trois ans après *Esther*.

> J'en sais une chérie et du monde et de Dieu,
> Humble dans la grandeur, sage dans la fortune,
> Qui gémit, comme Esther, de sa gloire importune. (*Sat.*, X. 1692.)

Sixième allusion. — La politique dure et impitoyable d'Aman. C'est la politique de Louvois, c'est aussi celle du P. Le Tellier, jésuite.

1° C'est celle de Louvois. Quelques critiques ont refusé de voir dans Aman une allusion à Louvois. M. G. Merlet dit : « Il est difficile de croire à un dessein de satire contre Louvois, parce que c'eût été une maladresse que de reprocher à Loius XIV d'avoir confié une partie de son pouvoir à des mains impitoyables et de flétrir une politique qu'il approuvait et même qu'il commandait. » Cette objection n'est pas juste ; sans doute Louvois était encore en place, et même en faveur, en 1687, l'année d'*Esther*, puisqu'il mourut ministre de la guerre en 1691 et que son fils Barbezieux lui succéda. Mais d'abord Racine, en censurant la politique de Louvois, était sûr de plaire à Mᵐᵉ de Maintenon qui ne l'aimait pas, parce qu'il s'était opposé à son mariage avec Louis XIV. Ensuite Racine, qui ne reculait pas devant les allusions périlleuses, n'aurait pas craint de blâmer Louvois devant Louis XIV, même si Louis XIV eût été complétement favorable à Louvois, dans le cas où il aurait, lui Racine, désapprouvé Louvois ; il a montré par les hardiesses d'Athalie qu'il n'avait pas peur de présenter à Louis XIV un miroir qui ne l'embellissait pas. Enfin, il s'en faut que Louis XIV ait approuvé jusqu'au bout la politique de Louvois et contre-signé ses actes, quoiqu'il l'ait maintenu au pouvoir. Après l'incendie du Palatinat, quand il apprit que Louvois allait aussi brûler la ville de Trèves, il le fit venir et lui ordonna de ne pas donner suite à son projet. Louvois lui répondit : « Sire, il est trop tard ; vos ordres sont envoyés. » Alors, dit Saint-Simon, Louis XIV leva sa canne pour le frapper. Plus tard, ajoute le même historien, au moment où Louvois mourut de fatigue, à l'âge de cinquante ans, Louis XIV était tellement révolté de sa hauteur, qu'il allait le faire mettre à la Bastille. On peut conclure de ces deux faits, même en admettant la part de l'exagération, que Louis XIV n'approuvait pas complétement la politique de Louvois. Racine, en critiquant ce ministre, avait donc l'assentiment secret du roi, comme il avait l'assentiment avoué de la reine. On ajoute encore que le parallèle entre Aman et Louvois était autorisé par quelques paroles échappées à l'orgueilleux ministre et dont les vers suivants, prononcés par Aman, seraient la reproduction :

> Il sait qu'il me doit tout et que, pour sa grandeur,
> J'ai foulé sous les pieds, remords, crainte, pudeur,
> Qu'avec un cœur d'airain exerçant sa puissance,
> J'ai fait taire les lois et gémir l'innocence. (III, I.)

C'est une allusion aux dragonnades, œuvre de Louvois. Enfin Mᵐᵉ de Caylus indique clairement le parallèle, quand elle dit : « Aman avait de grands traits de ressemblance. »

2° La politique d'Aman est aussi celle du P. le Tellier, confesseur du roi et principal instigateur des persécutions exercées contre les jansénistes. Le P. le Tellier est l'auteur de la destruction de Port-Royal, en 1710.

Septième allusion. — L'édit de proscription d'Assuérus contre les Juifs. Disons d'abord que ce n'est pas une allusion à la révocation de l'édit de Nantes, c'est-à-dire à l'édit de persécution contre les protestants, parce que Racine approuvait, comme catholique, la révocation de l'édit de Nantes et qu'il condamne, dans sa tragédie, l'édit de proscription signé par Assuérus contre les Juifs. S'il était nécessaire de démontrer que Racine approuvait la révocation de l'édit de Nantes, la preuve serait fournie par le prologue même d'*Esther*, où le poëte loue clairement cette iniquité dans une dizaine de vers consacrés à l'éloge de Louis XIV destructeur de « l'affreuse hérésie ; » par *affreuse hérésie* Racine entend le protestantisme. Il se serait mis en contradiction avec lui-même en blâmant la révocation de l'édit de Nantes dans la pièce et en l'approuvant dans son prologue.

L'édit de proscription d'Assuérus contre les Juifs est une allusion aux persécutions dirigées contre les jansénistes, non par le ministre Louvois, mais par le P. le Tellier, jésuite, confesseur du roi. A l'époque où parut *Esther* (1689), le jansénisme était vivement persécuté ; il avait même été si violemment frappé que tous ses adhérents étaient dispersés et exilés. En 1679, le grand Arnauld avait été forcé de s'exiler en Hollande, après vingt-trois ans de séjour à Port-Royal. En 1677, Nicole avait été obligé de se cacher aux environs de Chartres et de Beauvais pour échapper à la Bastille, et, en 1679, de quitter la France, pour vivre à Bruxelles et à Liége. L'Ordre entier avait été dispersé par un édit de 1679, en attendant la destruction de l'abbaye de Port-Royal-des-Champs qui ne devait pas tarder (1710) et la dispersion des os des morts reposant en paix dans le cimetière (1711). Le sort des amis de Racine était donc des plus pénibles en 1689. Il en souffrait cruellement dans son cœur et dans sa foi ; car il était fervent janséniste. Aussi n'est-il pas étonnant que la tragédie d'*Esther* renferme de nombreuses allusions au jansénisme. Les voici, indépendamment de l'édit de proscription d'Assuérus contre les Juifs :

1° *Les premiers vers du Prologue sur la Grâce*. La Grâce est, comme on le sait, le fondement du jansénisme ; Port-Royal bien plus que la maison de Saint-Cyr est le séjour de la Grâce. Ce mot, mis au début d'*Esther*, après douze ans de silence, est caractéristique. Il est impossible de ne pas croire que Racine, en l'écrivant au frontispice de son œuvre, n'ait pas voulu rappeler le lieu où s'était écoulée son enfance, et qui se trouvait alors vide et dépeuplé :

> Je descends dans ce lieu par la Grâce habité. (I, 1.)

Le même souvenir d'enfance et de vallée de Chevreuse se retrouve dans ces vers de la fin, qui semblent animés d'un élan de reconnaissance.

> Que le Seigneur est bon ! que son joug est aimable !
> Heureux qui, dès l'enfance, en connait la douceur ! (III, IX.)

2° *Les passages nombreux où il est question de rois trompés par leurs conseillers, en matière politique et en matière religieuse :*

> — On peut des plus grands rois surprendre la justice. (III, IX.)
> — Détourne, roi puissant, détourne tes oreilles
>   De tout conseil barbare et mensonger.
>   Il est temps que tu t'éveilles ! (III, III.)
> — Et l'enfer, couvrant tout de ses vapeurs funèbres,
>   Sur les yeux les plus saints a jeté ses ténèbres. (Prologue.)
> — Je prévins donc contre eux l'esprit d'Assuérus ;
>   Je les peignis puissants, riches, séditieux,
>   Leur Dieu même ennemi de tous les autres Dieux... (II, I.)

Ce sont les jansénistes que Racine désigne dans tous ces passages ; tous ces mauvais conseils, ce sont les insinuations perfides que le P. le Tellier glissait sur leur compte au roi, peu expert en matière religieuse et déjà affaibli par l'âge.

3° *Les plaintes des Juifs captifs et menacés de mort*, plaintes répandues dans les différents chœurs.

> Dieu d'Israël ! dissipe enfin cette ombre !
> Des larmes de tes saints quand seras-tu touché ? (II, IX.)

Ce sont les vœux que formaient en 1689, c'est même le langage que tenaient les solitaires de Port-Royal, au fond de leur prison ou de leur exil. Les vers suivants renferment encore des regrets sur l'ancienne splendeur de Port-Royal et des espérances sur la réouverture de cette pieuse retraite :

> Ton Dieu n'est plus irrité ;
> Réjouis-toi, Sion, et sors de ta poussière !
> Quitte les vêtements de la captivité
> Et reprends ta splendeur première ! (III, IX.)

Rien d'étonnant que Racine ait cherché à intercéder auprès du roi en faveur de ses amis, ni qu'il ait fait entendre dans *Esther*, d'une manière indirecte et timide, les premiers accents d'une voix qui, deux ans plus tard, s'enhardira jusqu'à l'imprudence, dans *Athalie*.

4° *L'inflexibilité de Mardochée devant Aman*. C'est l'inflexibilité du grand Arnauld devant Louis XIV. Au dix-septième siècle, on appliquait à ce sévère janséniste, qui refusa toujours de se soumettre aux exigences de Louis XIV, le vers suivant :

L'insolent devant moi ne se courba jamais. (II, 1.)

Telles sont les allusions au jansénisme.

Huitième et dernière allusion contemporaine. Les jeunes Israélites, élevées par Esther dans les pratiques de la religion juive, ce sont les jeunes pensionnaires de Saint-Cyr que Mᵐᵉ de Maintenon se plaisait à élever dans la religion chrétienne. Elle les aimait passionnément ; elle disait d'elles : « Rien ne m'est plus cher que mes enfants de Saint-Cyr ; j'en aime jusqu'à leur poussière. » Et ailleurs : « J'ai grande impatience de voir mes petites filles et de me trouver dans leur étable ; j'en reviens toujours plus affolée. »

Toutes ces allusions sont vraisemblables. Elles valurent à la tragédie d'*Esther* un grand succès d'à-propos et de malice.

PARAGRAPHE IV

Considérations générales sur la tragédie d'*Esther*. — La réunion de trois genres en un. — Double caractère biblique et grec. — Les deux idées principales de la pièce. — Avantages et inconvénients de la doctrine juive renfermée dans *Esther*.

Première question. — *Caractérisez d'une manière générale la tragédie d'*Esther ?

Cette œuvre tient de la *tragédie* par l'action et les principaux événements qui, sans être éminemment dramatiques, inspirent cependant, sous une forme modérée, la terreur et la pitié ; elle tient aussi de l'*élégie* par les plaintes touchantes d'Esther et de ses compagnes ; de l'*ode* par la poésie lyrique des chœurs. C'est une ingénieuse et brillante combinaison de ces trois genres, faite sans disparate, grâce au génie de l'auteur.

On peut encore dire, à juste titre, si l'on considère la pensée et la musique religieuse qui soutiennent cette œuvre, que c'est un magnifique *oratorio*.

Deuxième question. — *La tragédie d*'Esther *est-elle purement biblique?*

Non ; sans doute, elle est *biblique* par le caractère de l'action, le choix des personnages, et la pensée religieuse ; mais elle est aussi *grecque*, sous plusieurs rapports, par la simplicité de l'intrigue, la brièveté des proportions, l'alliance de la poésie lyrique et du drame (un des caractères de la tragédie grecque) et enfin l'absence d'amour, signe distinctif général, sinon absolu, du théâtre d'Eschyle, de Sophocle et d'Euripide.

Troisième question. — *Quelle est l'idée générale de la tragédie d*'Esther?

C'est que Dieu se sert quelquefois de ses plus humbles serviteurs pour accomplir ses plus grands desseins. Voici les vers qui renferment cette pensée :

> O Dieu ! par quelle route inconnue aux mortels
> Ta sagesse conduit ses desseins éternels ! (III, IX.)

Quatrième question. — *La tragédie d*'Esther *ne renferme-t-elle pas une autre idée générale?*

Oui ; c'est que le salut des Juifs dépend souvent d'un hasard, d'un événement inattendu, d'un coup de dé, pour ainsi dire. En effet le supplice d'Aman et, par suite le salut des Juifs, sont une conséquence, non pas du démérite d'Aman, mais de l'erreur d'Assuérus, fait purement accidentel. (Voir Michelet, *Bible de l'humanité*. Nous résumons cet historien.)

Cinquième question. — *Ces deux idées générales reviennent-elles souvent dans la Bible?*

A chaque page. Une lecture attentive de la Bible prouve que le fondement de l'histoire juive est ce principe, à la fois très-orgueilleux et très-humble ; que le peuple de Dieu, par un miracle perpétuel, doit avoir une destinée constamment extraordinaire, une destinée en dehors de la prévoyance humaine. Ce principe ressort surtout du livre des Juges. Dans ce livre, qui est une histoire des sept captivités subies par les Juifs, de 1554 à 1080 avant J.-C., et dont les Juges les affranchissent, chacune de ces captivités finit par un coup de hasard, par un événement en dehors de la sagesse. Ainsi, c'est Débora qui perce d'un clou la tête de Sisara. (III, 21.) C'est Samson qui écrase les Philistins sous les ruines du temple. (XVI, 30.) C'est Samgar qui tue six cents Philistins avec un soc de charrue. (III, 31.) Ce sont les trois cents soldats de Gédéon qui défont, à eux seuls, l'innombrable armée des Madianites. (VII et VIII.) C'est Jephté qui extermine une armée ephraïmite de quarante-deux mille hommes, en faisant prononcer à chaque fuyard le mot Sibboleth. (XII, 6.) Une circonstance inattendue amène toujours la délivrance du peuple juif. C'est comme la génuflexion d'Aman devant Esther.

Grâce à ce retour perpétuel de circonstances miraculeuses, le peuple juif, sans cesse abattu se relève, toujours disparu se retrouve. Telles sont les preuves que c'est l'imprévu, le hasard, et non pas la force et la sagesse, qui font triompher la cause du peuple élu.

Voici les preuves de l'autre idée générale, que Dieu choisit pour manifester sa gloire, le faible plutôt que le fort, le petit plutôt que le grand, le cadet plutôt que l'aîné. Il préfère le timide Joseph, qu'il élève au trône d'Egypte, au fier Juda. Il préfère Jacob, fin et doux, au fort et velu Esaü, au vaillant Ismaël, ses aînés. Il préfère le petit David au géant Goliath. C'est par suite de cette préférence marquée pour les petits, que le Dieu de la Bible s'est choisi et comme approprié un petit peuple, qui est élu, à l'exclusion du genre humain qui est rejeté.

Rien de mieux que cette protection accordée aux faibles ; mais voici une conséquence de ce principe : non-seulement Dieu aime et choisit le plus petit en taille et en force, mais il aime et choisit aussi le plus petit en mérite, de préférence au plus grand en mérite, celui qui n'a pas de volonté et ne fait rien, de préférence à celui qui veut et qui agit. Ainsi, il préfère l'oisif Abel, qui passe son temps à garder les troupeaux, au travailleur Caïn qui laboure péniblement la terre ; car le commentaire qui montre Caïn comme un égoïste est de pure fantaisie ; rien de pareil dans la Bible. (V. *Genèse*, IV, 3 et sqq.) Caïn a plus de mérite qu'Abel ; Abel force la main à Dieu ; Dieu le bénit, uniquement parce que cela lui plaît.

Ce n'est pas tout. Dieu préfère visiblement le plus petit au plus grand en mérite, mais encore celui qui a démérité à celui qui a toujours mérité, celui qui a transgressé sa loi à celui qui l'a toujours suivie. En voici trois preuves :

1° Jacob, qui fraude son père aveugle en mettant une peau de mouton, afin de se faire passer pour Esaü, est élu et béni ; il devient un des trois grands patriarches d'Israël.

2° Lévi, qui commet une trahison et un meurtre, en tuant dans une embuscade le roi Sichem qui a déshonoré sa sœur Dina, Lévi, qui, pour cet acte peu avouable, encourt la malédiction de son père Jacob mourant, est élu et béni ; il devient le père de la tribu sainte. (*Genèse*, XLIX, versets 54 et sqq.)

3° Juda, qui vend Joseph et achète les amours impures du grand chemin (Histoire de Thamard, *Genèse*, XXXVIII, 2 et sqq.), est élu et béni ; c'est lui qui donne son nom au peuple juif, quand de meilleurs que lui auraient dû avoir cet honneur : Ruben, par exemple, l'aîné des fils de Jacob, qui s'était opposé à la vente de Joseph.

Ces exemples de préférence accordée à l'homme déméritant sur l'homme méritant ne sont que le commentaire de ce mot qui revient sans cesse dans la Bible : « Le peuple élu est indigne. » Et, quand on cherche la cause de ce fait extraordinaire, on ne trouve d'autre explication que celle-ci : cela a plu au Seigneur.

Sixième question. — *Pourquoi cette préférence accordée par le Dieu des Juifs au hasard sur la sagesse, à la faiblesse sur la force, au mérite sur le démérite ?*

Ce n'est pas une préférence expresse pour le mal et le péché ; c'est une application rigoureuse de ce principe sur lequel repose toute la loi juive : la miséricorde de Dieu se manifeste bien plus quand il protége l'indigne que quand il protége le bon, quand il donne tout à celui à qui il ne doit rien que quand il comble de faveurs celui à qui il doit tout. Sa toute-puissance et sa gloire éclatent bien mieux par des coups miraculeux que par des desseins concertés et suivis. Quand il mène les événements de la terre suivant les conseils de la raison, quand il punit le méchant et récompense le bon, on dit : « Qu'il est sage, qu'il est juste ! » Mais, quand il favorise le coupable, quand il frappe l'innocent et le fils du coupable, on s'écrie : « Qu'il est puissant, qu'il est Dieu ! » C'est du moins ce que pensaient les Juifs. (Résumé de Michelet.)

Septième question. — *Quelle est la doctrine religieuse moderne avec laquelle cette doctrine juive offre du rapport ?*

Le jansénisme. Cette doctrine juive renferme en germe la théorie de la Grâce, avec ses hasards, ses coups de dé, ses dons gratuits ; elle repose sur un fondement étranger à la justice, sur des préférences injustes. Elle prouve le besoin qu'avaient les Juifs de faire apparaître Dieu à tout propos et, pour ainsi dire, de vive force. Elle prouve combien l'esprit messianique a travaillé et troublé ce peuple, dès ses plus hautes origines.

Huitième question. — *Quels sont les avantages et quels sont les dangers de cette doctrine juive ?*

Les avantages en sont médiocres et les dangers considérables. Les avantages, c'est qu'elle fait mieux ressortir là toute-puissance divine ; les dangers, c'est qu'elle la fait ressortir souvent d'une manière arbitraire et injuste. Elle décourage l'effort, désole le juste, peut fermer pour toujours la porte à la bonne volonté humaine. D'un autre côté, elle peut encourager l'infidélité et le mal ; c'est ce qui arriva pour les Juifs dont l'histoire est une suite de chutes et de rechutes toujours pleurées et toujours renouvelées. En vain Moïse fait la grosse voix ; en vain Isaïe tonne et foudroie ; en vain Dieu leur dit : Je ne vous délivrerai plus. (*Juges*, IX, 13.) Le peuple élu semble dire : « Tout me sera pardonné ; je suis le fils de la maison. »

Cette doctrine est donc déplorable et pourtant elle a prévalu chez les Juifs, jusqu'au sixième siècle avant J.-C., c'est-à-dire jusqu'à la fin de la captivité de Babylone (536). C'est à cette époque terrible, qui mit en question toutes les existences et toutes les idées, que deux prophètes, deux captifs illustres, *Jérémie* et *Ezéchiel*, renversèrent ce vieil édifice de la législation juive et substituèrent à ces idées fausses l'idée de la justice et du droit. Ces deux prophètes, le dernier surtout, méritent la reconnaissance des hommes, pour avoir proclamé, avec une force digne des juristes romains, ces deux grands principes anti-juifs et anti-mosaïques de la responsabilité personnelle et du salut de chacun par ses propres œuvres. (*Jérémie*, XXXI, 29 et sqq. — *Ezéchiel*, tout l'admirable chapitre XVIII.)

Telles sont les observations auxquelles donnent lieu les deux idées générales d'*Esther*.

PARAGRAPHE V

Scènes principales.

Première scène principale. Le prologue.

Il est recité par la Piété. Ce prologue ne fut pas composé en même temps que la pièce. Mlle de Caylus, élève de la maison de Saint-Louis, âgée de seize ans, nièce de Mme de Maintenon, assistait à l'une des premières représentations de la tragédie, dirigée par Racine lui-même ; elle désira y jouer un rôle et pria le poëte de lui en improviser un ; il composa ce prologue à l'intention de sa jeune postulante. On peut dire, comme Louis XIV de la pièce, qu'il déploya dans ce morceau infiniment d'esprit. D'abord ce prologue est une sorte d'ouverture qui rappelle les expositions de la scène antique ; ensuite, c'est un compliment à l'adresse de Louis XIV, ordonnateur de la fête et de la reine, protectrice du couvent ; c'est un programme de l'éducation religieuse donnée à Saint-Cyr ; une page d'histoire pour les allusions sans nombre qu'il renferme ; enfin un chef-d'œuvre d'onction chrétienne et d'harmonie poétique. Racine y paraît donc courtisan adroit, chrétien fervent, historien ingénieux, poëte incomparable. Voici les allusions qui s'y rencontrent : au jansénisme, au protestantisme, aux missions étrangères, aux travaux apostoliques de l'Orient et du Nouveau-Monde, à la guerre de Hollande, à l'incendie du Palatinat, aux tragédies païennes de l'auteur condamnées sous le nom de *vaines fictions*. Quand on songe que toutes ces allusions sont renfermées dans soixante vers, et qu'on y trouve encore l'éloge de Louis XIV, de Mme de Maintenon, de Turenne, du grand Dauphin, des demoiselles de Saint-Cyr, la censure de Guillaume d'Orange, soutien de la religion réformée, et celle du public, admirateur des représentations profanes, quand on considère que tous les grands personnages du jour sont mentionnés dans cette courte pièce, sans qu'aucun fait, aucune personne soient désignés nominativement, on peut dire que ce prologue est le triomphe de l'allusion.

Deuxième scène principale (acte I, scène II). *L'exposition de la pièce.*

C'est un récit confidentiel fait par Esther à Élise de son élévation et de la vie retirée qu'elle mène à la cour ; cette exposition est un chef-d'œuvre de narration simple, élégante et gracieuse.

Troisième scène principale (acte I, scène III). *Les révélations de Mardochée à Esther.*

Mardochée révèle à Esther les projets sanguinaires d'Aman ; c'est un plaidoyer en faveur des Juifs, rempli d'une ardeur communicative et prononcé par un honnête homme, avec une conviction religieuse qui cherche à inspirer l'héroïsme et le dévouement qu'elle ressent elle-même.

Quatrième scène principale (acte I, scène II). *La prière d'Esther au Dieu d'Israël.*

C'est l'éloquente expression de la piété qui s'abaisse devant la bonté divine, en même temps qu'elle s'offre avec énergie pour l'accomplissement des actes héroïques que Dieu exigera d'elle. Cette prière est donc une admirable alliance de la faiblesse qui se prosterne et de la force qui se prépare à lutter.

Cinquième scène principale (acte II, scène II). *La peinture de l'orgueil et des souffrances d'Aman.*

C'est Aman lui-même qui, dans une conversation confidentielle avec Hydaspe son agent secret, lui fait part de l'état de son âme, de son ressentiment contre Mardochée, des froissements de son amour-propre et de ses pensées vindicatives. Ces aveux, qui débordent de son cœur comme une eau d'un vase trop plein, doivent être considérés comme l'analyse morale des tourments et des remords que cause l'abus du pouvoir ; comme une peinture de l'orgueil, de la dureté, de la jalousie ombrageuse des grands qui se rendent eux-mêmes malheureux en tyrannisant les peuples ; c'est une leçon à l'usage des mauvais ministres.

Sixième scène principale (acte II, scène VII). *La première démarche d'Esther auprès d'Assuérus.*

C'est une image frappante de l'empire exercé par la grâce et la vertu sur le despotisme et la force.

Septième scène principale (acte III, scène VI). *La seconde entrevue d'Esther et d'Assuérus, ou le repas.*

Le discours dans lequel Esther plaide la cause du peuple juif et démasque Aman est un éloquent plaidoyer inspiré par une grande pensée, le désir de sauver un peuple entier de la mort, et animé par l'expression vive et contenue à la fois de cette haine qu'inspire le vice aux âmes vertueuses.

Huitième scène principale. Les cinq chœurs de la tragédie.

Les chœurs d'*Esther* font partie intégrante de l'action; ils suivent et serrent, pour ainsi dire, l'intrigue; on ne saurait les intervertir, sans troubler le plan du drame.

Le premier chœur (I, II) est antérieur à toute menace de danger de la part d'Aman; c'est un simple chant de deuil sur les malheurs de la captivité, une sorte de complainte générale et vague sur la patrie absente, une paraphrase plaintive du cantique de David : *Super flumina Babylonis.*

Le second chœur (I, v) est postérieur à la nouvelle du décret d'extermination signé par Assuérus c'est un cri déchirant de douleur; c'est l'expression de cette angoisse aiguë que cause l'approche de la mort, en même temps qu'un appel énergique au Dieu des combats, seul capable d'écarter le poignard des méchants.

Le troisième chœur (I, IX) est postérieur à la première démarche d'Esther auprès d'Assuérus, démarche sans résultat positif, comme on sait, mais signalée cependant par l'accueil bienveillant d'Assuérus et l'acceptation du repas auquel l'invite sa femme; c'est l'expression de cette alternative de confiance et de crainte que doit naturellement causer aux jeunes Israélites cette idée que, d'un côté, Esther a pris en main la défense du peuple Juif et que, de l'autre, Aman est tout-puissant; c'est donc l'expression de l'indécision morale où sont jetés les cœurs des Israélites par la lutte qui va s'engager entre la reine et le ministre du roi.

Le quatrième chœur (III, III) est chanté pendant le repas même, dans la salle du festin, par les jeunes Israélites, qui suivent des yeux l'entrée des convives et leurs mouvements à table. Il exprime à la vue d'Aman, qui entre, un redoublement de frayeur, à ce moment de crise qui va être définitif pour les Juifs, redoublement de frayeur qui se change vite, à la vue d'Esther, en un hommage paisible au monarque généreux et protecteur des faibles, et en une invocation confiante adressée au Dieu qui protége les bons et punit les méchants; de sorte que cet avant-dernier chœur commence par l'appréhension de la mort et se termine par l'espoir du salut. Il fait pressentir le triomphe d'Esther sur Aman, c'est-à-dire le dénoûment.

Le cinquième chœur (III, IV) est postérieur à la mort d'Aman, au triomphe définitif de Mardochée et à l'édit de délivrance des Juifs; c'est la conclusion et le couronnement de la tragédie; c'est une explosion de joie, un cantique d'allégresse, *le chant du départ* des Juifs pour Jérusalem.

Telle est la gradation des chœurs d'*Esther*. C'est le chef-d'œuvre de la poésie lyrique au XVIIe siècle. Toute cette partie de l'œuvre de Racine atteste la supériorité du poëte dans un genre où Malherbe seul, avant lui, avait donné des modèles. Elle brille par l'élévation de la pensée, autant que par l'éclat du style. La foi et l'enthousiasme s'y révèlent à chaque vers, tandis que la poésie lyrique de J.-B. Rousseau n'est qu'un effort de rhétorique et un brillant exercice de style.

PARAGRAPHE VI
Etude des différents personnages.

Première question. — *Caractérisez le personnage d'Esther.*
Esther est un modèle de grâce, de modestie et de vertu, en même temps que de dévouement patriotique et de zèle religieux. C'est un modèle de grâce, puisqu'elle plaît à Assuérus, parmi toutes ses rivales; de modestie, puisqu'elle ne cherche qu'à s'effacer, à rester *inconnue*, au milieu de cette cour dont elle est la reine; de dévouement patriotique, puisqu'elle brave la colère du roi, pour sauver son peuple, au risque d'être enveloppée dans l'édit de proscription; de zèle religieux, puisqu'elle passe son temps au pied des autels, puisque, après avoir adoré en silence le Dieu de ses pères, elle le proclame hautement et en fait même, devant ceux qui le nient, le plus pompeux éloge.

Seconde question. — *Caractérisez le personnage de Mardochée.*
Mardochée est un type de prudence, de courage, d'indépendance, de zèle politique et religieux. *De prudence*, puisque c'est par suite de ses sages conseils qu'Esther, élevée avec simplicité et dans une condition modeste, s'est mise sur les rangs pour épouser Assuérus, qu'elle lui a caché son pays et sa race pour vivre en paix sur le trône; puisque c'est grâce à ses avis

qu'elle a eu connaissance à temps du projet d'Aman et qu'elle a trouvé le meilleur moyen de le déjouer ; *de courage*, puisqu'il ose seul faire opposition à un ministre tout-puissant ; *d'indépendance*, puisqu'il vit fièrement dans sa pauvreté, sans plier le genou devant personne ; *de zèle politique*, puisqu'il sert bien son roi, en lui découvrant les complots tramés contre lui, et cela avec un désintéressement complet, car il n'est pas de la cour et ne songe même pas à réclamer la récompense d'un si grand service ; enfin *de zèle religieux*, puisqu'il consacre ses efforts au triomphe de la religion juive et à la défaite de son persécuteur amalécite. On peut dire encore que Mardochée personnifie le peuple juif, écrasé par la servitude, mais obstiné dans sa foi.

Troisième question. — *Caractérisez le personnage d'Aman.*

Aman est un ministre orgueilleux, dur, vindicatif, aveugle et maladroit. *Orgueilleux*, puisqu'il veut que tout le monde plie le genou devant lui, que la moindre opposition l'irrite, et que la soumission générale ne peut le dédommager d'une résistance isolée ; *dur et vindicatif*, puisque, pour se venger de l'opposition d'un seul homme, il ne craint pas de demander l'anéantissement de tout un peuple ; *aveugle*, puisque ses habitudes d'espionnage n'ont pu lui apprendre qu'Esther est juive, qu'elle se livre furtivement avec les jeunes Israélites qui l'entourent au culte du Dieu d'Abraham, que Mardochée est son oncle, qu'il a ses entrées secrètes à la cour, bien qu'il soit « toujours assis aux portes du palais, » puisqu'enfin il ignore que l'oncle et la nièce préparent le renversement de tous ses projets ; ce qui revient à dire qu'il ne sait rien de ce qui se passe autour de lui ; enfin il est *maladroit*, puisqu'il tombe dans les piéges qu'il tend à autrui, et se prend, comme on dit, dans ses propres filets. On peut dire encore qu'Aman est le type du parvenu oriental, élevé au pouvoir, dont il est rapidement renversé par le caprice d'un despote, et passant des marches du trône à la potence, après une de ces révolutions de palais dont l'histoire des monarchies orientales offre de si nombreux exemples. Casimir Delavigne a imité ce personnage dans le rôle du grand-prêtre Akébar du *Paria*.

Quatrième question. — *Caractérisez le personnage d'Assuérus.*

Assuérus est un type de monarque oriental, absolu dans son despotisme, cherchant à s'entourer d'un appareil de majesté et de terreur, pour intimider ses sujets ; irréfléchi dans sa conduite ; aveugle sur ce qui se passe autour de lui ; oublieux de ses bienfaiteurs ; exagéré dans ses récompenses tardives, comme dans ses punitions intempestives ; froid jusqu'à l'indifférence, en même temps que jaloux jusqu'à la barbarie ; enfin, cruel jusqu'à pratiquer, sans hésiter, sur un homme comme sur un peuple entier, cette justice orientale connue sous le nom de justice sommaire.

Cinquième question. — *Caractérisez le personnage de Zarès.*

Zarès, femme d'Aman, est un modèle de modération et de bon sens, opposés à la violence et à l'aveuglement d'Aman. C'est elle qui, au milieu des illusions dont se berce son mari, prévoit sa disgrâce, et cherche à prévenir le coup qui le menace. En effet, tandis qu'Aman se félicite de l'honneur qu'Esther vient de lui faire en l'invitant à dîner, Zarès lui explique qu'un piège lui est tendu, qu'Esther va le dénoncer, que le meilleur parti à prendre, c'est de s'éloigner de la cour, afin d'échapper par une prompte retraite à la haine du peuple et aux caprices de la fortune. Il ne tient pas compte de ces sages avis. Dans le peu de paroles qu'elle prononce, Zarès se montre donc femme sensée, épouse attentive et prévoyante, et même mère inquiète.

PARAGRAPHE VII

Reproches injustes.

Premier reproche injuste. — *L'absence d'action.* (Voltaire, la Harpe.)

Voltaire, après une longue critique de la pièce, dit : « Tout cela sans intrigue, sans action, déplaît beaucoup à quiconque a du sens et du goût. »

Réponse. L'action d'*Esther*, pour être simple et peu compliquée, n'en est pas moins réelle. Elle a même ce commencement, ce milieu et cette fin qu'exige Aristote de toute action régulière. Le commencement, c'est l'édit d'extermination signé par Assuérus ; le milieu, ce sont les épisodes suivants : La démarche de Mardochée auprès d'Esther ; la première entrevue d'Esther et d'Assuérus, la première punition d'Aman, préparée par l'épisode de l'insomnie d'Assuérus et terminée par la promenade de Mardochée à travers la ville, la seconde entrevue d'Esther et d'Assuérus ; la fin, c'est le supplice d'Aman et la délivrance des Juifs. Beaucoup de tragédies grecques n'ont pas d'intrigue plus compliquée et n'en sont pas moins des chefs-d'œuvre.

Deuxième reproche injuste. — *L'absence d'intérêt.* (Voltaire, la Harpe.)

Voltaire dit : « Le public impartial ne vit dans cette pièce qu'une aventure sans intérêt. »

La Harpe exprime le même avis, en le motivant. « La pièce, dit-il, manque d'intérêt, parce que les principaux personnages ne courent pas un péril sérieux, qu'Esther ne sera pas tuée par Assuérus, parce qu'il l'aime, ni Mardochée, parce qu'il lui doit la vie. »

Réponse. Un intérêt général et un intérêt particulier ressortent de cette pièce. *L'intérêt général*, c'est celui qu'inspirent toujours la punition du méchant et le triomphe de l'innocence opprimée. Quant à *l'intérêt particulier*, le voici : Sans doute Assuérus a de l'affection pour Esther et de la reconnaissance pour Mardochée, ce qui est pour eux une chance de salut. Mais d'abord Esther et Mardochée ne sont pas les seuls personnages de la pièce ; il y a derrière eux cent mille Israélites dont Voltaire et la Harpe ne tiennent pas compte, dont la vie est en jeu, et dont le danger par conséquent suffirait pour donner à la pièce de l'intérêt ; la Harpe a beau dire qu'on ne s'intéresse pas à une nation comme à un individu, qu'un danger collectif n'émeut pas comme un danger individuel, il émeut et suffit pour rendre une pièce *intéressante*. Ensuite, même en admettant, avec Voltaire et la Harpe, qu'Esther et Mardochée ne soient pas menacés de mort, il n'est pas juste de prétendre qu'un personnage n'est intéressant que s'il court un danger de mort. La mort n'est pas le plus grand des maux. La vie est quelquefois plus fâcheuse que la mort, pour les âmes délicates. Si Esther et Mardochée survivaient au peuple Juif, ils seraient plus malheureux que s'ils mouraient avec lui, parce que leur cœur est plein de patriotisme. La destruction de leur race serait à leurs yeux la plus redoutable des catastrophes et suffirait pour les rendre *intéressants*. Enfin, il n'est pas tout à fait juste de dire que la proscription qui menace les Juifs ne puisse atteindre ni Esther ni Mardochée. Sans doute, Assuérus aime sa femme, mais la découverte de sa religion étrangère peut la lui rendre suspecte et même odieuse; sans doute aussi, Mardochée lui a sauvé la vie; mais, outre qu'il ne lui en a jamais su beaucoup de gré, il peut aussi haïr en lui le Juif; enfin il peut craindre, en laissant à Esther et à Mardochée la vie sauve, que ces deux étrangers ne conspirent contre lui pour venger leur nation, et, par conséquent, il est possible qu'il cherche à tranquilliser son esprit en se débarrassant d'eux. Rien d'invraisemblable dans ces hypothèses, pour qui connaît le caractère de l'homme en général, et surtout celui des despotes ombrageux de l'Orient.

Troisième reproche injuste. — *La puérilité du sujet.* (La Harpe, Schlégel.)

La Harpe dit : « *Esther* est une pièce de couvent, sans aucun effet théâtral. »

Schlégel dit : « *Esther* mérite à peine le nom de tragédie; cet ouvrage, destiné à inspirer à de jeunes personnes les sentiments d'une piété douce, et à faire paraître leurs grâces avec avantage, ne s'élève pas fort au-dessus de son but. »

Réponse. Racine ne destinait pas cet ouvrage à la scène et il ne faut pas le juger d'après les exigences scéniques. Cependant il offre assez d'intérêt pour ne pas faire mauvaise figure au théâtre. Le sujet n'est puéril que par les enfants qui ont joué la pièce primitivement; il ne l'est pas par lui-même. Peut-on trouver de plus grandes pensées que celles qu'il renferme ? La Providence venant au secours de la faiblesse, pour assurer sur la terre le triomphe du droit; un peuple entier menacé de mort et miraculeusement sauvé par l'intervention d'une femme timide, qui devient l'instrument visible de la volonté céleste; le ministre, qui avait comploté ce noir projet, puni de mort, et ceux qui avaient failli en être les victimes retournant joyeux et reconnaissants dans leur patrie, après soixante-dix ans d'exil. Si un pareil sujet a pu servir quelque temps de récréation à de jeunes pensionnaires, n'est-il pas digne aussi de servir de méditation aux esprits mûrs et aux âmes élevées? Le philosophe et le chrétien n'y trouvent-ils pas une leçon?

Quatrième reproche injuste. — *L'application très-profane de l'histoire sacrée.* (Schlégel.)

Schlégel dit, après avoir expliqué les allusions contemporaines de la pièce : « Si Racine a eu réellement en vue de pareilles allusions, il a fait une application très-profane de l'histoire sacrée. »

Réponse. Ces allusions sont si discrètes et si voilées qu'elles n'altèrent en rien la pureté de cette histoire biblique, fidèle avant tout, par l'esprit et la lettre, au texte sacré.

Cinquième reproche injuste. — *L'ignorance d'Assuérus relativement à la religion et à la nationalité d'Esther.* (Voltaire, la Harpe.)

Voltaire et la Harpe ont dit : « Il n'est pas vraisemblable qu'Assuérus ignore à quelle femme il est marié, quel Dieu elle adore en secret et quel rôle jouent ces jeunes filles qui l'entourent. » « C'est un roi insensé qui a passé six mois avec sa femme, sans savoir qui elle est. » (Voltaire.)

Réponse. Ce fait, qui se trouve dans la Bible, s'explique par l'indifférence d'Assuérus pour sa femme, indifférence telle que le jour où Mardochée fait dire à Esther d'intercéder auprès du roi en faveur des Juifs, celle-ci lui fait répondre, par son serviteur Athach, qu'il y a trente jours qu'Assuérus ne lui a parlé. (IV, 10.) Ce trait est conforme à l'humeur dédaigneuse des rois d'Asie et à l'état d'infériorité où se trouvaient, et se trouvent encore, les femmes d'Orient. Si Assuérus reste trente jours sans parler à sa femme, on conçoit qu'il ignore qui elle est, et le Dieu qu'elle adore.

Sixième reproche injuste. — *La cruauté d'Assuérus.* (Voltaire, la Harpe.)

Voltaire et la Harpe ont dit : « Il n'est pas vraisemblable qu'Assuérus pousse la cruauté jusqu'à accorder au caprice d'un favori le massacre de tout un peuple. » — « Assuérus est un roi imbécile qui, sans prétexte, signe cet ordre d'extermination. » (Voltaire.)

Réponse. Ce fait, qui se trouve dans le livre d'Esther, « Fais de ce peuple ce qu'il te plaira (III, xi), » est justifié d'abord par le long réquisitoire d'Aman qui peint les Juifs comme un peuple divisé et rebelle (III, viii), ensuite par cet esprit de persécution, pour ainsi dire traditionnel, qui porta tant de rois à ordonner le massacre en masse des Juifs : Pharaon, du temps de Moïse ; les rois Séleucides, vers 203 ; Hérode, quelques années après la naissance de Jésus-Christ ; Adrien, l'an 135. Si le roi d'Egypte, Pharaon, ordonne le massacre de tous les Juifs, parce que les enfants mâles se multiplient trop dans son empire, Assuérus a pu donner un ordre semblable, parce que les Juifs, captifs dans ses États, lui sont représentés comme fomentant des séditions perpétuelles. C'est de la cruauté, c'est vrai, mais c'est de la cruauté historique. Il n'y a là nul reproche à adresser à qui que ce soit, sinon aux auteurs de tels édits.

Septième reproche injuste. — *Oubli des bienfaits et exagération des récompenses tardives, de la part d'Assuérus.* (Voltaire, la Harpe.)

On a dit : Il n'est pas naturel qu'un roi récompense un sauveur, longtemps oublié, par une mascarade pompeuse.

Réponse. Il y a là deux reproches en un. D'abord, ces deux faits se trouvent dans le livre d'Esther. (vi, de 6 à 12.) Ensuite, il ne faut pas oublier, pour la justification de la nature humaine, qu'il ne s'agit pas ici d'un homme quelconque, mais d'un roi, c'est-à-dire d'un personnage accablé d'affaires et de soucis, et encore n'est-il pas question d'un roi ordinaire, mais d'un roi d'Asie, c'est-à-dire d'un despote à l'humeur mobile et changeante, au caractère orgueilleux, porté aux extrêmes, comptant pour rien le dévouement de ses sujets, croyant que ceux-ci ne font que leur devoir en lui sauvant la vie. Il n'est pas extraordinaire qu'un pareil monarque, si peu sage, se trouve porté dans ses moments de générosité à l'exagération et qu'il mêle à ses actes de reconnaissance un peu de cette mise en scène si chère au génie oriental. Il y a donc, dans le fait moral de l'oubli d'Assuérus et dans le fait matériel de la promenade à grand spectacle de Mardochée, deux traits de couleur locale, et, par conséquent, deux détails naturels, eu égard au personnage d'Assuérus.

Huitième reproche injuste. — *Brusque passage d'Assué-*

rus de la confiance illimitée en Aman aux derniers excès de la vengeance. (Voltaire, la Harpe.)

Ces deux critiques ont dit : Ce revirement d'idées n'est pas naturel.

Réponse. Il est vrai, et il est dit textuellement dans la Bible, qu'Assuérus, après avoir accordé à Aman le massacre de tous les Juifs ordonne brusquement de le pendre. Jusqu'au dernier moment Aman est le favori du roi, c'est vrai; il l'est, lorsqu'il conduit Mardochée en triomphe à travers la ville; il l'est encore, lorsqu'il entre à sa suite dans la salle du festin; puis, brusquement, sans transition, après la révélation inattendue d'Esther, cette faveur insigne se change en une disgrâce foudroyante. Et cela, pourquoi? non pas parce que Aman est un scélérat qui mérite mille morts, pour avoir voulu exterminer un peuple d'innocents, mais parce qu'il s'est jeté en suppliant aux genoux d'Esther et qu'Assuérus a trouvé cette posture suspecte.

C'est là, il faut l'avouer, un accès de jalousie irréfléchie et féroce; mais c'est précisément parce que ce trait de mœurs offre ce caractère qu'il n'en est que plus conforme à l'esprit des tyrans d'Asie, bizarre mélange de ces deux défauts : excès d'indifférence et excès de jalousie vis-à-vis de leurs femmes. La Bible, et Racine, d'après la Bible, ont reproduit en cette circonstance un trait de mœurs local; le récit biblique et la fable dramatique sont à l'abri de tout reproche; l'histoire et l'art ont parlé avec exactitude; plus la conduite d'Assuérus est illogique, plus elle est vraie.

Neuvième reproche injuste. — *L'épisode de l'insomnie d'Assuérus et la promenade de Mardochée à cheval ne se rattachent pas directement à l'action. Ce dernier détail donne même lieu à une erreur : on croit que le roi veut humilier Aman et que sa disgrâce commence à ce moment, ce qui est inexact.*

Réponse. Ces deux épisodes sont dans la Bible; il est vrai qu'ils pourraient être très-bien placés dans la Bible et très-déplacés dans la tragédie, la Bible comportant des récits, une tragédie n'en comportant pas en dehors de l'action. Mais ceux-ci se rattachent intimement à l'action, et contribuent même au développement des passions qui font le sujet de ce drame; voici comment ils se rattachent à l'action :

Quelle est l'action dans *Esther?* C'est la punition du méchant personnifié par Aman. Or cette punition se compose de deux épreuves dont *la première* est précisément cette humiliation involontaire à laquelle Aman s'expose lui-même, en contribuant au triomphe de son plus mortel ennemi, humiliation impossible sans l'insomnie d'Assuérus qui l'amène et la promenade de Mardochée qui l'inflige ; et dont *la seconde* est la dénonciation d'Esther qui a pour conséquence indirecte l'envoi du coupable à la mort. Ce sont ces deux épreuves qui composent l'action complète ; la première est la préparation de la seconde, c'est l'avertissement providentiel avant le coup, c'est le signal de la chute, c'est le préambule du supplice.

Nous avons dit que ces deux épisodes contribuaient encore au développement des passions : en effet, la promenade de Mardochée à travers la ville contribue à exaspérer la colère d'Aman contre les Juifs, à augmenter son désir de vengeance, à redoubler ces sentiments haineux que le chœur lit sur son visage au moment où il entre dans la salle du festin, sentiments qui vont faire place subitement à la peur, à l'humilité, au remords.

Quant à la seconde partie de ce reproche : *on s'imagine qu'Assuérus veut punir Aman en lui imposant cette odieuse corvée et que sa disgrâce commence à ce moment*, cette critique n'est pas fondée, parce qu'il est facile de ne pas tomber dans cette erreur ; il est visible en effet que, si Aman est humilié et même puni dès ce moment, c'est par un concours de circonstances fortuites, ou, si l'on veut, providentielles, auxquelles la malveillance d'Assuérus est étrangère ; tout ce que l'on peut dire contre l'acte d'Assuérus, c'est qu'il ressemble à un de ces caprices de despotes d'Asie, qui font bon marché de l'amour-propre de leurs favoris. Assuérus, en humiliant son ministre, ne satisfait qu'une fantaisie hautaine ; il ne songe nullement à exprimer contre lui son mécontentement, ni, à plus forte raison, à prononcer le premier mot de sa disgrâce. « Ce sont là jeux de prince, » comme dit Andrieux, dans le *Meunier sans Souci*.

Dixième reproche injuste. — *L'impossibilité d'admettre qu'Aman soit malheureux parce que Mardochée ne le salue pas.* (La Harpe.)

Réponse. Faire ce reproche à Racine, c'est ne pas connaître le cœur des hommes. Alexandre, infiniment plus grand qu'Aman, fit mourir un philosophe grec, Callisthène, parce qu'il refusait de l'adorer comme un Dieu.

La Harpe, à propos de ce reproche, continue : « On prétend que les petitesses de l'orgueil sont dans la nature ; il se peut qu'elles aillent jusque-là, mais alors elles ne doivent pas faire le fondement d'une action. » Ce raisonnement manque de justesse. Les petitesses de l'orgueil sont encore plus capables de faire le fondement d'une action que les petitesses de l'amour ; ces petitesses s'agrandissent au théâtre, par les effets terribles qu'elles produisent, comme dans la tragédie d'*Esther*.

Onzième reproche injuste. — *La cruauté d'Aman est invraisemblable.* (Voltaire.)

Voltaire dit d'Aman : « C'est un ministre assez ridiculement barbare pour exterminer toute une nation, vieillards, femmes et enfants, parce qu'on ne lui a pas fait la révérence. »

Réponse. — La cruauté d'Aman s'explique par les mœurs barbares de l'époque, la méchanceté du personnage et l'esprit, pour ainsi dire, traditionnel de persécution qui a sévi contre les Juifs, dans toute l'antiquité.

Douzième reproche injuste. — *Inutilité du rôle de Zarès et de Mardochée.* (La Harpe.)

1° *Zarès.* La Harpe dit : « Zarès est entièrement inutile. Mardochée n'est guère plus nécessaire. »

Réponse. Zarès n'est pas inutile ; son exemple prouve qu'un homme d'État, qui tombe dans la disgrâce, n'a souvent pas de meilleur conseiller que la femme dont il a dédaigné les avis dans la prospérité. Un pareil caractère met Zarès bien au-dessus des confidentes ordinaires de tragédie.

2° *Mardochée.* C'est l'âme de la pièce ; c'est lui qui fait agir la timide Esther, Esther qui sans lui ne serait rien, ne ferait rien. Sa vertu forme de plus un contraste admirable avec la scélératesse d'Aman.

Terminons l'analyse de tous ces reproches injustes, dont la source remonte à Voltaire, que ce critique, conformément à une habitude qui lui est familière, après avoir accablé la tragédie d'*Esther* et l'avoir, pour ainsi dire, mise en pièces, relève par cet éloge hyperbolique : « Trente vers d'*Esther* valent mieux que beaucoup de tragédies qui ont eu du succès. »

Tant de compliments, après tant de reproches, prouvent chez

Voltaire plus de passion que de justice, plus de parti pris que de goût, quoiqu'on le cite ordinairement comme un modèle *de goût*, en matière littéraire.

PARAGRAPHE VIII

Reproches justes.

Premier reproche juste. — *Il y a de l'exagération et un peu de naïveté dans la majesté et la terreur dont s'entoure Assuérus.* (Géruzez.)

Il est évident que Racine a exagéré, pour l'effet du pathétique, et peut-être un peu par esprit de flatterie à l'adresse de Louis XIV, la majesté et la terreur dont s'entoure le grand roi. Assuérus défend bien, dans la Bible, qu'on se présente devant lui sans son ordre ; il est même question deux fois de cette mesure de police intérieure, dans le livre d'*Esther*.

Mais *la première fois*, cette défense s'adresse à toutes les femmes étrangères accourues à Suse pour prétendre à la main d'Assuérus ; on comprend que la présence de ce peuple de rivales, comme dit Racine, nécessite une mesure d'ordre intérieur. (II, 14.)

La seconde fois, c'est Esther qui dit elle-même que le roi a l'habitude d'appeler celui ou celle à qui il veut parler, et qu'on s'expose à la mort, quand on se présente sans son ordre. (IV, 11.) Mais, s'il est évident que le premier règlement ne s'adresse pas à Esther, rien ne prouve qu'elle soit comprise dans le second. Il ressort plutôt des faits racontés par la Bible qu'Esther peut se présenter sans danger devant Assuérus, quoique non appelée. En voici deux preuves :

Premièrement : Le jour où Mardochée révèle à Esther le complot tramé contre Assuérus par deux serviteurs de son palais, Esther se présente devant Assuérus, sans être appelée, et est fort bien accueillie. (II, 22.) *Secondement :* Le jour où Esther fait auprès d'Assuérus cette première démarche signalée chez Racine par un évanouissement subit, Assuérus l'accueille avec la plus parfaite courtoisie : « Et lorsqu'il vit paraître la reine Esther, elle plut à ses yeux et il étendit le sceptre d'or qu'il avait à la main. Esther, en s'approchant, baise le bout de son sceptre. » (IV, 2.) On a donc raison de dire qu'il y a un peu d'exagération et de naïveté dans la majesté dont Racine entoure Assuérus vis-à-vis d'Esther.

Deuxième reproche juste. — *Le palais d'Assuérus qu'on dit inaccessible* (Et ces paroles, seigneur, n'obéissent qu'à moi, dit Hydaspe), *et où cependant Mardochée entre de plain-pied pour causer avec sa nièce, n'est pas un palais d'Orient.*

Ce reproche est fondé et retombe tout entier sur Racine. Il est évident que les satellites, qui gardent l'entrée de ce palais, ne devraient pas laisser pénétrer un visiteur tel que Mardochée, espèce de mendiant, connu de tout le monde, puisqu'il passe toute sa journée assis aux portes du palais, fier et déguenillé. Racine lui-même, tout en adoucissant les traits de la *Bible*, le peint comme tel. (II, III.) Il ne devrait pas, par conséquent, dès la troisième scène, le montrer dans les appartements d'Esther, comme s'il avait ses entrées à la cour. Le récit biblique n'offre pas cette invraisemblance. Mardochée ne franchit jamais le seuil du palais. Ce n'est pas lui qui avertit directement Esther de l'édit d'extermination signé contre les Juifs ; ce sont les filles d'honneur de la reine et son serviteur particulier Athach, de la part de Mardochée ; tous les rapports entre la reine et son oncle ont lieu par l'intermédiaire de ces personnages. Mardochée lui-même refuse d'entrer dans le palais, quoique Esther l'en prie et lui en facilite les moyens, en lui envoyant un habit magnifique au lieu du sac dont il se couvre. (IV, 4.) Le récit de la *Bible* est donc logique. Mais le défaut dans lequel est tombé Racine est peu grave, et il est largement racheté par le magnifique discours de Mardochée.

Troisième et dernier reproche juste. — *Aman, pour un courtisan consommé, est bien mal informé de tout ce qui se passe autour de lui.*

Il ignore la nationalité d'Esther, les cérémonies juives auxquelles elle se livre en secret, les occupations des jeunes Israélites qui l'entourent, sa parenté avec Mardochée, et les entrevues secrètes de l'oncle et de la nièce. Mais, dira-t-on, si le roi ignore tous ces détails, il n'est pas étonnant qu'ils échappent aussi à son ministre. L'ignorance du roi ne justifie pas celle d'Aman. Le roi a pour excuse l'indifférence complète dans laquelle il vit avec Esther, tandis qu'Aman pratique, non pas dans la *Bible*, mais dans Racine, un système d'espionnage soigneusement organisé. Ce qui échappe aux yeux d'Assuérus ne devrait pas échapper aux siens. Car il a eu soin de placer, auprès d'Assuérus, un agent secret, Hydaspe, qui a pour emploi spécial d'épier tout ce qui se passe à la cour et de le lui rapporter : Je vous ai juré, dit-il à son maître,

> D'exposer à vos yeux, par des avis sincères,
> Tout ce que ce palais renferme de mystères. (II, 1.)

Et plus loin :

> Toi qui, dans ce palais, vois tout ce qui se passe. (*Ibid.*)

Il faut avouer qu'Hydaspe ne voit pas grand chose, puisqu'il se borne à avertir Aman que le roi n'a pas dormi. Dans la Bible, Aman, n'exerçant aucun espionnage, est à l'abri de ce reproche. L'Aman de Racine, seul, le mérite et l'on a raison de dire que celui-ci, pour un ministre consommé, est bien aveugle ; ce n'était pas la peine d'ajouter à sa surveillance celle d'un espion.

Tels sont les reproches injustes et justes adressés à la tragédie d'*Esther*.

FIN DE LA TRAGÉDIE D'ESTHER.

EXPLICATION
DU THÉATRE CLASSIQUE

RACINE

ATHALIE.

ANALYSE DE LA TRAGÉDIE.

Le sujet de la tragédie d'*Athalie* est le couronnement de Joas et son avénement au trône de Juda, amené par la mort violente d'Athalie, sa grand'mère, qui avait usurpé le pouvoir.

Athalie, fille d'Achab et de Jézabel qui régnaient tous deux sur Israël, a épousé Joram, roi de Juda, et est ainsi entrée par le mariage dans cette tribu rivale qu'elle continue de haïr, malgré les liens de parenté qui l'y rattachent, et qu'elle s'est promis de gouverner, malgré tous les obstacles qui l'écartent du trône, son sexe, son titre d'étrangère et les héritiers légitimes, c'est-à-dire les enfants de son fils Ochosias. Bientôt son mari Joram et son fils Ochosias meurent; elle fait exterminer les enfants de ce dernier, c'est-à-dire ses petits-fils, au nombre de quarante-deux, et elle monte sur le trône de Juda; elle y est installée depuis sept ans, quand s'ouvre la tragédie : elle règne paisible et sans remords par suite de la terreur qu'elle inspire et de l'aveuglement dont l'a frappée Baal; mais le triomphe de l'usurpatrice touche à sa fin, la huitième et dernière année de son règne vient de s'ouvrir.

Un fils d'Ochosias a été dérobé au poignard d'Athalie, c'est Joas. Il a été sauvé par Josabeth sa tante, belle-sœur d'Ochosias, qui l'a confié au grand prêtre Joad son mari, et l'a élevé mystérieusement à l'ombre des autels, le réservant pour l'heure de la vengeance. Cette heure a sonné ; Joas a huit ans environ. La tragédie s'ouvre le jour de la Pentecôte, c'est-à-dire l'anniversaire même du jour où la loi de Moïse a été promulguée aux Juifs sur le Sinaï. A cette occasion, une grande fête se prépare dans le temple de Jérusalem, et Joad se propose, pour la célébrer dignement, d'annoncer au peuple Juif découragé et à l'usurpatrice confiante l'existence de l'enfant miraculeux, légitime héritier du trône de Juda. C'est ce qu'il fait entendre à Abner, général des armées d'Athalie, resté fidèle, malgré ce service auprès de la reine, au culte du vrai Dieu, à Abner accouru ce jour-là dans le temple, par une ancienne habitude de piété, pour honorer son Dieu et déplorer le triomphe de l'apostasie ; c'est ce qu'il explique nettement à sa femme Josabeth, dont le cœur se réjouit et s'alarme à la fois de la gloire et des dangers réservés à son enfant d'adoption.

La fête annoncée se célèbre avec une pompe inusitée ; mais, pendant le sacrifice, Athalie entre accompagnée d'Abner et de ses gardes ; elle s'avance même jusqu'au milieu de l'enceinte sacrée. Cependant ce n'est pas, comme on pourrait le croire et comme se l'imaginent tous les assistants, une pensée de violence qui lui fait franchir le seuil de ce temple interdit à ses pas, c'est une pensée de conciliation ; alarmée par un songe menaçant qu'elle a eu la nuit précédente elle veut, suivant une croyance superstitieuse commune à cette époque, apaiser le Dieu des Juifs par des présents et tourner en sa faveur un pronostic défavorable. Joad, suivi de ses lévites, la repousse jusqu'au seuil du temple ; Athalie, docile à cette injonction, rétrograde, mais assez lentement pour apercevoir à côté du grand prêtre un jeune enfant dont la vue la frappe vivement, parce qu'elle croit reconnaître en lui l'image de l'enfant qu'elle a vu précisément, au milieu de son rêve de la nuit précédente, lui plonger un poignard dans le sein. Elle se retire donc, intimidée et frémissante de colère ; mais, au lieu de rentrer dans son palais avec des idées de vengeance, elle reste dans le vestibule du temple. Là, sur cette espèce de terrain neutre, déposant toute idée de violence, malgré le tumulte qui l'entoure, l'affront qu'elle vient de subir, et le voisinage du parvis témoin de sa honte, elle tient conseil, comme en son palais, avec ses deux ministres, Abner, qui ne l'a pas quittée, et Mathan qu'elle a fait appeler immédiatement.

Elle leur fait une exposition rapide des événements qui viennent de se passer et de son rêve de la nuit précédente, dont ces événements semblent la confirmation ; puis elle les consulte sur le parti qu'elle doit prendre. Mathan propose purement et simplement le meurtre de l'enfant qui l'inquiète ; Abner, l'éclaircissement de ce mystère, au moyen d'un interrogatoire dont Joas sera l'objet. Athalie adopte l'avis d'Abner. L'entrevue conseillée a lieu, toujours dans le vestibule du temple, entre Athalie et Joas; mais les réponses de l'enfant sont à la fois si vagues et si imprudentes qu'elles ne justifient ni ne calment les craintes d'Athalie et qu'elles la laissent toujours incertaine. En présence de cette indécision, aussi fâcheuse pour elle que pour ceux qui s'intéressent à son repos, son ministre Mathan veut, sur son avis, tenter un coup hardi, pour dissiper ce mystère pénible. Il entre en personne dans le temple de Jérusalem et sollicite de Josabeth un entretien secret où il lui demande de lui livrer Joas ; s'il ne s'adresse pas à Joad, c'est que le pontife n'accepterait pas de discussion avec le prêtre d'un culte idolâtre et ne lui permettrait même pas de s'arrêter dans les dépendances du temple ; en outre il est digne de la politique d'Athalie (car Mathan n'est que son interprète) de s'adresser par avance à l'épouse et à la mère et de l'effrayer, elle, si accessible à la peur, par l'idée du pillage de l'édifice, mais surtout des dangers de sa famille entière. Mathan lui annonce donc que, si elle consent à lui livrer Joas, Athalie, dont la puissance militaire est redoutable, se réconciliera avec le grand prêtre son mari ; il vient à peine d'exposer le motif de sa honteuse ambassade que Joad survient tout à coup et le chasse du temple avec mille imprécations. Ainsi échoue son audacieuse entreprise.

Joad, à partir de ce moment, comprend qu'il n'a plus un instant à perdre et qu'il lui faut faire en toute hâte ses préparatifs de défense; il devine qu'Athalie, après le rapport de Mathan, va venir assiéger le temple de Jérusalem dont elle-même et son ministre ont été successivement chassés. Aussi prend-il rapidement toutes ses mesures pour soutenir un siége, comptant plus sur Dieu que sur ses soldats : il révèle à Joas sa naissance, le salue roi, l'instruit de ses devoirs, l'entoure de lévites armés, fait prêter à ceux-ci le serment d'obéissance et attend de pied ferme la reine et ses soldats. Athalie, de son côté, groupe ses légions autour du temple et se prépare à lui donner l'assaut. Les assiégés attendent, quand tout à coup la porte s'ouvre. Mais qui entre? Ce n'est pas Athalie avec ses soldats, c'est Abner seul, Abner qu'Athalie a un instant dépouillé de son commandement et jeté en prison, sur le soupçon de complicité avec Joad, mais qui se présente maintenant, au nom de la reine elle-même, pour promettre à Joad la vie sauve et la conservation du temple menacé, à la condition que Joas sera livré à Athalie, ainsi que le trésor de David renfermé dans le temple, c'est-à-dire Abner qui renouvelle à contre-cœur, mais les armes à la main, la première et pacifique démarche de Mathan. Joad refuse d'abord, comme la première fois ; mais tout à coup, et comme éclairé d'une inspiration soudaine, à la vue et au langage d'Abner, dont il connaît l'attachement à la famille de David et chez qui il croit entrevoir un défenseur disposé à lui prêter main forte, il se ravise, et annonce à Abner qu'il accepte la proposition d'Athalie ; qu'il se rend ; que la reine peut entrer dans le temple pour prendre possession du trésor qu'elle réclame. Abner rapporte cette réponse à Athalie ; celle-ci entre alors, impérieuse et menaçante, suivie de son escorte et se trouve en présence de Joas assis sur son trône, près du sanctuaire. Les lévites se précipitent sur elle, l'entraînent et la tuent hors du temple. Abner, qui l'avait toujours servie malgré lui, n'a pas plus tôt vu son roi légitime, qu'il abandonne la reine à son malheureux sort ; ses propres soldats, exaspérés depuis longtemps par sa tyrannie et ses crimes, refusent de la secourir et se dispersent à la voix des lévites qui proclament l'avénement de Joas.

PARAGRAPHE I

Date, — occasion, — sources d'*Athalie*. — Caractère de la révolution opérée par Joad, dans la Bible et dans Racine. — Marche de l'action, — lieu de la scène et objections à ce sujet. — Les personnages, leur rapport, — le principal personnage de la pièce, Dieu, — de l'idée de Dieu dans *Athalie*.—Idée principale,—style et ton général de la pièce. — Jugements de Frédéric II et de Voltaire.

Première question. — *Quelle est la date de la première représentation d'*Athalie ?

1691, deux ans après *Esther*.

Deuxième question. — *A quelle occasion fut composée la tragédie d'*Athalie ?

A la prière de Mme de Maintenon, c'est-à-dire de Louis XIV. Le succès d'*Esther* détermina Mme de Maintenon à demander une seconde tragédie religieuse à Racine, pour les demoiselles de Saint-Cyr ; Racine accepta après hésitation.

Troisième question. — *Quelles sont les sources d'*Athalie ?

Deux livres de l'Ancien Testament, intitulés le premier :

livre des *Rois*; le second, *Paralipomènes*, dans les Bibles catholiques, *Chroniques* dans les Bibles protestantes. Les *Rois* sont divisés en quatre livres; le sujet d'*Athalie*, est emprunté au IV°, chapitre xi. Les *Paralipomènes* sont divisés en deux livres; le sujet d'*Athalie* est emprunté au II°, chapitre xxiii. Ces deux récits sont fort courts, cinquante lignes environ chacun; encore le second n'est-il qu'une répétition du premier.

Quatrième question. — *Ces deux récits ont-ils fourni beaucoup d'éléments à Racine?*

Très-peu, en dehors des personnages; car les principaux personnages de la tragédie y figurent, au moins de nom : Athalie, Joad, Josabeth, Mathan, Joas et Zacharie; voici ceux qui sont de la création de Racine : Abner, Salomith, sœur de Zacharie.

Ces deux livres offraient très-peu de ressource à Racine, d'abord parce que le second fait double emploi avec le premier, ensuite parce que le premier ne renferme aucune esquisse de caractère, et n'est qu'un résumé extrêmement rapide du siége du temple dont Joad prépare la défense, dès le quatrième verset, et qui se termine au vingt et unième par la mort d'Athalie suivie du couronnement de Joas. La véritable source d'*Athalie*, ce ne sont donc pas ces deux pages insignifiantes, c'est la Bible entière, le Nouveau comme l'Ancien Testament, la Bible dont Racine a versé, pour ainsi dire, à pleines mains, dans sa tragédie, non-seulement les pensées, mais encore les expressions.

Cinquième question. — *Quel est le caractère de la révolution opérée par Joad, dans la Bible et dans Racine?*

Quoique les deux récits bibliques se répètent, avons-nous dit, au lieu de se suivre ou de se compléter, on y remarque cependant une différence qui suffirait pour en attester la diversité d'origine. Dans le livre des *Rois*, la révolution opérée par Joad est plutôt militaire que sacerdotale, et dans le livre des *Paralipomènes*, elle est plutôt sacerdotale que militaire. En effet, dans le livre des *Rois*, les chefs du mouvement, que Joad assermente et groupe autour de Joas, sont des commandants militaires, appelés centurions des satellites, tandis que, dans le livre des *Paralipomènes*, ces centurions militaires, qui y figurent aussi, il est vrai, sont de simples recruteurs chargés de rassembler de tous côtés les lévites et de les faire arriver à Jérusalem, mais non pas de les commander. Ce sont des enrôleurs, ce ne sont pas des chefs militaires; les lévites seuls protégent le sanctuaire.

Racine, qui a surtout cherché, dans sa tragédie, à glorifier la puissance divine, c'est-à-dire à montrer Dieu agissant uniquement, par l'intermédiaire du grand prêtre et des lévites, s'est attaché au second récit; il a donné à la révolution opérée par Joad un caractère purement sacerdotal. Il a même exagéré, pour le besoin de sa cause, et pour entrer encore plus pleinement dans l'idée religieuse qui l'absorbait, ce caractère sacerdotal. Ainsi, ces cinq commandants militaires, qui sont nommés, dans les *Paralipomènes*, centurions des satellites, mais qui ne jouent que le rôle de recruteurs des lévites, perdent, dans Racine, jusqu'à leur titre militaire, centurions des satellites, et ne sont plus considérés que comme des sacrificateurs; ils prennent même, à un certain moment, le nom des lévites et sont tous appelés *prêtres* :

Prêtres, voilà le roi que je vous ai promis! (IV, III.)

Racine a donc supprimé soigneusement de son drame tout élément militaire; il a même, sous ce rapport, altéré le récit biblique des *Paralipomènes*; il a présenté cette révolution, déjà sacerdotale dans ce second narré, comme plus sacerdotale encore; à ce changement près, il s'est astreint à suivre les deux récits, et même si fidèlement que la plupart des détails qui s'y rencontrent ont trouvé place dans ses vers.

La vérité, ou du moins la supposition la plus vraisemblable sur cette révolution, c'est qu'elle fut à la fois sacerdotale et militaire, c'est-à-dire que les chefs les plus importants de l'armée et du sacerdoce suivirent l'impulsion donnée par Joad, que les commandants des troupes firent cause commune avec les ministres du culte. Racine, dans sa préface d'*Athalie*, essaie, pour motiver ce changement des chefs de l'armée en simples lévites, une de ces justifications superficielles dont la critique exégétique, fort peu avancée de son temps, savait se contenter, mais qui ne lui donne pas raison.

Sixième question. — *Quel est le lieu de la scène, dans la tragédie d'*Athalie?

Racine suppose un grand vestibule, ou péristyle, précédant le temple, et ouvrant d'un côté sur l'appartement du grand prêtre, de l'autre sur l'intérieur du temple. Cette indication suffisait pour les salons de Saint-Cyr ; aujourd'hui que nous comprenons mieux la description du temple de Salomon, dans la Bible, il est permis d'être plus sévère.

Septième question. — *Quelles objections a-t-on faites au lieu de la scène, tel que Racine l'a présenté ?*

Première objection. La disposition du temple exigu, imaginé par Racine, ne s'accorde pas bien avec certains détails de la mise en scène. Ainsi, quand Athalie entre en scène, elle semble venir du dehors, quoiqu'elle vienne du dedans, puisqu'elle descend des parvis intérieurs (II, 25) qu'elle s'apprêtait à violer. — Rien n'indique que ce vestibule serve de point de partage entre les parvis extérieurs, non interdits, et les parvis intérieurs interdits, puisque c'est un simple péristyle, et alors on ne comprend pas que Zacharie arrête sur cette limite Mathan et Nabal qui veulent monter (III, v.) — La galerie où Joas est couronné ne peut pas être, comme le prétend Racine, attenante à ce vestibule (un simple rideau l'en sépare, dit-il), puisque les jeunes filles n'ont pas vu ce couronnement ; si elle en était si près les jeunes filles auraient vu Joas, et Salomith ne demanderait pas « que fait Joas ? » — En réalité c'est dans un lieu très éloigné, appelé lieu Très-Saint, que Joas fut couronné. — Enfin on comprend, avec le temple extrêmement profond décrit dans la Bible (il occupait la colline entière de Morija) que Josabeth entende, vers l'intérieur du temple, un son de trompettes annonçant la fête :

J'entends déjà, j'entends la trompette sacrée. (I, III.)

et que les spectateurs ne l'entendent pas ; mais, si le temple est aussi exigu que le prétend Racine, si l'intérieur est censé s'ouvrir sur le vestibule même, on ne le comprend plus. Même observation sur le son de trompettes que les lévites font retentir du haut des murs et qu'entend Ismaël :

Partout en même temps la trompette a sonné. (V, VI.)

sans qu'aucun spectateur en ait perçu le moindre son. Ce détail devrait être supprimé, ou l'orchestre devrait simuler la musique, ou Racine aurait dû agrandir son temple. Cette première objection est donc fondée, mais peu grave.

Seconde objection. Le temple de Racine nu, sans autres ornements que des *festons magnifiques* qu'on ne voit pas, n'a rien de commun avec le temple de Salomon aux proportions colossales, aux chérubins en bois d'olivier revêtu d'or, de dix coudées de haut, avec l'autel des holocaustes et la mer d'airain posée sur douze figures de bœufs.

Cette objection n'est pas aussi fondée que la précédente : il est vrai qu'en cette circonstance Racine manque complétement de couleur locale, mais voici ce que l'on peut dire pour sa justification.

1° Il a écrit cette tragédie pour la maison de Saint-Cyr où ces décors étaient inutiles, sinon impossibles.

2° Il l'a écrite en chrétien, c'est-à-dire en homme qui dédaigne tout ce luxe extérieur et ne voit dans ce temple que l'Eternel, l'Invisible, car le temple d'*Athalie* est bien le temple juif, mais vu par l'œil d'un chrétien.

3° Il l'a écrite aussi en poëte français du dix-septième siècle, c'est-à-dire en poëte qui préfère l'analyse morale des sentiments à tout ce pittoresque.

Enfin Racine, avec la nudité de son vestibule, se rapproche plus qu'on ne le croit de la vérité historique, malgré la somptuosité du temple de Salomon. Toute cette somptuosité était au dehors; au fond, il n'y avait rien que le Dieu adoré. Quand Pompée entra, par droit de conquête, dans le Saint des Saints à Jérusalem, il observa avec étonnement, dit Tacite, qu'il n'y avait aucune image et que le sanctuaire était vide. Les Juifs adoraient un Dieu non figuré. Junéval le dit aussi :

Nil præter nubes et cœli numen adorant.

Racine a surtout songé à reproduire cette nudité intérieure; en représentant le vestibule, il pensait au sanctuaire ; trop de descriptions et de décors auraient caché son vrai sujet, le Dieu de l'intérieur, qui remplit tout, mais ne se voit pas.

La seconde objection de la nudité du temple de Racine n'est donc pas fondée comme la première.

Huitième question. — *Quels sont les personnages de la tragédie d'*Athalie ?

Athalie, fille des rois d'Israël par son père Achab et sa mère Jésabel; veuve de Joram roi de Juda; mère d'Ochosias qu'elle a remplacé sur le trône, après sa mort naturelle, et l'assassinat de tous ses fils; grand'mère de Joas échappé au massacre.

Joas, fils d'Ochosias et petit-fils d'Athalie, héritier légitime du trône de Juda.

Joad, grand prêtre; mari de Josabeth; oncle et protecteur de Joas; père de Zacharie et de Salomith.

Josabeth, femme de Joad; fille de Joram, mais non pas d'Athalie, parce qu'elle est née d'un premier mariage de Joram, par conséquent, belle-fille d'Athalie; belle-sœur d'Ochosias; tante de Joas, puisque Joas est fils de son beau-frère Ochosias.

Mathan, ancien lévite, prêtre apostat, sacrificateur de Baal, ministre d'Athalie.

Nabal, son confident.

Abner, général des armées d'Athalie; de la tribu de Juda; servant Athalie, mais à regret; fidèle au culte du vrai Dieu et à la mémoire de ses rois légitimes.

Zacharie et *Salomith*, fils et fille de Joad et de Josabeth.

Cinq chefs des prêtres et des lévites. *Chœur*, composé de jeunes filles de la tribu de Lévi.

Neuvième question. — *Quel est le rapport de ces personnages entre eux?*

A côté d'Athalie sont deux hommes d'un caractère opposé : Abner, honnête homme, qui la sert à contre-cœur, mais sans pouvoir être accusé de trahison, parce qu'il ignore l'existence de Joas; Mathan, apostat, complice d'Athalie. En face d'Athalie, et à la tête de ses adversaires, Joad, Joas, Josabeth, un prêtre, un enfant, une femme, c'est-à-dire la faiblesse opposée à la force, l'innocence au crime.

Dixième question. — *Quel est le principal personnage de la tragédie d'Athalie?*

C'est Dieu; Dieu joue, dans cette tragédie, le principal rôle; il en mène tous les événements; il en dirige tous les acteurs; c'est lui qui fait l'unité de la pièce. La pensée de Dieu ouvre la première scène :

> Oui, je viens dans son temple adorer l'Eternel. (I, I.)

et ferme la dernière :

> Que les rois, dans le ciel, ont un juge sévère,
> L'innocence un vengeur et l'orphelin un père. (V, VIII.)

Cette idée de Dieu saisit donc le lecteur dès le début, et ne l'abandonne plus durant tout le cours de la tragédie; rien ne l'en détourne, rien ne l'en distrait; elle va même s'élargissant de plus en plus, à mesure que marche l'action, de manière que le dénoûment fait éclater la majesté et la toute-puissance de l'Éternel.

Voici comment la présence divine se manifeste dans chaque personnage et dirige tous les incidents de cette simple et forte histoire : c'est Dieu qui inspire directement Joad et lui suggère l'idée de sa résistance hardie ; c'est lui qui remplit de tendresse et de force l'âme maternelle de Josabeth, d'aveuglement et de vertige l'âme impitoyable d'Athalie ; c'est lui qui met dans le cœur de Mathan l'hypocrisie et la cruauté dont il sera victime; dans l'âme du soldat Abner cette droiture qui impose à Athalie elle-même et fait de ce général, au service de l'apostasie, le plus dangereux ennemi de l'apostasie elle-même. En un mot, grâce à l'intervention perpétuelle de Dieu, tous les personnages de la tragédie d'*Athalie* sont sous l'influence divine, de près ou de loin, pour le bien comme pour le mal, tout en paraissant agir avec la spontanéité du libre arbitre, si bien qu'*Athalie* est un drame conduit par Dieu seul.

Cette conception est d'une vérité historique remarquable; et, de tout point, conforme aux croyances juives. En effet, dès que les Juifs furent constitués en corps de peuple dans la Palestine, Dieu lui-même s'établit leur chef, et prétendit les gouverner personnellement. Il était vraiment leur roi ; les magistrats, les patriarches, les juges, les rois, les prêtres n'étaient que ses lieutenants, et, pour ainsi dire, ses grands vassaux, ses grands feudataires. Une lecture attentive de la Bible prouve que, chez les Juifs, tout se fait par son ministère ; il entretient un commerce perpétuel avec la terre, il s'y montre, il y parle, il y a ses agents, messagers, anges, ambassadeurs; l'histoire des Juifs est la plus *divine* de toutes les histoires, quoique le peuple juif ne soit pas, par lui-même, le plus estimable des peuples.

Onzième question. — *Cette intervention divine perpétuelle, dans une tragédie, n'offre-t-elle pas un danger, et* Athalie *y échappe-t-elle ?*

Cette intervention divine perpétuelle offre le danger de supprimer le drame et de le convertir en un hymne, c'est-à-dire en une œuvre lyrique sans mouvement. Cependant la tragédie d'*Athalie* y échappe, parce que l'intervention divine, tout en se réfléchissant sur les personnages, les laisse agir selon leur caractère propre et selon leur libre arbitre; ils se meuvent, selon la volonté divine et selon leur personnalité humaine ; ils ont tous une réalité bien vivante et bien dessinée.

Douzième question. — *Appréciez, au point de vue de l'art, ce recours au divin et au surnaturel ?*

Il donne à l'ensemble de la tragédie une valeur inqualifiable ; il fait que, durant toute la pièce, on est comme soulevé de terre ; que l'on se meut, pour ainsi dire, dans un miracle continuel. *Athalie* est plus que l'œuvre d'un génie humain, c'est le fruit d'une inspiration divine.

Treizième question. — *Quelle est l'idée principale d'A-thalie ?*

C'est la même que celle d'*Esther* et de tous les drames religieux : sur la terre, le combat de la vertu et du vice ; au ciel, la Providence qui veille au salut des bons et à la punition des méchants. En effet, la tragédie d'*Athalie* est l'histoire de la conspiration d'un prêtre honnête et pieux contre une femme malhonnête et impie, en faveur d'un enfant innocent ; c'est le récit de la vengeance que Dieu fait tomber sur la tête de cette femme, par l'intermédiaire de ce prêtre.

On peut dire aussi que la tragédie d'*Athalie* est en même temps la glorification des humbles et celle de l'Eternel : des humbles, puisque Racine y montre la piété récompensée chez les petits ; de l'Eternel, puisque cette pièce est le triomphe de la justice et de la bonté divines.

Quatorzième question. — *Caractérisez le ton et le style de la pièce ?*

Pour le ton, un souffle divin anime toute la tragédie ; les sentiments humains y sont très-variés : l'émotion, la curiosité, l'enthousiasme, la terreur s'y succèdent tour à tour ; l'orgueil, la haine, la jalousie, y sont analysés à côté de l'humilité, de l'amour, de la bienveillance ; la grâce même se trouve jointe au pathétique, et cette riche variété se concilie avec la simplicité la plus sévère. Pour le style, la tragédie d'*Athalie* est, de toutes les tragédies de Racine et même de toutes les tragédies françaises, la plus exempte de manière, c'est-à-dire celle dont le style est le plus simple, le plus large, le plus voisin du grand style de la tragédie grecque.

Quinzième question. — *Cites les jugements de Frédéric II et de Voltaire sur* Athalie?

Frédéric II disait : « Je donnerais toutes mes victoires pour avoir fait *Athalie*. » Ce despote avait du respect, et même de l'amour, pour les lettres ; il les aima jusqu'à la passion, Voltaire dit même jusqu'au ridicule : « Cet homme, c'est César et l'abbé Cotin, » dit-il de lui dans un moment d'humeur. Frédéric II était-il sincère, en prononçant ce mot sur *Athalie?* On serait tenté de le croire, comme quand il écrivait plus tard en parlant de lui-même : « Je pense qu'en pesant les voix, les travaux du philosophe seront jugés supérieurs à ceux du militaire. » L'homme d'ailleurs est ainsi fait ; a-t-il une supériorité constatée, il s'en désintéresse et semble n'en point faire cas ; en a-t-il une contestable ou frivole, il y met sa vanité. Ainsi Rousseau était fier de la propreté avec laquelle il copiait de la musique ; Voltaire de son talent de jardinier ; lord Byron de son habileté comme nageur. Il en était peut-être ainsi de l'homme de lettres, chez Frédéric II.

Voltaire a parlé d'*Athalie* avec enthousiasme. Dans sa dédicace de *Mérope* au marquis de Maffei, il dit de la pièce de Racine : « C'est le chef-d'œuvre de l'esprit humain. » Un jour que l'acteur Lekain récitait devant lui le rôle d'Abner, il l'interrompit pour s'écrier : « Quel style! quelle poésie! Et toute la pièce est écrite de même! Ah! monsieur, quel homme que Racine! » (*Mémoires de Lekain.*)

Cependant il ne faut pas prendre ces éloges de Voltaire au pied de la lettre. Dans une autre circonstance, il dit du mal d'*Athalie* : il accuse Joad d'être un prêtre fanatique et un régicide. Il passe donc de l'éloge sans restriction à la critique injuste. Ce jugement contradictoire tient à ce qu'il y avait deux hommes chez Voltaire : un homme de goût qui rendait généralement hommage à toutes les belles choses, et un homme de parti qui condamnait impitoyablement tout ce qui ne concordait pas avec ses idées philosophiques.

PARAGRAPHE II

Les signes du temps dans la tragédie d'*Athalie*.

Les signes du temps, c'est-à-dire les allusions contemporaines et les traces de l'esprit moderne, dans *Athalie*, peuvent se ramener à deux, les traces de jansénisme et les traces de christianisme ; nous les étudierons successivement.

I. — TRACES DE JANSÉNISME.

Il n'est pas étonnant que Racine, tout imbu des doctrines de Port-Royal, ait mis dans *Athalie* des traces de la doctrine dont il était le plus fervent disciple. *Athalie*, comme *Esther*, offre des pensées plus ou moins flottantes de Port-Royal, et rien n'est plus vrai que ce mot de Sainte-Beuve : « Pour faire *Athalie*, il fallait un poëte profondément chrétien, élevé comme le fut Racine à Port-Royal et qui y fût fidèlement revenu. »

Première question. — *Citez les traces de jansénisme dans* Athalie.

1° *L'innocence opprimée* dans la personne de Joas, *la vraie religion exposée* aux colères d'Athalie, *la justice calomniée* chez les Israélites infidèles, *l'exil des Juifs* sur les rives étrangères, c'est le jansénisme persécuté par Louis XIV.

2° *Les plaintes d'Abner à Joad relativement à ses craintes sur un redoublement de rigueur de la part d'Athalie* sont un écho des plaintes des jansénistes ; quand Abner dit :

> Dès longtemps notre amour pour la religion
> Est traité de révolte et de sédition. (I, I.)

il se sert des mots mêmes qu'employaient les jésuites contre les jansénistes. Les jésuites, directeurs de la conscience du roi, avaient soin, en effet, de représenter au roi les jansénistes comme des rebelles et des séditieux, et le roi, peu expert en matière théologique, le croyait.

3° *Les plaintes du second chœur relativement à la nécessité pour tous les vrais croyants de fuir et de se cacher.*

> Que d'ennemis lui font la guerre !
> Où se peuvent cacher tes saints ? (II, IX.)

L'allusion au jansénisme est ici d'autant plus évidente que ce mot n'est pas juste, appliqué au culte du Dieu de David, qu'Athalie ne persécutait pas, ni aux Israélites fidèles qu'elle n'exilait pas ; il ne peut s'appliquer qu'aux jansénistes, forcés en effet de fuir et de se cacher, sous Louis XIV, pour échapper à Vincennes et à la Bastille.

4° *Un des conseils donnés par Joad à Joas avant le combat*, quand il lui trace ses devoirs de roi :

> Hélas ! ils ont des rois égaré le plus sage. (IV, III.)

Racine, en parlant ici de Salomon, songe à Louis XIV poussé dans la voie des persécutions contre Port-Royal par les jésuites. *L'égarement*, dont il s'agit ici, c'est cette série de violences qui durèrent soixante ans, depuis l'excommunication et l'auto-da-fé des *Provinciales* de Pascal (1657) jusqu'à la destruction de l'abbaye de Port-Royal et la dispersion des cendres de ses pieux solitaires (1711).

5° *L'idée de l'insuffisance humaine, familière aux jansénistes*, Elle se trouve dans l'allocution adressée par Joad aux lévites :

> Ils ne s'assurent pas en leurs propres mérites. (III, VII.)

Les jansénistes proclamaient très-haut l'impossibilité pour l'homme de faire son salut, s'il est réduit aux seules ressources de ses efforts personnels, et s'il n'a pour auxiliaire la Grâce, c'est-à-dire une faveur spéciale, effet de la prédestination ; c'est le fondement de leur doctrine.

6° *L'idée de l'amour de Dieu opposé à la crainte servile :*

> Que de raisons, quelle douceur extrême
> D'engager à son Dieu son amour et sa foi !...
> Vous qui ne connaissez qu'une crainte servile,
> Ingrats ! un Dieu si bon ne peut-il vous charmer ? (I, IV.)

Les jansénistes craignaient plus qu'ils n'aimaient leur Dieu. Ils voyaient en lui une puissance redoutable entre les mains de qui la Grâce était une arme terrible. Ces vers sont tellement empreints de jansénisme, que l'abbé Racine, un des parents du poëte, vivant au dix-huitième siècle, et janséniste comme lui, dit à propos de ce passage : « L'auteur fait bien voir à quelle école il a été instruit des grandes vérités de la religion. »

Telles sont les allusions au jansénisme renfermées dans *Athalie*, allusions cachées, si l'on veut, mais réelles, et, dans tous les cas, bien hardies, si l'on songe qu'*Athalie* fut écrite à une époque de persécution inexorable contre Port-Royal, puisque cette pièce est de 1691, que la dispersion de l'ordre entier avait été prononcée treize ans auparavant (1679) et que les solitaires, qui avaient repris silencieusement le chemin de la vallée de Chevreuse, devaient en être violemment expulsés, dix-huit ans après, par ordre du jésuite le Tellier (1709).

Ces allusions ne sont pas des découvertes de la critique moderne; elles étaient saisies des contemporains de Racine. Duguet, théologien et moraliste, ami de Racine, janséniste comme lui, forcé de s'exiler à Bruxelles, a écrit sur *Athalie* cette phrase qui le prouve : « Le courage de l'auteur est encore plus digne d'admiration que sa lumière, sa délicatesse et son inimitable talent pour les vers. »

Cependant, après ce relevé des allusions au jansénisme, il est bon d'ajouter que ce serait amoindrir la tragédie d'*Athalie* que d'y voir un plaidoyer en faveur du jansénisme; il serait d'un petit esprit d'aborder la pièce de ce côté, d'y chercher le particulier dans l'Eternel; ce qu'il faut y voir, avant tout, c'est la grande idée qui la domine : la glorification de la sagesse et de la toute-puissance divine, et mieux encore, le résumé de deux religions, de la religion juive et de la religion chrétienne.

2° TRACES DE CHRISTIANISME.

La tragédie d'*Athalie*, quoique roulant sur une histoire juive menée par le Dieu des Juifs est tellement empreinte de christianisme que Châteaubriand, écrivain éminemment catholique, comme on sait, avoue n'avoir jamais pu lire sans pleurer la première scène, entre Abner et Joad, et que Sainte-Beuve, qui n'était pas du tout catholique, a écrit sur la pièce de Racine cette phrase significative : « Quand, par impossible, le christianisme passerait, *Athalie* resterait belle de la même beauté, parce que *Athalie* porte le christianisme en soi. »

Première question. — *Expliquez ce fait, qu'une tragédie juive soit éminemment chrétienne?*

D'abord, il y a dans la tragédie d'*Athalie,* à côté de la sublimité des livres hébreux proprement dits, un caractère de haute civilisation et une délicatesse de foi que les Hébreux n'avaient pas, et qui dérivent du christianisme.

Ensuite, et c'est le point le plus important, le Dieu des Juifs a été présenté par Racine sous des traits tels qu'il est en même temps le Dieu des chrétiens; c'est le Dieu de l'Ancien Testament comme celui du Nouveau. En voici la preuve : *C'est le*

Dieu de l'Ancien Testament par le choix de ses serviteurs qui tiennent à la fois l'encensoir et l'épée, par la sévérité inexorable de son intolérance qui punit de mort, et même traîtreusement, l'idolâtrie, par la dureté de sa loi qui permet à Joad l'application de la peine du talion; *c'est le Dieu du Nouveau Testament*, nous ne dirons pas par les nobles attributs que Racine lui accorde, car ce serait les dénier au Dieu des Juifs, ce qui serait souverainement injuste, mais par quelques-uns de ces attributs qui appartiennent spécialement à Jésus-Christ, comme l'amour des faibles et des opprimés, *Sinite parvulos venire ad me*; c'est le Dieu du Nouveau Testament, par mainte croyance et mainte expression qui conviennent au Dieu des chrétiens et ne peuvent s'appliquer au Dieu des Juifs, comme la croyance à la présence des anges près du berceau des enfants, l'idée de la manne considérée comme Dieu lui-même, dogme eucharistique, l'idée d'une retraite de trois jours et de trois nuits consacrés à la prière, les craintes du chœur relativement au règne du Christ, les espérances messianiques exprimées par Abner et Athalie elle-même, la prédiction de l'Eglise chrétienne annoncée par Joad, la substitution de la personne de Jésus-Christ à celle de Joas, enfin mainte expression propre au culte et aux croyances de l'Evangile. Tous ces détails, étrangers au judaïsme, sont autant de preuves concluantes à l'appui de cette assertion que Racine a *christianisé* son sujet.

Deuxième question. — *Quelles raisons ont pu autoriser Racine à prendre prétexte d'une histoire juive pour faire une tragédie chrétienne par tant d'endroits?*

Deux raisons. 1° Une raison générale : la communauté de croyances propres aux Juifs et aux chrétiens.

2° Une raison particulière : le système d'exégèse, c'est-à-dire d'interprétation de l'Ancien Testament, familier au dix-septième siècle.

Examen de la première raison : L'Ancien Testament, dont la tragédie d'*Athalie* est comme la fleur, est aussi bien le livre des chrétiens que celui des Juifs. L'interpréter, en faire ressortir l'esprit général, comme le fait Racine, ce n'est pas seulement une œuvre d'érudition biblique, c'est encore un acte de foi chrétienne. On ne peut être chrétien sans accepter le livre de l'Ancien Testament, c'est-à-dire le livre des Juifs. Mais, dira-t-on, Racine aurait pu faire œuvre d'excellent chrétien en laissant à cette histoire juive son caractère juif, sans chercher à la *christianiser*; pourquoi y a-t-il ajouté des traits particuliers qui attestent les croyances, les usages, le Dieu des chrétiens? Il ne s'est pas circonscrit dans son sujet; il a empiété sur le domaine de l'avenir, en s'aventurant sans cesse sur le terrain de l'Evangile; c'est un manque d'art, c'est un anachronisme. Cette objection est très-sérieuse, au point de vue littéraire, au point de vue de l'art proprement dit; nous la croyons même irréfutable. Nous ne trouvons qu'une réponse qui puisse expliquer le procédé de Racine, et encore ne réfute-t-elle pas directement l'objection; la voici : un croyant comme Racine ne peut pas se placer au point de vue purement littéraire dont nous parlons, il est invinciblement attiré vers le point de vue religieux, qui autorise l'anachronisme dont nous venons de parler.

Examen de la seconde raison. Au dix-septième siècle, tout le monde avait adopté, relativement à la correspondance de l'Ancien et du Nouveau Testament, un système particulier d'exégèse, auquel on a donné le nom de *symbolisme sacré*, et qui consiste à considérer l'Ancien Testament avec sa loi, ses personnages et son Dieu, comme le symbole du Nouveau. D'après ce système, les grands événements, les grands hommes, les préceptes de la loi mosaïque sont comme autant d'emblèmes des hommes, des événements et des préceptes de la loi évangélique; l'Evangile de Jésus-Christ est en germe dans la loi de Moïse; les faits du Nouveau Testament sont écrits d'avance à chaque page de l'Ancien. Le Dieu des Juifs et le Dieu des chrétiens ne sont qu'un Dieu appelé d'abord Jéhova, ensuite Jésus-Christ, de sorte que Jéhova c'est Jésus-Christ attendu, et Jésus-Christ Jéhova remplacé. D'après ce système, le judaïsme est un christianisme antérieur et exspectant.

Voilà le système du *symbolisme sacré*, appelé encore le *Système des Types*, qui a prévalu au dix-septième siècle et que Racine a appliqué dans *Athalie*.

C'est aussi celui qui sert de point de départ à Bossuet, dans la seconde partie de son *Discours sur l'Histoire universelle*, intitulée *de l'Unité de l'Eglise*, où il entreprend la démonstration de la divinité du christianisme par le judaïsme.

On comprend maintenant que Racine, docile à ses habitudes de croyant et se conformant à celles de la critique exégétique de son temps, ait composé, avec des éléments juifs, une tragédie chrétienne. Tout le monde est entré après lui et à sa suite dans ce système de symbolisme sacré; les incrédules eux-mêmes (et ils étaient plus nombreux qu'on ne le croit au dix-septième siècle), les incrédules, pour qui pareille interprétation était arbitraire et dénuée de toute valeur scientifique, l'ont acceptée, vaincus par le génie du poëte; mais s'ils l'ont acceptée, c'est par suite de l'absence de toute théorie systématique, chez Racine, qui n'a pas eu la prétention de donner à sa pensée la forme d'une démonstration méthodique du christianisme. Le jour où Bossuet, qui développe pourtant la même idée que Racine, a voulu la présenter sous une forme scientifique, l'ériger en système, il a rencontré des contradicteurs; son système de *symbolisme sacré continu* a soulevé de vives objections, depuis celles de son contemporain Richard Simon, jusqu'à celles des modernes Renan, Sainte-Beuve, Lamartine lui-même.

Troisième question. — *Citez, à côté de la tragédie d'Athalie, d'autres monuments de l'art chrétien, au dix-septième siècle?*

Les *Pensées*, de Pascal; *Polyeucte*, de Corneille; le *Discours sur l'Histoire universelle*, de Bossuet.

Quatrième question. — *Énumérez les traces de christianisme dans* Athalie?

Nous distinguerons dans *Athalie* les idées et les expressions chrétiennes.

IDÉES CHRÉTIENNES.

1° *L'amour des faibles et des humbles, l'amour des enfants*, idée générale qui domine la pièce. C'est en effet autour d'un enfant, du petit Joas, que tourne l'action; la plus magnifique pièce sacrée jouée sur le théâtre a pour héros un enfant et a été composée pour des enfants; on y reconnaît la présence de celui qui a dit : « *Sinite parvulos venire ad me.* » Il y a là une harmonie chrétienne.

2° *La croyance à la présence des anges près du berceau des enfants* :

> Prince aimable, dis-nous si quelque ange au berceau
> Contre tes assassins prit soin de te défendre. (IV, VI.)

Sans doute, les Hébreux croyaient à l'existence des anges, et la

Bible en est remplie; mais, dans la Bible, ils sont chargés de missions vengeresses et campent l'épée à la main à des postes périlleux : ils n'ont pas ce caractère débonnaire que leur prête Racine.

3° *L'idée de la manne considérée comme Dieu lui-même* :

> (Dieu) Les nourrit au désert d'un pain délicieux;
> Il nous donne ses lois, il se donne lui-même. (I, IV.)

Quand les Hébreux appelaient la manne le pain du ciel, cela voulait dire tombé du ciel, envoyé par Dieu. Dire que c'est Dieu lui-même, c'est introduire dans le sujet l'idée de l'Eucharistie.

4° *L'idée d'une retraite de trois jours et de trois nuits consacrés à la prière.*

Josabeth annonce à Joad qu'à l'approche de la Pentecôte, elle a fait une retraite de ce genre, pour rendre l'Eternel favorable à Joas :

> Surtout j'ai cru devoir aux larmes, aux prières
> Consacrer ces trois jours et ces trois nuits entières. (I, II.)

Non-seulement les Hébreux ne connaissaient pas ce genre de retraite, mais Moïse proscrit formellement ce zèle et ordonne aux Juifs d'accomplir immédiatement leurs vœux. (*Deutéron.*, XXIII, 22.) C'est ce qu'ils font dans la Bible; leurs engagements vis-à-vis de Dieu ont toujours un caractère d'instantanéité; ainsi, celui de Jacob partant pour l'Orient et consacrant à Dieu la pierre sur laquelle il a dormi, opération après laquelle il se met immédiatement en route. (*Genèse*, XXVIII, 22.) La retraite, dont parle Racine, est une réminiscence des habitudes religieuses de Port-Royal, dont il donnait lui-même l'exemple à l'époque de sa vie où il composa la pièce d'*Athalie*.

5° *Les craintes des méchants au sujet du règne du Christ.*

Le chœur suppose que les méchants disent, en parlant des serviteurs fidèles du Dieu de Jacob :

> Massacrons tous ses saints;
> Que ni lui ni son Christ ne règnent plus sur nous! (IV, VI.)

Sans doute le mot Christ, chez les Hébreux, s'applique à tous ceux qui reçoivent l'onction sainte, sacrificateurs, pontifes, prophètes, rois, et il pourrait à la rigueur s'appliquer à Joas prêt à recevoir l'onction royale; mais, dans le passage dont il s'agit, le méchant qui parle (comprenez Athalie) ne sait pas que Joas va être couronné, et le mot ne s'applique pas par conséquent à lui ; ce mot est, dans la bouche de Racine, une allusion éloignée au Sauveur, à Jésus-Christ, vers lequel sa pensée s'élance à plusieurs reprises dans cette tragédie. Il est probable qu'en vertu du symbolisme sacré ou système des types que nous avons exposé plus haut, les deux pensées de Joas et de Jésus-Christ ont occupé à la fois l'esprit du poëte ; dans tous les cas, c'est une trace de christianisme ; ce n'est pas Athalie, c'est Racine qui parle.

6° *Les espérances messianiques exprimées par Abner et par Athalie.*

Par Abner, *sous la forme d'un doute*. Nous espérions, dit-il à Joad :

> Que sur toute tribu, sur toute nation,
> L'un d'eux établirait sa domination,
> Ferait cesser partout la discorde et la guerre
> Et verrait à ses pieds tous les rois de la terre. (I, i.)

Il ne s'agit évidemment pas ici de la race de David, mais du Messie. Cette paix, cette souveraineté universelle, sont promises, non plus à David, mais au Sauveur qui doit en sortir. Racine écarte peu à peu les voiles dont il entourait tout à l'heure sa pensée ; il fait parler à Abner un langage prophétique.

Par Athalie, *sous la forme d'un défi*. Athalie, après l'interrogatoire de Joas, adresse à Josabeth une véhémente apostrophe, dans laquelle elle proclame la race de David détruite, grâce à son poignard, et met au défi le Dieu des Juifs lui-même de la ranimer :

> Qu'il vous donne ce roi promis aux nations,
> Cet enfant de David, votre espoir, votre attente ! (II, vii.)

C'est encore à Jésus-Christ que Racine fait allusion dans ce passage ; c'est lui qui parle et non Athalie. Rien, dans l'Ancien Testament, n'autorise Racine à prêter à Abner et à Athalie ces espérances messianiques.

Mais, dira-t-on, les Juifs attendaient, et attendent encore, le Messie. Cette objection n'est pas fondée ; ils ne l'attendaient pas, avant le dixième siècle ; ils ne l'ont jamais attendu à l'époque d'Athalie ; ils ne l'ont attendu qu'après. Pourquoi ? Parce que, avant le dixième siècle aucun prophète ne les avait entretenus du Messie. Il y a en effet, seize prophètes ; or, le plus ancien, Isaïe, est né quatre-vingt-treize ans après la mort d'Athalie (mort d'Athalie, 878 ; — naissance d'Isaïe, 785). Joad parle beaucoup d'Elie et d'Elisée, qui étaient en effet contemporains d'Athalie; mais ils ne sont pas rangés parmi les prophètes de la Bible, parce qu'ils n'ont pas laissé d'écrits, et rien ne nous autorise à croire qu'ils aient parlé, sous le règne d'Athalie, du Messie, dont se sont si amplement occupés les prophètes postérieurs. Ni Abner ni Athalie ne devraient donc faire la moindre allusion au Messie, dont ils ne pouvaient avoir aucun soupçon. Il y a là une inexactitude historique dont Racine ne s'est pas rendu compte, mais qu'il importe de signaler.

On pourrait objecter encore que la perpétuité de la race de David était une idée répandue chez les Juifs, même du temps d'Athalie; que des promesses divines avaient été faites à cet égard à David et à Salomon, son fils, comme le prétend Abner; c'est vrai; nous ne le nions pas. (*Message de Mathan*, 2; *Samuel*, VII, 14-15. — I *Chron.*, XXII, 10.) Mais il est impossible que les Juifs du temps d'Athalie interprétassent cette perpétuité de la race de David autrement que dans le sens temporel du mot; ils ne pouvaient lui donner le sens spirituel qu'Abner lui donne. Il leur était impossible de soupçonner, à l'occasion de ces prophéties relatives à une famille, l'existence future d'un roi idéal qui règnerait sur toute la terre.

Une allusion relative à Jésus-Christ ne pouvait avoir sa raison d'être, dans *Athalie* (et encore, si l'on se place au point de vue purement imaginaire du poëte, et non au point de vue historique), qu'en admettant un personnage subitement doué du don de prophétie, comme Racine le suppose pour Joad, parce qu'alors le poëte admet, et le lecteur avec le poëte, que ce personnage se trouve exactement dans les mêmes conditions que les prophètes postérieurs à Athalie, et dont les prophéties sont considérées comme authentiques. C'est une licence que l'on permet au génie du poëte, mais dont on n'est pas dupe. La prophétie de Joad vient en effet couronner, par deux faits importants, la série des idées chrétiennes renfermées dans *Athalie*.

7° *La prophétie de Joad*. Cette prophétie renferme les deux traces de christianisme les plus concluantes de toute la tragédie.

Si l'on se place au point de vue des croyances juives en matière de prophétie, il est impossible de condamner ces deux passages, parce que les Juifs admettaient que le premier personnage venu pouvait être investi du don de prophétie, à un moment donné, sans aucune préparation dans le passé, et sans aucun engagement pour l'avenir, comme nous le verrons plus loin. (Paragraphe VI, 6° *scène principale*, 6°.)

Mais, si l'on se place au point de vue historique, et tout le monde reconnaîtra que c'est, en pareille matière, la question principale, il est impossible d'admettre ces deux passages, parce que, à l'époque d'Athalie, aucun prophète n'avait encore entretenu les Juifs de la venue du Messie, comme nous l'avons prouvé dans l'alinéa précédent.

Voici ces deux idées chrétiennes :

Premièrement : La prédiction de l'Eglise chrétienne ; Joad l'annonce, neuf cents ans d'avance, quand il dit :

> Quelle Jérusalem nouvelle
> Sort du fond des déserts brillante de clarté,
> Et porte sur le front une marque immortelle ! (III, vii.)

Secondement : La substitution intentionnelle de la personne de Jésus-Christ à celle de Joas. Il y a, dans la prédiction de Joad, un passage que l'on critique généralement, quoiqu'il mérite des éloges, parce que c'est celui qui accuse le plus nettement le caractère chrétien de cette tragédie. Le voici :

> Comment en un plomb vil l'or pur s'est-il changé ?
> Quel est dans le lieu saint ce pontife égorgé ?

Ces vers, qui s'appliquent au jeune Joas lui-même, renferment une allusion à deux événements de sa vie postérieure. La vie de Joas démentit en effet les heureuses prémisses de son enfance : d'abord il trahit le Dieu qui l'avait si miraculeusement sauvé et embrassa l'idolâtrie ; ensuite il fit périr le fils même de son bienfaiteur, Zacharie. Tel est le sens de cet or changé en plomb, de ce pontife égorgé dans le temple.

On dit ordinairement, sous forme de reproche à l'adresse de Racine : quelque odieux que soient ces crimes, ce n'est pas Joad qui devrait les divulguer, ni surtout les divulguer d'avance, au moment où il va sacrer roi cet enfant, c'est-à-dire au moment où il va le faire sortir de son obscurité et l'entourer de tout le prestige attaché à l'autorité royale. Racine aurait dû, continuent les mêmes critiques maladroits, jeter un voile sur ce triste avenir ; ce n'était pas le moment d'entr'ouvrir le livre de l'histoire pour nous y faire lire d'avance ces faits honteux ; les convenances morales et les règles de l'art exigeaient que Racine conservât jusqu'au bout à ce jeune enfant son charme d'innocence persécutée. A partir de ce passage de la prophétie de Joad, la pièce est comme gâtée et déflorée. Telle est l'objection dans toute sa rigueur; en voici la réfutation :

Ce passage atteste, de la part de Racine, l'intention bien arrêtée de mettre Dieu au-dessus de tous les personnages; et il ne pouvait mieux y réussir qu'en sacrifiant, à un moment donné, au Dieu tout-puissant, qui lit dans l'avenir, l'enfant innocent que son âge et ses malheurs rendaient inviolable aux yeux des hommes et entouraient d'un caractère saint et sacré. Racine, en flétrissant, pour ainsi dire, dans sa fleur d'espérance le personnage le plus intéressant du drame, l'enfant miraculeux sur lequel reposent les destinées du peuple juif, et surtout en le sacrifiant à un moment capital, quelques minutes avant la proclamation solennelle de son avénement au trône de Juda, Racine prouve que, dans cette tragédie, l'intérêt ne vient pas des hommes, mais de Dieu; que le principal personnage de la pièce n'est ni Athalie, ni Joad, ni même Joas, mais l'Eternel, qui un jour fera tomber Joas à son tour et remplacera ce roseau par un autre roseau. C'est ici le point culminant de la tragédie d'*Athalie*; c'est à ce moment que la pièce se transfigure et, de juive, devient chrétienne. Ce n'est plus le grand prêtre Joad qui parle, car il devrait être l'apologiste naturel de l'enfant miraculeux; c'est le poëte chrétien, pour qui Joas n'est plus que le représentant de la race de David proscrite et rejetée, depuis qu'elle a produit la tige nécessaire et impérissable, Jésus-Christ. A ce moment, le véritable Joas de la pièce, ce n'est plus le fils d'Ochosias, vulgaire apostat, et vil assassin, c'est Jésus-Christ; une ombre défavorable s'étend sur celui qui était en pleine lumière; l'enfant y perd, mais Dieu y gagne.

Tel est le sens de ce passage qui offre, pour ainsi dire, la clef d'*Athalie*.

EXPRESSIONS CHRÉTIENNES.

Il y a dans *Athalie* un certain nombre d'expressions chrétiennes que l'on peut considérer comme des anachronismes de mots; ce sont des taches légères qui ne déparent point l'œuvre, mais qu'il n'est pas sans intérêt de relever, si l'on veut avoir une idée complète des traces de christianisme renfermées dans cette tragédie :

1° *Grand Dieu!* dit Abner, au milieu du récit du songe d'Athalie. (III, v.) Cette exclamation est tout à fait inusitée chez les Juifs; elle est chrétienne ou païenne.

2° *Le ciel en soit béni !* C'est une exclamation prononcée par Joad, dans son premier entretien avec Abner. (I, i.)

3° *Ciel !* Troisième exclamation proférée par Josabeth (II, ii) et par Abner (V, v) pour exprimer leur étonnement. Les Juifs évitaient soigneusement de matérialiser l'idée de Dieu ; or, dans ces deux dernières locutions, c'est Dieu lui-même qu'on invoque, Dieu personnifié par le ciel, sous la forme sensible qu'éveille ce mot. Cette façon de parler n'est pas conforme à la piété juive.

4° *Contempler Dieu.* Athalie dit à Joas, dans la scène de l'interrogatoire :

Dieu veut-il qu'à toute heure on prie, on le contemple ? (II, v.)

Cette expression ne convient pas à la piété juive, qui n'admet ni l'image matérielle de Dieu, ni l'absorption de l'âme humaine en Dieu ; elle ne convient qu'à la piété chrétienne, qui représente Dieu sous une forme sensible, ou au mysticisme moderne qui s'absorbe dans sa contemplation.

5° *Offrir à Dieu un enfant.* Joad dit à Josabeth, en parlant de Joas :

Je vais l'offrir au Dieu par qui règnent les rois. (I, ii.)

Ce mot n'est pas biblique. Il est moderne.

6° *Former une société avec Dieu.* Abner dit à Athalie, pour excuser Joad de l'avoir chassée du temple :

Dieu surtout défendit à leur postérité
Avec tout autre Dieu toute société. (II, iv.)

Ce mot n'est pas conforme à l'esprit juif, il est un écho des habitudes de piété de Port-Royal.

7° Le mot *prêtre*, qui revient souvent dans *Athalie*, ne se trouve pas dans l'Ancien Testament ; c'est un mot chrétien qui désigne les Anciens des premières églises de la nouvelle alliance, comme l'indique son étymologie *præesse ;* la dénomination hébraïque est *sacrificateur.*

8° *Le fils ressuscité de David.* Ismaël dit à Joad :

Tous chantent de David le fils ressuscité. (V, vi.)

Ce mot ne se trouve pas dans l'Ancien Testament avec le sens moral que les chrétiens y attachent.

Telles sont les traces de christianisme dans *Athalie*. Sans doute, elles sont nombreuses, mais elles ne sont pas aussi apparentes que notre commentaire pourrait le faire croire; elles sont cachées, parce que Racine s'est efforcé, comme historien et comme artiste, de laisser à son sujet son caractère antique; c'est sous un voile seulement qu'il a voulu montrer Jésus-Christ.

PARAGRAPHE III

Des innovations d'*Athalie*.

Première question. — *La tragédie d*'Athalie *n'offre-t-elle pas quelques innovations?*

Oui; elle en offre quatre qu'il importe de signaler pour deux raisons; d'abord, parce qu'elles sont inattendues, Racine ayant toujours suivi rigoureusement dans ses pièces précédentes les règles du poëme dramatique acceptées au dix-septième siècle; ensuite, parce qu'elles portent sur des habitudes, on peut même dire des défauts reprochés ordinairement aux tragédies du théâtre français et que Racine s'est efforcé de combattre. Voici ces quatre innovations:

Première. Plus d'action. La tragédie d'*Athalie* est, de toutes les tragédies du dix-septième siècle, celle qui offre le plus de mouvement et d'action. Ainsi, le quatrième acte, renfermant les préparatifs du combat au dedans et au dehors du temple, ainsi que le cinquième, consacré à la démarche d'Abner et à la mort d'Athalie, présentent le tableau le plus animé qu'on puisse offrir sur la scène.

Deuxième. L'emploi de beautés plus simples et plus familières. On a souvent reproché aux tragédies classiques du dix-septième siècle un peu de raideur, c'est-à-dire un respect exagéré de la dignité et de la noblesse, l'abus des situations et du style soutenus. On a dit que la tragédie française marchait sur des échasses. Racine a voulu, dans *Athalie*, réagir contre ce défaut. Sans porter atteinte à l'élévation naturelle de pensées et de style qu'exige une tragédie, il a voulu joindre à cette qualité des beautés plus simples et plus familières, comme on en trouve un si grand nombre dans la tragédie grecque; c'est dans cette intention qu'il a créé le rôle du jeune Éliacin, dont la grâce enfantine peut être considérée comme une dérogation au genre noble ; c'est aussi dans ce but qu'il a introduit dans sa pièce un assez grand nombre d'expressions techniques ou simples contraires aux habitudes antérieures du théâtre français, comme *pavé, boue, bride, fard, chiens, chevaux*, au lieu de périphrases plus ou moins pompeuses.

Troisième. L'absence d'amour. On a souvent reproché à la tragédie française de ne pouvoir se passer d'une intrigue d'amour. Racine a prouvé le contraire, dans *Athalie* ; en effet, il nous intéresse pendant cinq actes, sans l'emploi de ce ressort dramatique, avec l'idée seule du danger auquel est exposé un jeune enfant.

Quatrième. Plus de couleur et d'imagination dans le style. On a reproché au style de la tragédie classique l'abus du genre abstrait ; Racine a modifié cette habitude et ce ton dans sa tragédie d'*Athalie* ; il a donné à la langue poétique plus de coloris ; on sent que son imagination s'est animée et comme enhardie à la lecture de la Bible, dont le style riche, orné, oriental, offrait à son génie d'admirables modèles. Cette dernière réforme, pour être moins importante que les précédentes, est cependant fort intéressante, parce qu'elle introduit dans la langue française une qualité qui lui manquait, l'imagination.

Deuxième question. — *Quelle raison a déterminé Racine à tenter ces innovations, lui qui jusqu'alors ne s'était jamais départi de la régularité classique ?*

C'est que cette tragédie d'*Athalie* n'était pas faite pour le théâtre. Racine était, par conséquent, débarrassé des entraves matérielles que les nécessités de la représentation lui auraient imposées, et surtout des préjugés littéraires que le goût de ses contemporains l'aurait forcé de subir. S'il avait composé cette pièce pour le théâtre, nul doute qu'il n'eût suivi les règles.

Troisième question. — *De quelles entraves matérielles Racine a-t-il été débarrassé, de manière à se trouver plus à l'aise pour le mouvement scénique et la marche de l'action ?*

De l'encombrement matériel de la scène.

Ce serait une erreur de croire que la tragédie d'*Athalie*, en étant jouée sur le théâtre particulier de Saint-Cyr, au lieu de l'être sur le théâtre du Palais-Royal, ait perdu au change. Tout au contraire ; elle trouvait à Saint-Cyr une scène plus vaste et plus spacieuse ; elle n'eût rencontré sur le théâtre du Palais-Royal qu'une scène étroite et encombrée de spectateurs, laissant à peine aux personnages la place nécessaire pour se mouvoir; Racine était donc dans des conditions plus favorables que jamais pour introduire dans sa pièce plus de mouvement et d'action; il n'aurait pas pu le faire, s'il avait été arrêté par les obstacles matériels auxquels se sont heurtées ses autres tragédies. Il est tellement vrai que l'entrave matérielle de l'encombrement de la scène fut en partie cause du peu d'action de nos tragédies classiques, au dix-septième siècle, que Mme de Caylus, témoin des représentations d'*Athalie*, en 1691 et en 1716, fait remarquer dans ses Mémoires, à propos de cette tragédie même, que, le jour où elle fut jouée à Paris, sur le Théâtre-Français, en 1716, la présence des spectateurs, encore mêlés et confondus avec les acteurs, refroidit infiniment l'action, inconvénient qui n'avait pas existé, lorsque les demoiselles de Saint-Cyr avaient représenté la pièce dans la chambre même de Mme de Maintenon. Révélation curieuse, qui prouve qu'au dix-septième siècle une pièce était jouée plus à l'aise dans une chambre particulière que sur un théâtre public! (Voir sur l'encombrement de la scène les *Fâcheux* de Molière, I, I.) C'est donc à la suppression de l'exiguïté de la scène qu'est due la première des quatre réformes précédentes.

Quatrième question. — *De quels préjugés littéraires Racine s'est-il affranchi lui-même ?*

De ces deux préjugés en faveur de son temps, qu'on ne pouvait introduire un rôle d'enfant sur la scène, ni intéresser sans une intrigue d'amour. Racine, en écrivant sa pièce pour la maison de Saint-Cyr et non pour le public, en était affranchi. C'est donc à la suppression de ces deux préjugés, conséquence des conditions exceptionnelles au milieu desquelles fut jouée sa pièce, que sont dues la seconde et la troisième réforme.

Quant à la quatrième, c'est-à-dire plus de couleur et d'imagination dans le style, c'est la suite naturelle de ses préoccupations religieuses; elles le familiarisèrent tellement avec l'étude de la Bible, que son style en prit la couleur.

Cinquième question. — *Les innovations d'*Athalie *ont-elles été imitées ?*

Oui, au dix-huitième siècle, mais en partie seulement, pour ce qui concerne le mouvement et l'action ; et au dix-neuvième, pour ce qui concerne l'emploi de beautés plus simples et plus familières, ainsi que l'introduction de la couleur et de l'imagination dans le style. C'est Voltaire qui a suivi l'exemple de Racine au dix-huitième siècle, pour le développement de l'action et du spectacle ; c'est l'Ecole Romantique de 1830 qui a fait le reste, au dix-neuvième siècle. Il est vrai que cette dernière a bien exagéré la pensée du maître.

PARAGRAPHE IV

De l'imitation des Livres Saints et de l'érudition biblique de Racine dans *Athalie*.

Première question. — *Quels livres de la Bible Racine a-t-il imités ?*

Ce serait une erreur de croire que Racine se soit inspiré seulement du livre des Rois et de celui des Paralipomènes : il s'est inspiré de la Bible entière, du Nouveau comme de l'Ancien Testament. Il n'y a peut-être pas un vers de la tragédie d'*Athalie* qui n'ait sa justification, soit pour la pensée, soit pour l'expression, dans un des cinquante-huit livres de l'Ecriture. Cela ne veut pas dire que Racine ait fait œuvre de copiste, cela signifie qu'il avait une mémoire prodigieuse et un art incomparable pour s'assimiler ce qu'il avait appris. Malgré cette imitation des Livres Saints, la tragédie d'*Athalie* est écrite avec autant de naturel que si elle était sortie tout entière du génie de l'auteur.

Deuxième question. — *Prouver l'érudition biblique de Racine.*

Pour donner une idée de l'érudition biblique de l'auteur, nous choisirons les expressions les plus simples, c'est-à-dire celles qui paraissent être sorties le plus naturellement de sa plume et ne comporter aucune réminiscence ni aucune imitation ; nous prouverons qu'elles correspondent à des croyances, à des usages et même à des façons de parler de la piété juive ; telles sont les expressions : la trompette sacrée, le glaive étincelant, le flambeau de David, le pain délicieux, les longs habits de lin, les petits des oiseaux, toute la nature, les jours ténébreux, le plomb vil et l'or pur, le fard de Jézabel, les chiens de Jézabel, chercher Dieu, vive le roi Joas!

1° *La trompette sacrée.*

> Sitôt que de ce jour
> La trompette sacrée annonçait le retour. (I, i.)

L'art de la musique était très-cultivé chez les Hébreux, et, de tous les instruments, le plus ancien était la trompette ; elle s'employait dans le service journalier du tabernacle ou du temple, la convocation du peuple et les solennités extraordinaires ; la sonnerie en était douce pour appeler à des fêtes régulières, comme celle dont il est question au début de la tragédie d'*Athalie*, plus vive dans les cérémonies civiles. Cet instrument fut en usage jusqu'à la fin du royaume d'Israël et se voit sculpté parmi les dépouilles des Juifs sur l'arc de Titus.

2° *Le glaive étincelant.*

> J'ignore si de Dieu l'ange se dévoilant
> Est venu lui montrer un glaive étincelant. (II, ii.)

La croyance aux anges armés de glaives étincelants remonte aux premiers temps de l'histoire juive et remplit l'Ecriture depuis Abraham. La Bible présente une foule de textes où cette image est prise tantôt au propre, tantôt au figuré, et même à l'époque où se passe le drame d'*Athalie*, cette croyance existait encore.

3° *Le flambeau de David.*

> Et de David éteint rallumé le flambeau. (I, ii.)

La Bible désigne souvent David et ses successeurs comme des flambeaux ; cette comparaison se trouve dans Samuel (xxi, 17), le livre des Rois (xi, 36), dans saint Paul, épître à l'Eglise de Philippes (ii, 15).

4° *Le pain délicieux.*

> Les nourrit au désert d'un pain délicieux. (I, iv.)

La Bible désigne en effet la manne sous le nom de pain du ciel ; ce terme devint familier parmi les Juifs, et on le rencontre sans cesse dans l'entretien de Jésus et de ses disciples conservé par saint Jean.

5° *Les longs habits de lin.*

> Debout à ses côtés le jeune Eliacin,
> Comme moi, le servait en longs habits de lin. (II, II.)

Dès le commencement de leur établissement en Egypte, les Hébreux cultivèrent le lin; les chroniques ont même conservé les noms des artistes qui se sont distingués dans cette culture; ce tissu, très-bien approprié à la chaleur du climat, formait le principal vêtement des sacrificateurs et des lévites; et comme Eliacin est habillé en lévite, avant de l'être en roi, il doit avoir un costume de ce genre.

6° *Les petits des oiseaux.*

> Aux petits des oiseaux il donne la pâture. (II, VII.)

Cette expression si simple est de la Bible; l'original porte : Dieu donne aux oiseaux leur pâture, ainsi qu'aux petits du corbeau qui appellent. (Ps. CXLVII, 9.)

7° *Toute la nature.*

> Et sa bonté s'étend sur toute la nature. (II, VII.)

La pensée de la bonté de Dieu remplissant la terre est perpétuelle dans la Bible. Ainsi on lit dans les Psaumes : La terre est remplie de la bonté de l'Eternel. (XXIII, 5.) Ta bonté est grande jusqu'aux cieux. (LVII, 2.) La terre est pleine de ta bonté. (CXIX, 64.) Quant au mot *nature* qu'employait si rarement le dix-septième siècle, qui se rencontre dans trois passages d'*Esther* (III, vers 104, 220, 404) et dans celui-ci d'*Athalie*, c'est la traduction latine d'un terme grec que l'on ne rencontre pas dans l'Ancien Testament; mais on le lit pour la première fois dans un des livres de la Sagesse, dans saint Paul et dans saint Jude.

8° *Les jours ténébreux.*

> En des jours ténébreux a changé ces beaux jours. (I, 1.)

Les ténèbres sont l'image constante dont les prophètes se servent pour désigner les triomphes passagers de l'impie, ainsi que les jugements de Dieu contre eux. L'Evangile emploie aussi cette image. Saint Paul dit : La nuit va finir, le jour est venu, dépouillons-nous donc des œuvres de ténèbres et revêtons les armes de la lumière. (*Rom.*, XIII, 12.)

9° *Le plomb vil et l'or pur.*

> Comment en un plomb vil l'or pur s'est-il changé? (III, VII.)

Ce rapprochement du métal noble et du métal vulgaire est familier aux prophètes. Ezéchiel le développe longuement : « La maison d'Israël s'est changée pour moi en écume ; ils sont tous comme de l'airain, de l'étain, du fer et du plomb au milieu du creuset, et ils sont devenus comme l'écume de l'argent. » (XII, 18.)

10° *Le fard de Jézabel.*

> Même elle avait encor cet éclat emprunté... (II, v.)

L'usage des cosmétiques était poussé jusqu'à l'exagération chez les Hébreux. Les prophètes y font sans cesse allusion. Le livre des *Rois* raconte que la reine Jézabel elle-même, dont il est question dans ce passage, fut surprise à sa toilette par la nouvelle de l'arrivée de Jéhu, au moment où elle s'appliquait sous l'orbe des yeux un fard célèbre, d'un usage général en Asie, composé d'une poudre de plomb. « Jézabel ayant appris son arrivée peignit ses yeux et orna sa tête. » (IV, IX, 30.) C'est à ce cosmétique qu'est emprunté le nom de la troisième fille de Job Kéren-Happuca.

11° *Les chiens de Jézabel.*

> Dans son sang inhumain les chiens désaltérés. (I, 1.)

Le détail des chiens dévorant Jézabel est conforme non-seulement au récit biblique, mais aux mœurs de l'Orient. Les villes d'Asie sont remplies de troupes de chiens affamés qui font proie de tout. La Bible fait souvent allusion à cette absence complète de toute police sur la voirie. Ainsi le livre des *Rois* dit que les serviteurs de Jéroboam, qui mourront dans la ville, seront mangés par les chiens (XIV, II), et, dans la parabole du mauvais riche, il est dit que, sur le seuil de sa porte, les chiens viennent lécher les ulcères du pauvre Lazare. Tant on était habitué à leur vagabondage !

12° *Chercher Dieu.*

> Tandis que je me vais préparer à marcher,
> Chantez, louez le Dieu que vous venez chercher. (I, III.)

Ces deux vers, si simples, renferment deux expressions techniques. *Marcher* indiquait chez les Juifs le premier rit à remplir le jour de la Pentecôte, et qui consistait à venir solennellement déposer devant le lieu saint une offrande des épis de la récolte nouvelle. *Chercher Dieu* était aussi une expression consacrée pour indiquer cet acte de la foi se mettant en communication intime et directe avec le Seigneur, et, par une extension naturelle, les actes du culte qui n'avaient lieu que dans le tabernacle et le temple.

13° *Vive le roi Joas !* (V, I.)

Ce cri n'est pas une banalité. Le cri de « *Vive le Roi !* » était la forme juive de l'acclamation populaire, accompagnant les cérémonies de tout avénement au trône. Les usurpateurs mêmes s'efforçaient de s'en couvrir, comme le prouve l'exemple d'Absalon. « Et quand Chusaï Arachite, ami de David, fut venu vers Absalon, il lui dit : Je vous salue, roi ; ô roi, je vous salue ! » (*Les Rois*, II, XVI, 16.)

Telles sont les preuves de l'érudition biblique de Racine, choisies, on peut le dire, entre mille.

Plus loin, on en trouvera une autre, plus frappante encore, à propos de la *Prophétie de Joad*. (V. paragraphe VI, 6° *scène*, 6°.)

PARAGRAPHE V

Du sort des représentations d'*Athalie* et des causes de son échec.

Première question. — *Où la tragédie d'*Athalie *fut-elle jouée la première fois ? Et dans quelles conditions ?*

Athalie devait être représentée à Saint-Cyr, comme *Esther*, devant le public de la cour, sur un théâtre ; elle le fut à Versailles, dans la chambre de Mme de Maintenon, sans public ; car on ne peut appeler public Louis XIV, Mme de Maintenon et les deux ou trois privilégiés qui assistèrent à la première représentation. Ce furent les demoiselles de Saint-Cyr qui jouèrent les rôles, il est vrai, mais vêtues de leurs habits ordinaires, sauf quelques perles et quelques rubans de plus, c'est-à-dire sans le prestige des décors et des costumes. La pièce fut ainsi jouée deux fois seulement en 1691. Voici le témoignage de Mme de Caylus : « *Athalie* ne fut jouée qu'une ou deux fois, à Versailles, en 1691. Mme de Maintenon fit seulement venir à Versailles une ou deux fois les actrices pour jouer dans sa chambre, devant le roi, avec leurs habits ordinaires. » Tout se passa donc en petit comité.

Deuxième question. — *Qu'advint-il d'*Athalie, *du vivant de Racine, après ces deux chétives représentations ?*

La pièce fut imprimée la même année, mais peu recherchée; elle fut l'objet de plusieurs épigrammes, dont on a retenu la suivante, de Fontenelle :

> Gentilhomme extraordinaire.
> Et suppôt de Lucifer,
> Pour avoir fait pis qu'Esther,
> Comment donc as-tu pu faire?

On dit même, sans que le fait soit bien certain, que, dans les petits jeux de société, on donnait pour pénitence la lecture de quelques vers d'*Athalie*, et, quand on était condamné à lire une page entière, c'était une rigueur excessive. Cependant, si la tragédie d'*Athalie* subit à la représentation, du vivant de Racine, un échec complet, elle eut quelques succès de lecture dans les sociétés et les cercles. Ainsi l'on raconte qu'un officier à qui l'on avait infligé pour pénitence, dans un jeu de société, la lecture d'une page d'*Athalie*, au fond d'un cabinet isolé du salon, prit tellement goût à la lecture qu'il ne reparut de quelque temps au milieu des invités; on le crut endormi, on alla voir, il était plongé dans son livre; on rit beaucoup de sa bonhomie, mais il assura n'avoir jamais fait de lecture plus intéressante. Ce fut, dit-on, le commencement d'une meilleure fortune pour *Athalie*; on ouvrit les yeux, mais lentement, et Racine mourut huit ans plus tard (1699) sans avoir été témoin du revirement de l'opinion publique en sa faveur; il emporta même au tombeau la conviction qu'il s'était trompé sur le mérite de son ouvrage, malgré le jugement de Boileau qui lui affirmait le contraire. Tout son cœur de chrétien et de sujet souffrit de cet échec.

Troisième question. — *Pourquoi la tragédie d'*Athalie *ne fut-elle pas jouée dans les mêmes conditions que celle d'*Esther?

Parce que, dans l'intervalle d'*Esther* à *Athalie*, les dévots firent parvenir à Mme de Maintenon tant d'avis et de remontrances, même anonymes, sur l'inconvénient d'exposer ainsi des jeunes filles aux regards du public (et il y avait bien quelque chose de vrai à cela), que Mme de Maintenon s'opposa aux représentations à grand apparat de la tragédie. Aux dévots se joignirent, en cette circonstance, les envieux de Racine qui formèrent une ligue devant laquelle céda la reine. Ce fait prouve que l'autorité de Louis XIV et de Mme de Maintenon était plus bornée qu'on ne le croit par les mœurs et les institutions.

Quatrième question. — *Qu'advint-il d'*Athalie, *immédiatement après la mort de Racine ?*

Trois ans après la mort de Racine, en 1702, du vivant de Louis XIV, Mme de Maintenon voulut tenter une nouvelle épreuve en faveur de la pièce qu'elle ne cessait d'aimer, malgré sa prohibition officielle et la fermeture du théâtre de Saint-Cyr. Mais elle voulut que cette nouvelle représentation eût lieu moins à huis-clos que les deux précédentes; elle en chargea, non plus les demoiselles de Saint-Cyr, mais des dames et des seigneurs de la cour; Mme la duchesse de Bourgogne fut chargée du rôle de Josabeth; le duc d'Orléans, de celui d'Abner; la présidente de Chailly, de celui d'Athalie; le second fils du comte de Guiche, de celui de Joas; M. de Chaperon, de celui de Zacharie; la comtesse d'Agen, de celui de Salomith. Personne n'osant prendre celui de Joad, l'acteur de profession Baron fut appelé. On donna dans ces conditions trois représentations auxquelles la cour prit grand plaisir. Mais tout s'arrêta brusquement par suite de rivalités au sujet de la distribution des rôles. « Voilà donc *Athalie* encore tombée, écrivait tristement Mme de Maintenon au duc de Noailles; le malheur poursuit tout ce que je protége et que j'aime ! » Les choses en restèrent là, pendant quatorze ans, de 1702 à 1716.

Cinquième question. — *Quand et en quelle circonstance la tragédie d'*Athalie *reprit-elle faveur, après la mort de Racine ?*

Ce n'est qu'en 1716, dix-sept ans après la mort de Racine, un an après celle de Louis XIV, sous la Régence, que la tragédie d'*Athalie* reprit complétement faveur, auprès du public. A cette époque, quelques connaisseurs en parlèrent au Régent qui aimait et protégeait les arts; ce prince ordonna aux comédiens du Théâtre-Français de la jouer, malgré la défense insérée dans le privilége royal; elle eut un succès prodigieux dont voici l'explication : l'imagination des spectateurs s'attacha à une circonstance particulière de la pièce qui en fit la fortune, une ressemblance d'âge et de situation entre Joas et le jeune Louis XV. Joas a huit ans dans la pièce, Louis XV en avait alors six (né en 1710); tous deux sont orphelins, tous deux uniques survivants d'une nombreuse famille cruellement moissonnée par la mort, puisque Joas survit à ses quarante-deux frères, poignardés par Athalie, et le jeune Louis XV à son grand-père le grand Dauphin mort en 1711, à son père le duc de Bourgogne et à son frère aîné, tous deux morts en 1712, à son aïeul Louis XIV, mort en 1715, c'est-à-dire à quatre personnes de sa famille, mortes presque coup sur coup, dans l'espace de cinq ans. Les spectateurs de l'époque appliquaient à ce jeune prince maint passage de la tragédie relatif à Joas; Racine fils nous dit formellement dans ses Mémoires qu'on ne pouvait entendre certains vers de la pièce sans attendrissement, entre autres la scène où Joad raconte, en présence de Joas lui-même et des lévites, le massacre commis par Athalie :

> Mais Dieu du coup mortel sut détourner l'atteinte,
> Conserva dans son cœur la chaleur presque éteinte. (IV, III.)

Et, quand Joas répondait à son père adoptif :

> Hélas! de tant d'amour et de tant de bienfaits,
> Mon père, quel moyen de m'acquitter jamais? (IV, III.)

tous les cœurs étaient touchés de cet élan spontané de reconnaissance de la part de ce jeune enfant; tout le monde songeait à ce que Louis XV devait aux bienfaits du ciel.

Telle fut la cause du succès d'*Athalie*, sous la Régence; depuis cette date de 1716 jusqu'à nos jours, il ne s'est jamais démenti.

Sixième question. — *Quelles sont les causes, et surtout quelle est la cause principale de l'échec d'*Athalie*, sous Louis XIV?*

Voici d'abord les causes secondaires :

1° *Les scrupules religieux de M*^{me}* de Maintenon, confirmés par les remontrances des dévots.* (V. même paragraphe, 3° question.)

2° *La cabale des auteurs médiocres.* Racine était détesté de tous les beaux-esprits et de tous les auteurs médiocres de son temps, parce qu'il leur était supérieur, parce qu'il était courtisan, parce qu'il était dévot, mais surtout parce qu'il exerçait à l'Académie, de concert avec Boileau, une autorité que les méchants écrivains trouvaient despotique; ils la supportaient chez Boileau, parce qu'il était doux, franc et bonhomme; ils ne la supportaient pas chez Racine, parce qu'il était prompt à l'attaque et à l'épigramme; il est donc probable qu'il se forma contre *Athalie* une conspiration de la basse et de la moyenne littérature, dont l'influence fut d'autant plus grande qu'à cette époque les écrivains médiocres parvenaient, vu leur grand nombre et leur esprit d'intrigue, à gouverner l'opinion publique.

Voici la cause principale :

Les hardiesses d'Athalie. Les deux raisons précédentes ne suffiraient pas pour expliquer l'échec d'*Athalie*. Sans doute, les scrupules religieux de Mme de Maintenon, confirmés par les remontrances des dévots, la déterminèrent à supprimer les représentations, dès 1691 ; mais elle aimait et protégeait néanmoins la pièce puisqu'en 1702 elle la fit reprendre et qu'elle en déplora l'échec, survenu, comme nous l'avons vu, par suite d'une circonstance indépendante de sa volonté. Sans doute aussi, les petits auteurs étaient puissants à cette époque ; mais leur cabale n'aurait pas pu prévaloir contre l'autorité de Louis XIV, si Louis XIV s'était montré favorable à la pièce. Ce ne sont donc ni les scrupules de Mme de Maintenon, ni les intrigues des petits auteurs qui firent tomber la pièce, c'est le mécontentement de Louis XIV, mécontentement provoqué par les hardiesses d'*Athalie*.

Septième question. — *Quelles sont les hardiesses d'Athalie ?*

1° *Les allusions au jansénisme.* (Paragraphe II, 1.)

2° *La peinture sévère de l'hypocrisie politique et religieuse, double vice très-répandu à la fin du règne de Louis XIV.*

Elle se trouve dans l'entretien de Mathan et de Nabal (III, III). Mathan est un double hypocrite, il est hypocrite comme courtisan et comme prêtre ; *comme courtisan,* puisqu'il avoue lui-même à Nabal qu'il s'est attaché aux rois de Juda, non pas pour les servir loyalement, d'après ses convictions et sa conscience, mais pour leur déguiser la vérité, flatter leurs caprices et les aveugler sur leurs propres intérêts ; *comme prêtre,* puisqu'il avoue qu'il a quitté le culte de Jéhova pour celui de Baal par dépit, et par orgueil, pour se venger de Joad qui avait été investi de la grande prêtrise, malgré ses prétentions à la tiare. C'est pour être le grand prêtre d'un Dieu quelconque, qu'il a embrassé le culte de Baal. Cette critique sanglante de l'hypocrisie politique et religieuse chez les courtisans, faite vingt-sept ans après le *Tartufe* de Molière, à une époque où les courtisans de ce genre s'étaient considérablement multipliés, déplut à tout le monde, aux courtisans comme au souverain ; aux premiers, parce que les hommes n'aiment pas s'entendre dire qu'ils trompent; au second, parce qu'ils n'aiment pas s'entendre dire qu'ils sont dupes des trompeurs. On feignit de ne pas comprendre, mais on écarta silencieusement ces trop graves leçons. L'échec d'*Athalie* peut donc être considéré comme le triomphe inavoué de Mathan sur Joad, des hypocrites de cour et d'Eglise sur les dévots et les courtisans sincères.

3° *Les plaintes contre la vie dissipée, l'orgueil et l'iniquité des grands.*

Racine se plaint plusieurs fois et avec amertume, dans *Athalie*, de la dissipation, de l'orgueil et de l'iniquité des grands; il relève les vices de la cour, où règnent sans partage la force et la violence, et, pour articuler plus nettement ces accusations, il met ces plaintes dans la bouche des principaux opprimés de la pièce, c'est-à-dire le chœur et Joas :

> De plaisirs en plaisirs
> Promenons nos désirs;
> Rions, chantons, dit cette troupe impie. (II, ix.)
> Dans une cour où l'on n'a d'autres lois
> Que la force et la violence. (III, viii.)
> Le bonheur des méchants comme un torrent s'écoule. (II, vii.)

Par *méchants*, Racine entend les grands; s'il ne dit pas les grands, c'est pour déguiser sa pensée; la preuve, c'est que, dans le second chœur, où ce mot revient souvent, il est opposé non pas aux bons, mais aux pauvres :

> Pendant que le pauvre à ta table... (II, ix.)

Une seconde preuve que par *méchants* il entend les *grands*, c'est qu'au moment où Joas dit innocemment :

> Le bonheur des méchants comme un torrent s'écoule,

Athalie croit que le mot s'adresse à elle et réplique sur un ton menaçant : « Ces méchants, qui sont-ils? » Si les méchants formaient, comme l'indique Racine, la cour même; si, par ce mot, le poëte désigne les oppresseurs du peuple, les conseillers du roi qui égaraient son cœur, en lui recommandant la sévérité et la violence, on comprend qu'ils se soient ligués pour faire tomber la pièce; et, comme une partie de ces reproches retombe sur Louis XIV lui-même qui écoutait ces conseillers malintentionnés, on comprend encore que le roi fût mécontent de cette censure indirecte de sa propre conduite. Mais ce n'est pas tout;

Racine ne s'est pas borné aux attaques précédentes contre les grands ; après la critique de leur conduite en ce monde, il annonce leur damnation éternelle dans l'autre, dans une strophe vengeresse où il se montre inexorable comme la vérité et importun comme la justice :

> Ils boiront dans la coupe affreuse, inépuisable
> Que tu présenteras au jour de ta fureur
> A toute la race coupable. (II, IX.)

On voit que la Bible l'a rendu séditieux : les grands sont les réprouvés, et les petits sont les élus. Malheureusement pour Racine, le temps n'était plus où Louis XIV permettait à Molière d'attaquer les vices de la cour ; ce qui était considéré de bonne guerre, chez Molière, fut traité de révolte, chez Racine, parce que le temps avait marché et avec lui la corruption générale.

4° *La condamnation des abus du pouvoir absolu, et l'allusion à la misère publique qui sévissait en* 1691.

Le plus grand crime de Racine, dans *Athalie*, ce qui irrita le plus Louis XIV contre la pièce, c'est la condamnation des abus du pouvoir absolu et l'allusion à la misère publique renfermées dans la harangue de Joad à Joas :

> De l'absolu pouvoir vous ignorez l'ivresse
> Et des lâches flatteurs la voix enchanteresse ;
> Bientôt ils vous diront que les plus saintes lois,
> Maîtresses du vil peuple, obéissent aux rois ;
> Qu'un roi n'a d'autre frein que sa volonté même,
> Qu'il doit immoler tout à sa grandeur suprême ;
> Qu'aux larmes, au travail le peuple est condamné,
> Et d'un sceptre de fer veut être gouverné. (IV, III.)

Ce sont là d'impitoyables vérités ; le temps n'était plus où Racine pouvait, comme dans la tragédie de *Britannicus*, se permettre de parler franchement à Louis XIV et le corriger, par une allusion, de son amour pour les danses en plein théâtre. La vérité n'était plus bonne à dire, parce qu'elle était trop affligeante. En effet, cette date de 1691 est l'époque où la France, décimée et affamée, commence à murmurer ; c'est l'époque où Vauban cherche partout des remèdes à la misère publique des villes et des campagnes ; où Fénelon est tellement affligé de la détresse de la France qu'il écrit au roi cette fameuse lettre où on lit : « Sire, vos peuples meurent de faim ; la France entière n'est plus qu'un grand hôpital désolé, et sans provision. » Racine, en écrivant la harangue de Joad, fit preuve d'autant de courage que Fénelon en écrivant cette lettre ; sa conduite lui fait honneur et le justifie du reproche de courtisan. Elle contribua non-seulement à l'échec de sa pièce, mais encore à sa propre disgrâce. Les hardiesses d'*Athalie* déposèrent en effet, dans l'âme de Louis XIV, les germes de cette colère qui éclata six ans plus tard, en 1697, à la lecture du *mémoire* de Racine sur la misère du peuple. La disgrâce de notre poëte remonte en effet plus haut qu'on ne le croit généralement ; elle date d'*Athalie*; c'est à ce moment qu'elle commence, d'une manière inavouée, pour éclater deux ans avant sa mort; en effet, le *mémoire* sur la misère du peuple est contenu en substance dans *Athalie*.

Le roi n'exprima pas tout haut son mécontentement; ni lui ni la cour ne parurent comprendre ces leçons austères et hardies, bien qu'ils les comprissent parfaitement, et on laissa tomber la pièce d'elle-même. Aussi Racine se méprit-il toujours sur la cause de son échec, ainsi que son ami Boileau lui-même.

Après la mort de Louis XIV, les causes de cet échec n'existant plus, la pièce, comme nous l'avons vu plus haut, se releva, pour ne plus tomber.

Telle est la véritable cause de l'échec d'*Athalie*.

PARAGRAPHE VI

Scènes principales et chœurs.

Première scène principale (acte I, scène I). — *L'exposition de la pièce, sous forme de confidence entre Abner et Joad.*

Abner déplore l'abandon des autels; Joad oppose à ses terreurs la puissance de Dieu et la possibilité de voir renaître la race de David qu'Abner croit éteinte comme tous les Juifs. Ce qui fait la principale beauté de cette scène, c'est l'opposition des deux caractères d'Abner et Joad, représentant chacun un genre de piété différente : Abner, la piété facile du monde, Joad, la piété sévère du temple.

Deuxième scène principale (acte I, scène II). — *La suite de l'exposition sous forme de confidence entre Joad et Josabeth.*

Dans cette scène, Joad explique nettement à sa femme Josabeth le projet qu'il vient de faire entrevoir seulement à Abner, c'est-à-dire la reconnaissance de Joas comme roi d'Israël et la déchéance d'Athalie. Ce qui fait la beauté de cette scène, c'est, d'un côté, le contraste entre l'enthousiasme de Joad et les frayeurs maternelles de Josabeth; Joad est uniquement préoccupé de l'idée du succès assuré, en ce jour, à la cause de son roi et de son Dieu, tandis que Josabeth est tout entière à l'idée du danger que va courir son enfant d'adoption; de l'autre côté, c'est le récit rétrospectif, fait par Josabeth elle-même, de la nuit terrible où elle a arraché cet enfant à la colère de ses assassins.

Troisième scène principale (acte II, scène vj. — *La délibération entre Athalie, Abner et Mathan, au sujet de Joas.*

C'est dans cette scène qu'Athalie, parfaitement maîtresse d'elle-même, malgré l'affront qu'elle vient de subir, expose à ses deux ministres, surtout à Abner, avec beaucoup d'adoucissements et de formes justificatives, la politique de son règne; c'est là qu'elle fait le récit de son rêve, de l'affront que vient de lui infliger Joad, en l'expulsant du temple, des alarmes que lui cause la ressemblance de l'enfant, qu'elle vient d'entrevoir dans le sanctuaire, avec celui qui l'a poignardée en songe; c'est là, enfin, qu'elle consulte à ce sujet ses deux ministres, dont l'un, le prêtre, lui propose le meurtre, et l'autre, le soldat, l'interrogatoire de l'enfant qui l'inquiète. Ce qui fait la beauté de cette scène, ce n'est pas la partie délibérative, quelque dramatique qu'elle soit, c'est la partie politique et la partie narrative. *Dans la partie politique*, Athalie expose sa conduite depuis le commencement de son règne; cette exposition est intéressante, parce qu'elle contribue à révéler le premier côté de son rôle, son astuce, sa dissimulation, l'empire qu'elle exerce au besoin sur elle-même, la contrainte dans laquelle elle retient ses mauvaises passions, grondant toujours et toujours prêtes à se déchaîner. *Dans la partie narrative*, Athalie raconte son rêve de la nuit précédente; ce récit peut passer pour le modèle du genre. Ce n'est pas un simple développement de rhétorique, c'est l'expression d'une croyance religieuse très-répandue chez les Hébreux, à savoir que Dieu correspondait avec les hommes au moyen des songes. Les Juifs étaient tellement convaincus de cette idée qu'ils avaient fait une classification des songes : les songes envoyés aux bons, les songes envoyés aux méchants, les songes proprement dits ou rêves de la nuit, les visions ou apparitions pendant la veille, les songes simples et directs qui s'expliquent d'eux-mêmes, les songes obscurs qui nécessitent l'intervention d'un envoyé divin. Cette importance religieuse des songes, chez les Hébreux, explique pourquoi on en rencontre tant dans la Bible, songes d'Abraham, d'Abimélec, de Jacob, de Joseph, du roi d'Egypte son contemporain, de Salomon. Elle donne en même temps au songe d'*Athalie* une valeur historique et religieuse, qui en rehausse encore la valeur littéraire.

Quatrième scène principale (acte II, scène VII). — *L'interrogatoire de Joas.*

C'est une scène remarquable, parce qu'elle offre, grâce à la création de ce personnage d'enfant, l'emploi d'une de ces beautés familières et simples, si fréquentes sur le théâtre grec, si rares sur le théâtre français. Elle atteste, de la part de Racine, un effort pour faire perdre à la tragédie classique cet air roide et empesé qu'on lui reproche.

Quant aux réponses de l'enfant, elles ont un double caractère : elles sont à la fois prudentes et hardies, circonspectes et compromettantes ; les unes attestent de sa part de l'intelligence, les autres du courage. Aussi ont-elles pour résultat de ne confirmer ni de dissiper les craintes d'Athalie, au sujet de sa naissance. Elles ne lui apprennent qu'une chose, le genre d'éducation qu'on lui donne, c'est-à-dire les sentiments d'hostilité qu'on lui inculque à son égard. Aussi sort-elle furieuse de cet entretien, non pas parce qu'elle a découvert en cet enfant l'adversaire politique et religieux qu'elle redoute, mais parce qu'elle le considère comme une espèce d'ennemi personnel.

Cinquième scène principale (acte III, scène III). — *Les confidences de Mathan à Nabal.*

C'est l'exposition du double système d'hypocrisie politique et religieuse que Mathan pratique avec une rare audace. Cette scène est importante parce qu'elle est une satire hardie de la cour de Louis XIV et contribua à l'échec d'*Athalie*. On ne peut pas dire qu'elle soit belle, parce que l'étalage de l'impudence n'a rien de beau ; mais elle fait honneur à la franchise et même au courage de Racine ; elle prouve qu'il y avait en lui autre chose qu'un courtisan, c'est-à-dire un honnête homme et un chrétien sincère.

Sixième scène principale (acte III, scène VII). — *La prophétie de Joad.*

Comme c'est une des plus belles scènes de la tragédie, nous l'étudierons en détail, dans l'ordre suivant : la place, le but, la forme, la composition ou marche des idées, le contenu, l'exactitude biblique, le caractère surnaturel, le style.

1º *La place.* Elle se trouve vers le milieu de la tragédie environ, elle termine le troisième acte. Elle vient après l'expulsion de Mathan du temple, comme une conséquence naturelle de cet acte qui est la déclaration de guerre de Joad à Athalie. Joad prévoit que la reine, après l'affront fait à son ministre, va faire marcher ses légions en avant; aussi fait-il rapidement fermer toutes les portes, convoquer les lévites, et leur adresse-t-il un discours qui commence comme une harangue militaire et se termine comme une prophétie.

2º *Le but.* Cette prophétie a pour but d'animer l'ardeur des combattants en leur montrant d'une manière sensible la présence de Dieu parmi eux, dans le cœur, les paroles, les yeux de leur chef; elle est comme l'avant-propos surnaturel du combat; elle prouve aux lévites que l'intervention divine suppléera à leur petit nombre et que leur fragile armée sera vite soutenue, sinon remplacée, par Dieu même, la véritable armée du moment.

3º *La forme.* Cette prophétie est moitié dramatique, moitié lyrique; c'est-à-dire que, sur les quarante vers dont elle se compose, vingt sont des alexandrins, vingt des vers lyriques proprement dits. Elle a pour prélude et pour intermède des vers prononcés par le chœur, de sorte que les paroles de Joad et celles du chœur alternent entre elles. Cette disposition est intentionnelle; le chœur intervient de la sorte pour donner à Joad le temps de se recueillir, au début de sa prophétie, et de se reposer, au milieu. La disposition des vers alexandrins placés au début et des vers lyriques, à la fin, renferme aussi une intention : Joad débute par les alexandrins, forme ordinaire du discours tragique, parce que les premiers moments de son inspiration sont mêlés d'un reste de trouble et de froideur; il ne passe aux vers lyriques qu'insensiblement, lorsque l'enthousiasme divin a fait des progrès en lui. Cette scène est considérée, malgré la présence des alexandrins, qui en forment la moitié, comme entièrement lyrique, parce que les alexandrins eux-mêmes ont, pour l'éclat du style et le mouvement des pensées, une tournure aussi lyrique que le reste de la prophétie. La tragédie d'*Athalie* renferme donc cinq parties lyriques, les quatre chœurs et cette prophétie.

4º *La composition, ou marche des idées.* Cette prophétie offre, pour la marche des idées, une régularité remarquable. Joad ne se met pas à prophétiser tout à coup, ce qui serait bizarre et invraisemblable. Comme il se trouve en présence d'une armée de lévites et qu'il va se battre, il commence son discours comme une allocution ordinaire adressée par un général à ses soldats :

> Voilà donc quels vengeurs s'arment pour ta querelle!

Puis sa harangue perd peu à peu son caractère militaire pour prendre un caractère religieux, et, oubliant ses soldats, il interpelle directement Dieu et se livre à des élans de piété qui ont pour but de le faire descendre et de le fixer en lui. Après ce double exorde préparatoire, il commence à prophétiser. Les divers événements, dont la prophétie elle-même se compose, sont gradués avec un art savant et par ordre d'importance; ils forment deux groupes distincts; les événements relatifs à l'Ancien Testament, considérés comme secondaires, viennent en premier lieu et forment le groupe des alexandrins; ceux du Nouveau, considérés comme principaux, viennent en second lieu et forment le groupe des vers lyriques.

5° *Le contenu.* Voici le groupe des événements prophétisés en vers alexandrins : 1° L'assassinat de Zacharie, fils du prophétisant lui-même, tué par Joas devenu roi d'Israël; ce crime eut lieu une vingtaine d'années après la prophétie. — 2° La captivité de Babylone qui dura soixante-dix ans (606-536) et commença trois cents ans environ après cette prédiction; les vers de Joad ont une telle précision qu'ils retracent les principaux épisodes de cette captivité. — 3° Le massacre des prophètes, commis à Jérusalem après la mort d'Athalie, 900 ans avant Jésus-Christ, massacre tellement odieux que Jésus-Christ le reprocha encore aux descendants de ses auteurs, c'est-à-dire aux chefs des Pharisiens et aux docteurs de la loi de son temps, qu'il accuse, dans une de ses plus violentes censures, d'être fils d'assassins. (*Math.*, xxii, 29, 36. — *Luc.*, xi, 47, 51.) — 4° Destruction du temple et de la ville de Jérusalem par Nabuchodonosor, événement qui eut lieu en 587, environ 315 ans après cette prophétie. Voici le groupe des événements prophétisés en vers lyriques : 1° La naissance de Jésus-Christ. — 2° La conversion des païens au christianisme. — 3° La formation de l'Eglise chrétienne.

6° *L'exactitude biblique.* Un des plus grands mérites de cette prophétie, c'est l'exactitude biblique de tous les détails; Racine y fait preuve d'une érudition extraordinaire, il n'invente rien, il y applique dans toute leur rigueur les règles relatives aux prophéties ; les voici : 1° *Le ministère de prophétie accordé accidentellement à un personnage quelconque.* Il paraît invraisemblable, au premier abord, qu'un homme, qui n'est pas prophète, comme Joad, se mette à prophétiser ; on est tenté d'accuser Racine d'avoir agi arbitrairement en faisant un prophète d'un homme qui n'avait pas qualité pour l'être. Cependant Racine ne s'est pas trompé. Le ministère de prophétie n'est indiqué nulle part dans la Bible comme spécial ni continu. Il n'était pas *spécial*, c'est-à-dire que Dieu le donnait à qui et quand il lui plaisait ; un personnage, sans aucun des caractères auxquels on reconnaissait les voyants, pouvait, à l'improviste, se mettre à prophétiser. Il n'était pas *continu*, il était temporaire, c'est-à-dire que, s'il n'exigeait aucune préparation dans le passé, il n'entraînait aucun engagement pour l'avenir. Or, Joad se trouve précisément dans ces deux conditions ; il n'a ni mission pour prophétiser, ni ministère continu de prophétie, et cependant sa prédiction est conforme à toutes les croyances juives en pareille matière. — 2° *Le recueillement préparatoire de l'inspiré, forcé de rentrer en lui-même, pour passer de l'état naturel à l'état surnaturel.* Joad, avant de prophétiser, se recueille un instant, et s'il demande aux lévites leur intervention :

> Lévites, de vos sons prêtez-moi les accords,

c'est pour avoir le temps de se préparer à la prophétie. C'est ainsi qu'agissaient les voyants ; le recueillement était une règle, un fait de tradition parmi eux. C'est naturel ; le don de prophétie pouvant les surprendre à l'improviste, ceux qui en étaient gratifiés se sentaient bouleversés, et même en proie à une surprise des sens qui exigeait quelques minutes de repos, pendant lesquelles ils passaient de l'état naturel à l'état surnaturel. — 3° *La proclamation de l'esprit divin descendant inopinément dans l'âme des voyants.* Joad n'a pas plus tôt senti cette étrange et subite transformation de lui-même qu'il signale à ceux qui l'entourent la présence de l'esprit divin dans son cœur :

> Est-ce l'esprit divin qui s'empare de moi ?

Ce n'est pas là une exclamation banale ; c'est encore une règle de prophétie, une déclaration consacrée qui se trouve en tête d'une foule de prédictions de ce genre dans la Bible, entre autres de celles de Nathan, d'Elisée, de Jérémie, de saint Paul ; les voyants, surtout ceux qui prophétisaient pour la première et l'unique fois de leur vie, éprouvaient un mouvement instinctif qui les portait à s'expliquer à eux-mêmes et à expliquer aux autres la cause du changement surnaturel qui s'opérait en eux. — 4° *La transmission des révélations sous une forme essentiellement immatérielle.* Joad ne ressemble en rien à la sibylle antique dont la chevelure se hérisse, la bouche écume et les traits s'altèrent ; aucun signe matériel ne trahit en lui la présence de l'Eternel ; son émotion est toute morale. Ce détail est conforme aux croyances juives ; Dieu transmettait ses révélations à ses prophètes sans aucune marque extérieure de sa présence, par un simple effet intérieur de son esprit sur l'esprit de l'homme. C'est de cette manière que Jésus-Christ informe les apôtres de la transmission de l'esprit prophétique : « Ne vous inquiétez pas comment vous parlerez, ni de ce que vous direz ; ce que vous devez dire vous sera donné à l'heure même. » (*Math.*, x, 19.) — 5° *L'obscurité dont les prophéties sont entourées pour les prophétisants eux-mêmes.* Joad cite une multitude de faits très-vagues, dont il ne précise ni le caractère, ni le lieu, ni la date. Il n'en a qu'une perception confuse et n'en saisit pas lui-même le vrai sens. Cette obscurité des termes est conforme à la tradition ; les prophéties étaient ambiguës, même pour ceux qui les rendaient ; ceux-ci étaient aussi embarrassés que leurs auditeurs pour les expliquer ; quelquefois ils déclaraient que l'accomplissement seul des faits prédits par eux était capable d'en éclaircir la signification. Ainsi, saint Pierre déclare, dans sa première épître, que les voyants, après avoir rendu un oracle, doivent exercer leur intelligence à l'éclaircir, suivant leur foi, leur sagesse et leur éloquence. — 6° *Le refus d'explication opposé par les prophétisants aux demandes de leurs auditeurs.* Quand Joad a terminé sa prophétie, Josabeth, qui ne l'a pas comprise, lui demande des explications.

> Hélas ! d'où nous viendra cette insigne faveur ?

Joad, au lieu de lui répondre, passe à une autre idée :

> Préparez, Josabeth, le riche diadème !

comme s'il n'avait pas entendu la question de sa femme ; Josabeth ne viole pas les usages de la piété juive en demandant l'éclaircissement d'un oracle dont son inexpérience ne peut saisir la portée ; mais Joad s'y conforme pareillement, en lui refusant l'éclaircissement demandé. Les prophètes étaient en effet dans l'impossibilité de satisfaire la curiosité de leurs auditeurs; ils ne pouvaient commenter une prophétie qu'ils ne comprenaient pas eux-mêmes. — 7° *L'intervention du chœur comme prélude de la prophétie, et de la musique comme accompagnement.* La dernière règle de prophétie, observée par Racine dans cette scène, est l'intervention du chœur et de la musique au commencement et au milieu de la prédiction. On est d'abord tenté de dire : Joad devrait parler seul et sans musique, ou, s'il se recueille au début, il n'est pas naturel qu'il prie le chœur des lévites de chanter une strophe en attendant l'inspiration. Racine s'est encore appuyé ici sur la Bible. Non-seulement les voyants se recueillaient un instant pour prophétiser, mais encore ils demandaient à la musique son secours pour recevoir avec calme l'avertissement divin. Ainsi le prophète Élisée, sentant venir en lui l'inspiration divine, s'écrie : « Maintenant appelez un joueur de harpe; et, pendant que cet homme jouait de la harpe, la main du Seigneur s'étendit sur Élisée. » (*Rois*, IV, III, 15.) — 8° *Le caractère surnaturel.* Cette prophétie a un caractère deux fois surnaturel : d'abord, parce que ce grand prêtre annonce l'avenir; ensuite, parce que, à un certain moment, quand il prédit les crimes de Joas, il cesse de penser et de parler en prêtre juif, pour penser et parler en chrétien; alors il oublie sa vraie nature et ses vrais sentiments, il sort de lui-même, il se transfigure; cette soudaine métamorphose du voyant juif en voyant chrétien, c'est le surnaturel ajouté au surnaturel. — 9° *Le style.* Cette prophétie est citée comme un des plus beaux morceaux de la poésie lyrique française, à cause du mouvement des idées et de l'éclat des images. Cette vivacité ne ressemble en rien au désordre pindarique; cet éclat de style n'a rien d'artificiel; tout est naturel, simple et sublime à la fois.

Il ressort de cette analyse que tous les détails de cette scène extraordinaire sont d'une exactitude frappante et que Racine y a fait preuve d'une érudition religieuse consommée.

Septième scène principale (acte IV, scène III). — *La proclamation de Joas.*

Dans cette scène, Joad révèle à Joas le secret de sa naissance, le salue roi, lui donne l'onction sainte et l'investiture de la royauté, l'instruit de ses devoirs et se prépare au combat. Ce qui fait la beauté de cette scène, c'est le mouvement et la multiplicité des épisodes qui la remplissent; jamais le théâtre français n'avait offert de tableau aussi animé. On peut en dire autant des dernières scènes du cinquième acte : l'ambassade d'Abner auprès de Joad (V, ii), l'attente de Joas, qui doit entrer dans le temple en même temps qu'Athalie (V, iii), son entrée et son installation sur le trône (V, iv), enfin l'arrivée d'Athalie, qui coïncide presque avec celle de Joas et se trouve immédiatement suivie de sa mort (V, v).

Huitième et dernière scène principale. — Les quatre chœurs.

Il y a quatre chœurs dans *Athalie*, placés chacun à la fin de l'un des quatre premiers actes ; si le cinquième acte n'en offre pas, c'est que les faits s'y précipitent avec une telle rapidité qu'ils ne laissent pas de place au chant. Ces chœurs sont composés de jeunes filles de la tribu de Lévi, et non pas de jeunes lévites, comme pourrait le faire croire le combat de la fin ; ces jeunes filles résident dans un des parvis du temple, et, quand elles occupent la scène, elles chantent en s'accompagnant du son des instruments.

On a fait deux objections aux chœurs d'*Athalie*, l'une pour leur composition, l'autre pour leur résidence. On a dit que Racine, en les présentant composés de jeunes filles et résidant dans un parvis du temple, avait songé plutôt à l'institution de Saint-Cyr qu'au sanctuaire de Jérusalem.

Réponse à la première objection. — Des chœurs de femmes, exécutant des chants sacrés, se rencontrent fréquemment dans la Bible. On en voit des exemples au retour de Jephté et de David victorieux : « Quand David revint, après avoir frappé le Philistin, les femmes de toutes les cités d'Israël sortirent en chantant et en dansant devant le roi Saül avec des flûtes et des tambours. » (*Samuel*, xviii, 6.) Ce passage pourrait faire croire que c'étaient des femmes seulement, et non des jeunes filles, qui composaient les chœurs de ce genre ; mais l'intitulé de divers psaumes indique que des jeunes filles pouvaient les composer. (IX, 1 ; — XLVI, 1.) L'usage des chœurs composés de jeunes filles s'est même conservé pendant la captivité de Babylone, d'où revinrent en nombre considérable des chanteurs et des chanteuses. On lit dans le livre d'Esdras : « ... Sans compter leurs serviteurs et leurs servantes, au nombre de sept mille trois cent trente-sept, parmi lesquels étaient deux cents chanteurs hommes et femmes. » (I, 65.)

Réponse à la deuxième objection. — La résidence des jeunes filles de la tribu de Lévi dans un des parvis du temple de Jérusalem est également conforme aux usages juifs. Le temple de Jérusalem était construit de telle sorte que le lieu saint et le lieu très-saint étaient précédés de quatre parvis, deux extérieurs et deux intérieurs; les deux extérieurs servaient de poste pour les soldats, et les deux intérieurs servaient, le premier d'appartement au grand-prêtre, à sa famille, à ses serviteurs, aux sacrificateurs et aux servants du temple; le second, espèce de gynécée, aux femmes, aux jeunes filles et aux enfants. C'est dans ce dernier qu'habitent les jeunes filles qui composent les chœurs d'*Athalie*.

Ces chœurs sont donc irréprochables au point de vue de leur composition et de leur résidence dans le temple. Reste la musique qui les accompagne. Elle a aussi sa justification. Il y avait chez les Juifs des écoles de prophètes où les enfants de la tribu de Lévi faisaient une étude spéciale de la musique et de l'art du chant.

Question. — *Quelle est la marche des chœurs d'*Athalie *et l'idée principale renfermée dans chacun d'eux?*

Le premier chœur (acte I, scène dernière), antérieur à l'entrée d'Athalie dans le temple, étranger par conséquent à toute idée de danger et à toute récrimination personnelle contre Athalie, est un simple prélude à la cérémonie sacrée qui se prépare; c'est un hymne ordinaire en l'honneur du Tout-Puissant, l'énumération physique des preuves de l'existence de Dieu, la paraphrase du psaume de David : *Cœli enarrant gloriam Dei*. Ce chœur se rattache à l'action de deux manières : d'abord comme ouverture à la solennité de la Pentecôte qui se prépare, ensuite comme censure de la conduite d'Athalie, à cause de la dernière strophe qui renferme, sous forme d'objurgation contre les infidèles, une allusion à sa personne et la condamnation indirecte de son idolâtrie.

Le second chœur (acte II, scène dernière), postérieur à la profanation du temple par Athalie et à l'interrogatoire de Joas, est l'expression des sentiments divers que ces deux faits importants provoquent chez les jeunes filles de la tribu de Lévi : d'un côté, un sentiment d'aversion contre les impies en général et Athalie en particulier, nous disons sentiment d'aversion et non pas de crainte; car il est à remarquer que le chœur, non plus que Joad, ne conçoit jamais de crainte véritable de la part de la reine ; du reste, au moment où ce second chœur est chanté, rien dans la conduite d'Athalie ne révèle de sa part le projet d'assiéger le temple ; de l'autre côté, ce chœur exprime un sentiment d'amour pour l'enfance en général, élevée selon Dieu, et pour Joas en particulier, dont les réponses viennent de frapper les jeunes filles et de leur faire pressentir (car elles ignorent complétement le mystère de sa naissance) qu'il pourrait bien être un jour, par son intelligence et son courage, le *consolateur* d'Israël. Ce chœur se rattache à l'action, comme récrimination contre l'audace d'Athalie et comme pressentiment du couronnement de Joas.

Le troisième chœur (acte III, scène dernière), postérieur à l'expulsion de Mathan, c'est-à-dire à l'acte qui va indubitablement faire marcher Athalie sur le temple, parce qu'il y a eu récidive d'insulte, renferme plus qu'un sentiment d'aversion, mais moins qu'un sentiment de crainte ; c'est un sentiment d'inquiétude, d'appréhension si l'on veut, mais modérée et si bien contrebalancée d'espérance que, malgré l'imminence du danger, bien que les lévites aient déjà pris les armes, les dernières paroles du chœur sont des paroles de paix, un tableau du bonheur tranquille dont les cœurs pieux jouissent sur la terre comme au ciel ; on sent que les jeunes filles, qui chantent ce cantique, et les jeunes lévites, qui l'entendent, viennent d'assister à la prophétie de Joad, c'est-à-dire de voir Dieu présent parmi eux, tant ils ont l'âme tranquille !

Le quatrième chœur (acte IV, scène dernière) ne précède le combat que de quelques minutes ; ce n'est pas un chant de guerre, puisque c'est un chœur composé de jeunes filles, mais c'est un appel au courage des combattants et une prière au Dieu des armées, pour assurer le triomphe du droit.

Telle est la marche et l'idée principale des chœurs d'*Athalie*.

PARAGRAPHE VII

Étude des différents personnages.

1° ANALYSE DÉTAILLÉE DU ROLE D'ATHALIE.

Première question. — *Caractérisez le rôle d'Athalie.*

Athalie est un type de reine ambitieuse et cruelle ; c'est un mélange d'astuce et de violence, de douceur hypocrite et d'emportement; car, bien que familiarisée avec le meurtre et toujours prête à frapper, elle se contient quand elle veut, elle plie même, pour mieux se redresser ensuite.

Deuxième question. — *Citez des exemples de cette douceur astucieuse.*

1° Elle ne persécute pas les adorateurs du vrai Dieu, quoiqu'elle soit idolâtre, et elle laisse aux Israélites fidèles le libre exercice de leur culte; elle est, comme on dit de nos jours, tolérante. — 2° Loin de chercher à remplacer le vrai Dieu par le sien, elle tâche de se rendre le premier favorable, et, lorsqu'elle entre dans le temple de Jérusalem, ce n'est pas pour le provoquer, c'est pour se le concilier par des vœux et des présents. — 3° Elle ne recourt pas au droit du plus fort, lorsqu'elle est chassée du temple par Joad; au contraire, elle cède, elle se retire, et, au lieu de réunir ses légions pour les lancer sur le temple, elle attend patiemment dans le vestibule et délibère avec ses deux ministres sur le parti qu'elle prendra; ce parti est celui de la douceur. — 4° Dans son entretien avec Abner et Mathan, elle expose, en l'adoucissant et en l'entourant de formes justificatives, la politique de son règne; elle avoue, mais à mots couverts, tout ce qu'elle a fait, atténuant le mal, cherchant à faire ressortir le bien et s'efforçant de faire entrevoir pour l'avenir une perspective de sécurité. C'est du calcul et de l'habileté, il est vrai; mais elle pourrait bien s'enorgueillir du mal qu'elle a fait, tandis que son langage prouve qu'elle veut et qu'elle peut se dominer, qu'elle sait mettre un frein à sa violence et garder d'habiles ménagements. — 5° Elle est même animée, à un moment, de bonnes intentions envers Joas. Lorsqu'elle réclame une première fois sa personne avec tant d'insistance, au second acte, et qu'elle l'engage à venir à sa cour :

Je prétends vous traiter comme mon propre fils. (II, VII.)

Elle est sincère, elle ne veut pas lui tendre un piége, mais bien se l'attacher par de bons procédés. Il ne faut donc pas la regarder comme une femme qui ne respire que meurtre et vengeance; elle a l'esprit d'accommodement, et le mot qu'elle prononce, à la fin de son entretien avec Abner et Mathan, est juste :

Mais je sens que bientôt *ma douceur* est à bout. (II, v.)

Troisième question. — *A quel moment Athalie passe-t-elle de la douceur à la violence?*

Immédiatement après l'interrogatoire de l'enfant, quand Joas vient de prononcer ce mot compromettant :

> Quel père
> Je quitterais ! et pour...
> Hé bien?
> Pour quelle mère? (II, vii.)

A partir de ce moment, Athalie apostrophe violemment Josabeth et laisse éclater sa haine contre la maison de David ; c'est alors qu'elle trace un second tableau de sa politique, mais sous de tout autres couleurs que tout à l'heure en présence d'Abner et de Mathan ; elle ne se contient plus alors et parle sans réticence et sans détour. A partir de ce moment, sa colère ira toujours grandissant et Athalie, comme on dit, ne *désarmera* plus, jusqu'au moment où l'affront fait à son ministre Mathan amènera le siège du temple.

Quatrième question. — *Quelle explication a-t-on donnée de cette violence d'Athalie?*

On a dit que, dans la pensée de Racine, Athalie était la personnification de cette politique sanguinaire qui domine les fureurs de l'époque et mit aux prises deux races et deux religions. Il n'est pas ici question de la lutte de Juda et d'Israël, c'est-à-dire de deux tribus juives, mais d'une lutte plus radicale, celle du peuple juif et du peuple tyrien. A cette époque, les annales des Hébreux ne se comprennent que si l'on se souvient bien que le règne d'Athalie, tyrienne de naissance, de religion et de cœur, vraiment étrangère, met en présence les intérêts de la puissante Tyr, avec son idolâtrie, et ceux des Juifs, avec leur vrai Dieu; le moment était décisif; si l'espérance des serviteurs du Dieu de David reposait sur un enfant, Athalie mettait aussi l'espoir de sa race et de sa religion sur la mort de cet enfant; et, quand elle le réclame une seconde fois après l'expulsion de Mathan, ce n'est plus, comme la première, pour l'élever, mais pour le poignarder. Si de tels intérêts sont en jeu, il ne faut pas s'étonner de sa violence; c'est pour la même raison que Joad se montre si inflexible; car c'est un adversaire digne d'elle; tous deux comprennent que la lutte engagée entre eux est une question de vie ou de mort, non-seulement pour le peuple qu'ils représentent, mais encore pour le Dieu qu'ils servent. C'est à cette hauteur qu'il faut se placer pour bien comprendre la tragédie d'*Athalie*.

Cinquième question. — *Comparez Athalie et Agrippine ?*

On a dit qu'Athalie était une *Agrippine orientale*. Le mot n'est pas juste; Athalie est supérieure à Agrippine; sans doute elle est aussi ambitieuse et aussi cruelle; mais elle a des pensées plus hautes. Agrippine est une ambitieuse à l'esprit étroit et futile, qui ne voit dans la possession du trône que le plaisir de régner, tandis qu'Athalie y voit le triomphe d'un peuple sur un peuple, d'un Dieu sur un Dieu; c'est là une grande pensée politique; qu'elle la serve par des moyens condamnables, là n'est pas la question; toujours est-il que cette pensée atteste de sa part une certaine profondeur politique et, dans tous les cas, une hauteur d'ambition supérieure aux mesquines préoccupations d'Agrippine. La mère de Néron est une ambitieuse de second ordre; Athalie est de la grande famille des ambitieux.

2° ANALYSE DÉTAILLÉE DU ROLE DE JOAD.

Première question. — *Caractérisez le rôle de Joad ?*

Joad est un type de prêtre-soldat, défendant à la fois le trône et l'autel, tenant d'une main l'épée et de l'autre l'encensoir. Il se montre jaloux de ses droits, inexorable dans l'accomplissement de son devoir, observateur rigoureux de la loi, d'une loi impitoyable qui autorise la ruse et la vengeance envers les impies; c'est un honnête homme, au point de vue de la loi juive, mais c'est un homme fort peu irréprochable, au point de vue de la prudence mondaine et même de la probité vulgaire. Le caractère de ce personnage, tel qu'il est, avec ce mélange de qualités et de défauts, est parfaitement conforme aux mœurs théocratiques de l'époque; il est d'une grande exactitude historique.

Deuxième question. — *Quelles sont les circonstances où Joad n'agit pas selon les conseils de la prudence mondaine ?*

1° Quand sa femme Josabeth, justement alarmée pour Joas, après les invectives d'Athalie, à la suite de l'interrogatoire du jeune enfant, propose à son mari de le soustraire à la fureur de la reine, en l'envoyant furtivement à Samarie, à la faveur d'un chemin dérobé qui suit le torrent de Cédron, Joad lui répond sans s'émouvoir : « Montrons Eliacin... » (III, 6.) — 2° Quand Athalie fait le siége du temple, il refuse d'écouter l'avis des prêtres qui lui conseillent de creuser un trou en terre pour y cacher l'arche sainte, si précieuse aux Hébreux; il ne veut pas la soustraire aux regards ; il préfère l'exposer aux chances du pillage. — 3° Quoiqu'il connaisse la supériorité numérique des forces d'Athalie, il se prépare à lutter contre elle avec une armée dérisoire. — 4° Bien qu'Athalie soit aux portes du temple, à la tête de son armée, prête à l'incendier avec ses richesses et ses défenseurs, Joad refuse de livrer Eliacin, malgré les instances d'Abner qui l'en conjure. Si Joad n'agit pas en ces quatre circonstances suivant les conseils de la prudence mondaine, c'est que ce n'est pas un habile, c'est-à-dire un homme qui calcule les chances de succès qu'une adroite combinaison de précautions humaines peut mettre de son côté, c'est un prêtre qui laisse agir Dieu, et s'en remet à lui du soin de faire triompher la bonne cause.

Troisième question. — *Quelle est la circonstance où Joad n'agit pas suivant les conseils de la probité vulgaire ?*

Quand il attire Athalie dans le temple, au moyen d'une ruse, pour l'y faire tuer par les lévites. Mais nous verrons plus loin qu'en cette circonstance il n'est que le fidèle exécuteur de la volonté divine. (Paragraphe VIII, 7°.)

On peut dire, en considérant les deux côtés du rôle de Joad, sa piété austère unie à l'emploi de la violence et de la ruse, qu'il représente en même temps l'idéal de la grandeur religieuse et la réalité barbare des mœurs théocratiques du dixième siècle ; c'est le pontife en général, et le pontife hébreu en particulier ; Racine satisfait en même temps à l'art, qui veut le beau et à l'histoire, qui veut le vrai.

3° ANALYSE DÉTAILLÉE DU ROLE D'ABNER.

Première question. — *Caractérisez le rôle d'Abner ?*

Abner est un soldat honnête et pieux, resté fidèle à la mémoire de ses rois légitimes et au culte du vrai Dieu, bien qu'il commande les armées d'Athalie et soit au service d'une reine usurpatrice et idolâtre. Sa conduite, au premier abord suspecte, et indigne d'une âme délicate, s'explique de deux manières, *par l'ignorance* où il est de l'existence de Joas et de la possibilité de relever le trône de David, ensuite *par la tolérance* d'Athalie, qui ne le contrarie nullement dans l'exercice de son culte.

Deuxième question. — *A quoi sert le rôle d'Abner ?*

1° A représenter, dans la personne d'un soldat vertueux, les sentiments de piété qu'a conservés la partie la plus saine de la population d'Israël, sentiments qui pourraient être suspects de routine professionnelle, s'ils n'étaient représentés que par le grand prêtre Joad. Du moment où ils sont partagés par un soldat, ils ont un plus grand caractère de désintéressement et d'universalité; on comprend mieux le caractère de l'esprit public, à l'époque où Athalie veut imposer aux Hébreux sa dynastie et sa religion. — 2° A faire ressortir la pieuse confiance de Joad, par l'inaction même d'Abner, puisque Joad se passe du concours d'Abner et de son épée, jusqu'à la dernière scène, quoiqu'il n'ait qu'un mot à lui dire pour le détacher du service d'Athalie. Abner, en s'abstenant d'agir, prouve que Joad est sûr que Dieu agira. — 3° A établir un contraste dramatique entre un soldat humain qui respecte la vie de ses semblables, parce qu'il est pieux, et un prêtre inhumain qui ne la respecte pas, parce qu'il est impie. En effet, après le rêve d'Athalie, Abner propose l'interrogatoire de Joas et Mathan sa mort. — 4° A hâter le dénoûment de la tragédie. En effet, au dernier moment, quand le mystère de l'existence de Joas est dévoilé, même à Abner, un des derniers à l'apprendre, c'est lui qui amène le dénoûment, en prêtant main forte à Joad.

Troisième question. — *Caractérisez la position d'Abner vis-à-vis d'Athalie?*

Athalie connaît les opinons politiques et religieuses d'Abner, car il ne les cache pas, mais elle ne l'en estime pas moins et rend même hommage à la noblesse de ses sentiments : Je sais,

> Qu'Abner a le cœur noble et qu'il rend à la fois
> Ce qu'il doit à son Dieu, ce qu'il doit à ses rois. (II, iv.)

Abner, de son côté, use de ménagement envers cette femme dont il connaît la violence; il le fait surtout dans l'intérêt de Joad, espérant que la reine saura gré au grand prêtre des bons procédés dont il usera lui-même vis-à-vis d'elle. Il sert ainsi de conciliateur entre Athalie et Joad, par exemple dans deux circonstances : après l'expulsion de la reine du temple de Jérusalem, quand il justifie, comme il peut, Joad, en attribuant son action à un zèle rigoureux, et en ménageant l'idolâtrie de la reine, qu'il présente comme proscrite chez les Hébreux, tandis qu'elle était punie de mort. (II, iv.) Cependant, s'il ménage Athalie, il ne se fait pas illusion sur son compte, et ne déguise pas à Joad ses sentiments à son égard. Il la croit, dit-il, capable d'attaquer Dieu jusqu'en son sanctuaire. Il sait même prendre, vis-à-vis d'Athalie, le ton d'un conseiller *ironique*. Ainsi, au milieu de l'interrogatoire de Joas, quand les réponses de l'enfant ont un tel caractère d'innocence que l'impitoyable questionneuse se sent prise d'un mouvement de pitié, Abner, voulant donner à Athalie, en même temps que son avis, une explication qui la rassure, commence par lui dire : « Vous voyez bien que cet enfant est inoffensif : ce n'est pas de sa main que partira le coup que vous redoutez ; » puis il ajoute *ironiquement*, en raillant sa pitié soudaine :

> A moins que la pitié, qui semble vous troubler,
> Ne soit le coup fatal qui vous faisait trembler. (II, VII.)

C'est une épigramme qui prouve qu'il sait, au besoin, prendre son franc parler, vis-à-vis de la reine, et montrer l'indépendance d'un homme qui ne la craint pas.

Quatrième question. — *Comparez la piété d'Abner et celle de Joad.*

La piété d'Abner forme avec celle de Joad un contraste important ; il y a deux sortes de piété, ou de foi, pour parler comme Joad : la foi douce, accommodante, oisive, la foi des jours de fête, c'est la foi incomplète ; et la foi sévère, inflexible, agissante, la foi de tous les jours et de toutes les heures, c'est la foi complète ; la première est celle d'Abner, la seconde celle de Joad. La première est la piété facile du monde, la seconde est la piété austère du temple. Racine avait le spectacle de l'une et de l'autre sous les yeux, ici à Versailles, là à Port-Royal ; on a même dit qu'il avait voulu représenter celle de Versailles, dans Abner, et celle de Port-Royal, dans Joad. En effet, Abner personnifie assez bien l'indulgent honneur de la cour, la vie facile et les brillantes qualités d'une noblesse mondaine, et Joad, la vie rigide de la solitude, le stoïcisme chrétien d'Arnauld et de ses amis.

4° ANALYSE DÉTAILLÉE DU ROLE DE MATHAN.

Première question. — *Caractérisez le rôle de Mathan.*

C'est un type d'hypocrisie politique et religieuse : *d'hypocrisie politique*, puisque ce n'est pas par conviction, mais par intérêt personnel, par amour des grandeurs, qu'il sert Athalie ;

puisqu'il la trompe en lui donnant de mauvais conseils, toutes les fois qu'il peut en tirer quelque profit; *d'hypocrisie religieuse*, puisqu'il ne croit pas plus au dieu Baal qu'au dieu de David, et que, s'il a déserté les autels du second, c'est par jalousie contre Joad, à qui la grande prêtrise a été décernée de préférence à lui. Il s'est fait prêtre de Baal pour pouvoir dire : « Et moi aussi, je porte la tiare ! » La politique et la religion sont donc pour lui deux instruments dont il se sert pour satisfaire son ambition. Mathan ressemble au Tartufe de Molière, avec cette différence que Tartufe n'a qu'un genre d'hypocrisie, tandis que Mathan en a deux.

Deuxième question. — *Le personnage de Mathan était-il fourni à Racine par la Bible?*

Oui, il se trouve dans le livre des *Rois* (xi, 13) et dans celui des *Paralipomènes* (xviii, 17).

Troisième question. — *Mathan a-t-il, dans la Bible, le caractère que lui prête Racine?*

Non; la Bible ne parle que de son idolâtrie et de sa mort; elle ne dit pas qu'il fût israélite et ancien lévite; elle laisse même croire que c'était tout simplement un étranger amené de Tyr par Athalie, comme une de ses créatures. Or, toute l'originalité du rôle de Mathan consiste dans la supposition qu'il est, non pas idolâtre, mais renégat. Ce personnage peut donc être considéré comme de l'invention de Racine. On peut dire que ce n'est pas dans la Bible qu'il l'a trouvé, mais à la cour de Louis XIV.

5° ANALYSE DÉTAILLÉE DU RÔLE DE NABAL.

Première question. — *Caractérisez le rôle de Nabal.*

Nabal est un personnage de l'invention de Racine; c'est le confident de Mathan, aussi pervers que lui. Il ne paraît que dans une scène (III, 3), où Mathan lui explique, avec une rare impudence, son double système d'hypocrisie politique et religieuse. Le peu de paroles qu'il prononce est si bien choisi par Racine, qu'on reconnaît tout de suite la mutuelle confiance qui unit le maître et le client; le poète peint d'un trait sa cupidité, sa ruse et sa lâcheté : *sa cupidité*, quand il s'aperçoit, après l'interrogatoire de Joas, qu'Athalie, au lieu d'immoler le grand prêtre et l'enfant, comme il l'espérait, use d'indulgence à leur égard, il ne cache pas son désappointement et s'écrie :

> Et j'espérais ma part d'une si riche proie!

Sa ruse et sa lâcheté : comme il ne sait qui sera vainqueur, de Joad ou d'Athalie, il a soin de se poser en neutre, afin de pouvoir pénétrer dans le camp du vainqueur, quel qu'il soit :

> Je ne sers ni Baal ni le Dieu d'Israël.

C'est une retraite qu'il se ménage; il a peur d'être sacrifié par le plus fort; son procédé n'est pas seulement l'artifice d'un homme rusé, c'est encore la précaution d'un lâche.

Deuxième question. — *A quoi sert le rôle de Nabal?*

Nabal ne sert qu'à donner la réplique à Mathan. Sans Nabal, Mathan n'aurait pu expliquer son système d'hypocrisie politique et religieuse, car un monologue de sa part eût été inadmissible. On ne se fait pas à soi-même d'aveux de ce genre, sous forme de confidence personnelle, ou de causerie avec le spectateur.

6° ANALYSE DÉTAILLÉE DU ROLE DE JOSABETH.

Première question. — *Caractérisez le rôle de Josabeth.*

Josabeth forme avec son mari Joad un contraste intéressant : sans doute, elle est aussi dévouée que lui au trône de David et à l'autel du vrai Dieu; mais elle offre la faiblesse touchante de la femme, opposée à l'énergie inflexible du prêtre; c'est un type de tendresse maternelle veillant avec sollicitude sur le sort d'un enfant, tandis que son mari s'en remet, pour le protéger, aux mains de Dieu. Elle est aussi prudente que son mari est imprudent. Elle combine autant les moyens de salut, pour son enfant adoptif, que Joad les néglige et même les repousse.

Deuxième question. — *A qui faut-il donner raison, à la prudente Josabeth ou à l'imprudent Joad?*

Au premier abord, on est tenté de dire : Tous deux ont raison, Josabeth comme mère qui ne voit que danger de la part des hommes, Joad comme prêtre qui ne voit que sécurité du côté de Dieu. Cependant c'est la prudente Josabeth qui a tort, voici pourquoi : Jéhu, à qui elle veut confier Joas, est bien l'ennemi d'Athalie, mais c'est le protecteur de l'idolâtrie du veau d'or, et, comme tel, c'est pour Joas un défenseur non-seulement suspect aux yeux de la raison, mais encore interdit par la loi de Moïse ; l'héritier de David ne peut être mis sous la garde d'un pareil impie. C'est donc Josabeth, avec sa prudence humaine, qui se fourvoie, et c'est Joad, avec sa confiance divine, c'est-à-dire son imprudence humaine, qui prend le plus sûr parti. Racine a voulu faire comprendre, par ce renversement inattendu de la logique, que la prudence humaine est toujours *courte par quelque endroit*, comme dit Bossuet, et que le mieux en ce monde est d'avoir confiance en Dieu. Pensée éminemment chrétienne, à laquelle l'intrigue d'*Athalie* sert de cadre et Joad d'interprète !

PARAGRAPHE VIII

Reproches injustes.

Premier reproche injuste. — *Sur le lieu de la scène et la nudité du temple de Jérusalem.*

(Voir paragraphe Ier, 7e question, 2e objection.)

Deuxième reproche injuste. — *La composition et la résidence des chœurs.*

(Voir paragraphe VI, 8e scène principale.)

Troisième reproche injuste. — *L'appel fait par Joad aux proscriptions religieuses.* (Voltaire.)

Voltaire a dit: Joad fait un appel aux proscriptions religieuses dans l'allocution aux lévites ; il leur rappelle le massacre que leurs ancêtres firent au désert de leurs parents idolâtres ; il évoque ce souvenir pour exciter leur ardeur guerrière et leur faire massacrer les Tyriens et même les Israélites infidèles :

> Ne descendez-vous pas de ces fameux lévites
> Qui, lorsqu'au Dieu du Nil le volage Israël
> Rendit dans le désert un culte criminel,
> Consacrèrent leurs mains dans le sang des perfides? (IV, III.)

Ce reproche n'est pas fondé ; ce passage ne renferme pas d'appel aux proscriptions religieuses ; le mot est impropre ici ;

le fait que Joad rappelle n'est pas un fait de proscription religieuse, mais de guerre civile. Après la captivité d'Egypte, il s'était formé, parmi les Hébreux, un parti égyptien et un parti israélite ; le parti égyptien regrettait la servitude et l'abondance de l'Egypte et adorait les divinités égyptiennes ; le parti israélite, plus touché du bonheur de la délivrance que de la prospérité de l'esclavage, était resté fidèle à la religion et à la nationalité juives ; ce dernier massacra, en l'absence de Moïse, le parti égyptien, quoiqu'il lui fût uni par les liens du sang ; sans doute c'est affreux ; mais, comme le triomphe de la faction égyptienne eût amené la suppression de la nationalité juive, comme il s'agissait de savoir, ce jour-là, si le peuple d'Israël serait absorbé dans le peuple égyptien, à la suite d'un esclavage indéfini, ce massacre est un fait de guerre civile et non de proscription religieuse.

Quatrième reproche injuste. — *La justification faite par Joad de l'assassinat en matière religieuse.* (Voltaire.)

Ce reproche ressemble au précédent. Voltaire reproche à Joad de dire dans la même allocution :

De leurs propres parents saintement homicides.

Il voit, et quelques critiques voient avec lui, dans cette alliance de mots, un rapprochement odieux et une apologie du meurtre en matière religieuse. « Joad est un fanatique féroce, » dit Voltaire. On ne peut nier que cette expression, *saintement homicides*, ne soit révoltante pour des modernes du dix-neuvième siècle, éclairés par les lumières de la philosophie et du christianisme ; on doit même reconnaître qu'elle renferme la justification de l'assassinat religieux ; mais il ne faut juger Joad ni d'après la morale moderne ni d'après la religion chrétienne ; il faut le juger d'après la loi juive, dont il est le représentant et même le gardien ; or, la loi de Moïse prononce la peine de mort contre toute idolâtrie, vînt-elle des parents, des frères, des sœurs, des pères. (*Exode*, XXII, 20.) Exiger de Joad des idées de tolérance, c'est vouloir en faire le disciple de l'*Encyclopédie*, un penseur du dix-huitième siècle, c'est exiger de Racine un anachronisme ; Voltaire se trompe.

Cinquième reproche injuste. — *Les anathèmes de Joad contre Mathan.* (Voltaire.)

Voltaire et quelques critiques reprochent à Joad les anathèmes qu'il lance contre Mathan, lorsqu'il l'expulse du temple, (III, v.) Ils disent que son langage est empreint d'une violence indigne d'un personnage tel que lui. Ce reproche n'est pas fondé; c'est ignorer les mœurs de l'époque, la rigueur de la loi mosaïque envers les idolâtres, la responsabilité du pontife chargé personnellement de faire exécuter le règlement du Deutéronome, que de blâmer en cette circonstance la violence de Joad. S'il dit à Mathan que les chiens sont à la porte du temple, qui l'attendent pour le dévorer, c'est que l'idolâtre, qui entrait dans le temple, était passible de la mort et que ce genre de mort sous la dent des chiens était commun en Asie, dans les grands centres de population, où ces animaux erraient à travers les rues, par bandes affamées.

Sixième reproche injuste. — *La prédiction défavorable de Joad sur Joas.* (Géruzez.)

Quelques critiques ont dit : Joad, dans sa prophétie, ne devrait pas prédire qu'un jour Joas sera apostat et assassin. « Il est fâcheux que Racine, par scrupule de vérité, ait laissé entrevoir ce triste avenir. » Cette perspective nuit à l'intérêt; à partir de ce moment, une ombre défavorable est jetée sur le principal personnage de la pièce; mieux eût valu pour nous ignorer que le pur et innocent Joas démentirait un jour les heureuses prémisses de ses premières années. Tel est le reproche.

Nous l'avons réfuté précédemment. (Paragraphe II, 2° *Traces de christianisme*, 7°.) Nous résumons ici cette réfutation : l'intention de Racine, en sacrifiant à ce moment Joas, est de montrer que le principal personnage de sa tragédie, ce n'est pas cet enfant, mais Dieu, Dieu qui frappera un jour Joas comme les autres infidèles; la pensée religieuse de l'auteur apparaît en ce moment où la tragédie se transfigure, et, de juive, devient chrétienne. Ce passage, ainsi compris, donne la clef de la pièce entière.

Septième reproche injuste. — *La ruse de Joad.* (Voltaire, Géruzez.)

Joad emploie la ruse pour attirer Athalie dans le temple et la tuer. Il lui annonce qu'il est prêt à se rendre et il veut se défendre; il lui promet un trésor, en lui laissant croire que c'est un trésor d'argent, et c'est le rejeton de la race de David, c'est-à-dire le plus terrible ennemi d'Athalie; elle se laisse prendre à ce piège, entre, et est assassinée par les lévites. Voltaire dit à ce sujet : « Joad est un régicide, » et Géruzez : « La loyauté, même dans le supplice mérité d'une Athalie, ne ferait pas tort au droit de la vengeance ni au caractère du vengeur. »

Réponse. — La générosité de sentiments, qu'on voudrait voir chez Joad, est très-louable, mais n'est pas conforme au caractère des Hébreux, à l'esprit de la loi juive et par conséquent à l'histoire ; or, il ne s'agissait pas pour Racine de tracer le portrait idéal, mais le portrait historique, d'un grand prêtre juif. Il suffit en effet de lire attentivement la Bible pour savoir que le Dieu des juifs est un dieu de colère, de vengeance et de ruse. C'est un Dieu *de colère et de vengeance* ; la Bible le représente, en effet, autorisant la peine du talion à l'égard des impies ; se précipitant lui-même sur ses ennemis pour les dévorer. (*Deut.*, VII, 16 ; XXXI, 17. — *Isaïe*, XLII, 24.)

> Grand Dieu ! voici ton heure, on t'amène ta proie ! (V, III.)

dit justement Racine ; la Bible le montre s'écriant à propos des infidèles : « J'entasserai vos cadavres sur les débris de vos idoles ; » autorisant le meurtre en matière religieuse, même d'ami à ami, de parent à parent. En effet, on lit dans la Bible : « Voici ce qu'a dit le Seigneur, le Dieu d'Israël : Que chaque homme mette son épée sur sa cuisse et que chacun tue son frère, son ami et celui qui lui est le plus proche. Les enfants de Lévi firent ce que Moïse leur avait ordonné. » La Bible le représente comme un Dieu dont la colère n'épargne même pas les petits enfants. Certains petits juifs s'étant un jour avisés de se moquer du front chauve d'Elisée, le Seigneur fit paraître deux ours qui les déchirèrent : « Elisée monta de là à Béthel, et, lorsqu'il marchait dans le chemin, de petits enfants sortaient de la ville et le raillaient en disant : monte, chauve ; monte, chauve. Elisée regardant jeta les yeux sur eux et les maudit au nom du Seigneur ; et deux ours sortirent du bois et déchirèrent quarante-deux de ces enfants. (*Rois*, IV, II, 24.) Le Dieu des Juifs est aussi un Dieu *de ruse* ; il fait tomber les impies dans leurs propres filets, il les punit par leurs propres crimes. Athalie aime l'or ; elle est tuée, en croyant trouver de l'or ; elle est victime de son avidité. Dieu approuve une *ruse* semblable de la part de Jéhu. Jéhu ordonne à tous les prêtres de Baal de venir dans le temple de Jérusalem, pour offrir à leur Dieu un sacrifice auquel il promet de s'associer ; ceux-ci se présentent, pleins de confiance, et sont massacrés par quatre-vingts hommes apostés exprès par Jéhu pour les faire périr ; le Seigneur le félicite de cette action : « Parce que tu as fidèlement accompli ce qui était juste et ce qui était agréable à mes yeux, lui dit-il, tes enfants seront assis sur le trône d'Israël jusqu'à la quatrième génération. » (*Rois*, IV, x, 30.) Si Joad est le ministre d'un dieu de colère et de ruse, sa conduite vis-à-vis d'Athalie est conforme à son caractère, à sa mission. Racine ne pouvait changer l'esprit de la Bible, dans une tragédie dont la Bible fournit le sujet.

Voici d'autres justifications de la conduite de Joad ; elles sont secondaires : 1° Joad a d'abord eu la pensée généreuse que Voltaire voudrait rencontrer en lui ; son premier mouvement a été d'attaquer Athalie dans son palais. « Marchons, » dit-il aux lévites :

> Jusque dans son palais cherchons notre ennemie. (IV, III.)

Ce n'est que lorsqu'il comprend la faiblesse de ses moyens d'attaque, comparés aux moyens de défense d'Athalie, qu'il renonce à une agression inutile et se décide à prendre Athalie par la ruse. — 2° Athalie a mérité trois et quatre fois la mort, pour crimes condamnés, par la loi de Moïse, de la peine capitale : assassinat des enfants d'Ochosias, idolâtrie déclarée, usurpation du trône interdit aux femmes et aux étrangers. — 3° Athalie se propose bien, à la fin de la tragédie, la seconde fois qu'elle demande son extradition, quand elle aura entre les mains l'enfant et le trésor promis, de se débarrasser de Joad, de Joas et même du temple. Joad ne fait donc que repousser la ruse par la ruse ; ce qui n'est contraire ni aux lois de la guerre, ni à l'honneur militaire. Tromper ses ennemis est une partie de l'art des combats ; les stratagèmes entre ennemis sont regardés comme une preuve de talent.

Huitième reproche injuste. — *L'inaction d'Abner.* (Voltaire.)

Abner agit peu en effet ; il paraît, au début du premier acte, pour déplorer devant Joad l'abandon des autels ; au commencement du second, pour excuser l'audace de Joad qui vient de chasser Athalie du temple ; à la fin du même acte, pour conseiller à Athalie l'interrogatoire de l'enfant ; au commencement du cinquième, pour conseiller à Joad de livrer Joas ; enfin au dénoûment, pour laisser tuer Athalie ; dans toutes ces circonstances, il parle plus qu'il n'agit; c'est incontestable, voici pourquoi : S'il agissait davantage, comme il est général des armées d'Athalie, la révolution, qui fait le sujet de la tragédie, aurait un caractère militaire, au lieu d'avoir un caractère sacerdotal, ce qui serait contraire à la pensée de Racine et de la Bible. Son inaction a donc pour but de montrer que la révolution, qui se prépare, est conduite par Dieu seul, dont Joad n'est que l'instrument; c'est la confirmation de cette vérité, que la vraie foi n'a besoin d'aucun auxiliaire humain dans sa lutte contre l'idolâtrie, qu'elle attend tout son secours d'en haut, pensée principale de la tragédie d'*Athalie*.

L'inaction d'Abner s'explique encore d'une autre façon : puisqu'il croit la race de David éteinte, puisque Joad lui cache soigneusement l'existence de l'unique rejeton de cette famille, il lui est impossible de tenter aucun effort pour la restaurer. L'activité de Joad se comprend, parce qu'il sait tout; celle d'Abner ne se comprendrait pas, puisqu'il ne sait rien. Abner subit donc la force des événements qu'il considère comme l'arrêt du destin. D'ailleurs il est bien évident que c'est pour la raison expliquée plus haut, c'est-à-dire la nécessité de laisser agir Dieu seul en ce drame, que Racine a supposé chez lui l'ignorance absolue du mystère qui entoure le jeune descendant de David.

Neuvième et dernier reproche injuste. — *Les confidences de Mathan à Nabal.* (Voltaire.)

Voltaire trouve qu'il n'est pas naturel que Mathan se glorifie de faire le mal; qu'il ne devrait pas révéler à Nabal les moyens honteux employés par lui pour parvenir au pouvoir, parce que les méchants, en violant la justice, font toujours semblant de l'honorer.

Ce reproche n'est pas fondé. *Premièrement* : Les aveux de Mathan sont sans danger, parce qu'il parle à un ami intime, aussi pervers que lui, qui ne le trahira pas. Ce dialogue n'est donc pas plus compromettant qu'un monologue. — *Deuxièmement* : Mathan ne croit pas dire du mal de lui, ni être un fanfaron de vice, en faisant ces aveux; il se croit habile et ne se croit pas criminel, parce que les scrupules de conscience, qui avertiraient et feraient rougir un honnête homme de ses défauts, n'existent pas pour lui. — *Troisièmement* : En supposant même qu'il ait conscience de sa dégradation et que ces aveux soient une fanfaronnade, cette confidence ne serait pas répréhensible; il y a des fanfarons de vice. Une franchise effrontée est souvent le fait des âmes viles comme la sienne; il n'est pas toujours vrai, comme le prétend Voltaire, que les méchants fassent semblant d'honorer la morale, en la foulant aux pieds. L'histoire offre bien des exemples du contraire. Sans descendre jusqu'aux Mathans, il est plus d'un tyran qui ne s'est pas contenté de faire le mal, qui s'en est glorifié. César avait souvent à la bouche ce mot d'Euripide : « Si jamais on doit violer la justice, c'est pour monter sur le trône qu'il est glorieux de le faire; il faut la respecter en tout le reste. » (Voir Corneille, *Cinna*, paragraphe VIII, 19.) On ne peut reprocher à Racine d'avoir fait parler Mathan à peu près comme César.

PARAGRAPHE IX

Reproches justes.

Premier reproche juste. — *Sur le lieu de la scène et la disposition du temple, tel que le représente Racine.*

(Paragraphe Ier, 7me question, 1re objection.)

Deuxième reproche juste. — *Les espérances messianiques prématurées d'Abner et d'Athalie.*

(Paragraphe II, *Idées chrétiennes*, 6°.)

Troisième reproche juste. — *Quelques cérémonies inusitées chez les Juifs, comme la génuflexion et le serment prêté sur un livre.*

Dans la scène où Joad trace à Joas ses devoirs, il fait une génuflexion devant lui. La génuflexion, chez les Juifs, était une attitude de supplication et non une marque d'hommage et de respect. Racine s'est trop souvenu de l'étiquette de la cour de Louis XIV. — Ailleurs, Joad exige des lévites, avant le combat, un serment prêté sur un livre. Ce passage renferme une double erreur : D'abord les Hébreux prêtaient serment, en levant la main droite et en prononçant une des formules suivantes : L'Éternel est mon témoin! L'Éternel est vivant! Qu'ainsi Dieu me fasse et pis encore! Ensuite les Hébreux, du temps d'Athalie, n'avaient pas de livres. Ils avaient des rouleaux formés soit de peaux, soit de tissus de lin ou de coton, soit de feuilles de papyrus ou de parchemins liées entre elles ; ces bandes étaient écrites d'un seul côté, par colonnes, et enroulées autour d'un cylindre. C'est un rouleau que Jésus-Christ déploie dans la synagogue de Nazareth ; c'est un rouleau que Racine aurait dû faire figurer dans la scène du serment des lévites. Il a songé à l'usage moderne de *jurer sur l'Evangile*.

Quatrième reproche juste. — *Quelques expressions inusitées chez les Juifs.*

(Voir paragraphe II. *Expressions chrétiennes.*)

Cinquième reproche juste. — *Quelques idées essentiellement chrétiennes et, par conséquent, hors de propos, dans une tragédie juive.*

(Ibid., *Idées chrétiennes.*)

Ces imperfections sont si peu importantes qu'elles forment à peine sur la tragédie quelques taches légères.

FIN DE LA TRAGÉDIE D'ATHALIE.

EXPLICATION
DU THÉATRE CLASSIQUE

MOLIÈRE

LE MISANTHROPE

ANALYSE DE LA COMÉDIE
ET
MARCHE DE L'ACTION

Alceste, le Misanthrope, est un honnête homme à qui il manque une vertu importante, l'indulgence ; sa sagesse bourrue ne pardonne rien à la nature humaine, malgré les conseils de Philinte, trop complaisant de son côté pour ses défauts. Il est vrai que son indignation n'est que trop justifiée par les vices de la société au milieu de laquelle il vit : l'optimisme exagéré de Philinte, la coquetterie et l'esprit de médisance de Célimène, que, par une contradiction familière au cœur humain, il ne peut s'empêcher d'aimer, la pruderie d'Arsinoé, la vanité du poëte de cour Oronte, la fatuité d'Acaste et de Clitandre. Malgré son aversion pour cette société frivole et corrompue, Alceste y vit et veut même épouser celle qui y trône en reine, Célimène ; depuis longtemps il l'a demandée en mariage, sans avoir pu obtenir d'elle une réponse catégorique, et, au moment où s'ouvre l'action, il se présente dans son salon pour réitérer sa demande, espérant cette fois que la coquette se prononcera entre tous les rivaux qui aspirent à sa main.

Célimène est absente ; mais Alceste n'est pas plus tôt entré, qu'il voit venir, conduit par le désir de rendre également visite à Célimène, un de ses amis, Philinte, dont il a fait, quelques minutes auparavant, la rencontre, au milieu de la rue, dans des circonstances assez étranges : un personnage, inconnu d'Alceste, avait abordé familièrement Philinte, et Philinte lui avait fait le plus cordial accueil, en accompagnant même ses bonnes paroles des plus chaudes embrassades; à la fin de cette scène de tendresse, l'étranger s'était éloigné, et Philinte, resté seul avec Alceste, lui avait déclaré ne pas connaître le nom de cet ardent ami. Alceste s'était éloigné aussi, fort surpris, pour se rendre, comme nous l'avons dit, chez Célimène. En voyant entrer Philinte, il ne peut s'empêcher de blâmer sa conduite et de lui faire des reproches sur cette amitié banale qu'il distribue à tout le monde. Philinte se justifie de son mieux en expliquant son optimisme par la nécessité de vivre en paix avec ses semblables et de tolérer leurs défauts, puisqu'il n'y a pas moyen de les corriger. Ce plaidoyer produit un médiocre effet sur Alceste, qui en prend texte pour faire une vigoureuse sortie contre la nature humaine et les complaisants qui encouragent ses vices par une coupable indulgence.

Célimène est toujours absente, et Alceste continue de l'attendre; bientôt il voit entrer, au lieu de la maîtresse de céans, un nouvel étranger : c'est Oronte, le poëte de cour, prétendant de Célimène, comme Alceste. L'arrivée de ce nouveau venu est pour le Misanthrope l'occasion d'une seconde querelle (car Alceste inaugure par deux disputes cette journée destinée par lui à une demande en mariage) : Oronte lui lit un sonnet, qu'il trouve détestable, et, comme il a la franchise de le lui dire, le poëte furieux lui déclare qu'il se vengera de ses critiques en le citant devant le tribunal des maréchaux de France, puis il sort, pour donner suite à ses menaces. Cette affaire le contrarie d'autant plus qu'il a déjà un procès sur les bras, un procès qui lui a été intenté par un scélérat riche, titré et puissant, ami de sa famille, sous prétexte qu'il n'a plus l'usage de sa raison et qu'il est urgent de le faire interdire; ainsi, dès le début de la comédie, sa tranquillité est compromise par un auteur vaniteux, sa fortune mise en jeu par un indigne calomniateur, et son cœur brisé par l'indifférence d'une coquette : tristes auspices pour le dénoûment de son amour!

Bientôt, ou, pour mieux dire, après ces deux pénibles épreuves, Célimène arrive, et Alceste peut enfin l'entretenir seul à seul, car Philinte est parti; il la prie de lui déclarer nettement si elle consent à l'épouser; la coquette élude la question; un heureux hasard vient même la tirer d'embarras, l'arrivée inattendue de trois visiteurs, Acaste, Clitandre et Eliante. Alceste, qui n'est venu que pour une conversation confidentielle, veut sortir, mais Célimène le retient, et il assiste alors à cette fameuse conversation appelée *la scène des portraits*, où Célimène fait briller son esprit aux dépens de tous ses amis, absents bien entendu, aux dépens du Misanthrope lui-même, présent et patient, du Misanthrope dont l'esquisse inattendue et tracée, séance tenante, complète la galerie des portraits précédents; Alceste écoute d'abord silencieusement cette brillante improvisation de la médisance; mais, poussé à bout par les rires complaisants et adulateurs de l'auditoire, il éclate et confond par une vigoureuse apostrophe tous les rieurs. Néanmoins, malgré cet éclair d'éloquence, il sort tout meurtri de cet entretien, parce qu'il emporte la flèche que lui a décochée l'impitoyable Célimène; pour surcroît de chagrin, il apprend à la porte du salon qu'un garde de la maréchaussée l'attend en bas, porteur d'un mandat de comparution devant le tribunal des maréchaux de France, à propos de l'affaire du sonnet d'Oronte.

Il s'y rend, laissant pour quelque temps le champ libre à ses rivaux. Ceux-ci (Acaste et Clitandre) profitent de son absence pour venir présenter leurs hommages à Célimène; comme elle tarde à venir, ils devisent entre eux de leur mérite, de leurs bonnes fortunes, de leur chance de succès auprès de Célimène; ils conviennent que, si l'un d'eux peut obtenir une preuve écrite de son amour, l'autre lui cèdera la place. Lorsque la maîtresse de céans se présente pour les recevoir, ils la prient de se décider entre eux; mais, comme tout à l'heure en présence d'Alceste, la volage est délivrée de l'embarras de se prononcer, par une visite, celle d'Arsinoé; son arrivée les fait partir, et les deux cousines se trouvent en tête-à-tête.

Dès les premiers mots de leur conversation, un duel serré, piquant, impitoyable, s'engage entre elles; la prude vieillie reproche à la jeune coquette ses manèges compromettants; la jeune coquette à la vieille prude, ses grimaces de modestie et ses simagrées de religion. L'arrivée d'Alceste met fin à cette querelle. Mais Célimène, redoutant encore plus la conversation d'Alceste que celle d'Arsinoé, parce qu'il lui est plus difficile de triompher du Misanthrope que de la prude, se retire et laisse son salon libre aux deux causeurs.

Alceste s'est entendu avec Oronte, devant les maréchaux de France : l'affaire de son procès s'est terminée à l'amiable par un accommodement entre les deux parties; cependant Oronte lui garde toujours rancune, malgré cette conclusion pacifique, puisqu'il vient encore, quelques heures après, déposer contre lui dans les débats beaucoup plus sérieux de son procès. Ce n'est pas Alceste qui raconte lui-même à Arsinoé tous ces détails ; c'est Philinte qui en fait part, un peu plus loin, à Eliante. Alceste est, pour le moment, accaparé par Arsinoé, qui voudrait se servir de lui pour se venger de Célimène : elle lui fait d'abord des compliments, qui sont des avances, c'est-à-dire une manière indirecte de lui faire comprendre qu'elle lui accorderait sa main, s'il la lui demandait ; mais, battue de ce côté, elle lui apprend qu'il a tort d'aimer Célimène, que celle-ci le trompe, qu'elle en a la preuve en main : c'est une lettre écrite à son rival Oronte et tombée, par hasard, en sa possession ; elle la lui montre. Alceste ne peut douter de la trahison de Célimène : il en conçoit le plus violent dépit et songe à se venger. Le plus sûr moyen de punir Célimène lui paraît être un mariage avec une femme plus digne de son amour. Demandera-t-il la main d'Arsinoé, qui lui a fait comprendre son inclination pour lui ? Non, il n'y songe pas un seul instant : son hypocrisie lui déplaît. Il va demander celle d'Eliante, dont la sincérité s'accorde avec la sienne ; mais celle-ci lui fait observer, avec tous les ménagements dus à sa délicatesse et à sa flatteuse démarche, que son dépit contre Célimène passera vite et qu'il reviendra à sa passion première, la seule vraie, la seule solide ; elle refuse de lui accorder sa main.

La prédiction d'Eliante s'accomplit. Célimène ne reparaît pas plus tôt devant Alceste, n'aborde pas plus tôt sa justification, qu'Alceste se laisse prendre aux discours de la perfide ; cette prétendue lettre, envoyée à Oronte, était adressée à une femme, et le récit d'Arsinoé est une imposture. Célimène sait si bien jouer la comédie du mensonge qu'Alceste, sans être convaincu, reste engagé dans ses liens. Ce n'est pas assez pour lui d'être dupe, un autre malheur vient l'assaillir (car les événements de la comédie n'amènent pour lui qu'une gradation de mécomptes) : son valet Dubois vient lui annoncer qu'il lui faut comparaître devant les tribunaux pour son procès. Il avait refusé de se mêler à l'instruction, mais il ne refuse pas de paraître aux plaidoiries ; non cité, il s'était abstenu de visiter ses juges ; cité, il répond à leur appel ; son procès se juge dans l'intervalle du quatrième au cinquième acte ; il le perd, ce qui lui vaut une amende de vingt-cinq mille francs, perte qui ébrèche beaucoup sa fortune et diminue d'autant ses chances de mariage avec Célimène. Il pourrait en appeler, faire casser l'arrêt ; mais il préfère subir cette iniquité, sans se plaindre, pour avoir le droit de pester contre le genre humain.

Dans son malheur, il se rattache, comme un naufragé, au seul espoir qui lui reste, à son unique et suprême consolation, son amour pour Célimène : il tente encore auprès d'elle une démarche pour obtenir d'elle une réponse favorable; mais le hasard amène en même temps que lui, auprès de la coquette, son rival Oronte, qui lui fait une déclaration semblable, et les voilà tous deux priant l'inconstante de se déclarer. Jamais elle ne s'est vue serrée de si près, elle est presque poussée dans ses derniers retranchements; mais elle sait si bien dissimuler, prétexter l'embarras d'une décision soudaine et surtout d'une décision publique, qu'elle est sur le point de triompher encore, c'est-à-dire de renvoyer les deux rivaux sans réponse, quand un événement inattendu vient dénouer la situation.

Les deux marquis se présentent, tous deux porteurs d'une lettre; chacun la lit publiquement devant Célimène, Oronte, Alceste, Eliante et Arsinoé : ces deux lettres sont de Célimène. Les deux marquis, à la suite de la convention dont nous avons parlé précédemment, avaient obtenu chacun personnellement une réponse favorable de la coquette, et ils s'étaient fait part mutuellement de ce billet; mais celui d'Acaste renfermait à la fin des épigrammes contre Clitandre, et celui de Clitandre des épigrammes contre Acaste ; çà et là quelques traits ricochaient sur Oronte et même sur Alceste. Les deux marquis, indignement joués, reprochent à Célimène sa perfidie et prennent congé d'elle; leur retraite est suivie de celle d'Oronte. Alceste reste seul; désormais sans rivaux, il est sûr de vaincre, il demande encore la main de Célimène ; celle-ci humiliée du départ de ses trois autres prétendants et vaincue par la persévérance du Misanthrope, lui fait une réponse favorable : elle consent à l'épouser. Alceste est au comble de ses vœux, mais il ajoute qu'il veut, après son mariage, vivre avec sa femme dans un désert. Célimène lui répond que cette condition est inadmissible pour elle, qu'elle veut bien l'épouser, mais qu'elle refuse de passer sa vie dans la solitude :

> La solitude effraie une âme de vingt ans !

A ces mots, le Misanthrope, blessé de ne pas rencontrer chez Célimène l'amour exclusif qu'il avait rêvé, la refuse à son tour, c'est-à-dire refuse de l'épouser, même pour vivre avec elle *à la ville*, si bien que le dernier mot de la comédie est à l'honnête homme, qui a le plaisir de punir la coquette. Mais c'est pour lui un plaisir bien amer! Il éprouve un tel chagrin de ce dénoûment qu'il annonce sa résolution d'aller passer le reste de ses jours dans un désert

> Où d'être homme d'honneur on ait la liberté.

Ainsi les deux défauts opposés, la misanthropie, qui repousse les hommes, et la coquetterie, qui les attire, sont, non pas corrigés (les dénoûments de Molière sont tristes et défavorables à la nature humaine), mais punis, et, ce qu'il importe de remarquer, punis de la même manière, par l'isolement. Cependant, comme il faut un mariage au dénoûment d'une comédie, Eliante et Philinte se marient, en se promettant de retenir Alceste; on ne sait pas s'ils y réussissent.

Telle est l'action du *Misanthrope*; sans doute, elle est simple et peu compliquée; néanmoins elle existe, elle renferme même des épisodes variés, qui concourent tous au développement du fait principal, le mariage d'Alceste et de Célimène. Schlégel a donc tort de prétendre que cette pièce est dénuée *d'action;* on pourrait presque dire que c'est une *comédie d'intrigue* en même temps qu'une *comédie de caractère*.

PARAGRAPHE I

Date de la pièce. — Age de Molière. — Théâtre où fut jouée la pièce. — Le lieu de la scène. — Les personnages. — Pièces de Molière antérieures au *Misanthrope*. — Idée générale, importance et originalité du *Misanthrope*. — Service rendu par Molière à la société. — Du dénoûment de cette comédie.

Première question. — *Quelle est la date de la première représentation du* Misanthrope?

4 juin 1666.

Deuxième question. — *Quel était l'âge de Molière?*

Quarante-quatre ans.

Troisième question. — *Sur quel théâtre fut joué le* Misanthrope?

Sur le théâtre du Palais-Royal, que Louis XIV avait accordé à Molière en 1660.

Quatrième question. — *Quel est le lieu de la scène ?*

Le salon de Célimène, à Paris. Quand elle n'est pas en scène, les personnages l'attendent, parce qu'elle est sortie, ou causent entre eux, sur son invitation, parce qu'elle vaque ailleurs.

Cinquième question. — *Quels sont les personnages de la comédie du* Misanthrope ?

Personnages principaux : Alceste ; Philinte ; Célimène ; Oronte, poëte de cour ; Acaste et Clitandre, marquis évaporés, tous trois amoureux de Célimène ; Eliante, cousine de Célimène ; Arsinoé, femme prude, amie prétendue de Célimène. *Personnages secondaires* : Dubois, valet d'Alceste ; Basque, valet de Célimène ; un garde de la maréchaussée.

Sixième question. — *Quelles pièces Molière avait-il composées avant le* Misanthrope ?

Il avait déjà composé seize pièces, sur trente-deux qui nous sont parvenues de lui. (Nous ne comptons pas dix farces composées en province ou à Paris, et dont les titres seuls ont été conservés par les registres de sa troupe.) Ces seize pièces sont : *La jalousie de Barbouillé, le Médecin volant, l'Etourdi, le Dépit amoureux, les Précieuses ridicules, Sganarelle, Don Garcie de Navarre, l'Ecole des Maris, les Fâcheux, l'Ecole des Femmes, la critique de l'École des Femmes, l'Impromptu de Versailles, la Princesse d'Elide, le Mariage forcé, Don Juan ou le Festin de Pierre, l'Amour médecin.* De ces seize pièces, les plus importantes sont : *l'Etourdi* (1653), *le Dépit amoureux* (1654), deux pièces à imbroglio, dans le goût italien ; *les Précieuses ridicules* (1659), première grande comédie de Molière, comédie de caractère, détrônant la comédie d'intrigue, mais encore secondaire, parce que le sujet de cette pièce est l'analyse d'une manie passagère ; *l'Ecole des Maris* (1661) et *l'Ecole des Femmes* (1662), comédies de caractère plus importantes, parce qu'elles portent sur des travers plus généraux de la société ; *Don Juan ou le Festin de Pierre*, pièce composée immédiatement avant le *Misanthrope* (1665), l'œuvre la plus hardie du théâtre de Molière. Molière était donc dans la plénitude de son génie ; en 1666 ; il avait déjà composé des pièces remarquables ; la série de ses chefs-d'œuvre était déjà ouverte ; il était même en train d'écrire le *Tartuffe* ; les trois premiers actes de cette pièce avaient été déjà joués à Versailles, en

1664, si la pièce entière ne fut jouée qu'en 1667, à Paris. On peut donc considérer comme simultanées la composition du *Tartuffe* et celle du *Misanthrope*. Du reste, la seconde comédie porte des traces de la première, dans la conception du rôle d'Arsinoé.

Il n'est pas inutile d'énumérer ici les chefs-d'œuvre qui suivent le *Misanthrope* : *l'Amphitryon*, *l'Avare*, *le Bourgeois gentilhomme*, les *Fourberies de Scapin*, les *Femmes savantes* et *le Malade imaginaire*.

Septième question. — *Quelle est l'idée générale de la comédie du* Misanthrope?

C'est que la sagesse elle-même a besoin d'une mesure, sans laquelle elle devient inutile et même nuisible. La comédie du *Misanthrope* est le commentaire :

1° De ce mot de Tacite, à propos d'Agricola : « *Retinuitque, quod est difficillimum, ex sapientiâ modum*, Agricola sut garder, ce qui est très-difficile, une mesure dans la sagesse. » (*Vie d'Agricola*, IV.)

2° De ce mot d'Horace :

> Insani sapiens nomen ferat, æquus iniqui,
> Ultrà quàm satis est virtutem si petat ipsam. (*Epîtres*, I, 6.)

c'est-à-dire « le sage mériterait d'être traité de fou et le juste d'injuste, s'ils poursuivaient la vertu au delà de ses limites. »

3° De ce mot de saint Paul : « *Non plus sapere quàm oportet sapere, sed sapere ad sobrietatem* » (*Epistola ad Romanos*, XII), c'est-à-dire « il ne faut pas être plus sage qu'il ne convient, il faut être sage avec sobriété. » Molière s'est proposé de rendre cette leçon comique, sans compromettre le respect dû à l'honnête homme.

Huitième question. — *Comment Molière a-t-il résumé l'idée générale de sa pièce?*

Dans les vers suivants prononcés par Philinte en présence d'Alceste :

> Il faut parmi le monde une vertu traitable;
> A force de sagesse, on peut être blâmable;
> La parfaite raison fuit toute extrémité,
> Et veut que l'on soit sage avec sobriété. (I, 1.)

Neuvième question. — *N'y a-t-il pas une autre idée générale dans le* Misanthrope, *et quelle est-elle ?*

Il y a dans le *Misanthrope* une autre idée générale, qui dérive de la précédente, c'est celle de la tolérance sociale. Molière a voulu montrer la nécessité de cette vertu qui consiste à supporter les erreurs et les vices de nos semblables, comme nous supportons les intempéries de l'atmosphère; c'est une condition indispensable au repos et même à l'existence de la société. Il faut néanmoins éviter que cette vertu dégénère en une coupable condescendance : sans doute, nous devons être indulgents pour les défauts d'autrui, mais nous devons aussi les détester et les combattre autant que possible. Si Molière a admirablement développé cette idée, ce n'est pas lui qui l'a découverte ; elle n'était pas inconnue de la société antique. Pline le Jeune l'exprime en ces termes : « Il y a des gens qui s'irritent contre les vices d'autrui ; ils ignorent sans doute que la douceur est ce qui sied le mieux, même à ceux qui n'ont pas besoin d'indulgence ; le meilleur et le plus accompli des hommes est celui qui pardonne à tout le monde, comme si, tous les jours, il péchait lui-même, et qui s'abstient de pécher, comme s'il ne pardonnait à personne. Ainsi, dans toute la conduite de notre vie publique et privée, ayons pour principe constant d'être inexorables pour nous-mêmes, cléments et généreux pour les autres ; c'était la maxime de Thraséas. » (*Lettre à Géminius*, VIII, 22.)

Dixième question. — *Quelle est l'importance de la comédie du* Misanthrope ?

C'est l'inauguration de la grande comédie de mœurs et de caractère. Parmi les meilleures comédies précédentes de Molière, celle des *Précieuses ridicules* n'était que l'esquisse d'une manie passagère ; l'*Ecole des Maris* et l'*Ecole des Femmes* n'étaient qu'une leçon contre un danger rare, la disproportion d'âge et de caractère dans le mariage ; *Don Juan* ou le *Festin de Pierre* était l'analyse d'un cas exceptionnel et bizarre, l'histoire d'un homme en révolte contre la morale et contre Dieu. La comédie du *Misanthrope* est la première peinture générale du cœur humain et de la société.

Onzième question. — *Prouvez que la comédie du* Misanthrope *est une peinture générale du cœur humain et de la société ?*

La comédie du *Misanthrope* n'est pas seulement l'analyse de ce sentiment appelé misanthropie. S'il en était ainsi, comme la misanthropie est un défaut rare, puisque c'est l'exagération de l'honnêteté, on ne pourrait pas dire que la comédie du *Misanthrope* est une peinture générale du cœur humain et de la société ; pour mériter cet éloge, il faut qu'elle offre un tableau vrai et varié des passions humaines de tous les pays et de tous les temps. En voici l'énumération : l'indulgence excessive pour le mal : Philinte. — La coquetterie : Célimène. — La médisance : Célimène et toute sa société. — La pruderie : Arsinoé. — La vanité : Oronte. — La fatuité : les deux marquis. — L'amour frivole : Oronte, Acaste et Clitandre. — A côté de ces travers et de ces vices, voici des vertus d'un caractère aussi général : la franchise et l'horreur du mal : Alceste. — La sincérité et l'indulgence sans excès : Eliante. — L'amour sérieux et profond : Alceste. — Voilà une série de vices et de vertus qui ne sont pas des sentiments d'exception, mais des sentiments ordinaires à l'homme, vrais à la cour comme à la ville, exacts hier, aujourd'hui, demain ; jamais tant d'idées générales n'avaient été analysées dans une seule pièce. On a donc le droit de dire que Molière, en écrivant le *Misanthrope*, est sorti du cercle étroit des ridicules de son temps, pour peindre tous les siècles.

Douzième question. — *Donnez une idée de l'originalité de la comédie du* Misanthrope.

La comédie du *Misanthrope* a un autre mérite : c'est l'originalité. Deux raisons font de cette comédie la plus originale du théâtre de Molière : le caractère sage et raisonnable du principal personnage, la classe de la société représentée dans cette œuvre.

Premièrement : Le caractère sage et raisonnable du principal personnage. Ordinairement les comédies, celles de Molière, comme celles des autres auteurs comiques, renferment des leçons à l'adresse des hommes dont les vices ou les ridicules partent d'un mauvais naturel ; le *Misanthrope* de Molière en renferme une à l'adresse d'un homme dont le travers part d'une qualité poussée à l'exagération. C'est là une conception originale. Le théâtre se propose habituellement de corriger le vice et non de modérer la sagesse.

Secondement : La classe de la société attaquée par Molière dans cette comédie. Molière, dans ses précédentes comédies, avait surtout relevé les travers de la bourgeoisie. Mais, frappé de ceux qu'il rencontrait parmi les gens de cour, il résolut de les mettre en scène. Louis XIV l'y autorisa du reste, après l'insolence du duc de la Feuillade, à propos de la *Critique de l'Ecole des Femmes*. On sait que ce gentilhomme, se croyant l'original du marquis ridiculisé, dans cette pièce, par la sotte réponse de *Tarte à la crème*, rencontra un jour Molière dans une galerie du château de Versailles; il lui prit la tête entre les mains et la lui frotta durement contre les boutons de son habit, en lui disant d'un ton ricaneur : *Tarte à la crème*. Molière se vengea de cette brutalité en traçant dans le *Misanthrope* une galerie des travers de la cour.

Treizième question. — *Prouvez que la comédie du* Misanthrope *est une peinture des travers de la cour.*

Il faut tout d'abord reconnaître que le principal personnage, Alceste, n'est pas de la cour :

> Le ciel ne m'a point fait, en me donnant le jour,
> Une âme compatible avec l'air de la cour. (III, vii.)

Cependant c'est un homme de qualité, et la distinction de ses manières perce, même sous sa rudesse, comme dans la scène du sonnet, où il recourt à des périphrases pour déclarer son avis à Oronte, parce que ses habitudes de bonne compagnie arrêtent son caractère emporté et lui font ménager les formes; si Molière suppose Alceste étranger à la cour, c'est d'abord parce que les misanthropes sont rares dans ce pays, quoiqu'il s'en rencontre; ensuite, c'est parce qu'il a jugé plus naturel de faire mettre la cour en accusation par un homme qui n'en est pas que par un homme qui en est. Peut-être aussi a-t-il voulu déguiser un peu la ressemblance d'Alceste avec le duc de Montausier.

Sauf cette exception, la comédie du *Misanthrope* est un tableau de la cour; en voici la preuve :

Les personnages ont ce vernis de bon ton, cet usage du monde qui révèle en eux des gens de cour; Molière n'a pas cherché à donner le change sur leur condition, à leur mettre un masque. Célimène a l'esprit, l'élégance, les manières aristocratiques des grandes dames de Versailles; son travers même, la coquetterie, ajoute à sa ressemblance. L'ennemi d'Alceste, celui qui lui intente un procès, ce franc scélérat *de splendeur revêtu*, comme dit Molière, est un personnage titré. Les deux marquis, Acaste et Clitandre, assistent au lever du roi. Oronte est en faveur auprès de lui :

> On sait qu'auprès du roi je fais quelque figure.

Du reste, la manie de rimer, dont il est le propagateur, était celle des courtisans, et ceux-ci ne faisaient qu'imiter Louis XIV ; le grand roi faisait des vers ; le duc de Saint-Aignan et Dangeau lui apprenaient à versifier ; Mme de Sévigné le raconte elle-même. Mais Louis XIV était plus patient qu'Oronte sur la critique : il présenta un jour au maréchal de Grammont une pièce de vers qu'il venait de composer et lui demanda son avis, sans se nommer. Le maréchal répondit qu'il n'avait jamais rien lu de plus sot ni de plus ridicule ; le roi s'étant nommé, le maréchal voulut se rétracter ; mais le roi lui dit en souriant que les premiers sentiments sont toujours les meilleurs. (Mme de Sévigné, 1er *décembre* 1664.) Dans la *scène des portraits*, tous les originaux sont de la cour : Cléonte, l'extravagant, qui assiste au lever du roi ; Géralde, le conteur ennuyeux, qui ne sort jamais du grand seigneur ; Timante, l'homme tout mystère et toujours affairé sans affaire ; Adraste, le chercheur d'emplois, de charges et de bénéfices ; Cléon, qui tient table ouverte, et son oncle Damis, bureau d'esprit, tous ont leurs entrées à Versailles. Le tribunal des maréchaux de France atteste aussi la condition de tous ces personnages : c'étaient en effet les juges auxquels était exclusivement réservée la connaissance des affaires d'honneur entre gentilshommes. Enfin il y a dans le *Misanthrope* un assez grand nombre de jurements comme *morbleu*, *parbleu*, *par la sambleu*, *diantre*, et de locutions comme *mon cher*, *cher marquis*, que Molière prodigue à dessein, pour critiquer l'habitude, ou plutôt le ridicule, que les gens de cour avaient contracté, à cette époque, d'un pareil langage.

Quatorzième question. — *Quel est le service rendu à la société par le* Misanthrope *de Molière ?*

Molière nous apprend à distinguer les vrais misanthropes, comme Alceste, des faux misanthropes, comme Rousseau ; il y a, en effet, des frondeurs honnêtes, qu'il ne faut pas confondre avec les déclamateurs mécontents qui cachent leur ambition personnelle sous le masque de la misanthropie ; autant les premiers sont désintéressés, autant les autres le sont peu. Molière, en nous montrant la misanthropie dans un honnête homme qui voudrait corriger le monde, nous a mis en garde contre les misanthropes révolutionnaires qui voudraient le bouleverser. Il n'est pas difficile de profiter de la leçon de Molière : les vrais misanthropes se reconnaissent à une franchise rude et brutale, les faux à une sensibilité emphatique.

Quinzième question. — *Quel est le caractère du dénoûment de la comédie du* Misanthrope?

À la fin de la pièce, chacun est puni de son travers et proportionnellement à la gravité de ses torts. Les deux marquis, bien que donnant eux-mêmes leur démission d'amoureux, s'en vont avec l'attache de ridicule que Célimène leur a mise au dos. Arsinoé, qui a voulu brouiller Célimène avec tous ses prétendants, espérant, comme dit spirituellement M. Nisard, pêcher un mari en eau trouble, reste sans mari. Célimène, qui a voulu se faire une cour d'adorateurs, reste sans courtisans. Alceste aussi est puni, quelques-uns même le trouvent puni trop sévèrement ; c'est une erreur, et il faut admirer ici le tact de Molière : sans doute, c'est un chagrin pour lui de ne pas épouser Célimène ; mais c'est aussi pour lui un avantage d'échapper à un mariage avec une coquette. Il est donc à la fois puni et récompensé, comme devait l'être un honnête homme, coupable de trop d'honnêteté. Philinte reste seul en dehors de cette justice distributive ; il semble même récompensé de son optimisme exagéré par son mariage avec Eliante ; mais cela ne signifie pas que Molière l'absolve de ses torts, cela veut dire que Philinte est, à tout considérer, le plus sage de la pièce.

En résumé, le dénoûment du *Misanthrope* est moral, parce que chaque coupable est puni ; il est triste, parce qu'aucun d'eux n'est corrigé, ce qui signifie que Molière reconnaît l'impossibilité de redresser les vices de l'humanité ; il est juste, parce que, en effet, malgré tous les efforts des moralistes, l'humanité est en proie à un certain nombre de travers incorrigibles.

PARAGRAPHE II

Du sort des représentations du *Misanthrope*. — Les devanciers et la postérité d'Alceste.

Première question. — *Cette comédie obtint-elle du succès?*

Cette question a été controversée ; le bruit de la chute du

Misanthrope s'est accrédité, au dix-neuvième, au dix-huitième et même au dix-septième siècle. Schlégel, de nos jours, dit que la pièce fut *froidement accueillie du public* ; Voltaire prétend qu'elle n'eut qu'un succès de première représentation : « La première représentation eut l'applaudissement qu'elle méritait ; mais c'était un ouvrage plus fait pour les gens d'esprit que pour la multitude ; le théâtre fut bientôt désert, et, depuis, lorsque le fameux acteur Baron, après trente ans d'absence, joua le *Misanthrope*, il n'attira pas grand concours. » Les contemporains mêmes de Molière firent courir le bruit de sa chute.

Toutes ces affirmations sont peu exactes : Si le bruit de la chute du *Misanthrope* a circulé, du vivant même de Molière, cette particularité tient à ce que les acteurs peu applaudis ou sifflés du temps de Molière ne furent pas fâchés de prouver l'injustice du parterre à leur égard en citant l'exemple du grand poëte méconnu, et ils prétendirent que la comédie du *Misanthrope* avait trouvé un accueil glacial, dès la troisième représentation ; ils ajoutèrent même que Molière avait été dans la nécessité de l'appuyer du *Médecin malgré lui*, pour la soutenir. Il n'en est rien, le registre de la Comédie-Française fait foi que le *Misanthrope* eut vingt et une représentations consécutives, nombre auquel les pièces atteignaient rarement à cette époque, sauf les tragédies de Thomas Corneille, et cela au milieu des chaleurs de l'été, sans le secours d'aucune pièce accessoire. Quant au *Médecin malgré lui*, lorsque cette farce parut, le *Misanthrope* avait déjà fait son chemin depuis deux mois, et elle ne fut jouée que cinq fois en même temps que la grande comédie. Ce qui est vrai, c'est que le *Médecin malgré lui* obtint plus de succès que le *Misanthrope*. En résumé la comédie de Molière eut moins de succès au dix-septième siècle que de nos jours et fut même éclipsée par une œuvre secondaire ; mais elle ne fut pas reçue froidement du public, et, à plus forte raison, elle ne tomba pas dès son début.

Deuxième question. — *A quoi tient ce demi-succès du* Misanthrope, *au dix-septième siècle ?*

A la grossièreté du goût public, qui resta corrompu pendant toute la première moitié du dix-septième siècle, par suite de l'influence persistante des mauvais écrivains et surtout du burlesque de Scarron. Il faut, en effet, distinguer deux périodes dans le dix-septième siècle, la première enveloppée de ténèbres, la seconde éclairée par la lumière. Il fallut du temps aux grands écrivains de cette époque pour combattre la pernicieuse influence de leurs prédécesseurs ; au moment où parut le *Misanthrope*, les chefs-d'œuvre des grands écrivains n'avaient pas encore réformé le goût public (la scène *du sonnet* en est la preuve) ; Molière se trouvait en présence d'un parterre encore ignorant ; les mâles beautés de cette pièce, l'éloquence vive et naturelle qui y coule de source, la chaleur et la vérité du dialogue, la profondeur des idées, le mélange de l'esprit et du bon sens ne pouvaient faire qu'une impression médiocre sur la multitude et même sur la bonne compagnie, aussi peu éclairée que le petit peuple. Il ne faut donc pas s'étonner du demi-succès du *Misanthrope*, au dix-septième siècle. Du reste, un siècle après, Rousseau lui-même, malgré tout son génie, ne comprit pas tout le mérite de cette pièce ; il est vrai que c'est pour des raisons différentes.

Troisième question. — *Quel est le mot de Racine à l'occasion de la première représentation du* Misanthrope ?

Racine a prononcé à cette occasion un mot qui lui fait honneur, mais qui donne en même temps raison aux bruits contradictoires dont cette pièce a été l'objet. Racine avait des torts fort graves à se reprocher envers Molière, à propos de sa tragédie d'*Alexandre* ; il lui avait pris sa meilleure actrice, pour la faire entrer dans sa troupe ; mais il essaya de redevenir juste envers l'auteur, s'il s'était montré ingrat envers l'homme. Le lendemain de la première représentation du *Misanthrope*, un spectateur, croyant lui faire plaisir, accourut lui dire : « La pièce est tombée, rien n'est si faible ; vous pouvez m'en croire, j'y étais. » — « Vous y étiez, répondit Racine, et je n'y étais pas ; cependant je n'en croirai rien, parce qu'il est impossible que Molière ait fait une mauvaise pièce. Retournez-y et examinez-la mieux. » Malheureusement Racine ne demeura pas longtemps dans cette bonne disposition. Bientôt après, persuadé qu'une mauvaise parodie de son *Andromaque*, la *Folle querelle* de Subligny, était l'ouvrage de Molière, il se joignit aux détracteurs de l'*Avare*.

LES DEVANCIERS D'ALCESTE.

Quatrième question. — *Quels sont les devanciers d'Alceste, c'est-à-dire quels sont les* Misanthropes *anciens et modernes, antérieurs à lui ?*

Premièrement : Le *Misanthrope de Platon.* Platon définit le Misanthrope : « Un homme qui, ayant ajouté foi sans examen à un autre homme, qu'il croyait vrai, solide et fidèle, le trouve faux, perfide et trompeur. Après plusieurs épreuves semblables, il hait également tous les hommes, et finit par se persuader qu'il n'y a rien d'honnête en eux. » Cette définition est exacte; c'est le portrait d'Alceste.

Deuxièmement : Le *Misanthrope de Lucien.* Lucien, dans un de ses dialogues, a mis en scène un certain Timon d'Athènes, misanthrope fameux qui, après avoir perdu sa fortune dans de folles dissipations, se vengea de l'ingratitude dont il était victime en maudissant le genre humain ; il se retira dans les bois, comme une bête fauve, pestant contre ses semblables, sauf contre Alcibiade dont l'ambition lui paraissait devoir être un jour fatale à son pays. Ce misanthrope, avec son passé scandaleux et ses sentiments antipatriotiques, est bien peu honorable.

Troisièmement : Le *Misanthrope de Plutarque.* Dans les biographies d'Antoine et d'Alcibiade, Plutarque met en scène le même Timon d'Athènes.

Quatrièmement : Le *Misanthrope de Shakspeare.* Dans une comédie intitulée *Timon d'Athènes,* Shakspeare met en scène un misanthrope doué d'abord de l'optimisme écervelé d'un dissipateur, puis du pessimisme outré d'un monomane. Il commence par répandre l'or à pleines mains, par ostentation, dans le but intéressé d'avoir un cortége d'adulateurs; ensuite, se voyant dupe, il tourne le dos à la société. A côté de ce misanthrope par accident, l'auteur place un misanthrope par principes, Apémante son ami. Cette double étude de la misanthropie est une œuvre puissante, mais inégale et déréglée.

Le *Misanthrope* de Molière diffère des précédents, sauf de celui de Platon, en ce que ceux-ci ont des défauts méprisables, tandis qu'Alceste est un grand esprit et un grand cœur, dont on respecte l'honnêteté, tout en blâmant ses faiblesses.

LA POSTÉRITÉ D'ALCESTE.

Cinquième question. — *Quels sont les successeurs d'Alceste ?*

Premièrement : Le *Misanthrope de Fénelon.* Dans son dix-septième dialogue des morts, Fénelon fait causer Timon d'Athènes avec Socrate et Alcibiade. L'auteur a beaucoup affaibli l'expression de la misanthropie, en la faisant consister dans une sorte de juste-milieu entre la sévérité et l'indulgence. C'est Alceste adouci, humanisé et, par suite, dénaturé. L'esprit aimable de Fénelon ne pouvait se rendre compte au naturel du sentiment appelé misanthropie.

Deuxièmement : Le *Misanthrope de la Bruyère*. « C'est un personnage froid et poli, civil et cérémonieux, qui ne s'échappe pas, ne s'apprivoise pas avec les hommes, les traite honnêtement et sérieusement, emploie tout ce qui peut éloigner leur familiarité. » Un tel misanthrope est un vieux garçon bien élevé, mais au cœur sec ; un précepteur mal vu du grand monde où il vit, et qui se venge de ses dédains par la dignité.

Troisièmement : Le *Misanthrope de Marmontel*. Dans un conte moral intitulé le *Misanthrope corrigé*, Marmontel suppose qu'Alceste, retiré à la campagne, perd sa misanthropie, en devenant témoin des vertus domestiques de son nouvel entourage ; cette historiette est une œuvre inspirée par l'idée, tant caressée au dix-huitième siècle, du bonheur aux champs.

Quatrièmement : Le *Misanthrope de Vauvenargues*. Dans ses portraits, Vauvenargues représente un misanthrope que des peines de cœur ont déterminé à fuir la société ; c'est un amant malheureux.

Cinquièmement : Le *Misanthrope de Rousseau*. C'est Rousseau lui-même ; sa misanthropie se compose de timidité et d'orgueil, de rancune de déclassé et d'une certaine manie littéraire qui le porte naturellement aux tirades vertueuses et sentimentales.

Sixièmement : Le *Misanthrope de Kotzebue*. Dans un drame intitulé *Misanthropie et repentir*, Kotzebue met en scène un mari que l'infidélité de sa femme pousse à la misanthropie et que son repentir ramène à des sentiments meilleurs. C'est une scène d'intérieur touchante et morale plutôt qu'un grand tableau de mœurs.

Septièmement : Le *Misanthrope de Schiller*. Dans un drame inachevé intitulé le *Misanthrope*, Schiller représente, comme dans les *Brigands*, un révolté.

Huitièmement : Le *Misanthrope* de Fabre d'Eglantine. Dans sa comédie intitulé le *Philinte de Molière* ou *La suite du Misanthrope* (1790), Fabre d'Eglantine applique les idées de Rousseau sur la misanthropie; il suppose qu'Alceste est un type de perfection idéale et Philinte une âme égoïste et corrompue. C'est un travestissement de la pensée de Molière. Si l'auteur est tombé dans cette exagération, c'est par rancune de plébéien jaloux des nobles, des riches et des heureux du monde; c'est par calcul de tribun révolutionnaire, désireux de peindre la société comme une caverne de brigands, pour avoir l'occasion de la réformer.

Neuvièmement : Werther, Réné, Obermann, misanthropes illustrés par Goëthe, Châteaubriand, le baron de Sénancourt. Ils diffèrent d'Alceste en ce qu'ils sont atteints d'une maladie vague, appelée mélancolie, ou se considèrent comme des génies d'un ordre supérieur à ce petit monde de la société, ou sont imbus des idées de la révolution, c'est-à-dire regardent les croyances et les institutions du passé comme des vieilleries. Alceste ne ressemble à aucun de ces trois misanthropes : il a l'esprit positif; il fuit les hommes à cause de leurs vices et non de leur petitesse de taille comparée à sa grandeur; il accepte l'état social où le hasard l'a fait naître. De plus, il veut corriger ses semblables, tandis que les autres veulent rendre la société responsable de leurs travers. Alceste est un père qui ne se reconnaîtrait guère dans ses enfants.

Cette variété de misanthropes prouve la vérité du mot de Diderot : « Le *Misanthrope* est à refaire tous les cinquante ans. »

PARAGRAPHE III

Les signes du temps.

La comédie du *Misanthrope*, étant un tableau fidèle des mœurs de la cour et de la ville, au dix-septième siècle, aussi bien qu'une peinture générale de certains travers de l'humanité, renferme nécessairement un grand nombre d'allusions contemporaines. Les unes concernent les personnages, les autres les faits.

1° ALLUSIONS RELATIVES AUX PERSONNAGES.

Alceste. C'est le duc de Montausier, précepteur du grand Dauphin, homme rude et austère, d'une vertu *hérissée*, comme dit Saint-Simon. Il ressemblait fort au Misanthrope et, de plus, était marié à une coquette, la célèbre Julie d'Angennes, de l'hôtel de Rambouillet, pour qui fut faite la guirlande de Julie. Quelques critiques, Geoffroy entre autres, prétendent que jamais Molière n'aurait osé mettre en scène le duc de Montausier; c'est le marquis de Dangeau lui-même qui nous l'apprend, dans une note mise au bas d'une page des *Mémoires de Saint-Simon*. Dangeau ajoute même que le duc de Montausier se reconnut dans Alceste, pria Molière de venir chez lui, que Molière s'y rendit tout inquiet, craignant de l'avoir blessé, mais que le duc le remercia en disant : « Le Misanthrope est le caractère du plus honnête homme qui puisse être ; vous m'avez fait trop d'honneur et un honneur que je n'oublierai jamais. » Quelques critiques ont vu, dans Alceste, Molière lui-même, à cause de la conformité de caractère et de position que l'on remarque entre Alceste et lui. Molière était triste; on l'appelait le *contemplatif*. Son mariage avec une coquette avait été pour lui une source de chagrins. Quatre ans avant le *Misanthrope*, en 1662, il avait épousé Armande Béjart, et il écrivait, en 1666, à un de ses amis, nommé Rohaut : « Je suis le plus malheureux des hommes. » La comédie du *Misanthrope* peut donc être considérée comme la douloureuse histoire de son cœur.

Philinte. C'est Chapelle, épicurien de joyeuse humeur, qui prenait tout en bonne part, hommes et choses; c'était l'ami intime de Molière qui disait de lui : « Vous prodiguez vos agréments à tout le monde ; vos amis ne vous ont plus d'obligation, lorsque vous leur donnez ce que vous livrez au premier venu, » mot qui s'applique parfaitement à Philinte.

Célimène. C'est, selon les uns, la célèbre Mme de Longueville, sœur de Condé; selon les autres, et c'est le plus grand nombre, Armande Béjart, femme de Molière.

Oronte. C'est le duc de Saint-Aignan, appelé aussi Beauvilliers, père du duc de Beauvilliers, précepteur du duc de Bourgogne et ami intime de Fénelon. Ce duc de Saint-Aignan était en effet un poëte de cour; du temps même de Molière, on le regardait comme l'original d'Oronte, ainsi que le duc de Montausier, celui d'Alceste; la preuve, c'est que le duc de Saint-Aignan plaisantant un jour le duc de Montausier sur le personnage du Misanthrope, celui-ci lui répondit : « Ne voyez-vous donc pas, mon cher duc, que le ridicule de poëte de qualité vous désigne encore plus clairement. » Une autre ressemblance du duc de Saint-Aignan avec l'homme au sonnet, c'est qu'on raconte qu'il eut un jour des paroles avec un autre seigneur, pour des vers de sa façon que celui-ci ne louait pas assez.

Acaste et Clitandre. Ce sont, le premier, le comte de Guiche, le second, Lauzun.

Eliante. C'est Mlle de Brie, comédienne de la troupe de Molière.

Arsinoé. C'est Mlle du Parc, également comédienne de la troupe de Molière.

Timante. Dans la scène des portraits, Célimène parle d'un certain Timante, homme mystérieux; c'est un adversaire de la Fontaine, appelé M. de Saint-Gilles.

Le Vicomte. Dans l'une des deux lettres épigrammatiques envoyées aux marquis par Célimène et qu'on peut appeler *les lettres des portraits*, il est question d'un grand flandrin de vicomte, de la société de Célimène, qui passe trois quarts d'heure à cracher dans un puits pour faire des ronds. Il est tellement vrai que Molière, en traçant le portrait de ce ridicule personnage, avait en vue un personnage de la cour, que la duchesse Henriette d'Angleterre priant Molière de supprimer ce passage, parce qu'elle trouvait le détail indigne d'un si bon ouvrage, celui-ci voulut le laisser, parce que, disait-il, *il avait son original.* (Grimarest.)

On ne peut nier absolument toutes ces ressemblances; quelques-unes sont incontestables; cependant il ne faut pas les serrer de trop près. Il serait faux de croire que Molière se borne à copier la réalité; cela ne s'accorderait pas avec la tournure habituelle de son esprit, ni avec ses procédés de composition. Sans doute, les originaux, c'est-à-dire la réalité dont il est entouré, lui fournissent les premiers traits de ses tableaux; mais il y ajoute tous ceux qu'il puise dans son imagination, dans son cœur et même dans ses souvenirs, c'est-à-dire dans ces trésors d'observations amassés depuis longtemps par les immenses ressources de son génie contemplatif. Quelques moralistes prêtent à Molière des habitudes de composition inverses : ils supposent qu'il forme d'abord ses personnages d'après une conception générale, entrevue et arrêtée par son esprit;

ensuite qu'il réalise cette conception à l'aide de traits particuliers, empruntés de différents côtés; ils écartent toujours, bien entendu, l'idée inadmissible de la reproduction d'un visage unique. Ce second procédé consisterait à passer du général au particulier. Sans doute le résultat d'un pareil travail de la pensée serait le même que le précédent; mais le premier nous semble plus vraisemblable, parce que, dans les sciences d'observation (et l'étude du cœur humain en est une) il est plus naturel de passer du particulier au général que du général au particulier. Quel que soit l'ordre de composition adopté par Molière, il est évident que son esprit fait une double opération en créant ses personnages, c'est-à-dire qu'il leur donne un caractère à la fois réel et idéal, ce qui en fait des types et non de pures copies. Alceste n'est pas un misanthrope, c'est le Misanthrope; Célimène n'est pas une coquette, c'est la Coquette.

Du reste le procédé de composition de Molière est celui de tous les grands écrivains du dix-septième siècle.

2° ALLUSIONS RELATIVES AUX FAITS.

1° *L'habitude des embrassades frivoles.* C'était la mode, au dix-septième siècle, de se faire mille protestations d'amitié sans se connaître. Quinault, dans sa comédie des *Mères coquettes*, parue un an avant le *Misanthrope* (1665), parle de ces gens qui *vous estropient par leurs civilités :*

> Estimez-vous beaucoup l'air que vous affectez
> D'estropier les gens par vos civilités,
> Ces compliments de mains, ces rudes embrassades
> Ces saluts qui font peur, ces bonjours à gourmades ? (I, III.)

La Bruyère relève le même défaut dans son livre des *Caractères*, paru également au dix-septième siècle, mais vingt-deux ans après le *Misanthrope* (1688). « Théognis embrasse un homme qu'il trouve sous sa main; il lui presse la tête contre sa poitrine; il demande ensuite qui est celui qu'il a embrassé. » (IX, *Des Grands.*)

La leçon de Molière, de Quinault et de la Bruyère ne profita pas à ceux qu'elle aurait dû corriger; ce travers passa du dix-septième au dix-huitième siècle. Lesage, dans son roman de *Gil Blas*, paru de 1715 à 1735, raconte la scène suivante, peinture comique du même défaut : « Ce prélat est d'un caractère assez plaisant; il a quelque crédit à la cour, mais il voudrait bien persuader qu'il en a beaucoup; il fait des offres de services à tout le monde et ne sert personne. Un jour, il rencontre chez le roi un cavalier qui le salue; il l'arrête, l'accable de civilités, et, lui serrant la main : « Je suis, lui dit-il, tout acquis à votre seigneurie; mettez-moi, de grâce, à l'épreuve; je ne mourrai point content, si je ne trouve une occasion de vous obliger. » Le cavalier le remercia d'une manière pleine de reconnaissance; et, quand ils furent tous deux séparés, le prélat dit à un de ses officiers qui le suivait : « Je crois connaître cet homme-là; j'ai une idée confuse de l'avoir vu quelque part. » (*Gil Blas*, IV, 8.)

2° *La manie des sonnets*. C'était aussi un des travers du temps. On connaît la dispute des Jobelins et des Uranistes, aussi retentissante que la querelle du *Cid*. La France entière fut divisée en deux camps, à propos d'un sonnet de Benserade sur *Job* et d'un autre de Voiture sur *Uranie* (1638). Une grande autorité, celle du législateur du Parnasse, Boileau, autorisait ces mesquines préoccupations; le fameux vers

Un sonnet sans défaut vaut seul un long poëme

tenait, pour ainsi dire, le concours ouvert entre les beaux-esprits. Louis XIV lui-même se piquait de rimer; on ne sait pas si ce sont des sonnets, mais ses vers n'en devaient pas valoir mieux; le grave Montausier, l'homme d'une *vertu hérissée*, comme dit Saint-Simon, se piquait de savoir écrire en vers aussi bien qu'en prose; c'est Mlle de Scudéry qui nous l'apprend, dans le portrait qu'elle trace de lui, sous le nom de Mégabate. Le sévère La Rochefoucauld, moraliste, misanthrope, faisait des vers pour Mme de Longueville; il est vrai qu'il y annonce quelque part qu'il est capable de tout faire pour elle, même la guerre aux dieux! Un prédicateur, un évêque, Fléchier, s'attribue le même mérite, dans son portrait tracé par lui-même, au milieu d'une lettre adressée probablement à Mlle Deshoulières, son amie : « Vous voulez donc, Mademoiselle, que je vous trace le portrait d'un de vos amis et des miens, et que je vous fasse une copie d'un original que vous connaissez, aussi bien que moi..... Il a un caractère d'esprit net, aisé, capable de tout ce qu'il entreprend, il *a fait des vers fort heureusement....* »

Quant à la manie de certains auteurs, de poursuivre les gens de leurs lectures, elle est de tous les temps; Horace et

Juvénal en parlent ; mais il paraît qu'elle régnait, qu'elle sévissait particulièrement au dix-septième siècle, et non-seulement en France, mais dans les pays voisins, en Espagne par exemple. Cervantès, dans son roman de *Don Quichotte*, paru en 1605, a esquissé le portrait suivant d'un *Oronte espagnol* : « Vos seigneuries, dit le licencié Vidriéra, voudront-elles bien entendre un sonnet que j'ai fait cette nuit sur une certaine idée qui m'est venue ? Il ne vaut pas grand'chose, j'en conviens, mais il a je ne sais quoi de piquant et de gracieux. » Et il lit son sonnet d'un ton mielleux et affecté. Si par hasard ceux qui l'écoutent, soit par ignorance, soit par malice, ne témoignent pas leur admiration, il se récrie : « Ou vos seigneuries n'ont pas entendu mon sonnet, ou je n'ai pas su le bien lire. Permettez-moi de le réciter une seconde fois, et daignez être attentifs. Je crois en vérité que mon sonnet le mérite. » Quoique tous les auditeurs témoignent leur mécontentement, il fait une seconde lecture, et l'arrête à chaque tercet pour donner le temps d'admirer. »

Kotzebue, dans sa spirituelle comédie de *La petite ville allemande* (1810), trace également le portrait d'un *Oronte germanique*, appelé Sperling, qui compose des vers pour sa fiancée ; il les récite à tout le monde, à la jeune fille, à son beau-père, à sa belle-mère, aux étoiles ; à la fin de la pièce, il est supplanté par un rival et n'épouse pas celle qu'il aime ; il lui reste cependant un petit stock de rimes qu'il voudrait bien écouler ; en désespoir de cause, il propose au parterre de les lui réciter :

Sperling seul : « Mais je ne puis pourtant pas l'avoir écrit pour rien ; si seulement le veilleur de nuit arrivait ! — (*Se tournant vers le public avec une galanterie doucereuse.*) N'y a-t-il donc personne qui veuille se donner la peine de monter pour entendre mon triolet. » — (*La toile tombe.*) (*La petite ville allemande*, IV, xii.)

3° *La fatuité des marquis.* Les marquis se faisaient remarquer, au dix-septième siècle, par leur excentricité. Scarron dit du prince de Tarente : « Il s'était laissé croître l'ongle du petit doigt de la main gauche jusqu'à une grandeur étonnante, ce qu'il trouvait le plus galant du monde. » On voyait ces messieurs circuler partout, d'un air conquérant, dans Paris, surtout sur les lieux de promenade fréquentés, à la galerie, aux Tuileries, au Mail, au Cours la Reine, étalant leur rhingrave et leur perruque blonde, comme Clitandre, montrant leur fine taille et leurs dents blanches, cherchant à frapper les yeux par leur ajustement tapageur, et les oreilles, par leur ton de fausset. Furetière, dans son *Roman bourgeois*, les appelle *des poupées à la mode*. Au théâtre, ils causaient tout haut et quelquefois insultaient le parterre ; dans les salons, ils parlaient familièrement aux dames, ou se livraient sans gêne à la manie des jurons et des calembourgs. Molière les a peints au naturel.

4° *Les médisances de salon*. Ce travers est de tous les temps, mais il caractérise spécialement le dix-septième siècle. A cette époque, la manie des portraits satiriques, dans le genre de ceux que trace Célimène, était fort répandue ; elle avait passé des livres dans les salons. Mlle de Montpensier, qui n'a pas peu contribué pour sa part à propager ce défaut, dit dans ses *Mémoires* : « Portraits à foison se font voir à notre horizon. » Le roman du *Grand Cyrus* de Mlle de Scudéry est une galerie de portraits. Bussy-Rabutin, Saint-Evremond, Mme de Courcelles se sont amusés à ces jeux d'esprit. Quand on ne faisait pas le portrait des autres, on faisait le sien. Nous avons La Rochefoucauld, Fléchier, et beaucoup d'autres, peints par eux-mêmes, sans médisance, il est vrai. Qu'est-ce que Saint-Simon, sinon un grand portraitiste, qui ne flatte pas son monde ? Et quand La Bruyère s'écrie, à la fin de sa préface : « Je rends au public ce qu'il m'a prêté, » cela ne signifie-t-il pas qu'il envoie à tous les originaux, dont il a reproduit les traits, leur médaillon ressemblant ? Sans doute, chez un écrivain, l'habitude de peindre ainsi ses semblables indique le don de l'observation et l'expérience de l'analyse psychologique, deux attributs du dix-septième siècle ; mais il suffit d'une pointe de malice et de quelques applaudissements flatteurs pour que cette qualité précieuse dégénère en médisance, comme dans le salon de Célimène et, probablement, dans les ruelles et les alcôves de son temps.

5° *La pruderie*. Ce défaut était aussi très-commun du temps de Molière. Il le relève déjà dans la *Critique de l'école des Femmes*, où il dit de la marquise Araminte : « Elle a suivi le mauvais exemple de celles qui, étant sur le retour de l'âge, veulent remplacer par quelque chose ce qu'elles ont perdu, et prétendent que les grimaces d'une pruderie scrupuleuse leur tiendront lieu de jeunesse et de beauté. » De 1663, époque où ces lignes sont écrites, à 1666, année du *Misanthrope*, le nombre des prudes n'avait guère diminué, puisque le duc de Grammont dit à propos de l'interdiction du *Tartuffe* : « Toute la pruderie est déchaînée. » Molière trouvait dans sa maison même un exemple de pruderie. Sa femme, Armande Béjart, après avoir commencé comme Célimène, finit, en 1694, comme Arsinoé ; elle se réfugia dans la dévotion. Il ne faut pas s'étonner de voir une femme commencer par la coquetterie et finir par la pruderie ; rien ne se ressemble comme une coquette et une prude ; une prude n'est qu'une coquette à la retraite.

6° *La phraséologie romanesque et le style précieux de quelques personnages.* Un des signes du temps les plus curieux, dans la comédie du *Misanthrope*, c'est la trace de la dissertation métaphysique et de ce style combattu par Molière lui-même et appelé *précieux*. Ce fait est d'autant plus extraordinaire que la scène du sonnet est consacrée à la critique de ce défaut. Il apparaît cependant dans quelques passages du rôle d'Éliante et même d'Alceste, les deux personnages les plus sérieux de la comédie. Éliante parle ainsi des illusions de l'amour :

> L'amour, dans tous les cœurs,
> N'est pas toujours produit par un rapport d'humeurs,
> Et toutes ces raisons de douces sympathies......
> Il aime quelquefois, sans qu'il le sache bien,
> Et croit aimer aussi, parfois il n'en est rien. (IV, I.)

Les Précieuses d'alors aimaient à disserter sur ces problèmes de psychologie sentimentale. Alceste, qui censure si vivement le langage maniéré d'Oronte, tombe dans le même travers que lui, quand il dit :

> Ah ! que si de vos mains je rattrape mon cœur...
> Mon astre me disait ce que j'avais à craindre...
> Ce n'était pas en vain que s'alarmait ma flamme ;
> Par ces fréquents soupçons, qu'on trouvait odieux,
> Je cherchais le malheur qu'ont rencontré mes yeux.

Ce défaut de Molière se rencontre surtout dans la première scène de la *Princesse d'Élide*, dans les intermèdes des *Amants magnifiques* et dans *Don Garcie de Navarre*. Il faut que l'influence du style romanesque soit bien grande, au dix-septième siècle, pour qu'elle se fasse sentir sur des esprits aussi fermes que Molière, c'est-à-dire sur les ennemis les plus déclarés du faux goût. Corneille a rempli les dernières pièces de son théâtre de ces subtilités galantes. On lit dans *la Suite du Menteur* :

> Quand les ordres du ciel nous ont faits l'un pour l'autre,
> Lise, c'est un amour bientôt fait que le nôtre ;

> Sa main, entre les cœurs, par un secret pouvoir,
> Sème l'intelligence avant que de se voir. (IV, 1.)

Pascal, le plus grave écrivain de cette époque, laisse échapper quelques traces de cette phraséologie romanesque, dans son *Discours sur les passions de l'amour* :

« L'amour n'a point d'âge ; il est toujours naissant, les poëtes nous l'ont dit ; c'est pour cela qu'ils nous le représentent comme un enfant. »

Ailleurs :

« Tant plus le chemin est long dans l'amour, tant plus un esprit délicat sent de plaisir. Il y a de certains esprits à qui il faut donner longtemps des espérances, et ce sont les délicats ; il y en a d'autres qui ne peuvent pas résister longtemps aux difficultés, et ce sont les plus grossiers. » Madelon, dans les *Précieuses ridicules* de Molière, justifie la longueur des romans pour la théorie que Pascal expose en ce passage.

Ces idées quintessenciées se retrouvent dans les *Réflexions morales* de La Rochefoucauld. Le moraliste veut prouver que la constance en amour n'est autre chose qu'une inconstance perpétuelle « qui fait que notre cœur s'attache successivement à toutes les qualités de la personne que nous aimons, donnant tantôt la préférence à l'une, tantôt à l'autre ; de sorte que cette constance n'est qu'une inconstance arrêtée et renfermée dans un même sujet. » (Maxime 175e.)

Boileau, lui-même, n'a-t-il pas écrit ces deux vers :

> Mon cœur, vous soupirez au nom de l'infidèle ;
> Avez-vous oublié que vous ne l'aimez plus ?

Les orateurs de la chaire, entre autres Mascaron et Fléchier, quelquefois même Bossuet, nourrissent leur éloquence de ces idées romanesques. Mascaron dit du duc de Beaufort : « Il sent l'ardeur d'un jeune lion qui se sauve de la cage où on l'a tenu longtemps enfermé. » Fléchier dit du cercueil de Henriette d'Angleterre : « Ce dôme superbe, qui montre de si loin aux hommes, et de si près aux anges, la grandeur de l'illustre princesse qui l'a élevé. — L'ombre, Messieurs, est la fille de la lumière et du soleil, mais une fille bien différente des pères qui la produisent. Cette ombre peut disparaître en deux manières : ou par le défaut, ou par l'excès de la lumière qui la produit. »

L'influence romanesque se révèle aussi dans les oraisons funèbres de Bossuet. L'éloge du père Bourgoing (1662, quatre ans avant le *Misanthrope*, de Molière) est rempli de tournures qui ne sont pas exemptes d'afféterie : « Détruirez-vous ces remparts, en jetant des fleurs ? Croirez-vous que ces superbes hauteurs tombent au bruit de vos périodes mesurées ? » Et dans l'oraison funèbre de Nicolas Cornet (1663) : « Vous verrez donc N. Cornet, trésor public et trésor caché, plein de lumière céleste, et couvert, autant qu'il a pu, de nuages épais. Vous verrez dans le premier point de ce discours les richesses immenses et inestimables qui sont renfermées dans ce trésor, et vous admirerez, dans le deuxième, l'enveloppe mystérieuse, et plus riche que le trésor même, dans laquelle il nous l'a caché. »

N'est-ce pas là du style *précieux* ? N'y reconnaît-on pas l'influence persistante de l'hôtel de Rambouillet ? En lisant de pareilles phrases, chez les plus graves auteurs, ne se croirait-on pas, pour nous servir de l'expression de Fléchier lui-même, « dans ces cabinets où l'esprit se purifiait ? »

Ces exemples curieux prouvent que le défaut dont nous parlons était, pour ainsi dire, une loi commune à laquelle aucun écrivain du dix-septième siècle n'échappait entièrement.

Tels sont les *signes du temps* dans la comédie du *Misanthrope*. Malgré la longueur de cette énumération, la comédie que nous analysons ici n'est pas, comme le *Méchant* de Gresset, un simple médaillon de l'époque ; elle est quelque chose de mieux : une réunion de vérités générales auxquelles peuvent s'intéresser les hommes de tous les pays et de tous les temps. « Les discours que tiennent les personnages du *Misanthrope*, dit M. Nisard, sont à la fois ceux des gens les plus occupés de ce qui les regarde et des moralistes les plus désintéressés. »

PARAGRAPHE IV

Scènes principales.

Première scène principale (acte I, scène 1). *La conversation d'Alceste et de Philinte, servant d'exposition à la pièce.*

C'est un chef-d'œuvre d'analyse morale ; l'auteur y trace, en traits énergiques, la misanthropie d'Alceste et l'optimisme exagéré de Philinte ; il met en présence ces deux personnages, dans deux tableaux opposés ; il les met même aux prises, dans une lutte vive, serrée, dramatique ; ce sont, en effet, deux athlètes qui combattent, mais avec des armes bien différentes, l'un avec emportement et brusquerie, l'autre avec calme et courtoisie. Dans ce conflit, Philinte comprend bien qu'au fond son contradicteur a raison et qu'il ne pèche que par exagération, mais il lui tient tête, même sur les vérités qu'il admet aussi bien que lui, parce qu'il sert à faire ressortir le caractère du misanthrope, Molière ayant imaginé ce personnage pour faire sortir Alceste de ses gonds et provoquer ses mouvements de mauvaise humeur. L'entêtement que Philinte oppose à son adversaire et l'exagération de son optimisme tient aussi à la nécessité de la perspective théâtrale, qui exige le grossissement des traits des personnages destinés à être vus de loin, comme ces statues, aux proportions démesurées, que l'on place au sommet des monuments ; l'observation s'applique aussi à Alceste. Molière a sculpté Alceste et Philinte à la façon de Michel-Ange. Tous deux sont plus grands que nature.

Autre détail à remarquer : Alceste et Philinte voient chacun la moitié de la vérité ; ils feraient, à eux deux, un homme parfaitement raisonnable, Alceste en apportant l'habitude de penser ce qu'il dit, et Philinte celle de ne pas dire tout ce qu'il pense : la réunion de ces deux qualités constitue l'homme du monde, à la fois honnête et sociable ; malheureusement Alceste et Philinte ne peuvent pas se dédoubler, ils ont les défauts de leurs qualités : Alceste est un sauvage, Philinte est un trop aimable compagnon ; avec le premier la société est impossible, avec le second elle est relâchée. Molière, en divisant, pour ainsi dire, la vérité entre ces deux personnages, a voulu nous faire comprendre que, dans ce monde, pour vivre en paix avec ses semblables, comme avec sa conscience, il faut tenir un juste milieu entre une franchise bourrue et une condescendance coupable, c'est-à-dire qu'il faut être à la fois honnête mais poli, sincère mais indulgent.

Deuxième scène principale (acte I, scène II). *La scène du sonnet d'Oronte.*

Cette scène est la critique d'un travers très-répandu au dix-septième siècle, la manie de rimer (Voir paragraphe III, 2°) ; elle a donc *un mérite historique ;* elle a aussi *un mérite dramatique* et *un mérite littéraire.*

Son mérite dramatique, c'est de contribuer au développement du caractère des trois personnages qui y prennent part ;

pour ce qui concerne Oronte, elle nous montre sa vanité de poëte, son charlatanisme de lecteur, son humeur vindicative d'homme; pour ce qui concerne Alceste, elle nous fait voir l'empire qu'il sait garder sur lui-même, quand il se surveille, elle nous montre l'homme du monde derrière le misanthrope. C'est ce que Rousseau n'a pas compris, quand il a prétendu que « la force du caractère voulait qu'Alceste dit brusquement à Oronte : Votre sonnet est mauvais, jetez-le au feu! » C'eût été supprimer chez Alceste l'homme de bonne compagnie; Rousseau confond la franchise avec l'oubli des bienséances. Pour ce qui concerne Philinte, cette scène ne sert pas seulement à faire comprendre son travers, c'est-à-dire une approbation banale s'étendant à tout, même à ce qui est mauvais; elle met aussi en évidence sa qualité, c'est-à-dire son esprit aimable et conciliant. En effet, s'il loue le sonnet d'Oronte, ce n'est pas seulement par habitude d'optimisme, c'est par prudence d'ami, de causeur, c'est pour prévenir l'orage qu'il sent gronder entre Alceste et Oronte; d'un autre côté, s'il accompagne son compliment d'hyperboles louangeuses, c'est parce que Molière a mis Philinte, comme nous l'avons dit, à côté d'Alceste, pour fournir matière à ses boutades misanthropiques, pour lui servir d'aiguillon.

Le mérite littéraire de cette scène, c'est de renfermer une leçon de goût à l'adresse du public. On rapporte, à propos de la première représentation du *Misanthrope*, l'anecdote suivante : Quand Oronte eut terminé la lecture de son sonnet et que Philinte se fut écrié au dernier vers :

La chute en est jolie, amoureuse, admirable !

le parterre, qui avait le goût corrompu par les mauvais écrivains de l'époque, surtout par les sonnets de l'hôtel de Rambouillet et le burlesque de Scarron, s'imagina que Philinte exprimait la pensée de Molière et se mit à applaudir. Mais, quand Alceste se mit à critiquer le sonnet, après Philinte, le parterre comprit qu'il s'était trompé et se ravisa. Il profita de cette leçon de goût que lui donnait le poëte. C'est même à partir de la comédie du *Misanthrope* que la vogue du sonnet, qui jusque-là avait fait fureur, commença à décliner, jusqu'au dix-huitième siècle, où ce genre fut complétement abandonné. Cette scène du *Misanthrope* n'eut donc pas moins d'influence sur le goût public que les meilleures satires de Boileau.

Le *Misanthrope* n'est pas la seule comédie où Molière se

charge d'éclairer le goût de ses contemporains. Il l'avait déjà fait dans les *Précieuses ridicules*, la *Critique de l'École des Femmes*, il le fera encore dans les *Femmes savantes*. Presque tous les grands écrivains du dix-septième siècle, la Fontaine, Racine, Fénelon, la Bruyère, Bossuet lui-même, semblent s'être proposé une double tâche : former l'esprit en même temps que les mœurs de leur époque ; la critique se mêle par échappées à leurs œuvres ; rien de plus intéressant que cette préoccupation. Elle apparaît chez Pascal dans ses *Pensées sur la littérature*, et son fragment sur l'*Art de persuader* ; chez Corneille et chez Racine, dans les *Examens* et les *Préfaces* de leurs tragédies ; chez la Bruyère, dans le chapitre de ses *Caractères* intitulé : *Des Ouvrages de l'esprit*, et dans son *Discours de réception* à l'Académie française ; chez Fénelon, dans ses *Dialogues sur l'éloquence* et dans sa *Lettre à l'Académie* ; chez Saint-Evremond, dans ses *Lettres* qui sont des dissertations littéraires courtes et délicates, dans son opuscule sur *la tragédie ancienne et moderne*, et sur *les poëmes des anciens* ; chez Boileau, dans l'*Art poétique* ; chez Bossuet, dans ses *Maximes et Réflexions sur la comédie* ; chez la Fontaine, dans son admirable *Épître* en vers, consacrée à l'*éloge des anciens*, où se trouvent ces vers connus :

> Quelques imitateurs, sot bétail, je l'avoue,
> Suivent en vrais moutons le pasteur de Mantoue ;
> J'en use d'autre sorte......

enfin, chez Bayle, dans ses *Nouvelles de la république des lettres* (1684).

Sans doute, le dix-septième siècle, comme tous les siècles originaux et créateurs, relègue la critique à un rang inférieur, mais il ne la méprise pas ; à cette époque, le génie précède le goût ; néanmoins, le goût se montre partout comme une sorte d'instinct de l'esprit ; il sait même se faire peu à peu sa place, à côté de son frère aîné, le génie. Les œuvres paraissent d'abord, ensuite les théories. Rien de mieux que cette coexistence, à la condition toutefois que les théories ne prennent pas la place des œuvres.

Troisième scène principale (acte II, scène 1). *La première explication d'Alceste et de Célimène.*

Alceste, après une longue attente et deux discussions entremêlées de récit de procès, de procès et de menaces de poursuites judiciaires, peut enfin entretenir Célimène. Il lui reproche son humeur volage, l'amabilité banale qu'elle prodigue à tout le monde, l'attrait qu'exercent sur elle les deux marquis ; il accompagne d'un ton si bourru cette misanthropique déclaration d'amour, que la coquette ne peut s'empêcher de le persifler, ce qui est sa manière de rudoyer le monde. Cependant elle tient à lui, parce qu'il grossit le monde de ses courtisans et qu'au fond elle estime son honnêteté ; aussi lui déclare-t-elle sur un ton moitié ironique, moitié sérieux, qu'elle l'aime. Alceste profite de cet aveu pour lui renouveler, avec son urbanité, c'est-à-dire sa rudesse habituelle, l'expression de sa tendresse ; il se prépare même à lui faire une demande en mariage dans les règles, car c'est le but de sa visite, quand il en est soudain empêché par l'arrivée de deux visiteurs, Acaste et Clitandre. Cette scène est une esquisse spirituelle de la coquetterie de Célimène ; elle nous révèle à la fois son esprit et son cœur ; son esprit ingénieux dont elle emploie les ressources à retenir Alceste près d'elle, tout en le tenant à distance ; son cœur qui ne peut se défendre d'une certaine sympathie pour cet honnête homme. Si cette scène est une peinture de l'amour, tel que l'entend une coquette, mêlé de persiflage et d'estime, c'est aussi un tableau de l'amour, tel que l'entend le Misanthrope, profond et sincère dans le fond, bourru dans la forme. La conclusion de cette première entrevue, qu'Alceste croyait décisive, est l'incertitude, c'est-à-dire la jalousie avec toutes ses inquiétudes ; car Alceste n'est pas dupe de l'ironique aveu de Célimène ; il se retire aussi peu avancé après qu'avant.

Quatrième scène principale (acte II, scène v). *La scène des portraits.*

Célimène trace, en présence d'Alceste, de Philinte, d'Acaste, de Clitandre et d'Eliante, le portrait des personnes qui forment son cercle habituel ; absents pour le moment, les originaux sont tous connus des auditeurs ; ce sont : Cléante l'extravagant, Damon le raisonneur, Timante le mystérieux, Géralde l'ennuyeux conteur, Bélise la visiteuse importune, Adraste l'orgueilleux, Cléon le gourmand, Damis le chercheur d'esprit ; c'est une galerie complète. Molière, en cet endroit, devance La Bruyère dans l'art d'esquisser des portraits satiriques ; cette scène est une fidèle image des conversations de salon nourries et aiguisées par la médisance. Deux détails sont à remarquer dans cette conversation : *le premier*, c'est que les auditeurs de Célimène ne sont là que pour l'applaudir et entretenir de temps en temps sa verve satirique, en lui fournissant des sujets de portraits, au moyen d'un nom propre qu'ils lui jettent et que sa malice attrape au vol, comme une raquette fait d'un volant ; *le second,* c'est que cette série de portraits se termine de la manière la plus inattendue et la plus piquante, par le portrait d'un auditeur présent, de celui même qui critique cette manie de dessiner, ou plutôt de déchirer les gens, celui d'Alceste ; Célimène ajoute à sa galerie le portrait du Misanthrope tracé, séance tenante, et comme saisi au vol ; rien de plus spirituel que cet à-propos. Cependant ce serait une erreur de croire que le dernier mot de cette conversation, où Célimène a jeté l'esprit à pleines mains, soit à Célimène : il est à Alceste. Le Misanthrope, qui s'est longtemps contenu, finit par éclater, et dans une apostrophe éloquente il confond Célimène et ses adulateurs : les rieurs à ce moment ne sont pas du côté de la coquette. Sans doute, elle reprend vite le dessus, en ripostant à Alceste par l'esquisse improvisée de son portrait ; mais Alceste lui répond aussi une seconde fois et avec une telle vigueur que Célimène en est déconcertée et proclame elle-même sa défaite en levant la séance :

> Brisons là ce discours,
> Et dans la galerie allons faire deux tours.

Molière prouve, en cette circonstance, tout le cas qu'il fait d'Alceste, en le faisant sortir vainqueur de ce tournoi, dont tous les honneurs semblent, au premier abord, revenir à Célimène.

Cette scène n'est pas, comme on pourrait le croire, une brillante digression. Elle contribue au développement des caractères et à la marche de l'action : *au développement des caractères,* en faisant ressortir la médisance de Célimène, l'amabilité obséquieuse et banale des deux marquis, la réserve d'Eliante, la condescendance coupable de Philinte qui justifie Célimène, la brusque franchise d'Alceste qui la condamne ; *à la marche de l'action,* en apportant un obstacle nouveau au mariage d'Alceste et de Célimène, c'est-à-dire en créant un de ces nœuds, un de ces moments d'arrêt, comme il doit s'en rencontrer sur la route où chemine l'intrigue d'une tragédie ou d'une comédie.

Cette charmante scène n'a qu'un défaut : la digression d'Eliante sur l'aveuglement de l'amour et l'habitude de tourner en qualités les imperfections de l'objet aimé ; cette dissertation est trop longue; elle ne se rattache que d'une manière indirecte à ce qui précède. C'est une traduction d'un passage de Lucrèce que Molière aurait dû se dispenser de faire réciter à Eliante, d'autant plus qu'Eliante estime beaucoup le Misanthrope, et que cette tirade est une condamnation de sa conduite. Elle est maladroite dans sa bouche.

Cinquième scène principale (acte III, scène i). *La double confidence des deux marquis.*

C'est une scène pleine de verve et d'agrément. Acaste et Clitandre, également infatués de leur mérite personnel, se font part de leurs succès et particulièrement de leurs espérances au sujet de Célimène. Acaste, le plus fat des deux, parle avec tant de volubilité que Clitandre peut à peine placer un mot. Les deux rivaux terminent cette petite joute d'amour-propre par une convention : celui des deux qui recevra une preuve écrite de l'amour de Célimène restera maître du terrain; l'autre lui cédera la place. On sait comment se dénoue l'aventure : chacun reçoit une lettre favorable, avec accompagnement d'épigrammes à l'adresse de son rival; ils se font part mutuellement de leur ironique trophée, comprennent que Célimène se moque d'eux, et se retirent.

Cette scène est un portrait au naturel des marquis. Dans d'autres comédies, les *Précieuses ridicules* par exemple, Molière avait fait la *charge* de ces personnages; il en fait ici la satire, mais sans rien de bouffon ni de grotesque. Acaste et Clitandre ne ressemblent nullement au marquis de *Mascarille* ni au vicomte de *Jodelet* de la comédie précédente. Ils sont gais, élégants. On voit que Molière, après la caricature, a voulu faire le portrait de ces petits messieurs. Trente ans plus tard, Regnard est revenu à la caricature dans sa comédie du *Joueur* (1696). Le marquis, dont il est question dans cette pièce, fait lui-même son portrait-charge dans un monologue qui se termine par ce refrain carnavalesque deux fois répété :

..... Allons ! saute marquis ! (*Le Joueur*, IV, x.)

Sixième scène principale (acte II, scène v). *La conversation de Célimène et d'Arsinoé.*

C'est un duel piquant entre une jeune coquette et une vieille prude; la première triomphe facilement de la seconde, parce qu'elle a tous les avantages : esprit, jeunesse, beauté, et surtout parce qu'elle a pour elle l'excuse de l'exemple que lui donnait jadis Arsinoé, Arsinoé dont la conduite passée autorise en effet la conduite présente de Célimène. La prude sort toute meurtrie de cette rencontre. Mais elle n'est pas femme à rester sans vengeance; l'occasion qu'elle cherche se présente immédiatement à elle, c'est Alceste qui la lui fournit : Arsinoé se trouve, on ne sait comment, dépositaire d'une lettre écrite par Célimène à Oronte, elle la met sous les yeux d'Alceste, comme preuve écrite de sa perfidie; elle compte sur un double résultat, détacher Alceste de sa rivale et se l'attacher, car il ne lui répugnerait pas de l'épouser. Sa ruse échoue; Alceste reste engagé dans ses liens et Arsinoé ne parvient pas à pêcher en eau trouble le mari qu'elle guettait. Cette scène tourne donc à la confusion de la prude et au triomphe de Célimène.

Septième scène principale (acte IV, scène III). *La seconde explication d'Alceste et de Célimène.*

Voici en quoi cette seconde conversation d'Alceste et de Célimène diffère de la première, analysée précédemment. Dans la première, Alceste vient demander à Célimène une réponse catégorique à la demande en mariage qu'il lui a plusieurs fois adressée, et il part sans avoir obtenu satisfaction. Dans la seconde, instruit par son échec, il ne vise pas aussi haut; ce n'est pas la main de la coquette qu'il vient demander, c'est une simple explication. Célimène a écrit, comme nous venons de le dire, une lettre à Oronte, et Arsinoé la lui a remise; c'est sur ce billet tendre qu'il vient interroger Célimène. Ainsi, d'une conversation à l'autre, les affaires du Misanthrope se sont embrouillées; son amour a fait un pas en arrière, l'action a rétrogradé; ce qui n'est pas contraire aux règles du poëme dramatique, parce que l'intrigue de toute fable comique ou tragique est toujours soumise à ces oscillations en sens opposé. On peut même dire que cette seconde conversation, en contrariant la passion d'Alceste, en jetant un obstacle sous ses pas, fait marcher l'action vers son dénoûment, puisque le dénoûment est le *célibat*, pour lui, aussi bien que pour Célimène.

Dans cette conversation, Célimène, mise en demeure d'expliquer la lettre accusatrice, déploie tous les artifices de la coquetterie et toutes les ressources du mensonge; elle fait croire au Misanthrope, trop facile, hélas! à tromper, que ce billet est écrit à une femme. Alceste, sans être bien convaincu, reste engagé dans ses liens. En résumé, cette conversation est le triomphe de la ruse chez une coquette; Célimène y déploie une expérience consommée dans l'art de mentir.

La comédie du *Misanthrope* ne contient pas d'autres scènes principales. Le cinquième acte n'offre rien de comparable aux beautés précédentes. Cependant nous citerons, pour ne rien omettre :

La conversation d'Alceste et de Philinte (V, 1) remplie des récriminations du Misanthrope sur son procès perdu.

La lecture des deux lettres écrites aux marquis par Célimène (V, IV), scène qui amène le dénoûment.

La scène de rupture entre Alceste et Célimène (V, VII). Cette dernière scène est fort courte, mais admirable; elle contient la moralité de la pièce. Alceste dit à Célimène :

... Allez, je vous refuse !

Mot vengeur, mot plein d'énergie, mot plein de justice, mais en même temps empreint d'une tristesse profonde, parce qu'il est prononcé par un honnête homme qui, tout en punissant une coquette, se punit lui-même.

Telles sont les scènes principales de la comédie du *Misanthrope*.

PARAGRAPHE V

Étude des différents personnages.

Première question. — *Analyse détaillée du rôle d'Alceste?*

La misanthropie d'Alceste part d'un bon naturel, comme dit la Fontaine. Il a commencé par aimer les hommes, il a débuté par la philanthropie; c'est quand il n'a pas rencontré chez ses semblables la vertu dont il portait l'idéal dans son cœur qu'il les a pris en haine et même en mépris. Sa misanthropie a donc pour origine la délicatesse, la franchise, la fierté, l'honneur; elle a pour cause la déception qu'il éprouve en ne voyant pas ces qualités dans autrui. Tel est le bien qu'on peut dire de sa misanthropie. Voici le mal : elle est mêlée d'orgueil; si Alceste hait ses semblables, c'est qu'à ses yeux ils s'écartent du modèle intérieur qu'il a en lui-même, c'est qu'ils ne réalisent pas ce type de vertu qu'il croit leur offrir; s'il s'aimait moins, il aimerait plus les hommes.

Sa misanthropie a un autre caractère : elle est en même temps contenue et violente. Comme Alceste est homme du monde, il est porté naturellement à la réserve; il tend à éviter le bruit et l'éclat; mais comme les circonstances le rendent brusque et bourru, il sort souvent de son calme, il rompt ses digues, comme un torrent. Cette réserve mêlée d'emportement tient à une double influence, sous l'empire de laquelle il est placé : son caractère et sa passion. Quand il suit son caractère, il se contient; quand il écoute sa passion, il éclate. Son caractère explique ses efforts pour cacher son opinion et même sa blessure; sa passion explique sa bizarrerie, ses incartades soudaines, sa violence.

Les emportements où l'entraîne sa passion lui donnent un caractère à la fois tragique et comique : Alceste est tragique par sa haine vigoureuse contre le vice, la véhémence avec laquelle il l'attaque, la hardiesse dont il fait preuve en arrachant le masque du visage des méchants; il lui faut une énergie extrême pour mettre ainsi la cour en accusation et se faire son juge, pour braver la colère des courtisans, corps aussi puissant que celui des Tartuffes; il est admirable quand, armé de l'indignation de l'honnête homme, il déclare aux méchants et à leurs complices, une guerre sans merci. Mais il est comique, quand il poursuit de la même haine les mauvais vers et les vices honteux, les peccadilles et les crimes, quand il prend des pavés pour écraser des mouches.

Cette combinaison de qualités et de défauts lui donne en même temps assez de mérite pour attacher et assez de ridicule pour divertir.

Tels sont les différents caractères de la misanthropie d'*Alceste*.

Alceste n'est pas seulement un type de misanthrope; il représente aussi l'amour sérieux et profond, et même l'amour jaloux. Sous ces deux derniers rapports, il offre le plus grand intérêt : la passion sincère qu'il éprouve pour Célimène est opposée à la passion frivole des deux marquis; Molière semble annoncer par son exemple comment il faut aimer, quand on aime. La jalousie qu'il lui prête est complète, en ce sens qu'elle offre les deux caractères opposés de la vraie jalousie : le caractère touchant et le caractère plaisant. En effet, la jalousie d'Alceste est touchante, c'est-à-dire nous émeut, parce qu'il souffre; elle est plaisante, c'est-à-dire nous fait sourire, parce que c'est une coquette qui la provoque, parce qu'Alceste ayant mal placé son amour, nous ne sommes pas étonnés qu'il en soit puni.

Alceste n'est pas le premier jaloux mis en scène par Molière. Déjà la comédie de *Don Garcie de Navarre* nous avait fait faire connaissance avec ce personnage; seulement le jaloux de *Don Garcie de Navarre* n'est qu'une ébauche, celui du *Misanthrope* est un tableau complet. Il semble même que Molière ait eu l'intention d'achever, dans cette seconde comédie, l'esquisse commencée dans la première, puisqu'il a transporté dans le *Misanthrope*, avec des variantes presque insignifiantes, quarante vers de la comédie de *Don Garcie de Navarre*. La seconde pièce semble donc un corrigé de la première fait par le poëte lui-même. Dans l'intervalle (1661-1666) Molière s'était marié et avait pris, par expérience, une connaissance plus complète des passions humaines et particulièrement de la jalousie.

La passion d'Alceste pour Célimène n'est pas seulement dramatique parce qu'elle excite à la fois la pitié et le rire, elle est morale, parce que le Misanthrope la considère comme une faiblesse et non comme une vertu. De nos jours, les romanciers ont voulu faire de la passion une force supérieure à tous les devoirs de la vie et de la société; mais, au dix-septième siècle, on la considérait comme une ennemie contre laquelle il faut lutter et dont on peut triompher par la volonté.

> Et que l'amour, souvent de remords combattu,
> Paraisse une faiblesse et non une vertu.

C'est ce que dit Boileau, c'est ce que pense Alceste. En effet, durant toute la pièce, le Misanthrope se reproche son amour comme une faute, il le combat, il s'en accuse, il en ressent des remords et, quand arrive le dénoûment, il le chasse de son cœur; son dernier mot à Célimène est:

> ... Allez, je vous refuse!

mot sublime qui est non-seulement la punition de la coquette, mais le triomphe du sentiment moral sur la passion. Cette admirable comédie nous fait donc comprendre comment le dix-septième siècle concevait la passion, et le rôle subordonné qu'elle doit jouer vis-à-vis du libre arbitre. On peut dire qu'une pareille théorie fait honneur au siècle qui l'a conçue et au poëte qui l'a mise en œuvre; elle est un témoignage de la force que l'homme gagne à se bien connaître lui-même.

Deuxième question. — *Analyse détaillée du rôle de Philinte?*

Philinte est un type de sociabilité et de savoir-vivre dans le monde où les rapports ne sont possibles pour l'homme qu'à la condition d'être tolérant pour son semblable. « Philinte, dit Napoléon Ier, n'est pas un don Quichotte de vertu ; il connaît assez les maladies incurables des hommes pour savoir que la franchise, placée mal à propos, peut souvent faire beaucoup de mal, en irritant gratuitement les passions ; en un mot, c'est un homme raisonnable, honnête, de bonne compagnie et incapable de la moindre action et du moindre discours qui blesserait la morale ou la délicatesse. » (*Mémoires de M. de Bausset.*)

Philinte n'est pas seulement un homme sociable, c'est un donneur de bons conseils, un pacificateur de querelles, un ami serviable, et tout le bien qu'il fait, il le fait sans ostentation et sans bruit. C'est lui qui conseille à Alceste d'épouser Éliante ; c'est lui qui dans la scène du sonnet fait tous ses efforts pour détourner par une politesse bienveillante l'orage qu'il sent près d'éclater entre Alceste et Oronte ; c'est lui qui, n'ayant pu le conjurer, s'emploie pour faire aboutir la querelle à une conclusion amiable ; voilà des titres à notre sympathie. Ce n'est pas tout : cet homme indulgent qui parle toujours de fermer les yeux sur les défauts de ses semblables (ce qu'on lui reproche souvent comme une condescendance coupable), sait au besoin parler franchement à Alceste, lui dire ses vérités, l'avertir du ridicule et même du danger auquel il s'expose : voilà des titres à notre estime.

Sa morale n'est pas cependant à l'abri de tout reproche ; il dit quelque part qu'il n'est pas plus étonné de voir les hommes méchants que les vautours voraces, les singes malfaisants et les loups pleins de rage ; puis, après cette accablante déposition contre l'humanité, il semble passer outre, ou, du moins, se croit quitte envers ses semblables et envers lui-même, en proclamant la nécessité de l'indulgence, c'est-à-dire en renvoyant le coupable absous. Sans doute, nous devons être bienveillants pour nos semblables, parce que nous avons besoin nous-mêmes de leur bienveillance ; mais nous ne devons point passer si légèrement condamnation sur le mal ; nous devons aimer les hommes, mais nous devons détester leurs vices : la philosophie de Philinte prend trop facilement parti de la perversité de ce monde, et il convient de protester contre le regard indifférent que cet optimiste jette sur le mal, considéré comme un simple élément de la nature humaine.

Troisième question. — *Quels écrivains ont prétendu que Philinte était un malhonnête homme ?*

L'indifférence de Philinte pour le mal et son indulgence pour les méchants l'ont exposé à une grave accusation : on l'a traité de *malhonnête homme*.

Fénelon, dans sa *Lettre sur les Occupations de l'Académie Française*, dit, en parlant de Philinte : « Un autre défaut de Molière, que beaucoup de gens d'esprit lui pardonnent, et que je n'ai garde de lui pardonner, c'est qu'il a donné un tour gracieux *au vice*. »

Rousseau, dans sa *Lettre à d'Alembert sur les spectacles*, dit : « Les maximes de Philinte ressemblent beaucoup à celles des *fripons*. »

Fabre d'Eglantine, dans une comédie parue en 1790 et intitulée *le Philinte de Molière ou La suite du Misanthrope*, prend pour point de départ les déclamations de Rousseau et présente Philinte comme un homme méprisable, qui se montre ouvertement capable de commettre les actions les plus odieuses par un vil intérêt ; cette comédie est la peinture de l'égoïste puni par son égoïsme même, c'est-à-dire par la fraude qu'il tolérait si paisiblement chez les autres, quand il n'y voyait pas une atteinte à ses propres intérêts, et qui retombe sur lui-même.

Toutes ces appréciations sont exagérées ; sans doute, le Philinte de Molière est trop complaisant pour ses semblables ; mais ce n'est ni un *vicieux*, comme dit Fénelon ; ni un *fripon*, comme dit Rousseau ; ni un *malhonnête homme*, comme dit Fabre d'Eglantine. Tout ce que l'on peut dire de plus sévère contre lui, c'est qu'en poussant ses maximes jusqu'à leurs dernières conséquences, on peut devenir vicieux ; mais il ne faut pas rendre un homme responsable des fautes que l'on peut commettre en son nom.

OBSERVATIONS COMMUNES A ALCESTE ET A PHILINTE.

Quatrième question. — *Alceste et Philinte n'ont-ils pas un point de ressemblance ?*

Ils ont tous deux la même opinion de l'humanité : ils la trouvent corrompue. Philinte avec son indulgence, Alceste avec sa sévérité font tous deux la satire de l'espèce humaine ; on peut même dire que ce n'est pas Alceste qui exprime sur ses semblables l'opinion la plus rigoureuse. En effet la comparaison que Philinte fait des hommes avec les singes, les vautours et les loups est plus sévère que tout ce que dit Alceste ; son indulgence, née de la conviction que les vices des hommes sont incurables, fait encore moins d'honneur à l'humanité, est encore plus méprisante pour elle que la colère d'Alceste, qui a au moins assez de confiance, de candeur, si l'on veut, pour la croire corrigible ; le Misanthrope espère en effet, jusqu'au dernier moment, convertir Célimène.

Peut-être Alceste et Philinte ont-ils trop mauvaise opinion de la nature humaine ; peut-être ont-ils tort de méconnaître les vertus qui se mêlent souvent à tant de dépravation. La couleur un peu sombre du tableau tracé par le poëte tient à la disposition d'esprit de Molière qui juge sévèrement l'humanité. Si les deux principaux personnages de la comédie du *Misanthrope* la condamnent et, au fond, la méprisent, tout honnêtes hommes qu'ils sont, et malgré la différence de leur caractère, c'est que Molière la condamnait lui-même, nous n'osons dire la méprisait.

Cinquième question. — *Alceste et Philinte sont-ils proposés par Molière comme des types de vertu ?*

Rousseau a vu dans Alceste, et le dix-septième siècle tout entier, dans Philinte, des types de vertu. Rousseau et le dix-septième siècle se sont trompés. Molière n'a songé à proposer ni l'un ni l'autre comme des types de vertu.

Alceste est un type d'honnêteté, et non pas de vertu, parce que la vertu n'existe pas sans détachement de soi-même, sans humilité ; or, le fond de sa misanthropie est un orgueil tyrannique qui le porte à se croire parfait et infaillible, à s'exagérer sa propre valeur, à ne voir que faiblesse et perversité dans tout ce qui s'écarte du modèle intérieur qu'il a en lui, et dont il prétend faire une règle générale. La vertu n'existe pas non plus sans indulgence ; nous devons aimer nos semblables malgré leurs défauts, et, fussions-nous dupes de notre bonté, les servir avec un généreux dévouement.

Le dix-septième siècle, avons-nous dit, a commis sur Philinte la même erreur que Rousseau sur Alceste. De Visé, rédacteur du *Mercure galant* et chargé de la critique des ouvrages nouveaux, en 1669, publia, quelques jours après la première représentation du *Misanthrope*, une lettre remarquable dans laquelle il se montra favorable à Molière. Il y examina, scène par scène, le mérite de la pièce nouvelle ; seulement il se trompa sur l'idée du poëte ; il donna raison à Philinte contre Alceste. « L'ami du Misanthrope, dit-il, est si raisonnable que tout le monde devrait l'imiter ; il n'est ni trop ni trop peu critique, et, ne portant les choses ni dans l'un ni dans l'autre excès, sa conduite doit être approuvée de tout le monde ; pour le *Misanthrope*, il doit inspirer à tous ses semblables le désir de se corriger. » Les contemporains de Molière sont tombés dans la même erreur que de Visé.

Molière ne nous propose pas plus Philinte pour modèle qu'Alceste ; il nous signale les défauts de ces deux personnages comme des écueils à éviter et non comme des exemples à suivre ; il nous conseille de tenir, entre la rudesse orgueilleuse du premier et la complaisance excessive du second, un juste milieu ; il veut montrer que la véritable sociabilité consiste dans une tolérance honnête qui supporte les travers de l'humanité, sans transiger néanmoins avec le vice.

Sixième question. — *Analyse détaillée du rôle de Célimène.*

Célimène est un type de coquette, mais c'est une coquette élégante, de bonne compagnie et, autant que ces deux mots peuvent s'associer, une coquette honnête. Amie de la société et en même temps de la liberté, elle fuit le mariage, parce que le mariage ferait fuir ses soupirants. Elle ne manque pas de cœur, puisqu'elle estime Alceste et lui avoue même qu'elle l'aime ; mais son cœur est léger, et elle ne se rend pas bien compte elle-même de ses mouvements ; elle a plus d'esprit, elle triomphe dans la conversation ; plus elle a d'auditeurs, plus elle est à l'aise, plus elle brille ; elle excelle dans cette double diplomatie des coquettes qui consiste à régner en souveraine au milieu d'un cercle et à ne pas se laisser déconcerter dans le tête-à-tête ; elle triomphe devant un public, elle se dérobe devant un seul ; c'est posséder au suprême degré l'art de se faire aimer sans aimer. Sa raison est nette et juste ; elle a le don de l'observation ; elle sait apprécier les hommes à leur juste valeur, discerner les sots des gens d'esprit, les faux amoureux des vrais, les doucereux, comme Acaste et Clitandre, des cœurs vraiment épris, comme Alceste. Son langage est plein de vivacité et de saillies, mais toujours clair, naturel et du meilleur goût ; rien d'exagéré, rien de précieux, rien de subtil dans ses finesses ; c'est le badinage de Mme de Sévigné uni à la pureté de la Bruyère.

Avec ce cœur, cet esprit, cette raison et ce langage, on comprend qu'elle ait une cour d'adorateurs et qu'elle se fasse aimer, même d'un Misanthrope.

Célimène a des sœurs, dans le théâtre de Molière, mais des sœurs qui ne la valent pas : *Elmire*, dans le *Tartuffe* : c'est plutôt une demi-coquette qu'une coquette, puisqu'elle est mariée et se sert de ses charmes pour démasquer un traître, et non pour attirer un soupirant ; *Angélique*, dans *Georges Dandin* ; celle-ci est une vraie coquette, mariée comme Elmire, mais irritée de son mariage qu'elle considère, il est vrai, comme une mésalliance, révoltée contre ses parents et son mari, aspirant à la vengeance, plus hardie que spirituelle. Ces deux derniers types sont antérieurs à celui de Célimène. Cette variété de personnages, représentant le même travers, prouve que Molière a voulu montrer la coquetterie sous toutes ses formes ; s'il l'a si souvent attaquée, c'est qu'il en a personnellement souffert.

Septième question. — *Analyse détaillée du rôle d'Éliante ?*

Éliante est un type de femme *sincère* ; elle est opposée à l'artificieuse Célimène et à la prude Arsinoé ; sa sincérité ne ressemble pas à celle du *Misanthrope* ; elle n'en a ni la brusquerie ni les boutades ; elle est discrète et réservée. Si Éliante ne tombe pas dans le travers d'Alceste, qui ne sait pas ménager les personnes, elle ne tombe pas non plus dans celui de Philinte qui ménage trop leurs vices ; elle sait garder un juste milieu entre une franchise blessante et une condescendance coupable ; c'est donc un type de *modération* ; elle a une troisième qualité, c'est *le bon sens* ; elle en donne une preuve quand Alceste la demande en mariage et qu'elle l'éconduit poliment, en lui faisant comprendre, avec bonne grâce, que son dépit contre Célimène passera vite et que sa vraie passion prendra le dessus. Elle est *conciliante* ; c'est elle qui, dans la conversation, rapproche les causeurs, en donnant à l'entretien une tournure générale, éloignée de toute personnalité blessante ; c'est elle qui pacifie les querelles, et même les rancunes, provoquées par les médisances de salon.

Molière semble avoir eu pour le rôle d'Éliante une prédilection particulière ; il l'a chargée, ce que l'on peut considérer comme un honneur, d'exprimer sa propre pensée sur Alceste :

> ... J'en fais, je l'avoue, un cas particulier,
> Et la sincérité dont son âme se pique
> A quelque chose en soi de noble et d'héroïque,
> C'est une vertu rare, au siècle d'aujourd'hui,
> Et je la voudrais voir partout comme chez lui. (IV, 1.)

Un pareil éloge aurait dû empêcher Rousseau de prétendre que Molière a ridiculisé la vertu dans la personne d'Alceste. Enfin, si Eliante fait l'éloge d'Alceste par ses paroles, elle fait aussi celui de Philinte par son mariage, tant il est vrai que tout en elle est aimable et bon. Son portrait n'est qu'un médaillon, mais c'est un médaillon charmant.

Huitième question. — *Analyse détaillée du rôle d'Arsinoé.*

Arisinoé est un type de *prude*. La prude est une femme qui, longtemps adonnée aux plaisirs du monde, se voit arrachée par l'âge et la perte de sa beauté à ses anciennes habitudes, mais veut paraître renoncer volontairement à ces plaisirs qui s'enfuient loin d'elle; la prude se montre très-sévère pour les moindres écarts des jeunes femmes qu'autorisait jadis son exemple. Quelquefois elle se jette dans la dévotion; la pruderie est donc l'hypocrisie de la vertu, comme la tartufferie est l'hypocrisie de la religion; quelquefois, comme chez Arsinoé, elle est l'une et l'autre. En effet Arsinoé a, comme Tartuffe, *de sages dehors* que dément sa conduite; comme lui, elle trouve aux mots les plus innocents *des ombres d'indécence*; comme lui, elle jette sur tout le monde des *regards de pitié*; comme lui, elle prépare dans l'ombre *une vengeance ténébreuse*. (Tartuffe accompagne l'exempt chez Orgon pour le chasser de sa maison; Arsinoé cherche à rompre le mariage d'Alceste et de Célimène.) Cette ressemblance des deux personnages suffirait pour prouver que Molière composa le *Misanthrope* à une époque où la comédie du *Tartuffe* était interdite. Les prudes étaient d'ailleurs fort nombreuses, au moment où les Tartuffes abondaient. On voit que le caractère d'Arsinoé est intimement lié à l'histoire des mœurs de son temps.

Neuvième question. — *Caractérisez le personnage d'Oronte.*

Oronte est le type de ces beaux-esprits de cour, plus vaniteux encore que les poëtes de profession, très-nombreux à Versailles, du temps de Louis XIV, rimant à tout propos et lisant leurs vers à tout venant. Boileau parle d'eux dans sa première satire intitulée : *Damon ou le départ du poëte.* C'est cette classe d'importuns qu'il désigne dans l'épigramme suivante :

De leurs vers fatigants lecteurs infatigables.

Dixième question. — *Caractérisez les deux marquis ?*

Acaste et Clitandre sont les types de ces petits marquis fats et frivoles qui abondaient à la cour. Ce sont les seuls rôles vraiment comiques de la pièce ; leur fatuité risible égaie le sérieux que le caractère du Misanthrope répand sur la pièce. Leur fatuité n'est pas la même : celle d'Acaste est plus expansive et plus bruyante ; celle de Clitandre, plus circonspecte et plus sournoise.

Molière s'est bien souvent essayé à ces rôles de marquis. Son théâtre en offre une collection nombreuse : Horace, dans l'*École des femmes,* c'est la première ébauche de ce personnage ; Brécourt, de La Grange, La Thorillière, Mlle du Parc jouent des rôles de marquis et de marquise dans l'*Impromptu de Versailles,* continuation insignifiante de l'esquisse précédente, Le marquis de Mascarille et le vicomte de Jodelet, dans *les Précieuses ridicules,* double portrait tourné à la caricature ; les six marquis de la comédie des *Fâcheux,* Alcandre, Éraste, Alcidor, Lisandre, Dorante, Alcipe, six importuns dont le portrait est si rapidement tracé qu'aucun ne se détache et qu'ils disparaissent au milieu d'une cohue de fâcheux. *Dorante,* le principal rôle de *la Critique de l'École des femmes,* personnage traité plus sérieusement que les précédents, mais encore trivial ; enfin les deux marquis du *Misanthrope,* peints au naturel, sans bouffonnerie, sans vulgarité, véritables élégants de Versailles et habitués du Cours-la-Reine. Toutes les variétés du genre se rencontrent donc dans le théâtre de Molière, depuis le marquis Scapin jusqu'au marquis gentilhomme.

Relevons, en terminant, une erreur de Voltaire : Cet écrivain prétend que c'est Quinault qui créa au théâtre le type du marquis ; non, c'est Molière ; la première pièce de Quinault, où apparaisse ce personnage, est la *Mère coquette ;* or, cette comédie est de 1665, tandis que l'*École des femmes* et l'*Impromptu de Versailles* de Molière sont de 1662 et 1663.

PARAGRAPHE VI

Reproches injustes de Fénelon, de Rousseau et de Fabre d'Eglantine.

Premier reproche injuste. — *Molière a ridiculisé la vertu dans la personne d'Alceste.* (Fénelon, Rousseau.)

Fénelon dit : « Molière a donné une austérité ridicule et odieuse à la vertu. » (*Lettre sur les occupations de l'Académie française.*)

Rousseau dit : « Molière a ridiculisé la vertu dans la personne d'Alceste. » (*Lettre sur les spectacles.*)

Ce reproche n'est pas juste. D'abord, Alceste n'est pas un type de vertu, comme nous l'avons prouvé précédemment ; c'est un type d'honnête homme, et encore d'honnête homme bilieux et irascible. Il a des travers ; or, c'est de ses travers et non de ses qualités que Molière fait rire. Ce n'est pas manquer au respect dû aux honnêtes gens que de montrer leurs défauts. Quand Goldoni met en scène un *Bourru bienfaisant*, il ne ridiculise pas la bienfaisance ; il ridiculise la façon brusque et sauvage dont certaines gens l'exercent ; quand Molière met en scène un honnête homme misanthrope, il ne ridiculise pas l'honnêteté, mais les boutades misanthropiques dont quelques hommes croient devoir l'accompagner. Molière ne fait donc rire du misanthrope que quand il le mérite, c'est-à-dire quand, pour une cause futile, il se livre à la violence de ses emportements, lorsqu'il dit par exemple à Philinte, qui vient de louer de mauvais vers, que

> S'il en avait fait autant,
> Il s'irait de regret pendre tout à l'instant.

Molière ne songe nullement à rire de lui, quand il adresse à la médisante Célimène et à ses amis cette éloquente apostrophe :

> Allons, ferme ! poussez, mes bons amis de cour,
> Vous n'en épargnez pas, et chacun a son tour.

Ceux même contre qui il fait cette violente sortie, et qui sont de grands rieurs, ne rient plus à ce moment ; ils cherchent, pour s'excuser, à rejeter la faute sur Célimène. Rousseau a donc tort ; Molière fait toujours respecter la vertu du Misanthrope et il ne permet pas que le ridicule l'atteigne ; on peut même dire que tout le monde dans la pièce entoure Alceste d'estime :

Philinte lui est dévoué, Oronte le prend pour juge, Arsinoé lui fait des avances, Eliante a pour lui des attentions délicates, Célimène elle-même finit par lui dire qu'elle l'aime. Molière lui a donc donné une constante supériorité sur tous les autres personnages, rendant ainsi un éclatant hommage à la vertu, et montrant, que, malgré les ridicules auxquels son austérité l'expose, elle éclipse encore tout ce qui l'environne.

Deuxième reproche injuste. — *Alceste a tort de s'en prendre à des ridicules privés et non à des vices publics.* (Rousseau, *Lettre sur les spectacles*.)

Rousseau entend par là qu'Alceste devrait exercer la haine que lui inspire le vice contre le gouvernement despotique de Louis XIV, et les abus dont souffrait la société politique du dix-septième siècle.

Ce reproche n'est pas fondé. Alceste est de son temps ; l'idée d'attaquer les institutions de son pays, pour les remplacer par de meilleures, ne pouvait éclore dans sa tête ; c'est un rêve du dix-huitième siècle ; ce serait un anachronisme dans le *Misanthrope*. Sous Louis XIV, si quelques penseurs comme Fénelon, la Bruyère, Vauban, Racine lui-même, s'aperçurent des abus du pouvoir et de la misère des classes pauvres, ils acceptèrent eux-mêmes cet état social et n'entrevirent pas le moyen de le réformer. En supposant même qu'ils eussent la velléité de se plaindre, de réclamer, ils n'auraient pas osé le faire ; Louis XIV, qui ne permettait pas qu'on s'immisçât dans son administration, leur aurait imposé silence ; la Bastille était encore solide sur sa base, et l'heure de Mirabeau n'avait pas encore sonné.

Molière avait donc les mains liées ; il avait beau être attaché à la personne du roi, en qualité de valet de chambre, il avait beau vivre à côté de la salle du trône, et entrevoir peut-être les mystères du gouvernement ; sa condition d'existence était au prix de son silence sur les affaires de l'Etat. Il n'avait qu'une chose à faire, et il l'a faite : arriver à la réforme des institutions, par la réforme des mœurs ; plus tard le dix-huitième siècle plus hardi, plus mûr pour l'idée sociale, achèvera son œuvre ; plus tard la comédie tentera la réforme politique ; ce sera le tour de Beaumarchais et du *Mariage de Figaro*.

Troisième reproche injuste. *Alceste, dans la scène du sonnet, devrait arrêter Oronte dès les premiers mots, et lui dire franchement sa pensée.* (Rousseau, *ibid.*)

Rousseau ne comprend pas qu'Alceste, malgré sa brusquerie et sa violence, est un homme de bonne compagnie ; l'usage du monde modère sa mauvaise humeur ; la patience avec laquelle il écoute jusqu'au bout les mauvais vers d'Oronte est une preuve de sa distinction. S'il était tel que le demande Rousseau, il ne pourrait pas vivre deux jours avec ses semblables ; il faudrait que, dès le début de la pièce, il allât se réfugier dans une île Saint-Pierre quelconque.

Rousseau continue ainsi l'explication de ce reproche : « Si l'on se permet le premier ménagement et la première altération de la vérité, où sera la raison suffisante pour s'arrêter, jusqu'à ce qu'on devienne aussi faux qu'un homme de cour ? » C'est un sophisme : ce n'est pas altérer la vérité que d'en adoucir l'expression, ne pas l'exprimer brutalement ; d'ailleurs, Alceste fait tout ce qu'il faut faire ; il ne s'en tient pas à ces premiers ménagements, à cette réserve du début : il dit à Oronte toute la vérité, mais peu à peu. Il semble même n'en faire attendre l'expression que pour la présenter avec plus de force. Son exemple n'est donc pas un dangereux patronage pour les menteurs, comme le craint Rousseau.

Quatrième reproche injuste. — *Philinte est un malhonnête homme.* (Fénelon, Rousseau, Fabre d'Eglantine). — Pour la réfutation de ce reproche, voir paragraphe V, 3ᵉ question.

REPROCHES INJUSTES DE SCHLÉGEL.

Premier reproche injuste de Schlégel. — *Molière est trop moraliste, trop didactique.*

Schlégel s'exprime ainsi : « Dans le *Misanthrope*, Molière est trop moraliste ; les conversations d'Alceste et de Philinte ne sont autre chose que des opinions personnifiées..... Les pièces de ce genre sont trop didactiques ; l'on y remarque trop l'intention d'instruire, tandis que la leçon ne doit jamais être donnée au spectateur qu'en passant et comme sans y songer. » Ailleurs : « Cette humeur didactique et satirique est étrangère à la comédie ; on peut la rencontrer dans les pièces en prose de Molière ; elle paraît dans la manière dont il s'attaque continuellement aux médecins et aux procureurs, dans ses dissertations sur le ton du grand monde, et en général partout où l'on voit qu'il ne se contente pas d'amuser, mais qu'il veut combattre ou défendre des opinions, instruire en un mot. » Il développe le même reproche dans la critique des *Femmes savantes* : « On n'exige pas du poëte comique qu'il présente toujours, à côté d'un travers de l'esprit, l'opinion raisonnable qui lui est opposée ; ce serait manifester, d'une manière trop méthodique, l'intention d'instruire le spectateur. L'on peut très-bien peindre, l'une à côté de l'autre, et d'une manière également plaisante, deux folies contraires. » Ailleurs encore, dans la critique du *Tartuffe*, on lit ces mots : « Molière fait de la satire sérieuse et non pas des comédies..... La raillerie l'emporte sur l'enjouement. »

Jusqu'ici Schlégel fait de la critique, voici qu'il passe aux injures : « Pour qu'un ouvrage inspire de l'estime aux Français, il faut qu'il porte l'empreinte d'une difficulté péniblement vaincue ; les écrivains, au milieu d'un peuple léger, ont pris le poste d'honneur de la pédanterie. Ils confondent la légèreté aimable qui n'a rien de contraire à la profondeur de l'art avec cette légèreté superficielle qui est un défaut d'esprit ainsi que de caractère. »

Réponse. Pour réfuter ce reproche de Schlégel, où l'insolence se mêle au sérieux, et pour comprendre en général toutes les critiques acerbes qu'il adresse au théâtre de Molière, il est important de savoir qu'il y a derrière ces mots autre chose qu'une discussion de goût, il y a une question de polémique littéraire et même de génie national.

Voici la question de polémique littéraire :

Schlégel, en écrivant ces lignes au commencement du dix-neuvième siècle (1808), prend une revanche de la défaite que la littérature allemande a subie pendant tout le dix-septième siècle et la première moitié du dix-huitième. En effet, durant ces cent cinquante années, la littérature française régna en Allemagne et y fit loi ; à la suite d'une espèce d'invasion pacifique, opérée par les écrivains français, invasion à laquelle Frédéric le Grand prêta d'ailleurs lui-même la main, le goût allemand devint le goût français ; le théâtre allemand fut la reproduction littérale du théâtre de Corneille, de Racine et de Molière. Clauss, en 1655, et Grefflinger, en 1656, traduisirent le *Cid* ; d'autres traduisirent Racine et Molière ; à Berlin, à Munich, à Dresde, dans toutes les cours germaniques, il n'y eut pas un théâtre, pas une scène où on ne jouât en allemand les pièces du répertoire du Théâtre-Français ; une académie française fut fondée à Berlin. Le chef de cette école française, le Boileau allemand, pour ainsi dire, qui imposa à ses compatriotes les formes de nos compositions et les lois essentielles de notre goût, fut Gottsched.

Une pareille conquête devait être suivie de représailles. Le génie allemand était trop original pour disparaître sous les caprices d'une mode étrangère, et, d'un autre côté, l'amour-propre national était trop sensible pour accepter perpétuellement cette servitude. L'Allemagne, après s'être faite copiste de la France, redevint elle-même, vers le milieu du dix-huitième siècle, à partir de l'époque où le génie de Lessing donna à son pays le signal du réveil, par la publication de son *Laocoon* (1767). Deux circonstances favorisèrent cette *Renaissance des lettres* en Allemagne : la guerre de Sept ans, qui éloigna la Prusse de la France et la rapprocha de l'Angleterre, avec laquelle son vieil esprit teutonique avait conservé de secrètes sympathies ; l'apparition simultanée d'un grand nombre de génies supérieurs qui, pareils à une pléiade lumineuse, vinrent dissiper ces ténèbres : Lessing, Klopstock, Haller, Wieland et Winkelmann. Ces illustres penseurs affranchirent l'Allemagne de la domination intellectuelle de la France.

Mais il en est des révolutions littéraires comme des révolutions politiques : elles sont suivies de réaction. A partir de son émancipation, l'Allemagne entreprit contre les écrivains français une levée de boucliers ; leurs œuvres furent critiquées, sifflées, proscrites ; les plus admirées furent les plus attaquées ; le chef de cette école anti-française fut *Bodmer*. Les représailles furent longues ; commencées, comme nous l'avons dit, en 1767, elles n'étaient pas encore terminées en 1808, l'année où le plus brillant des quatre Schlégel, Guillaume Schlégel, ouvrit à Vienne un cours de littérature dramatique, comme il aurait ouvert une campagne contre la France, ni même l'année 1814, où Mme Necker de Saussure lui fit l'honneur de publier à Paris la traduction de son ouvrage. Voilà pourquoi Guillaume Schlégel attaque si violemment Molière ; telle est la question de polémique littéraire qui se cache derrière ses reproches injustes.

Voici la question de génie national :

Les Allemands ont adopté un système dramatique tout différent de celui des Français, et cette différence tient à la diversité même de l'esprit allemand et de l'esprit français. Le génie français aime la précision ; or, la précision, au théâtre, ce sont les situations nettes et tranchées, c'est une action dramatique quelconque, qui pose et résout, sans pédantisme et sans forme scolastique, une question de psychologie et de morale, c'est une *controverse intérieure* établie soit entre une vertu et un vice, comme dans le *Misanthrope*, soit entre deux passions rivales, comme dans *Phèdre*, soit entre une passion et un devoir, comme dans le *Cid;* toutes les fois qu'un sujet est ainsi déterminé, la lutte engagée entre les deux adversaires, quels qu'ils soient, ressemble à un fait positif ; c'est catégorique comme un point de droit. Deux conséquences résultent de ce système dramatique : d'abord, la ressemblance des sujets traités avec la vie réelle, car la vie n'est qu'une suite de luttes entre les passions et les devoirs ; ensuite, le caractère philosophique de l'intrigue et l'air de moralité du dénoûment, inséparables du débat des questions morales. Toute tragédie et toute comédie française sérieuse offre les traits que nous venons de signaler, et ces traits ne sont, en réalité, que la forme, la physionomie, pour ainsi dire, du spiritualisme. Si telle est l'essence des œuvres dramatiques de premier ordre, en France, il ne faut pas s'étonner que Molière soit moraliste et didactique ; il est la vivante expression du goût national français.

Le génie allemand, au contraire, même dans ses conceptions métaphysiques les plus hardies, est un peu rêveur ; il répugne à la précision qui nous plaît, il préfère le sentiment pur ou l'imagination à la netteté que nous aimons. Or voici quelles sont, au théâtre, les conséquences de ce goût pour le sentiment pur et l'imagination. Le sentiment pur, et, par ce mot, les Allemands entendent une sensibilité tendre et absolument affective, qui entraîne les personnages dans une suite de situations soit tendres, soit douloureuses, où ils méditent, rêvent, prient, souffrent, pleurent, jusqu'au moment où ils se réveillent de cette espèce de léthargie morale, pour agir ; le sentiment, après avoir suspendu en eux l'exercice de la volonté, n'abdique qu'au dernier moment, encore cette abdication semble-t-elle provisoire ; d'un autre côté, l'imagination les engage dans des situations romanesques, sans rapport avec la réalité, et donne à leur langage un caractère exalté et lyrique, le ton de l'enthousiasme ; voilà pourquoi la plupart des grandes tragédies allemandes ressemblent à des odes. Avec un pareil système dramatique, il ne faut demander aux Allemands ni la précision morale, ni l'enseignement philosophique, ni la ressemblance avec la vie ; on ne peut trouver dans leur théâtre que l'émotion, c'est-à-dire les agitations intérieures de la sensibilité et le lyrisme, c'est-à-dire le langage de l'imagination ; tel est le goût national allemand, au nom duquel Schlégel condamne Molière.

De quel côté est la vérité ? Est-elle du côté de ceux qui préfèrent les grandes leçons morales résultant des combats de l'âme, ou du côté de ceux qui préfèrent les fortes émotions de la sensibilité et les brillantes conceptions de l'imagination ? Il est difficile de se prononcer. Il faut accepter les peuples avec la variété de leurs génies ; il faut accepter l'art avec la variété de ses manifestations. L'âme humaine est infinie, et il est intéressant de voir, dans les productions de l'homme, un reflet de cette infinité. Ce que Boileau dit de chaque homme est vrai de chaque peuple :

> Chacun pris dans son air est agréable en soi.

Il n'est donc pas permis, dans l'examen des œuvres principales du génie humain, d'opérer des suppressions ; on peut tout au plus établir des hiérarchies. Encore serait-il difficile de se prononcer ici. Sans doute, la tragédie française est plus philosophique, parce qu'elle est la glorification de la volonté humaine ; mais elle est moins accessible à la foule, précisément parce qu'elle est philosophique ; sans doute, d'un autre côté, la tragédie allemande est plus émouvante et plus intelligible pour la masse des spectateurs, mais elle est d'un ordre moins élevé.

Le tort de Schlégel est de ne pas reconnaître la légitimité du système dramatique français et de le rayer d'un trait de plume dédaigneux. Si tous les critiques procédaient ainsi par voie d'élimination, il ne resterait plus rien des œuvres intellectuelles, et l'esprit humain serait réduit à l'état de *table rase*.

Second reproche injuste de Schlégel. — *Les caractères développés par Molière ne laissent rien deviner au spectateur.*

Schégel, après avoir dit que les caractères de la comédie du *Misanthrope* sont à peine autre chose que des opinions personnifiées, ce qui est la suite du reproche précédent, ajoute : « *Les caractères, ainsi développés, ne laissent rien deviner au spectateur, et pourtant il n'y a de finesse, dans le comique fondé sur l'observation, que lorsque les sentiments des hommes se manifes-*

tent à leur insu, par des traits qui leur échappent involontairement ; ce genre de comique n'est nullement observé dans les discussions d'Alceste et de Philinte sur la conduite à tenir au milieu de la fausseté et de la corruption du monde. »

Ce reproche est injuste, parce que Alceste, Philinte et tous les personnages de cette comédie, bien que représentant une opinion, comme dit fort bien Schlégel, laissent néanmoins échapper mille traits involontaires. Prenons le personnage d'Alceste, pour nous borner à un exemple : dans la scène du sonnet, il fait tous ses efforts pour se contenir, mais enfin il éclate, et la vive censure qu'il adresse à Oronte lui échappe malgré lui ; c'est un de ces *traits involontaires* que demande Schlégel. Ailleurs, dans la scène des portraits, sa présence même dans le salon de Célimène est un fait *involontaire*, puisqu'il n'y reste qu'à son corps défendant, à la prière de Célimène, ce qui amène son apostrophe inattendue aux rieurs et l'épisode, plus inattendu encore, de son propre portrait ajouté aux précédents ; dans la scène qui termine la comédie, tous les incidents surprennent le spectateur : l'obstination d'Alceste à demander la main de Célimène, malgré la lecture des deux lettres ; son refus de l'épouser, même pour vivre avec elle à la ville ; qui pouvait s'attendre à voir Alceste repousser sa main ? Célimène elle-même n'est-elle pas surprise de ce dénoûment ? N'était-elle pas sûre qu'Alceste *passerait,* comme on dit, *par dessus tout,* pour l'épouser ? Sans doute, toutes les situations que nous venons d'énumérer sont le résultat du jeu des passions ; elles dérivent du caractère même du personnage ; la logique du cœur humain les explique ; mais elles n'en sont pas moins inattendues comme toutes les situations créées par les passions ; ce n'est pas parce qu'elles dérivent de la nature des choses qu'elles sont attendues ; le propre de la liberté humaine est précisément de produire souvent le contraire du fait attendu. On peut même dire que toutes les situations imaginées par Molière sont d'un vrai comique, parce qu'elles sont à la fois imprévues et faciles à prévoir ; imprévues, comme les déterminations du libre arbitre ; faciles à prévoir, comme les conséquences logiques des caractères. Il est impossible d'être plus naturel et plus vrai.

Troisième reproche injuste de Schlégel. — *Les conversations et les discussions répandues dans la comédie en arrêtent l'action.*

Schlégel dit : « *Les conversations et les discussions arrêtent le mouvement dramatique de l'action, parce qu'à la fin du dialogue les interlocuteurs se retrouvent au point d'où ils étaient partis. C'est à cause de ces dissertations dialoguées sans résultat que l'action du* Misanthrope *se traîne si péniblement.* »

Ce reproche est injuste : il n'y a pas une seule conversation, pas une seule discussion, dans la comédie du *Misanthrope*, qui ne se rattache à l'action. En voici la preuve : l'action est, comme nous l'avons dit, le mariage d'Alceste et de Célimène, entravé par toutes sortes d'obstacles matériels et moraux : le caractère bourru de l'un, l'humeur volage de l'autre, la rivalité des deux marquis et d'Oronte, la jalousie d'Arsinoé, le penchant d'Eliante pour Alceste, le procès, l'affaire du sonnet, les trois lettres écrites par Célimène à des rivaux préférés ; or, il n'y a aucune conversation, aucune discussion, comme dit Schlégel, qui ne repose sur un de ces faits, dont le caractère est précisément de servir de nœuds à l'action.

Ainsi, par exemple, *la conversation d'Alceste et de Philinte*, qui sert d'exposition à la pièce, nous apprend qu'Alceste aspire à la main de Célimène ; cette conversation pose donc le sujet, établit les préliminaires de l'action, et en même temps nous révèle le caractère du prétendant, c'est-à-dire nous fait pressentir les obstacles qui entraveront la marche de cette action. Peut-on imaginer un début plus net, plus immédiatement en rapport avec le sujet ? Le lecteur est, dès la première scène, au cœur du sujet, *in medias res*, comme dit Horace. L'action est commencée.

Il en est de même de la *scène du sonnet*. Elle se rattache à l'action aussi intimement que la précédente ; le lecteur superficiel n'y voit, au premier abord, qu'une critique spirituelle du charlatanisme des poëtes de cour et une leçon de goût donnée par Molière au public de son temps ; mais c'est aussi un incident qui amène un nouvel obstacle au mariage projeté d'Alceste, puisqu'il se termine par une affaire judiciaire, une comparution devant le tribunal des maréchaux de France, mésaventure qui non-seulement distrait le Misanthrope de la demande en mariage qu'il poursuit avec tant d'opiniâtreté, mais encore compromet ses chances de succès, en laissant momentanément le champ libre à ses rivaux, et en l'exposant aux chances d'une condamnation, périlleuse pour sa réputation autant que pour sa fortune.

Même observation pour *la première conversation d'Alceste et de Célimène* : sans doute, elle reste sans conclusion, puisque Célimène ne répond pas catégoriquement à la demande en mariage que vient lui faire Alceste; mais elle n'en est pas moins très-importante pour le développement de l'action, puisqu'elle met le spectateur au courant des procédés dilatoires que se propose d'employer le personnage le plus influent sur la marche de l'intrigue, Célimène. L'importance de cette discussion frappe tous les yeux, quand on songe que l'action d'une fable dramatique quelconque se compose non-seulement des incidents qui la font marcher en avant, mais encore de ceux qui la font marcher en arrière, et même de ceux qui la font stationner. Celui qui nous occupe ici la fait reculer, en opposant à sa marche l'insurmontable obstacle de la froideur de Célimène.

La scène des portraits elle-même, ce brillant monologue de Célimène, qui semble jeté, au milieu de la pièce, comme un de ces airs de bravoure, destiné à faire ressortir, dans un opéra, le talent d'un ténor, cette scène se rattache à l'action, et lui fait même faire un pas considérable. Voici de quelle manière : Comme l'épisode qui la termine est le portrait satirique d'Alceste, esquissé au vol par Célimène, avec la malice de la médisance et la verve de l'improvisation, comme Alceste de son côté riposte à cette attaque personnelle par une vigoureuse sortie qui ferme la bouche aux rieurs et provoque même la fin de cette orageuse conversation de salon, il est évident qu'une pareille scène équivaut à un NON catégorique de la part de Célimène, qu'elle renchérit par conséquent sur les scènes précédentes où l'on n'avait entrevu qu'un NON évasif, qu'elle prépare, en un mot, le dénoûment, c'est-à-dire le célibat respectif des deux personnages.

La seconde conversation d'Alceste et de Célimène est encore un ingénieux épisode qui se rattache à l'action, mais dans le sens inverse, pour ainsi dire, c'est-à-dire en lui faisant regagner le terrain qu'elle a perdu, en lui faisant faire autant de pas en avant qu'elle vient d'en faire en arrière, procédé constant au théâtre, où l'intrigue se compose toujours, comme nous l'avons déjà fait observer, d'oscillations en sens contraire. Cette seconde conversation fait regagner à l'action le terrain perdu, parce qu'elle est, comme on sait, une victoire éclatante remportée par la coquetterie de Célimène sur la crédulité d'Alceste, victoire qui ramène plus que jamais le Misanthrope aux pieds de la perfide et, pour ainsi dire, *sous son éventail*.

Après cette explication où il est joué, il va donc reprendre sa chaîne un instant secouée, il va continuer ses poursuites un instant suspendues ; l'action, qui paraissait devoir aboutir au célibat, semble maintenant prendre le chemin du mariage ; il y a en même temps variété dans l'invention et redoublement d'intérêt.

A quoi bon poursuivre cette démonstration ? *La dispute même d'Arsinoé et de Célimène*, qui ne semble, au premier abord, que la lutte de deux amours-propres féminins, aux prises l'un avec l'autre, se rattache à l'action, et peut même être considérée comme le premier mot du dénoûment, puisqu'elle se termine par la vengeance d'Arsinoé qui sort du salon de Célimène pour remettre à Alceste la lettre accusatrice, écrite par sa rivale à Oronte. Il en est de même de *la conversation des deux marquis*, dont la conclusion est le traité en vertu duquel celui qui pourra montrer une lettre de Célimène sera proclamé l'heureux vainqueur, traité qui aboutit, comme on sait, à la découverte que Célimène se moque de tout le monde, et par suite à la dispersion de tous ses prétendants, sauf Alceste.

Ainsi donc, les scènes que Schlégel qualifie ironiquement de *dissertations dialoguées* sont toutes, sans exception, des épisodes dramatiques concourant à la marche de l'action. Sans doute, ces incidents ne frappent pas aussi vivement l'esprit et les yeux que de grands coups d'épée, à la façon du *Cid*, des empoisonnements à la façon de *Rodogune*, ou des renversements d'idoles, comme ceux de *Polyeucte* ; mais il est au théâtre d'autres ressorts dramatiques que les grands faits matériels ; il y a les petites révolutions morales, insignifiantes en apparence, et qui bouleversent cependant le cœur d'un homme. Schlégel ne connaît que les premiers faits ; ce n'est pas une raison pour que les seconds n'existent pas. Le critique allemand ressemble à un homme qui n'admettrait en mécanique que les énormes et bruyants appareils des grosses machines et en exclurait les fins ressorts de montre.

Quatrième reproche injuste de Schlégel. — *La comédie du* Misanthrope *manque de gaîté.*

Schlégel dit : « *Molière sacrifie l'enjouement et l'inspiration, la vraie gaîté de la poésie, au sérieux...* »

Et ailleurs : « *La comédie doit amuser et non pas instruire.* »

Cette comédie ne manque pas de gaîté ; les deux marquis nous font rire par leurs confidences, Célimène nous fait sourire par sa spirituelle médisance, et Alceste par ses exagérations. Il y a gaîté et gaîté ; il y a celle des Jodelets et des Mascarilles et celle des gens bien élevés ; il y a le gros rire et le rire modéré, celui des carrefours et celui des salons. Schlégel n'admet que le premier : il déclare quelque part que, de toutes les comédies du théâtre français, il préfère le *Roi de Cocagne*, du comédien Legrand ; du reste Lessing préfère Régnard à Molière et fait le plus grand cas d'auteurs comiques à peine connus en France, Sainte-Croix et l'Affichard ; ce qui veut dire que les Allemands, en fait de comédie, n'admettent que la farce et la bouffonnerie. Cela tient à ce que les Allemands n'ont pas le génie comique. Ce peuple, quand il s'amuse, ressemble aux personnes qui n'en ont pas l'habitude, il exagère la gaîté, il veut un gros et franc rire. Les peuples doués du génie comique admettent la variété dans la gaîté ; de là, en France, tous ces genres de comédie : sotie, moralité, comédie sérieuse, comédie bourgeoise, comédie larmoyante, farce, bouffonnerie ; toutes ces classifications répondent aux diverses nuances de la gaîté chez l'honnête homme.

Cinquième reproche injuste de Schlégel. — *L'étiquette pompeuse de morale appliquée à des banalités de la vie quotidienne.*

Schlégel dit que Molière recherche « *un sérieux composé d'une imitation prosaïque de la vie et des applications d'utilité journalière, décorées du titre de morale, pour commander le respect.* »

Voilà encore des injures ; voilà de la critique à coups de pavés ; ces mots rappellent *le poste d'honneur de la pédanterie*. Tâchons de réfuter Schlégel, sans donner, comme lui, à la discussion un air de pugilat.

Pour l'imitation de la vie, c'est un reproche que nous avons déjà réfuté (*premier reproche injuste*) ; nous ajouterons ici que le monde de la réalité vaut bien celui de la fantaisie, où l'imagination allemande aime à voyager ; c'est une pensée aussi louable de rendre les hommes meilleurs en mettant sous leurs yeux l'image de leurs défauts journaliers que de les amuser par des conceptions fantastiques ou des billevesées. Pour ce qui est du prosaïsme de cette imitation, ce reproche ne peut s'appliquer à la comédie du *Misanthrope*, puisqu'elle est un tableau des mœurs de la cour, c'est-à-dire d'un monde élégant et doré, où tous les travers sont de bonne compagnie, où les ridicules ont, si l'on peut s'exprimer ainsi, un air aristocratique. Lors même que Molière s'attaque aux petits côtés de la nature humaine, aux vices des valets et des soubrettes, il donne à cette prose je ne sais quelle tournure fine et distinguée qui la relève et la sauve de la vulgarité. Ses Frontins, ses Dorines, ses Dubois (il y en a un dans le *Misanthrope*, et fort divertissant), sont gais, sans banalité.

Reste le reproche plus grave, parce qu'il ressemble à une accusation de charlatanisme, de décorer ces leçons empruntées à la vie journalière *du titre pompeux de morale pour commander le respect.*

Schlégel semble dire par là que Molière couvre d'un brillant pavillon une pauvre marchandise. C'est inexact; les vérités utiles dont il se fait l'interprète ne ressemblent pas à ces denrées médiocres que colporte l'imagination où la fantaisie allemande; pour être de tous les jours, les vérités utiles n'en sont pas moins recommandables; au contraire, plus elles sont banales, plus elles ont de prix; plus elles sont pratiques, plus elles ont de valeur; il en est des leçons de l'expérience et des préceptes de la raison comme de l'air et de la lumière; plus on les distribue avec profusion, plus grande est leur influence bienfaisante. Maintenant est-il vrai que Molière attache à ces nobles productions de sa pensée le fastueux pavillon de la morale? Quel injuste reproche! quelle critique à contre-sens! Est-il un écrivain qui se pique moins de philosopher que Molière? En est-il un qui soit plus moral, sans moraliser? Ne semble-t-il pas au contraire prendre à tâche de cacher toutes ses leçons sous les fleurs de la gaîté? Et même les agréments dont il couvre le tissu de ses comédies ne sont-ils pas tellement nombreux qu'on s'est autorisé de leur prodigalité même pour nier les utiles leçons qu'ils recouvrent? Sans doute Schlégel n'est pas de ceux qui refusent de les voir, au contraire, il en trouve trop; mais son tort est aussi grand que celui des négateurs de la morale de Molière; il est aussi injuste d'accuser notre grand poëte de charlatanisme en morale, que de scepticisme. En résumé, Schlégel voudrait faire deux parts des comédies de Molière, celle de l'agréable et celle de l'utile, celle des fleurs et celle des fruits; il ferait grâce à la première, mais il sacrifierait la seconde. Nous croyons qu'il se trompe. Cette idée de supprimer la moitié de Molière nous permet de croire que le critique allemand ne serait pas fâché de le supprimer tout entier.

Sixième reproche injuste de Schlégel. — *Molière ne réussit que dans la farce : il échoue dans la comédie sérieuse.*

Voici comment s'exprime à ce sujet Schlégel : « *C'est dans le comique burlesque que Molière a le mieux réussi ; son talent, de même que son inspiration, était pour la farce ; aussi a-t-il écrit des farces jusqu'à la fin de sa vie. Ses pièces sérieuses offrent toujours des traces d'effort ; on y sent quelque chose de contraint dans le plan et dans l'exécution. Son ami Boileau lui communiquait probablement ses idées sur le rire grave et la plaisanterie froide ; et alors Molière se décidait, après avoir abusé de la bouffonnerie, à se soumettre au régime du bon goût et de la régularité ; il cherchait à réunir deux choses incompatibles, la dignité et la gaîté.* »

Ce reproche est présenté sous une forme perfide. Il importe de démasquer ici Schlégel et de faire comprendre la mauvaise foi du coup qu'il porte à Molière : il insinue une critique au moyen d'un éloge. Pareil à un adversaire qui, dans une discussion, emploierait deux armes différentes, le compliment et le blâme, pour réfuter son interlocuteur, Schlégel attaque Molière de deux manières, en le félicitant de ses pièces médiocres et en critiquant ses bonnes ; il change en bien le mal et en mal le bien ; il admire ce qui fait sa faiblesse et il dénigre ce qui fait sa force. Ce procédé ressemble à un certain coup de fleuret connu, dans les salles d'escrime, sous le nom de *coup du commandeur*. Un des deux adversaires fait semblant de suspendre brusquement les hostilités ; il détourne, sous un prétexte quelconque, l'attention de celui qu'il tient au bout de son fleuret, et, au moment où il ne s'y attend pas, où même il tourne le dos, il le frappe. C'est ce que fait ici Schlégel. Il semble tendre la main à Molière ; il proclame son talent du côté de la farce, mais c'est pour mieux l'accabler du côté de la comédie sérieuse. Il lui porte un coup d'épée sournois.

Peut-on croire Schlégel sincère quand il préfère *La Comtesse d'Escarbagnas* au *Misanthrope* ? On conçoit à la rigueur qu'il n'approuve pas le mélange de la dignité et de la gaîté, parce qu'il y voit une confusion de l'art, quoique nous ne l'admettions pas, mais il est inadmissible qu'il préfère à ce mélange l'absence de l'art. Il y a dans cette admiration de Schlégel, pour les œuvres grotesques de Molière, une supercherie d'argumentation dont il importe que les lecteurs français ne soient pas dupes.

Les *Farces* de Molière sont les délassements de son esprit, quelquefois des nécessités de métier ; il a composé les unes pour se distraire lui-même, les autres pour improviser une distraction au Grand Roi qui s'ennuyait. On ne doit pas les considérer comme les vraies occupations de sa pensée, ni à plus forte raison comme l'expression de son génie. Y voir le dernier mot de son talent, c'est proclamer que Corneille excelle dans le sonnet, Racine dans la comédie, la Fontaine dans la poésie dramatique, parce que le premier a fait le sonnet du *Lys*, le second *les Plaideurs* et le troisième *La Coupe enchantée*.

Enfin, pour terminer ici la réfutation de cet éternel reproche que Schlégel adresse encore à notre poëte, le mélange *incompatible de la dignité et de la gaîté*, disons que si, par le mot gaîté, on entend le gros rire, certainement elle est incompatible avec la dignité ; mais si l'on entend par là le rire réservé et discret, le rire de bonne compagnie, cette incompatibilité n'existe pas. Est-ce que par hasard Schlégel n'admet que le premier rire ? Nous n'osons le croire. On doit connaître en Allemagne, aussi bien qu'en France, une autre gaîté que celle des tavernes ; on doit connaître celle des salons. Or, nous ne craignons pas de proclamer que le salon de Célimène a entendu résonner plus d'un éclat de rire dont la gaîté n'a porté aucune atteinte à la dignité de l'homme *aux rubans verts*.

Septième reproche injuste de Schlégel. — *La raideur cérémonielle de la comédie du Misanthrope, tenant à l'emploi des longues tirades et à la peinture des mœurs de la haute société.*

Schlégel dit : « *Les conventions reçues pour la tragédie ont également exercé sur la comédie régulière une influence qui ne peut être méconnue. Les pièces françaises de ce dernier genre, lorsqu'elles sont versifiées, ont leurs longues tirades, tout comme les tragédies. Une autre circonstance contribue à leur donner une sorte de raideur cérémonielle : chez les autres nations les sujets comiques sont presque tous puisés dans la vie bourgeoise, et cela par des motifs très-faciles à saisir ; en France, au contraire, ce sont les classes supérieures de la société qui ont longtemps formé le cercle où s'est placée la comédie ; on y sent partout l'influence de la cour, comme le point central de toutes les vanités ; alors cesse ce comique franc et jovial de la classe bourgeoise.* »

Un peu plus loin Schlégel continue en précisant davantage sa pensée : « *Ce qui fait le sujet des pièces appelées en France de haut comique, ce n'est pas la vie, mais c'est la société, cette lutte continuelle des vanités différentes qui ne peuvent jamais arriver à un état de paix. Dans de telles pièces, l'habit brodé, le chapeau sous le bras et l'épée au côté sont des conditions essentielles, et toute la peinture des caractères se borne à la fatuité pour les hommes et à la coquetterie pour les femmes.* »

Examinons ces deux reproches nouveaux que Schlégel adresse ici à la comédie sérieuse :

Premièrement : L'emploi des longues tirades.

Ce genre de développement qu'affectionnent, il faut le reconnaître, les auteurs dramatiques français, surtout les écrivains classiques, n'est mauvais que par l'abus, et jamais Molière n'en abuse. En réalité, il est aussi naturel que le dialogue coupé. Observez le cours d'une conversation de salon ; tantôt elle prend une forme brisée, c'est-à-dire elle est générale et se compose d'une suite d'observations partielles échangées entre les interlocuteurs ; tantôt elle prend une forme périodique et même un peu oratoire, c'est-à-dire elle est particulière et offre des discours un peu longs tenus par un seul causeur, quelquefois deux. Molière, dans ses comédies, a fort heureusement reproduit cette double marche de toute conversation : le dialogue de ses personnages est un heureux mélange de courtes répliques et de longs développements ; de ripostes croisées et de petits discours individuels ; jamais il ne s'émiette en menus détails, comme aussi jamais il ne dégénère en monologue. Si l'histoire ne nous apprenait pas que l'art de la conversation était fort cultivé, poussé même à la perfection, au dix-septième siècle, les comédies de Molière nous le révéleraient. Elles sont en effet un véritable *traité de l'art de causer*.

Secondement : La peinture des mœurs de la haute société.

D'abord Schlégel fait un sophisme quand il dit que l'on trouve non pas *la vie*, mais *la société*, dans les hautes classes ; la vie est aussi bien en haut qu'en bas de l'échelle sociale ; il est faux de prétendre qu'au sommet il n'y ait que convention, artifice et mensonge, en bas vérité, naturel et franchise ; cette distinction est très-flatteuse pour la vanité démocratique, mais elle est fausse au point de vue de l'humanité et au point de vue de la justice divine ; l'homme est le même partout, et Dieu n'a octroyé à aucune classe, au préjudice d'une autre, le privilége de penser, de sentir et de vouloir, triple manifestation de la vie humaine.

D'un autre côté, si Molière cherche le tableau de la vie humaine plutôt en haut qu'en bas, s'il préfère les marquis, les gentilshommes et les comtesses aux ouvriers, aux paysans et même aux bourgeois, faut-il lui en faire un reproche? C'est une affaire de goût et un peu d'éducation. Molière aime les personnages de bonne maison, ceux qui font toilette; d'autres préfèrent les roturiers, les petites gens, les humbles; c'est très-louable. Mais au moins faut-il reconnaître que le peintre des hautes classes trouve dans les régions, où son observation se promène, des sujets d'étude aussi intéressants que le peintre des classes inférieures; au moins faut-il admettre que le moraliste a le droit de représenter le vice et la vertu, même quand ils n'ont pas les mains sales. Peut-être même doit-on savoir quelque gré à l'écrivain qui, soit goût personnel, soit respect de l'art, choisit de préférence ses personnages dans le monde des robes de soie et des *habits brodés*, comme dit Schlégel. Il serait à souhaiter que l'on n'y rencontrât, comme le prétend Schlégel, que deux défauts, la fatuité chez les hommes et la coquetterie chez les femmes; mais hélas! Montesquieu est plus près de la vérité dans le sombre tableau qu'il trace de la cour : « Qu'on lise ce que les historiens de tous les temps ont dit sur la cour des monarques; qu'on se rappelle les conversations des hommes de tous les pays sur le misérable caractère des courtisans; ce ne sont point des choses de spéculation, mais d'une triste expérience : l'ambition dans l'oisiveté, la bassesse dans l'orgueil, le désir de s'enrichir sans travail, l'aversion pour la vérité, la flatterie, la trahison, l'abandon de tous ses engagements, le mépris des devoirs du citoyen, la crainte de la vertu du prince, l'espérance de ses faiblesses et, plus que tout cela, le ridicule perpétuel jeté sur la vertu, forment, je crois, le caractère du plus grand nombre des courtisans, marqué dans tous les lieux et dans tous les temps. » (*Grand. et décad. des Rom.*, III, v.)

Schlégel se trompe donc de tous les façons, quand il critique la raideur cérémonielle du dialogue de Molière et l'étroitesse du champ d'observation où il s'est placé pour étudier la vie humaine.

Terminons en disant que Schlégel ignore, ou feint d'ignorer, que le théâtre de Molière est une revue des mœurs de la ville aussi bien que de la cour.

Huitième reproche injuste de Schlégel. — *Il n'y a pas d'action dans le* Misanthrope.

Schlégel dit : « *Quelques légers incidents servent à y entretenir une légère apparence de mouvement dramatique, mais ils n'ont aucune liaison entre eux; de ce nombre sont le procès d'Alceste dont on parle sans cesse; la dispute d'Alceste avec Oronte à propos d'un sonnet et l'affaire judiciaire qui en est la conséquence; la manière dont Célimène est démasquée par la vanité d'Oronte et la jalousie des deux marquis.* »

Ces deux reproches sont injustes. *Premièrement* : Il y a une action très-nette et même remplie d'épisodes très-variés dans la comédie du *Misanthrope*. (Voir *Analyse de la comédie et marche de l'action*.) — *Deuxièmement* : Il n'y a pas un incident de la pièce, pas une conversation, et même, pour nous servir de l'expression épigrammatique de Schlégel, pas une *dissertation* qui n'ait un rapport direct avec cette action. Les scènes qui y paraissent les plus étrangères s'y rattachent intimement, pour peu qu'on veuille se donner la peine d'en étudier le but ou la conséquence. (V. paragraphe VI, 3º *reproche injuste de Schlégel*.)

Neuvième reproche injuste de Schlégel. — *Il n'y a pas d'intérêt dans le* Misanthrope.

Le critique Geoffroy réfute très-bien ce reproche : « Il y en a assez pour les esprits capables d'apprécier la beauté du dialogue, la vérité des portraits, la profondeur de la morale et l'excellence du style. La pièce doit paraître un peu froide à des spectateurs sans étude et sans lettres, accoutumés aux surprises, aux aventures, aux romans dramatiques. Molière a cru que la comédie pouvait amuser par le développement, le jeu et le contraste des caractères, sans le secours de ces incidents forcés qui presque toujours choquent le bon sens et la vraisemblance. »

Il ne faut pas oublier que Schlégel est le législateur de l'école romantique allemande et qu'il veut substituer les événements matériels aux révolutions morales que les écrivains classiques français considèrent comme source unique d'intérêt. Nous retrouvons ici la lutte des deux théâtres et des deux écoles, dont nous avons parlé précédemment. (*Premier reproche injuste de Schlégel*.)

Dixième reproche injuste de Schlégel. — *Molière peint les mœurs de son siècle, et non pas la nature humaine.*

Schlégel dit : « *Les originaux de certains portraits de Molière ont depuis longtemps disparu ; le talent qui aspire à l'immortalité doit s'exercer sur des sujets que le temps ne puisse jamais rendre inintelligibles et peindre la nature humaine plutôt que les mœurs de tel ou tel siècle.* »

Le mérite de Molière consiste précisément, comme celui de Corneille et de Racine, à montrer, derrière l'homme de son temps, l'homme de tous les temps ; il compose ses portraits au moyen de traits individuels recueillis autour de lui et de traits généraux empruntés de toute part, à l'histoire, à l'étude des grands modèles, mais surtout à son esprit et à son cœur. Schlégel ne voit dans son théâtre que des copies, parce qu'il le juge avec prévention ; s'il était juste, il y reconnaîtrait *des types*. Molière ne peint pas des individus, il peint l'âme humaine.

Onzième reproche injuste de Schlégel. — *Invraisemblance de l'amour d'Alceste pour Célimène.*

« *Sans doute*, dit-il, *Alceste a raison contre la coquetterie de Célimène ; son seul tort est sa passion pour elle.* »

Ce reproche est injuste pour deux raisons : d'abord, parce que le cœur humain, en général, est plein de contradictions ; ensuite, parce que le sentiment particulier de l'amour, qui occupe dans la vie de l'homme une si large place, ne se règle pas sur la raison. Le mot d'Alceste est bien vrai :

> Mais la raison n'est pas ce qui règle l'amour. (I, 1.)

Sans dire, comme on le répète souvent, que l'amour d'Alceste pour Célimène est un trait de génie, on peut affirmer que c'est un trait de vérité.

Douzième reproche injuste de Schlégel. — *Molière a tort de proposer Philinte pour modèle.*

« *C'est pourtant Philinte*, dit-il, *avec sa molle et facile indulgence, avec ses éternels plaidoyers en faveur du cours ordinaire de la vie, que Molière a voulu peindre comme l'homme aimable et sensé.* »

Schlégel se trompe : Molière n'a jamais eu l'intention de proposer Philinte pour modèle, de le présenter comme *l'homme sensé* de la pièce. Il nous signale son optimisme et son air toujours satisfait comme une fâcheuse disposition d'esprit, comme un écueil. Au fond, Molière condamne Philinte autant qu'Alceste, quoiqu'il reconnaisse en lui une qualité indispensable, la tolérance. Il trouve qu'il la pousse trop loin, qu'il l'exagère; il ne le considère donc pas comme un homme *sensé*. (V. paragraphe V, 5ᵉ *question*.)

Treizième et dernier reproche injuste de Schlégel. — *Ambiguïté de la pièce.*

« *La pièce est équivoque; le point où Alceste a raison et celui où il a tort sont difficiles à fixer, et le poëte lui-même ne s'en est pas rendu un compte exact.* »

C'est une erreur; rien de plus facile que de fixer le point où Alceste a raison et celui où il a tort; il a raison, quand il se plaint de la corruption de la société, de l'esprit de médisance qui y règne, quand il proclame la nécessité de ne dire que ce qu'on pense et ce qui est vrai; il se trompe, quand il poursuit d'une égale colère les mauvais vers et les mauvaises actions, quand il prétend qu'il faut dire tout ce qu'on pense, qu'il vaut mieux vivre dans un désert qu'au milieu de la société; tout le monde voit quand il reste dans le vrai et quand il en sort; la pièce n'est donc pas équivoque.

Tels sont les reproches injustes de Schlégel. Si nous les avons réfutés minutieusement, ce n'est pas que la gloire de Molière eût besoin de ce plaidoyer, c'est que nous souffrions, comme admirateur de ce grand poëte et comme Français, de voir sans réplique les accusations d'un injuste ennemi.

FIN DE LA COMÉDIE DU MISANTHROPE
et de
L'EXPLICATION DU THÉATRE CLASSIQUE.

TABLE DES MATIÈRES

Le Cid... 1
Horace.. 131
Cinna... 189
Polyeucte... 253
Britannicus... 365
Esther.. 495
Athalie... 537
Le Misanthrope...................................... 603

www.ingramcontent.com/pod-product-compliance
Lightning Source LLC
Chambersburg PA
CBHW050101230426
43664CB00010B/1401